本书获二〇二一年贵州省出版传媒事业发展专项资金资助

本书获贵州省孔学堂发展基金会资助

本书为贵州省哲学社会科学规划国学单列课题成果（课题编号17GZGX05）

本书为浙江省稽山王阳明研究院二〇一九年课题成果（课题编号2019ZW0103）

【阳明文库】

学术专著系列

地缘、血缘与学缘的交织

——中国人文和自然境域中的王阳明及阳明学派

钱 明 等著

孔學堂書局

本书获2021年贵州省出版传媒事业发展专项资金资助
本书获贵州省孔学堂发展基金会资助

图书在版编目（CIP）数据

地缘、血缘与学缘的交织：中国人文和自然境域中的王阳明及阳明学派 / 钱明等著. — 贵阳：孔学堂书局，2023.4

（阳明文库. 学术专著系列）

ISBN 978-7-80770-370-9

Ⅰ. ①地… Ⅱ. ①钱… Ⅲ. ①王守仁（1472-1528）—哲学思想—研究 Ⅳ. ①B248.25

中国版本图书馆CIP数据核字（2022）第126780号

阳明文库（学术专著系列）

地缘、血缘与学缘的交织
——中国人文和自然境域中的王阳明及阳明学派（全三册） 钱　明　等著
DIYUAN, XUEYUAN YU XUEYUAN DE JIAOZHI
—— ZHONGGUO RENWEN HE ZIRAN JINGYU ZHONG DE WANGYANGMING JI YANGMING XUEPAI

项目执行：苏　桦
责任编辑：杨翌琳　禹晓妍
责任校对：孟　红　易诗樵
书籍设计：曹琼德
责任印制：张　莹

出　　品：贵州日报当代融媒体集团
出版发行：孔学堂书局
地　　址：贵阳市乌当区大坡路26号
印　　刷：雅昌文化（集团）有限公司
开　　本：889mm×1194mm　1/24
字　　数：1080 千字
印　　张：45
版　　次：2023年4月第1版
印　　次：2023年4月第1次
书　　号：ISBN 978-7-80770-370-9
定　　价：388.00元（全三册）

版权所有·翻印必究

阳明文库

编辑出版委员会

主　任　卢雍政

副主任　谢　念　耿　杰

委　员（按姓氏笔画排序）

王大鸣　邓国超　代　乐　朱光洪　李　筑
苏　桦　夏　虹　谢丹华　蔡光辉　戴建伟

办公室主任　耿　杰

办公室副主任　邓国超　李　筑　苏　桦

学术委员会（按姓氏笔画排序）

顾　问　安乐哲　杜维明　陈　来　陈祖武

主　任　郭齐勇

副主任　顾　久

委　员

丁为祥　干春松　朱　承　刘金才　李承贵
杨国荣　肖立斌　吴　光　吴　震　何　俊
张学智　张新民　陆永胜　陈立胜　欧阳祯人
赵平略　姚新中　索晓霞　钱　明　徐　圻
董　平　蒋国保　温海明

主要著作者

钱明：1956年生，浙江杭州人。现为浙江省稽山王阳明研究院副院长，浙江工商大学东亚阳明研究院院长，浙江省社科院研究员，孔学堂学术委员会委员，中华孔子学会常务理事暨阳明学研究会副会长，中国明史学会阳明学分会常务理事，国际儒学联合会、中国哲学史学会、中华日本哲学会理事。主要学术成果有：著作有《阳明学的形成与发展》《儒学正脉——王守仁传》《胜国宾师——朱舜水传》《王阳明及其学派论考》《浙中王学研究》《近世东亚思想钩沉》《浙江儒学通史·明代卷》；整理编校《王阳明全集》《徐爱 钱德洪 董沄集》《张元忭集》《王时槐集》《友庆堂合稿》《万斯同史学文献汇编》；译著有《三宅尚斋》《东亚阳明学的展开》《日本阳明学的实践精神》《王阳明大传》《王阳明与明末儒学》《简素：日本文化的根本》《〈孙子兵法〉新解：王阳明兵学思想的源头》《日本人与阳明学》《比较阳明学：以中韩日三国为视域》等。

【阳明文库】学术专著系列

上卷 浙苏皖卷

地缘、血缘与学缘的交织
——中国人文和自然境域中的王阳明及阳明学派

钱 明 等著

孔學堂書局

目录

凡例 / 1

一、全书定位 / 1

二、全书架构 / 3

三、全书主旨 / 4

序　章 中国的地域差异性与阳明学的多样性

一、地域王门 / 003

二、地域分布 / 008

三、地域疏漏 / 020

四、地域研究 / 025

第一编 阳明学与浙江地域文化

王阳明与余姚 / 032

一、降生瑞云楼 / 032

二、迎亲归姚城 / 038

三、结社龙泉山 / 042

四、游历四明山 / 045

五、论道中天阁 / 050

六、绵绵故里情 / 055

七、结语 / 061

阳明学与绍兴 / 063

一、迁居越城 / 063

二、筑室阳明 / 065

三、晚年居越 / 070

四、天泉证道 / 080

　　五、越中王门 / 082

王阳明与宁波 / 102

　　一、宁波之行迹 / 102

　　二、宁波之王门 / 108

　　三、宁波之师友 / 121

　　四、平乱之属官 / 126

　　五、结语 / 129

王阳明与杭州 /131

　　一、王家与杭城 / 131

　　二、与王门有关的杭城书院 / 137

　　三、与阳明有关的杭城禅寺 / 160

　　四、与阳明有关的杭州祠宇 / 167

　　五、阳明与杭州桐庐之因缘 / 172

　　六、阳明学在近现代杭州的回响 / 177

阳明学在嘉兴、湖州 /182

　　一、嘉、湖王学概述 / 182

　　二、岘山社与南太湖阳明学的发展 / 190

　　三、嘉兴的阳明学者 / 194

　　四、湖州的阳明学者 / 200

　　五、结语 / 210

阳明学在金华、衢州（附丽水） / 212

　　一、王阳明与金、衢、丽 / 212

　　二、王阳明与永康应氏 / 216

三、金华王门及其分支 / 219

四、衢州王门及其分支 / 228

五、卢可久、徐霈的心学诠释 / 233

阳明学在台州 / 240

一、王阳明与黄绾、应良等台州籍学者之结识 / 240

二、黄绾数次诚邀王、湛来访天台、雁荡未能如愿 / 244

三、阳明学者与天台山之关联 / 248

阳明学在温州 / 257

一、明代温州地区的学术环境 / 257

二、阳明学传入温州的途径与特质 / 263

三、力荐阳明的张璁与温州王门第一人项乔 / 271

四、心师王阳明的永嘉英桥王氏 / 277

五、结束语 / 286

第二编 阳明学与苏皖地域文化

阳明学与南京 / 290

一、王阳明与南京 / 290

二、阳明后学与南京 / 299

三、以南京为中心的南中王门 / 307

阳明学与苏州、无锡、常州（附镇江、扬州、徐州）/ 308

一、王阳明与苏、锡、常 / 308

二、门人后学与苏、锡、常 / 311

阳明学在泰州 / 320

一、王艮与泰州王门的成立 / 320

二、泰州王门的主要代表 / 327

三、泰州王门的讲学活动 / 338

王阳明与池州 / 342

一、池州交游 / 342

二、池州王门 / 351

三、九华讲学 / 354

阳明学在宣城 / 358

一、宣城阳明学之源 / 358

二、宣城阳明学者 / 363

三、宣城王门的讲学活动 / 371

四、宣城王门的教化活动 / 378

五、小结 / 381

阳明学与滁州 / 383

一、王阳明在滁州的讲学活动 / 383

二、王阳明的安邦策与系滁情 / 391

三、王门后学在滁州的事迹 / 396

阳明学在徽州 / 408

一、抄本《新安理学先觉会言》的价值 / 409

二、以讲会形式在徽州传播阳明心学 / 410

三、阳明学被徽州所接受的解释学分析 / 414

四、徽州弟子对阳明学的诠释 / 418

五、阳明学传入徽州的原因及意义 / 422

凡例

一、全书定位

1.本书以《地缘、血缘与学缘的交织——中国人文和自然境域中的王阳明及阳明学派》为标题。所谓"学缘",是指本书所述对象中的王阳明及阳明学派的形成、传播、继承、发扬、转换、阐发;所谓"血缘",是指本书所述对象中以宗族文化、族群联动为中心的学术共同体的形成、传承与转化;所谓"地缘",是指本书所涉以中国大陆为考察对象的社会、经济、政治、人文与自然。所谓"王阳明及阳明学派",是指包括王阳明本人及阳明的门人后学在内的整个"王学"系统的学脉或学派,也适当兼顾阳明前学乃至宋元明清时期诸地域社会文化的背景叙述和时代变迁。因阳明学者讲学、传道常在其为官地或留居地进行,而并不仅仅发生于某人的出生地或成长地,故在本书叙述过程中难免会有学缘上或地缘上的交叉和重叠。

2.本书所叙述和介绍的各个地域的阳明学,不是以学理、学脉、学思、学派等义理性问题为主线,而是在地理、地脉、地缘、地情等基础上来梳理、叙述并部分阐释相关地域的王门学脉、学理、学人、学说等问题。换言之,本书不属于义理、观念、思辨式的地域阳明学的研究论著,而是建立在地缘基础上的有关王阳明的活动史、讲学史和思想演进史及其后学的传播史、发展史和分化裂变史,并且部分地涉及诸地域在现当代对阳明学的传承、弘扬、普及与创新。

3.本书所述对象,有以"大区"为对象,如"京畿"(北京、河北);有以"省区"为对象,如贵州、广东、广西、河南、湖南、福建、陕西、湖北、四川、云南、山西等(云南、山西因内容较少,故仅在本书序章中有所论述,而未设专章);有以"地区"为对象,如赣南、赣中、赣东北、皖南、苏南、浙北、浙南、浙中、关中等;有些"省"内并不包括个别非常有必要单独立项的"府"或"县"(如贵州的贵阳和修文、福建的漳州和上杭、广东的和平);然更多的则是以"市县"为对象。有鉴于此,本书分为上中下三卷,即上卷"浙苏皖卷"、中卷"江西卷"、下卷"南北方卷"。每卷又分为二编，即"浙苏皖卷"分为"阳明学与浙江地域文化编"与"阳明学与苏皖地域文化编"；"江西卷"分为"阳明学与赣南地域文化编"与"阳明学与赣中及赣东北地域文化编"；"南北方卷"分为"阳明学与南方诸省地域文化编"与"阳明学与北方诸省地域文化编"。

4.本书所称"××王门"，无论"省区级""地区级"还是"市县级"，与历史上"学案"体所称之"王门"略有不同，可大致分为三个层面：一是学脉、传承意义上的"学派"义；二是讲学、传播意义上的"学记"义；三是事迹、遗存意义上的"学迹"义。

5.本书所列各章，凡为王阳明本人生活、讲学乃至滞留过的省区市县，则主要述及王阳明本人与该地区之关系，兼涉阳明后学在该地区之传布，并以"王阳明与××"名之；若为王阳明到过并讲过学及阳明学重点传播过的省区市县，则既述及王阳明又述及阳明后学与该地区之关系，并以"阳明学与××"名之；若只述及阳明弟子后学与该地区之关系，则以"阳明学在××"为名。明清时行政区划与今有异者，则基本以当今区划为准。

6.本书所述内容，有些地区，如今之赣州，几乎县县都曾留下王阳明之足迹；有些地区，如吉安，几乎县县都有阳明学的传播与流脉。故基本上选择以"县"为单位来进行叙述，而把"府"融化于"县"之中。有些地域则相反，甭说"县"，即使"府"，也较难梳理出丰富又完整的阳明学传播之轨迹和阳明文化之脉络，于是就采取以"省区"为单位。有些省区，虽然阳明文化资源很多，但留下来的史料不多，所以采取了以"省"概"县"的办法，如广西。总之，皆根据所述地域对象的不同及其特点，来决定究竟是以"县"为单位，还是以"府"为单位，抑或干脆以"省"为单位。

7.本书所遵循的原则，在区划上，是按照当今而非明清时期的行政区划，如萧山现属杭州市，明清时属绍兴府，故被归入"王阳明与杭州"章；在时间上，是按照"明清时"而非"近现代"，并以明末为界，亦部分述及清代阳明学，但不涉及近现代；在人物上，是按照籍贯属地而非学脉、学派，如颜钧、罗汝芳虽被《明儒学案》归入泰州王门，但分别为江西永新人和南城人，故被分别划归本书的"阳明学在吉安"和"阳明学与抚州"章。

二、全书架构

1.本书之上卷即"浙苏皖卷",以王阳明出生、成长及阳明学派的传播、成熟为主轴;中卷即"江西卷",以王阳明立功、立言及阳明学派的传播、流布为主轴;下卷即"南北方卷",以王阳明悟道、传道及阳明学派的传播、流变为主轴。所述对象虽有先后、前后之分,但无主次、轻重之别。然考虑到阳明学在各地域的形成、传播、展开、转换的规模、时间和程度有所不同,比如江右相对来说传播最为广泛,所涉及地方最为密集,几乎每个县都有阳明学之存在,所以该卷大都是以"县"为考察对象。除此之外,则根据关系之密切程度、传播之繁盛程度、材料之挖掘程度等,以"市"或"省"为对象而逐次展开,即浙苏皖卷主要以现在的"市"即当时的"府"为考察对象,南北方卷主要以现在的"省"或当时的"道"或"州"为考察对象。

2.本书各章节的具体内容,将主要围绕以下五个层面展开:(1)人物;(2)讲学;(3)事迹;(4)遗存;(5)学脉;(6)学问。以此为叙述对象,在对相关文献原典之诠释并适当进行真伪鉴别以及部分田野调查的基础下,充分利用地方史志和谱牒等文献材料,对所述对象进行较全面的绍述,做到料多就多说,料少就少说,力求将讲学传道与学脉传承、材料梳理与统计数据、宏观呈现与微观分析、思想阐释与文献考证、层次分解与对比介绍等有机结合起来,采用以点带面,把人物、讲学(讲会)、事迹、遗存、学脉、学问等有机结合起来,做到把各章节的绍述建立在对内容要素及个案分析的基础之上,以避免空泛和片面,并力争在重点问题上有所突破的同时,又能够对阳明学与各地域文化的整体框架及其学术价值和思想史意义有清晰的把握和认知。

3.本书各章节的叙述层次将主要沿着以下四条主线逐次展开:第一,对所述区域之地域文化和社会背景的绍述;第二,对所述区域之王阳明讲学传道、立功建业、游历交友等行迹的绍述;第三,对所述区域之阳明学的传播与传承及主要阳明学者之生平和思想的绍述;第四,对所述区域王阳明及阳明门人后学之遗迹、遗址等情况的绍述。

4.本书各章节的撰述方法主要遵循"线"与"面"相结合的手

段。"线"即从王阳明到阳明门人后学的衍变传承过程（以明代末年为界，一般不涉及清代和近现代，特殊情况除外）；"面"即从中华大文化到地域小文化的微缩，而地域小文化又包括各地域的政治、经济、军事、民生、民族、民俗等诸方面。总之，是"线"的传承系统与"面"的辐射界域的有机融合。

5.本书因是"编"和"著"，由诸多作者协同完成，所以编者在本书各章节之引文出处的处理上，并不只统一按照某一种文献版本注明出处，而是基本保留"原样"。这就出现了几种版本在书中前后出现甚至同时存在的现象。如本书所采用的《王阳明全集》至少有六种版本：1992年上海古籍出版社《王阳明全集》本（全2册）及其历年重印本（全3册）；2008年中华书局《阳明先生集要》本；2010年浙江古籍出版社《王阳明全集》新编本（全6册，包括钱明编校的《王阳明全集补遗》第5、6册）；2016年上海古籍出版社《王阳明全集》简体版（全3册）；2015年中华书局《王文成公全书》本（全4册）；2018年上海古籍出版社《王阳明全集》繁体升级版（全4册，包括束景南、查明昊辑编的《王阳明全集补编》1册）。

6.在叙述过程中，考虑到学术界对王阳明平定南、赣、汀、漳及广西思、田等地的评价尚有立场之分歧，故本书凡涉及此类对象所用之相关术语，如匪寇、盗贼、山贼、匪乱等，皆统一称为某地民变、某地之乱、某地动乱、某地边乱，或以加引号的办法处理；而宁王朱宸濠之变，则定性基本一致，故直称"宸濠叛乱"或"宸濠之乱"。

三、全书主旨

本书是从思想史、文化史、地域史三条路径对王阳明及阳明后学与中国各地域社会、文化之关系所做的综合梳理、介绍和研究，对于阳明学思想史、衍变史、传播史、交流史的构建乃至明清时期相关地域思想文化的研究都具有一定意义，而全书的目标或主旨则主要体现在以下六个方面：

1.最大限度地利用十余年来各地域所挖掘梳理出来的王阳明及阳明学的相关史料。

2.最大限度地利用各地丰富的乃至尚未被外界所知的方志学、

谱牒学、民俗学、民族学等方面的民间文史资料。

3.最大限度地利用国内外学术界近年来的最新研究成果和最新出版的古籍文献。

4.最大限度地利用团队力量，协力合作，互助互通，形成阳明学研学之老中青相结合的"网络"新平台。

5.最大限度地把广阔视域、翔实资料、丰富内容与新颖角度、精准论述、流畅文笔结合起来。

6.最大限度地做到在总体把握的基础上，深入于各地域的人物、事件、学派等的个案分析，以取得地域阳明学研究和交流的新拓展。

序章 中国的地域差异性与阳明学的多样性

在绵延数千年的中国历史传统中，无论"人"还是"物"，皆与地域形影不离，但凡思想学说、文学艺术、民俗宗教、科学医术、典章器物乃至百工技艺等，无不烙有地域性的文化基因和传承印记。同时，在中国古代的思想传承中，又因东方哲学的神秘主义特质，而往往模糊含混，具有多元化解释的可能性。而古代哲人在开宗立派时，则更因其常常因材施教，因人而异，因时而异，一般都会给他的弟子或后学留下较大的解释空间，产生理解上的分歧。结果是，先师一过世，宗门内部便出现分化，这被学术界视为中国古代哲学、宗教发展的一般规律。孔子殁后，"儒分为八"，其主因盖在于此。阳明学派因其复杂的学缘、人缘尤其是地缘要素，使其在分化流变上表现得更加突出，也更加鲜明。而阳明学派的衍变和分化又进一步证明：从"合"到"分"是学术发展的普遍现象。因为大多数问学者所遇到的问题是具象的，所关注的学问是定向的，所呈现的方式是个性的，所以往往聚焦于思想学说的某一方面，这就决定了"分"的必然性。亦只有通过"分"，才能使思想学说经过充分的争辩而在某个方面获得发展和突破，形成特色，出现繁荣。但是"分"的结果往往又会走向"合"，从而再次出现颠覆性的思想学说和引领时代的伟大思想家，这同样也是学术思想发展的一般规律。

张学智勾勒了中国哲学的起源与地域特点，认为中国哲学起源于对周文疲敝的不同应对之道，其中儒家、墨家、道家、法家等诸子都基于其不同立场作出了回应：儒家主张对周文进行损益，奠定了温和政治和士大夫精神修养的基础，并确定了中华文化的经典系统；墨家用俭约、功用来反对靡费、虚文，用大众趣味反对精英文化；道家摒弃了周文的礼乐教化，建立了以道法自然为最高原理，守柔谦下为行为准则的哲学，并在避世隐遁中保持批判精神；法家以法律、权势和御臣术为基点，批评儒墨，推崇功利，扭转了周文的思想指向；从地域特点说，孔子以鲁地的礼乐传统和东夷的仁爱精神结合，建立了仁礼互相依持并敬畏天命的儒家系统；道家融合楚地巫觋传统和《诗经》中的浪漫风格，形成喜言天道，富于想象，厌弃礼乐，不事虚文的特色。墨家重视鬼神的传统是商代"先鬼而后礼"文化的遗留；齐晋较早应和了春秋时代的社会变动而致力于制度改革，加上北方剽悍易于法制化管理的习性，所以法家思想最强；同时，南北不同文化传统在后世经学、佛教、道教、宋明理学中产生了深刻影响。①

一、地域王门

总的来说，在阳明学的形成、发展及传播过程中，存在着"地域性"（local）与"区域性"（regional）两种形态。前者特指阳明学在中国大陆十余省、市、区的传播和发展，后者特指阳明学在中国周边国家和地区的传播与发展。这两种传播、发展形态都有其不同的路径、规律和效验，不可相提并论，但可比较互鉴，相得益彰。

以区域性而言，即对外传播方面，阳明学如同古代中国的其他精神文化一样，缺乏主动输出的动力和途径，故而谈不上真正的文化"开放"，或者可以说是"开而不放，传而不播"。②所谓"开而不放"，即文化上的被动输出而非主动输出；所谓"传而不播"，即学术上的"上门求教"而非"出门传教"。也就是说，古代中国人只有在政治、外交上有特殊需要时才会向外派出使者，才谈得上主动地、有目的地"走出去""请进来"。正因为如此，无论是传统儒学还是近世的朱子学、阳明学，尽管都属于中国思想文化向外输出的成功范例，但在文化传播学的意义上，依然属于他动的、不自觉的，因而亦是无目的的、低效率的，而与历史上外来宗教向中国主动地、有目的的输入、传播完全不同，所产生的效验亦相距甚远。

然而，以地域性而言，也就是在对内传播方面，阳明学的传播却呈现出完全相反的景象，无论同地域还是跨地域之间，都存在着频繁的交流、互动、摄取、融合之关系，因而极易形成地域性的思想流派或带有明显地域文化性格的门人后学群。

现当的中国学者，写过不少有关学术、学风之地理分布的文

---

① 张学智：《中国哲学的起源与地域特点》，《北京大学学报（哲学社会科学版）》2020年第6期。
② 参见葛剑雄、徐萧、梁梦嫚：《专访葛剑雄：古代中国"开而不放、传而不播"》，澎湃新闻网2018年1月29日，https：//thepaper.cn/news Detail_forward 1972022。

章,还有不少学者做过地域性流派、分支的详细考证。说明无论在中国古代还是近现代,文化的地域性与时代性一样,都是思想学风、学术流派形成发展的重要条件。创设于明代中叶的阳明心学,也是在各种各样的地域文化语境中传承、发展、转换的,因而如果我们只是简单地按照现在的行政区划来阐释和剥离阳明学派,就很可能会出现差之毫厘、失之千里的现象。

正因为此,近世史家一般都会基于历史地域划分及其地名来称呼某一学派,如阳明学即被黄宗羲称为"姚江学",其学派亦被称为"姚江学派",清代仍使用这一称呼,并一直延续到清末。[①]尽管同时还有"王学""陆王学"之称呼,江户乃至明治初年的日本、李朝时期的朝鲜,以及明清时期的"外藩"琉球,也都使用这一称呼,[②]但用"姚江""会稽"甚至"稽山"来代指王阳明,用"姚江学"来代指阳明学派,可谓当时之主流。[③]至于后来流行的"阳明学"一词,虽最早源自《明史·王守仁传》及朝鲜阳明学鼻祖郑齐斗(1649—1736)的老师朴世采(1631—1695),但近代意义上的"阳明学"概念则发源于日本的明治时期,后来才逐渐为中、韩等国乃至英语、德语、俄语世界所接受,比如日本有吉本襄编《阳明学》,东敬治编《阳明学》,石崎东国编《阳明》《阳明主义》,井上哲次郎的《日本阳明学派の哲学》,井上哲次郎、蟹江义丸编《日本伦理汇编》第一部分《阳明学派》,三岛复的《王阳明の哲学》,高濑武次郎的《日本の阳明学》《阳明学阶梯》,以及东京、大阪等地建立的"阳明学会"等;中国有梁启超的《阳明学》、钱穆的《阳明学要》;韩国有朴殷植的《阳明先生实记》、郑寅普的《阳明学演论》、李能和的《朝鲜儒界之阳明学派》等。[④]

黄宗羲也是较早用地域名来划分王学门派的人,其所著的《明

[①] 比如彭定求的《姚江释毁录》、罗泽南的《姚江学辨》等。
[②] 比如清代张烈的《王学质凝》、日本江户时期丰田信贞的《王学辨集》、野田冈齐的《王学论谈》、吉田秋阳的《王学提纲》、山口重昭的《王学驳议》等。
[③] 参见钱明:《近世东亚思想钩沉:钱明学术论集》,孔学堂书局2017年版,第3—10页。
[④] 参见钱明:《东亚世界的"阳明学"概念》,郭齐勇主编:《阳明学研究(创刊号)》,中华书局2015年版。

儒学案》就曾把阳明以后的王门分成七派①：浙中（即所谓"两浙"的"浙东"和"浙西"）、江右（今江西和皖南西部②）、南中（即南直隶，包括今江苏、安徽、上海的大部分地区）、楚中（今湖南、湖北）、北方、闽粤（主要是闽西、闽中、粤东、粤中）、泰州（明清时期，泰州属扬州府，辖如皋县，是《明儒学案》中唯一以略大于县级的地名命名的思想学派，从而突显出"泰州学派"在王门中的特殊地位）。浙中王门又可细分为余姚王门、绍兴王门、嵊州王门、宁波王门、金华王门、衢州王门、台州王门、温州王门、湖州王门、嘉兴王门等。③江西几乎每个县都有王门弟子群，可以说各地皆有"王门"，但主要集中在赣州、吉安、安福、泰和、南昌、丰城、抚州、上饶等地。"南中"主要指南都（今南京）、皖南、苏南，所以南中王门又可细分为滁州王门、徽州王门、宣城王门、池州王门、常州王门等。北方王门又可细分为山东的鲁中王门、河南的洛阳王门、陕西的关中王门、河北的燕南王门等。闽粤王门则可细分为福建的龙岩王门、漳州王门和广东的潮州王门、南海（今属佛山）王门等。在后阳明时期，虽有学者以越州（今绍兴）、洪州（今南昌）、广州来定位王学传播的核心区域，如马一龙的《竹居薛先生文集序》即称："当世道学之宗，有阳明王公者。其后门人，吾所交游，王龙溪畿、钱绪山德洪传于越州，欧阳南野德、邹东廓守益传于洪

---

① 按：与黄宗羲《明儒学案》以地域为主的分派模式不同的是，《青原志略》［清笑峰大然编，施闰章补辑，康熙年间刻本，收入《四库全书存目丛书·史部》（第245册）；段晓华、宋三平校注，江西人民出版社1998年版］卷三所收录的方以智叙述、其弟子记录的《传心堂约述》则在全面深入总结阳明学发展的过程中，展现了阳明学的"传心"模式。从总体特征看，《明儒学案》以横摄为主，在横摄中兼有纵贯，在各门派内部依次分述纵贯师承；《传心堂约述》以纵贯为主，在纵贯中带有横摄，穿插叙述传心主线与其他各学派的互动。参见张昭炜：《阳明学研究的"传心"模式》，《光明日报（国学版）》2018年4月29日。
② 据魏禧《日录》卷二："曰：'江东称江左，江西称江右，何也？'曰：'自（赣）江北视之，江东在左，江西在右耳。'"（魏禧：《日录》卷二，《魏叔子文集》，胡守仁、姚品文等校点，中华书局2003年版，第1129页）
③ 按：宁、绍、杭、嘉、湖地区的阳明学者，人所皆知，毋庸赘述，然金、衢、温、台、处（今丽水）地区的阳明学者则不太为学界所提及。根据近年来束景南、邹建锋的研究，证明了衢州有龙游王门、江山王门的存在，金华有永康王门的存在，台州有仙居王门、临海王门、黄岩王门的存在，温州有永嘉王门的存在，处州有遂昌王门的存在。比如衢州地区的周积、徐珊、林阳溪、王西山、栾惠、郑骝、王修易、林文琼、何伦等人，皆有事迹可查的阳明学者。详见束景南：《王阳明年谱长编》，上海古籍出版社2017年版，第824—831页；邹建锋：《阳明夫子亲传弟子考》，中国社会科学出版社2017年版，第67—87页。

州,二薛中离侃、竹居侨传于广州。天下一时昌明斯道,贤士大夫以致良知为学,而得所见性真道体。"①其中所谓的越州、洪州、广州,即代指浙中、江右和岭南。然而这种定位并不准确,因为浙中王门的中心尽管在越州(指绍兴),但后来却出现了跨江(钱塘江)发展的趋势,而江右王门和岭南王门的中心却在吉安和潮州,而并非南昌和广州。

以上各地之"王门",又以江右王门最为繁盛,几乎可以县级为单位来细分其地域支脉,尤其是吉安地区:"后之为阳明之学者,江右以吉水、安福、盱江②为盛。"③王士性有两句话对于我们了解江右何以会成为王学最繁盛地区颇具启示意义:第一句是"阳明先生发良知之说,左朱右陆,而先生勋名盛在江右,古今儒者有体有用无能过之,故江右又翕然一以良知为宗,弁髦诸前辈讲解,其在于今,可谓家孔孟而人阳明矣"④。所谓"左朱右陆"有朱陆合流、兼备之意;所谓"弁髦"意指鄙视、蔑视;而所谓"诸前辈讲解"则意指不以汉儒、宋儒之解经为的。第二句是"江右俗力本务啬,其性习勤俭而安简朴,盖为齿繁土瘠,其人皆有愁苦之思焉"⑤。"务啬"即务农、耕种收获之意。关键是"愁苦之思",心中有愁苦,故宗教情结较浓厚,而阳明学的乐学精神、活泼泼之性格正好可以弥补愁苦之心结。不难看出,第一句话是指学风,第二句话是指说民俗和世风,二者相互作用,才成为合力。明代中后期,江右地区宗教氛围较为浓厚,宗法势力强大,自然经济发达,虽有江右商人商帮,但以经营南北杂货为主,势弱力微,社会风气大异于江南地区。"阳明一生精神,俱在江右"⑥,首先固然是因阳明在江右的事功、学术成就卓著于别的地区,然而该地区固有的历史文化环境亦不可

---

① 马一龙:《玉华子游艺集》卷二十四,《北京图书馆古籍珍本丛刊》(第108册),书目文献出版社1992年版,第798页。按:马一龙,字应图,号孟河,溧阳人,嘉靖年间进士,明代著名农学家。1547年所著《农说》出版,是中国第一部运用哲学观点来阐述农业技术的著作。这也说明,在阳明门人中有各式各样的人物,包括马一龙这样的农学家。
② 即盱江,古称"汝水",为江西省第二大河流,发源于广昌县血木岭,流往南丰、南城,注入抚河。此处似指王学大家罗汝芳的故乡南城。
③ 王士性:《广志绎》,《王士性地理书三种》,周振鹤编校,上海古籍出版社1993年版,第337页。
④ 王士性:《广志绎》,《王士性地理书三种》,周振鹤编校,第337页。
⑤ 王士性:《广志绎》,《王士性地理书三种》,周振鹤编校,第338页。
⑥ 黄宗羲:《江右王门学案一》,《明儒学案》卷十六,沈善洪主编:《黄宗羲全集》(第7册),浙江古籍出版社1992年版,第377页。

忽视。明代江右地区虽离政治、经济中心较远，但并未被边缘化，其在思想文化上，既有被朝廷当作首善之区、被树立为典范的一面，又有多元化、自由化的一面，从而使得该地区的绝大多数知识精英皆把读书做官作为自己的唯一选择。而在官学严重不足的情况下，地方士绅遂大力兴办书院，并且在服务于科举文化的同时，还致力于乡村社会秩序的建设。正是在这样的情形下，江右地区讲学风气开始大盛，以至于处处办讲会，族族倡教化，家家重教育，从而为阳明学在该地区迅速而广泛的传播创造了极佳条件。

至于黄宗羲用地域名来划分王学门派的学理依据、得失利弊及其中间的诸多纠葛，已有多位学者作过详论，兹不赘述。笔者在此只想指出一点：即便就地域而言，黄宗羲也有不该有的疏漏，对此黄宗羲本人当然不会意识到。比如他在《明儒学案发凡》中说："是书搜罗颇广，然一人之闻见有限，尚容陆续访求。即羲所见而复失去者，如朱布衣《语录》、韩苑洛、南瑞泉、穆玄庵、范栗斋诸公集，皆不曾采入。海内有斯文之责者，其不吝教我，此非末学一人之事也。"① 似乎只认识到在王门七派中存在着有关思想家之文集"所见而复失去者"的缺憾，而并未意识到一些重要地域的遗漏（如黔中王门、桂中王门）或虽有其名但无其实（如闽中王门、鲁中王门）的缺失。实际上，后者的遗漏和缺失要远多于前者之缺憾。比如黔中王门——阳明在龙场悟道，创立心学，并办龙冈书院、文明书院，遂使讲学风气大盛于贵阳。徐节《新建文明书院记》称："各儒学生员之有志者二百余人。"道光《贵阳府志》卷五十六载："诸生环而观听者以数百，自是贵人士始知有心性之学。"是故阳明学派中理应有"黔中王门"的一席之地，唯因"王文成与龙场诸生问答，莫著其姓名"（郭子章《黔记》），致使如今可考者竟不足十名。② 至于闽中，虽然清初理学名臣李光地在为蔡清祠所撰之序文《重修文庄蔡先生祠序》中尝谓："时则姚江之学大盛于东南，而闽士莫之尊，其挂阳明弟子之录者闽无一人焉。"③ 但此说明显属于固执于朱学之

---

① 黄宗羲：《明儒学案·发凡》，沈善洪主编：《黄宗羲全集》（第7册），第7页。
② 参见王路平：《王门后学传承谱系及其特点》，《贵州民族大学学报（哲学社会科学版）》2015年第12期。
③ 转引自白井顺：《阳明后学与杨应诏——嘉靖年间的理学与〈闽南道学源流〉之背景》，郭齐勇主编：《阳明学研究》（第2辑），中华书局2016年版，第58页。

立场的偏见，因为闽中不仅有阳明学者，如以连城董世坚为代表的董氏家族①；而且还有学者（如阳明弟子蔡宗兖、再传弟子王时槐及邹守益弟子李材等）继承了王阳明的遗志②，在闽地为传播、弘扬阳明学做出过很大贡献。尽管他们的效果并不理想，但这种尝试却不应该被故意遗忘。而《明儒学案》中虽有一卷专记"粤闽王门"，但却声称"闽中自子莘（马明衡）以外，无著者焉"。③故而所谓"粤闽王门"，其实就是"粤中王门"，闽中阳明学者，除了马明衡、郑善夫被言外，几乎是空白。再比如"楚中王门"，《明儒学案》称："楚学之盛，惟耿天台一派，自泰州流入；当阳明在时，其信从者尚少。"④此说虽无大错，然据湖南学者考证，楚中王门其实亦并非如此单薄。尽管阳明路过湖南讲学的时间极短，在福建讲学的时间也不多，而在贵州也只住了三年不到的时间，所以这些地区的门人相对较少是很自然的，但也不应像《明儒学案》那样或者阙如不记，或者几笔带过。至于北方王门，黄宗羲亦有很多疏漏（详见后述）。

二、地域分布

阳明学传播史，就其过程来说，首先与王阳明的讲学历程和讲学方式有非常密切的关系，其次又与阳明门人后学的传承力度和汇聚强度密切相关，最后还与各地的文化传统、生活习俗存有互动关系。⑤据笔者粗略统计，阳明一生至少到过十五个现代意义的省级行政区，即浙江、江西、上海、江苏、安徽、湖南、贵州、福建、广东、广西、北京、天津、山东、河南和河北，其中上海、天津仅为

---

① 参见束景南：《王阳明年谱长编》，第1666—1670页。
② 按：王阳明于正德十五年（1520）写给莆田陈国英的书信，即表现出对陈氏在闽中交友讲学的高度关注："国英之于此学，且十余年矣，其日益畅茂者乎？其日就衰落者乎？……山中友朋，亦有以此学日相讲求者乎？"[王阳明：《与陈国英》，《王阳明全集（新编本）》卷四，吴光、钱明、董平等编校，浙江古籍出版社2010年版，第189页]而所谓"此学"，则当指阳明学说无疑。
③ 黄宗羲：《粤闽王门学案》，《明儒学案》卷三十，沈善洪主编：《黄宗羲全集》（第7册），第763页。
④ 黄宗羲：《楚中王门学案》，《明儒学案》卷二十八，沈善洪主编：《黄宗羲全集》（第7册），第728页。
⑤ 王阳明私淑弟子罗洪先所言的"今先生之言遍天下，天下之人多易其言"（罗洪先：《罗洪先集》，徐儒宗编校整理，凤凰出版社2007年版，第139页。按："易"即变易、改变之意），可谓道出了不同地域传播和传承阳明学说的差异性。

路过；河南、河北也只是到过而未讲学，在山东是否讲过学、收过徒还有待考证，其他省份则或深或浅地留下了阳明讲学的足迹。至于阳明门人后学的分布情况，除以上所列外，还要加上湖北、陕西、四川、云南、山西等省。可以说，阳明学的传播区域，几乎包括了大半个中国，并且还从南、北两个方向分别向周边国家传播，最终形成了日本阳明学派和朝鲜阳明学派，并在琉球、越南及东南亚也留下了些许印记，使阳明学最终成为东亚区域十七世纪以后的亚主流思潮。这是阳明学传播的最大收获，也是儒家文明与周边国家传播链中的最成功的范例之一。①

王阳明长期居住或短期停留过的地方，要数江西最多，有抚州、上饶、赣州、吉安、南昌、九江、宜春、鹰潭、新余、萍乡等，他的足迹遍及江西所有地区，所以江西应该排在阳明学传播之首位。其次是浙江，两浙的"上八府"和"下三府"，阳明长期居住或短期停留过的地方有绍兴、宁波、杭州、严州（今桐庐、建德、淳安一带）、衢州、金华、嘉兴、湖州，故而可排在阳明学传播之次位。②排在第三位的应该是安徽③，阳明较长居住或短期停留过的地方有滁

---

① 参见钱明：《阳明学：东亚的共同思想资源》，《浙江日报（理论版）》2017年1月9日。
② 按：若以今行政"市"或"地区"为单位，则浙江每个地区皆有王门，就连处州即今丽水地区也有王门。若以"县"为单位，则除了余姚、山阴、会稽、嵊县，可能就要以永康县的王门学者最多了。参见束景南：《王阳明年谱长编》，第1554、1557页。
③ 按：王阳明去过安徽多次，其中有两次的时间均超过半年。一次是弘治十四年（1501）"八月，（阳明）奉命往直隶、淮安等府审决重囚……南下淮甸，一路沿淮安、凤阳、南京、和州（今和县）、芜湖、池州审囚，多有诗咏；九月，至凤阳府，登谯楼，有诗感怀"（束景南：《王阳明年谱长编》，第209—211页）。其间还去过无为县，"适engage米公祠秋祭，有书致侍御王璟"；后又"至池州府，审囚事竣，往游九华山，作《九华山赋》以咏其游"。直到"十二月，审囚事竣，北上回京"（束景南：《王阳明年谱长编》，第213、214、221页）。翌年"春正月，又道经贵池县，游齐山，作《游齐山赋以纪其游》"；并"经青阳县，再游九华山，访无相寺，登芙蓉阁，均有诗咏"；"经芜湖，往龙山访舫斋李真，有书贺其升迁"；还在太平府芜湖县"登览清风楼"，并"经当涂县，登采石矶，咏《谪仙楼》"（束景南：《王阳明年谱长编》，第221—225页）；直到二月"至镇江"，离开安徽，共在安徽巡回审囚、游览会友半年有余。而阳明所经之地，亦有授徒讲学之记载，如在无为县，阳明曾"遣门人越榛、邹木（代自己向王璟）谢罪，尚容稍间面诣"。越、邹二人，"疑为无为县学诸生，盖为阳明生平所收最早弟子矣"（束景南：《王阳明年谱长编》，第213页）。池州（青阳）王门的形成（束景南：《王阳明年谱长编》，第1226、1302页），其因亦盖在于此。另一次即是正德八年（1513）阳明在滁州担任南大仆寺少卿时期，前后亦住了半年多时间，名为事政，实为讲学。阳明在安徽期间，曾两上九华山，一上齐山，归京途中又去了江苏茅山，都是道教名山，半年后他即告病归隐，筑室阳明洞行道教导引术。因此可以说，阳明早年的道教情结，既与其糟糕的身体状况有关系，亦与安徽诸道教圣地有联系。

州、池州、芜湖、宁国、徽州（今黄山）、安庆、铜陵等地。①"皖南故朱子产地也，自昔多学者"②，遂成阳明学与朱子学争夺地盘的重要地区之一。③排在第四位的是江苏，阳明长期居住或短期停留过的地方有南京、扬州④、无锡、常州、苏州⑤、镇江等地。然后才依次是贵州、广东、广西、福建、湖南、河南、山东等。

需要强调的是，当时的京师北京，也是王阳明及其后学讲学传道的重要地区。王阳明十一至十六岁时曾随父王华寓京师，入塾馆受学。⑥其所撰《送绍兴佟太守序》曰："成化辛丑，予来京师，居

---

① 按：其中安庆、铜陵两地本书未设专章，留下缺憾。笔者于2021年3月在本书交稿后曾专程前往两地考察，收获颇丰。安庆位于安徽西南部，长江下游北岸，素有"万里长江此封喉，吴楚分疆第一州"之美称。明正德十四年（1519）六月，宁王朱宸濠兴兵叛乱，战火烧到安庆，有直取南京之势。王阳明急中生智，赶至吉安集结义军平叛。然获胜后却反遭奸党诬陷，奉旨献俘亦被拒于南京外。次年春在返回南昌途中，他曾登安庆小孤山，并作《登小孤书壁》，以吐心中之愤懑。铜陵位于安徽中南部、长江下游。明正德十五年（1520）春分，王阳明奉旨献俘遭诬陷，被拒入南京，在返回南昌、舟行铜陵江中时，感叹人生坎坷，写下著名的行书长卷《铜陵观铁船歌》，并序曰："铜陵观铁船，录寄士洁侍御道契，见行路之难也。"该卷现藏于北京故宫博物院。阳明还有心上铜陵浮山，并留下《与商贡士二首》："见说浮山麓，深林绕石溪。何时拂衣去，三十六岩栖。""见说浮山胜，心与浮山期。三十六岩内，为选一岩奇。"[王阳明：《王阳明全集（新编本）》卷二十，吴光、钱明、董平等编校，第772页] 这两首人称"浮山题诗"的名篇，被其弟子吴一卞勒石于浮山朝阳洞（当地人亦称此为阳明洞）的崖壁上。两首诗的落款《全集》均未载。第一首落款是："桐城生高上舍来访，谈浮山之胜，书此。阳明山人。"第二首落款是："王元卿谈浮山，欣然书此，归见钱素坡，并出此诗意。阳明居士。"末尾是："门士吴一卞代甄山张老师刻。"从落款可以看出，王阳明题写浮山的这两首诗，和"桐城生高上舍""王元卿"二人有关。当时阳明正游历九华，是高上舍、王元卿先后向他描述浮山之胜，让其心驰神往，怦然心动，并当场题诗，表达了自己的心境。阳明浮山题诗能以摩崖石刻的形式再现于浮山，还和嘉靖年间在铜陵与贵池之间开堂讲学的桐城教谕张甄山有关。张甄山无意间从门人手中得到王阳明的浮山题诗，如获至宝，遂嘱咐门生吴一卞（字元和，为明万历年间诸生）选中朝阳洞口南侧石壁勒石铭刻。诗刻石壁长1.6米，宽1.65米，字体为行书。在朝阳洞内，吴一卞还勒石题刻了唐玄觉禅师语录，似可证明吴一卞可能还是当时较有名的勒石工匠（参见谢思球：《王守仁先生浮山摩崖石刻》，新浪博客2010年6月22日，http://blog.sina.com.cn/zywenxue312）。
② 梁启超：《近代学风之地理分布》，《饮冰室文集》（第41卷），中华书局1989年版，第78页。
③ 详见钱明：《发生于中晚明的徽州理学与阳明心学的话语权之争》，《2014全国戴震学术研讨会论文集》，黄山书社2015年版。
④ 按：王阳明曾在弘治十五年（1502）三十一岁时在扬州因病滞留了三个月（参见束景南：《王阳明年谱长编》，第230页），期间是否去过距离扬州百余里又属扬州管辖的泰州，不得而知。此时阳明高足王艮刚满二十岁。阳明是因身体原因在扬州调养了三个月，而恰恰是王艮，后来成为养身、保身的积极倡导者，这是与阳明养病扬州有一定关系，值得考虑。
⑤ 按：王阳明于弘治十六年（1503）十一月送其父王华往江淮祭神时曾过苏州，并在苏州住了半个月；次年二月再往苏州，但只游玩了海天楼等名胜，后便返回了家乡。参见束景南：《王阳明年谱长编》，第293、298页。
⑥ 详见束景南：《王阳明年谱长编》，第59页。

长安西街。"①《与林见素》曰："某自弱冠从家君于京师，幸接比邻，又获与令弟相往复，其时固已熟闻习见，心悦而诚服矣。"②阳明二十一岁举浙江乡试后直到三十三岁，除了三十一岁尝"告病归越，筑室阳明洞中，行导引术"外，前后在京师住了十余年。其间，他"遍求考亭遗书读之"；还"学兵法"，"谈养生"；"京中旧游俱以才名相驰骋，学古诗文"；结果不是被其自我否定，就是被其视为"无用之虚文"。③直到三十三岁主持山东乡试时，他的学说才被人称赞为"经世之学"。而阳明北京讲学，则始于三十四岁："是年先生门人始进。学者溺于词章记诵，不复知有身心之学。先生首倡言之，使人先立必为圣人之志。闻者渐觉兴起，有愿执贽及门者。至是专志授徒讲学。然师友之道久废，咸目以为立异好名，惟甘泉湛先生若水时为翰林庶吉士，一见定交，共以倡明圣学为事。"④此后，到三十九岁时，阳明又入京，馆于大兴隆寺，与湛若水、黄绾订"三人终身共学之盟"。⑤四十岁，再在京师与门人"论晦庵、象山之学"。⑥四十一岁升考功清吏司郎中，阳明在京师，"是年穆孔晖、顾应祥、郑一初、方献科、王道、梁谷、万潮、陈鼎、唐鹏、路迎、孙瑚、魏廷霖、萧鸣凤、林达、陈洸及黄绾、应良、朱节、蔡宗兖、徐爱同受业"。⑦由此可见，北京是王阳明居住、讲学以及培养弟子的重要地区，对于阳明学之传播及其学派之形成而言，意义亦自不待言。阳明以后，其门人后学在北京所开展的讲学、会讲活动，也对阳明学的传播与发展产生过重要作用。然而，作为政治中心的京师，人气之聚集，首先是为官或举业，然后才是讲学或会友，故而使得此地的流动性极强，难以形成地域性的阳明学派。

至于阳明学的传播路径，则与当时的水路交通有密切关系，后

---

① 王守仁：《送绍兴佟太守序》，《王阳明全集》卷二十九，吴光等编校，上海古籍出版社1992年版，第1056页。按：据束景南先生考证，长安西街一带有大兴隆寺、五显庙、文昌阁、土地庙、关帝庙、火神庙、马神庙、张相公庙（河神）、城隍庙、鹫峰寺、灵济宫、仙灵宫等，王阳明后来每次进京，多居大兴隆寺，并曾在大兴隆寺与湛甘泉一起讲学。参见束景南：《王阳明年谱长编》，第42页。
② 王守仁：《与林见素》，《王阳明全集》卷二十七，吴光等编校，第1012页。
③ 钱德洪：《年谱一》，王守仁：《王阳明全集》卷三十三，吴光等编校，第1223—1226页。
④ 钱德洪：《年谱一》，王守仁：《王阳明全集》卷三十三，吴光等编校，第1226页。
⑤ 黄绾：《阳明先生行状》，王守仁：《王阳明全集》卷三十八，吴光等编校，第1409页。
⑥ 钱德洪：《年谱一》，王守仁：《王阳明全集》卷三十三，吴光等编校，第1232页。
⑦ 钱德洪：《年谱一》，王守仁：《王阳明全集》卷三十三，吴光等编校，第1235页。

来传播到东亚区域，也主要靠的是海上交通。其中沿着今江苏、安徽、山东、河南、河北、天津、北京的北上之路，与大运河（包括始建于隋唐宋时期以洛阳为中心的隋唐大运河，元明清时期以北京、杭州为起始的京杭大运河①，从宁波入海与海上丝绸之路相连的浙东大运河）密切相关，大运河及其流经的线性区域可以说是形塑地域阳明学的基因之一。而沿着浙江、江西、福建、湖南、贵州、广东、广西的几条南下之路，则分别与钱塘江、赣江、湘江、珠江、西江等几大水系密切相关，亦与各地域性江河，如姚江、滁水、沅水、章江、贡江、乌江（即黔江）等密切相关。安徽乃阳明北上或南下时顺便游览、讲学之地（比如那里有他喜爱的九华山、齐云山等道佛圣地），并且亦与长江、淮河等水上通道密切相关。所以王阳明讲学教化及其门人后学传播阳明学的重点地区，也都集中在大运河或上述几个水系的沿岸及附近流域。而正是因为这些水系所形成的"网络"具有地域和跨地域的特性，才使得沿线文化表现出具有"共同体"特征的开放性、包容性和沟通性。这一"网络"不仅跨越了江南、江北的自然区域，而且覆盖了燕赵、齐鲁、中原、江南、华南、西南等不同文化圈，同时还在宁波等出海口与东海相交汇，从而把中国的阳明学"输送"到了东北亚。②从这一意义上说，仅仅将水路、陆路系统放在经济学的意义上加以理解，将它们看作是某种运送人口和货物的方式是不全面的，同时也要将水路、陆路系统放在社会学、文化学乃至思想史的意义加以解读，将其网络地带看作是传播信息的便捷通道和沟通平台，是对该地域的社会结构和文化基因产生重大影响的载体和媒介。

如果能以王阳明的故乡绍兴为中心，把阳明学的传播过程画一幅路线图，那么可以大体上勾勒出以下四条线路：一条是从浙东经过江西、湖南进入贵州，并逐渐扩散到滇中、川东南（内江地区）；

---

① 明代全国八大钞关中，除九江关为长江关外，其余七个均设在运河沿线，从北至南依次为：崇文门、河西务（清时移至天津）、临清、淮安、扬州、浒墅、北新。在王阳明及其门人后学的诗文作品中与这些地名相关的内容不计其数。因此，自唐宋以后，京杭运河又可在原有的经济之河、政治之河的定位上加上文化之河和思想之河，故而亦自然成为包括阳明学在内的思想文化传播与发展的主要通道。
② 对于阳明学"被动"输出于东北亚的相关论述，可参见钱明：《阳明学研究的东亚课题——以山田方谷为中心》，野岛透：《日本阳明学的实践精神——山田方谷的生涯与改革路径》，钱明编译，上海古籍出版社2014年版，第11—55页。

一条是从浙东经过浙西北进入江苏、安徽而传播到皖南的池州、宁国等地；一条是从浙东经过浙中进入赣东、赣南而传播到粤东的揭阳、潮州、河源以及闽西的平和、上杭、长汀、连城等地①，然后又从赣东或粤东进入闽中的泉州、福州地区；一条是从浙江经过江苏、安徽而传播到北方的山东、河南、河北、陕西等地（其中还应包括阳明的弟子门人在北京讲学然后向四周辐射的辅助效应）。这四条传播路线图，可以说是引导我们深入探究阳明学传播史和王门流变史的便捷通道，其中无疑应当以浙东—浙中—赣东—赣南—粤东线与浙东—浙西—苏中—皖南线为主线。

以往的研究还表明，上述所有传播过阳明学的地区，因王阳明的讲学背景、传道心境尤其是各地文化资源和吸收消化程度的不同，而显示出各自的地域特色，因而无论在致思取向上还是在学派阵势上，都存在不小的差异，对后世产生的影响也有明显区别。总的来说，阳明学的核心区域有五处，即浙江绍兴地区、江西赣州地区和吉安地区、江苏泰州地区、广东潮州地区。②绍兴地区是阳明学的发祥地和阳明学说的成熟地，赣州、吉安地区是阳明学的展开地和极盛地，泰州地区是阳明学的创新地和变异地，潮州地区则是阳明学的跨文化互动的融合地。

绍兴地区因靠近政治中心③和经济繁荣地，受到的禁学术、毁书院的压力最大，迫害最深，衰微也最快。潮州地区是粤中心学、江西理学、楚中理学、浙中心学等几大学术力量的交汇处，④故而也有勇气超越不同地域文化，融合各路思想流派，尤其是阳明心学，使之与乡土学术资源相交汇，把阳明学与白沙学、甘泉学有机地结合在一起，开拓出颇有特色的粤中王门乃至岭南心学。而包括赣州、吉安在内的整个江右王门，因在朝的阳明弟子最多，官也做得最大，

---

① 按：平和县是王阳明所建，上杭县是王阳明在福建驻军时间最长的地方（近一个月），长汀县是王阳明的路经之地，而连城县则是阳明的闽中门人后学较为集中的地方。
② 牟宗三说："当时王学遍天下，然重要者不过三支：一曰浙中派，二曰泰州派，三曰江右派。此所谓分派不是以义理系统有何不同而分，乃是以地区而分。"（牟宗三：《从陆象山到刘蕺山》，台湾学生书局2005年版，第266页）似有其片面之处。
③ 按：明代在政治上有一特殊形象，即始终存在着以北京（时称京师）为主、以南京（时称留都）为次的两大政治中心。
④ 这种"交汇"或"交融"在毗邻潮州的赣南地区亦有所展露，赣南留下了大量白沙、甘泉等岭南大儒的踪迹即为明证之一。

拥有层层"保护伞",故而传承最久、辐射最广、影响最大,与宗族社会和文化的结合也最紧密,在晚明还与东林党人有重合互动的趋势,成为阳明学传播、发展的重中之重。

泰州地区尽管也靠近政治中心,而且地处非常重要的淮南盐区,但却偏离江南的商品经济繁华区域,使得该分支较为混杂,师承关系交错,学术宗旨各异,是南北思想交汇、平民学术崛起的反映,故而思想系统也别具一格,大有与绍兴等地区分庭抗礼之势。该思想系统即所谓的"泰州学派",在泰州一地由内到外的辐射圈为安丰——淮南中十场——里下河平原。而受到该学派影响较大的地方有:A.安丰(今盐城东台市安丰镇一带,如王艮、王襞、朱恕、周士弘、周瑞、王之垣等皆为盐城东台人);B."淮南中十场"中除去安丰场的其他九个盐场,即东台(东台市东台镇)、何垛(东台市东台镇)、梁垛(东台市梁垛镇)、富安(东台市富安镇)、角斜(南通市角斜镇)、栟茶(南通市栟茶镇)、丁溪(盐城市草堰镇)、小海(盐城市小海镇)、草堰(盐城市草堰镇);C.兴化(今泰州兴化市,如林春、韩贞是兴化人)、姜堰(泰州姜堰区,如王栋是姜堰人)、如皋(今南通如皋市)、高邮(今扬州高邮市)、仪真(今扬州仪征市)。上述各地,皆在长江以北、淮河以南,地理上处于苏中地区(里下河平原),语言上具有大致相近的方言系统,可谓泰州学派的核心辐射区域,或谓"内圈"。然而,如果把学术视野放大到全国范围,则泰州学派的外延又涉及浙江、湖北、四川、福建、广东以及南、北直隶等广大区域,其"外溢"规模堪比宋明时期的各大思想学派。从这一意义上说,称泰州王门为独立于阳明学派的思想学派亦未尝不可。

王阳明以讲学为首务,足迹遍布十余省份,然而比较来看,浙中、江右、南中可以说是他的苦心经营之地,其一生大部分的讲学活动集中于此,其较为成熟的学术思想亦发源于此,故而是阳明学传播的重点区域。黔中、粤中、桂中可以说是由阳明播撒种子而由其门人精心耕耘之地,阳明早年的个人"悟道"发生在黔中,而晚年的两广之行则使其最后心迹留在了粤中和桂中,故而此三地亦可谓是阳明学传播的主要区域。楚中、闽中和鲁中,均属于阳明过路讲学、临时传道之地,故而是阳明学传播的边缘地区。唯有泰州是个特例,阳明并未在泰州讲过学,然泰州王学的热烈程度却丝毫不亚于其他地区,这无疑应首先归功于阳明高足王艮,但阳明的人格魅力及其学说在该地区的巨大感染力，也是不可忽视的重要前提。正因为此，才使得泰州王门带有了其他地域王门所少有的鲜明个性，其中像颜钧、罗汝芳、周汝登、陶望龄、耿定向、耿定力等人的思想学说，既与泰州王门有紧密的学脉连接，同时又分别与江右王门、浙中王门、楚中王门有割舍不掉的地缘联系，所以他们的思想个性既有别于泰州王门，又有别于江右、浙中、楚中王门，或者说是泰州王门与江右、浙中、楚中王门的复合形态，属于阳明学系统中非常有个性的思想家群体。

而作为阳明学传播的重点区域和主要区域，浙中又集中于绍兴、宁波，江右又集中于吉安、赣州，南中又集中于滁州、池州、宣城，粤中又集中于潮州等地，黔中又集中于贵阳等地。黄宗羲的《明儒学案》用浙中、江右、南中、粤中来概括前五个地区，而对黔中王门却只字不提，这一"疏忽"，与钱德洪的阳明学观不无关系，它给后世的阳明学研究带来了诸多不便，造成了许多误判。泰州学派本应包括在南中王门中，但因其主要缔造者王艮思想的相对独创性，所以黄宗羲将其单列，只称"泰州学案"而不称"王门学案"。除了京师北京，阳明在北方地区几乎未见明确的讲学之记载，所以北方人士主要是通过到南方为官或直接到南方从学于阳明的过程才成为王门弟子的。《明儒学案》中虽有"北方王门学案"，然所列对象除主试山东时的穆孔晖及晚年居绍兴时的弟子南大吉、南逢吉外，其余皆为未入门的再传或三传弟子，且北方"阳明门下亲炙子弟，已往往背其师说，亦以其言之过高也"①。究其原因，与阳明学在北方地区的传播特点不无关系。

需要指出的是，北方王门的开派宗师并非曾亲炙王阳明的陕西二南或山东穆孔晖，而是山东东昌府（今聊城）的张后觉（1503—1578，字志仁，号弘山）和河南洛阳府的尤时熙（1503—1580，字季美，号西川），尤其是颇受浙中王门的主将许孚远、张元忭乃至刘宗周敬重的、世称"二孟"的东昌府茌平县人孟秋（1525—1589，字子成，号我疆）和洛阳府新安县人孟化鲤（1545—1597，字叔龙，号云浦），此四人皆为王阳明的后传弟子，对阳明学之精髓的把握已

———
① 黄宗羲：《河东学案》，《明儒学案》卷七，沈善洪主编：《黄宗羲全集》（第7册），第117页。

与阳明亲炙弟子有较大距离，带有更加明显的北方理学传统之味道。"二孟"之崛起，刻苦立学，卓绝担当，北方王门始为儒林所重，是故刘宗周将"二孟"与其最为尊重的乡贤张元忭并列，称赞"二孟先生如冰壶秋水，两相辉映，以扶家传于不坠，可称北地联璧"①。黄宗羲或受乃师影响，而单列"北方王门学案"，以表彰明后期北方学者对阳明学的"绍家传于不坠"之功。而这或许正是黄宗羲在叙述北方王门时，会给人以其中得失、所取得的成就不因亲炙而有分别、差等之感觉的主要原因。

从王阳明学说的逻辑起点看，其先导应是南方的吴与弼与北方的薛瑄。无论以吴与弼为起点还是以薛瑄为起点，最终均导致了阳明学的兴起。全祖望尝曰："明初学统，逊志先生（方孝孺）起于南，曹学正（曹端）起于北，嗣之则吴聘君（吴与弼），起于南，先生（薛瑄）起于北。三百年导山导水，必自四君子为首。"②依全氏之见，明代学术之所以有两个起点，是因为理学自南、北同时而兴的缘故。③顺此思路，我们可以说，阳明学有向南、北两大方向发展的动能与趋向。不过在王阳明在世时，其与北方学者的紧张程度要远远超过与南方学者的紧张关系。比如他与山西学者王云凤（字应韶，号虎谷，和顺人）的争论便相当激烈。王云凤讥讽王阳明为"未晓方脉，故不欲闻其说"的"乡医"，意指不入主流的"乡巴佬"，而王阳明针对北方学者以大佬自居而垄断学术话语权的做法也提出过批评：

> 夫医术之精否，不专系于乡国，世固有国医而误杀人者矣。今徒以乡医闻见不广于大方，脉未必能通晓，固亦有得于一证之传、知之真切者，宁可概以庸医视之，兹不近于以人废言乎！④

---

① 黄宗羲：《师说》，《明儒学案》，沈芝盈点校，中华书局2008年版，第11页。
② 全祖望：《鲒埼亭集外编》卷十九，《全祖望集汇校集注》，朱铸禹汇校集注，上海古籍出版社2002年版，第1101页。
③ 参见王宇：《方孝孺与黄宗羲对明代理学开端的构建——兼论宋濂不入〈明儒学案〉》，吴光主编：《黄宗羲与明清思想》，上海古籍出版社2006年版，第269—286页。
④ 王阳明：《答王应韶》，《新刊阳明先生文录续编》卷二，孔学堂书局2020年版，第171页。

与王阳明的理性回应不同，当时及而后的北方学者对王阳明的批判则可谓"上纲上线"，欲置之死地而后快，比如河南儒者崔铣（后渠）"诋阳明不遗余力，称之为霸儒"①，就颇具代表性。而我们则不难从这些争论和对抗中感受到地处政治权力中心的北方学者与地处经济社会发展中心的江南学者的不同取向。据朝鲜儒臣尹根寿（1537—1616）说：

> 后有徐即登（1545—1626，江西丰城人，李材弟子——引者注），提学福建，于每邑孔庙，大书阳明之罪曰：以学术误天下后世云云。大概其意如此，未能记其全文。其议从祀也，南人皆右阳明，北人皆斥阳明，而南论特盛，强以阳明从祀，而非一世公论也，至今士论痛恨者多。综之，阳明既立异于朱子，则后学当法伊川所谓佛氏之言：当如淫声美色以远之云云，而不可以喜其新异之说而陷溺其中也。②

然而，以上事实并不能说明北方就没有阳明学的辩护或追随者了，比如同为河南大儒的孙奇逢就曾针对崔铣的言论反驳道：

> 文敏议象山、阳明为禅学，为异说。夫二人者，且不必论其学术，荆门（指象山）之政，有体有用；宁藩之事，拼九死而安社稷，吾未见异端既出世而又肯任事者也。③

如此看来，黄宗羲在《明儒学案》中特设专章讨论北方王门，绝非无的放矢。

北方地区阳明学的发展态势，从中明以后山东、河南、陕西的三足鼎立，到清初陕西、河北的并驾齐驱，盖因鲁中、洛中、关中在阳明以后相继出现了一批传扬、发挥阳明学说的信奉者，而明末

---

① 黄宗羲：《诸儒学案中二》，《明儒学案》卷四十八，沈善洪主编：《黄宗羲全集》（第8册），第464页。
② 尹根寿：《答张翰林维书》，《月汀集》卷五，转引自中纯夫：《朝鲜的阳明学》，汲古书院2013年版，第491页。
③ 黄宗羲：《诸儒学案中二》，《明儒学案》卷四十八，沈善洪主编：《黄宗羲全集》（第8册），第464—465页。

清初陕西则有关中大儒李颙的存在，河北有保定定兴人鹿善继及其友人、出生保定荣城县的大儒孙奇逢的存在。但其实，由马背上的民族女真人用武力统一中国，其统治者至始至终标榜武功文治，从内心深处对文武双全的王阳明形象和提倡"知行合一"的阳明学说情有独钟，才是其中最根本的原因；①从而在一定程度上表现出了对王阳明"知行合一"的推赏。而深受康熙器重的雍正的老师顾八代，作为平定三藩的满族名将，其对王阳明亦是推崇备至，并且流露出从"武功"向"文治"的重心转变，曾著《王阳明先生宣化书院》诗云："功传南国慕遗芳，道著名存一讲堂。户外晴云如太古，阶前春草有余香。常时过客来相奠，伏腊村民走奉觞。自是先生传性学，千秋笃实仰辉光。"②同时也是康熙皇帝周围事实上已被自觉扛起程朱理学的大旗，为清朝统治的合法性做注脚的李光地、张伯行、熊赐履、陆陇其、魏象枢等一大批理学名臣所包围的情势下，却依然认同孙奇逢的弟子汤斌对王阳明的个人气节及其事功军功的高度评价，乃至乾隆皇帝南巡时御赐"名世真才"于绍兴越城王文成公祠，从而为康乾年间修纂《明史》定了调，为清初对王阳明的官方评价定了调的真正起因。

西南地区，除贵州、广西外，阳明都未讲过学，但巴蜀地区因为有阳明学者赵贞吉父子及邓豁渠、何祥等人的存在，而在内江地区形成了一个崇拜和传播阳明学的学术圈。云南则除了嘉（靖）万（历）年间阳明学者梅守德、徐樾、李材、罗汝芳、邓豁渠、李贽等人在云南或为官或访学而传播推广阳明学外，还有大理的李元阳③、

---

① 康熙的内心深处其实不太看得起在清初占统治地位的程朱理学，尝论理学道："日用常行，无非此理，自有理学名目，彼此辨诊。朕见言行不相符者甚多，终日讲理学，而所行全与其言背谬，岂可谓之理学？若口虽不讲，而行事吻合，此即真理学也。"（赵慎畛：《榆巢杂识》卷上，徐怀宝译，中华书局2001年版，第37页）

② 顾八代：《敬一堂诗抄》卷九，清乾隆十五年刻本。

③ 李元阳（1497—1580），字仁甫，号中溪，大理人，白族。嘉靖五年（1526）进士，授翰林院庶吉士。"理学钜儒也。先生之学以佛入，以儒出。复性为本，济世安民为用。"（李根源：《〈中溪家传汇稿〉序》，《李元阳集·诗词卷》，那茂菊、蔡正发校注，云南大学出版社2008年版，第603页）与王门巨子王畿、唐顺之、罗洪先、罗汝芳及邓豁渠、邹颍泉、李贽等相印可，"其议论所得亦与念庵、龙溪为近，于姚江为私淑弟子"（赵藩：《重刊〈中溪汇稿〉序》，《李元阳集·诗词卷》，那茂菊、蔡正发校注，第606页）。故王畿尝"附去《滁阳会语》一书，述先师所悟得，梗概颇详，批教以示，万里之叩也"（王畿：《与李中溪》，《王畿集》卷十，吴震编校整理，凤凰出版社2007年版，第258页）

蒙化的朱应登和朱光霁兄弟①、腾冲的吴璋、吴宗尧父子②，以及罗汝芳的弟子史旌贤③、张鑰④等这样一批阳明学者的存在，亦使之成为阳明学研究中不可忽视的地方。⑤

除此之外，包括苏南、上海在内的"大浙西"地区，先有苏州、无锡、上海王门的存在（阳明曾在苏州、无锡住过并讲过学，上海则有出生于华亭的冯恩⑥、徐阶等阳明学者之存在），后有同样出生于上海的徐光启、孙元化等王学信奉者的出现，是中晚明受西学东渐运动影响较大的地区。当时一批受耶稣会传教士影响的所谓西学派亦与阳明心学有着千丝万缕的联系。如被称为耶儒"三柱石"徐光启、李之藻、杨廷筠皆为大浙西人，他们大都试图用基督教来阐释心学，因而在这一地区表现出新旧思想交替、中西学问汇杂的复杂面相。反之，受到西学影响的清初士人中也同样出现了批判阳明学的风潮，在这批人当中，既有出生浙西的陆陇其、陆世仪等，也有出生中原的魏裔介、张伯行等，由此亦可看出不同地区受阳明学的影响是有较大差异的。

还需要注意的是，不仅阳明学者或者反阳明学者受到过西学的影响，早期的西方传教士也同样受到了阳明学的影响。利玛窦（Matteo Ricci, 1552—1610）在定居北京之前，密切交往的文人都是阳明学的同情者。如章潢、李贽、祝世碌、焦竑及邹元标等人，都与利玛窦

---

① 据《云南通志》卷二十一："朱玑，字文瑞，蒙化卫人。成化丁未进士，任大理评事，谳狱无冤，历贵州按察使，恩威兼济，纲举目张，寻乞归，乡人咸矜式焉。朱光霁，字克明，玑之子。为人慷慨，有大节。从父宦游，师王守仁。中正德癸酉举人，历官西安府同知，所至以廉明称，乞归后家徒壁立。"另参王阳明《赠朱克明南归言》及文末的朱应登跋文，收入《蒙化志稿》卷八、《蒙化府朱氏家谱》卷首。
② 据《云南通志》卷二十一："吴璋，字廷献，金齿司人。弘治己酉举人，过浙问学于王守仁，居三年，所养益粹。授长寿教谕，倡明理学，教人以致知力行。学者宗之，称执斋先生。"吴宗尧，字协卿，腾越人。嘉靖癸卯举人，历马湖府同知，复补延平，所至有贤声，终养归。尝从湛甘泉、蒋道林游，讲明正学，学者宗之。辑《郡乘》二集。
③ 史旌贤，五华县人，万历八年（1580）进士，知内江县，敏练端严，遇士大夫有礼，表章胜迹，兴起人文，有贤声，士民思之，建祠以祀。擢监察御史，侍经筵，历七省副使，致仕。著述甚富。
④ 曾任云南富民知县，并辑罗汝芳的《尊闻录》传于世。
⑤ 关于滇中王门，可参见束景南：《王阳明年谱长编》，第524、781、2032页；邹建锋：《阳明夫子亲传弟子考》，第179—186页。
⑥ 《明清进士录》："冯恩，嘉靖五年三甲十四名进士。松江华亭人，字子仁，号南江。……官行人，出劳两广总督王守仁，执弟子礼。"阳明有《行书良知说四绝示冯子仁》"冯子仁问良知之说，旧尝有四绝，遂书赠之。"（见束景南、查明昊辑编：《王阳明全集补编》，上海古籍出版社2016年版，第373页）

进行过频繁的交流与对话。主持白鹿洞书院的江右阳明学者章潢更是屡次邀请利玛窦到书院与士子研讨学问。据此可以推断，利玛窦应该已对王阳明的哲学比较熟悉。①他从广东、江西一路向北前往北京，经过的地方大都是阳明讲学、为官之地，其中南昌就是最好的例证。在那里，章潢与他交友，充当他的顾问。利玛窦在南京与焦竑和李贽的交往更是众所周知。1601—1605年，江右王门的著名学者冯应京还协助利玛窦出版了《交友论》《天主实义》《二十五言》，并为之作序。其中可以证明的是《天主实义》中曾多次引用过王阳明的话，尽管没有提及他的姓名。②据美国学者伊来瑞介绍，早在十九世纪前，欧洲以及美国的文献中就提到了王阳明。比如有一位叫赫苍壁（Julien-Placide Hervieu, 1671—1746）的耶稣会传教士，在中国生活了四十五年，最后客死于中国。他把《王阳明全集》中的十篇译成法文，并把译文文稿带到巴黎，后被著名的耶稣会士杜赫德（Jean-Baptiste Du Halde, 1674—1743）收录进自己主编的《中华帝国全志》（La preuve par la Chine）中。赫苍壁的翻译文稿至今仍藏于法国国家图书馆。此外，根据法国东方学家艾蒂安·富尔蒙（Etienne Fourmont）的书目，巴黎皇家图书馆（即今法国国家图书馆）曾藏有一部《王阳明文集》（1660年或1720年的版本），并录有拉丁文的解释。据伊来瑞先生推测，该书可能是耶稣会传教士付圣泽（Francois Foucqet, 1665—1741）于1722年带回法国的，因为付圣泽回国时曾带回一千多卷中国古籍，其中可能就有《王阳明文集》。③

三、地域疏漏

综合来看，由于钱德洪、黄宗羲的原因而被《明儒学案》"遗忘"④的黔中王门、桂中王门，不仅可单立门户，还可作为阳明学向文化边缘地区传播的成功范例。其中黔中王门讲的人较多，学术界已基本形成"黔中王门"之共识，曾出现过水西（龙场）、贵阳、思南、清平、都匀五大阳明学重镇。然桂中王门则鲜有人问津，相关

---

① 黄文树：《阳明后学与利玛窦的交往及其含义》，《汉学研究》2009年第3期。
② 参见伊来瑞：《阳明学之欧美传播与研究》，吴文南译，学苑出版社2022年版。
③ 详见伊来瑞：《阳明学之欧美传播与研究》，吴文南译。
④ 至于"遗忘"的原因，应作专门检讨，兹不赘述。

研究甚少。实际上,阳明在嘉靖六至七年(1527—1528)征广西思、田期间,曾兴学校于梧州、思恩、田州、南宁等地,让南宁"府及附近各学师生前来朝夕听讲"①,并"与该府县学师生朝夕开导训告"②,以激励他们的"奋发之志";又派合浦县丞陈逅"主教灵山诸县"、弟子揭阳县主簿季本"主教敷文书院",并牌谕曰:"照得安上治民,莫善于礼……若教之以礼,庶几所谓小人学道则易使矣。福建莆田生员陈大章前来南宁游学,叩以冠婚乡射诸仪,颇能通晓。近来各学诸生,颇多束书高阁,饱食嬉游,散漫度日。岂若使与此生朝夕讲习于仪文节度之间,亦足以收其放心……仰南宁府官吏即便馆谷陈生于学舍,于各学诸生之中,选取有志习礼及年少质美者,相与讲解演习。自此诸生得于观感兴起,砥砺切磋,修之于其家,而被于里巷,达于乡村,则边徼之地,遂化为邹鲁之乡,亦不难矣。"③可以说为振兴广西教育尽了很大努力。他去世后,其门人后学(如程文德、耿定向、胡直、王宗沐等)又相继到广西兴办书院、讲学教化,又进一步推动了广西教育事业的发展。桂中王门就是在此过程中形成的,虽人数不多,但仍值得一书。当时不仅阳明书院(如王阳明在南宁、宾阳建敷文书院,其广西门人在武鸣建阳明书院,王宗沐在临桂建阳明书院,思恩知府侯国治在思恩建阳明书院,其后学于万历年间在武缘建阳明书院,知县瞿宗鲁在融县建正心书院)、阳明祠(如王阳明在南宁建立的敷文书院后改为文成公祠,在苍梧有名卿祠,在平南有八公祠④,在宣化有文成公

---

① 王守仁:《牌行灵山县延师设教》,《王阳明全集》卷十八,吴光等编校,第633页。按:从1527年11月20日至1528年9月7日,王阳明在广西一共只滞留了九个半月,其中在南宁住了五个月(据阳明《南宁二首》"一驻南宁五月余"之诗句),并且留下了较为丰富的事迹和文献。但《阳明年谱》等文献中记录下来的阳明在广西的亲传弟子却极为罕见,仅见陈大纶(字伯言,南宁人,嘉靖八年进士,尝闻学阳明于南宁,详见道光《宁都直隶州志》卷二十二)等几人,而来广西问学于阳明的,则大多为非桂籍人士(如莆田人林富)。正因为此,阳明在广西制定的善后处置事宜(据阳明《处置八寨断藤峡以图永安疏》共有五条),多未及实行,其原因固然与阳明很快离开广西东归有很大关系,但也与阳明未在桂地留下传人以承续其事业有一定关系,而当年贵州、南赣的情况则与广西有天壤之别。
② 王守仁:《牌行灵山县延师设教》,《王阳明全集》卷十八,吴光等编校,第634页。
③ 钱德洪:《年谱三》,王守仁:《王阳明全集》卷三十五,吴光等编校,第1317页。
④ 据黄懿《关于王阳明祭祀角色问题的探讨》[《国际阳明学研究》(第4卷),上海古籍出版社2014年版,第214—219页]一文考证:毗邻隆安县的平果县(当时归白山土巡检司管辖)也建有"八公祠"。该祠先为"五公祠",祭祀韩雍、王守仁、蔡经、翁万达和毛伯温。后将"五公祠"与宋代为祭祀周敦颐、程颢、程颐而建的"三贤祠"合并为"八贤祠"。

祠，在隆安有王文成公祠①；或与其他名卿共祀，或单独祭祀，见于地方史志记载的就有二十多处②）在广西各地出现③，而且还形成了一批信奉者和传播者，如南宁人陈大伦（生卒年不详）、桂林人吕调阳（1516—1580）、马平人张翀（1525—1579）等。④徐渭在为季本写的《师长沙公行状》中称："新建伯（阳明晚年被朝廷封为新建伯，故又以新建代指阳明）始建敷文书院于南宁，至是遂留先生（指季本）使主教事，至者日以百计。先生为发明新建旨，提关启钥，中人心随，而言论气象，精深摆脱，士翕然宗之，南宁至今传新建学，大抵先生功也。"⑤说南宁至今传新建学，这是符合实际的。然而对阳明学颇有好感的浙江温州人王叔杲却认为："夫广西故百粤地，秦汉虽郡县之，而终属羁縻，奈何重支末而轻根本，夺腹心以事四体也。"⑥把广西视为"重支末而轻根本，夺腹心以事四体"的教育贫瘠之地，显然过于武断。⑦只是邻近我国广西的越南似乎受阳明学的影响极小，个中原委，有学者认为主要是由于朱子学对越南的影响

---

① 按：隆安县还是王阳明上奏创设的，据嘉靖《隆安县学碑记》载："南宁在广西为上郡，隆安旧属南宁极西之边地，为诸出入之门户，去府治稍远，民夷杂处，剽略无宁日。我皇上初年，总督王阳明公仗节平田州之乱，思欲严其扃钥，于是即今此地为隆安县治，冀以保障此方也。"（《艺文考》，《隆安县志》卷五，民国二十三年重印本）由此可见，王阳明上奏设县的不仅有广东和平、江西崇义和福建平和，还有广西隆安，只是前面三县在阳明生前即已建成，而隆安则要到阳明去世后的嘉靖十二年（1533）才"辟为县治"，终使"邑人沐王阳明之雅化"。
② 可是钱德洪主编的《阳明年谱》却无任何有关广西建立阳明祠的记载，足见当时交通不便、信息不畅等原因，钱德洪不仅忽略了贵州，同时也忽略了广西，而这两地都是王阳明曾经工作、生活过的地方。
③ 据党丁文的《广西历代名人名胜录》（广西民族出版社1991年版）介绍，从明嘉靖四十年（1561）至清代末年，广西各地共建有百余处纪念王阳明的场所，如南宁青秀山的"阳明洞"、南宁人民公园内的王阳明像、隆安县的阳明洞石刻、武鸣县的王公祠及阳明书院、平果县旧城圩驿站遗址、靖西县望江亭石刻等，几乎当年王阳明"灭贼"过地方均有纪念场所。另据介绍，嘉靖四十年（1561）五月，阳明死后三十三年，左江兵备金事欧阳瑜为表彰阳明之功绩，特请人在南宁青秀山撮青崖上刻了"阳明先生过化之地"几个字，即今人所称的"阳明洞"。又，今隆安县雁江乡右江南岸有一岩洞，洞内可容数百人，洞壁刻有"阳明洞天"几个大字，洞前峭壁刻有阳明《征抚思田功绩文》。嘉靖七年（1528）阳明平定思恩、田州之乱时，曾泊舟于此。
④ 参见孙先英：《宋明理学在广西的传播及其对少数民族文化的影响》，中国社会科学出版社2015年版，第106—127页。
⑤ 徐渭：《师长沙公行状》，《徐渭集》卷二十七，中华书局1983年版，第645页。
⑥ 王叔杲：《王叔杲集》，张宪文校注，上海社会科学院出版社2005年版，第201页。
⑦ 按：广西是王阳明建功设教所及省区中唯一以"自治区"命名的少数民族聚居区，与南赣等地不同，阳明在广西所面对的几乎全是瑶族、僮族（即壮族）、苗族等少数民族，这也是至今广西人从心理上难以接受阳明"征剿""袭破""斩获""抚柔"，且，"未期月，而蛮夷率服"（王守仁：《南宁新建敷文书院记碑》，林富、黄佐纂修：嘉靖《广西通志》卷二十六，明刻本）之"征服者"形象的重要原因。而我们在评价王阳明时，亦不能不考虑这种民族心结。

太大，作为异端学说的阳明学很难渗透进去。①但这还是解释不了为什么阳明学在正统朱子学（退溪学）的全力阻击下能在朝鲜半岛的"非主流社会"立住脚，而在越南就偏偏无立足之地？这些自然都是区域阳明学研究所要回答的问题。

再进一步说，闽中王门被纳入粤中也有点勉强，对闽中王门的挖掘工作还远远不够。皖中王门被《明儒学案》纳入南中王门，更是难以自圆其说。无论从阳明皖中讲学的频率看，还是从皖中阳明后学的声势看，它都能成为一个独立的地域流派而单独立项。蜀中王门的传人都被纳入泰州学派中，固然有其合理性，但同样不能反映蜀中阳明学者的独特个性。楚中王门虽被单独立项，但人物、学派研究都很不充分，尤其是将其代表人物也归入泰州学派，不仅使泰州学派陡然产生分歧，而且使楚中学术大伤元气，遂使湖北在楚中王门的地位被明显看低。其实湖北不仅与王阳明本人有密切关系②，而且阳明弟子在湖北也并不鲜见③。至于北方王门，更

---

① 参见钱明：《韩国阳明学概论》，吴光主编：《阳明学综论》，中国人民大学出版社2009年版。
② 按：尚无直接证据能证明王阳明去过湖北，唯《黄州府志》卷三《古迹》中有一记载："郭善甫故里，在庶安乡（今属武汉市新洲区汪集镇）。郭家新砦南，王阳明过访，留三日，题联于堂。"题曰："泉石不知尊爵贵，乾坤可碍野人居。"但《黄州府志》的这一说法并无任何旁证可以证明。据耿定向《郭善甫先生墓表》："郭公名庆，字善甫，中正德丁卯（1507）乡魁，仕为山东清平令，盖敦恂笃行人也。为举人时，从文成王先生游最久，文成念其笃实，尝延为馆师，其所提训者甚悉，具录文成集中。比归，则以其闻诸文成者接引里中后生，因而兴起者甚多。"［参见杨正显：《王阳明佚诗文辑释——附徐爱、钱德洪佚诗文辑释》，（台湾）《中国文哲研究通讯》2011年第4期］近人熊十力即以此为据分析称："黄冈郭氏善甫先生为阳明高弟，阳明尝延为其子师，而《明儒学案》不载，盖先生不务声誉故也。"［熊十力：《心书》，《熊十力全集》（第1卷），湖北教育出版社2001年版，第23页］另据束景南《王阳明年谱长编》载，湖北还存有与阳明有关的一些遗迹，如嘉靖元年《湖广图经志书》卷一《公署》中记载的"彰孝坊"，即是因为正德四年（1509）阳明升为庐陵知县后，遂于正德六年（1511）五月二日，武宗旌表楚世子荣减时，上《彰孝坊》诗颂之，（束景南：《王阳明年谱长编》，第614页）从而使武昌的"彰孝坊"与王阳明联系在了一起。至于被熊十力誉为"荆楚大师"的黄安（今湖北红安）耿氏三兄弟（即耿定向、耿定理、耿定力）在阳明后学中的地位，则更是人所共知了。
③ 按：比如曾问学于王阳明的朱廷立（1492—1566），"字子礼（一字两崖），湖北通山人，嘉靖癸未（二年，1523）进士，授监察御史，嘉靖十六年擢南京太仆少卿，官至礼部侍郎。质任浑朴，言动真且，好恶不形……不逐时好，观察所至，独秉大体，不尚苛刻，久立朝著，惟以忠厚正直为务。惟好理学，喜为文辞，至老不倦，士林多重之。"（《明一统志》卷四十九《文渊阁四库全书》史部地理类）嘉靖三年（1524）阳明在越讲学，时任诸暨县宰的朱廷立前来向其问学。据阳明《书朱子礼卷》记载："子礼为诸暨宰，问政，阳明子与之言学而不及政。子礼退而省其身……他日，又见而问学，阳明子与之言政而不及学。子礼退而修其职……他日，又见而问政与学之要。阳明子曰：'明德亲民一也。古之人明明德以亲其民，亲民所以明其明德也。是故明德，体也；亲民，用也。而止至善，其要矣。'子礼退而求至善之说，炯然见其良知焉，曰：'吾乃今知学所以为政而政所以为学，皆不外乎良知焉。信乎，止至善其要也矣！'"［王守阳明：《书朱子礼卷》，《王阳明全集（新编本）》卷八，吴光、钱明、董平等编校，第298—299页］

是笼统有余而细化不足，它实际应包括鲁中王门、河洛王门、关中王门和燕南王门，简单地归纳为"北方王门"，显然失之过粗。比如集中于鲁中地区的阳明弟子群和交友群，可以说是北方王门的主要分支。由《达溪王氏宗谱》可知，王阳明的先祖来自山东琅琊，故世称"琅琊王氏"。阳明本人也曾在山东主持过科举考试，后编有《山东乡试录》，为山东培养了一批学术骨干。在《王阳明全集》中，作于山东的诗文，除了《山东乡试录》及其前后序文外，还有"山东诗"六首。而在笔者所收集的阳明散佚诗文中，与山东有关的诗文有十余篇之多。黄宗羲在《明儒学案·北方王门学案》中收录了穆孔晖、张宏山、孟我疆三位山东籍弟子，又在《甘泉学案》中收录了山东最为重要的王门学者王道，但仍有一些阳明学者未被《明儒学案》收录，如山东聊城的赵维新、王汝训、逯中立等，以及汶上的路迎等。① 以上这些人大都出生于京杭大运河沿岸（大运河在山东境内流经济宁、聊城、临清、德州、沧州）的鲁中地区，因此可以说，鲁中王门② 是阳明学传入北方地区的第一站，亦是北方王门最主要的分支，从而使山东也成为北方地区王阳明留下足迹最多的地方，比如济南的趵突泉、大明湖、文衡堂等；曲阜的孔子庙、周公庙等；泰山的日观峰、十八盘等；而且据乾隆《泰安县志》卷九，泰安曾存有一块王阳明书于弘治年间的《泰山高》诗碑。③ 而在鲁中王门中，可以说穆孔晖是阳明最早的鲁中弟子，路迎是阳明最得意的鲁中弟子，王道则是批评阳明最多的鲁中弟子。④ 然而遗憾的是，对于鲁中王门，学术界以往很少有人关注，系统性的研究几乎是空白。即使是几乎不被人提及的山西，其实也有阳明学传播和发展的深刻印记，其中最具代表性的便是孔天胤（1505—1581），字汝锡，号文谷子，又称管涔山

---

① 按：今山东聊城在聊城水上古城建有七贤祠，供奉着七位北方王门学者：王道、穆孔晖、孟秋、王汝训、逯中立、张后觉、赵维新。其中穆孔晖、王道都曾亲聆王阳明讲学。张后觉曾师从于王艮弟子徐樾、颜钧，山东提学副使邹善，建愿学书院，东昌知府罗汝芳、见泰书院，供其讲学。孟秋、赵维新都是张后觉的门生。王汝训是阳明弟子穆孔晖的再传弟子。逯中立曾与顾宪成、高攀龙、邹元标、冯从吾等讲学东林书院。
② 按："鲁中王门"，学术界向无此称谓，笔者根据黄宗羲《明儒学案》中的"浙中王门""楚中王门""南中王门"之称谓，而称山东王门为鲁中王门。
③ 束景南：《王阳明年谱长编》，第316、326、329、330页。按：王阳明赴山东主考乡试期间，在济南等地一共住了两个多月，留下了许多诗篇。
④ 参见束景南：《王阳明年谱长编》，第806、809页。

人,死后门人称文靖先生。嘉靖十一年(1532)进士,山西汾州人。嘉靖二十二年至二十六年(1543—1547),孔天胤出任提督浙江学政,与钱德洪、王畿、程文德等王门学者交往甚密,并在融合薛瑄理学与阳明心学的基础上,逐渐接受了阳明学说。他不仅为王阳明写了祭文,在杭州主持序刊了《朱子晚年定论》,还在金华帮助恢复了著名的五峰书院,使阳明心学在金华、衢州、处州等浙中地区重新获得了发展的机遇。万历三年(1575),晚年的孔天胤又在家乡传播阳明心学,并撰写了《王朱辩》,刊刻了《林东城文集》等,将自己的立场完全转向了阳明学。①除此之外,一些曾在山西为官的阳明学者,也可能为阳明学在山西的传播起到过一定作用,如分别在山西担任过按察司副使和巡抚的南大吉、路迎等人。足见,这些被《明儒学案》遗忘或忽略的地域阳明学的人或事,成为当代阳明学研究予以补偿性搜集和考量的对象是理所当然的。

四、地域研究

如果说中国阳明学在发展、传播过程中所形成的地域差异,在明清时代表现得较为充分,近现代的表现明显衰减的话,那么到了当代的"研究期",则由于政治与学术的关系被扭曲,政治批判代替了学术批评,遂使各地域对于王阳明及阳明学的态度和立场也表现出一定差异。

根据文献检索,在二十世纪七八十年代,有关王阳明及阳明学的论文以浙江、江西、贵州、广西最具地方特色。比如:

浙江有余文的《刽子手兼牧师——王阳明》(《浙江日报》1975年6月16日)、哲兵的《头脚颠倒的知行观》(《浙江日报》1975年6月16日)、苍兵的《极端露骨的唯我论》(《浙江日报》1975年6月16日)、马成灿等的《镇压革命的软刀子》(《浙江日报》1975年6月16日)、沈善洪、王凤贤的《论王阳明哲学思想的积极意义》(《中国哲学》第5辑,生活・读书・新知三联书店1981年版)等,除最后沈、王二人的论文较为公正外,其余皆持全盘否定的立场。

---

① 详见孔天胤:《孔天胤年谱》,《孔天胤全集》,张勇耀等点校,三晋出版社2019年版。

江西有江达的《王阳明——刽子手兼牧师的大儒》(《新江大》1972年第2期)、西华山矿工人批判小组的《儒家的"仁义"掩盖不了屠刀上的血迹——评明朝的儒家代表人物王阳明》(《江西日报》1974年8月14日)、邱锋等的《镇压农民起义的工具——批判王阳明的"心学"》(《新江大》1975年第2期)、邱锋等的《一把杀人不见血的软刀子——批判王阳明的"心学"》(《江西日报》1975年7月23日)、高铭群的《王守仁镇压南赣农民起义问题探讨》(《赣南师专学报》1981年第3期)等。其中最后一篇属于较为公正的研究,故而该文作者后又发表了《王守仁赣南活动年谱》(《赣南师专学报》1982年第4期),对王阳明在赣州的活动做了客观叙述。

这一时期江西出版的《王阳明及其反动心学》(该书《后记》称《王阳明及其心学批判》,江西人民出版社1976年版)一书可谓最具代表性。该书的主要内容集中在第二章《王阳明镇压南赣农民起义及其心学的运用》(全书4章128页,此章占了48页)中。据后记说:"这本小册子,是由工农兵、革命干部和专业工作者组成的三结合批判组编写的。参加写作的单位有中共赣州市委宣传部、赣南造纸厂、赣州市文化站、江西大学历史研究室。……本书在编写过程中,得到了中共浙江省余姚县委宣传部,中共广东省和平县委宣传部,中共江西省崇义县委宣传部,贵州省修文县文化站,广西壮族自治区文化局,以及北京市图书馆,浙江省图书馆,广西壮族自治区一、二图书馆、博物馆,贵州省图书馆和广东师院政史系等单位提供的许多珍贵资料。"可见,该书是全国写作的结果。但从该书的分量可以看出,王阳明在南赣"镇压农民起义"乃是编写者重点批判的目标。①

贵州有焦武群的《口诵孔经手挥屠刀的王阳明》(《贵州日报》1974年8月7日)、宋子海等的《所谓龙蛰豹隐,就是刽子手磨刀——剥开王阳明在贵州讲学的画皮》(《贵州日报》1974年11月21日)、贵阳云岩三中的《论王阳明教育思想的反动实质》(1975年复印本)等,虽皆属于大批判式研究,但贵州学者对王阳明与贵州少数民族关系的研究一直持较为平和、公正之立场,如王路平的

---

① 感谢赣州阳明书院王修全院长提供珍贵资料。

《王阳明与贵州少数民族》(《贵州社会科学》1995年第3期)、朱王义的《王阳明在贵州》(《史志林》1995年第1期)等。

广西有高言弘、李春邦的《手拿屠刀口念儒经的王阳明》[《广西大学学报(哲学社会科学版)》1974年第1期]、高弘言等的《彻底批判王阳明的主观唯心主义》(《广西日报》1974年4月15日)、史宏等的《儒家是屠杀劳动人民的刽子手——从王阳明镇压广西大藤峡、八寨地区瑶族人民的罪行看儒家的反动面目》(《广西日报》1975年2月5日)、史宏的《林彪的"灵脑袋"与王阳明的"心学"》[《广西师院学报(哲学社会科学版)》1974年第5期]、史宏的《牧师与刽子手——从王阳明血腥镇压大藤峡、八寨地区瑶壮各族人民的罪行看儒家的反动面目》[《广西师院学报(哲学社会科学版)》1975年第3期]、庄宁的《王阳明的反革命两手及其心学——揭露王阳明镇压广西瑶、壮族人民起义的罪恶面目》(《历史研究》1975年第4期)等,亦皆属大批判式研究。一直到二十世纪八九十年代,广西也只是在地方教育方面为王阳明平了反,如昭民的《王守仁与敷文书院》(《广西教育》1982年第3期)、张克伟的《王阳明与敷文书院》(《贵州文史丛刊》1990年第4期)等,而在政治上尤其在民族关系上的立场则基本未变,大都持否定态度,如谭绍鹏的《王守仁在广西的功与罪》(《广西日报》1984年12月6日)、杨成志的《王阳明与少数民族》(《广西民族研究》1985年第1期)、杨世璐的《王守仁对广西少数民族的剿抚述评》(《广西民族研究》1985年第2期)、莫家仁的《论王守仁抚田州事》[《中央民族学院学报(哲学社会科学版)》1989年第6期]、莫家仁的《王守仁与广西少数民族》(《广西民族研究》1992年第2期)等。甚至进入新世纪后,依然有较为极端的文章发表,如弓也的《王守仁在南宁为什么创办敷文书院?》(《广西地方志》2000年第1期)。即据清人汪森的《粤西丛载》之记载,认为嘉靖六年(1527)王阳明所建的敷文书院,不是真正的书院,而是"假此纵敌,密有指授","实关军旅之机",是以讲学为名,行屠杀之实,用军事术语说,就是"明修栈道,暗度陈仓"。倒是日本学者谷口房男发表的《王守仁与少数民族》(覃彩銮译,《广西民族研究》1992年第3期)一文,对王阳明在广西的所作所为有较为公正的评价。

二十世纪七十年代,除了浙、赣、黔、桂四地,其他地方的研究，主要有宋晓梅的《封建专制的维护者王阳明》[《西北大学学报（哲学社会科学版）》1974年第2期]、许增兴的《王阳明的"致良知"是杀人的软刀子》（《文汇报》1974年6月10日）、杨焕亭的《主观唯心主义的修养术——评王守仁的〈传习录〉》（《文物》1974年第11期）、万斌的《批判王守仁的反动心学》（《青海日报》1975年8月14日）、杨焕亭的《主观唯心主义的修身术——评王守仁〈传习录〉》（《人物》1974年第11期）、赵馥洁的《王阳明的"价值"与蒋介石的"根本"》[《陕西师大学报（哲学社会科学版）》1975年第3期]、中共和平县委批林批孔运动办公室与和平县委宣传部合编的《池仲容农民起义的历史不容颠倒》（内部出版物，1975年1月）、和平县浰源公社贫下中农理论小组的《封建末世血债累累的大儒——王守仁》（《南方日报》1975年5月20日）、治勋等的《王阳明的"心学"和他镇压农民起义的反革命"事功"》（《南京大学学报》1976年第1期）、郑时骥的《王阳明的"破心中贼"和中庸之道（中国哲学史上的中庸之道和折中主义）》（《长沙日报》1976年6月28日）等，亦无不属于大批判式的研究。

通过对以上材料的比较分析，我们可大致得出以下几点结论：

第一，相对而言，浙江、江西这两个阳明学大省，在二十世纪七十年代批判阳明学的运动中刊出的文章较少，而作为阳明学小省（区）的广西倒发表了不少批判性文章，说明王阳明在广西的"劣迹""辫子"比较多，较容易被当作攻击的靶子、批判的目标。而同样是少数民族较多的地方，如贵州、江西赣州在对待王阳明与少数民族关系的态度则与广西略有不同。

第二，同样作为少数民族大省的贵州，要比广西"宽容"得多，对王阳明不仅没有"万炮齐轰"、全面开火，而是应付了事、"草草收场"，并且很快转为批评与褒奖平衡，否定与肯定相兼的批判继承式研究，对王阳明及阳明学显示出较大的包容性。这说明，王阳明在贵州的两年多时间基本上留下的是"好事"善政，没有"劣迹"。

第三，浙江作为阳明学的发源地，对阳明学的批判基本上停留在省报层面，而并未在院校、科研单位中展开，而且王阳明的出生地余姚的人们依然保持着对王阳明的崇拜，基本上看不到对王阳明遗迹的破坏和对王阳明的大批判式运动。因此余姚在"文革"结束后,也成为最早为王阳明"平反"的地方,但也有例外,比如1974年8月8日,余姚县委曾召开一千多人参加的"批判王阳明大会",当时的"批林批孔"小组还编印了三期批判王阳明的简报。①

第四,浙江、江西等地对王阳明的批判式研究大都集中于政治上的"镇压农民"和思想上的"唯心主义",而贵州、广西的批判式研究则大都集中于王阳明与少数民族的关系上,尤其是广西。这说明,就民族问题而言,王阳明在广西的所作所为,与其在贵州、江西相比,是存在"过分"和失策之处的。因此,广西至今有人对此耿耿于怀也是可以理解的。而这可能也是造成广西在当下全国的阳明学热中显得最为"沉寂"的原因之一。②

上述所述的四部分内容,涉及中国十余省区市的各个地方性的阳明学派,其中有不少是目前学术界挖掘、探究尚不充分的地域流派,故而应当成为地域阳明学研究中重点关注、精准考量的对象,唯有如此,才能揭示并呈现中国地域文化的复杂性与阳明学展开的多样性。这是笔者多年来一直倾心于赴各地进行阳明学遗迹调查、热衷于出席各种地域性阳明学派或人物研讨会的重要原因,也是本人主持编纂此书的根本动因和主要目的。

---

① 参见《中国共产党余姚历史第二卷(1949—1978)》,中共党史出版社2004年版;章亦平:《我所经历的对外文化交流回忆》,《阳明史脉》2020年第1期。
② 按:最近笔者又专程赴广西进行王阳明遗迹考察,重走王阳明的广西之路,获益匪浅,这一"定位"已不能成立,应做修正。近年来,广西无论在学界层面还是在官方层面,都开始重视王阳明,南宁重建敷文书院、武宣修复"大藤庙"并新建大藤峡阳明文化公园、平果新建阳明文化小镇及阳明书院等一系列举措,皆为见证。更主要的是在广西学者的努力下,对王阳明在广西的遗迹、遗址等进行了全面普查,取得了重要成果,可以明确地说,广西的王阳明遗迹比中国其他地方的王阳明遗迹更有特点、更为原生,有些甚至更加重要,如明嘉靖年间的王阳明石刻像是最早的石刻像,平果的"阳明洞天"是王阳明亲笔题写,为其他地方所未见,明嘉靖年间与王阳明有关的摩崖石刻及石碑等要明显多于其他地方。

第一编 阳明学与浙江地域文化

王阳明与余姚

王阳明出生于山川灵秀、历史悠久的古邑余姚。山川大势，南依四明山，北濒杭州湾，姚江横贯全境。据考古发现，远在新石器时代，河姆渡人已在这块土地上生息、繁衍。余姚地名的来源有多种说法，主要有二：一为舜支庶所封之地，舜姚姓，故曰余姚；二为山川合名说，四明山古称"句余山"，溪流汇成"姚水"，合取山水之名各一字，故名之"余姚"。在春秋时期，余姚属越国，秦始皇三十七年（前210）置县，属会稽郡。东汉建安五年（200），始筑县城，朱然为余姚长。自唐至北宋属越州，南宋始称绍兴府余姚县（今为宁波市所辖县级市）。[①] 历代人文昌盛，名人辈出，素有"东南名邑""文献名邦"之美称。数百年来，关于王阳明与余姚的故事代代相传，文献典籍有案可稽，遗迹遗存历历在目。据《阳明先生年谱》（以下简称《年谱》）记载：王阳明自十岁随祖父王伦离开故乡后有五次归姚[②]，无论在读书课业期间，还是入仕宦游在外，阳明总是利用一切机会归姚，或省亲、或访友、或讲学、或探胜，故乡从未离开过他的心怀。余姚是王阳明生前魂牵梦绕的血脉之地，这种与故乡难以割舍的情缘日月可鉴。余姚之于王阳明，不仅仅是出生地、童年启蒙之所，而且是其立志成圣贤理想的孕育之地、心学思想的传播之地、姚江学派形成的肇始之地、诗情才艺的重要展示之地。

一、降生瑞云楼

王阳明祖先自迁姚始祖王季始至阳明已为十世，迁姚时间约为南宋末期。当年，王季卜居于旧余姚县衙后的秘图山北麓，南临姚

[①] 按：南宋建炎四年（1130），高宗驻跸越州，以"绍奕世之宏休，兴百年之丕绪"之意，次年改为绍兴元年（1131），升越州为绍兴府，领会稽、山阴、萧山、诸暨、余姚、上虞、嵊县、新昌八县。府治与山阴、会稽两县同城而治。
[②] 据王阳明《送绍兴佟太守序》："成化辛丑，予来京师，居长安西街。""辛丑"为成化十七年（1481），阳明时年十岁，《年谱》应误记。参见王守仁：《王文成公全书》卷二十九，王晓昕、赵平略点校，中华书局2015年版，第1220页。

江，是为王氏家族定居后世代栖居之地，故称"姚江秘图山王氏"。秘图山原称"方丈山"，传说为大禹治水藏秘图之所，唐天宝六年（747）起称"秘图山"。山不高，似小丘，多岩石。山南麓有小湖，称"秘图湖"，山间曲流与湖相通。元至正二十年（1360）春，江浙行省郎中刘仁本驻节余姚州，效东晋王羲之"兰亭雅会"，在秘图湖北建"雩咏亭"，举行"续兰亭雅会"，众多文人雅士参加盛会。山上原有高风亭、舜庙、神禹秘图碑等纪念景观。可见，王氏所择之地乃为风水宝地。

追溯姚江秘图山王氏家族世系脉络，一般应考稽本派系谱牒，但遗憾的是《姚江秘图山王氏宗谱》至今仍未发现。好在与"姚江秘图山王氏"同属"三槐系"的旁支——《姚江开元王氏宗谱》《上虞达溪虹桥王氏宗谱》和《四明上菁李家塔王氏宗谱》等王氏宗谱尚在，综合相关宗谱记载能较系统地梳理出从太原王氏始祖太子晋至王阳明的世系；而结合王阳明胤子王正亿辑录的《阳明先生家乘》①中所记载的自王纲至王阳明的家族人物传等，以及流存于世的《迁姚三世祖士元公迄王文成公八代遗像》照②，则对于梳理"姚江秘图山王氏"的世系脉络提供了较为完整的参考依据。姚江秘图山王氏家族的远祖世系，源头为春秋周灵王时期的太子晋，即太原王氏始祖，其后世系繁衍，支派众多。延之东晋，丞相王导渡江以后，为乌衣王氏始祖，书圣王羲之为其从侄。③王导一支延至北宋之际，三槐王氏突起。余杭仙宅界王氏续三槐王氏，上虞达溪王氏接续余杭仙宅界王氏，姚江秘图山王氏又接续余杭仙宅界王氏。宋末元初，阳明六世祖王纲时任广东参议，死苗难。其子彦达立下遗训："不以仕进"。明初，王氏家族除王纲在历史上有一定影响外④，其子彦达有感于世事莫测，为尽孝养母，隐居姚城秘图湖畔，自号"秘湖渔隐"。彦达子王与准，尊父训，不愿出仕，逃匿

---

① 阳明弟子钱德洪在明隆庆六年（1572）将此书更名为《世德记》，编入《王文成公全书》。
② 余姚市文物保护管理所收藏了姚江秘图山王氏《迁姚三世祖士元公迄王文成公八代遗像》照一幅。遗像上自明至民国有多位名人题字，占满该画像上下左右空白处。
③《年谱》中将上虞达溪王氏迁始祖表述为东晋王羲之之二十三迪功郎王寿应误。姚江秘图山王氏家族迁始祖王季，自上虞达溪迁姚城定居，世系脉络如下：王季—子俊—士元—纲—彦达—与准—世杰—伦—华—守仁（号阳明），以上共十世，瓜瓞绵绵，自阳明六世祖王纲起，有"多重证据"可互证，脉络清晰。
④ 参见张廷玉等：《王纲传》，《明史》卷二百八十九，中华书局1974年版，第7414页。

四明山，自号"遁石翁"。与准子王杰（字世杰），承先祖遗志，多次婉拒拔贡，自号"槐里子"。王杰子王伦（字天叙），以教书为业，清贫淡泊，生性爱竹，自号"竹轩翁"，不愿闻达。从中可知，王纲之后四代，以孝为先，耕读传家，淡泊明志，处于社会底层，王彦达的家训在长达近百年中皆为其子孙所遵奉。随着社会情势的变迁，这一祖宗成训传至王彦达玄孙王华时遂被改变。南昌人胡俨所撰《遁石先生传》一文中对王氏世系的流变作过总结及预测："皆以令德孝友垂裕江左，联绵数百祀，门第之盛，天下莫敢望。中微百余年，天道未为无意也。元末时，其先世尝遇异人，谓其后必有名世者出。"余姚人戚澜所撰《槐里先生传》一文也有类似的表述。① 一切似乎待王华中状元之后，家族的命运始发生重大转机，走向中兴。

明成化八年九月三十日（公元1472年10月31日）②，王阳明出生于余姚龙泉山北麓的"瑞云楼"③。传说阳明降世时，祖母岑太夫人梦见仙人驾祥云、列队鼓乐送子，梦惊醒，阳明母郑氏即生子，史称"瑞云送子"。祖父王伦奇之，即以"云"为新生儿取名。虽说"瑞云送子"的神话带有《年谱》编纂者出于神化阳明的动因，但这种神化现象与古人"天人合一"的文化心理及姚地浓郁的道教氛围有一定关系。据传，王阳明直到五岁尚不能说话，一日与群儿玩耍，与一神僧巧遇，僧人点破"云"之隐喻，以为其名破了"天机"，祖父王伦省悟，即取《论语·卫灵公》中"知及之，仁不能守之，虽得之，必失之"之意，改"云"名为"守仁"，寓意恪守"仁义"。如此，小阳明始开口说话。④

关于"瑞云楼"之名的来历及变迁，阳明晚年同邑高足钱德洪

---

① 参见钱德洪编：《世德纪》，王守仁：《王文成公全书》卷三十七，王晓昕、赵平略点校，第1580—1584页。
②《年谱》表王阳明诞辰为明成化八年九月为"丁亥"误，应为"辛亥"。
③ 据光绪《余姚县志》记载："瑞云楼在龙泉山北，王文成所生处也。"（邵友濂修，孙德祖等纂：《古迹》，光绪《余姚县志》卷五，清光绪二十五年刊本）
④ 据罗洪先《瑞云楼遗址记》载："一日，道士入庭，指儿谓家人曰：'天机慎勿泄也。'"（罗洪先：《罗洪先集》，徐儒宗编校整理，凤凰出版社2007年版，第155页）邹守益《王阳明先生图谱》载："一日，与群儿戏，见一异人过，熟目之而去。先生追蹑里许，异人愕然还，见竹轩翁。曰：'好个小孩儿，可惜叫破了。'竹轩公悟，更今名，先生即能言。"（转引自冯梦龙、邹守益原著：《王阳明图传》，张昭炜编注，上海古籍出版社2017年版，第7页）

在《瑞云楼记》一文中记载:"及先生(阳明)贵,乡人指其楼曰'瑞云楼'。他日,公(王华)既得第,先子复僦诸莫氏居焉。弘治丙辰,某亦生于此楼。及某登第进士,楼遂属诸先子。"①大意是:王华未第时租赁姚城莫氏之居,待王阳明中进士后,乡人指其出生时的楼为"瑞云楼"。约在弘治九年(1496),当王华迁居绍兴山阴光相坊后,钱德洪父接着租赁了"瑞云楼",当年,钱德洪亦出生于此楼。至嘉靖十一年(1532),钱德洪中进士后,莫氏才将此楼售于钱氏。钱德洪在文中交代了撰文的缘由:"今幸遗址尚存,恐后世失所稽证,使先生弧矢之地泯焉无闻,是不可以无记。"嘉靖三十五年(1556),因钱氏将原瑞云楼重新改建,恐其先生的"出生处"被后人所遗忘,故撰文存照,并嘱阳明私淑弟子罗洪先书"瑞云楼遗址"五字明示乡人。罗洪先所撰《瑞云楼遗址记》一文载:"嘉靖丙辰(1556),钱子索予大书'瑞云楼遗址'五字垂之后。"②此言佐证了在嘉靖三十五年"瑞云楼"已被改筑,书遗址,盖为纪实。钱氏所改建的"瑞云楼"其后因火灾毁。延之清中期,世事变迁,邑人叶樊在"后瑞云楼"的遗址上建"寿山堂"③,今存。

王阳明自幼生活在书香之家,曾祖父王杰、祖父王伦、父王华都是读书人,且都有授徒教书的经历。因王华未及第前有很长一段时间在外受聘任塾师,故阳明最初的启蒙教育是由其祖父承担的。《年谱》中有这样的描述:祖父名伦,号竹轩。容貌环伟,细目美髯。以教书为生,淡泊名利。与人交际,和乐之气蔼然可掬;对弟子,则矩范严肃。其生性爱竹,所居轩外环植之,性情洒脱,日啸咏其间。某日,诵祖父读过的诗句,家人十分惊讶。问之,小阳明回答说:"闻祖读时已默记矣。"④邹守益在《王阳明先生图谱》中言及:"十五年己亥,先生八岁。大父竹轩翁授以《曲礼》,过目成诵。"⑤由此可知,

---

① 邵友濂修,孙德祖等纂:《古迹》,光绪《余姚县志》卷五,清光绪二十五年刊本。
② 罗洪先:《罗洪先集》,徐儒宗编校整理,第155页。
③ 按:叶樊(1791—1836),字纪卫,号橤圃,余姚人。清嘉庆年间,余姚富商、桥梁专家叶樊在"瑞云楼"遗址上建房,曰"寿山堂",今存。清光绪年间邑人叶香堂,曾任江山县教谕,其家住宅地正是原"瑞云楼"旧址,其以"先天客"之号题匾:"古瑞云楼",现藏余姚市文物保护管理所(参见叶树望:《王阳明出生处瑞云楼考》,《姚江问学稿》,浙江古籍出版社2012年版,第86—87页)。
④ 钱德洪:《年谱一》,王守仁:《王文成公全书》卷三十二,王晓昕、赵平略点校,第1387页。
⑤ 转引自冯梦龙、邹守益原著:《王阳明图传》,张昭炜编注,第9页。

少年阳明天资聪慧，幼学发蒙于祖父的诗教。诗能开智涵情。从王伦的教育方法看，其对孙的性格志趣十分了解，听其自然发展，从未严加管束，阳明思想的自由发展应与祖父的性情、教育方法有关。王伦于弘治三年（1490）逝世，时阳明十九岁。从史料记载中可知，阳明与祖父王伦共同生活时间较长，祖慈孙孝，关系十分融洽，阳明性格中许多方面都传承了王伦超然洒脱的品性。其后，阳明能成为明中诗坛独树一帜的诗人，与受祖父影响是分不开的。相比之下，阳明与祖母相处的时间更长①，因岑太夫人长寿，享年一百岁。据《年谱》记载，阳明十三岁时母亲去世，其后祖母对孙子关爱有加，于阳明有鞠育之恩。成年后的阳明，对祖母久怀感恩之情。入仕后，于弘治十五年（1502）告病归越，在绍兴宛委山阳明洞天修炼，意欲离世远遁，正因为"惟祖母岑与龙山公在念，因循未决"②，本能的情感打消了其一度离世的念头，促使其皈依儒学。

对王阳明童年、少年时期在姚城的具体生活状况，尤其是父母对他的养育情况，《年谱》载之不详，仅寥寥数语，但从相关史料综合起来看，父王华对阳明的培育是精心的。王华在外出任塾师归里之际，亦不忘教子读书。阳明《送德声叔父归姚》中诗句"犹记垂髫共学年，于今鬓发两苍然"③，即为其回忆幼时与族叔共读之情。在诗序首句他又称"守仁与德声叔父共学于家君龙山先生"，足见王华用心之良苦。王华在成化十三年（1477）乡试落第后，继续外出任塾师，遂带小阳明同往，随时教子，清同治《湖州府志》、道光《婺志粹》、道光《东阳县志》等古籍均载其事。至于阳明十岁时因王华迎养其父王伦，并由祖父王伦将其带到京城，则可以看出王华希望将长子带在身边接受教育的初衷。

有一种说法，言王阳明的蒙师为姚城名儒陆恒，这仅仅是基于一种推测，而并无确凿的史实佐证。此说法的由来，是因为成名后的阳明为陆恒故居题写了"理学旧居"的匾额，但两者并没有必然的联系。推而广之，阳明还为姚城名门叶氏家题过"抑抑堂"匾额。故不能因为阳明题过匾额，就认定谁为其蒙师。在没有其他相关证

---

① 据《余姚岑氏章庆堂宗谱》载：王阳明祖母岑太夫人系元代岑简卿长兄俊卿四世女孙（参见岑三多等纂：《余姚岑氏章庆堂宗谱》，清光绪三十四年章庆堂刊本）。
② 钱德洪：《年谱一》，王守仁：《王文成公全书》卷三十二，王晓昕、赵平略点校，第1393页。
③ 王守仁：《王文成公全书》卷二十，王晓昕、赵平略点校，第898页。

据支持的情况下,此说不足为凭。然而,陆恒作为王阳明父辈现今则是有史料依据的。据光绪《余姚县志·陆恒传》记载:陆恒,字有常,号拙庵。幼号"神童",长倡道学,邑王华、谢迁、黄珣并推为社长。①陆恒为姚城名儒,攻理学,有《易学指南》等著述传世。时与邑人谢迁、王华、黄珣等为切磋学问而结社,并被举为社长。后出任广东石城知县。由此可见,少年时期的王阳明应受其父辈朋友的思想影响。谢迁、黄珣等皆直节名臣,对阳明正直、达观之性格的形成应该说是有资益的。王阳明出仕后,对同邑前辈敬重备至,而前辈对其奖掖提携、关爱入微贯其一生。可以说,阳明同邑先贤的言传身教影响了阳明正义敢言的品格。

正因为文献记载阳明幼年、少年时代的文字较少,加之其"少时负性不羁,驰骋出没于百家众技"②,这又给后世的文学家在创作上留下了极大的想象空间。明末文学家冯梦龙在其权谋性著作《智囊》中,将少年阳明塑造成为善耍小聪明、无拘无束的顽童。清初小说家褚人获在其笔记小说《坚瓠集》中有一首《棋落水》诗,流传颇广。言少年阳明酷爱下棋而荒废了学业,被其父发现后将棋丢入河中。阳明遂作诗发泄不满,诗云:"象棋终日乐悠悠,苦被严亲一旦丢。兵卒堕河皆不救,将帅溺水一齐休。马行千里随波去,象入三川逐浪游。炮响一声天地震,忽然惊起卧龙愁。"虽然此诗无直接的史料可佐证,不可采信,权作小说家戏言;但阳明喜爱下棋,此话不假,这从其他史料中亦可以得到印证。综合王华对阳明的期望及教诲看,反映出一种宽严兼济、以礼训子的风范。阳明的直谅性格,可以说传承了其父的基因。

至于阳明之母郑氏对其子的养育情况,并无直接的史料可以描述,但从现存的史料看,郑氏嫁王华后,侍奉公婆至孝。郑氏为王华同街坊姚城桐江桥人,出生于普通的百姓家庭。王华门生松江人陆深在《海日先生行状》中记载:"先生(王华)元配赠夫人郑氏,渊靖孝慈,与先生共甘贫苦。起微寒,躬操井臼,勤纺绩以奉舅姑。既贵,而恭俭益至。寿四十九,先先生三十六年卒。"③由此可见,

---

① 邵友濂修,孙德祖等纂:光绪《余姚县志》卷二十三,清光绪二十五年刊本。
② 罗洪先:《罗洪先集》,徐儒宗编校整理,第155页。
③ 钱德洪编:《世德纪》,王守仁:《王文成公全书》卷三十七,王晓昕、赵平略点校,第1603页。
按:据杨一清《海日先生墓志铭》记载,王华妻"寿四十一",而陆深记为"寿四十九",应为误。

阳明生母具有勤劳、孝顺、平和的品行，对童年、少年阳明的成长是有积极影响的；但因其去世较早，对阳明成长的实际影响又是有限的。据《年谱》记载，生母去世时，阳明年方十三岁，时寓京师，"居丧哭泣甚哀"①。郑氏殁后，王阳明与郑氏家族之间仍保持着密切的关系，应是其孝心的延续。

王阳明幼年、少年时代在古邑姚城内具体的生活状况，因文献记载较少，后人很难还原当年的情状；但其成长环境无疑是优渥的。阳明出生处"瑞云楼"地处县城之西北的武胜门南，此地名门望族环居，商铺林立。阳明道友、文章大家倪宗正（字本端，号小野）的居所"清晖佳气楼"正与"瑞云楼"相对，阳明曾写诗述二人情义之深，所谓"三十年来同出处，清晖楼对瑞云楼"②，即为一证。姚城核心地块秘图山北麓是王氏家族的世居地，南麓为一县政治中心的县衙，周边经济、文化区等，这对阳明的成长具有一定的影响作用。当年，小阳明所生活的场景集自然、人文于一体，得天独厚。"瑞云楼"前为姚城名胜龙泉山，风光秀丽，是少年阳明的游玩乐园。山南麓有浙东古刹龙泉寺，建于东晋咸康二年（336），晨钟暮鼓、香火梵音的佛教氛围，亦成为少年阳明佛教情结最初的渊源。阳明出仕后，有诗忆龙泉山云："我爱龙泉寺，寺僧颇疏野。尽日坐井栏，有时卧松下。"③可以说，阳明与禅宗的因缘始于少年时代。以上所述，构成了少年阳明成长的环境，当然主要是家风、家传的浸染，成为滋养王阳明日后成为圣人的沃土，姚江、秘图山、龙泉山、瑞云楼自然成为其生命最初的记忆符号。

二、迎亲归姚城

在社会生活中，婚姻不仅仅是为了繁衍后代，而且还包含着丰富的人文内容，尤其是价值观的导向作用。在古代通行"父母之命，媒妁之言"的婚姻礼制下，王阳明的婚事同样按这一规则行事。

---

① 钱德洪：《年谱一》，王守仁：《王文成公全书》卷三十二，王晓昕、赵平略点校，第1388页。
② 王守仁：《题倪小野清晖楼》，余姚市政协文史委员会、余姚市文学艺术界联合会编：《余姚历代风物诗选》，余姚印刷厂1998年版，第204页。按：倪宗正，字本端，号小野，余姚人。进士出身，历官兵部武选清吏司员外郎，后外任广东南雄知府。
③ 王守仁：《忆龙泉山》，《王文成公全书》卷十九，王晓昕、赵平略点校，第811页。

据《年谱》记载："弘治元年戊申（1488），先生十七岁，在越。七月，亲迎夫人诸氏于洪都。"①然而，王阳明在弘治八年（1495）夏四月所撰的《祭外舅介庵先生文》中说道："公与我父，金石相期。公为吏部，主考京师，来视我父，他方儿嬉。公曰：'尔子，我女妻之。'公不我鄙，识我于儿。服公之德，感公之私。悯我中年，而失其慈。慰书我父，教我以时。弘治己酉，公参江西，书来召我，我父曰：'咨，尔舅有命尔则敢迟。'甫毕姻好，重艰外罹，公与我父，相继以归。"②从中可知，"己酉"为弘治二年（1489），时阳明十八岁，从父命赴洪都（南昌）迎亲。《年谱》所载"弘治元年"应为王阳明自京城归余姚为成婚做准备的时间，迎亲南昌的时间应以阳明本人所言为准。

诸让（1439—1495），字养和，号介庵，余姚人。明成化四年（1468）中举人，十一年（1475）中进士，为阳明岳父。其书招阳明成婚时任江西布政司左参议，此前历任南京吏部文选司主事、员外郎、郎中。诸让长王华八岁，出仕早六年，二人应早有同邑之谊。从阳明《祭外舅介庵先生文》中可知，王、诸两家的联姻，实由诸让提议择定，从时间上推定当时阳明还是幼童。据《姚江诸氏宗谱》卷二载："（诸让）长女适新建伯王守仁，幼女适吏部侍郎谢丕。"③谢丕为名臣谢迁仲子。可以说，王、诸两家的婚事符合古时"门当户对"的择偶世风，但从两家日后关系的发展看，其文化价值取向的一致性则起到了巩固、发展的重要作用。

王阳明妻诸氏（约1474—1525），出身名门，是一位知书达礼的贤妻。在《年谱》中，有关诸氏的记载极少。弘治二年（1489），阳明赴南昌迎亲并携其归姚居住。阳明与诸氏在姚城瑞云楼应该有几年共同生活的经历，因弘治三年（1490）阳明祖父王伦去世、王华归姚丁忧，阳明亦在余姚侍读。据有关史实记载，阳明夫人并非等闲之辈。阳明晚年高足钱德洪在王阳明《上海日翁书》跋中，用重笔叙述

---

① 钱德洪：《年谱一》，王守仁：《王文成公全书》卷三十二，王晓昕、赵平略点校，第1388页。
② 王阳明：《王阳明全集（新编本）》卷三十九，吴光、钱明、董平等编校，第1586页。
③ 按：谢迁（1449—1531），字于乔，号木斋，余姚人。明成化十一年（1475）戊午科状元。历官至户部尚书、谨身殿大学士。赠太傅，谥文正。谢丕（1482—1556），字以中，号汝湖，明弘治十八年（1505）乙丑科探花。历官至吏部左侍郎。赠礼部尚书。

了诸氏夫人在江西适逢南昌藩王朱宸濠叛乱之际的大无畏表现：

> 尝闻幕士龙光云："时师闻变，返风回舟。濠追兵将及，师欲易舟潜遁。顾夫人诸、公子正宪在舟。夫人手提剑别师曰：'公速去，毋为妾母子忧。脱有急，吾恃此以自卫尔！'及退还吉安，将发兵，命积薪围公署，戒守者曰：'傥前报不利，即举火爇公署。'时邹谦之在中军，闻之，亦取其夫人来吉城，同誓国难。"①

从钱德洪的跋中可以看出，诸氏夫人在王阳明临危时，表现出与阳明患难与共，同仇敌忾，以国家民生为念，不惜牺牲自己生命的女侠精神。诸氏夫人的壮举也感染了阳明的江西弟子邹守益，"闻之，亦取其夫人来吉城，同誓国难"。钱德洪还不无感慨地说："是书正亿得于故纸堆中，读之怆然，如身值其时。晨夕展卷，如侍对亲颜。"②阳明弟子华亭人名臣徐阶在《阳明先生书像记》中也记载了这件事："先生引兵而西，留其家吉安之公署，聚薪环之，戒守者曰：'兵败即纵火，毋为贼辱。'"③以上史料都说明阳明夫人智勇双全，具有舍生成仁的烈女节操。诸氏夫人婚后一直没有生育，在养育继子正宪上亦倾注了较多的心血④，为王氏家族奉献了一生。嘉靖四年（1525）正月，诸氏因病于绍兴府邸去世，时阳明五十四岁。可见，阳明夫妇数十年的情缘是经历了血与火的考验，不弃不舍，这在封建社会是难能可贵的。

在封建社会中，世人维系联姻基础往往着眼于权势、经济地位等外在要素，但从姚城王、诸两家的联姻关系看，其维系两族关系的基础完全超越了世俗的陋见。从阳明留存于世的文献看，维系两家的关系主要基于精神道德层面：

一是孝道精神的传承、发扬。王阳明婚后十分孝敬岳父母，这

---

① 王守仁：《王文成公全书》卷二十六，王晓昕、赵平略点校，第1135页。
② 王守仁：《王文成公全书》卷二十六，王晓昕、赵平略点校，第1135页。
③ 钱德洪编：《世德纪》，《王文成公全书》卷三十八，王晓昕、赵平略点校，第1703页。
④ 据《年谱》载：明正德十年（1515），立再从子正宪为后。正宪字仲肃，季叔易直先生兖之孙，西林守信之第五子也。先生年四十四，与诸弟守俭、守文、守章俱未举子，故龙山公为先生择守信子正宪立之，时年八龄。

可从留存于世的阳明写于弘治八年（1495）的《祭外舅介庵先生文》、正德十六年（1521）《祭外舅介庵先生文》、正德十五年（1520）《题寿外母蟠桃图》和正德十六年（1521）十二月《祭张淑人文》等文中窥探一二。尽管阳明公务繁忙，但对岳父母孝敬有加，时时处处加以关照，反映出王氏孝道家风在姻亲中的拓展。

二是传扬从善之道。王阳明有妻舅五人，都受到过阳明不同程度的关照，从而使他们在道德修养方面都有不同程度的提升。从现存史料看，阳明与诸经的关系最为密切。诸经，字用明，为阳明内弟。据光绪《余姚县志·诸用明传》记载："诸用明，王守仁妻弟也。积德励善，有可用之才而不求仕。"由此可见，诸用明的道德品行及人生价值取向"为善至上"。嘉靖六年（1527），阳明为传扬诸用明的品行而撰《为善最乐文》。在文中，阳明高度赞扬了诸用明积德励善的品行，十分欣赏他怀有用之才而不求仕的风范及"为善最乐"的人生境界，深刻地阐明了"君子乐得其道，小人乐得其欲"的人生观。光绪《余姚县志·诸用明传》亦记载了诸用明此事："或劝之仕，用明曰：'为善最乐'因以四字扁其居。率二子阶、阳，日与乡之俊彦读书，讲论于其中。后仆夫治圃得一镜，背有'为善最乐'四字。众以为用明为善之符。守仁作文记之。"①这从一个侧面反映了阳明此文影响之大、之广，同时也传达出阳明晚年心学思想"为乐之道"的日用性和普世性。

三是对晚辈内侄的谆谆教诲。王阳明不仅对内弟十分关心，而且对诸内侄同样关爱，甚至有的内侄还到在外地任职的阳明身边侍学，受到阳明亲炙。王阳明不仅对诸氏姻亲关心备至，而且对其他姻亲也同样关照。从阳明在余姚一地所涉及的姻亲关系看，至少对其祖母系岑氏家族、母系郑氏家族、妹夫系徐氏家族、姑表亲系闻人氏家族、连襟谢丕系谢氏家族、继子王正宪娶胡东皋之女的胡氏系家族等姻亲中的有关成员，在德业上皆倾注了较大精力，这又从一个侧面说明阳明心学在传播路径上是渗透到姻亲圈之中的。

王阳明与同邑诸氏联姻，自南昌迎娶诸氏后再归余姚，从某种角度说亦是地缘关系使然。由于王阳明在仕途上的坎坷经历，两家的关系亦经住了严峻的考验，这充分说明两家价值观认同上的一致

---

① 邵友濂修，孙德祖等纂：光绪《余姚县志》卷二十三，清光绪二十五年刊本。

性，这成为阳明心学在亲属圈传播的必要条件，亦是余姚能成为王学重镇的一个重要因素。

三、结社龙泉山

与天下所有学子一样，王阳明从启蒙教育开始就慢慢地与科举发生联系，特别是在其父王华中状元任京官后，更是不遗余力地引导阳明走上科举之路。十岁时，阳明便离开故乡赴京城读书，其后的人生历程在中进士前一直与科业相随。尽管阳明对科举进仕之路心态坦然，但科举对其一生的影响是十分深刻的。

从王阳明的科举之路看，长期研习儒家经典滋养了其经世的抱负。据《年谱》记载，弘治二年（1489），阳明偕夫人诸氏归姚，途经江西广信（今上饶），谒大儒娄谅①，深得娄谅教诲，"语宋儒格物之学，谓圣人必可学而至，遂深契之"②。由此可知，青年阳明在思想探索上，程朱理学一度成为主攻方向，是深受程朱理学浸染的学子，这当然与明代科举考试以朱熹所撰的《四书章句集注》为考生必读之书有密切关系。阳明下功夫研读儒家经典，还与其父王华的亲炙有关。据《年谱》记载，弘治三年（1490），王华因父去世归姚，阳明并随。在余姚丁忧期间，王华亲授课业，讲析经义，命"从弟冕、阶、宫及妹婿牧相"从学，阳明随众课业。王华利用在姚丁忧之际，为家族成员宣讲经义，自然有促成家族成员通过科举出仕，以达到振兴家族的意愿。但阳明并不满足于父亲的讲析，而是"夜则搜取诸经子史读之，多至夜分。四子见其文字日进，尝愧不及"③。阳明弟子黄岩人黄绾在《阳明先生行状》中对此也有记载："日事案牍，夜归必燃灯读'五经'及先秦、两汉书，为文字益工。龙山公恐过劳成疾，禁家人不许置灯书室。俟龙山公寝，复燃，必至夜分，因得呕血疾。"④由此可见，阳明通过广泛地涉猎"四库"

---

① 按：娄谅（1422—1491），字克贞，号一斋，江西广信（今上饶）人，明代理学家，为吴与弼弟子。
② 钱德洪：《年谱一》，王守仁：《王文成公全书》卷三十二，王晓昕、赵平略点校，第1389页。
③ 钱德洪：《年谱一》，王守仁：《王文成公全书》卷三十二，王晓昕、赵平略点校，第1389页。
④ 钱德洪编：《世德纪》，王守仁：《王文成公全书》卷三十七，王晓昕、赵平略点校，第1612—1613页。按：王阳明殁后，黄绾以女嫁阳明胤子正亿为妻。

知识，深研"四书""五经"及相关典籍，体悟圣贤思想。阳明这番苦读，既增长了学问，又为其思想探索提供了宝贵的知识积累。弘治五年（1492），阳明中浙江乡试，与同邑孙燧等成为举人，在科举道路上成功地跨出了一大步。然而，阳明的科举之路并非一帆风顺，多有挫折。自中举至中进士的七年中，科场鏖战，不啻是对其人生的磨炼。

弘治六年（1493）春，阳明会试落第。对科举成功与否，阳明看得很坦然，对会试下第并不沮丧，也谈不上对前途感到失望。因父王华的关系，当朝阁老李东阳前来慰谕，命试作《来科状元赋》，阳明挥笔立就，可见其心气平和自如。其后，阳明进入国子监就学，进一步深造。据阳明撰于嘉靖三年（1524）的《程守夫墓碑》记载，其与浙江淳安人程文楷，字守夫，于弘治五年（1492）同举于乡，已而又同卒业于北雍，密迩居者四年有余，为同窗学友。阳明在国子监的深造，为其科业的长进打下了扎实的基础。

弘治九年（1496），王阳明参加会试再次下第，同考中有以不第为耻者，阳明慰劝道："世以不得第为耻，吾以不得第动心为耻。"① 尽管再次落第，但阳明心态如常，在其看来并非只有为官之路才能成圣贤。他不仅善待自己，对别人也同样如此劝慰。其后，他又在给妻弟诸用明的信中表达了君子应以德业为重，不要将精力过分地用在科举上的价值观。正是这种超然的人生态度，使得阳明能在两次落第的挫折面前始终保持淡定的心态。同年，阳明归余姚故里，结诗社于龙泉山，这是阳明在家乡独立开展文学活动的最初尝试。在阳明众多的故乡诗友中，有一位同邑父辈忘年交，此人即致仕官员魏瀚②。二人经常在一起讲论诗学，畅游龙泉山，诗歌唱和。据《年谱》记载，魏瀚平时以诗才自放，但佳句常常为阳明先得之，于是连叹："老夫当退数舍。"说明时年二十五岁的王阳明在诗歌艺术上已有较高造诣。阳明还在《雨霁游龙山次五松韵》之诗句"严光亭子胜云台，雨后高凭远目开"③中，流露出对余姚先贤严子陵的崇

---

① 钱德洪：《年谱一》，王守仁：《王文成公全书》卷三十二，王晓昕、赵平略点校，第1390页。
② 按：魏瀚，字孔渊，《余姚长冷魏氏宗谱》记作"字五松"，号尝斋。余姚人。明景泰五年（1454）进士。历任成化年间任御史，左迁崇庆州判。成化九年（1473）升嘉定州知州。历任广东雷州知府、江西右布政司使。
③ 王守仁：《王文成公全书》卷二十九，王晓昕、赵平略点校，第1230页。

敬之情，抒发了儒者"达则兼济天下，穷则独善其身"的处世精神。说明他对"田园乐境"的向往远比"仕途簪缨"强烈得多。睹物寄兴，荷花出淤泥而不染，正是其丰富的内心世界的展示和人格精神的象征。纵观王阳明的一生，在"入仕"与"出仕"之间，始终保持着守志不移的儒者品行，并贯串于一生，表现出青年阳明积极、乐观、向善的人生态度。

王阳明结诗社于龙泉山这一文学活动，为其日后驰骋于京城文坛，与明中文坛"前七子"的交谊奠定了基础。黄绾在《阳明先生行状》中尝曰："（阳明）与太原乔宇，广信汪俊，河南李梦阳、何景明，姑苏顾璘、徐祯卿，山东边贡诸公以才名争驰骋，学古诗文。"① 然而，阳明在故乡的文学活动所确立的崇尚自然、质朴、洒脱、不傍不依的诗歌主张，则成为其最终摆脱前七子"文学复古"窠臼的内因之一，反映出阳明的诗歌创作向圣贤之道靠拢的自觉追求。故乡的山水给了他性灵的启迪。

弘治十二年（1499），年近而立之年的王阳明终于敲开了科举大门，是年会试，举南宫第二人。② 据宁波天一阁博物馆所藏明刻本《弘治十二年会试录》记载：弘治十二年（1499）己未科中式举人300人，第二名王守仁，浙江余姚县人，监生，礼记。然后经殿试，王阳明被朝廷赐己未科第二甲进士出身第六人③。从阳明的科举之路看，两次会试落第，不能说一帆风顺，但从第三次科考的名次看，应该说在同科众举子中是出类拔萃的。考中进士，成为王阳明人生的新起点，也使其成为姚江秘图山王氏家族继王华后升起的又一颗新星。

在读书科业上，姚地的学风对王阳明修业进士有较大的熏染作用，王华与阳明父子可谓姚人科举进士的杰出代表，龙泉山则成为王阳明展翅翱翔的支点。

---

① 钱德洪编：《世德纪》，王守仁：《王文成公全书》卷三十七，王晓昕、赵平略点校，第1612页。
② 按：王阳明在弘治十二年会试中选考"礼记"，为该科目考试排名第一，故有"会魁"之称。后人为其在余姚城中立"会魁"牌坊。
③ 据《弘治十二年进士登科录》载："王守仁，贯浙江绍兴府余姚县民籍。国子生。治《礼记》。字伯安，行一，年二十八，九月三十日生……具庆下。弟守义、守礼、守智、守信、守恭、守谦。娶诸氏。浙江乡试第七十名。会试第二名。"据《明清进士题名碑索引》载：为"二甲第六人"。《年谱》载："十有二年己未，先生二十八岁，在京师。举进士出身。是年春会试，举南宫第二人。赐二甲进士出身第七人，观政工部。"其中，"赐二甲进士出身第七人"乃误。

四、游历四明山

王阳明一生性喜山水，其在《即事漫述》中之诗句"从来野兴只山林，翠壁丹梯处处寻"①，即抒发了自己向往自然、返真归璞的心灵世界。余姚山水哺育了少年阳明的成长，在其生命历程中又成为舒展性灵的自由天地，家乡的名山大川遂成为其歌咏和审美的对象。在《年谱》中，对阳明游历故乡山水记载最详细的当为正德八年（1513）六月中旬至七月初，阳明携道友、弟子游浙东四明山。阳明在《四明观白水》中有诗句："邑南富岩壑，白水尤奇观。兴来每思往，十年就兹观。"②由此可知，这是其生平中第二次游余姚境内的四明山白水冲了，因阳明在十年前曾因病归越，期间有时间游四明山。

在经历正德元年（1506）的政治风浪以及贬谪贵州龙场的仕途浮沉后，阳明一有机会便投身于山水游历之中。正德八年（1513），时年四十二岁的王阳明，在升任南京太仆寺少卿之际，便道归越。次年四五月，自越城归余姚省亲，择日游玩姚城周边山水，然后再游四明山。对这次游历的缘由与过程，阳明在写给交友后成为弟子的黄绾的信中亦有明确记载：

> 仆到家，即欲与日仁成雁荡之约，宗族亲友相牵绊，时刻弗能自由。五月终，决意往；值烈暑，阻者益众且坚，复不果。时与日仁稍寻傍近诸小山，其东南林壑最胜绝处，与数友相期，候宗贤一至即往。又月余，日仁凭限过甚，乃翁督促，势不可复待。乃从上虞入四明，观白水，寻龙溪之源，登杖锡，至于雪窦，上千丈岩以望天姥、华顶，若可睹焉。欲遂从奉化取道至赤城，适彼中多旱，山田尽龟裂，道傍人家彷徨望雨，意惨然不乐，遂自宁波买舟还余姚，往返亦半月余。相从诸友亦微有所得，然无大发明。其最所歉然，宗贤不同兹行耳！归又半月，日仁行去，使来时已十余日。……此间同往者，

---

① 王守仁：《王文成公全书》卷二十，王晓昕、赵平略点校，第901页。
② 王守仁：《王文成公全书》卷二十，王晓昕、赵平略点校，第867页。

后辈中亦三四人。①

此信中交代了游四明山的原委、时间、游踪、游感、同游人及返回余姚的简要情况,这为考察阳明一行游四明山的大致过程提供了原始信息。钱德洪在《年谱》中的记载与此完全一致,说明钱谱是对阳明致黄绾信之内容的转录。信中提及的"诸小山",即为姚城东龙南永乐寺附近诸山丘。从现存文献看,直接而翔实地记载阳明一行游历四明山全过程的当属徐爱所撰的《游雪窦因得龙溪诸山记》。该文可谓研究阳明一行游历四明山的第一手史料。徐爱为阳明早期的入门弟子之一,亦为其妹夫,是此次游历活动的亲历者和记录者。从徐爱记文可知,其所撰内容与阳明致黄绾信相契。徐爱在文中较详细地记载了游学四明山的起讫过程:

> 阳明先生久怀雪窦之游。正德癸酉夏,予从阳明北归,过龙泉,避暑于清风亭。王世瑞、许半圭、蔡希颜、朱守中偕自越来,矢遂厥游。秉约有愆,薄观客星、烛溪。沿永乐寺,澄江峻巍壁,松高气爽。诹雪窦所由路,人莫能识。众欲泛江,而希颜疾,乃返棹。月夜,乘潮上通明。明日,达上虞,半圭、希颜辞去。询道,虞人指羊厄岭,实阴沮之也。予辈乃夜逾金沙、黄竹,晓入四明山。②

以上文字,简明扼要地点明了此番游学的缘由、时间、同游人、行进路线等。缘由为"阳明先生久怀雪窦之游"的愿望。此"雪窦"指奉化雪窦山,浙东名刹雪窦寺即藏于此山。时间为正德八年(1513)夏,并说明当时其与阳明先生因归越省亲在家乡。最初同游者有王阳明、徐爱,以及山阴人王世瑞、上虞人许半圭、阳明弟子蔡希颜和朱守中等四人。徐爱、蔡希颜、朱守中是阳明于正德二

---

① 王守仁:《与黄宗贤》,《王文成公全书》卷四,王晓昕、赵平略点校,第182页。按:黄绾时为后军都督府都事因病告归,养病在黄岩紫霄山麓。据信中所言,王阳明与黄绾曾有游四明山之约,因黄绾未至,故才有通报游学之事。《王文成公全书》卷四题下标注时间为"壬申",为正德七年(1512),乃误,应为"癸酉",即正德八年(1513)。
② 徐爱:《游雪窦因得龙溪诸山记》,《徐爱 钱德洪 董沄集》,钱明编校整理,凤凰出版社2007年版,第78—79页。

年（1507）贬谪贵州龙场途经浙江时所纳弟子，并撰《别三子序》相勉励。故徐、蔡、朱三人为阳明早期弟子。许半圭（名璋，字半圭）、王世瑞（名琥，字世瑞）二人均为阳明道友。王阳明、徐爱与其他四人会合后，先到距姚城东二十余里的龙南永乐寺游览；后蔡希颜因病改变行程，由上虞入四明山。在事距王阳明等游永乐寺一百六十余年后，大儒黄宗羲亦曾携孙游永乐寺，其在《永乐寺碑记》一文中亦记载了阳明一行当年游永乐寺之事。[1]

综合以上相关文献记载，阳明一行游永乐寺、四明山一事，文献记载确凿，过程可稽考，时间在正德八年（1513）六月中旬至七月初无疑。现据文献记载及笔者实地考察，对阳明等一行游历线路还原如下：

正德八年（1513）六月中下旬，王阳明携弟子及道友先游姚城东旧属慈溪县地界的永乐寺（今属余姚市丈亭镇），宿两夜。徐爱有《游永乐次阳明先生韵》一诗可证。其后，一行人欲渡姚江向南探寻游奉化雪窦山之路，因找不到入山口，且同游者阳明弟子蔡希颜得病，不得不改变行程。第三天，因送患病的蔡希颜返家，阳明一行趁涨潮之机，连夜乘船向西至上虞通明坝头。次日，到达上虞县城（时县治为今之上虞区丰惠镇），许半圭、蔡希颜退出游四明山行列。后经询问当地山人，获知走羊厄岭（今称"羊额岭"）其险无比，故未选择走此路。于是，阳明携徐爱、王世瑞、朱守中连夜从上虞出发，翻越金沙岭、黄竹岭，此二岭均为四明山脉西北麓之之山岭。次日拂晓，入西四明山之梁弄。

在王阳明一行经过余姚梁弄汪巷村时，即去晋访时在故里省亲、任广东按察司佥事的汪克章[2]，并由汪氏陪同前往道士山观白水冲瀑布。汪克章于是亦加入了游历行列。随后，阳明一行再次获知走羊额岭道路险阻，便听从山人劝告，由白水冲迂回西行径向妲溪，越大岭，经下馆（今称"下管"），抵之妲溪（今称"达溪"）溪口。阳明说："（妲溪）吾远族居也。"由此可知，王阳明是十分

---

[1] 沈善洪主编：《黄宗羲全集》（第10册），第128页。
[2] 按：汪克章，字叔宪，号东泉，弘治十四年（1501）举人。正德三年（1508）与徐爱为同年进士。其兄汪悖，字叔后，号南泉。正德六年（1511）进士，时王阳明任会试同考官，为阳明门生。

清楚姚江秘图山王氏是由上虞达溪徙居姚城的。经钓台山，阳明一行观赏了"石笋双峰"。中午时分，一行人在姚江秘图山王氏远族其中一户新居之家用午饭，主人热忱款待，宗人亦纷纷前来问候。饭后，继续前行，逢风景佳处驻足游览，观赏山水形胜。循溪上，傍晚到达王氏远祖祖居地。阳明先生一行，登石屋，询"三龙潭"，濯溪枕石，赋诗唱和。阳明道友王世瑞嫌"姐溪"之名不雅，提议更名"文溪"，阳明赞同更名，但命之"龙溪"，众人称之。如此，达溪又有"龙溪"之别称①。晚宿王氏远族家。次日，王世瑞乘兴向南独往龙潭（即"三龙潭"）探胜，因身体不适未成。徐爱则跟随阳明徐徐下潭，顺利抵达。晚宿王氏远祖家。次日，过远祖祖居地。考石林、太平诸迹。其间，阳明中暑仍坚持前行，而弟子朱守中足伤、王世瑞亦得病，二人均退出游学。晚宿王氏远族家。次日天明后，阳明、徐爱和汪克章三人继续向东南行走，望走马冈。中午时分，在孔石沈氏家用餐。本想游览"四窗岩"，因迷路未成，而趋韩采岭，沿赤水溪，向东行走。暮至"四明山心"处的杖锡寺，并在寺中过夜。次日晨，在僧人引导下，经蜘蛛岭，徐凫岩，中午抵达石桥。后在牧童指引下，入雪窦寺，游隐潭，再上雪窦山千丈岩游览。一路行来，最终王阳明、徐爱和汪克章三人抵达雪窦山千丈岩探胜。阳明等原打算再往天台山揽胜，后因天大旱，见山田龟裂，顿生恻隐之心，遂不再前往。他们在宁波等地逗留数日后，于七月二日乘船返回余姚。时黄绾信至余姚，阳明即复信如前述。

　　王阳明等人此次游学四明山，自正德八年（1513）农历六月中下旬至七月初，前后历时半月余，地域遍及余姚、慈溪、上虞、鄞县、奉化和宁波。尽管阳明在给黄绾的信中说："此行相从诸友，亦微有所得，然无大发明。"但笔者以为，阳明一行的此次四明山游历活动，至少具有以下几方面的思想史意义：一是阳明一生热爱家乡山水，亲近自然，与天地万物冥然相契，在山水中获得灵感和心灵的自由，践行其在游历中开显性情、追濂洛之遗风，求孔颜之真趣的修炼方式。面对山水、面对人生、面对社会保持一种清净、平和的心态，并将致性、致静、致远的价值内化于心。二是阳明从此次

---

① 按：王阳明弟子、山阴人王畿，号龙溪，与此次著名的游学活动中阳明为远祖地命名有关亦未可知。

游历中所体悟的"知乐知学"之哲理，领会到在山水中点化同志传道授业的方法和随遇而安的"诗教"精神，以及用诗歌唱和的方式激发生命并与自然相融的乐趣。三是阳明在游历中关注到民生现状、民风民俗，见天大旱、民生艰难，即中断了继续游天台山的打算，从而显示出其亲民至善、以民生为念的情怀。四是游历四明山，山道险阻，气候变化多端，阳明一行不畏艰险，克服自身的困难，努力前行，实现了全程行走四明山的夙愿，这亦是对其意志力的考验。而后人要体悟阳明"事上磨炼""知行合一"的思想，很大程度上亦取决于自身的信念与意志力。五是从研究王阳明等此次游学活动的现实意义看，对于认识阳明心学的发展历程和传道授业的教学方法，乃至还原"游历本事""游历场景"等均具有重要的价值和意义。

另外，王阳明一行游历四明山对于澄清有关误传亦有一定作用。以往一些学人所著文章中认为，正德八年（1513）阳明游西四明山白水冲时，曾在其梁弄弟子黄骥家中歇脚住宿，并题"家传词翰"门额。但据徐爱《游雪窦因得龙溪诸山记》一文记载，阳明一行并没有进入梁弄，当然借宿黄骥家亦无从谈起。但阳明与黄肃、黄骥父子的亲密关系则是有文献可证的。[①]据相关文献记载，弘治年间，时在刑部任员外郎的黄肃升任广西按察佥事，同在刑部任职的王阳明撰《送黄敬夫先生佥宪广西序》为其送行。序中，阳明盛赞黄肃为"吾邑之英"。黄骥是黄肃的仲子，作为阳明的及门弟子，黄骥以孝道著称乡里，将阳明心学体现在修身齐家、德化乡里的道德实践中。嘉靖十七年（1538），黄骥被朝廷旌表为"孝子"。这说明阳明心学在梁弄的传播得到了以黄骥为代表的学子的践行和大力彰显。黄骥不仅是阳明的得意弟子，而且还是余姚王门的中坚人物。黄宗羲在《明儒学案·浙中王门学案》前言中提及："即以寒宗而论，黄骥，字德良，尤西川纪其言阳明事。"[②]由此可知，黄骥对传承阳明

---

① 按：王阳明《送黄敬夫先生佥宪广西序》是一篇赠序，因题下没有标注写作时间，故只能从与黄敬夫相关的文献中寻找线索。黄肃（1441—1526），成化七年（1471）举人，十四年（1478）进士。弘治十三年（1500），时年六十岁赴广西任佥宪。正德二年（1507）致仕，时年六十七岁，后居家二十年。黄肃比王阳明年长三十一岁。从《四明黄氏宗谱》相关记载中可知，黄肃在弘治十三年时已由工部主事转任刑部员外郎。又据《阳明年谱》载：是年，王阳明时任刑部主事，时年二十九岁，两人有交集，同任职于刑部。可以说，王阳明与黄肃为忘年交，亦是刑部同僚。据上推算，阳明所写此赠序应在弘治十四年（1501）。
② 黄宗羲：《浙中王门学案一》，《明儒学案》卷十一，沈芝盈点校，第219页。

心学是有贡献的。黄骥弟黄骅亦为阳明弟子。由此推论，王阳明为黄肃、黄骥父子题字"家传词翰"是完全可能的，但不可能在正德八年（1513）阳明游四明山时所题则是明确的。

五、论道中天阁

正德十六年（1521），王阳明在平定南昌藩王朱宸濠叛乱以后，于六月十六奉世宗敕旨赴京，行至钱塘受到朝中辅臣的阻止。于是，阳明上疏恳乞便道归省，试图"从此作闲人"，竟获朝廷准允。当年八月，告别了戎马生涯后的王阳明返回越城家中。九月，阳明即归余姚省祖茔。余姚不仅仅是阳明的出生地、成长地，而且是王学传播的一大重镇。相关文献证实，在阳明心学传播史上余姚是阳明一次性接纳弟子最多之地。

王阳明在归姚期间，"省祖茔，访瑞云楼，指藏胎衣地，抆泪久之，盖痛母生不及养，祖母死不及殓也。日与宗族亲友宴游，随地指示良知"①。由此可见，阳明此次归里除了省祖茔，访瑞云楼、宗亲好友之外，还随地讲论良知之学，这是阳明晚年在余姚传播其良知学说的重要证据。

有一件事值得一提，余姚龙泉山山巅有一巨石突兀，气势雄伟。明正统年间，宦官王振专权，翰林侍讲刘球因言触犯王振被杀。②姚人成器（字不器，号布衣）是刘球寓居余姚时的至交，遂邀集同志，割鸡陈酒，以绝顶台石为祭桌，含泪遥祭忠臣刘球。王阳明闻之，亲书"祭忠台"③三字抒怀，刻于石。从字体看，为楷书，笔力遒劲，内涵正气，很可能是阳明此次归里时所书，以励后人，弘扬正气。

余姚学子钱德洪早就听闻王阳明在江西讲论良知学，久思及门，遂趁阳明归姚之际，力排乡里故老陈腐之见，携侄子大经、应扬和

---

① 钱德洪：《年谱二》，王守仁：《王文成公全书》卷三十三，王晓昕、赵平略点校，第1460页。
② 按：刘球（1392—1443），字求乐，更字廷振，江西安福人。明英宗时著名谏臣，进士，礼部主事，改翰林侍讲。正统六年（1441），上疏反对麓川之役。正统八年（1443），应诏陈言，又言麓川之失，忤王振，逮系诏狱，被杀。景帝即位，赠翰林学士，谥忠愍。
③ 按：王阳明亲书"祭忠台"三字刻石，二十世纪六十年代被毁；至八十年代，在其遗址上建"阳明亭"，今存。

学子郑寅、俞大本,通过阳明从侄王正心通贽拜见,阳明欣然接纳。次日,钱德洪又引荐姚籍学子夏淳、范引年、吴仁、柴凤、孙应奎、诸阳、徐珊、管州、谷钟秀、黄文焕、周于德、杨珂等七十四人在龙泉山中天阁拜阳明为师。后黄宗羲在《明儒学案》中亦说:"王文成平濠归越,先生与同邑范引年、管州、郑寅、柴凤、徐珊、吴仁数十人会于中天阁,同禀学焉。"① 对于阳明在故里一次性接纳七十余同邑学子的问题,无论在时间节点还是从接纳弟子的人数规模看,都是王学发展史上值得大书一笔的盛事。这不仅标志着阳明在故里传道从亲属圈走向社会学子,还宣示了余姚作为王学重镇的实际存在。据《明史》、万历《绍兴府志》、光绪《余姚县志》、黄宗羲《明儒学案》、邵廷采《思复堂文集》等文献记载统计,阳明一生中接纳的姚籍弟子可查实姓名的为五十余人。对研习、传扬王学影响较大并成为余姚王门中坚人物的主要有:

徐爱(1487—1518),字曰仁,号横山,余姚马堰人(今属慈溪市横河镇)。弘治十六年(1503),王华择其为婿。正德二年(1507)拜阳明为师,为阳明最早接纳的入门弟子之一。正德三年(1508)进士。曾任祁州知州、南京兵部员外郎、南京工部郎中等职。正德十三年(1518)因病去世,享年三十一岁。

据徐爱《游雪窦因得龙溪诸山记》载,正德八年(1513),其与阳明同舟归省,途中阳明讲《大学》宗旨,徐爱听后十分钦服,称之为"孔门嫡传",从此由信奉朱学转向王学。徐爱受业后尝体悟说:"始闻阳明之教,与先儒相出入,骇愕不定,无入头处。闻之既熟,反身实践,始信为孔门嫡传,舍是皆旁蹊小径,断港绝河矣。"认为"学莫要于收放心,涵养省察克治是也"。提出治学须辨义利之分,主张克私,循阳明"心有体有用"说,强调"世固有谓某有体无用,有用无体者,仆窃不然,必求二公之所以蔽者而会归之"。② 为传播师说,徐爱还将阳明授教语辑为《传习录》,今本《传习录》上卷前半部分内容即为徐爱所录。自此,阳明心学的影响日益扩大,对阳明学的传播和发展做出了突出贡献。王阳明对徐爱的评价是:

---

① 黄宗羲:《浙中王门学案一》,《明儒学案》卷十一,沈芝盈点校,第224页。
② 黄宗羲:《浙中王门学案一》,《明儒学案》卷十一,沈芝盈点校,第220—222页。

"曰仁，吾之颜渊也"①，"徐生之温恭……皆我所不逮"②。可谓中綮。黄宗羲在《明儒学案》中将徐爱列为"浙中王门"弟子之首。徐爱英年早逝，就传播阳明心学而言是重大损失。其父整理其遗作编成《徐横山遗集》二卷传于世。

钱德洪（1496—1574），名宽，字德洪，以字行，改字洪甫，号绪山，学者称绪山先生。钱德洪是阳明在正德十六年（1521）归余姚时力排众议、率先拜师的领头人，不仅自己从师，还将儿子、侄子及众多姚籍学子引入王门。尽管钱德洪是阳明晚年的及门侍学弟子，但其对师说能贯通力行，深得阳明赏识。王阳明在越城讲学期间，钱德洪受师命担任辅导。初入王门者，得先听钱德洪等的讲解后，才能听阳明讲学，因此称钱德洪等为"教授师"。嘉靖六年（1527），钱德洪与王畿在对王学宗旨的理解上发生分歧，遂请教其师，史称"天泉证道"。在学术思想上，钱德洪认为先师"四句教"是"定本，不可移易"。其学以收敛为主，注重在事物上实心磨炼，主张在诚意之中求正心之功，反对虚幻以求悟，而不切乎民彝物则之常。阳明受命出征广西后，又委托他主持书院讲会。嘉靖七年（1528），钱德洪与王畿在赴京试途中闻师归，竟放弃廷试机会折回趋迎。后闻讣告，遂连夜奔丧赴江西，扶灵柩归。嘉靖十一年（1532），钱德洪中进士，历官至刑部郎中。后因郭勋案下狱，嘉靖二十三年（1544）出狱，被削职为民。此后，他便在江浙、宣歙、湖广等地讲良知学说长达三十年。黄宗羲曾从钱德洪与王畿比较论入手，评价道："是两先生之'良知'，俱以见在知觉而言，于圣贤凝聚处，尽与扫除，在师门之旨，不能无毫厘之差。龙溪从见在悟其变动不居之体，先生只于事物上实心磨炼，故先生之彻悟不如龙溪，龙溪之修持不如先生。乃龙溪竟入于禅，而先生不失儒者之矩矱，何也？龙溪悬崖撒手，非师门宗旨所可系缚，先生则把缆放船，虽无大得亦无大失耳。"③ 此言，实质上是褒钱抑王，不失为独到之见。在地位上，黄宗羲将钱氏放在王阳明姚籍弟子徐爱之后，前后辉映，是有所寄托的。钱氏卒后有《绪山会语》等传于世。

胡瀚，字川甫，号今山，以恩贡就华亭训导，升崇明教谕。阳

---

① 黄宗羲：《浙中王门学案一》，《明儒学案》卷十一，沈芝盈点校，第220页。
② 张廷玉等：《徐爱传》，《明史》卷二百八十三，第7272页。
③ 黄宗羲：《浙中王门学案一》，《明儒学案》卷十一，沈芝盈点校，第225页。

明称胡瀚为"吾小友"。黄宗羲在《浙中王门学案》中对其学说有简要介绍:"自幼承家学,动必以礼。年十八,从阳明先生游。论及致良知之学,反复终日,则跃然起曰:'先生之教,劈破愚蒙矣。'"为学以"求心为宗",功夫以"存心为主"。"于是日从事于求心,悟'心无内外,无动静,无寂感,皆心也,即性也。其有内外动静,寂感之不一也,皆心之不存焉故也'。作《心箴图》以自课,就质于阳明,阳明面进之。先生益自信,危言笃行,绳简甚密。"① 胡瀚曾与钱德洪、王畿会讲于天真书院。有《今山集》一百卷传世。可见,胡瀚在王门姚籍弟子中亦非等闲之辈。

孙应奎(1504—1586),字文卿,号蒙泉。余姚县上林双河人(今属慈溪市桥头镇烟墩村)。嘉靖八年(1529)进士,历官至右副都御使。据光绪《余姚县志》载:"生十岁,而父病羸,家贫。母童,课之读。王守仁自江西归,率同县七十余人往师之,由是乡间教泽浃行。"② 说明孙应奎出身儒门,因父病而致家贫寒,经母童氏亲自启蒙而成学业。其后,又与余姚众学子拜阳明为师,是王阳明在余姚一次性接纳七十余弟子中的主要成员之一。嘉靖三十年(1551),孙应奎在为同仁蔡汝楠湖南衡水石鼓书院版《传习录》所作序言中,回忆阳明的谆谆教诲时说:"应奎不敏,弱冠始知有所谓圣贤之学。时先生倡道东南,因获师事焉。忆是时先生独引之天泉楼,口授《大学》首章,至'致知格物'曰:'知者,良知也,天然自有即至善也。物者,良知所知之事也。格者,格其不正以归于正也。格之,斯实致之矣。'及再见,又手授二书。其一《传习录》。且曰:'是《录》吾之所为学者,尔毋徒深藏之可也。'"③ 由此可见,阳明对孙应奎是寄予厚爱的。孙应奎归乡后,居家三十年,以传承、弘扬其师良知学说为己任,并撰写了大量阐释阳明心学的文章及诗歌,有《燕诒录》十三卷传世。黄宗羲尝扼要概括过孙应奎对王门所做之贡献:"以《传习录》为规范,董天真之役。"④

闻人诠,字邦正,号北江,王阳明姑表弟。嘉靖五年(1526)

---

① 黄宗羲:《浙中王门学案五》,《明儒学案》卷十五,沈芝盈点校,第329页。
② 邵友濂修,孙德祖等纂:光绪《余姚县志》卷二十三,光绪二十五年刊本。
③ 孙应奎:《刻阳明先生传习录序》,王阳明:《王阳明全集(新编本)》卷五十二,吴光、钱明、董平等编校,第2101页。
④ 黄宗羲:《浙中王门学案一》,《明儒学案》卷十一,沈芝盈点校,第219页。

进士，知宝应县，后升御史，"巡视山海关，修城保四万余丈"①。官至右副都御史。阳明在江西任职时，闻人诠与兄闻人闳多次致书问学于阳明，深得阳明心学之精髓。也为弘扬阳明心学做出过重要贡献。卒于家，享年六十四岁。

除以上王阳明在正德十六年（1521）接纳的弟子外，成为余姚王门弟子中坚的还有管州、徐珊、夏淳、范引年、柴凤、黄骥、诸阳、杨珂、邹大绩、叶鸣、黄嘉爱、徐允恭、胡希周、卢义之、吴仁、郑寅、周于德、谷钟秀、黄文焕等人。其生平事迹光绪《余姚县志》等文献均有载录。

王阳明晚年居越期间，来往于绍兴与余姚两地之间，中天阁讲会成为传播阳明心学的重要道场，②培养了一大批姚籍王学人才，且其中相当多的弟子后成为王门中坚。嘉靖四年（1525）九月，阳明自越城归姚省墓期间，在中天阁举行讲会。为使余姚的讲学活动健康、持续发展，阳明亲自为讲会撰写了具有学规性质的《书中天阁勉诸生》一文，并题于壁上③，以便从制度上加以规范。

《书中天阁勉诸生》全文仅三百余字，主要精神是要求学子务必做到"虚心逊志，相亲相敬"，"不得动气求胜，长傲遂非"；以提倡一种"从容涵育，相感以诚"的良好学风。在王阳明看来，办讲会容易，但要坚持难；偶尔来听讲容易，要持之以恒难；而要在学习中做到谦虚谨慎、相亲相爱就更难了。故其以孟子名言教导弟子，为学决不能"一暴十寒"，强调为学的恒心问题。同时强调，为学要开显主体意识，即要开显良知，正确处理好相互关系。阳明在文中还列举了为学中的恶习，让学子们引以为戒："矜己之长，攻人之短；粗心浮气，矫以沽名；讦以为直，挟胜心而行愤嫉，以圮族败群为志。"这三方面的问题，是为学之大害，亦是做人的大敌，故阳明将其点出，犹如警钟长鸣，目的是要让学子们做到"道德仁义之习日亲日近，则世利纷华之染亦日远日疏"④。此可视为阳明办讲会

---

① 邵友濂修，孙德祖等纂：光绪《余姚县志》卷二十三，光绪二十五年刊本。
② 按：龙泉山中天阁建于五代时期，其名取自唐代睦州青溪（今浙江淳安）诗人方干《登龙山绝顶》诗句中"中天气爽星河近"之意。中天阁原为龙泉寺建筑的组成部分。
③ 据万历《绍兴府志·古迹志一》记载："白石灰壁上公自书，笔法甚清劲。"薛良幹等修，张元忭纂：万历《绍兴府志》卷九，光绪二十五年刊本。
④ 王守仁：《王文成公全书》卷八，王晓昕、赵平略点校，第338页。

的根本宗旨。

王阳明中天阁题壁文，不仅是对余姚学子的告诫，更是对弟子们为学"成圣贤"的一种勉励。训勉中反映出阳明治学重在开导学子"致良知"，认为立德去傲对于学子修身进德、养成高尚的道德情操具有十分重要的作用。文中还规定，"月讲"以每月初一、初八、十五、二十三为期，以保证讲会的顺利进行。尽管此题壁距今已将近五百年了，然此文至今读来仍具有极强的现实针对性，体现了阳明心学的旺盛生命力。

龙泉山中天阁讲会直到王阳明出征广西后仍持续不断。据《年谱》记载，嘉靖六年（1527）十一月十八日阳明抵肇庆后，即在写给钱德洪、王畿的信中特别提道："会讲之约，但得不废，其间纵有一二懈弛，亦可因此夹持，不致遂有倾倒。余姚又得应元诸友作兴鼓舞，想益日异而月不同。"① 可见，阳明在出征广西途中仍密切关注着中天阁会讲之事。次年九月，阳明再次寄书钱、王二人："余姚得应元诸友相与倡率，为益不小。近有人自家乡来，闻龙山之讲，至今不废，亦殊可喜。书到，望遍寄声，益相与勉之。"② 十月，阳明在回复钱、王的信中又一次提到讲会之事："书来见近日工夫之有进，足为喜慰！而余姚、绍兴诸同志又能相聚会讲切，奋发兴起，日勤不懈，吾道之昌，真有火燃泉达之机矣，喜幸当何如哉！"③ 从上述记载中不难看出，阳明对余姚龙泉山等讲会的高度重视，以及对坚持办讲会的弟子们的高度信赖。

王阳明晚年在余姚故里授徒讲学论道，以"致良知""万物一体"等学说为主要内容，并与其越城讲学互为一体，这对于阳明学的传播与发展产生了巨大影响，因而在阳明心学的发展史上具有重要地位。

六、绵绵故里情

嘉靖七年（1528）十一月二十九日，王阳明走完了五十七年求索而又光明的人生之路，在结束广西平乱后因病重，上奏乞归，途

---

① 钱德洪：《年谱三》，王守仁：《王文成公全书》卷三十四，王晓昕、赵平略点校，第1493页。
② 钱德洪：《年谱三》，王守仁：《王文成公全书》卷三十四，王晓昕、赵平略点校，第1508页。
③ 钱德洪：《年谱三》，王守仁：《王文成公全书》卷三十四，王晓昕、赵平略点校，第1510—1511页。

中病逝世于江西大庾县青龙铺章江的舟中。王阳明逝世后，姚人在阳明后事料理、心学思想弘扬、祭祀等方面发挥了极大的作用。

姚人在料理阳明后事方面所做的几件事，《年谱》及相关史料都有记载，如嘉靖七年（1528）十一月，钱德洪与王畿在赴京准备参加殿试途中，闻阳明将归，遂毅然放弃入京殿试的机会，去迎接其师。次年正月，当他们在桐庐闻阳明噩耗后，即相向恸哭。因怀疑服制，钱德洪遂撰《师服问》。后二人又日夜兼程赶赴江西广信成丧，钱德洪则撰文讣告同门。当遇阳明灵柩于贵溪时，钱德洪又撰《遇丧于贵溪书哀感》文。十日，阳明姚籍弟子范引年、柴凤亦前往奔丧，并遇灵柩于江西玉山。从阳明去世后钱德洪所撰的多篇有关丧事的文书看，钱氏对操办阳明丧事起了关键作用。同年十一月十一日，会葬阳明于绍兴洪溪，姚籍大学士姻亲谢迁不顾年逾八十高龄，渡曹娥江前往参加葬礼；姚籍现职官员姻亲胡东皋、姚籍梁弄人现职官员汪惇、汪克章兄弟亦赶来参加了葬礼。以上事例代表了姚人对王阳明崇高的敬意和作为家乡人对其所怀有的特殊的情感。

除此之外，在王阳明殁后，余姚籍的阳明弟子后学及姚江秘图山王氏家族后人，为弘扬阳明学说也做出过不懈努力。比如钱德洪等人，在阳明刚一去世，即开始谋划编纂《阳明年谱》，到嘉靖四十二年（1563）四月《年谱》告成，前后历时三十余年。如此浩大的工程，钱德洪在其中发挥了主要作用。从《年谱》刊行后的社会效果和对学术界的影响看，尽管在某些史实上存在一些差错，但确实达到了"上以承百世正学之宗，下以启百世后圣之矩"的目标。与此同时，钱德洪等人在编辑、刊刻阳明遗著方面亦作出了特殊贡献。可以说，明隆庆六年（1572）御史新建人谢廷杰巡按浙江时所刻《王文成公全书》的基础工作，诸如文献收集、整理、编辑等主要是由钱德洪完成的，后者可谓殚精竭虑，呕心沥血，在阳明弟子中对王学的贡献无人出其右。

再比如孙应奎，除讲学论道外，于嘉靖九年（1530）还与王门弟子董沄等人具体负责杭州天真书院的建设工程，并且序编了《天真精舍志》，可惜此志已散佚。嘉靖三十年（1551），他又在湖南任上协助蔡汝楠将阳明手授的七卷本《传习录》刊刻于石鼓书院，为传播阳明心学做出了重要贡献。

又比如阳明表弟闻人诠，曾于嘉靖十一年（1532）与钱德洪共订《阳明文录》，并刻印行世。五世孙王贻乐则编成《王阳明集》十六卷。据《四库全书总目提要》载："《王阳明集》十六卷，明王守仁撰。其五世孙贻乐（业弘子）重编。案：守仁全集刻于明嘉靖中，久而版佚。国朝康熙初，贻乐为腾县知县，乃重为掇拾，定为此本。"①

此外，施邦曜（1585—1644，字尔韬，号四明）在《王文成公全书》三十八卷的基础上，经反复研读，采用分类辑录的办法，首列《年谱》，然后按"理学""经济""文章"之序，详加批注，提纲挈领，于崇祯八年（1635）编刻成《阳明先生集要》，此举实开阳明心学分类研究之先河。

至于明末清初启蒙思想家黄宗羲（1610—1695，字太冲，一字德冰，号南雷、梨洲等），所编纂的《明儒学案》，则更是被誉为研究明代学术史之巨著。全书以阳明学为主线，系统阐述了姚江学派的学脉传承和各门派的主要学术思想，成为世人研究王阳明及其学术门派的必读书。其弟子邵廷采（1648—1711），字念鲁，传承师说，崇奉阳明，讲学姚江书院十七年，并著有《明儒王子阳明先生传》《王门弟子所知传》等，精辟概述了王门学派代表人物的传承脉络及特点。还有民国初，任江西赣南道尹的邵启贤（字纯飞），辑录《王学渊源录》二卷传于世。这些余姚名人，皆为阳明心学的传播与发展做出过重要贡献。

以上是从个体的角度考察阳明殁后姚人弘扬阳明学的大略情况，如从学术团体的角度考察，姚江书院、龙山书院对弘扬阳明精神的贡献最著。

姚江书院创建于崇祯十二年（1639），是一个赓续近百年，以传播、弘扬阳明心学为宗旨的民间教育机构。书院的主要发起人沈国模等人，认为"学不从致良知入门，有诚非所诚之弊"②，故而倡导践行"致良知"遂成为沈氏为学为教的基本主张。据光绪《余姚县志·学校·书院》载："姚江书院在南城东南隅巽水门内，明崇祯十二年县人沈国模、史孝咸讲学于半霖，从学苏元璞因建义学，祀

---

① 永瑢等：《四库全书总目·集部》卷一七六，中华书局1965年版，第1566页。
② 邵廷采：《姚江书院传》，《思复堂文集》卷一，祝鸿杰点校，浙江古籍出版社2012年版，第57页。

先贤王文成（以弟子配享，旁祔元璞主），旋改为姚江书院。（案：今书院中奉文成公像，旁列及门弟子暨私淑诸人，并有功书院者皆祔焉）国朝康熙四十一年，知县韦钟藻改建于南城东南巽水门内角声苑旧址。"① 沈国模的《姚江书院志略原序》亦曰："茫茫宇宙，而有尼山；后数百年，而有濂洛，有关闽；更数百年，而有姚江。天乎，人乎！……使姚江一灯，炳然千古……"② 说明姚江书院的办学宗旨，是以传承阳明心学为本。

姚江书院前期的代表人物是以沈国模为首的"四先生"，中期以韩孔当为代表，后期以邵廷采为代表。姚江书院的数代传人为传承和弘扬阳明学说作出了不懈努力，为培养心学人才、弘扬阳明精神做出了重大贡献，并使余姚成为浙东学术的一个重镇。值得一提的是，邵廷采在姚江书院讲学十七年，以传播阳明心学为要。邵氏的《姚江书院后记》对书院之学风作过如下阐发："当讲其学，务追千圣一传，磨砥躬行，无徒剽腾良知为口说为也。夫学者天下为公，哲愚同归。"③ 同时他还撰写了纪念王阳明的文章，足见其对先贤的敬仰和效法。

姚江书院是明末至清代中期浙东地区传播阳明学的主要阵地，其数代主持人为培养王学传人做出了很大贡献，在此基础上后来形成了"姚江书院派"，使余姚王门在全国的地位和影响力有了进一步提升。因此可以说，姚江书院是阳明学在余姚发展和传播的重要阶段。可惜的是，姚江书院最后的遗存毁于2000年旧城改造时。

龙山书院的创办，缘于清王朝下诏建书院以赡养士子之命。由于得到官方的支持和资助，故其办学有半官方性质。乾隆二十四年（1759），余姚知县刘长城选择王阳明曾讲学过的龙泉山中天阁，兴建龙山书院。书院"每岁延师课士"，教育经费充足，声名远播四方。龙山书院的历代主持人秉承阳明精神，为传播阳明心学亦发挥了重要作用。当时的浙江学政李因培撰《新建龙山书院碑记》，对书院状况作过介绍，文中多次提到王文成祠与阳明良知学说。同治十一年（1872），龙山书院毁于太平军兵燹。光绪五年（1879）重

---

① 邵友濂修，孙德祖等纂：光绪《余姚县志》卷十，光绪二十五年刊本。
② 转引自钱茂伟：《姚江书院派研究》，中国社会科学出版社2005年版，第252页。
③ 邵廷采：《姚江书院后记》，《思复堂文集》卷四，祝鸿杰点校，第251页。

建。知县高桐在《重建龙山书院碑记》中要求学子："诸生心文成之心，学文成之学，则文成之德之功，亦将复见于今日，当不徒以文章鸣盛已也！"①直至光绪三十一年（1905），科举教育被废除，龙山书院也完成了历史使命。龙山书院自清乾隆年间建院至清末停办的一百多年中，坚持以传承阳明学说为己任，历经社会动荡，使阳明学在当时退潮的情势下，依然在余姚能够心灯相传，为清代阳明学的传播和发展做出了重大贡献。而这种承续在民国期间，又因余姚民众教育馆馆长邵荇水主编的《余姚三哲纪念集》等文献，而得到了进一步凸显。可以说，作为"阳明故里"的余姚，在传承和弘扬阳明文化方面始终一贯，从未中断，为守护阳明文脉作出过特殊贡献。

比如对于先贤而言，祭祀是后人缅怀、传扬杰出人物的重要礼节，具有激励后人、淳化世风的教育作用。王阳明功高盖世，无赏赐不说，殁后反而受到"恤典不行""禁其学说"的不公打压，仅仅保留了"新建伯"的爵位。然而，阳明的门人后学以及具有正直品格的官员，却不惧朝廷威严，纷纷为阳明在各地立祠建坊，余姚即为其中之代表。

据光绪《余姚县志·典祀》载：余姚王文成公祠初拟建于龙泉山，因未有定址，遂以阳明曾讲学于龙泉寺之中天阁，于嘉靖十三年（1534）乃寓主其所，以祀之。十四年（1535），时任浙江提学佥事的徐阶因为建祠，有司春秋祭，以门人徐爱、钱德洪配享。十七年（1538），巡按浙江监察御史傅凤翔建阳明祠于龙泉山，每年春秋二仲月，有司主行时祀。万历年间，在阳明祠东侧建海日祠（"海日"为阳明父王华晚年号）。清顺治八年（1651），知县胥庭清重修，王尔禄撰《重修阳明先生祠记》。咸丰十一年（1861），阳明祠毁于太平军兵燹。至同治初，龙山书院拨资建复，祠入防保录。民国十六年（1927），时任余姚县长的堵福选将阳明祠与海日祠合建为"二王祠"，并由近代名人马一浮题额。日寇侵华，余姚沦陷后，"二王祠"被日寇所毁，祠内阳明塑像亦被日寇盗走，现"二王祠"仅存遗址。

---

① 邵友濂修，孙德祖等纂：光绪《余姚县志》卷十，光绪二十五年刊本。

大概在建阳明祠的同时，余姚还为王阳明建了"新建伯"牌坊。现存文献中未见立于余姚秘图山王氏宗祠前的"新建伯"牌坊建于何时的确切记载，但根据阳明晚年的情景与殁后的遭遇看，"新建伯"牌坊的建立应与建阳明祠在同时间段。此牌坊雄伟壮观，用料硕大，雕刻部件十分精致。1965年被毁。2005年重新仿建牌坊时，只有题额"新建伯"三字为原坊真迹。重建后的牌坊现立于王阳明故居文化广场前端。①

到了清乾隆十九年（1754）年，余姚又建了由时任余姚知县李化楠题刻的"明先贤王阳明故里"碑。而被立于龙泉山阳半山腰处的"四先贤故里碑"，其具体立碑时间则分别为：严子陵、王阳明二故里碑建于乾隆十九年；朱舜水、黄梨洲两故里碑建于清末。王阳明故里碑后因风化，于道光十二年（1832）重建；严子陵故里碑于道光二十一年（1841）重建。四碑原置姚城西郊江边的"接官亭"，"抗战"时期移至旧县衙内的荷花池畔，1949年后移至龙泉寺山门东侧，后再移至山南坡。"文革"期间被毁。1981年按原状复建于龙泉山南坡。1981年6月，"四先贤故里碑"被余姚市人民政府列为市级文物保护单位。

需要指出的是，清乾隆年间，王阳明九世孙王篪尝隐居乡里，以教书为生，并特地为龙泉山南麓的龙泉井作铭："峨峨灵绪，祖祠在颠。崇阶碧藓，下有圆川。或称海眼，实维龙泉。仰止之所，静深之渊。譬如良知，心体本然。取之各足，用之无偏。猗欤潜源，涌水涓涓。奉为清涤，永厥千年！"铭文中所称"灵绪"，为龙泉山

---

① 按：据赵建荣考证，余姚"新建伯坊"建于嘉靖十六年（1537）的农历十二月。原牌坊坐落于余姚北城秘图山后柴行街（今阳明东路其中一段）王氏宗祠门前（今阳明小学校园西南侧地块）。1949年后，"新建伯坊"及坊后的房屋辟为五联私立小学。1952年9月定名为阳明区柴行街小学（公立）。1957年改为余姚镇第四中心小学。1962年又改名余姚镇柴行街小学。1964年，校园内的"新建伯坊"被拆除。1968年学校改名为东风厂"五七"学校。1972年改名为人民路学校。1992年改名为阳明小学。2006年，在余姚市"王阳明故居纪念馆"第四阶段开辟故居前广场工程建设时，起出了砌在阳明小学操场西边花坛上的"新建伯"匾额，将其重置于新建的"新建伯坊"上。现存匾额中原有的文字信息如下：右款首列"巡按浙江监察御史周汝员"，次列"□□□□□□张景"，三列"绍兴府知府汤绍恩同知□□通判周东惟捐建"；中间"新建伯"三个正楷大字；左款首列"余姚县知县顾随芳、县丞金韶、主簿李光义、典史欧阳景"，次列（尾对齐排列）"儒学教谕王球、训导许道"，末列"大明嘉靖十六年岁次丁酉十二月吉旦立"。其中，有九字笔画已模糊不清，难以辨识，故用"□"代替（参见赵建荣：《"新建伯坊"的前世今生》，"余姚发布"公众号，https://mp.weixin.qq.com/s/-xnkvKiL63axrmviEyGzzg，2020年4月12日）。

古名。铭文形象地阐发了阳明的良知本体思想，表达了广扬先祖美德的心愿。此铭文今尚在。

七、结语

余姚作为"阳明故里"，是基于清晰的姚江秘图山王氏家族传承脉络和地域文化环境的支撑。王阳明自十岁离开余姚故乡，此后文献明确记载有五次归乡。"舜水龙山予旧宅""萧萧总是故园声"，诗言志，诗缘情，阳明先生的上述诗句难以道尽与故乡的情感。无论宦游客地，还是迁居府城绍兴，阳明对故土的浓浓乡情总有难以割舍的情愫。从家族血缘的角度看，阳明在家族"守"字辈中排行长男，由此使他承担了更大的责任，上孝长辈，和睦兄妹，下抚晚辈，关爱姻亲，齐家垂范，为家风世德的延续尽心尽责。阳明的心学思想，在其故里薪火相传，发扬光大，成为"阳明文化大厦"的一块基石，其文化价值在于见证了故乡人对于这位先哲的敬仰、历史责任和情怀。他的早期弟子徐爱开整理阳明语录之先河，为阳明心学的传播奠定了基础。晚年弟子钱德洪为传承、弘扬先师学说，全身心地投入于收集、整理、编辑及刊刻阳明文献的一系列重大活动中，为阳明心学传扬天下立下了汗马功劳。后学施邦曜开创了按主题对阳明文献进行分类编辑之先例，为世人研读阳明学说展示了清晰的结构，并为将初学者引进王学殿堂竖立了路标。后学黄宗羲所撰之《明儒学案》，全面而系统地梳理并诠释了姚江学派学术史分流的脉络及其传播方式，为《明史·王守仁传》中提出"阳明学"的概念提供了学理支持，不从宏观和微观上对姚江学派的地域分布作了描述，成为清代以降"阳明学"门派研究之圭臬，而黄宗羲本人则成为研究姚江学派的"第一人"。自王阳明在世时亲辟龙泉山中天阁讲会，到姚江书院、龙山书院之延续，通过将阳明心学应用于书院教育提升了余姚教育的品位和影响力，标志着余姚作为王学重镇的群体性传承得以延续，从而为全面考察阳明学在其故里的生根、可持续性发展提供了案例、范式。以上所述，均反映了余姚王门为阳明学说的阐释、传播和弘扬所做出了的特殊贡献，这对于完整、系统地考察阳明学的发展历程无疑是不可缺少的。从某种意义上说，没有上述姚籍学人的努力，阳明学的影响力不可能如此之大，这亦成为余姚后人坚守阳明精神家园的理由与依据。

王阳明与余姚之间不仅仅是血缘之联系，也是学脉、地域文化与时代精神的互动。余姚是王阳明的根基所系，是其思想学说的浸润之地。余姚后人对阳明学说的传承、弘扬和铭记，是对阳明先生道德文章和历史贡献的回应。从这个意义上说，王阳明与余姚的关系及其思想影响又是超越地域的。

（华建新撰稿）

阳明学与绍兴

"绍兴"在地域上有两种含义：一是历史上的绍兴。在王阳明所处的明代，绍兴府指的是山阴、会稽、上虞、萧山、嵊县、新昌、诸暨、余姚等八县；二是当代的绍兴。1949年以后，随着萧山划入杭州、余姚归并宁波，如今的绍兴市相当于明代绍兴府中的六县，由越城区、柯桥区、上虞区、诸暨市、嵊州市、新昌县组成。考虑到行政区划的因素，在撰写和收集整理相关资料时，本文使用第二种含义的"绍兴"，就王阳明及阳明后学与绍兴的关系作一阐述。

一、迁居越城

对于王阳明与绍兴的关系，王阳明《年谱》经常称阳明"在越"，存在着对"越"如何解读的问题。

作为历史地理概念，传统上的"越"有三种用法：第一种是於越之境，即古越国所涉范围；第二种是越中之地，多称越州，范围相当于后来涵盖八县的绍兴府；第三种是郡城之区，即绍兴府城所辖范围，现多称越城。三种"越"的用法，带来作为日常用语"越"的多样化、随意性使用：站在全国的角度，是浙江省的代称；站在浙江省的角度，是绍兴府的代称；站在绍兴府八县的角度，是山阴、会稽二县的代称；站在绍兴府署的角度，则是绍兴府城（越城）的代称。历史上把绍兴府城称为越城的最主要原因，是因为春秋战国时期越王勾践建城于此，自此，绍兴城历经2500多年不曾迁址，越城成为绍兴府城的代称，至今原绍兴府城的区域尚称越城区。

《王阳明年谱》主要由钱德洪编述，要弄清《年谱》中阳明"在越"的准确含义，需要弄清钱德洪的文章是如何使用"越"的。笔者通过对钱德洪《刻文录叙说》和《师服问》两文的分析，认为当绍兴府城、山阴或会稽县、余姚县同时出现在文中时，钱德洪所称之"越"指的是绍兴府城或是包括绍兴府城在内的山阴、会稽二县，而对同属绍兴府的余姚县，则称为"姚"或"余姚"，并没有称余姚为"越"的习惯。①同样，钱德洪在《年谱》中所称的"越"，主要指的是绍兴府城（越城），有时也指包括绍兴府城在内的山阴、会稽二县，而对同属绍兴府的余姚县，则称为"姚"或"余姚"。如《年谱》"十有六年辛巳"条："八月，至越。九月，归余姚省祖茔。"②其中的"越"显然是指越城。本文将沿着这一思路，来分析王阳明在绍兴的活动情况。

王阳明成化八年（1472）生于余姚瑞云楼，成化十七年（1481），阳明一家从余姚迁到了绍兴府城。《年谱》称："十有七年辛丑，先生十岁，皆在越。是年龙山公（王华）举进士第一甲第一人。"究其迁徙原因，《年谱》称："其先出晋光禄大夫览之裔，本琅琊人，至曾孙右将军羲之，徙居山阴……龙山公常思山阴山水佳丽，又为先世故居，复自姚徙越城之光相坊居之。"③光相坊位于越城西门，是绍兴城内著名的水网地带，船出西廓门即进入运河道，水路四通八达，十分便利。

阳明一家从余姚迁居绍兴府城的时间，有多种观点。钱明④、傅振照⑤和王诗棠⑥认同《年谱》的说法，认为阳明在成化十七年（1481）即已随父迁居绍兴府城；陈来则认为弘治十一年戊午（1498）或弘治十五年壬戌（1502）皆有可能⑦；诸焕灿更认为是在正德十六年（1521）；汪柏江认为，王华迁居山阴的时间在成化十七年（1481）中状元之前，很有可能是成化十三年（1477），"王华秋闱未中举后改弦更张迁居山阴，为自己在府城营造良好科举应试环境和文人朋友圈"⑧。笔者认为，陈来、诸焕灿、汪柏江等各种说法均属推测，如果没有充分证据证明钱德洪的《年谱》有误，则应认可《年谱》的权威性，即阳明一家是在成化十七年（1481），从余姚

---

① 张炎兴：《王阳明"在越"》，《贵州大学学报（社会科学版）》2015年第5期。
② 钱德洪：《年谱二》，王守仁：《王阳明全集》卷三十四，吴光等编校，第1282页。
③ 钱德洪：《年谱一》，王守仁：《王阳明全集》卷三十三，吴光等编校，第1221、1220页。
④ 钱明：《王阳明迁居山阴辨考——兼论阳明学之发端》，《浙江学刊》2005年第1期。
⑤ 傅振照：《王阳明与绍兴》，《浙江学刊》1988年第4期。
⑥ 参见钱明：《王阳明第十六世孙王诗棠先生访谈录——兼论绍兴阳明世家及遗存》，（台湾）《中国文哲研究通讯》2000年第1期。
⑦ 陈来：《王阳明与阳明洞——王阳明越城活动考》，《孔子研究》1988年第2期。
⑧ 绍兴市柯桥区政协文史资料委员会、绍兴市柯桥区史志办公室、天泉山房编著：《王阳明绍兴事迹考·亲属编》，浙江古籍出版社2016年版，第41页。

迁到了绍兴府城。

对于阳明的祖上是王羲之之说，通过考证，学者们已取得共识，即王阳明与王羲之同宗，均是晋光禄大夫王览之裔，但王羲之并不是王阳明的祖上。王览有两子王裁和王正，王裁有子王导，王正有子王旷，王旷生王羲之。王阳明的祖上是王羲之的叔伯王导，即东晋初年"王与马共天下"中的那个中兴之臣王导。尽管王阳明祖上不是王羲之，也不曾居住山阴，但阳明一家对山阴情有独钟，祖孙三代之墓均在绍兴。陆深《海日先生行状》称"卜地于天柱峰之阳而葬先生焉"[①]。经过考证，确认王华墓位置在鉴湖街道秦望村百家岙天柱峰之阳的茅山南麓。阳明墓在兰亭花街村鲜虾山麓，据花街村人介绍，花街有两座伯府墓，一是王伯府墓，另一是小伯府墓。王伯府即王阳明，墓在鲜虾山；小伯府为王正亿，墓在鲜虾山南、花街之高村自然村旁的山上。阳明一家祖孙三代均魂归绍兴，可见他们已把绍兴视为了故乡。

二、筑室阳明

（一）阳明洞天

王阳明名守仁，字伯安，阳明是他的号，《年谱》称："先生尝筑阳明洞，洞距越城东南二十里，学者咸称阳明先生云。"[②]

阳明洞是阳明洞天的简称，位于越城东南的阳明洞天为道教三十六小洞天中的第十（一）洞天，在会稽山之宛委山南麓，为一东西向的谷地，三面环山，东面为谷口。阳明洞天谷地谷身狭长，氛围幽深清静，山径盘回，溪涧迂曲。洞天的标志是一倾斜的巨石，称飞来石，石上刻有贺知章等唐宋名贤题名。据赵晔《吴越春秋》和贺知章《龙瑞宫记》记载，阳明洞天由大禹藏金简玉字之书的禹穴演化而来。黄帝磐石盖门，藏书于宛委穴。大禹登宛委山，开磐石得治水之书疏导洪水后，又用磐石将书封于禹穴。故有此飞来石，取道教别有洞天之意。

[①] 陆深：《海日先生行状》，王守仁：《王阳明全集》卷三十八，吴光等编校，第1400页。
[②] 钱德洪：《年谱一》，王守仁：《王阳明全集》卷三十三，吴光等编校，第1220页。

（二）养生修道

王阳明之所以要筑室阳明洞天，首先是为了养生。《年谱》记："弘治十五年……遂告病归越，筑室阳明洞中，行导引术。"①养病之余，阳明与"精于天文、地理、兵法、奇门九道之学"的道友许璋、王司舆多有交流，道术精进。《年谱》记："一日坐洞中，友人王思舆等四人来访，方出五云门，先生即命仆迎之，且历语其来迹。仆遇诸途，与语良合。众惊异，以为得道。"②叙述了阳明因修道而具有的预知能力。张岱的《三不朽图赞》认为阳明与许璋交流道术，对其日后江西平宸濠之乱产生了重大影响："（许）为王文成塾师，教以奇门遁甲诸书及武侯阵法。文成抚江右，嘱曰：'勿错认帝星。'及宸濠将叛，遣子贻以枣、梨、江豆、西瓜。文成警悟，出查乱兵，遂不及难。后得诛反擒王，皆先生力也。"③许璋让人送枣、梨、江豆、西瓜的意思是提醒阳明"枣（早）梨（离）江西"，让阳明产生警觉，从而为日后平定宸濠之乱打下了基础。

对许璋其人，明万历三十三年（1605）刊刻的《上虞县志》卷八《人物》记载较为详细：

> 许璋，字半圭，家贫，潜心性命之学，不求仕进，凡天文地理及孙吴韬略、奇门九遁，靡不精晓。尝蹑屩走岭南，访陈献章，至楚，见白沙门人李承箕，留大崖山中者三时，质疑问难，亦不至岭南而返。尝为王文成塾师，教以奇遁诸书及武侯陈（阵）法。文成抚江右，璋指乾象谓曰："帝星今在楚矣。"已而世宗起于兴邸，其占之奇中，类如此。宸濠将叛，璋遣子遗文成枣、梨、江豆、西瓜。文成惊悟，出查乱兵，遂不及难。后得诛叛擒王，皆璋力也。岑孟为梗，文成奉命督师，走璋问计。璋曰："抚之便卒。"用其言，得孟。遗之金帛，不受；欲荐之于朝，曰："爵赏非吾愿，何以相强？"自谓所居当大发祥顾子孙无当者。比邻陈氏兄弟不凡，足当此归之去。已而陈述、陈述果相继登第。人呼为神仙，云山阴范瓘常师事之。年

---

① 钱德洪：《年谱一》，王守仁：《王阳明全集》卷三十三，吴光等编校，第1225页。
② 钱德洪：《年谱一》，王守仁：《王阳明全集》卷三十三，吴光等编校，第1225—1226页。
③ 张岱：《三不朽图赞》，公户夏点校，浙江古籍出版社2017年版，第158页。

七十余岁卒，文成以文哭之，题其墓曰"处士许璋之墓"，邑令杨绍芳为立石，时嘉靖四年。①

由此可见，作为"处士"的许璋，也是位不拘于儒、释、道三教之畛域而能够出入于道释两家的"隐儒"。他不仅潜心于儒家性命之学，而且在兵法、道教预测学等方面亦颇有造诣，"于天文、地理及孙吴韬略、奇门九遁之术，靡不精究"②。许璋与王阳明的交往时间也相当长，并且作为阳明的"越中诸友"，从阳明弘治十五年（1502）修炼阳明洞天始，到正德十六年（1521）回乡讲学止，在关键时刻的一些关键问题上，许璋都对他有过指点，可以说是阳明的一位道家道教型的道友。在王阳明的早期活动中，许璋的"角色"虽然是"配角"，但却很难抹去。少了这样的"配角"，"主角"王阳明的登场就会逊色不少，而明代思想文化这场大剧也会显得不够丰满。

（三）收徒讲学

阳明洞天不仅是阳明养生之地，更是阳明讲学的重要场所。作为伟大的教育家，阳明一生都在讲学传道。正德二年（1507）即将赴谪龙场前，阳明在越城收妹婿徐爱及山阴白洋弟子蔡宗充、朱节为学生，并作《别三子序》以赠之。季本《奉议大夫四川按察司提学佥事蔡公墓志铭》称："时闻先师倡道阳明山中，乃偕守忠往受业焉，因与余姚徐君曰仁为三友，刊落繁芜，学务归一。"③蔡公即蔡宗充，曰仁、守忠分别是徐爱、朱节的字，阳明山即阳明洞天所在的山，说明阳明第一次收徒是在阳明洞天。

（四）王学起点

阳明洞修炼对于阳明心学的发端产生了重大影响。钱德洪总结

---

① 按：浙江图书馆古籍部藏有王阳明为处士许璋题写的碑文拓片，内容为："门人新建伯南京兵部尚书王守仁题'处士许璋之墓'，大明嘉靖四年上虞知县杨绍芳立。"又按："处士"又称"高士"，泛指没有做过官又品德高尚的读书人。《荀子》："古之所谓处士者，德盛者也。"
② 徐象梅：《高隐》，《两浙名贤录》卷四十四，明天启三年刻本。
③ 季本：《季彭山先生文集》卷三，《北京图书馆古籍珍本丛刊》（第106册），第890页。

道:"盖师学静入于阳明洞,得悟于龙场,大彻于征宁藩。"①将阳明洞修炼视为阳明思想演化过程中的三大节点之一。《年谱》记述王阳明筑室阳明洞的同时,还记有:"是年先生渐悟仙、释二氏之非。……久之悟曰:'此簸弄精神,非道也。'……明年遂移疾钱塘西湖,复思用世。"②弘治十八年(1505),离开阳明洞天后的阳明也曾在《赠阳伯》中表达过同样的思想:"长生在求仁,金丹非外待。缪矣三十年,于今吾始悔!"③以上记载,可视为阳明从慕仙养生立场转向儒家经世路径的明确证据

儒、道、佛合一是阳明思想的一大特点,杜维明先生认为,阳明对儒学所作的贡献同马丁·路德对基督教所做的贡献一样深刻,尽管阳明心学和佛教都强调通过内在转变过程来寻求自我之实现,但他们的精神方向完全不同。杜先生还对阳明洞修炼在阳明思想发展中的地位作了精准总结:"通过阳明洞的内在经验,阳明做出了重要的抉择:人生的真正意义应该在人与人的关系中去寻找。在别处寻求个人自由,不仅是逃避,而且违反人性。"④从此,阳明思想得到升华,开始了对儒、解、道思想的融合过程。黄宗羲称阳明之学有三变:"先生之学,始泛滥于词章;继而遍读考亭之书,循序格物,顾物理吾心终判为二,无所得入;于是出入佛、老者久之。及至居夷处困,动心忍性,因念圣人处此,更有何道? 忽悟格物致知之旨,圣人之道,吾性自足,不假外求。其学凡三变而始得其门。"⑤而真正让阳明历三变始得其门、走出佛老成为儒者的,就是会稽山阳明洞的修炼。甚至可以说,没有阳明洞修炼也就没有龙场之悟。因此,说阳明思想发端于阳明洞之修炼,应该没有什么问题。

(五)梦萦洞天

自弘治十五年(1502)筑室阳明洞天,自号"阳明子"开始,阳明洞天就一直是阳明最喜欢居住之处,也是他一生的精神家园。

---

① 王守仁:《王阳明全集》卷二十九,吴光等编校,第1038页。
② 钱德洪:《年谱一》,王守仁:《王阳明全集》卷三十三,吴光等编校,第1225—1226页。
③ 王守仁:《王阳明全集》卷十九,吴光等编校,第673页。
④ 杜维明:《宋明儒学思想之旅——青年王阳明(1472—1509)》,郭齐勇、郑文龙编:《杜维明文集》(第3卷),武汉出版社2002年版,第84页。
⑤ 黄宗羲:《姚江学案》,《明儒学案》卷十,沈芝盈点校,第180页。

自从筑室阳明洞天,阳明每次归越必去那里。譬如正德二年(1507)即将赴谪龙场前,阳明在阳明洞天讲学、收徒。正德七年(1512)阳明升南京太仆寺少卿,便道归省,回到越城后便马上就去了阳明洞天。正德十一年(1516)阳明在《致伯显札卷》中云:"……不久吾亦且归阳明,当携弟辈入山读书,讲学旬日,始一归省,因得完养精神,熏陶德性,纵有沉疴,亦当不药自愈。"①查《年谱》,该年七月,阳明巡抚南、赣、汀、漳前归过越,说明他又去了阳明洞天。晚年居越期间(1522—1527),阳明洞天更是阳明生活讲学的重要场所,对此将在下一节中详述。

　　阳明洞天不仅是阳明居越期间的住所,在离开绍兴的日子里,阳明洞天也是他梦萦魂牵的地方。正德元年(1506),阳明因疏忤逆刘瑾而下锦衣卫狱,其狱中诗《读易》云:"箪瓢有余乐,此意良匪矫。幽哉阳明麓,可以忘吾老。"②正德三年(1507)春,阳明被谪龙场后居于东洞,因怀念家乡阳明洞天,遂改东洞为"阳明小洞天",并赋有《始得东洞遂改为阳明小洞天三首》。正德八年(1513)十月,阳明至滁州督马政,其《送守中至龙盘山中》中有"何年稳闭阳明洞,楉柮山炉煮石羹"③之句,《送蔡希颜三首》中的也有"倘入阳明峰,为寻旧栖处"④之句,体现了阳明与弟子相约家乡阳明洞天的愿望。正德九年(1514)四月,阳明升南京鸿胪寺卿后,其《书扇面寄馆宾》中有"何年归去阳明洞,独棹扁舟鉴里行"⑤之句,尽管升了官,但阳明心目中依然充满着对故乡阳明洞天和鉴湖里一叶扁舟的向往。

　　阳明对故乡阳明洞天的向往,在江西平乱时期达到高峰。"区区正月十八日始抵赣,即兵事纷纷。……中间曾无一日之暇,故音问缺然。然虽扰扰中,意念所在,未尝不在诸友也。……近尝寄书云:'非为今日诸君喜,为阳明山中异日得良伴喜也。'"⑥虽兵事纷纷,

---

① 故宫博物院、绍兴博物馆、王阳明研究院编:《阳明山人——王阳明书法作品全集》,故宫出版社2017年版,第75页。
② 王守仁:《王阳明全集》卷十九,吴光等编校,第675页。
③ 王守仁:《王阳明全集》卷二十,吴光等编校,第727页。
④ 王守仁:《王阳明全集》卷二十,吴光等编校,第731页。
⑤ 王守仁:《王阳明全集》卷二十,吴光等编校,第737页。
⑥ 王守仁:《与黄诚甫》,《王阳明全集》卷四,吴光等编校,第162页。

"曾无一日之暇",但故乡的阳明洞天却再次出现在阳明的书信中。阳明率军小憩龙南,路过玉石岩双洞,遂以"阳明别洞"命名之,在那里他感受到了家乡阳明洞天的气息。正德十三年(1518)八月,徐爱去世,阳明哀恸之余,感叹"吾今纵归阳明之麓,孰与予共此志矣"①,师徒俩的一种理想生活,竟然是在"阳明之麓""讲明斯道"。正德十四年(1519)六月,阳明起义兵平宁王之乱,故乡的阳明洞天始终是其心间的一份珍藏。《江施二生与医官陶野冒雨登山人多笑之戏作歌》里有"归与归与吾与尔,阳明之麓终尔期"②,《游通天岩示邹陈二子》里有"采芝共约阳明麓,白首无惭黄绮俦"③,"相约阳明"是其中的共同主题。宁王之乱平定后,阳明在《答甘泉》中说:"仆年未半百,而衰疾已如六七十翁,日夜思归阳明。"④通篇的主题竟是"日夜思归阳明",而没有平乱后的喜悦。

嘉靖六年(1527)九月,王阳明巡抚两广,去广西平定思、田之乱,期间留有《答何廷仁》书:"区区病势日狼狈,自至广城,又增水泻,日夜数行,不得止,今遂两足不能坐立。……纵未能遂归田之愿,亦必得一还阳明,与诸友一面而别,且后会又有可期也。"⑤书中在表明自己日益严重病情的同时,还以"必得一还阳明",表达了与诸友相聚阳明洞天的心愿。

三、晚年居越

自十岁随父迁居山阴,王阳明回绍兴主要居住在越城,而居越最长的一段时间则是在其晚年。正德十六年(1521)八月至嘉靖六年(1527)九月,阳明先是归乡省亲,后因丁父忧而居绍兴长达六年。居越期间,除了赴余姚省亲,阳明的行迹主要出现在浮峰寺、阳明洞天和伯府三个地方。

---

① 王守仁:《祭徐曰仁文》,《王阳明全集》卷二十五,吴光等编校,第955页。
② 王守仁:《王阳明全集》卷二十,吴光等编校,第769页。
③ 王守仁:《王阳明全集》卷二十,吴光等编校,第779页。
④ 王守仁:《王阳明全集》卷四,吴光等编校,第174页。
⑤ 王守仁:《王阳明全集》卷六,吴光等编校,第225页。

（一）游寓浮峰

阳明游寓浮峰共有四次，前两次在告病归越后的弘治十六年（1503）春天和秋天，后两次则在晚年居越时的嘉靖二年（1523），前后相隔二十年。

阳明弘治十五年（1502）告病归越诗共有三十五首，其中与浮峰相关的是《游牛峰寺四首》和《又四绝句》。两组诗写于两个时间，《游牛峰寺四首》中有"洞门春霭""春风萝薜""偶寻春寺""石床春尽"等语，说明阳明去浮峰是在春天；《又四绝句》中有"深林落轻叶，不道是秋深""池边一坐即三日，忽见岩头碧树红"等语，说明阳明是在秋天去的浮峰。《游牛峰寺四首》中言"一卧禅房隔岁心，五峰烟月听猿吟"①，《又四绝句》中也有"两到浮峰兴转剧，醉眠三日不知还"②之句，说明两次游览均在浮峰住宿。有意思的是，春天《游牛峰寺四首》中的"牛峰"到秋天的《又四绝句》中已改称"浮峰"。查万历《绍兴府志》卷四"牛头山"条："牛头山，在府城西六十五里，小江萦其西。唐天宝间，改名临江山。山产石，可作假山，其小碎者取为盆山，尤宜草木，皆葱蒨耐久，与昆山所出相埒。东坡先生所谓'盆山不见日，草木自苍然'是也。《县志》云：'石疏理，入水则浮，名浮石。近者王新建改山名"浮峰"，以此。或云以其临江瞰海，山势若浮云。'"③抑或阳明喜欢此处，竟将山名由"牛峰"改称为"浮峰"。亦因为喜欢，"廿载风尘始一回，登高心在力全衰"④，二十年后，阳明居越期间再次来到浮峰，留有《再游浮峰次韵》《夜宿浮峰次谦之韵》两诗。

阳明多次来到浮峰，一个重要原因是浮峰寺距钱塘江东岸的西兴渡口只有三十多里，其地理位置正好处于杭绍中间，成了阳明途中栖息及与师友、弟子送别的重要场所。据《年谱》弘治十五年（1502）条记："（阳明）明年遂移疾钱塘西湖，复思用世。"⑤作于弘治十六年（1503）春秋的《游牛峰寺四首》和《又四绝句》，当是阳明往返于杭绍之间在牛峰寺栖息时所作。《传习录》记："癸未

---

① 王守仁：《王阳明全集》卷十九，吴光等编校，第664页。
② 王守仁：《王阳明全集》卷十九，吴光等编校，第664页。
③ 萧良幹等修，张元忭等纂：万历《绍兴府志》卷四，万历十五年刊本。
④ 王守仁：《王阳明全集》卷二十，吴光等编校，第785页。
⑤ 钱德洪：《年谱一》，王守仁：《王阳明全集》卷三十三，吴光等编校，第1226页。

(1523)春,邹谦之(守益)来越问学,居数日,先生送别于浮峰。是夕,与希渊诸友移舟宿延寿寺,秉烛夜坐。"①可知阳明晚年居越时的《再游浮峰次韵》《夜宿浮峰次谦之韵》乃是送别邹守益于浮峰时所作。又,前引《传习录》有"与希渊诸友移舟宿延寿寺"之语,其中提及的"延寿寺",据汪柏江考证,在牛头山附近的仁里王村,是阳明道友王世舆、王琥(世瑞)等族人的居住地,②邹守益登浮峰时作有《侍阳明先生及蔡希渊、王世瑞登浮峰书别》③,可见"希渊诸友"中也包括王琥(世瑞)。因此,探访族人应也是阳明经常去浮峰的一个原因。

(二)讲学洞天

阳明洞天是阳明晚年居越期间生活讲学的重要场所。相关文献表明,阳明的重要弟子,如绍兴王畿、钱德洪、徐珊,海宁董沄,江苏泰州王艮,福建郑善夫,江西邹守益、魏良器、何廷仁、黄弘纲等,天下钜儒硕士,均曾随阳明学于阳明山中。阳明的江西弟子魏良器曾曰:"壬癸甲乙之岁,坐春风于会稽,先生携某于阳明之麓,放舟于若耶之溪,徘徊晨夕,以砭其愚而指其迷。已而已而,今不可得而复矣!"④文中的"壬癸甲乙之岁"即"壬(午)、癸(未)、甲(申)、乙(酉)年",指的是嘉靖元年至嘉靖四年(1522—1525),1522年魏良器随阳明从江西来到绍兴后,在阳明洞天等地,阳明经常为魏良器"砭其愚而指其迷"。王畿《钱绪山行状》记述阳明1527年赴广西平乱经江右南浦时曾云:"吾虽出山,德洪、汝中与四方同志相守洞中。"⑤随后阳明的《与陈惟濬》又有:"自出山来,不觉便是一年。山中同志结庐相待者,尚数十人,时有书来,仅令人感动。"⑥说明阳明洞天的确是阳明讲学的大本营,1527年阳明离开绍兴赴广西平乱后,王畿、钱德洪等弟子依然

---

① 王守仁:《传习录下》,《王阳明全集》卷三,吴光等编校,第117页。
② 绍兴市柯桥区政协文史资料委员会、绍兴市柯桥区史志办公室、天泉山房编著:《王阳明绍兴事迹考·亲属编》,第184、187页。
③ 邹守益:《邹守益集》,董平校整理,凤凰出版社2007年版,第1309页。
④ 钱德洪编:《世德纪》,王守仁:《王阳明全集》卷三十八,吴光等编校,第1437页。
⑤ 王畿:《王畿集》卷二十,吴震编校整理,第586—587页。
⑥ 王守仁:《王阳明全集》卷六,吴光等编校,第222页。

在阳明洞天讲学悟道。

所谓"讲学洞天"并不局限于阳明洞天，阳明的足迹曾遍布洞天周围的稽山镜水间。魏良器言"坐春风于会稽，先生携某于阳明之麓，放舟于若耶之溪"；阳明本人在《从吾道人记》曾言："嘉靖甲申（1524）春，萝石来游会稽，闻阳明子方与其徒讲学山中，以杖肩其瓢笠诗卷来访。……入而强纳拜焉。阳明子固辞不获，则许之以师友之间。与之探禹穴，登炉峰，陟秦望，寻兰亭之遗迹，徜徉于云门、若耶、鉴湖、剡曲。"① 其中言及的许多地名，在阳明的诗文中得到了充分反映。比如与阳明洞天同处一山的香炉峰相关的诗有《登香炉峰次萝石韵》《观从吾登炉峰绝顶戏赠》《书扇赠从吾》，与流经阳明洞天东麓若耶溪有关的诗有《若耶溪送友诗》②，与若耶溪源头秦望山、云门寺相关的诗有《嘉靖甲申冬二十一日，再登秦望。自弘治戊午登后二十七年矣，将下，适董萝石与二三子来，复坐久之，暮归同宿云门僧舍》③，等等。据《传习录》记："南镇、禹穴、阳明洞诸山远近寺刹，徙足所到，无非同志游寓所在。"④ 足见徜徉于稽山镜水间的阳明，尝以游寓的方式进行传道。

自司马迁上会稽、探禹穴，绍兴地方文献对禹穴的认定主要有两处：一处是指宛委山山麓的黄帝藏书、大禹得书藏书处，以飞来石为标志，即阳明洞天所在地；另一处禹穴指的是大禹下葬之处，在禹庙大殿东南侧的小山坡下，以窆石为标志。《传习录》所记的"禹穴"显然指的是大禹下葬之处，与阳明洞天同处一山，阳明洞天在山之南，大禹下葬之处则在山之北。《传习录》记曰："先生一日出游禹穴，顾田间禾曰：'能几何时，又如此长了。'范兆期在傍曰：'此只是有根。学问能自植根，亦不患无长。'先生曰：'人孰无根？良知即是天植灵根，自生生不息；但著了私累，把此根戕贼蔽塞，不得发生耳。'"⑤ 借着田间禾苗生长之理，阳明引出"人孰无根？良知即是天植灵根，自生生不息"，对范兆期进行了点化。

---

① 王守仁：《王阳明全集》卷七，吴光等编校，第248—249页。
② 束景南、查明昊辑编：《王阳明全集补编》，第40页。
③ 王守仁：《王阳明全集》卷二十，吴光等编校，第788页。
④ 王守仁：《传习录下》，《王阳明全集》卷三，吴光等编校，第118页。
⑤ 王守仁：《传习录下》，《王阳明全集》卷三，吴光等编校，第101页。

作为国家岳镇海渎祭祀体系的一部分，经过历史的积淀，中国形成了包括东镇沂山（在今山东临朐境）、南镇会稽山（在今浙江绍兴境）、西镇吴山（在今陕西宝鸡境）、北镇医巫闾山（在今辽宁北镇境）、中镇霍山（在今山西霍州境）在内的五大镇山格局。南镇庙是南镇会稽山的象征和标志，就山立祠于隋代，与阳明洞天同处一山，阳明洞天在山之东，南镇庙则在山之西。《传习录》记："先生游南镇，一友指岩中花树问曰：'天下无心外之物，如此花树，在深山中自开自落，于我心亦何相关？'先生曰：'你未看此花时，此花与汝心同归于寂。你来看此花时，则此花颜色一时明白起来。便知此花不在你的心外。'"①借南镇之花，阳明进行了点化。阳明认为，人未看花时与人同归于寂，此寂不在知识的未发生，而在存在意义的未彰显。因此，人看花时，人和花的存在意义就同时显现出来。显然，阳明的视点不在花树知识论意义，而是强调了人的意义性存在，彰显了人的主体性意义。

南镇庙是会稽山区域除了阳明洞天之外的又一道教圣地，因而自然也成为王阳明居越期间游览、论学的好去处。有明一代，南镇庙空前繁荣，明朝皇帝登基往往遣使臣来南镇庙告祭，又因为南镇爷爷是专职司梦的"梦神"和保护当地百姓的山神，香火兴旺，特别是每年农历三月初六的南镇庙祭，游客云集。②南镇庙距离阳明洞天并不远，仅一山之隔，王阳明居越时期常在阳明洞天修养、会友、讲学，南镇庙应该也是他常去的地方。文献记载王阳明与南镇庙相关的只有几件事：一是1503年绍兴久旱不雨，应绍兴知府佟珍之请，阳明到南镇庙祈雨，留下了《答佟太守求雨》《南镇祷雨文》两篇珍贵文献；二是游南镇，与友人论岩中花树，阐明"心外无物"说，这里的南镇似应指南镇庙；三是1523年以后，四面八方来绍兴向阳明拜师问学的人纷至沓来，"南镇、禹穴、阳明洞诸山远近寺刹，徒足所到，无非同志游寓所在。"既然是"同志"游寓之所，王阳明来南镇庙看望、论学，也是情理之中。③

如今地处绍兴市阳明北路与五泄路交叉口的永胜新村，曾名南

---

① 王守仁：《传习录下》，《王阳明全集》卷三，吴光等编校，第107—108页。
② 详见张炎兴：《大禹传说与会稽山文化演变研究》，中华书局2018年版。
③ 以上分见《传习录》中卷和下卷。

镇村,之所以有此村名,是因为有南镇庙在该村原址的南部。永胜新村原位于会稽山香炉峰北麓山道入口处,是2003年整体搬迁过来的。该村原由大路沿、土井头、横路沿、韩家湾、山后陈等自然村组成,现在有一条水泥路名叫南镇路,可能就是以前的山道。从南镇路经过原南镇村可直达南镇庙。现南镇庙是2019年重修的。

(三)传习伯府

新建伯府第,又称伯府第、王府等,绍兴民间多称伯府,为阳明先生晚年在越城生活讲学的主要场所。正德十六年(1521)十二月,王阳明平定宁王宸濠之乱后,朝廷封诰其为"新建伯"并赐新建伯府第,伯府名由此而来。①

据黄佐《庸言》卷九记:"癸未冬,予册封道杭,会同窗梁日孚,谓阳明仰子,予即往绍兴见之。公方宅忧,拓旧仓地,筑楼房五十间,而居其中。留予七日,食息与俱。"②说的是嘉靖癸未(1523)冬黄佐赴绍兴见阳明时,阳明因父亲王华于嘉靖元年壬午(1522)去世而丁忧在家,正"拓旧仓地,筑楼房五十间"。"旧仓地"指大有仓地,伯府周边原为大有仓,至今,伯府碧霞池南东西走向的小弄尚称"大有仓"。"拓"字说明当年伯府的建造,是在父亲王华旧有建筑基础上扩建而成。"筑楼房五十间"一方面说明"伯府第"建筑群数量之多,另一方面又说明伯府建筑不同于南面吕府的建筑,单间体量不是很大。这一特征应该与嘉靖癸未(1523)冬前后,大量阳明弟子涌入有关,"筑楼房五十间"或是为了接待王门弟子之用。

目前尚存几处伯府第遗存:一是"石门框"。伯府第主体建筑尚留三柱石砌门框及门旁称为饮酒亭的一间半老建筑。二是"观象台"。位于石门框北的"观象台",为一石条砌成的长方形高台,南北宽十余米,东西长二十米,传说是阳明占卜星象、认证天体之处。

---

① 按:明正德十六年(1521)三月十四日,明武宗朱厚照去世。同年四月廿二日,朱厚熜至京师登帝位,为世宗,次年改年号"嘉靖"。因此,"新建伯"这一爵号并非武宗所封。世宗即位后,念王阳明在正德十四年(1519)平定宁王之功,封新建伯,特进光禄大夫、柱国、兼兵部尚书,照旧参赞机务,岁禄支米一千石,三代并妻一体追封,给予诰卷,子孙世世承袭。
② 黄佐:《庸言》卷九,《四库全书存目丛书·子部》(第9册),齐鲁书社1997年版,第646页。

因观象台形同假山，世称"王假山"。民间传说，造"观象台"用的是碧霞池挖出的土。以上大路为入口，观象台南有东西向小弄，称"假山弄"，至今尚在。三是"碧霞池"。石门框东南有一长方形石砌大池。长三十五米，宽二十五米，名"碧霞池"，现多俗称"王衙池"。王衙池东边有一南北走向的小弄，称"王衙弄"。"王衙池"和"王衙弄"或均因阳明伯府而得名。四是"伯府大埠头"。沿王衙池南向西数十米，紧靠伯府第有西小河，河边有一古朴的石阶河埠头，当年伯府曾用于接待四方负笈来游的门人学者，故称"伯府大埠头"。因此，由北向南，目前的伯府第主体建筑由"观象台""石门框""碧霞池""伯府大埠头"四部分构成。

阳明晚年居越讲学期间，还建有阳明书院。据《年谱》记载："（嘉靖四年）十月，立阳明书院于越城。门人为之也。书院在越城西郭门内光相桥之东。后十二年丁酉，巡按御史门人周汝员建祠于楼前，扁曰'阳明先生祠'。"①由于"远方同志日至"，需要更多的讲学场所，嘉靖四年（1525）十月，由王艮等门人立阳明书院于越城，阳明去世后成为祭祀阳明的阳明祠。万历《绍兴府志》之《府城图》中标了"阳明书院"的具体位置，在光相桥东下大路北侧，与伯府一河之隔，现已辟为商住楼。

为更好地讲学传道，王阳明在越城期间，还由南大吉主持刊刻了《传习录》，并授《大学问》。嘉靖三年（1524）十月，绍兴知府南大吉将薛侃在赣州所刻《传习录》三卷作为上册，自己所得的阳明论学书续为下册，并命其弟逢吉"校续而重刻之"，成《续刻传习录》二册，即今本《传习录》之中卷。嘉靖六年（1527）阳明征广西思、田前，又授《大学问》，由钱德洪受而录之。《大学问》是王阳明的纲领性哲学著作，被其弟子视为儒家圣人之学的入门教科书。

（四）稽山书院②

一般认为，阳明晚年居越期间，曾在稽山书院讲过学，稽山书

---

① 钱德洪：《年谱三》，王守仁：《王阳明全集》卷三十五，吴光等编校，第1297页。
② 编者按：本节内容为撰者一家之言，似显论据不足。为尊重撰者意见，特予保留，并附上潘建国文以及编者之按语，以作质疑。我认为，除非能拿出更为直接的证据，不然很难推翻钱德洪之记载。

院是阳明居越期间的重要活动场所。然而，近年来，笔者在收集整理王阳明在绍兴的文献资料时，发现阳明在阳明故居、阳明洞天的资料比比皆是，而其在稽山书院讲学的资料似只有一例，来自《年谱三》中的"嘉靖三年"条，其中云："郡守南大吉以座主称门生，然性豪旷不拘小节，先生与论学有悟……于是辟稽山书院，聚八邑彦士，身率讲习以督之。于是萧璆、杨汝荣、杨绍芳等来自湖广，杨仕鸣、薛宗铠、黄梦星等来自广东，王艮、孟源、周冲等来自直隶，何秦、黄弘纲等来自南赣，刘邦采、刘文敏等来自安福，魏良政、魏良器等来自新建，曾忭来自泰和。宫刹卑隘，至不能容。盖环坐而听者三百余人。"①《年谱》的这段文字，表达了三层意思：一是南大吉三度请教于阳明先生；二是辟稽山书院、聚八邑彦士，身率讲习以督之；三是辟稽山书院带来的全国性影响。其中的第二层意思具有承上启下的作用。从目前掌握的资料看，这段文字应为判断王阳明是否在稽山书院讲学最早也是最重要的依据。

南大吉亲弟南逢吉撰的《瑞泉南先生纪年》有如下记载："癸未二年……二月，升浙江绍兴府知府。……六月，如绍兴。时就学于座主阳明王先生之门。……十有二月，弟逢吉挚见阳明先生。甲申三年……夏四月，重起稽山书院，聚阖府学官、弟子高等著功，令给日需，躬教之学。乙酉四年……冬十有二月，入觐。"②可知南大吉任绍兴知府的时间共计二年半，到任后的第二年——嘉靖甲申三年（1524）四月，南大吉"重起稽山书院，聚阖府学官、弟子高等著功，令给日需，躬教之学"。这条记载其意与《年谱三》的意思完全相同，说明稽山书院的主持者是南大吉而不是王阳明。阳明的《送南元善入觐序》曰："士夫之为元善危者沮之，曰：'民之谤若火之始炎，士又从而膏之，孰能以无烬乎？盍遂已诸？'元善如不闻也，而持之弥坚，行之弥决。则及缉稽山书院，萃其秀颖，而日与之谆谆焉、亹亹焉，越月逾时，诚感而意孚。"③其中讲南大吉"缉稽山书院，萃其秀颖，而日与之谆谆焉"，与《年谱》的文意非常接近。《年谱》之所以讲聚八邑彦士，是因为当年绍兴府共有山阴、会

---

① 钱德洪：《年谱三》，王守仁：《王阳明全集》卷三十五，吴光等编校，第1290页。
② 南大吉：《南大吉集》，李似珍点校，西北大学出版社2015年版，第128—129页。
③ 王守仁：《王阳明全集》卷二十二，吴光等编校，第882页。

稽、萧山、诸暨、余姚、上虞、嵊、新昌八县,均在知府南大吉的管辖范围之内。显然,讲学稽山书院的就是南大吉。

又,《年谱三》"宫刹卑隘,至不能容。盖环坐而听者三百余人"句,其文献依据应来自《传习录》之"黄修易录"部分:"先生初归越时,朋友踪迹尚寥落。既后四方来游者日进。癸未年(1523)已后,环先生而居者比屋,如天妃、光相诸刹,每当一室,常合食者数十人;夜无卧处,更相就席;歌声彻昏旦。南镇、禹穴、阳明洞诸山远近寺刹,徙足所到,无非同志游寓所在。先生每临讲座,前后左右环坐而听者常不下数百人。"①钱德洪的《刻文录叙说》,引用过《传习录》之"黄修易录"相关内容。然而,这些宫刹显然集中在阳明晚年讲学的两个主要场所——伯府和阳明洞天附近,与府山上的稽山书院并无关联。事实上,从叙述角度看,不管是《传习录》之"黄修易录"还是钱德洪的《刻文录叙说》,其前后文均与稽山书院无任何关联。故"宫刹卑隘,至不能容。盖环坐而听者三百余人"句应是钱德洪将有关内容误植于此的结果。

言《年谱三》"三年甲申"条辟稽山书院带来的全国性影响部分为钱德洪误植,还有一个证据,就是其中提及的许多阳明弟子,早于嘉靖三年(1524)就已随阳明来到绍兴,如直隶的王艮、江西新建的魏良器,他们早在嘉靖初即随阳明从江西来到越城,而不是在嘉靖三年才来到越城的。

一般认为,王阳明曾在稽山书院讲学的理由,一是《年谱》那句"辟稽山书院,聚八邑彦士,身率讲习以督之",二是阳明作有《稽山书院尊经阁记》。然而,根据《年谱》记载,阳明在嘉靖四年(1525)除了作有《稽山书院尊经阁记》,还写了《亲民堂记》《重修山阴县学记》《万松书院记》,显然不能因此说,阳明曾在山阴县学、万松书院讲过学。因此,阳明作《稽山书院尊经阁记》并不能作为作者曾在稽山书院讲学的必要条件。在《稽山书院尊经阁记》中,阳明称南大吉"慨然悼末学之支离,将进之以圣贤之道"②,可视为阳明对其弟子的最高褒扬。当年阳明之所以没有在稽山书院讲学,一个重要原因是当时社会诽谤阳明心学为伪学,稽山书院具

---

① 王守仁:《传习录下》,《王阳明全集》卷三,吴光等编校,第118页。
② 王守仁:《王阳明全集》卷七,吴光等编校,第255页。

有官方色彩，阳明不宜在这种场合露面。

然潘建国认为：王阳明当时因感于绍兴府及南大吉的盛情邀请，遂将讲学之所移至稽山书院，住持书院讲学论道。南大吉聚八方彦士，以门生身为表率，参与讲习并以督导，前来求学的学子已是数以千计。"这个时候的绍兴已经成为当时全国实际的学术中心了。莘莘学子，孜孜以求的是圣贤之道。王阳明在稽山书院的讲学形式更是丰富多彩，令学子们终生难忘。王阳明于稽山书院所独创的'九声四气歌法'（诸如《咏良知四首》）便广为当时的学子传唱。经王阳明多年的讲学及扩建，稽山书院再次成为当时国内最为著名的书院，堪称今日之清华北大。"①

这里的关键也是最为直接的证据即为《阳明年谱》嘉靖三年（1524）的一条记载，内容如下：

> 三年甲申，先生五十三岁，在越。正月。门人日进。郡守南大吉以座主称门生，然性豪旷不拘小节，先生与论学有悟……于是辟稽山书院，聚八邑彦士，身率讲习以督之。于是萧璆、杨汝荣、杨绍芳等来自湖广，杨仕鸣、薛宗铠、黄梦星等来自广东，王艮、孟源、周冲等来自直隶，何秦、黄弘纲等来自南赣，刘邦采、刘文敏等来自安福，魏良政、魏良器等来自新建，曾忭来自泰和。宫刹卑隘，至不能容。盖环坐而听者三百余人。先生临之，只发《大学》万物同体之旨，使人各求本性，致极良知以至于至善，功夫有得，则因方设教。故人人悦其易从。②

其中最后一句"先生临之……"最为关键，而本章作者恰恰把这句话给省略了。从上下行文看，"临之"的"之"显然是指稽山书院，故而从全国各地来的"环坐而听者三百余人"，地点也是在稽山书院。此外。在阳明佚文《竹桥黄氏续谱序》及《阳明年谱》中还有各一条直接与间接的证据。《竹桥黄氏续谱序》曰："近有族之胤曰夔者，以俊秀选为郡庠生，负笈稽山书院从予游，苦志励业，学

---

① 潘建国：《王阳明与绍兴》，《新阅读》2020年第3期。
② 钱德洪：《年谱三》，王守仁：《王阳明全集》卷三十五，吴光等编校，第1290页。

以有成。"①《年谱》嘉靖三年"论圣学无妨于举业"条载:"德洪携二弟德周、仲实读书城南(稽山书院即坐落于越城南)。洪父心渔翁往视之。魏良政、魏良器辈与游禹穴诸胜,十日忘返。……明年乙酉大比,稽山书院钱楩与魏良政并发解江、浙。家君闻之笑曰:'打蛇得七寸矣。'"②由此可证,当时来绍兴城向阳明问学者,有不少人就住在离伯府不远的稽山书院。因此我认为,稽山书院不仅是当时来自全国各地的阳明学者的主要聚集地之一,也应是王阳明晚年越城讲学的重要场所之一。

四、天泉证道

自从成化十七年(1481)随父从余姚迁到绍兴府城,绍兴便成了阳明成长和主要生活之地。嘉靖七年(1528)阳明去世后,归葬山阴洪溪,从此安息于绍兴。有学者曾言:"如果说余姚是阳明的出生、讲学之地,龙场是阳明的'悟道'之地,江右是阳明的'提戈讲道处',那么绍兴则可以说是王阳明思想的发端与成熟之地。"③的确,王阳明静入于阳明洞天修道,圆熟于伯府天泉证道,他在天泉桥上留下的"四句教",为中国古典哲学的集大成形态,是阳明学说的最后定见。因此,绍兴不仅是阳明的成长、归葬之所,更是阳明思想的发端、成熟之地。

作为心学集大成者,王阳明的"致良知"思想融儒、释、道为一体,为传统儒学的发展注入了新的活力。一般多以阳明从浮峰寺回越城舟中与张元冲的问答,说明阳明对待佛道的态度:"二氏之用皆我之用。但吾尽性至命中完养此身谓之仙;即吾尽性至命中不染世累谓之佛;而后世儒者不见圣学之全,故与二氏成二见耳。譬之厅堂三间,共为一厅。儒者不知皆吾所用,见佛氏则割左边一间与之,见老氏则割右边一间与之,而己则自处中间,皆举一而废百也。圣人与天地民物同体,儒佛老庄皆吾之用,是之谓大道。"④认为

---

① 王阳明:《王阳明全集(新编本)》卷三十九,吴光、钱明、董平等编校,第1573页。
② 钱德洪:《年谱三》,王守仁:《王阳明全集》卷三十二,吴光、钱明、董平等编校,第1292页。
③ 钱明:《王阳明迁居山阴辨考——兼论阳明学之发端》,《浙江学刊》2005年第1期。
④ 钱德洪:《年谱三》,王守仁:《王阳明全集》卷三十五,吴光等编校,第1289页。

"厅堂三间共为一厅"之喻说明阳明与佛教、道教均有亲和关系，阳明心学具有三教合一的特性，然多没有展开具体的论述。要进一步说明阳明与佛道的关系，或可从黄绾的一段话中得到一些线索："予昔年与海内一二君子讲习，有以致知为致极其良知……又令看《六祖坛经》，会其'本来无物'，'不思善，不思恶'，见'本来面目'，为直超上乘，以为合于良知之至极。又以《悟真篇后序》为得圣人之旨，以儒与佛仙之道皆同，但有私己同物之殊，以孔子《论语》之言皆为下学之事，非直超上悟之旨。"[1]其中提及的《六祖坛经》和张伯端《悟真篇》，对理解阳明"致良知"学说尤其是"天泉证道"中"四句教"具有重要意义。而要完全理解阳明四句教中"无善无恶心之体"之意，则既不能从佛教角度，也不能从道教角度，而要从"道禅合一"出发，站在明性见心三教合一的生命哲学立场，运用超越和否定一切对待与二分的庄禅共同的价值取向和思维方式，才能得到真正理解。

从思想旨趣看，儒、道、佛三家学说均是生命哲学，都是强调人要在生命中进行向内磨砺、完善心性修养的学问，这是儒、道、佛三家能够共存、契合的前提和基础。阳明洞天的修炼让阳明走出佛、老成为儒者，历学三变而始得其门，从而有了心学的发端。但阳明心学的发端并不是要放弃佛、老，而是要让以"道禅合一"为特征的佛、道与儒学融合起来。尽管伯府是阳明生活的主要场所，但伯府的精神却是按照阳明洞天的精神来设计的。阳明嘉靖乙酉（1525）所作的《从吾道人记》中，有"阳明山人王守仁书于第十一洞天之碧霞池上"[2]之句，将伯府中的碧霞池与阳明洞天联系起来，可见阳明是按照道教洞天的理念设计了碧霞池和伯府。从阳明洞天修道到伯府天泉证道，王阳明基于儒家的立场，又不断融合具有"道禅合一"特征的佛、道心性之学，这才有了晚年在伯府碧霞池天泉桥上留下融儒、释、道于一体的"四句教"。阳明心学应作如是观。

---

[1] 黄绾：《明道编》卷一，刘厚祜、张岂之标点，中华书局1959年版，第10—11页。
[2] 王守仁：《从吾道人记》，《徐爱 钱德洪 董沄集》，钱明编校整理，第278页。

五、越中王门

浙中王门是阳明学的重要流派之一。由于王阳明出生、成长在绍兴，其思想发端、成熟于绍兴，故浙中王门中的绍籍弟子众多。其中王思舆、王琥、许璋可称为阳明的越中道友，徐爱、蔡宗充、朱节三人最早拜师阳明门下，季本、萧鸣凤、钱德洪、王畿、张元冲、张元忭、徐渭、周汝登、陶望龄、陶奭龄等皆为阳明弟子或再传弟子。浙中王门的绍籍弟子中，王畿具有承上启下的关键作用。王畿是张元忭、徐渭、周汝登的老师，陶望龄、陶奭龄又宗周汝登为师，从而让越中王学自成一体，有了自己的特色。

（一）山阴白洋弟子群

据《绍县白洋朱氏宗谱·舍别墅为僧院记》载："在安昌东偏，由水阁外迤逦而南又折于东，望之蔚然而深秀者，曰法源庵。相传为果斋朱公别墅，名曰翠园精舍。果斋公蚤世，厥配陆宜人守节抚孤，长于诗文，自课其子若侄，手不停披，及斐然成章。乃辟翠园精舍为家塾，延姚江王文成公讲学其中，命子若侄守业、守忠、守贵、守谐往受业焉。文成阅旧课，询为谁氏改作，诸子以宜人对。文成曰：'巾帼才若此，吾见亦罕矣！'即命舟具衣冠见之。宜人曰：'先夫及伯父所付托者，以是貌诸孤，学不加进，是妾之辜也，愿先生训迪之。'文成肃然起敬。由是讲道论艺，交相切劘。迨其后师弟飞腾，后先接踵。"① 山阴白洋（今绍兴市柯桥区安昌镇白洋村）朱氏是显贵赓续于明清两代的越中望族，这段宗谱文字提示我们，在王阳明的众多学生和追随者中，有一个山阴白洋弟子群。

查《王阳明全集》，其中有许多与朱节（字守忠、守中）、朱节从弟朱箎（字守谐）和蔡宗充（字希颜、希渊）相关的资料。关于朱节的有《与朱守忠》（文录二）、《别三子序》（文录四）、《祭朱守忠文》（外集七），诗《送守中至龙盘山中》《赠守中北行二首》（外集二），《年谱》正德二年、正德七年皆有载。关于朱箎的有《书朱守谐卷》（文录五），《年谱》正德九年有载。有关蔡宗充的资

---

① 朱庆鹿、朱同轨编：《绍县白洋朱氏宗谱》，民国十五年玉泉堂刻本。

料，除了《别三子序》和《年谱》正德二年条，尚有师生问答两起（《传习录上》）、书《寄希渊》四篇和《与希颜、台仲、明德、尚谦、原静》（文录一），以及诗《别希颜二首》《送蔡希颜三首》（外集二），《年谱》正德十六年有载。阳明早期重要弟子徐爱的《横山遗集》中，有关朱节、蔡宗兖的资料有蔡宗兖的《刻徐横山集引》，朱节、蔡宗兖各撰的《祭文》，徐爱诗文《梦怀王世瑞朱守中次前韵》《同志考叙》《游雪窦因得龙溪诸山记》等。

朱节、蔡宗兖从师的年份，当在正德二年（1507）。《年谱一》记载："（正德）二年丁卯，先生三十六岁，在越。……徐爱，先生妹婿也，因先生将赴龙场，纳贽北面，奋然有志于学。爱与蔡宗兖、朱节同举乡贡，先生作《别三子序》以赠之。"① 徐爱《同志考叙》曰："某于丁卯春，始得以家君命执弟子礼焉。于时门下亦莫有予先者也。继而是秋，山阴蔡希颜、朱守中来学，乡之兴起者始多，而先生且赴谪所矣。"② 又，蔡宗兖祭徐爱之《祭文》云："始与公为同年之交，遂有同事之义；既而为同门之游，复有同心之契。"③ "同年"谓同科举人，"同门"谓师从同一位先生。据此可知朱节、蔡宗兖从师之始的确切时间，当在正德二年秋闱发榜后至十二月王阳明赴谪前这一时段。

朱篪从师的时间要晚些。《年谱》中始见篪之名在正德九年甲戌（1514）："自徐爱来南都，同志日亲…季本…何鳌…朱篪辈，同聚师门。"④ 又《绍县白洋朱氏宗谱·守谐公行状》记："甲戌卒业南都，事阳明先生，先生以得公为重。"知朱篪从师在正德九年甲戌。

朱节字守忠、守中，号白浦。《宗谱》本传称其"长从王文成公游……悉以所有授之，天文、术数、理学、经济，年余无微不晓"。据《年谱一》记载，正德七年（1512）在京师，朱节与萧鸣凤、蔡宗兖、徐爱等同受业。八年春阳明回越，朱节从师游。十月阳明赴滁州任，是年冬朱节上京会试访师至滁，阳明留有《送守中至龙盘

---

① 钱德洪：《年谱一》，王守仁：《王阳明全集》卷三十三，吴光等编校，第1227—1228页。
② 徐爱：《横山遗集》，《徐爱 钱德洪 董沄集》，钱明编校整理，第56页。
③ 蔡宗兖：《祭文》，《徐爱 钱德洪 董沄集》，钱明编校整理，第105页。
④ 钱德洪：《年谱一》，王守仁：《王阳明全集》卷三十三，吴光等编校，第1237页。

山中》《赠守中北行二首》诗。朱节于正德九年甲戌（1514）成进士，授黄州府推官。十三年升山东道监察御史。十六年阳明因朱节之问作《与朱守忠》书。嘉靖二年癸未（1523）朱节巡按山东，躬亲督捕盗贼，微服私访余党，为人下毒而卒（《明史》本传谓"以劳卒"），年四十八。赠光禄寺少卿、奉政大夫，祀乡贤祠。王阳明撰祭文，三吁"呜呼痛哉"，可见师徒情深。

朱箎字守谐，号思斋。正德五年（1510）由蜀归越，八年举癸酉科浙江乡试亚魁。翌年肄业南京国子监，师从王阳明。十五年与兄簠同捷会试。嘉靖三年（1524）阳明在越，作《书朱守谐卷》文。嘉靖五年（1526）殿试，与兄簠同登进士，钦赐"双凤齐飞"匾。历任休宁、泰兴知县，十四年升江西道监察御史，翌年戡辽阳边备，十七年冬巡按湖广。二十一年纠十三道御史上章论严嵩之奸，谪扬州推官。二十三年冬再调九江推官，二十五年卒于任，年五十四。

蔡宗充字希颜、希渊，号我斋、白鹿山人。正德二年（1507）与朱节同举乡试，同师从王阳明。七年在金华，阳明有书《寄希渊》（一、二）。八年春阳明归越，宗充从师游雪窦，以疾先辞，是年阳明有书《寄希渊》（三）。十月阳明赴滁州任，是年冬蔡宗充访师于滁州，留以阅岁，后竟不赴会试辞疾东归，阳明有诗《别希颜二首》《送蔡希颜三首》。十二年登进士，阳明有书《与希颜、台仲、明德、尚谦、原静》寄之。任府学教授，孤介不为当道所喜。十四年教授莆田，阳明有书《寄希渊》（四）。后移教南康，《年谱二》正德十六年载："五月，集门人于白鹿洞……时蔡宗充为南康教授，主白鹿洞事，遂使开局于洞中。"① 后迁南京吏部考功司，升四川提学佥事，与按使不合，自免归。

《绍县白洋朱氏宗谱》称"延姚江王文成公讲学其中"，从阳明一生讲学行迹看，无此可能，然此说又必事出有因。白洋弟子从师多人，先生至学生平日读书之所，小作盘桓下访以至讲学，应有可能。阳明《别三子序》云："盖自近年而又得蔡希颜、朱守忠于山阴之白洋，得徐曰仁于余姚之马堰。"② 从文意看，或许当初在收朱节、蔡宗充为弟子时即到过翠园精舍。宗谱《舍别墅为僧院记》又云，

---

① 钱德洪：《年谱二》，王守仁：《王阳明全集》卷三十四，吴光等编校，第1280页。
② 王守仁：《王阳明全集》卷七，吴光等编校，第226页。

法源庵"迄今有扁额二，曰'藏六'，曰'寂照'，为文成公手笔"，这是阳明曾至翠园精舍的证据。此事是族中佳话，代代相传而不泯。但世易境迁，后人对于阳明讲学和学派师生的传承情况已不甚了了，遂以一般的塾学授受来理解和传言王阳明与朱氏弟子的关系。远年追述，难免舛疏。

山阴白洋朱氏的显贵，凭军功始在明初。正德、嘉靖间，朱节等王门弟子及追随者的出现，是族中的一个科第仕宦高峰期。《宗谱·戚扬序》曰："朱氏阀阅之盛甲于东浙，著于明清二代。入登台阁，出任疆圻，若名臣，若循吏，若文苑，传记中指不胜屈。迄今朴茂之士沾溉遗泽，绵绵延延而勿替。而如忠定公者，勋业彪炳于夷夏，读其奏疏，钦其器识，百世下犹堪模范。"忠定公即朱箎曾孙朱燮元，明启、祯间平定川、黔奢仲明、安邦彦之乱，以兵部尚书总督西南五省军务，镇抚一方十几年而卒于任所。其正心立身之品行、安邦济世之器识与力挽狂澜之事功，及其后明清之际族中子侄的种种抗清活动，使人不难感到阳明学影响于朱氏家族，虽百年后依然存在。

（二）季本

季本（1485—1563），字明德，号彭山，绍兴会稽人，史称阳明高弟。季本拜阳明为师的时间，当在正德七年到八年（1512—1513）之间。徐渭的《师长沙公行状》称："及新建伯阳明先生以太朴（仆）寺卿守制还越，先生（季本）造门师事之，获闻致良知之说，乃悉悔其旧学，而一意于圣经。"[1]据《阳明年谱》记，正德七年（1512）升南京太仆寺少卿后，阳明曾回到绍兴生活了八个多月，季本入门当在此时。季本见之于阳明书信，首在正德七年阳明写的《寄希渊》（壬申）："外是子雍、明德辈相去数十里，决不能朝夕继见。"说明季本与王阳明在阳明1512年归越前就已有交往。1513年阳明归越后，其《寄希渊》（癸酉）云："向见季明德书，观其意向甚正，但未及与之细讲耳。"[2]可见季本与王阳明在阳明归越的这段时间不仅有交往，并开始了心学问题的讨论。

---

[1] 徐渭：《徐渭集》卷二十七，第644页。
[2] 王守仁：《王阳明全集》卷四，吴光等编校，第158页。

季本拜师王阳明时已二十九岁，此前曾师从王司舆（名文辕）[①]，王司舆与王阳明为道友，或正是通过王司舆，季本方能拜师阳明。心学让季本茅塞顿开，从此，他常与阳明在一起："（正德九年）五月，（阳明）至南京。自徐爱来南都，同志日亲，黄宗明、薛侃、马明衡、陆澄、季本……同聚师门"；"（正德十一年）十月，（阳明）归省至越。王思舆语季本曰：'阳明此行，必立事功。'本曰：'何以知之？'曰：'吾触之不动矣。'"[②]《年谱》记载的阳明正德十二年（1517）赴赣前的几次同志聚会，季本都参加了。徐渭的《师长沙公行状》称："（季本）丁丑（1517），再赴试，登舒芬榜进士，先生于是年三十三矣。"[③] 阳明的《与希颜、台仲、明德、尚谦、原静》也有"闻诸友皆登第，喜不自胜"[④]之句，可以互证。1517年，季本中进士后，曾想舍仕而归学心学，阳明则劝其先行就仕："及是，成进士，犹欲舍仕而归就学。新建伯以书劝之仕，乃随例叙选。"[⑤] 阳明让季本就仕的原因，是想通过事上磨炼，让季本去亲政爱民、践行心学。

在二十多年的仕宦生涯中，季本始终追随着阳明的步伐，不曾忘记老师教诲，致力于心学的传播。阳明最为人们津津乐道的是"三征"，即征南赣、征宁王和征思、田，季本参与了其中的征宁王和征思、田。黄宗羲如此评价季本："先生闵学者之空疏，只以讲说为事，故苦力穷经。罢官以后，载书寓居禅寺，迄昼夜寒暑无间者二十余年。而又穷九边，考黄河故道，索海运之旧迹，别三代、春秋列国之疆土、川原，涉淮、泗，历齐、鲁，登泰山，逾江入闽而后归。凡欲以为致君有用之学。"[⑥] 季本一生，反对空谈心性，力图将阳明心学与经世致用的实学结合起来，黄宗羲此言，是对季本一生的最高评价。

[①] 参见季本：《王司舆传》，《季彭山先生文集》卷三，《北京图书馆古籍珍本丛刊》（第106册），第896页。
[②] 钱德洪：《年谱一》，王守仁：《王阳明全集》卷三十三，吴光等编校，第1237、1238页。
[③] 徐渭：《徐渭集》卷二十七，第644页。
[④] 王守仁：《王阳明全集》卷四，吴光等编校，第167页。
[⑤] 徐渭：《徐渭集》卷二十七，第644页。
[⑥] 黄宗羲：《浙中王门学案三》，《明儒学案》卷十三，沈芝盈点校，第272页。

季本在越中王学的地位比较特别。一方面，"彭山季先生及门最久，称高弟"①。万历《绍兴府志》卷四十二《人物志八·乡贤之三》中，为理学立传的乡贤，除了王阳明，仅有徐爱、季本两人，可见季本在越中王门中的地位之高。另一方面，阳明晚年居越及去世，主要是王畿和钱德洪在鞍前马后，却没有见到季本的身影。其中原因，首先在季本的经历上，中进士后，季本一直在官场沉浮。正德十三年（1518）任福建建宁府推官，助阳明平宁王之乱后，季本继续在建宁平土寇之乱。阳明居越期间，季本则经历了诣吏部到贬揭阳主簿的挫折。助阳明平思、田之乱后的1528至1529年，季本又一直忙于广东揭阳的赈灾事宜。如此，便很好理解，为何在阳明居越和归葬期间见不到季本的身影了。

季本没能成为王门"教授师"，还有其性格上的原因。徐渭评价过："（季本）其为政，急大节，略小嫌，绝不知有世情，卒以此稍得訾，唯名士大贤独心慕之。"②因为季本的"绝不知有世情"，故在其二十多年的仕途生涯中，便有贬揭阳主簿、出辰州通判、罢官长沙守的三度贬罢。季本的特立独行，也体现在学问上。季本是阳明学派中学术路径较为独特的一位，当时的主流阳明学多注重内圣，而季本似更偏重外王，经常是在仕途的间隙，通过论辩疏通经典文句、寻绎典章制度之学以经世济民，以践行的方式传播阳明心学。正因为学术路径比较独特，所以尽管阳明去世后季本一直在传播心学，但始终没有与当时以王畿、钱德洪为代表的王学主流汇合趋同。

据万历《绍兴府志》卷十九《祠祀志一》记载："景贤祠在禹迹寺西。万历二年郡人建，祀长沙知府季本。"③徐渭《师长沙公行状》也称季本家在禹迹寺东。如今季本宅、景贤祠、禹迹寺早已不存，唯有小小的两眼禹迹寺古井尚留在鲁迅中路521号前，似乎在诉说着岁月沧桑。

---

① 张元忭：《季彭山先生传》，《张元忭集》卷九，钱明编校，上海古籍出版社2015年版，第234页。
② 徐渭：《徐渭集》卷二十五，第629页。
③ 萧元幹等修，张元忭等纂：万历《绍兴府志》卷十九，万历十五年刊本。

（三）王畿

王畿（1498—1583），字汝中，号龙溪，绍兴府山阴县人，阳明最重要的弟子之一。黄宗羲言"阳明先生之学，有泰州、龙溪而风行天下"①，王畿使阳明学成为中晚明一股替代朱子学而兴的思潮，他一生讲学、一生论战，开启了我国早期启蒙思想的先河。

王畿受学王阳明，是在阳明晚年居越初期。《明儒学案》卷十九《处士魏药湖先生良器》记："时龙溪为诸生，落魄不羁，每见方巾中衣往来讲学者，窃骂之。居与阳明邻，不见也。先生（魏良器）多方诱之，一日先生与同门友投壶雅歌，龙溪过而见之曰：'腐儒亦为是耶？'先生答曰：'吾等为学，未尝担板，汝自不知耳。'龙溪于是稍相嬺就，已而有味乎其言，遂北面阳明。"②王畿负高才，嘉靖癸未（1523）下第后，初对阳明讲学不以为然。他还是阳明的"同郡宗人"，其住宅与阳明伯府很近。据黄绾《洗心亭记》："王子汝中免官归越，作肥遯之园于谢公桥之东。王子先人之庐在谢公桥之西，园视庐，一水隔之，故幽。王子于园之中凿池半亩、作亭于池中，池周于亭则栽莲养鱼，园周于池则树柳植竹、莳花种蔬。王子日涉于园，坐亭中，于是名其亭曰'洗心'。"③说明王畿宅邸"肥遯园"④及其论道处"洗心亭"就在谢公桥的东边，距离阳明伯府的碧霞池很近。⑤有一次王畿路过伯府，见魏良器等阳明弟子投壶雅歌，显得生动活泼，不似程朱学者那样道貌岸然，遂慢慢对阳明学说产生了兴趣，在听了阳明几次讲学后，即"请终身受业于文成，文成为治静室居之，愈年遂悟虚灵寂感，通一无二之旨"，⑥并在阳明门下很快崭露头角。当时，到绍兴就学于阳明的人日众，阳明不能一一指授，遂令初入门者先由王畿、钱德洪等高足分头教之，因此被称为"教授师"。

嘉靖六年（1527）九月初八，王畿与钱德洪在舟中讨论为学宗旨，钱德洪认为阳明的"无善无恶是心之体，有善有恶是意之动，

---

① 黄宗羲：《泰州学案一》，《明儒学案》卷三十二，沈芝盈点校，第703页。
② 黄宗羲：《明儒学案》，沈芝盈点校，第464页。
③ 黄绾：《黄绾集》，张宏敏编校，上海古籍出版社2014年版，第293页。
④ 《易·遯》："上九，肥遯，无不利。"孔颖达疏："子夏传曰：'肥，饶裕也。'……上九最在外极，无应于内，心无疑顾，是遯之最优，故曰肥遯。"后因称退隐为"肥遯"。
⑤ 参见张炎兴：《王畿洗心亭考》，《绍兴文理学院校报》2018年4月25日。
⑥ 王畿：《王畿集》，吴震编校整理，第823页。

知善知恶是良知，为善去恶是格物"四句是定论，此即著名的"四句教"或"四有说"。王畿则认为："心体既是无善无恶，意亦是无善无恶，知亦是无善无恶，物亦是无善无恶。"此即王畿的"四无说"。他认为钱氏所说的"四句教"是权法，而非"究竟话头"。两人争持不下，当晚去阳明住处就证。阳明从宅内复出，移席至天泉桥上作答，主张两人应相互取益，以"四句教"为本，这就是著名的"天泉证道"。[①]对王畿来说，天泉证道让他从此在王门中因"四无说"而独树一帜。

嘉靖七年（1528）十一月二十九日，王阳明卒于江西南安（今大庾县），王畿与钱德洪闻讯后奔丧至江西广信（上饶），讣告同门，提出花三年时间搜录整理阳明遗言。至贵溪，遇阳明棺木，扶柩至玉山，并检收先师遗书。王畿在先师灵前痛哭流涕，服最重的丧服——斩衰以从。王阳明去世后，王家外侮内讧并作，朝廷尽革阳明封爵和赠谥，家族内开始争夺家财和爵荫。为保阳明年幼嗣子，王畿、钱德洪共同筑室于阳明墓旁，约同门弟子数人，互相轮守，以备不虞。嘉靖九年（1530），王门学子为纪念王阳明而集资兴建的天真精舍在杭州落成，王畿、钱德洪又轮流居守。王畿后来在西湖旁建金波园住下来，可见其对先师的一片赤诚。

由于当权者对阳明学的排斥，王畿中进士后，仅担任过南京兵部主事、南京武选郎中等不甚重要的职务，四十五岁便结束仕宦生涯，从此将主要精力放在了讲学传道上。从四十五岁至八十六岁去世，《明儒学案》称："先生林下四十余年，无日不讲学，自两都及吴、楚、闽、越、江、浙，皆有讲舍，莫不以先生为宗盟。年八十，犹周流不倦。"[②]王畿讲学四十余年，遍布大江南北，成为世间公认的心学巨擘。

王畿热衷讲学传道，年八十，犹不废出游，其中原因，门人赵锦有精辟分析："先生于欣戚得丧、横逆之来，泰然不为少动，若无与于己然者。其平居未尝有疾言遽色，待人无众寡少长，咸有礼意。至其接引同志、启迪后学，亹亹款款，使人人各得其愿而欲亲，日以为常而罔倦，则若出于其性，而非他人之所与能者。尝言：'同于

---

① 钱德洪：《年谱三》，王守仁：《王阳明全集》卷三十五，吴光等编校，第1306—1307页。
② 黄宗羲：《浙中王门学案二》，《明儒学案》卷十二，沈芝盈点校，第237页。

愚夫愚妇为同德，异于愚夫愚妇为异端。使自处太高，不谐于俗，只成自了汉，非一体之学。'车辙所至，会常数百人，讲舍遍于吴、楚、闽、越，而江、浙为尤盛。"① 与王阳明一样，王畿胸有"天地万物为一体"之境，为明明德于天下，所讲学问都是愚夫愚妇易懂能践履的道理。王畿认为，如若自视清高，远离尘世，只能是"不谐于俗，只成自了汉"而已，成不了圣人的"一体之学"。有鉴于此，王畿退居林下后，没有孤芳自赏，而是周流讲学，觉民行道，"接引同志，启迪后学，亹亹款款"，将阳明"致良知"之学传遍天下，让人们体悟心中良知，成为生命的觉者。

万历十一年（1583），王畿去世，下葬于山阴兰亭之娄家坞。其弟子张元忭作《祭王龙溪先生文》云："文成既没数十年来，总持三教，狎主宗盟，江之左右，浙之东西，或一聆其謦欬，辄兴叹于望洋。俾文成之脉绵延不绝者，实先生为之表章也。……先生未死，文成犹生；先生死矣，文成其不复生也！"② 这是对王畿讲学传道一生的最高评价。

王畿晚年在《自讼长语示儿辈》中曾言："师门晚年宗说，非敢谓已有所得，幸有所闻，心之精微，口不能宣。常年出游，虽以求益于四方，亦思得二三法器，真能以性命相许者，相与证明领受，衍此一脉如线之传。"③ 由于讲学一生，王畿桃李遍天下，李贽、袁宗道、袁宏道、袁中道、邓以赞等是其中的著名代表。王畿在越城弟子众多，赵锦《龙溪王先生墓志铭》云："先生系出晋右军，世居越之山阴，与阳明为同郡宗人。……配张安人，贤淑无出，为置侧室钟，举子三：应祯、应斌、应吉。祯，庠生，娶中丞张公元冲女，生女一，配修撰元忭子汝懋庠生……应吉……生女四：一许配方伯祁公清孙承爌庠生……一许配尚书陶公承学季子祖龄。门庭之内，雍如也。"④ 王畿家与越城望族张家、祁家、陶家均有联姻，门庭雍如，张元忭、陶望龄、陶奭龄是王畿的弟子或再传弟子，成为越中王学一大特色。另，王畿是徐渭父亲徐鏓的表侄，徐渭也曾问学于王畿。

---

① 赵锦：《龙溪王先生墓志铭》，王畿：《王畿集》，吴震编校整理，第830—831页。
② 张元忭：《祭王龙溪先生文》王畿：《王畿集》，吴震编校整理，第845页。
③ 王畿：《自讼长语示儿集》，《王畿集》卷十五，吴震编校整理，第427页。
④ 王畿：《王畿集》，吴震编校整理，第830-831页。

(四)周汝登

周汝登(1547—1629),字继元,号海门,绍兴府嵊县(嵊州)人。越中的阳明弟子和传人,如季本、王畿、张元冲、张元忭、陶望龄等,大多与王阳明一起生长在越城,周汝登却是个例外,他生长在距越城七十五公里的嵊县。《嵊县志》称其"通籍五十年,林居三十年",说的是周汝登五十年的官宦生涯竟有三十年处于"林居"状态。其中原因,是周汝登受晚明王学流风所及,热衷于讲学争辩,是当时名噪一时的"学术明星"。

万历二十年(1592),周汝登调职南京。当时的南京名士聚集,讲会活动十分兴盛。当年的夏天,周汝登与邹元标有过一次论学。据《周海门先生文录》卷四《尔瞻邹子讲义序》记载:"余盖忆壬辰之夏,与邹子(邹元标)论学留都,间出直指一语,时听之,藐然不以为当。已而反之自心,密证深求,稍有觉省,然后信前语为不欺。"①《明儒学案》称:"南都讲学,先生(许孚远)与杨复所、周海门为主盟。"②说明刚到南京的这一年,周汝登还与许孚远、杨复所一起主持了南京讲会。在《周海门先生文录》卷一《九解引》中,周汝登自己叙述了与许孚远之间的一次著名学术论辩:"宦南都者,旧有讲学之会。而至万历二十年前后,一时会聚尤盛,不肖时得随诸公之后,盘桓印证。一日,偶拈举《天泉证道》一篇,重宣其秘,而座上敬庵许先生未之首肯。明日出《九谛》以示,不肖僭为《九解》复之。先生于不肖为先达,言宜顺受,而师门之旨不可不明,且学问亦不嫌于明辨,故敢冒昧如是,其或当或否,俟知者判焉。"③"天泉证道"是王门中的一段著名公案,王阳明的两大弟子王畿与钱德洪针对乃师所提出的"四句教"进行了一番争辩,周汝登与许孚远的"九谛"与"九解"之辩,是王、钱争辩的继续。

万历二十七年(1599),周汝登辞官回到故里。是年秋,海门居越。越中乃阳明、龙溪讲学重地,当时渐趋式微,无人倡导。《周海门先生文录》卷四《证修会录序》记:"吾越中故有学会,自龙溪先

---

① 周汝登:《周海门先生文录》卷四,《周汝登集》,张梦新、张卫中点校,浙江古籍出版社2015年版,第126页。
② 黄宗羲:《甘泉学案五》,《明儒学案》卷四十一,沈芝盈点校,第973页。
③ 周汝登:《周海门先生文录》卷一,《周汝登集》,张梦新、张卫中点校,第21页。

师主教席以来,阳和子(张元忭)时号召之,而嗣后莫为之倡。虽三五同心,饩气未去,而寥寥寡和,盖已不绝如丝矣。"①周汝登为延续师门在越中的讲学之风,重新举起了讲学大旗。"己亥(1599)季秋,先生同石匮陶公及郡友数十人,共祭告阳明之祠,定为月会之期,务相与发明其遗教。"②说的是周汝登与其学生陶望龄等数十人祭告阳明祠一事,以重新发扬阳明心学。万历二十九年(1601)中秋,周汝登与诸友弟子五十余人夜宴于碧霞池之天泉桥,表明了传承王阳明、王龙溪一脉心学的决心。

对于师承问题,黄宗羲的《明儒学案》虽也强调周汝登因从兄周梦秀的缘故而受到过王畿的影响,但又认为周汝登主要是受罗汝芳的启发,从而将其归入《泰州学案》,海内外研究者历来多沿袭此说。彭国翔认为,无论从地域、思想传承还是自我认同看,周汝登都应当作为王畿的弟子而归入浙中王门,黄宗羲将周汝登列于《泰州学案》的原因,是学术上的偏见。③

对于周汝登与王畿的关系,汝登晚年与弟子的一段对话陈述得最为清楚:"或曰:'子于龙溪先生及门受业乎?'(汝登)曰:'及门而未受业,受业而非及门矣。'"周汝登所称的"及门而未受业",指的是隆庆庚午(1570),汝登二十四岁时初遇王畿,当时汝登在邑令的带领下旅拜了前来讲学的王畿。但汝登又指出:"予从叔震恂恂长者,不为苟从。从兄梦秀行实孤高,有伯夷之峻。父子信事先生甚笃。予拜虽令君所率,实二公所汲引。"④因此,周汝登的这次旅拜并非出于自愿,而是因为从小受到叔父和堂兄父子的影响。汝登初见王畿,听其讲学却"不能领略",故汝登有"及门而未受业"之言。陶望龄在《海门先生文集序》中说:"海门子少闻道龙溪之门,晚而有诣焉。自信力,故尊其师说也益坚,其契也亲,故词不饰而甚辨。四方从之游者皆曰:'先生,今龙溪也。'"⑤周汝登领悟

---

① 周汝登:《周海门先生文录》卷四,《周汝登集》,张梦新、张卫中点校,第117页。
② 周汝登:《越中会语》,《周海门先生文录》卷二,《周汝登集》,张梦新、张卫中点校,第61页。
③ 彭国翔:《周海门学派归属辨》,《浙江社会科学》2002年第4期;彭国翔:《周海门的学派归属与〈明儒学案〉相关问题之检讨》,《近世儒学史的辨正与钩沉》,中华书局2015年版,第201—249页。
④ 周汝登:《东越证学录》,(台湾)文海出版社1970年版,第433页。
⑤ 陶望龄:《海门先生文集序》,《周汝登集》,张梦新、张卫中点校,第3页。

龙溪之学是在其为官之后,他阅读了王畿语录,开始与王畿的思想契合起来。这种思想上的契合,最典型地体现在万历二十年(1592)周汝登调职南京后,讲学时引《天泉证道》一篇宣讲龙溪心学,许孚远对此表示质疑,汝登为维护龙溪之说,而与许孚远之间发生的"九谛"与"九解"之辩上。在稍后的家乡剡中和越中讲学中,周汝登更已称王畿为先师。

刘宗周《祭周海门先生》对周汝登在越中王学中的地位有如下评价:"吾越阳明子以'良知'之说启天下。及门之士,于吾越最著者为龙溪先生;又百年,龙溪之门于吾越最著者为(海门)先生。先生于阳明之学,笃信而谨守之。由称而祖,一嫡相承。"[1]周汝登是继王阳明、王畿之后,阳明学在越中最重要传承者,陶望龄、陶奭龄、祁承爜均是其重要弟子,引领了越中王学的进一步发展。

(五)陶望龄、陶奭龄

越中阳明学,至晚明有陶望龄、陶奭龄兄弟,世称"二陶"。陶氏兄弟父亲陶承学,绍兴会稽人,嘉靖二十六年(1547)进士,官至南京礼部尚书。陶望龄(1562—1609),字周望,号石篑,为陶承学第三子;陶奭龄(1571—1640),字君奭,一字公望,号石梁,为陶承学第四子。此处将以陶望龄为主线,叙述"二陶"与越中王学传承之关系。

尽管与王阳明是同乡,但由于早年致力于辞章之学,陶望龄对阳明学的兴趣,是在其任翰林院编修之后:"与焦修撰弱侯读书秘馆,朝夕相激发,于是专致力于圣贤之学。"[2]文中的"焦修撰弱侯"即焦竑(1540—1620),字弱侯,号漪园、澹园,师事王学传人耿定向(天台)、罗汝芳(近溪),又笃信李贽(卓吾)之学,为泰州学派中的重要一员。万历己丑(1589),陶望龄以殿试第三授翰林院编修,焦竑则以殿试第一(状元)授翰林院修撰。因共处翰林院,焦竑成为陶望龄进入阳明学的引路人,是件十分自然的事。虽由焦竑带入了王学大门,但陶望龄自认的老师却是周汝登。陶望龄

---

[1] 刘宗周:《刘宗周全集》(第4册),吴光主编,浙江古籍出版社2012年版,第769页。
[2] 陶奭龄:《先兄周望先生行略》,陶望龄:《歇庵集》,《续修四库全书》(第1365册),上海古籍出版社2003年版,第653页。

在《海门先生文集序》中曾言:"望龄蒙鄙,获以乡曲事先生,受教最久。"①万历二十三年(1595),陶望龄回到越中不久,便马上去嵊县谒见周海门,陶奭龄的《先兄周望先生行略》记曰:"上剡溪谒海门周子。嗣是,咨请扣击,往来靡闻。"②此当为陶望龄初谒周汝登,年已三十四岁。与年至四十多方认王畿为师的周汝登一样,陶望龄也是在服膺阳明学后才认海门为师而真正进入王门的。

黄宗羲在《文简陶石篑先生望龄》中对陶望龄的思想有如下评价:"先生之学,多得之海门,而泛滥于方外。以为明道、阳明之于佛氏,阳抑而阴扶,盖得其弥近理者,而不究夫毫厘之辨也。其时湛然、澄密、云悟皆先生引而进之,张皇其教,遂使宗风盛于东浙。其流之弊,则重富贵而轻名节,未必非先生之过也。……固视其为学始基,原从儒术,后来虽谈玄说妙,及至行事,仍旧用着本等心思。"③在《重修阳明先生祠碑记》中,陶望龄称:"吾无远引,维我阳明先生,天授超颖,平生所建立,尺节寸膏,分丐数辈,皆足凭睨而介立,荣名而润身,而先生视若秋云绚空,不足有也。"④对阳明极为推崇,其思想直承阳明的良知说。由于陶望龄学识上师承周汝登,而海门的思想特色是以儒家立场会通儒佛,由此,在晚明禅学之风的影响下,陶望龄借鉴吸收了禅宗理论,在对待佛教上,比亲近释家的罗汝芳、周汝登等人更进一步,强调要"学佛知儒""以禅诠儒",这也是黄宗羲批评他把禅师湛然、澄密、云悟"引而进之,张皇其教,遂使宗风盛于东浙。其流之弊,则重富贵而轻名节,未必非先生之过也"的原因。但陶望龄的近佛,并没有影响其以儒学为基础的行事风格,故陶奭龄的《先兄周望先生行略》称:"(望龄)其学脉接之王文成,归乡独契钱德洪,宜与兵部侍郎许孚远一体。"⑤钱德洪、许孚远均反对将佛学引入良知学,强调践行良知,且多与王畿、周汝登有辩诘。黄宗羲称陶望龄谈玄说妙,行事本儒,反映了陶望龄思想行动之间的复杂性。

陶奭龄少年开始就受到其兄陶望龄的照拂,并由其兄指引进入

---

① 陶望龄:《海门先生文集序》,《周汝登集》,张梦新、张卫中点校,第3页。
② 陶奭龄:《先兄周望先生行略》,陶望龄:《歇庵集》,《续修四库全书》(第1365册),第654页。
③ 黄宗羲:《泰州学案五》,《明儒学案》卷三十六,沈芝盈点校,第868页。
④ 王守仁:《王阳明全集》卷四十四,吴光等编校,第1528页。
⑤ 陶奭龄:《先兄周望先生行略》,陶望龄:《歇庵集》,《续修四库全书》(第1365册),第659页。

阳明学圣域。陶奭龄的《先兄周望先生行略》，记录有陶氏兄弟间的四次论学。第一次在陶望龄由焦竑引导对阳明学发生兴趣之后，万历十九年（1591），由于长兄陶舆龄弃世，父亲陶承学由悲而病，陶望龄闻讣请告亟归，以慰亲志，二陶间有了第一次论学："（望龄）退即与奭龄论学，得奇书共读之，闻疑义共析之，寒暑弗辍。既有所觉，复曰此依文解义不足用也。舍之，求自得于心。然后可朝夕视先大人膳，相与征论于前，间有微中，则先大人为一解颜，病亦渐损。"①第二次在万历二十二年（1594），陶望龄开始交往袁宗道（伯修），"日相究竟，遂有诣入"之后，望龄又与奭龄书，言其种种心得体会。第三次在万历二十三年（1595），陶望龄去嵊县谒见周汝登不久，"一日读方山新论，手足忭舞，趋语奭龄曰：'吾从前真自生退屈矣'"②。第四次在万历三十六（1608），陶母病重，"时奭龄辈与先生伏块倚庐，如戊戌痛稍定，间亦阅书。祖龄③从问老庄滞义，先生辄为疏释。率尔之言，遂参玄诣"④。不久，望龄即因病去世，可见兄弟间的论学一直持续到陶望龄生命的最后阶段。

由于陶氏兄弟自相师友，陶望龄又年长十岁，陶奭龄的思想受到其兄陶望龄极大影响，其兄去世后，他继承了自阳明开始，经龙溪、海门、石篑而来的越中学脉："吾越自阳明先生倡良知之说，直指人心，凡圣同辙。一时学者闻之，如大梦获呼，信吾道之易简直截。由是以传龙溪，龙溪传海门，宇内望为适派宗哲。海门之设教郡中也，实惟二陶先生首奉坛坫。招徕同志，共嘘薪焰。未几，文简没而海门东归，风气于焉中痞。（奭龄）先生独抱（望龄）文简未竟之业，精推而潜伏之，以称二难……一时云合景从，奉先生如海门往襈。而先生尤以贞素之风一，洗自来空谈之弊。故服习既久，人人归其陶铸，社学岩居，递传胜事。"⑤作为陶望龄思想的后继者，陶奭龄在学术观念上继承了周汝登、陶望龄一脉的观念，强调"以禅诠儒"，曾言："世儒疑出世之士，未免遗弃伦物，不知学得出世法，焉能入世，庄生有言：'若夫没人则未尝见舟，而便操之也。'夫出世之士，没

---

① 陶奭龄：《先兄周望先生行略》，陶望龄：《歇庵集》，《续修四库全书》（第1365册），第654页。
② 陶奭龄：《先兄周望先生行略》，陶望龄：《歇庵集》，《续修四库全书》（第1365册），第654页。
③ 按：祖龄，字锡祖，号石镜，陶承学季子。
④ 陶奭龄：《先兄周望先生行略》，陶望龄：《歇庵集》，《续修四库全书》（第1365册），第656页。
⑤ 刘宗周：《祭陶石梁先生文》，《刘宗周全集》（第4册），吴光主编，第776页。

人也,于涉世乎何有?"①认为世儒常把"出世"和"入世"作为区别儒佛的标准,其实学得佛法方可得儒法,学佛方可真知儒。

陶奭龄曾与刘宗周共举"证人社",开启了晚明越中最为重要的王学讲会活动。由于陶、刘二人对王学、禅学的不同态度,最终导致了"证人社"的分化,刘宗周及其弟子形成了蕺山学派,陶奭龄的友人与弟子形成了姚江书院派。因此,陶、刘之争,具有象征意义,预示越中王学的衰落和以黄宗羲为代表的浙东经史学派的兴起。

(六)张元忭②

张元忭(1538—1588),字子荩,别号阳和,又号不二斋③,越之山阴(今浙江绍兴)人。其故居现位于绍兴市区人民路,系明代建筑,台门坐北朝南,尚存正屋与后宅房各三间,中间天井,两侧有厢房。台门斗及门前建筑于1993年拓宽人民路时被拆除。始建于明正德元年(1506)、在越城卧龙山南麓、与稽山书院上下相望的阳和书院,虽遗址尚存,然遗迹全无,隆庆年间张元忭与罗万化、朱赓曾就读于此,元忭别号"阳和"即可能与此书院有关。④

张元忭的祖先是四川绵竹人,为宋朝丞相张浚的后人。其父天复,官至太仆寺卿。明嘉靖三十七(1558)元忭举于乡。隆庆二年(1568)天复就逮于云南,元忭侍之以往。天复释归,元忭入京颂冤,事解,又归慰其父于家。隆庆五年(1571),元忭登进士第一人,初授修撰。徐渭致县学同学张天复之贺诗中称"南宋到今知几度,东风分付只三人"⑤,即意指元忭为南宋以来山阴县的第三位状元。⑥万历

---

① 陶奭龄:《小柴桑喃喃录》卷二,明崇祯刻本。
② 本小节内容由钱明撰写。
③ 关于"不二斋"号,可参见张岱《陶庵梦忆》卷二《不二斋》《三世藏书》,上海古籍出版社,2001年,第31、37、46页;王畿:《不二斋说》,《王畿集》卷十七,吴震编校整理,第491页。
④ 据张岱《阳和泉》:绍兴城中尝有名"禊泉"者,"不已,乃决沟水败泉,泉大坏",张岱"知之,至禊泉,命长年浚之",禊泉遂"为张氏有"。城南五里琵琶山"有称阳和岭玉带泉者",张岱谓:"阳和岭实为余家祖墓,诞生我文恭(张元忭),遗风余烈,与山水俱长……今此泉名之'阳和',至当不易。盖生岭、生泉,俱在生文恭之前,不待文恭而天固已阳和之矣,夫复何以疑!土人有事者,恐玉带失其姓,遂勒石署之。且曰:'自张志"禊泉"而"禊泉"为张氏有,今琵山是其祖垄,擅之益易。立石署之,惧其夺也。'时有传其语者,阳和泉之名益著。"(夏咸淳、程维荣校注:《陶庵梦忆·西湖梦寻》,上海古籍出版社2001年版,第46—47页)说明先有"阳和"之号,后有"阳和"泉名之流传。
⑤ 徐渭:《闻张子盖廷捷之作,奉内山尊公》,《徐渭集》卷四,第775页。
⑥ 另两位是南宋绍兴十八年(1148)的王佐和明嘉靖三十五年(1556)的诸大绶。

十五年（1587），元忭升右谕德兼翰林侍读，次年三月卒于任上，天启初追谥文恭。首辅王锡爵在《明奉直大夫左春坊左谕德兼翰林院侍读阳和张公墓志铭》中评价元忭："明兴大廷首举诸硕哲，位不过五品而名重天下，唯一峰（罗伦）、梓溪（舒芬）、念庵（罗洪先）三先生，得君而四之，岂非以其立言立德自有不朽者在邪？"与"三不朽"者王阳明相比，张元忭被誉为立言、立德"二不朽"者，亦属不易。

清人王雨谦序《琅嬛文集》曰："陶庵为雨若先生之孙，而阳和公其曾祖父也。阳和公以文章魁天下，雨若先生成进士，以理学推醇儒。"其中陶庵即明代散文大家张岱，《琅嬛文集》是其代表作；雨若即张岱祖父张汝霖，阳和公即张岱曾祖父张元忭。山阴张氏自天复尤其是元忭之后，家族兴旺，名人辈出，诚如张岱《家传》所言："岱家发祥于高祖（天复），而高祖之祥，正以不尽发为后人之发。"是故张岱特作《家传》《附传》，以表彰山阴张氏数代名人，而山阴张氏世家遂亦名扬四海。

张元忭"生有异质，又好读书"，常"以大贤自许"。初宗朱子学，后闻阳明致良知教，恍若有悟，喟然叹曰："学在是矣！"自是学宗阳明，日究心学。①"而每病世之学文成者多事口耳，乃以力行矫之"，尝曰："学者皆说良知不说致良知，去师门宗旨远甚。"又曰："上智即本体为工夫，下学用工夫合本体。"其超悟融释，表里洞贯，不让阳明诸入室弟子，而矫偏救弊，以羽翼师说，则所付之功甚著。元忭个性"特操端介，绝不喜婢婀事人，然坦焉蹚中庸之庭，亦不欲以奇行自见"。所谓"绝不喜婢婀事人"，即保持独立人格；"不欲以奇行自见"，即恪守中道。②是故元忭好友周汝登尝称其"学宗良知，而工夫重致，以身力体之，称忠孝状元。……阳和以天下为己任，忼慷时事，注意人材，将大有斡旋，未施而卒"③。

张元忭"座师为罗万化（康洲），尺牍往来，止称兄弟，不拘世

---

① 按：徐渭在其所撰的《阳明先生旧藏智永禅师真草千字文跋》中，误认为张元忭"每从文成讲学，私得借观（指智永禅师真迹），惊为希世宝墨"（蓬累轩编：《姚江杂纂》，（日本）《阳明学》第162号，明善学社大正十二年刊本）。元忭是王畿的学生、阳明的再传弟子，并未直接师从过阳明，作为元忭最要好的朋友，徐渭不会不知道。徐渭这么说，有可能是笔误，也有可能是想突出元忭在王门中的地位。
② 王锡爵：《明奉直大夫左春坊左谕德兼翰林院侍读阳和张公墓志铭》，张元忭：《张元忭集》，钱明编校，第6页。
③ 周汝登：《张元忭传》，《阳明先生祠志》中卷，明万历四十二年周汝登序刻本。

俗之礼也"①，但他在学问上受影响最大的还是阳明高足王畿。王畿称其"信予之过"②，又说"（罗）康洲温而栗，阳和毅而畅；康洲如金玉，阳和如高山大川"③。《明儒学案》中有元忭取王畿《中鉴录》教诲内廷宦官的记载。张家与王家还有联姻关系④，而王畿又是徐渭中表兄。但元忭并不全信王畿，从其《复王龙溪翁》书中委婉地批评王畿"向处山林，久与世隔，不知市朝之态"⑤而一味责怪自己的叙述中，可以看出他对于王畿的态度似在师友之间。是故《明史》曰："（邓）以赞、元忭自未第时即从王畿游，传良知之学，然皆笃于孝行，躬行实践。以赞品端志洁，而元忭矩矱俨然，无流入禅寂之弊。"⑥《四库全书总目》则认定元忭"与（王）畿之恣肆迥殊"⑦。黄宗羲亦评论说："（元忭）先生之学，从龙溪得其绪论，故笃信阳明四有教法。龙溪谈本体而讳言工夫，识得本体，便是工夫。先生不信，而谓'本体本无可说，凡可说者皆工夫也'。尝辟龙溪欲浑儒释而一之，以良知二字为范围三教之宗旨，何其悖也。故曰：'吾以不可学龙溪之可。'先生可谓善学者也。"⑧而所谓"吾以不可学龙溪之可"，即反映了元忭与龙溪唱反调的为学立场。比如龙溪"行不掩言"，元忭却"学先行谊，以戒慎恐惧为门，以出处辞受为则，即深谈妙至，而行不掩言无取焉"⑨；龙溪务"虚谈"，元忭却"务实践"："贵乡有文成公倡于前，我公（元忭）继之，诸青衿且鼓舞其间，而绌虚谈，务实践，又今日固本回生要剂也。"⑩目的就是想为王门提供一帖"固本回生"的灵丹药剂。

---

① 黄宗羲：《广师说》，沈善洪主编：《黄宗羲全集》（第10册），浙江古籍出版社1995年版，第647页。
② 王畿：《天柱山房会语》，《王畿集》卷五，吴震编校整理，第117页。
③ 王畿：《龙南山居会语》，《王畿集》卷七，吴震编校整理，第167—168页。
④ 赵锦《龙溪王先生墓志铭》："（龙溪）先生系出晋右军，世居越之山阴，与阳明为同郡宗人。大父理，临城县令。父经，贵州按察副使。先任台中，有直声。兄邦，有心疾，先生事之甚谨，翼之甚备。配张安人，贤淑无出，为ող侧室钟，举子三：应袆、应斌、应吉。袆，庠生，娶中丞张公元冲女，生女一，配修撰张公元忭子汝懋庠生。"（王畿：《王畿集》，吴震编校整理，第831页）。
⑤ 张元忭：《张元忭集》卷五，钱明编校，第125页。
⑥ 张廷玉等：《张元忭传》，《明史》卷二百八十三，第7289页。
⑦ 永瑢等：《四库全书总目·集部》卷一七九，第1611页。
⑧ 黄宗羲：《浙中王门学案五》，《明儒学案》卷十五，沈芝盈点校，第323页。
⑨ 邓以赞：《祭张子荩文》，《邓定宇先生文集》卷四，《四库全书存目丛书·集部》（第156册），第407—409页。
⑩ 孟化鲤：《答张阳和》，孟昭德主编：《孟云浦集》卷二十二，第42页。

张元忭之学主张朱、陆调和，尝曰："朱陆同源，而末流乃岐之，非是。"手摘考亭所论著与文成意符者汇集之，题曰《朱子摘编》，以祛世儒之惑。①又强调王、湛并重，其《九华杂咏》曰："太白豪气振万古，王湛一时两大儒。千载书堂九华胜，今来何事顿荒芜。"对同为阳明山阴弟子的季本和江右王门硕学邹守益之子邹德涵相当推崇，在季本殁后，尝私淑之，又曰："弟自辛未春一见（德涵），即已倾倒，谓兄实我之师，非敢徒以为友也。"②且与袾宏关系密切，憨山德清《古杭云栖莲池大师塔铭》称其与宋应昌、陆光祖、冯梦祯、陶望龄等皆为袾宏所化。③尝与袾宏互为唱和，亦有儒禅归一之情趣。

在越地文人群中，张元忭与徐渭的关系最为密切，两人皆为王畿学生，实属同门，胜似师友。④当元忭还未出道时，徐渭已是远近闻名的"越中十子"之一。然而徐渭却久试不第，家境贫寒。元忭家境较为丰裕，于是经常接济困顿中的徐渭。"纸裹朱提"⑤，让徐代笔，便是元忭接济徐的手段之一。元忭所撰的《巡按浙江监察御史庞公生祠碑》《彭山季先生祠堂碑》《义冢记》《大南峪万佛寺记》等，皆由徐渭代笔。徐渭因杀继室张氏而坐牢七年，全靠元

---

① 王锡爵：《明奉直大夫左春坊左谕德兼翰林院侍读阳和张公墓志铭》，《张元忭集》，钱明编校，第6页。后邵廷采亦据此评价张元忭道："学宗文成，摘考亭论著与文成意符者，祛世儒之惑。……务崇躬行，砥实践，而元忭更多发明。"（邵廷采：《王门弟子所知传》，《思复堂文集》卷一，祝鸿杰点校，第47页）
② 邹德涵：《邹聚所先生外集·寄邹聚所》，《四库全书存目丛书·集部》（第157册），第408页。
③ 《古杭云栖莲池大师塔铭》："师道风日播，海内贤豪，无论朝野，靡不归心感化。若大司马宋公应昌、太宰陆公光祖、宫谕张公元忭、大司成冯公梦祯、陶公望龄，并一时诸缙绅先生，次第及门问道者，以百计。皆扣关击节，征究大事，靡不心折，尽入陶铸。"（憨山德清：《梦游全集》卷二十七，《中华佛教百科全书》，第40481页）
④ 检徐朔方《徐渭年谱》：元忭上京会试，徐渭作《送张子荩春北上》及《赋得紫骝马送子荩春北上次·前韵》；元忭赴云南迎父，徐渭作《灯夕送张君之滇，迓其尊人》；元忭迎父归自云南，徐渭作《酌张氏山亭，时病疟，归后复自酌至醉，柬此》《予奇梅岭之松，客有夸予以滇者》；元忭嘉靖三十七年举于乡，徐渭作《万玉山房歌（其堂名融真阳和）》；元忭赴京参与会试，徐渭作《送张子荩会试》；闻元忭中状元，徐渭作《闻张子荩廷捷之作，奉内山尊公》；其父天复六十大寿，徐渭作《张大夫生朝》及《子荩太史之归也，侍庆有余间，值雪初下，乃邀我六逸觞于寿芝楼中，醉中抽赋》；元忭读书于云门寺，徐渭作《张翰弹琴像赞》，并与元忭合纂万历《会稽县志》；天复卒，徐渭代赵锦作《张太仆墓志铭》，又作《祭张太仆文》；等等［参见徐朔方：《徐渭方集》（第3卷），浙江古籍出版社1993年版］。
⑤ 徐渭：《答朱少监》，《徐渭集》卷二十一，第1024页。按："朱提"先为山名，继为县名，再为郡名，后为银名（朱提银），此处为白银之代称。

忭竭尽全力营救才得以出狱。①是故徐渭自著《略谱》，将元忭作为恩人记入《略谱·记恩》栏中。徐渭性格狂易，对元忭时有冒犯，然元忭从不予计较。据沈德符说："徐文长渭暮年游京师，余尚孩幼，犹略记其貌，长躯皙面，目如曙星，性踸踔不受羁縻，馆于同邑张阳和太史元汴家，一语稍不合，即大诟詈策骑归。后张殁，徐已癃老，犹扶服哭奠，哀感路人。盖生平知己，毫不以亲疏分厚薄也。……徐此后遂患狂易，疑其继室有外遇，无故杀之，论死。系狱者数年，亦赖张阳和及诸卿衮力得出。"②由此亦可看出元忭与徐渭的特殊交情。但元忭在思想上有相当的独立自主性，不仅未受王畿之影响，而且受徐渭的影响也极小。

从张元忭的学术倾向及交友情况看，可以说他具有融合朱、陆、王、湛之取向及儒、禅归一之情趣，但要对其进行定性分析，即究竟应将其划归王学修正派，还是朱学新发展，抑或是折中朱、陆、王、湛，取长补短之新形态，却是一件难事，其中的主调和重音或谓根本诉求，往往差别只在毫厘之间。比如我们完全可以把"务实践""以祛世儒之惑"视为张元忭的学问主旨，但其所谓的"实践"之精义、"实学"之内涵，及其与王门中其他代表性人物亦同样挂在嘴上的"实践""实学"之区分，却是需要作出回答并进行具体定位的。

依笔者之见，史学可以说是张元忭所强调的"务实践"的基本诉求，只不过张氏史学乃是融于阳明心学后的史学，或谓心学化的史学。③如果能将张元忭的"务实践"与其同乡、同门之先辈季本的"务实践"作一比较，即可看出两者的细微差异。季本之"务实践"可谓"经学"之务实，而张元忭之"务实践"则可谓"史学"之务实。史学在张元忭的学问系统中占有重要位置，一如经学在季本的学问系统中所占之位置。总的来说，在绍兴地域文化、历史传统之大环境的作用下，阳明之后、龙溪之时绍兴王

---

① 按：经张元忭努力，重新复查徐渭杀妻案，由其同科进士、山阴令徐贞明承办。徐渭《送徐山阴赴召序》称："始渭之触罟而再从讯也，非公（贞明）疑于始而得之真，则必不能信于终而为之力也，必使之活而后已。"（徐渭：《徐渭集》卷十九，第549页）
② 沈德符：《万历野获编》卷二十三，中华书局1959年版，第581页。
③ 也有学者把与张元忭同时、同地又同门的周汝登的史学研究称为"心学史学"。参见王格：《周汝登对"心学之史"的编撰》，《杭州师范大学学报（社会科学版）》2016年第2期。

门所发生的思想衍变颇具两重性,即:既有沿着龙溪的思想路径而趋向于三教归一的,如周汝登、陶望龄等;也有为矫正龙溪的致虚倾向而走向经学或史学的,如季本、张元忭等。而"六经皆史",经学即史学,史学又是实学的具体落实之处,是实学的具体体现,它与实学中的事功学、日用学等经世济民、经世致用之学有着千丝万缕的联系,或者说是经世济民、经世致用之学的重要基石。因此,张元忭的"务实践"亦主要体现在重史学的为学取向上。

张元忭的老师王畿,虽然属于阳明学派最强调本体、注重超越的学者,但也有史学著述,最具代表性的就是《中鉴录》[1]和《历代史纂左编凡例并序》[2]。但比较而言,王畿的史学研究,主要是站在"帝者师"的立场上,以"得君行道"为基本理念,试图对"君"及其周围宦官等进行劝导和教化;而张元忭、周汝登等人乃至清初的章学诚等浙东史学派,则主要是站在"纯学者"的立场上,已带有"得民行道"的价值诉求,试图教化人心、教化地方,从而使"心学化的史学"进一步的"下沉",更接近于"事"或"人"的史学,而非"道"或"君"的史学,故而方志学、地方史学、民间史学、实用史学等开始繁盛,而这才是真正的清代浙东史学的发端。也就是说,张元忭、周汝登等人的"心学化史学"与王畿等人最大不同点,在于对象不同、目的不同。

(张炎兴撰稿)

---

[1] 参见荒木见悟:《王龍溪の〈中鑑錄〉にについて》,(日本)《九州中国学会报》1967年第19卷;彭国翔:《王龙溪的〈中鉴录〉及其思想史意义》,《汉学研究》2001年第2期;周保明:《〈中鉴录〉的编辑、刊布与存藏》,《文献》2016年第1期;吴兆丰:《〈中鉴录〉的版本问题》,《华中国学》2018年春之卷。
[2] 参见刘荣茂:《王龙溪〈历代史纂左编凡例并序〉佚文》,(台湾)《鹅湖月刊》2016年第5期。

王阳明与宁波

王阳明所处的那个时代，其故乡的地域在绍兴府所辖的余姚县，因而在经济、文化、风俗等方面均属越中文化圈；且余姚县界东、南部与宁波府所辖的慈溪县、鄞县、奉化县山水相连[①]。尤其是姚江相通流域，早潮夜汐，舟楫往来，是沟通两地交往的重要通道，这就形成了毗邻地区之间文化互通的交流关系。王阳明由科举进入仕途后，通过人际关系及文人的生活方式随地传播其创立的心学思想，从地域关系上形成了相应的特色。第一，山水指点，寓学于游。王阳明性喜山水，宁波府属地的山水名胜是其游历的好去处，足迹所及，诗情所留。第二，作为心学家的王阳明其弟子遍及大江南北，宁波府辖县籍的一些官员均有幸成为其弟子、再传弟子，由此成为考察阳明心学在宁波府属地传播的重要观察点。第三，王阳明是科举出身，故与不少宁波府辖县籍的"年兄""师长"有交谊，存在"亦师亦友"式的互动关系，进而成为道友间修德进业的外在动力。第四，王阳明作为朝廷命官，在正德、嘉靖年间多次受命于国家危难之秋，故其麾下多有宁波府辖县籍的将士共赴沙场，并肩作战，其高尚的人格直接影响这些志合道同的同僚。另外，由于宁波濒临东海，是对外交往的重要港口，这为阳明心学传播到日本、朝鲜等东亚国家提供了某种可能性。从以上关系考量，王阳明与宁波的关系必然成为阳明心学、阳明文化研究中不可或缺的部分。

一、宁波之行迹

王阳明一生性喜山水，对姚城附近的名胜景观亦情有独钟，姚东的寺院、姚南的四明山均成为其寻胜探幽之佳处。从现存世的相关文献记载看，阳明在宁波府辖地的行迹有明确时间、地点记载的

[①] 据嘉靖《宁波府志》卷一载："鄞单仲友奏：明州同国号，乞改名。上以郡有定海县，海定则波宁。"明初为明州府，洪武十四年（1381），改宁波府，领鄞、慈溪、奉化、定海（镇海）、象山共五县。府治设鄞县。单仲友，鄞县人，时任国子监助教。本章所涉及的历史上宁波府辖地籍人物事迹的，均按历史上行政区划表述，并简要注明现时的区划状况。

仅正德八年（1513）游当时地属慈溪县的永乐寺、鄞县的杖锡寺、奉化县的雪窦寺，以及宁波府城。

（一）雪泥鸿爪：永乐寺遗音

明正德八年（1513）六月中旬，王阳明携弟子及道友游地属慈溪县的龙南诸山及永乐寺（今地属余姚市丈亭镇），并在永乐寺宿两夜。据《阳明年谱》记载："十二月，升南京太仆寺少卿，便道归省"；"二月，至越"；"五月终，与爱数友期候黄绾不至，乃从上虞入四明，观白水，寻龙溪之源；登杖锡，至雪窦，上千丈岩，以望天姥、华顶；欲遂从奉化取道赤城。适久旱，山田尽龟坼，惨然不乐，遂自宁波还余姚"。①但实际上，阳明等一行在游四明山前先是游览了永乐寺，其早年弟子徐爱写的《游雪窦因得龙溪诸山记》②及《游永乐次阳明先生韵》一诗可以为证。其诗云："放舟始寻寺，师友兴何长。古树云萝湿，闲心夏日凉。江流随地合，海色接天苍。宴坐清茶罢，悠然月满廊"③。从诗句中所描绘的情景看，阳明一行人此番到永乐寺游玩心情舒展，晚上在永乐寺品茗赏月，怡然自乐。从诗题中透露出来的信息看，阳明亦有诗咏其事，可惜此诗没流传下来。黄宗羲在《永乐寺碑记》一文中载："去余居六七里，而近有龙山永乐寺。大江横其东，蜀山峙其右，乃易之所谓'姚江东去蜀山青'之地也。……幽潜奇特，为山水胜处。淳祐间，铁崖禅师志先与其徒士怀、宝潜建报慈庵。景定请于朝，赐名永乐寺。卒，皆塔于寺之东偏。"姚城东二十里有龙山，濒姚江，风光秀丽。山南麓有永乐寺，初建于南宋淳祐年间，为礼佛胜地。阳明一行游永乐寺并在寺中留宿，这一方面反映了明代中期浙东佛教之兴盛，永乐寺成为文人墨客的游览胜地；另一方面亦反映出阳明对佛门的亲近，并且对从中汲取思想资源的强烈兴趣。清初，黄宗羲曾携孙游永乐寺，其在《永乐寺碑记》文中亦记载了阳明一行游永乐寺之事："正

---

① 钱德洪：《年谱一》，王守仁：《王文成公全书》卷三十二，王晓昕、赵平略点校，第1404—1405页。
② 按：关于此次游览永乐寺的缘由、时间、同游人等情况，可详见笔者所撰的本书之《王阳明与余姚》章。
③《徐爱 钱德洪 董沄集》，钱明编校整理，第13页。

德癸酉，阳明先生与王世瑞、许半圭、蔡希颜、朱守中、徐曰仁流连信宿，赋诗于此，曰仁因记其事。"然而，永乐寺一度毁废，佛音消逝。故黄宗羲在此文中亦说："兹山穷乡僻壤，自淳祐至正德数百年间，而名迹之夥如此，乃不知废于何时。万历庚申，西绪缵重建佛殿，老屋数间，支撑于盲风苦雨之中。香烛无主，云水莫视……"永乐寺的兴衰折射出时代的风云变幻，昭示着一地佛教的时代命运。永乐寺早已废弃，但阳明一行当年在永乐寺的游历胜事竟成为此寺的遗音。正如黄宗羲在《永乐寺碑记》文中所言："天地间清淑之气，山水文章，交光互映，雪泥鸿爪，不与劫灰俱尽耳。"①

王阳明一行本应向南进入四明山探胜，但因一时找不到入山之路，加之蔡希颜生病不得不改变行程，顺流返至上虞而入四明山。

（二）月照人清：杖锡寺夜吟

王阳明一行在永乐寺等地游览两天后，第三天自永乐寺出发，连夜乘舟抵上虞通明。第四天，至上虞（丰惠），向东，夜越金沙岭、黄竹岭。第五天晓，入四明山，晋访梁弄汪巷徐爱同年汪叔宪，共游道士山白水冲。然后，向西折南迂回之上虞妲溪（达溪）探胜。第六天，探阴地龙潭。第七天，过远世祖居，考石林、太平诸迹。第八天，天明出发，远望走马冈，向东南，经孔石，趋韩采岭，夜宿杖锡寺。②

杖锡山，一作仗锡山，唐僧纪禅飞锡至此，故名杖锡。"锡杖"，谓僧人云游时所持法器。黄宗羲《四明山志·名胜》文中载："仗锡山，有方石高十丈，阔一丈，危举道旁，磨崖刻'四明山心'四大字，乃汉隶也，谓之屏风岩，或讹其声为'骞凤'。北去一里为仗锡寺。寺内有井，昔之龙池也。"③明洪武十五年（1382），诏定天下寺额，而始称"杖锡寺"。明永乐三年（1405），佛殿毁。至宣德六年（1431）重建，郡守郑珞为记。正德间废，有僧文纲与徒德滋相

---

① 沈善洪主编：《黄宗羲全集》（第10册），第127—128页。
② 详见《徐爱 钱德洪 董沄集》，钱明编校整理，第78—81页。按：杖锡寺原名为"杖锡禅寺"，位于被称为"四明山心"的杖锡之山腰，地旧属宁波府鄞县（今属宁波市海曙区章水镇）。该寺始建于唐龙纪元年（889），由石霜下长、政二僧肇基。天祐三年（906），吴越王赐金额。十传逮宋天圣四年（1026），修己自太白山来主寺事，人奉之为第一代祖。宋宝元二年（1039），敕名"杖锡延胜院"，传52代。元末，因困于徭役，僧徒散亡。有仁让者，起而兴复，起予继之，求慈溪乌斯道补撰碑记。
③ 沈善洪主编：《黄宗羲全集》（第2册），第284页。

与兴复,大司成戴洵为记。徐爱《游雪窦因得龙溪诸山记》一文中亦载:"陟顶,见荒殿,榜曰'杖锡寺'。"①由此看来,阳明一行借宿杖锡寺时,此寺已经颓废,可见此寺至少毁于正德八年前。文中又提到寺中还有僧人,留阳明等住宿。可见,尽管杖锡寺当时已荒废,但并未绝香火。这对研究杖锡寺的兴废及四明山佛教文化来说亦是重要的史实依据。在前来杖锡道中,阳明赋《杖锡道中用张宪使韵》云:

山鸟欢呼欲问名,山花含笑似相迎。风回碧树秋声早,雨过丹岩夕照明。雪岭插天开玉帐,云溪环碧抱金城。悬灯夜宿茅堂静,洞鹤林僧相对清。②

此诗,意象迭兴,画面生动。诗人用拟人、写意的手法,写"山鸟""山花"的灵性与亲和。沉浸在山水之乐中的阳明心情愉悦,暂时忘却了世间的烦恼。碧树秋声,丹岩夕照,雪岭玉帐,云溪环碧,诗情画意,交相辉映,传达出阳明对四明山水景观的愉悦之情,以及投身自然怀抱的轻松自在。最后两句中的"静"和"清",正是阳明内心的独白,表达了无言之美的意境。徐爱则有《至杖锡有怀诸友》一诗。徐爱在《游雪窦因得龙溪诸山记》一文中载:"夜忽风露作,寒侵不成寐。"③因奇凉无法入睡,赋诗四首。其中《夜宿杖锡》一诗云:"飞锡开山旧有名,林深草合路今生。岩溪万叠尽围寺,雷雨一番初放晴。石溜泠泠侵夜枕,风蝉历历动秋声。梦魂迥与尘寰隔,煮茗焚香僧亦清。"④阳明用此诗韵脚,作《又用曰仁韵》诗:

每逢佳处问山名,风景依稀过眼生。归雾忽连千嶂暝,夕阳偏放一溪晴。晚投岩寺依云宿,静爱枫林送雨声。夜久披衣还起坐,不禁风月照人清。⑤

---

① 《徐爱 钱德洪 董沄集》,钱明编校整理,第80页。
② 王守仁:《王文成公全书》卷二十,王晓昕、赵平略点校,第868页。
③ 《徐爱 钱德洪 董沄集》,钱明编校整理,第80页。
④ 《徐爱 钱德洪 董沄集》,钱明编校整理,第14页。
⑤ 王守仁:《王文成公全书》卷二十,王晓昕、赵平略点校,第868页。

其诗不仅描绘了阳明一行三人投宿杖锡寺的情景,而且蕴含着阳明对人生的理解和洒脱的处世态度,其间点化同志,多得之登山临水间。当然,其在《书杖锡寺》一诗中亦流露出某种忧伤超世的情调,诗云:

> 杖锡青冥端,涧壁环天险。垂岩下陡壑,涉水攀绝巘。溪深听喧瀑,路绝骇危栈。扪萝登峻极,披翳见平衍。僧逋寄孤衲,守废遗荒殿。伤兹穷僻墟,曾未诛求免。探幽冀累息,愤时翻意惨。拯援才已疏,栖迟心益眷。哀猿啸春嶂,悬灯宿西崦。诛茅竟何时。白云愧舒卷。①

诗中,阳明描述了沿路登攀探胜,以及面对杖锡废寺触景生情的感叹。他面对现实,抚今追昔,难免会流露出隐士之情,应了"怀山林之志者,可托天下国家"之说。阳明等游历地处深山幽谷的杖锡寺,蕴含着"使我之理想更为高尚"的纯粹之心。游于佛寺则有利于道德之心免受世俗污染,表现出对佛陀人格的体悟。徐爱在杖锡寺另撰有七律二首,即《寺困侵诛因复次叔宪韵识感》《梦怀王世瑞朱守中次前韵》,诗以言志并记其事。

(三)长望云山:雪窦山遐思

雪窦山为东四明山支脉最高峰,在今奉化溪口。黄宗羲在《四明山志·名胜》文中说:"自麓至巅,高可十里,四山环合。……其岩绝壁千仞,故名'千丈岩'。水至半壁,有石突出隔之,洒若飞雪,而后复为瀑布,亦名瀑布山,宋真宗敕曰'东浙瀑布'也。"②雪窦山中有雪窦寺,其寺为中国禅宗十大古刹之一。《四明山志·伽蓝》条目下有载:"唐会昌元年(841)立,咸通八年(867)重建,赐名'瀑布观音院'。光启中,贼裘甫毁。常通来自宣城,领众开山。宋咸平二年(999),改为'雪窦资圣寺'。仁宗尝梦至名山,诏图天下山川以进,披览及于雪窦,恍与梦合,特敕赍其寺僧。淳

---

① 王守仁:《王文成公全书》卷二十,王晓昕、赵平略点校,第868—869页。
② 沈善洪主编:《黄宗羲全集》(第2册),第299页。

祐四年（1244），理宗御书'应梦名山'四大字赐之。"①

雪窦山奇妙的自然风光和雪窦寺深厚的历史底蕴，是王阳明欲之探胜的主要动因。据徐爱《游雪窦因得龙溪诸山记》，阳明一行离开杖锡寺后，因不熟悉山路，赖江僧人的导引，经蜘蛛岭，至徐凫岩。中午时分，抵石桥，东望大仙坳楼台，遥见雪窦寺。后在牧童的指引下，观隐潭，至雪窦寺。先在寺中休息品茗，后出寺游览，观千丈岩瀑布，登妙高峰，访玉泉庵。阳明与汪叔宪论道："今日毕，素怀已中。所历佳胜比比，独不彰于古昔，乃今得与二三子观焉。夫永乐诸山，可备游观者也。四明，可居者也。龙溪，可以避地者也，然而近隘矣。杖锡者，可以隐德也，然而几绝矣。乃若隐显无恒，俯仰不拘，近而弗亵，远而弗乖，可以致远，可以发奇者，其惟雪窦乎！"②由此可见，一行人至雪窦，乃感四明山"可居、可避、可隐、可致远"，此为阳明等游历四明山之寄托也。

黄宗羲《四明山志·诗括》中，收录了王阳明《游雪窦》七律三首，③此三首诗亦被《雪窦志》收录。

> 平生性野多违俗，长望云山叹式微。暂向溪流濯尘冕，益怜萝薛胜朝衣。林间烟起知僧住，岩下云开见鸟飞。绝境自余麋鹿伴，况闻体远悟禅机。（《游雪窦寺用方干韵》）
>
> 穷山路断独来难，过尽千溪见石坛。高阁鸣钟僧睡起，深林无暑葛衣寒。蛰雷隐隐连岩瀑，山雨森森映竹竿。莫讶诸峰俱眼熟，当年曾向画图看。（《次同游汪东泉韵》）
>
> 僧居俯瞰万山尖，六月凉飚早送炎。夜枕风溪鸣急雨，晓窗宿雾卷青帘。开池种藕当峰顶，架竹分泉过屋檐。幽谷时常思豹隐，深更犹自愧蛟潜。（《次门人徐曰仁韵》）

以上，第一首真实反映了阳明当时的内心感受。他在经历了人生重大的起伏以后，在仕途上有了新的转机，但荒淫无耻的明武宗仍旧性不改，不思朝政，政治昏暗，具有经世志向的士大夫无法施

---

① 沈善洪主编：《黄宗羲全集》（第2册），第336页。
②《徐爱 钱德洪 董沄集》，钱明编校整理，第81页。
③ 沈善洪主编：《黄宗羲全集》（第2册），第432页。

展抱负，这对阳明来说是件十分痛苦的事。因此诗中流露出对儒学衰微的深深担忧。诗中抒发了希望超脱污浊的世界，向往自由、清静的生活情感。第二首主要写阳明行走在雪窦山的深壑林间，体悟大自然变幻无穷的生机和奥秘，对雪窦山水充满了无限的遐想。第三首则描述了在雪窦山游历的所见所闻，将由此所产生的思考，以"豹隐""潜龙"两个典故，委婉地传达出自己洁身自好，不愿与世俗同流合污的人格操守。阳明此三首游雪窦山组诗，集中反映出其当时的所思所想，以及欲将自己在四明山游历的体悟，点化于随行弟子和道友的急迫心情。

王阳明等数人游历永乐寺、杖锡寺、雪窦山，但最后仅阳明、徐爱和汪叔宪三人抵达雪窦山。因天大旱，民瘼惟艰，而不再续游天台山。于是三人在宁波府城逗留数天后，于农历七月二日，乘船返余姚。此行，前后历时半月余，行经地涉及余姚、慈溪、上虞、鄞县、奉化和宁波府城。阳明一行的此次游历活动，是明道传道之旅，是感悟天地的行吟之旅，正如徐爱在《游雪窦因得龙溪诸山记》文末所言："故学者，有如怀雪窦者，至志矣；有如知雪窦者，至得矣。"① "至志至得"，即为阳明一行此次游历活动的心学价值。

二、宁波之王门

王阳明所处的时代，正是社会风云激荡、政治昏暗、学术思想不明之际。阳明心学的理论特色在于"事上磨炼"，强调事上工夫，为学自得，重在正念头，澄心体。阳明心学的理论阐发与传播，其中的重要途径是通过对其弟子的面授及论学书信、序、说、杂记等作为传播载体，其中亦涉及宁波府属县籍的弟子与后学，主要有鄞县籍的黄宗明、王应鹏、汪玉，私淑弟子万表和慈溪后学颜鲸。

（一）王门中坚——黄宗明

在鄞县籍诸弟子中，应该说王阳明与黄宗明的交往最多，且时间最长。黄宗明（？—1536），字诚甫，号致斋。正德九年（1514

---

① 《徐爱 钱德洪 董沄集》，钱明编校整理，第81页。

进士，授南京兵部主事，升员外郎。正德十六年（1521），升工部屯田司郎中，不起。正德十四年（1519）六月，宁王朱宸濠谋反，黄宗明上《江防三策》，为南京兵部尚书乔宇所器重。正德皇帝欲南巡再擒宸濠，又上《谏南巡疏武皇帝幸南都》，不果。嘉靖二年（1523），升南京刑部郎中。"大礼议"之争时持论合嘉靖皇帝意，但在兴献王入太庙之议时持反对意见，被出为江西吉安知府。在吉安时，重修白鹭洲书院，以道德教诲士子，为政除暴安良，剪除宸濠余党作乱，抚民安境。转福建盐运使。嘉靖六年（1527），召修《明伦大典》，因丁母忧，不行。嘉靖八年（1529），升光禄寺卿。嘉靖十一年（1532），擢兵部右侍郎。因编修杨名辩诬，下诏狱，谪福建右参政。次年，嘉靖皇帝念其议礼之功，又召其为礼部侍郎。嘉靖十五年（1536）冬十一月，卒于官。

据现存的王阳明撰于正德八年（1513）的《与黄诚甫书》中所反映的内容看，黄宗明入王门的时间不会迟于正德八年。宗明入王门虽非最早，但其从学阳明的时间如从正德八年算起至嘉靖七年（1513—1528），约十五年时间，期间不仅受到阳明亲炙，而且或领阳明书信示教。阳明殁后，宗明还参与了善后事宜，发挥过独特作用。宗明的主要生平事迹及学术思想，黄宗羲在《明儒学案·浙中王门侍郎黄致斋先生宗明》中有简要介绍。阳明与宗明的交往主要体现在论学书信、侍学及"大礼议"这些事上。

一是论学书信交往。在现存世的阳明给宗明的论学书信有五通，其中撰于正德八年一通、十二年一通，撰于嘉靖三年二通、四年一通。① 综合这五通书信的主要内容，大致涉及三个方面：

首先，关于"立志"问题。"立志"是阳明思想中的重要命题，也是阳明教人的一贯主张，其撰于正德八年（1513）的《与黄诚甫》书中尝着重论述"立志"问题：

> 立志之说，已近烦渎，然为知己言，竟亦不能舍是也。志于道德者，功名不足累其心；志于功名者，富贵不足以累其心。但近世所谓道德，功名而已；所谓功名，富贵而已。"仁人者，

---

① 分别载于《王文成公全书》卷四（书一）、卷二十一（外集三）。

正其谊不谋其利，明其道不计其功。"一有谋计之心，则虽正谊明道，亦功利耳。诸友既索居，曰仁又将远别，会中须时相警发，庶不就弛靡。诚甫之足，自当一日千里，任重道远，吾非诚甫谁望邪！临别数语，彼此暗然，终能不忘，乃为深爱。①

阳明"立志"说，着重从私欲与超越私欲立论，言简意赅，并对"志向"作了分析，并且告诫弟子要从道德心体上立志，不以功名利禄"累心"，以相互"警发"。同时，阳明还对黄宗明的为学功夫寄予厚望。《明儒学案·侍郎黄致斋先生宗明》中亦引用了阳明对宗明的勉励语："诚甫自当一日千里，任重道远，吾非诚甫谁望耶！"并点明"其属意亦至矣"，从而凸显出黄宗明在浙中王门中的"中坚"地位。

其次，随地体认"良知"。阳明心学的重要特色即为"事上磨炼"，强调"心外无理""心外无事"，随时随处省察体悟。正德十二年（1517），阳明奉命平漳南盗贼之战取得胜利之际，便不顾指挥战事的辛劳，致书黄宗明，信中说：

区区正月十八日始抵赣，即兵事纷纷。二月往征漳寇。四月班师。中间曾无一日之暇，故音问缺然。然虽扰扰中，意念所在，未尝不在诸友也。养病之举，恐已暂停，此亦顺亲之心，未为不是。不得以此日萦于怀，无益于事，徒使为善之念不专。何处非道，何处非学，岂必山林中耶？②

从信中所知，在南赣平乱的王阳明一直关注弟子的为学情况，希望能在日常磨炼，随时随地都可进修德业，还特别强调无须一定要在山中修道。足见阳明心学重在实处而非远离世事的学术品质。

再次，关于为学相互砥砺的问题。王阳明在嘉靖三年（1524）写给黄宗明的信中说："别久，极渴一语，子莘来，备道诸公进修，亦殊慰。大抵吾人习染已久，须得朋友相夹持。离群索居，即未

---

① 王守仁：《王文成公全书》卷四，王晓昕、赵平略点校，第197页。
② 王守仁：《王文成公全书》卷四，王晓昕、赵平略点校，第197—198页。

免隳惰。诸公既同在留都，当时时讲习为佳也。"① 又在嘉靖四年（1525）写给宗明的信中说："闻有鼓枻之兴，果尔，良慰渴望。切磋砥砺之益，彼此诚不无也。"② 嘉靖三年（1524），阳明的原配夫人诸氏去世，自己又身患重病，但对弟子的德业进修仍关怀备至，勉励弟子相互夹持，坚持讲习，共进德业。其中所反映出的阳明晚年的思想风貌与处境状况，值得关注。

二是南京受学。从现存的相关文献看，黄宗明受教阳明的时间应在正德八年（1513），但受侍学时间应在次年，当然并不排除早于此前的可能。据《年谱》记载：

> 九年甲戌，先生四十三岁，在滁。四月，升南京鸿胪寺卿……五月，至南京。自徐爱来南都，同志日亲，黄宗明、薛侃、马明衡、陆澄、季本、许相卿、王激、诸偁、林达、张寰、唐俞贤、饶文璧、刘观时、郑骝、周积、郭庆、栾惠、刘晓、何鳌、陈杰、杨杓、白说、彭一之、朱篪辈，同聚师门，日夕渍砺不懈。客有道自滁游学之士多放言高论，亦有渐背师教者。先生曰："吾年来欲惩末俗之卑污，引接学者多就高明一路，以救时弊。今见学者渐有流入空虚，为脱落新奇之论，吾已悔之矣。故南畿论学，只教学者存天理，去人欲，为省察克治实功。"③

从上记载可知，正德九年（1514）阳明在任南京鸿胪寺卿期间，徐爱亦在南京兵部任职，并为阳明的南京讲学发挥了组织者的作用。从上述排名看，黄宗明亦是此次师门同聚的中坚人物。这条史料同时也点出了阳明在南京论学的主旨："引接学者多就高明一路，以救时弊"，注重"省察克治实功"，反对"流入空虚""脱落新奇"之论，也就是强调"知行合一"，以防止为学流弊的出现。南京师门聚会在阳明学发展史上亦是一次历史性的讲学活动，表明阳明在滁州

---

① 王守仁：《王文成公全书》卷二十一，王晓昕、赵平略点校，第979页。
② 王守仁：《王文成公全书》卷二十一，王晓昕、赵平略点校，第979页。
③ 钱德洪：《年谱一》，王守仁：《王文成公全书》卷三十二，王晓昕、赵平略点校，第1405—1406页。

讲学后，紧接着又在南京掀起了一波讲学高潮。此次讲学活动中阳明的诸多论学观点被徐爱、薛侃、陆澄所录。徐爱将自己所录的阳明教言辑录为《传习录》。后薛侃得徐爱所遗《传习录》一卷，序二篇，又与陆澄各录一卷，于正德十三年（1518）八月，刻《传习录》于虔，此即今本《传习录》上卷。这对于阳明学的大规模传播具有决定性的意义。今本《传习录》上卷的内容多为阳明在南京讲学时的言论，其中收录王阳明答黄宗明问学有两条。

另外，据《年谱》载："嘉靖二年癸未，先生五十二岁，在越。二月。……邹守益、薛侃、黄宗明、马明衡、王艮等侍，因言谤议日炽。"① 可见，黄宗明自正德八年以来，至阳明晚年从未中断受学。而阳明对黄宗明等弟子也是用尽心力、精心培育，其在《与黄宗贤书》中说："近与尚谦、子华、宗明讲《孟子》'乡愿狂狷'一章，颇觉有所警发，相见时须更一论。"② 从中亦反映了嘉靖初年阳明心学遭"谤议日炽"所受到的冲击，以及晚年阳明在绍兴如何通过讲学活动抗击朝廷打压的一些状况。

再是关于"大礼议"。正德十六年（1521），皇帝朱厚照驾崩，因无嗣子，从兄朱厚熜即位，但围绕"皇统问题"展开了一场异常激烈的宫廷斗争，一直持续到嘉靖三年（1524），最后以"议礼派"胜出，嘉靖皇帝由此巩固了皇权而告终。王阳明在朝的弟子因此事亦分成两派，黄宗明等人因坚定站在嘉靖皇帝一边而受到重用。嘉靖三年，阳明在《与黄诚甫》书中说："近得宗贤（黄绾）寄示《礼疏》，明甚。诚甫之议，当无不同矣。古之君子，恭敬撙节退让以明礼，仆之所望于二兄者，则在此而不彼也。果若是，以为斯道之计，进于议礼矣。"③ 从信中可知，阳明在朝弟子黄绾、黄宗明均支持嘉靖皇帝议礼。起初阳明对这些人的议礼主张是抱赞同态度的，但告诫二人须谨慎从事；但随着"大礼议"的深入，嘉靖皇帝将本来并不复杂的"礼制"问题，引向不顾社稷民生，最后演变成为残酷的争权夺利的政治斗争，于是阳明的态度也随之发生了重大

---

① 钱德洪：《年谱三》，王守仁：《王文成公全书》卷三十四，王晓昕、赵平略点校，第1465—1466页。
② 钱德洪：《年谱三》，王守仁：《王文成公全书》卷三十四，王晓昕、赵平略点校，第1467页。
③ 王守仁：《王文成公全书》卷二十一，王晓昕、赵平略点校，第978页。

变化。据《阳明年谱》记载："（嘉靖三年）四月，服阕，朝中屡疏引荐。霍兀涯、席元山、黄宗贤、黄宗明先后皆以大礼问，竟不答。"①霍兀涯（霍韬）、席元山（席书）、黄宗贤和黄宗明四人均为议礼派的中坚人物，并且均与阳明有密切关系。当四人先后就"议礼"事请问阳明时，阳明竟不答，这说明阳明对"议礼"的态度已发生了转变。此年秋天，阳明在绍兴府邸作《碧霞池夜坐》诗，尾联："无端礼乐纷纷议，谁与青天扫宿尘。"②句中"礼乐"系有感而发，指嘉靖皇帝所发动的那场旷日持久的所谓"大礼议"事件。在阳明看来，名为"议礼"，实质是违背了"良知"本性，因而阳明在诗中称其为"无端"，并希望能看到有贤人起来扫清朝廷政治积弊，还一个澄明的青天。值得一提的是，黄宗明与其他得势的议礼派官员不同，并未依仗皇权而不可一世。据《明史·黄宗明传》载："初，议礼诸臣恃帝恩眷，驱驾气势，恣行胸臆。宗明虽由是骤显，持论颇平，于诸人中独无畏恶之者。"③宗明的这种平和心态，应该与阳明"恭敬撙节退让以明礼"的教诲有关，是深得阳明心学要义之必然。

阳明殁后，黄宗明撰祭文表达了深深的缅怀之情："夫子之教，如揭日月，人方瞻仰，斯文遽绝。……某自服膺，十有余年，奔走畏途，旧学就捐，孤负教育，谁执其愆。"④并且高度赞扬了其师"立德""立功""立言"三不朽之伟业。黄宗明还参加了祭奠先师的葬礼，参与了先师善后事宜的处理。阳明去世一年后，黄宗明又为保护先师遗孤作了极大努力，主持处理并妥善安排了先师的家庭事宜，并特撰《处分家务题册》一文。足见黄宗明在王门中的特殊地位和作用。阳明殁后，为弘扬师道，黄宗明亦做出了重大贡献。嘉靖十一年（1532）正月，时任兵部侍郎的黄宗明与其他阳明弟子不顾学禁方严之际，会于京师，宣扬师说。可以说，黄宗明是王阳明在宁波府辖县籍弟子中最杰出的门生，其在《论学书》一书中说："学问思辨，即是尊德性下手功夫，非与笃行为两段事。如今人

---

① 钱德洪：《年谱三》，王守仁：《王文成公全书》卷三十四，王晓昕、赵平略点校，第1472页。
② 王守仁：《王文成公全书》卷二十，王晓昕、赵平略点校，第934页。
③ 张廷玉等：《黄宗明传》，《明史》卷一百九十七，第5218页。
④ 钱德洪编：《世德纪》，王守仁：《王文成公全书》卷三十七，王晓昕、赵平略点校，第1648页。

真有志于学,便须实履其事。中间行而未安、思而未通者,不得不用学问思辨之功。学问恳切处,是之谓笃行耳,故必知行合一,然后为真学。"①此论是对阳明论学思想的精辟诠释,足见其为学功夫之深,不愧为浙中王门的代表性人物之一。

(二)有志圣学——王应鹏

王应鹏(1475—1536),字天宇,号定斋,鄞县(今属宁波市鄞州区)人。②正德三年(1508)进士。授嘉定知县,升御史,历官至都察院右副都御史,摄院事。王应鹏少年时天资聪颖,胸怀大志,年长后,拜入王门。《鄞县通志·文献志》载:"为诸生,即有志经济。比长,从王守仁游。造诣益深。"从相关文献看,王应鹏成为阳明及门弟子,是因为阳明早年弟子、妹夫徐爱之关系。据王应鹏写的徐爱《祭文》载:"鹏与曰仁同举于乡,同试于春宫。"③对道友徐爱的英年早逝,王悲痛欲绝,撰文哀悼,足见二人间的关系非同寻常。

徐爱于正德二年(1507)中举,次年中进士,故推知王与徐爱交友的时间是在正德二年。徐爱于正德二年拜阳明为师,将阳明的情况介绍给王应鹏是完全可能的。因阳明仕途坎坷,在正德元年(1506)年末反阉党刘瑾失败后,贬谪贵州龙场,于正德五年(1510)末始重返京城任职。自此,阳明在京城继续授徒讲学,诸多官员拜入其门下。其时,王应鹏虽在嘉定任知县,但通过书信向阳明请学。正因为徐爱的道德学问影响了王天宇,志趣相投,王应鹏亦皈依王门。这可从阳明撰于正德九年(1514)的《书王天宇卷》之所言得到确证:"徐曰仁数为予言天宇之为人,予既知之矣。今年春,始与相见于姑苏,话通宵,益信曰仁之言。天宇诚忠信者也,才敏而沉潜者也。于是乎慨然有志于圣贤之学,非豪杰之士能然哉!"④由此可知,阳明对王应鹏的人品及为学志向有极高评价,应鹏拜入王门的时间不会迟于正德九年。同时也说明,王学传播的途

---

① 黄宗羲:《浙中王门学案四》,《明儒学案》卷十四,沈芝盈点校,第298页。
② 按:凡本章旧属宁波府鄞县籍人物的生平简介,为综合《明史》、民国《鄞县通志》、《鄞县志》(1996年版)、《四明谈助》等文献而成,以下不再出注。
③ 《徐爱 钱德洪 董沄集》,钱明校编整理,第104页。
④ 王守仁:《王文成公全书》卷八,王晓昕、赵平略点校,第329页。

径具有人际传播的重要特征。此时,阳明就任南京鸿胪寺卿,这亦是阳明讲学论道的重要阶段。这段时期的讲学活动,从一个侧面反映了正德中期王学在江苏地区的传播状况。

王阳明对王应鹏的影响,除了面授外,另一途径是通过书信答疑解惑。如正德九年(1514),阳明有《答王天宇》二通论学书给王天宇。从此二书看,当年王应鹏问学,主要涉及"有志圣贤之学"和如何践行以及如何正确解读《大学》中关于"格物致知"的问题。阳明在答疑中,对"知行关系"并没有直接给出答案,而是采用反问的方法,引导应鹏就问题的内涵作进一步探究,以启迪心智,实质上是回答了如何"知行合一"的问题,关键在自身的体悟与践行。在回答《大学》"格物致知"的问题上,阳明则采用详细解读的方法,尤其注重与朱熹学说的比较和辨析,以开悟应鹏如何正确把握《大学》之精义。由于受到阳明的指点,应鹏对阳明心学的体悟大进。阳明在书中写道:"书来,见平日为学用功之概,深用喜慰!今之时,能稍有志圣贤之学,已不可多见;况又果能实用其力者,是岂易得哉!……今乃又得吾天宇,其为喜幸可胜言哉!"可知阳明对应鹏的为学功夫是极为赞赏的。值得一提的是,正德十年(1515),王应鹏升任监察御史。此前,阳明获知此事,故其在书中特地提及:"喜荣擢,北上有期矣,倘能迂道江滨,谋一夕之话,庶几能有所发明。"① 可见王阳明对王应鹏的器重与厚望。

正因为王应鹏以王阳明"知行合一"的学说修身养性,并结合为官实践,在"行"中磨炼,故其在任中努力践行"明德亲民"的古训,为官一方,造福一地。其任嘉定知县期间,为政清慎端方,勤恤民隐,重视文教,亲督诸生,以政声著闻,有"王青天"之誉。升监察御史后,能勤政廉洁,弹劾无避。巡按山东时,能持大体,决疑狱。嘉靖时督学畿内,又以树士风为己任。擢河南副使,仍督学政,崇雅黜浮,士风大兴。擢大理寺少卿,则编定律令,条陈时政。《明世宗实录》评其行事云:"应鹏在京路时,尝谏毅皇帝微行及中官取佛,颇著风裁,及任内台,乃欲为浮沉保位,而卒不能保焉。"② 可

---

① 王守仁:《王文成公全书》卷四,王晓昕、赵平略点校,第198、201页。
② 黄彰健:《明世宗实录》卷一百九十四,(台湾)"中央研究院"历史语言研究所1966年版,第4088页。

见，王应鹏为官正直，无私敢言。嘉靖十二年（1533）初，时任都察院右副都御史的王应鹏，因上疏中格式小误，触犯天条，被嘉靖皇帝抓住"辫子"严惩，罢官、下诏狱归乡。然而，应鹏不以仕途浮沉而喜忧，这种强大的抗厄运力量，无疑来自其所受教的阳明学说中的主体精神。归乡后，王应鹏钟情故乡山水，题咏言志。他在《咏怀》诗中云："端居思圣主，戚戚嗟我生。我生亦何为，理乱长相形。昔为小人否，今为君子贞。况有明明诏，吾道终未亨。岂乏格心学，如此群物情。开口谈国是，辩言终见胜。归来卧空屋，仰叹摩其膺。"以抒发自己以"良知"为怀，身在江河、不忘社稷黎民之忧的家国情怀。王应鹏以自己的人格精神德化乡里，从某种意义上也见证了阳明殁后其心学思想在宁波的流播。其中王应鹏所起的作用，自不可抹。

王应鹏为官有方，为学有专攻，著有《定斋集》传世。他亦是一位诗人。少时，得其母亲炙，得作诗之法。后人评其诗："浑涵高脱……可谓大家。"有佳作传世。国家图书馆新近影印出版了王应鹏的孤本文献《定斋先生诗集》二卷，明嘉靖三十九年陆激刻本，弥足珍贵。

（三）敢问真谛——汪玉

汪玉（1481—1529），字汝成，号雷峰，鄞县人。据《鄞县通志》载：（汪玉）年十三补郡诸生。读《性理大全》诸书，潜思默悟，慨然以古圣贤自期。正德三年（1508）进士。授刑部江西司主事，转员外郎。升湖广按察使佥事，摄辰沅兵备。历官至右佥都御史。

汪玉是通过何人结识王阳明，又是何时从学王阳明的呢？从他中正德三年进士看，为徐爱同年，故由徐爱介绍给阳明的可能性最大。据《阳明年谱》载："八年癸酉，先生四十二岁。……冬十月，至滁州。滁山水佳胜，先生督马政，地僻官闲，日与门人遨游琅琊、瀼泉间。月夕则环龙潭而坐者数百人，歌声振山谷。诸生随地请正，踊跃歌舞。旧学之士皆日来臻。于是从游之众自滁始。"[①] 此年，阳明题《书汪汝成格物卷》，其中写道："最后与予游于玉泉，盖论之连日夜，而始快然以释，油然以喜，冥然以契。"[②] 从中可知，阳明

[①] 钱德洪：《年谱一》，王守仁：《王文成公全书》卷三十二，王晓昕、赵平略点校，第1405页。
[②] 王守仁：《书汪汝成格物卷》，《王文成全书》卷八，王晓昕、赵平略点校，第326页。

与汪玉有过一段促膝论学的交往过程,故其从学阳明不会迟于正德八年(1513)。阳明在书卷中对与汪玉论学的情景有生动记录:

> 予于汝成"格物致知"之说、"博文约礼"之说、"博学笃行"之说、"一贯忠恕"之说,盖不独一论再论,五六论、数十论不止矣。汝成于吾言,始而骇以拂,既而疑焉,又既而大疑焉,又既而稍释焉,而稍喜焉,而又疑焉。……不知予言之非汝成也,不知汝成之言非予言也。于戏!若汝成,可谓不苟同于予,亦非苟异于予者矣。卷首汝成之请,盖其时尚有疑于予;今既释然,予可以无言也已!叙其所以而归之。①

从以上论学内容看,主要讨论的是《大学》与《论语》中的"格物致知"说、"博文约礼"说、"博学笃行"说和"一贯忠恕"说。因对某些学术问题有不同的看法,故两人相互责难,辨析异同,有时争论得还十分激烈,相持不下。汪玉"打破砂锅问到底"的为学个性,以及阳明虚怀若谷、诲人不倦的师长气度,跃然纸上。可见两人关系非同一般。而此卷所描述的汪玉对阳明之教的认识过程及其得道后的欣喜状态,亦从一个侧面反映了就像阳明的许多弟子一样,汪玉对阳明学说的认识也有一个变化过程,同时也折射出阳明在滁州讲学的主要内容与讲论方法,即在激发学者的问题意识,调动学者的学问兴趣,而不是一味地灌输。

而汪玉在接受了阳明的思想后,又将其践行于为官实践,在任职中处处以民为本,德化地方。据《鄞县通志》载:辰沅偏远且多故,汪玉不避寒暑,孜孜为民办事,锄奸除弊,民众肃然。他还设书院,聚徒讲学,以"良知"为政律己,充分体现了阳明心学的经世价值。在事关社稷命运的大是大非问题上,汪玉也能与阳明齐心协力。据《鄞县通志》载:正德十四年(1519),阳明平宸濠之乱时,汪玉调任巡武昌黄州,正巧遇到宸濠攻陷九江,而九江与黄州仅一江之隔。黄州危在旦夕,汪玉临危不惧,镇定自若,募民集兵,日夜修城,境内安定,威慑叛军,使之不敢犯境,这在一定意义上

---

① 王守仁:《书汪汝成格物卷》,《王文成公全书》卷八,王晓昕、赵平略点校,第326页。

也是对阳明平叛的有力支持。此后，汪玉擢郴桂兵备副使。嘉靖年间，擢右佥都御史，巡视顺天，整饬蓟州边备，并首议甄别将官贤否，明赏罚，惩贪酷。后因病归里，筑书院，聚生徒讲学，与同里闻渊、张邦奇、余本相友善，各励名节，称为"甬上四君子"。有《四书粹义》《书经存疑》《杂录记》《敝箧留稿》等传于世。

（四）再传弟子——万表

万表（1498—1556），字民望，号九沙山人，晚号鹿园，鄞县人。据《鄞县通志》载：万表十七岁时就袭职宁波指挥佥事。正德十四年（1519），参加武举乡试，得第一名。次年会试，中武进士。同年冬，授职浙江把总。正德十六年（1521），升任都指挥佥事，负责漕运。嘉靖四年（1525），任浙江掌印都指挥，治军有方。其后历任南京大教场坐营、漕运参将、南京锦衣卫佥书、广东副总兵、左军都督漕运总兵、南京中军都督府佥书等。嘉靖三十二年（1553），组织指挥抗倭作战，屡建奇功。嘉靖三十四年（1555），被任命为浙直海防总兵。因病去职，次年病逝。

万表出仕之际，正是阳明心学风靡之时。阳明晚年在绍兴、余姚大规模地授徒讲学，万表有可能受到影响。黄宗羲曰："先生之学，多得之龙溪（王畿）、念庵（罗洪先）、绪山（钱德洪）、荆川（唐顺之），而究竟于禅学。"① 在上述四人中，王畿、钱德洪是阳明晚年的侍学弟子。二人对师说的理解存在分歧，万表更倾向于王畿。而江西吉安人罗洪先和江苏常州人唐顺之则并非阳明及门弟子，属于私淑一类，宽泛一点说，万表只能界定为阳明的再传弟子。然而，万表对阳明心学有自己独特的体悟。黄宗羲又说："其时东南讲会甚盛，先生不喜干与，以为'此辈未曾发心为道，不过依傍门户，虽终日与之言，徒费精神，彼此何益？'"② 由此可知，万表对那种坐而论道，不契合心体，仅为投靠门户的为学之风深为厌恶。黄宗羲在介绍万表生平事迹后，还摘录了《鹿园语要》八条，均为万表对阳明学说的体悟与阐发。诸如首条：

---

① 黄宗羲：《浙中王门学案五》，《明儒学案》卷十五，沈芝盈点校，第311页。
② 黄宗羲：《浙中王门学案五》，《明儒学案》卷十五，沈芝盈点校，第311页。

学不顿悟，才涉语言，虽勘到极精切处，总不离文字见解。圣学功夫，只在格物。所谓格物者，格其心之物也。凡不于自己心性上透彻得者，皆不可以言格。到得顿悟见性，则彻底明净，不为一切情景所转。如镜照物，镜无留物；如鸟飞空，空无鸟迹。日用感应，纯乎诚一，莫非性天流行，无拟议，无将迎，融识归真，反情还性，全体皆仁矣。①

万表的阳明学观，强调"顿悟"，主张直发本心，反对在文义上纠缠不休，做表面工夫。同时认为"格物"是"格其心之物"，这与阳明之说高度契合。黄宗羲亦引用了万表的论学要旨："圣贤切要工夫，莫先于格物，盖吾心本来具足。格物者，格吾心之物也，为情欲意见所蔽，本体始晦，必扫荡一切，独观吾心，格之又格，愈研愈精，本体之物，始得呈露，是为格物。格物则知自致也。"②万表此语实质上已涉及"致良知"之要义，只有心体澄明，方显吾心自足，这也是成圣贤的真工夫。由于万表对阳明心学的造诣颇深，故使之成为浙中王门的中坚人物之一。

万表不仅能恰到好处地把握阳明心学的精髓，而且能结合世用，讲究实践功夫，以发明"格心"学说。他在为官经历中以社稷民生为重，清廉刚正，以诸葛亮"淡泊宁静"为座右铭，历官四十年而家无余财。其长期从事漕政，熟悉河道及各地经济，对漕运、垦荒及军备均有独到见解。嘉靖二十五年（1546）因病乞休归里后，虽钻研学术，情喜山水，但仍不忘家国安危。嘉靖三十二年（1553），他又投身抗倭斗争，且身先士卒，对阳明的兵学思想运用自如，遂成一代抗倭名将。万表是经世致用、文武双全的名臣，还是勤奋有为的学者和诗人。有《海寇前后议》《经济文录》《元门人道资量》《学庸志略》《淮上稿》《论语心义》《濠梁万氏宗谱》《济世良方》《灼艾集》《玩鹿亭集》等著述传世，这在浙中王门中是极少见的。

---

① 黄宗羲：《浙中王门学案五》，《明儒学案》卷十五，沈芝盈点校，第312页。
② 黄宗羲：《浙中王门学案五》，《明儒学案》卷十五，沈芝盈点校，第311页。

（五）王门后学——颜鲸

颜鲸（1514—1589），字应雷，号冲宇，慈溪（今属宁波市江北区慈城）人。《明史·颜鲸传》载其生平事迹。嘉靖三十五年（1556），颜鲸中进士。明年，授行人。四十年，擢山东道监察御史。论杀奸人马汉，上漕政便宜六事。四十二年，出按河南，劾伊王朱典楧十大罪，王坐废，两河人鼓舞相庆。颜鲸不畏权贵，锦衣校尉、王府内官及诸王恣横民间，皆以鲸言得裁抑。改督畿辅学政，劾都督朱希孝乱法，坐诋诬勋臣，贬安仁典史。稍迁湖广宝庆推官、南京吏部文选司郎中。隆庆元年（1567），改湖广提学副使，降山东参议，升太仆寺少卿。因忤高拱落职，仅以湖广副使致仕。万历中，诸御史屡荐颜鲸才，皆不报。颜鲸为官刚正不阿，敢于建言，不避权臣；为学直步阳明之学，属阳明后学者。黄宗羲《明儒学案》尝引邹元标、刘宗周言：

> 邹南皋曰："予读先生（指颜鲸，下同）所论孔、孟、颜、曾，及'原人''原性'诸语，其学以求仁为宗，以默坐澄心为入门，以践履操修为见性，而妙于慎独，极于默识，既殚厥心矣，而总于悟格物之旨尽之。世儒以一事一物为物，而先生以通天下国家为物、为格，其力久，故其悟深。其悟深，故其用周。真从困衡中入，而非以意识承当之者。"先师蕺山曰："先生于学问头脑，已窥见其大意，故所至树立磊落。"先生与许敬庵（许孚远）皆谈格物之学，敬庵有见于一物不容之体，先生有见于万物皆备之体。盖相反而相成者，总之不落训诂窠臼者也。①

颜鲸虽非阳明门人，也未自称阳明私淑弟子，但其为学宗阳明心学则无疑矣。故黄宗羲在文中引明末名臣邹元标评颜鲸之学术及其师刘宗周评颜鲸之精神，可谓对颜鲸体悟、传承阳明心学的高度概括。因此，为学接踵阳明之学的颜鲸可以说是名副其实的阳明后学。颜鲸归乡后，致力于讲学授徒，传播阳明心学。据雍正《慈溪

---

① 黄宗羲：《明儒学案》，沈芝盈点校，第1605页。

县志》记载,学人王应选、陈应式、钱仲选、郑光弼等,均为颜鲸及门弟子。著有《易学义林》《春秋贯玉》《太仆集》等。

黄宗羲在《浙中王门学案序》中说了一句很精彩的话:"姚江之教,自近而远。"这从地域关系考察是有一定道理的,但从研究浙中王门诸学人的角度看,毫无疑问亦离不开对宁波府属地范围之考量。阳明学的发生与传播具有历时性、共时性,正因为这种互动关系的存在,才有了阳明心学外部关系的张力。从这一意义上说,考察宁波府属地的阳明宗脉亦具有历史意义及时代价值。

三、宁波之师友

纵观王阳明的一生,从某种意义上说亦是其从师交友的一生。无论其人生道路遭遇曲折坎坷,还是为学路径发生重大变化,其交谊的初心始终未变,直至生命的尽头。从其交友目的、方式和所产生的积极作用看,可谓深刻影响了其弟子、后学包括亲属,甚至波及明代中后期的社会思潮。王阳明与宁波府属县籍的师友关系,主要涉及陆偁、杨子器、郑满、张邦奇、钱瓒等人。

(一)独具慧眼的"伯乐"——陆偁

陆偁(1457—1540),字君美,号碧洲,鄞县人。弘治五年(1492)举人,六年中进士,任监察御史出巡广东。弘治十四年(1501),时任山东巡按御史的陆偁聘请王阳明主考山东乡试。其后,陆巡按福建,针砭时弊,解民之困,升福建按察副使。任内革弊兴利,多有建树。

王阳明赴山东主试前,因病告假在越休养,待病情好转后,接到陆偁的邀请,即赴济南。此前阳明并无主持乡试的经历,告病前仅仅是刑部云南清吏司主事,且入仕途的时间不长,而此时的陆偁在官场已有口碑。陆偁聘任资历尚浅的阳明主试山东乡试,可见其对阳明道德文章的赏识程度。阳明则十分看重主考山东乡试之聘,并且信心满满,当仁不让。同时,阳明也深知乡试对于国家选拔人才的重要意义,责任重大。为做好主试工作,阳明深思熟虑,精心命题和撰写程文。钱德洪等人认为,主试山东乡试是阳明仕途生涯中全面展示其治国理念的一次历史性机遇,与其日后的仕途命运及创立心学有直接关系。而给予阳明此次展示自己才华机会的正是鄞县籍山东巡按陆偁。从这个意义上说，陆偁对阳明有知遇之恩，可以说是阳明在仕途上的第一个"伯乐"。当然，阳明亦未辜负陆偁的期望，在孔孟的故乡为国选才，圆满地完成了陆偁所托付的重任。

（二）穿越时空的道友——杨子器

杨子器（1458—1514），字名父（明甫），号柳塘，慈溪人。成化二十二年（1486）中举，次年中进士，授昆山知县。后因丁忧去职。弘治八年（1495），起复补山西高平知县。调江苏常熟知县。升吏部考功清吏司主事。正德元年（1506），升验封清吏司员外郎，寻升郎中。又四年，迁湖广右参议，分守辰常道。寻转福建按察提学副使、河南右参政。正德七年（1512），进右布政使。八年，转左布政使。复改江西。时年十二月，入觐，卒于道。著有《琴堂奏草》《吏部奏稿》《读书备忘》及《家礼从宜》等。

从现存文献看，王阳明与杨子器的交谊不会迟于弘治八年（1495）。阳明在《高平县志序》中说：

> 弘治乙卯，慈溪杨君明甫令泽之高平。发号出令，民既悦服，乃行田野，进父老，询邑之故，将以修废举坠。而邑旧无志，无所于考。明甫慨然太息曰："此大阙，责在我。"遂广询博采，搜秘阙疑，旁援直据，辅之以己见，遵《一统志》凡例，总其要节，而属笔于司训李英，不逾月编成。于是繁剧纷沓之中，不见声色，而数千载散乱沦落之事，弃废磨灭之迹，灿然复完。明甫退然若无与也。邑之人士动容相庆，骇其昔所未闻者之忽睹，而喜其今所将泯者之复明也。走京师，请予序。①

此序撰于弘治八年，时王阳明二十四岁，还在北京国子监求学，是阳明存世较早的文章。此序不仅对杨子器编纂县志予以高度评价，而且对杨的为政功绩也给了充分肯定。更重要的是，此序明确认为修志是"王者之政"，将一个普通话题翻出新意，发人之未发，言人

---

① 王守仁：《王文成公全书》卷二十九，王晓昕、赵平略点校，第1212页。

之未言。而杨子器邀请一位尚未进仕的年轻人撰写县志序,则充分说明他对道友阳明的器重,也反映了青年阳明当时已具有一定的知名度。杨子器与王阳明的友情亦经历了时间的考验。

正德四年(1509)末,阳明结束了贬谪龙场驿丞的期限,奉旨赴江西庐陵任知县,离开贵州。次年初,他途经湖南辰州虎溪龙兴寺。龙兴寺在沅陵城西郊,沅陵为辰州府治所在地。时杨子器正任职湖广右参议,分守辰常道。杨闻讯后,即刻赶来相会。阳明得悉此事后,十分激动,在龙兴寺壁上题《辰溪虎溪龙兴寺闻杨名父将到留韵壁间》一诗:"杖藜一过虎溪头,何处僧房是惠休?云起峰头沉阁影,林疏地底见江流。烟花日暖犹含雨,鸥鹭春闲欲满洲。好景同来不同赏,诗篇还为故人留。"① 阳明诗中抒发了游历虎溪山美景后轻松愉快的心情,尾联则表达与老友即将重逢的急切期待。据《沅陵县志》载:"阳明喜郡人朴茂,留虎溪讲学,久之乃去。"可知,阳明在与杨子器相见后,在龙兴寺还讲学数天,这与杨子器为当地官员有关,亦是二人友谊之见证。可以说,阳明与杨子器的这种穿越时空的道友关系,是基于共同的人生价值观。

(三)心灵相依的乡试年兄——郑满

郑满(1465—1515),字勉斋,一字守谦,慈溪半浦人。文学家。弘治五年(1492)与王阳明同举浙江乡试。弘治六年(1493)授临清州学正。后知湖广道州。弘治十六年(1503)守内艰。正德元年(1506)调任濮州知府。正德五年(1510)致仕,时年四十六岁。郑满在仕途中历官时间并不太长,但高风亮节,清正廉洁,淡泊明志,为官为文皆具口碑。卒后,其诗文遗稿由后裔编成《勉斋先生遗稿》三卷传世。其中载有郑满与王阳明等同游旧地属慈溪县龙南永乐寺的诗四首,即《永乐寺同王伯安许半珪夜话二首》:其一:"曲曲江流小小山,禅房掩映茂林间。早潮晚汐舟来去,坐得清时不省还";其二 "黄叶满山秋后雨,青灯一夜树声中。连床话到忘言处,寥廓长天阵阵风"。《早秋即事二首次王伯安年兄韵》:其一"香销昼永阅遗经,目转松阴影半庭。雨后碧天浑似洗,南窗遥见数

---

① 王守仁:《王文成公全书》卷十九,王晓昕、赵平略点校,第858页。

峰青";其二"昼静闲观山水经,白云晴日照空庭。半生寂寞凭谁语,惟有好山来送青"。①诗歌反映了早秋时季,阳明等与郑满相会于永乐寺的情景。从诗中"半生寂寞凭谁语"等句分析,此诗应作于弘治九年(1496)。当时阳明第二次会试落第,归故里,郑满与阳明、许璋同游永乐寺。郑满在诗中描述了三人游览永乐寺胜景、共读经书、促膝夜谈的情景,抒发了朋辈间志同道合、融于山水的友情。据诗题所示,阳明游寺时应有诗作,遗憾的是没有传世。而郑满写的这四首诗则为后人留下了弥足珍贵的史料。

(四)为学求同存异的挚友——张邦奇

张邦奇(1484—1544),字秀卿,又字常甫,号甬川,鄞县人。年十五,沉研经书,钩稽百家,作《释国语》《易解》。弘治十八年(1505)进士,由庶吉士授翰林院检讨。正德元年(1506),阉党刘瑾得势,张邦奇没有趋炎附势,反而著文影射阉党专权,遭刘瑾打击。正德六年(1511),乞告归里。正德十年(1515),出为湖广提学副使。嘉靖初,提学四川。嘉靖七年(1528),改任福建提学。后升南京国子监祭酒,以身为教,学规整肃。端重典雅,所至卓有师模。嘉靖九年(1530)改南京吏部右侍郎。次年,改左侍郎并代尚书职。嘉靖十六年(1537),改掌翰林院事,推毂善类,人不敢谋以私。次年,任会试主考官。十八年(1539)充日讲官,加太子宾客,改掌詹事府事。二十年(1541),进礼部尚书。以母老乞归,遂改南京吏部尚书,终仕南京兵部尚书。卒后赠太子太保,谥文定。张邦奇不仅是一位学者,有《释国语》《大学传》《中庸传》《甬川史说》《学庸传》《五经说》等传世;而且还是一位文学家,著有《环碧堂集》《纾玉楼集》《四友亭集》等。

张邦奇少时曾从学陆偁,先生勉其"养德性、臻远大",邦奇深受启示,立下高远志向。邦奇与阳明的交集发生在京师。据《阳明年谱》载:"正德六年辛未,先生四十岁,在京师。正月,调吏部验封清吏司主事。"②此年,时任翰林检讨的张邦奇归里省亲,临行前与阳明告别,并希望得到阳明示教,阳明撰《别张常甫序》相送:

---

① 参见郑满:《勉斋先生遗稿》,清康熙间刻本。
② 钱德洪:《年谱一》,王守仁:《王文成公全书》卷三十二,王晓昕、赵平略点校,第1400页。

太史张常甫将归省，告别于司封王某曰："期之别也，何以赠我乎？"某曰："处九月矣，未尝有言焉，期之别，又多乎哉？"常甫曰："斯邦期之过也。虽然，必有以赠我。"某曰："工文词，多论说，广探极览，以为博也，可以为学乎？"常甫曰："知之。""辩名物，考度数，释经正史，以为密也，可以为学乎？"常甫曰："知之。""整容色，修辞气，言必信，动必果，谈说仁义，以为行也，可以为学乎？"常甫曰："知之。"曰："去是三者而恬淡其心，专一其气，廓然而虚，湛然而定，以为静也，可以为学乎？"常甫默然良久，曰："亦知之。"某曰："然，知之。古之君子惟有所不知也，而后能知之；后之君子惟无所不知，是以容有不知也。夫道有本而学有要。是非之辩精矣，义利之间微矣，斯吾未之能信焉。曷亦姑无以为知之也，而姑疑之，而姑思之乎？"常甫曰："唯。吾姑无以为知之，而姑疑之，而姑思之。期而见，吾有以复于子。"①

从上文所述可知，张邦奇于正德六年（1511）九月归里，故与阳明在京师相交集的时间较短但从其归里前向阳明请学这件事看，则二人之关系不可谓不深。据《明史·张邦奇传》载："邦奇之学以程朱为宗，与王守仁友善，而语每不合。"②但这只是从为学上说的。在学术思想上，邦奇与阳明的确不太契合，阳明主心学，而邦奇崇程朱，但这并不是绝对的。这从阳明赠序中亦可略知一斑。序中阳明从文词论说、名物考证、空言心性等这些外在的为学路径与心学所主张的"廓然而虚""湛然而定"相比较，论证为学应从心体上立本，认为这才是为己之学。从张邦奇的应对看，似乎也乐意地接受了阳明的示教，且对自己的为学观有所反思，表示将深切体悟。从此序的结语看，阳明对张邦奇是有一定影响的。故黄宗羲在《明儒学案》中有言："则先生当日固泛滥于词章之学者也。后来知为己之功，以涵养为事，其受阳明之益多矣。"③从黄宗羲所辑录的张邦奇《语要》数条看，《求放心说》一文的观点与阳明的主张相契合，

---

① 王守仁：《王文成公全书》卷七，王晓昕、赵平略点校，第277—278页。
② 张廷玉等：《张邦奇传》，《明史》卷二百〇一，第5317页。
③ 黄宗羲：《诸儒学案》，《明儒学案》卷五十二，沈芝盈点校，第1221页。

而《答阳明》一文则是对阳明写的《别张常甫序》的正面回应，或者是对阳明心学的真切体悟。可见，黄宗羲的论断是有根据的，而《明史·张邦奇传》中的结论存在片面性。可以说，张邦奇是会通程朱理学与阳明心学的宁波府鄞县籍的大学者。

（五）坐沐清风的同年进士——钱瓒

钱瓒（生卒不详），字廷佑，号括庵，鄞县人。弘治十二年（1499）进士。初令潜山，见公署器用备丽，即愀然曰："此民脂也！未能利民而先扰民乎？"命撤之。潜俗刁梗，多讼，治未期年，风移俗易。巡抚彭礼按部，潜民独无一词，因叹赏不置。御史刘淮以青阳犷悍繁剧，调钱瓒知青阳。檄下，潜民相顾错愕曰："如何夺我父母去？"钱瓒知青阳，庭无奸，吏、士、农各安其业。历迁之广西副使。已而，免归，囊无长物，王阳明手书"一道清风"以赠。闭户不出，纷华势利淡如也。从《鄞县通志》的这些记载看，说明钱瓒是一位勤政廉洁的清官，在老百姓中留下了极好的口碑。阳明与钱瓒的交集，一是弘治十二年（1499）会试时同年；二是阳明在广西平乱期间，钱瓒时任广西按察副使。从阳明的临别赠字看，二人当属至交无疑。

从以上王阳明与宁波府属县籍的师友关系看，其交友朋辈的品位是高雅的，情感是纯洁的，故能做到师友间友谊长存，终生不渝。正因为有这种建立在求道基础上的友情，使得王阳明无论身处逆境还是顺境，都能与师友们守望相助、并肩同行，从而亦使这种道友式的人际关系能够突破时空限制，成为后世人们交谊的典范。

四、平乱之属官

王阳明一生中所指挥的平乱战役有三次：一是正德十二年（1517）正月至十三年五月，平南赣"盗贼"之乱；二是正德十四年（1519）平宁王朱宸濠叛乱；三是嘉靖六年平广西思恩、田州等地土司之乱。在这三大战役中，王阳明麾下的宁波府属县籍的官员追随他领兵作战，患难与共，风雨同舟。主要有鄞县籍的官员黄宏、屠侨、陈槐。

（一）江西布政司左参议——黄宏

黄宏（1470—1519），字德裕，鄞县人。弘治十五年（1502）进士，出江西万安知县，调泰和，征入为户部主事，改南京刑部主事。调户、礼二部。历员外郎、郎中，出为江西布政司左参议，按湖西、岭北二道。黄宏与王阳明最初的交集是在正德十二年（1517）平赣地横水、桶冈盗贼之际。据《明史·黄宏传》记载："王守仁讨横水、桶冈贼，宏主饷有功。"[①]阳明在取得此战大捷后，即向朝廷上奏《横水桶冈捷音疏》，提到黄宏，且排名在第二位。《阳明年谱》也记此事："是役也，监军副使杨璋，参议黄宏……等咸上功。"[②]后阳明在崇义桶冈齐云山麓所立的《纪功碑》（即茶寮碑）上，黄宏名亦列其中。可见，作为阳明的麾下官员黄宏，在此战中发挥了重大作用，表现出这位宁波府鄞县籍官员忠于职守、以民为本的政治本质。黄宏与阳明的第二次交集是在平宁王朱宸濠叛乱的大战中，两人不仅立场一致，而且观点相同。《明史·黄宏传》载："贼闵念四既降，复恃宸濠势，剽九江上下。宏发兵捕之，走匿宸濠祖墓中，尽得其辎重以归。宸濠逆节益露，士大夫以为忧，宏正色曰：'国家不幸有此，我辈守土，死而已。'有持大义不从宸濠党者，宏每阴左右之。宸濠反，宏被执，愤怒，以手梏向柱击项，是夕卒，贼义而棺敛之。"[③]正德十四年（1519）六月，朱宸濠以讨昏君之名，发动了震惊朝野的叛逆之战，战火很快烧到长江边的安庆，有直取南京之势。在事关社稷民生安危之际，王阳明不顾身家性命，毅然举起义旗，聚地方官兵平叛。黄宏先是清除朱宸濠的爪牙、大盗闵念四。宸濠反叛前，江西一些正直的士大夫只是忧虑，而黄宏却说："国家不幸，我辈当守土尽节。"凡不从宸濠党者，黄宏均暗中帮助。宸濠谋反时，曾借庆贺生日之名，囚禁了江西三司诸官，黄宏也在其中。后宸濠遣使要黄宏与之同谋，黄宏瞋目大骂："恨吾手中无刀，不能立碟此贼，岂能变节从逆！"应该说，在众多江西官员屈从宸濠淫威，屈膝助逆的情况下，黄宏能坚守大义，临危不惧，最后以身

[①] 张廷玉等：《黄宏传》，《明史》卷二百八十九，第7432页。
[②] 钱德洪：《年谱一》，王守仁：《王文成公全书》卷三十二，王晓昕、赵平略点校，第1418—1419页。
[③] 张廷玉等：《黄宏传》，《明史》卷二百八十九，第7432页。

殉国，的确是难能可贵的。尽管黄宏虽未看到王阳明平定宸濠叛乱的胜利，但其等正直官员的壮烈殉难，为阳明平叛提供了法理基础。这也可以说是黄宏深受阳明人格及心学思想影响的必然结果。黄宏献身后，朝廷赠他太常少卿，旌忠烈祠。

（二）纪功御史——屠侨

屠侨（1480—1555），字安卿，号东洲，鄞县人。正德六年（1511）进士，授监察御史。巡视居庸关，缮治城、堡、障、隧，实军伍，简戎器，考核将帅贤否，或举或斥。武宗遣中官要擒虎豹，屠侨抗疏质问："生擒老虎必致伤人，陛下何贪一时之玩而不惜民命？"力言不可，其事遂止。改按江西，朱宸濠遣人厚贿，遭严词拒绝。世宗即位，屠侨首疏请每日视朝，亲贤图治，声望隆起，为权臣所忌，出知保定府。划削积弊，理冗苏困，兴学申教，名扬畿辅。因惩办巨恶，得罪地方权贵，调延平知府。擢山西参政、山东按察使、广东右布政使、福建左布政使，所至皆廉洁正直，能声卓著。后迁光禄、大理寺卿。嘉靖十七年（1538），调刑部右侍郎，改左侍郎。升南京兵部尚书，改都察院左都御史。屠侨以风节自励，凡遣御史出，必认真挑选，严稽功实，不徒应虚文。他历官四十余年，素以清正著闻。嘉靖三十四年卒，赠少保，谥简肃。著有《东洲杂稿》《南雍集》等。《明史·周用传》中附列屠侨。王阳明与屠侨的交集是在正德十二年（1517）十月。时阳明率军一举平定横水、桶冈诸寇，作为纪功御史的屠侨，随军平乱。战役结束后，阳明在桶冈齐云山麓一拔天而起的巨岩上刻石纪功（即茶寮碑），屠侨之名亦赫然在前列。

（三）江西抚州知府——陈槐

陈槐（1464—1544），字公辅，号半湖，鄞县人。弘治十八年（1505）进士。正德四年（1509）任松溪知县。为政勤奋，讲究效率。遇灾年，仓无积储，乃令各大户与饥民互相核实，立约周济，待秋收后偿还，民皆悦服。松溪文教落后，士风久敝，陈槐重视教育，大兴学舍，修缮孔庙，朝夕督课，文教兴盛，满城弦诵，文章政事，皆被推崇。时阉党刘瑾专权，宦官奉旨至，地方官员争着迎奉，惟陈槐不往。升刑部主事，执法严正，平反冤狱多起。升武昌知府,汰酷吏,惩豪强,为民伸张正义。正德十三年(1518),调任抚州知府。次年六、七月,朱宸濠起兵叛乱,王阳明集结平叛,陈槐积极响应,全力支持阳明平叛。在阳明张疑设伏的军事行动中,陈槐立下大功,阳明多次上奏为其请功。后陈槐升江西按察副使。阳明对陈槐的军政才华十分欣赏,曾给予高度评价:"平生奋志忠节,才既有为,而又能不避艰险。"① 嘉靖六年(1527)阳明出征广西,又向朝廷推荐陈槐到广西任要职,足见阳明对他的器重程度。陈槐卸任还乡后,居家二十多年,读书至老不懈,声望益重。陈槐亦是一位学者,有《经书讲略》《闻见漫录》《居官政要》《金陵百咏诵》《星历辨析》《半湖文集》等著述传世。

《明史·王守仁传》评价王阳明的军事才干称:"王守仁始以直节著。比任疆事,提弱卒,从诸书生扫积年逋寇,平定孽藩。终明之世,文臣用兵制胜,未有如守仁者也。"② 此评价中说到"提弱卒""从诸书生",从一定意义也应包含对于追随王阳明四处征战、出生入死之部下的褒奖。正是这些同僚的勠力同心,才使王阳明在历次征战中,以少胜多,以弱胜强,百战不殆,而其中自然亦有宁波府属县籍官员的一份功劳。

五、结语

综上所述,王阳明与宁波的关系是由地缘、科举、仕途等综合因素促成的,并且主要表现在其与宁波府属县籍人士中一些士人的心灵相印、志合道同而生发的文化、思想学说方面的相互影响及活动关系。从阳明学派传承的角度看,阳明学在宁波府属地的传播过程,主要是由其弟子、私淑弟子及后学对王阳明的人格、思想学说的认同而发生的,这种路径的传播模式,具有间接性。因此,在宁波府属地并没有形成学术门派意义上的"王门",但这丝毫不影响阳明心学对宁波府属地影响的实际存在。有意思的是,这种实际存在的总结与揭示最终是由王阳明的同邑后学、大儒黄宗羲完成的。

---

① 王守仁:《边方缺官荐才赞理疏》,《王文成公全书》卷十五,王晓昕、赵平略点校,第604页。
② 张廷玉等:《王守仁传》,《明史》卷一百九十五,第5170页。

正因为黄宗羲承前启后的担当,才使得"阳明心学"与"清代浙东学派"在学理上形成了内在的贯通。其经世致用的实学思想、创新意识、批判精神及自我意志,直接影响到近现代宁波工商业和教育的发展,包括对"宁波帮"的思想孕育作用。另外,宁波作为对外贸易尤其是对日本等东南亚国家的重要港口,是否也成为阳明学对外输出的"跳板"?也是值得深入考量的。王阳明撰于正德八年(1513)五月既望的《送日东正使了庵和尚归国序》一文①,就在一定意义上证明了此种可能性的存在。

(华建新撰稿)

---

① 按:了庵和尚(1425—1514),即堆云桂悟,谥佛日。日本伊势(三重县)岩内人。室町时代临济宗圣一派禅师。住安养寺,迁京都东福寺。"正使"为日语说法,相对"副使"而言。了庵和尚曾于明正德六年(1511)、八年(1513)前后两次奉命出使明朝。明武宗嘉其年高德劭而令住育王寺,并赐予金襕袈裟。在宁波居留期间,了庵与当地硕学鸿儒多有交往。王阳明此序原稿由日本九鬼隆重辉所藏,斋藤拙堂的《拙堂文话》等载录此文〔参见王阳明:《王阳明全集(新编本)》卷三十九,吴光、钱明、董平等编校,浙江古籍出版社2010年版,第1575—1576页〕。又按:也有学者对阳明此序的真实性提出质疑。

王阳明与杭州

一、王家与杭城

如果以浙江为视域来定位两浙诸地与王阳明的关系，那么大致可以说，余姚是阳明的出生地，绍兴是阳明的成长地，而杭州是阳明的频繁活动地。

早在弘治五年（1492）秋，吴伯通（1439—1502，字原明，号石谷，四川广安人）来杭州任浙江提学副使时，即将时年21岁的王阳明延入杭州府学学习，故阳明尝自称是吴伯通"门下士"。三年后阳明在杭州参加浙江乡试，一举成功，遂拜别吴伯通而赴京师参加会试，并对浙人说："理学作人如吴石谷者，不立庙祀何也？"①

据说王阳明还有亲戚住在杭州，其父王华"尝访亲于杭"②，地点可能就在当时仁和县北新关一带，估计是在运河边经商或钞关为官，是个富家。阳明二弟守文为准备科考可能亦曾暂住该亲戚家，并于正德二年（1507）在浙省贡院（今杭州高级中学贡院校区）参加了乡试。③不过尚无史料能够证明阳明在杭期间曾下榻其亲戚家，他大都是住在杭州的禅寺、道观、书院，目的就是为了能更好地修道授业。

如王阳明伯父王荣的次子守礼，"字伯敬，石谷其号也。少好学，一切经史子集、兵农、礼乐、天文、律历、象数诸书，无不手披口诵，为文洋洋纚纚，数千百言立就。然好为高古，不徇时好，龙山公（王华）每见而叹曰：'汝文固佳，然不遇，伯乐恐终陑盐车也。'弱冠，补邑弟子员，每试高等，而辄抑于省试，然公屡困而志

---

① 参见束景南：《王阳明年谱长编》。
② 陈鎏辑：《皇明历科状元录》卷三，明隆庆年间刻本。
③ 王阳明《赴谪次北新关喜见诸弟》诗："扁舟风雨泊江关，兄弟相看梦寐间。已分天涯成死别，宁知意外得生还！投荒自识君恩远，多病心便吏事闲。携汝耕樵应有日，好移茅屋傍云山。"[王阳明：《王阳明全集（新编本）》卷十九，吴光、钱明、董平等编校，第721页] 其中"诸弟"即指守文、守章等，"云山"则泛指隐居处，此处当指绍兴阳明洞天或杭州天真山，说明阳明在正德二年就已有隐居天真山耕读讲学的意愿。按：守文中举是否在正德二年不详。正德九年守文赴京学于阳明，次年阳明为他写了《示弟立志说》，强调"后世大患，尤在无志。故今以立志为说，中间字字句句，莫非立志。盖终身问学之功，只是立得志而已"[王阳明：《王阳明全集（新编本）》，吴光、钱明、董平等编校，第276页]。故而估计守文进士及第是在正德十二年（1517）。

益锐。"为了"省试",于是常住杭城。"陈希冉（雍,余姚人）曰：忆庚申（嘉靖三十九年,1560）,予客钱塘,与公（名守礼）邂逅逆旅,论诗投契,辱与公为忘年交。常并辔登吴山绝顶,踞崖石,把z盏赋诗,悲歌慷慨,甚壮也。"①

除了弘治五年在杭州府学学习外,阳明在杭州长住的次数至少还有三次,另外至少还有近十回在杭城作短暂留滞的经历。据《阳明年谱》记载：

> 弘治十五年（1502）,阳明"告病归越,筑室阳明洞中,行导引术……明年遂移疾钱塘西湖,复思用世。往来南屏、虎跑诸刹,有禅僧坐关三年,不语不视,先生（阳明）喝之曰：'这和尚终日口巴巴说甚么！终日眼睁睁看甚么！'僧惊起,即开视对语。先生问其家。对曰：'有母在。'曰：'起念否？'对曰：'不能不起。'先生即指爱亲本性谕之,僧涕泣谢。明日问之,僧已去矣。"②

就是说,阳明是因病而归绍兴阳明洞,又因病而移疾杭州西湖,并为养身而沉湎于道佛,最后却因爱亲本性而"复思用世"。而据阳明佚诗《满庭芳》（又称《四时歌》）可推知,此次阳明在杭州居住的时间有半年并经历了四季。③

也就在这一年,阳明与京师时的同僚杨孟瑛④有了更多的交往,并对杨正在计划中的西湖疏浚工程给予了高度评价,后来的西湖疏浚以及与"白堤""苏堤"齐名的"杨公堤",可能就是在阳明的支持下建成的。这从阳明为杨孟瑛所作的《平山书院记》中似可看出端倪：

> 某以病告归阳明,温甫寻亦出守杭郡。钱塘波涛之泓怪,

---

① 陈雍：《明诰封刑部郎中石谷公传》,收入龙山后裔王谋文辑校：《姚江王氏宗谱》卷二十,清德逸堂抄本,今存三册六卷（五至八、十九至二十）,绍兴图书馆藏。
② 钱德洪：《年谱一》,王阳明：《王阳明全集（新编本）》卷三十二,吴光、钱明、董平等编校,第1232页。
③ 详见束景南：《王阳明佚文辑考编年》,上海古籍出版社2015年版,第173页。
④ 杨孟瑛,字温甫,重庆丰都人,成化丁未进士。弘治十六年出任杭州知州。其时西湖淤塞,杨孟瑛实施疏浚,清除侵占西湖水面形成的田荡近3500亩,并以疏浚产生的淤泥、葑草在西里湖上筑成一条呈南北走向,北起仁寿山、马岭山脚,南至赤山埠、钱粮司岭东麓,连接丁家山、眠牛山等的长堤,堤上建六桥。后人为纪念杨孟瑛,称此堤为"杨公堤",堤上六桥为"里六桥"。

西湖山水之秀丽，天下之言名胜者无过焉。噫！温甫之居是地，当无憾于平山耳矣。今年与温甫相见于杭，而矗矗于平山者犹昔也。……岂其沈溺于兹山，果有不能忘情也哉？……而其间又自有不暇者，则其眷恋于兹山也，有以哉！①

与此同时，阳明还从这一年开始在杭州授徒讲学，徐霈就是于此年来杭求学其门下的。徐霈尝反复自述："余自弱冠时，从阳明王老先生讲明致知格物之旨，遂厌科举之学，并朱注而怠观矣。"②"余弱冠时，游阳明夫子之门，因论学而及举业。阳明夫子云：'两浙发科之最多者，莫如余姚，而倡之者先君海石翁（指王华）也。'"③"承谕三教同异在毫厘之间耳。尝以此质于阳明先师，曰：'只此毫厘之差，亦难言矣。惟濂溪、明道曾从此过，余人未易知也。'"④据束景南先生考证：弘治十六年（1503）阳明在杭，次年杭州有秋试，徐霈或是参加秋试，先一年来杭居住，遂得以来见阳明受学。⑤也许在杭讲学的效果不错，加之南来北往的特殊地理位置和交通条件，自此以后阳明便有了在天真山建书院的打算，甚至萌发了移家杭州的念头。⑥据阳明写给钱德洪、王畿的"不踏天真路，依稀二十年"等诗句可推知，四年后的正德二年（1507），阳明已明确有了隐遁天真、讲学授徒的意愿。这年阳明在赴龙场途中，因积劳致病而暂息胜果寺⑦，居两月余，其间"妹婿徐曰仁来访，首拜门生听讲。又同乡徐爱、蔡宗（充）、朱节、冀元亨、蒋信、刘观时等来执

---

① 王阳明：《王阳明全集（新编本）》卷二十三，吴光、钱明、董平等编校，第932页。
② 徐霈：《邵养斋先生讲意纂要序》，《东溪先生文集》卷三，浙江省图书馆藏民国十五年活字本。
③ 徐霈：《薛进士窗稿序》，《东溪先生文集》卷三，明刻本。
④ 徐霈：《又论三教同异书》，《东溪先生文集》卷十八，明刻本。
⑤ 束景南：《王阳明年谱长编》，第276页。
⑥ 参见束景南：《王阳明年谱长编》，第268—269页。
⑦ 按：又称圣果寺，在凤凰山南麓，面朝钱塘江。今寺已不存，遗迹为杭州市级文保单位。该寺遗迹尚存三尊石佛像，旁有石门，内刻"通明洞，陆子书""正德庚辰方豪、郑善夫来此门"等字。据孙媛《杭州人考古日记——圣果寺》（浙江人民美术出版社2018年版）记载，2017年底至2018年3月，通过圣果寺千佛阁遗址的考古调查和初步研究，可大致确定千佛阁建筑遗迹分为早晚两期，第一期为五代至宋的建筑遗迹，千佛阁初建于五代，宋代有过维修；第二期为明清时期建筑遗迹。同时又根据柱网结构可大致判断千佛阁遗址的建筑格局为面阔三间。此外，还可大致明确圣果寺的占地面积，即东至笤帚湾大街，南至月岩山冈、钱塘县界，西自慈云岭上、钱塘山界直至北一带山砧，北至本隅四图、孔子书院及官山届。根据文献内容推算，寺产面积约为300多万平方米，大概是南宋皇城的五六倍。但王阳明下榻圣果寺时具体住在哪里，因圣果寺太大，至今尚难确认。

问道，先生乐之"。①隐遁天真之念即发生在此时。

十七年后的正德十四年（1519）九月，阳明又因"献俘钱塘，上疏乞休，称病西湖净慈寺"②。只是与前两次因"病"而滞杭，乃真有病不同，此次是因"祸"而滞杭，乃假装称病也。既然是来杭假病避祸，估计滞留的时间不会太短，到正德十四年十月，阳明大约在净慈寺休养了半个多月。

除此之外，阳明于成化十八年（1482）随其祖父王伦赴京师投奔王华、弘治元年（1488）从京城回绍兴后又赴南昌成亲、弘治二年（1489）携诸氏回余姚娘家、弘治五年（1492）至十二年（1499）数次往返杭州及京师参加乡试和会试、弘治十七年（1504）八月赴山东、嘉靖六年（1527）九月赴广西时，都曾路经杭州，作短暂停留（少者一二日，多者数日）。其中阳明赴两广途中最后一次过杭城时，十六岁的张瀚③曾慕名前来问学，阳明见后"大奇之"，曰"孺子可教也"，遂收为门下。而张瀚则在后来所撰的《松窗梦语》卷四《士人纪》中详述道：

（嘉靖）五年，（阳明）复起征思、田。时驻节武林（指杭州），余为诸生，心景慕之，约同侪数人廷谒公，得觑风仪。神骨清朗，步履矫捷，翩翩如鹤。求其指示，但云："随事体认，皆可进步。为诸生诵习孔、孟，身体力行，即举子业，岂能累人哉？所患溺于口耳，无心领神会之益，视圣贤为糟粕耳。"余聆公言，至今犹一日也。④

流露出对阳明的无比倾心和推崇。不过张瀚将已病魔缠身、"足疮尚未愈"的阳明描绘成"步履矫捷"、犹如仙鹤，则明显有神化之嫌疑。

粗略估算，王阳明在杭州居住的时间加起来应在一年以上。其

---

① 冯梦龙：《王阳明出身靖乱录》，浙江古籍出版社2015年版，第21页。按：徐爱字曰仁，此处误将一人作两人。除了徐爱、冀元亨、蒋信、刘观时等人皆非正德二年执贽问道于阳明，《靖乱录》所记有误。
② 钱德洪：《年谱二》，王阳明：《王阳明全集（新编本）》卷三十三，吴光、钱明、董平等编校，第1276页。
③ 张瀚（1510—1593），字子文，号元洲，仁和人，嘉靖十四年进士，官至吏部尚书。
④ 张瀚：《松窗梦语》，肖国良点校，上海古籍出版社1986年版，第70页。

间，除杭州的地缘人文环境给了他丰富的思想资源和生命启迪外，西湖的湖光山色也给他留下了极深的印记。他曾触景生情地赞叹道："钱塘波涛之汹怪，西湖山水之秀丽，天下之言名胜者无过焉。"① 所以他一生有关杭州的诗词也以描写西湖景观名胜为最多。现虽仅存十余首（其中多数未被《王阳明全集》收录），但足以反映阳明对西湖的深爱。除了诗词，阳明还为西湖边的于谦祠写过两副楹联，一幅载于清人阮葵生的《茶余客话》卷十三《阳明先生题于忠肃祠一联记事》，另一幅载于明人田汝成的《西湖游览志》和清初沈德潜的《西湖志纂》卷五《旌功祠》。② 而他竭力支持杨孟瑛疏浚西湖，并希望在天真山建书院、兴讲学，亦无不出于这种深爱。正因为与西湖有如此深的缘分，所以正德七年（1512），当好友湛甘泉打算"拂衡岳、拓西云行"，而欲"终身从二子（指阳明和甘泉）游"的黄绾准备在家乡天台山、雁荡山"结两草亭，各标其号，以为二子"讲学传道处时，阳明则打算把宁波雪窦山和杭州西湖作为自己的理想之地，自称"吾将于二三子启雪窦、寻西湖以居诸"。③ 在某种程度上，这也反映了阳明性格当中既有山的刚烈、内敛之气质，又有水的柔和、外向之气质，既有哲学家的缜密，又有艺术家的浪漫，可谓山水性格之融合。甚至可以说，喜欢山（阳明洞）的王阳明，也喜欢水，所以杭州西湖亦与绍兴阳明洞一样，成为他一生最喜爱的居住地。

　　王阳明在杭州时，住得最多的是南屏山净慈寺。据明释大壑《南屏净慈寺志》："武林山水，西湖最胜；西湖山水，南屏最胜。"当时南屏山上"小有天园"，风景、建筑交相辉映，是远眺西湖的绝佳地，阳明来杭，自然多会选择此地居住。故南屏山南麓亦曾有洞名"阳明洞"者④，以与绍兴阳明洞相呼应。除此之外，杭州的一些名胜，如余杭塔山（在老余杭，距离武林门23公里）、北新关（明代京杭大运河上七大钞关之一），以及圣果寺（又名胜果寺）、虎跑寺、灵隐寺等，也都是阳明到过或居住过的地方。若从今天的行政区划来看，萧山的一些名胜古迹亦可归入阳明与杭州之范畴，

---

① 王阳明：《平山书院记》，《王阳明全集（新编本）》卷二十三，吴光、钱明、董平等编校，第932页。
② 见沈云龙主编：《中国名山胜迹志》（第17册），（台湾）文海出版社1975年影印本。
③ 黄绾：《别甘泉子序》，《黄绾集》卷十一，张宏敏编校，第187页。
④ 参见束景南：《王阳明年谱长编》，第260—264页。

如北干山上的吴越两山亭、牛头山（即浮峰山）及浮峰诗社等。而且阳明还曾与湛甘泉商量，打算把萧山湘湖也当作他们修身养性、讲学结社的基地之一。

若以地域学派命名，我们还可以证明"杭州王门"的存在。据邹建锋、束景南等学者的梳理研究①，杭州王门至少有以下几位是被黄宗羲《明儒学案》等学术史著作遗漏的。一是魏直，字廷豹，萧山人。精通医术，尤擅长小儿痘疹。深得阳明信任，多次赞其"忠信君子"，晚年家政大事全权托于他。二是来弘振，字汝刚，号半山，萧山人。阳明讲学东南，升其堂，为高弟子。阳明殁，主教天真书院二十余年。平居持论，以实修为真悟，顿教为色取。尝语弟子曰："先行二字，一生受用不尽。"人以善学阳明者也。②"先行"说可谓是对阳明"知行合一"说的补充。在阳明著作中未出现过"先行"概念，而只有"力行"说。来氏此说在王门中显得颇为特例，值得关注。三是王潼，字本澄，钱塘人。幼读《朱子语类》，遂弃举业。往稽山从学阳明，阳明嘉其笃志，令其子与之共学。四是孙景时，字成叔，杭州人。正德十一年（1516）举于乡，授长洲教谕。与汪应轸（山阴人）、邵锐（仁和人）、江晖、吴鼎（钱塘人）友。师事阳明、甘泉。五是许应元（1506—1565），字子春，号茗山，钱塘人。嘉靖十一年（1532）进士，官至广西布政使。阳明晚年归乡讲学，往越地师从之，并参与了余姚"龙山之讲"。阳明《与德洪汝中书》中所谓"余姚得应元诸友，相与为益不小"③，即是对孙应元之赞赏。六是陈善（1514—1589），字思敬，钱塘人。年十四岁随其父荆献游阳明门。嘉靖二十年（1541）进士。曾助修天真书院，讲明理学，郡中推为主教。七是刘侯，字原道、元道、伯元，号冲庵，寿昌（今属杭州建德）人。年十九以《诗经》领正德五年（1510）乡荐。后受业阳明，学有源委，得良知之传。嘉靖十三年（1534），提学林同聘为天真书院主教，一时豪杰皆萃焉，后卒于其地。④

---

① 详见邹建锋：《阳明夫子亲传弟子考》，束景南：《王阳明年谱长编》。
② 民国《萧山县志》卷十五，转引自束景南：《王阳明年谱长编》，第715页。
③ 束景南：《王阳明轶文辑考编年》，第991页。
④ 参见项旋：《浙中王门弟子刘侯考略：兼辨〈阳明年谱〉的一处时间错记》，《阳明学刊》（第6辑），巴蜀书社2012年版。

而杭州王门的形成与发展,一些其他地域的王门学者也发挥过非常重要的作用。比如余姚人钱德洪在嘉靖后期就常住杭州,或从事阳明著作的整理编纂,或为缅怀先祖而考订史文之疑;而山阴人王畿亦在嘉靖四十三至四十五年间,分别与李见罗、唐一庵、管南屏、王敬所、孙蒙泉、胡石川、万思默等会于杭州金波园,举办湖上浃旬之会,使金波园成为当时阳明学者的重要聚集地,不少学者在金波园还写了自己的书,如唐枢的《咨言》、王畿的《金波晤言》等。除此之外,王门中与抗倭有关联的一批学者,如唐顺之、胡宗宪、万表等,也把足迹留在了杭州。比如嘉靖年间曾任浙直海防总兵的浙中王门中坚万表,就因与其女婿杭州卫指挥同知吴懋宣共同在沿海抗击过倭寇,卒后遂葬于杭州翁家山。杭州当时还是全国著名的刻书中心之一,王门的许多著述皆刊刻于杭城,如钱德洪等编纂的《王文成公全书》即由谢廷杰于隆庆六年刻于杭州,周汝登编的《王门宗旨》亦于万历年间刻于杭州,诸如此类,数不胜数。

二、与王门有关的杭城书院

王阳明的一生,以讲学教化为首务,而书院乃其"精神所绥,道之所在"。[①]明人沈德符有过一段描述,讲的是明正嘉年间王阳明与各地书院的关系:"自武宗朝王新建(阳明)以良知之学行江浙两广间……于是东南景附,书院顿盛,虽世宗力禁。而终不能止。"[②]明代杭州,自成化十二年(1476)在孤山重建西湖书院后,万松书院、提学书院、天真书院、正学书院、吴山书院、虎林书院、崇文书院、近山书院、两峰书院等相继建立,其中与王阳明或阳明学派关系最为直接的是万松书院、天真书院、两峰书院和武林书院。这四所书院皆建在杭城外西湖南,彼此距离相近。其中万松书院已于20世纪90年代重建,武林书院在其遗址上重建杭州孔庙,天真书院遗址已列入政府保护,两峰书院遗址尚未找到。

---

① 薛侃:《与钱君泽》,《薛侃集》卷十二,陈椰编校,上海古籍出版社2014年版,第275页。
② 沈德符:《万历野获编》卷二十四,第608页。

（一）天真书院

杭州天真书院又称天真精舍[①]，因杭州天真山（玉皇山南部山岭之称谓）而得名。[②]其地乃王阳明"先年进忠建勋留宿之地"[③]。始为阳明祀祠，后逐渐扩建为全国性的私人讲学场所。

天真书院从明嘉靖九年（1530）秋建成到明万历三十七年（1609）开始逐渐为官办的虎林书院所取代，有近百年的历史。阳明的再传弟子张元忭说过："明兴百余年，迨乎正、嘉之际，理学乃大振，海内书院以千百计，而浙之天真、泾之水西为最盛。天真之始，文成公尝讬迹焉，而诸门人相与卒成之，彼犹有所因者也。"[④]说明天真书院在明代学术史上尤其是阳明学的传播发展史上具有举足轻重的地位。由于阳明弟子孙应奎（余姚人）根据巡按谢廷杰（新建人）的指示而主持编纂的《天真书院志》[⑤]失传较早，后人对散存在各种文献中的相关史料亦从未做过系统梳理和解读，致使这所影响甚巨、名冠中晚明的书院，长期以来为人所忽略，即使是杭州人，在讲到书院文化时也很少提及它。幸运的是，虽然孙应奎编纂的《天真书院志》失传已久，但续此书而成的由豫章（今南昌一带）

[①] 按：朱熹、陆九渊二人所建立的讲学场域都不称"书院"，而称"精舍"，陈荣捷解释说：书院初义为一场所，用作保存与编纂书籍，而精舍则是隐居之所。渐渐的演变，两者同为讲习之地。由于这种共同功能，精舍亦称书院。虽然朱子的精舍不称为书院，但精舍亦指称书院。……我敢再有一言，在朱子时，书院可私可公，但精舍则纯为私人。（陈荣捷：《朱子与书院》，《朱子新探索》，台湾学生书局1988年版，第478—518页）据陈氏分析，"书院"与"精舍"虽名称不同，但"讲习"功用一样。李弘祺则辨析书院与精舍虽是两个不同传统，但"朱熹则是第一个把它们连贯起来，将'为己之学'的理想与'私人讲学'的民间制度结合在一起的人"（李弘祺：《精舍与书院》，《汉学研究》1992年第2期）。
[②] 喻均《勋贤祠志·沿革总叙》："始（阳明）先生往来武林，游天真诸梵刹……乐之与门人修业其间。嗣是，每一至辄移旬不能去。"然天真山名则又可能来源于山麓建于南北朝时期的天真寺［参见鹤成久章：《阳明学の圣地に残された石刻——〈天真精舍勒石〉について》，古典研究会编，（日本）《汲古》第62号，汲古书院平成二十四年版，第47页］。阳明在诗文中曾多次言及"天真"，又是盛赞"天真之奇"，又说要"踏天真路"，并强调"尔身各各自天真，不用求人更问人"［王阳明：《王阳明全集（新编本）》卷二十，吴光、钱明、董平等编校，第827页］，把良知本体又称作"真心"。据此推断，天真书院的得名主要来源于两个方面：一是因山而得名；二是因学（心本体倾向）而得名。
[③] 喻均：《恢复纪六》，《勋贤祠志》，明万历年间刻本。
[④] 张元忭：《沈文池传》，《张元忭集》卷九，钱明编校，第244—245页。
[⑤] 《千顷堂书目》卷八载有"《天真精舍志》四卷"。孙应奎撰有《天真精舍志前序》和《天真精舍志后序》，参见孙应奎：《燕诒录》卷六，《四库全书存目丛书·集部》（第90册），第587—588页。

人喻均①撰、钱塘（今属杭州）人陈善②校的《勋贤祠志》③却被保存了下来，从而为我们揭开了天真书院这所沉睡数百年的以阳明后学为中心的"王学讲学圣地"的神秘面纱。

成书于嘉靖四十二年（1563）由钱德洪等人纂修的《阳明年谱》曾对始建于明嘉靖九年（1530）的天真书院有过如下记述：

> 嘉靖九年庚寅五月，门人薛侃建精舍于天真山④，祀先生。天真距杭州城南十里，山多奇岩古洞，下瞰八卦田，左抱西湖，前临胥海，师昔在越讲学时，尝欲择地当湖海之交，目前常见浩荡，图卜筑以居，将终老焉。起征思、田，洪、畿随师渡江，偶登兹山，若有会意者。临发以告，师喜曰："吾二十年前游此，久念不及，悔未一登而去。"至西安，遗以二诗，有"天真泉

---

① 喻均，字邦相，号枫谷，隆庆二年进士，排名为三甲榜末。初任工部主事之职。因朝廷政争牵连，险被下狱，出为浙江兰溪县令，升杭州府同知，转处州知府。万历十五年调松江知府，万历十七年升山东按察副使，后调任天津兵备副使，复遭朝中讥议弹射，遂决计辞官，归乡隐居。著有《兰阴诗稿》《括苍诗稿》《武林诗稿》《浪游诗稿》《仙都诗稿》《云间诗稿》《山居诗稿》，以及《江右名贤编》（与刘元卿合撰）《新建志》《南昌府志》《钱塘县志》等。参见乔志忠：《日藏孤本〈勋贤祠志〉及相关史事》，《浙江学刊》2012年第6期。

② 陈善（1514—1589），字思敬，别号敬亭，世居钱塘太平里。据许孚远《中奉大夫云南布政使敬亭陈公神道碑铭》：陈善"十四及姚江王文成之门。……甲午，举浙江乡试第二人。辛丑（嘉靖二十年），成进士，拜歙令"。官至云南左布政使。"先生早闻王文成之学，遇按台萧公廪、督学滕公伯轮，大集学徒于天真书院，属先生提衡其中。书院中废，又旋复，因修复俎豆祠田，计为长久，详具《勋贤祠志》。抚台徐公祺聘修《杭郡志》。先生仿《纲目》立例，自汉周迄今，具为条载，笔削甚严，凡再阅岁而志成，然精力自是耗矣。……先生所著有《粤台诗稿》二卷、《黔南类编》八卷、《黑白盐井仓宜六卫仓条革》二卷、《杭州府志》一百卷、《勋贤祠志》四卷、《族谱》二编、《家藏稿》五十二卷。……而余（即许孚远）尝登先生修德之堂，及侍函丈于天真书院，惟见先生谦退凝敛，渊然莫测，使后进望之而消其躁妄之气。"（许孚远：《敬和堂集》卷十，日本内阁文库藏万历二十二年叶向高序刻本）

③ 日本内阁文库藏《勋贤祠志》全一册（后学豫章喻均撰、钱塘陈善校），《千顷堂书目》卷八录"喻均《勋贤祠志》一卷"。另据毛奇龄《王文成传本》载："《勋贤祠志》云书院七十五所，祠四百二十所。"[毛奇龄：《王文成传本》，《四库全书存目丛书·史部》（第87册），第20页]然此言未见于喻均本《勋贤祠志》，喻本中只有接近于此言的"当其生存而建功讲学之地莫不有祠"（第23页）。毛氏所据，可能出于陈善自撰的《勋贤祠志》四卷本。此书今佚，许孚远《中奉大夫云南布政使敬亭陈公神道碑铭》、万斯同《明史稿·艺文志》有著录，但官修《明史》已无此书，可能散佚于清初顺康年间（参见乔志忠：《日藏孤本〈勋贤祠志〉及相关史事》，《浙江学刊》2012年第6期）。

④ 根据孙应奎《兵部左司务管子行墓铭》[《燕诒录》卷七，《四库全书存目丛书·集部》（第90册），第596页]，薛侃《报同志》（《薛侃集》，陈椰编校，第319页）、《告天真土神》《竖柱日告土地》及《天真精舍勒石》（《薛侃集》，陈椰编校，第262—263页）等文献综合分析，天真精舍的建设过程大致为：嘉靖八年冬开始筹建，翌年立春动工，秋季建成。所以《阳明年谱》所谓"嘉靖九年庚寅五月……建精舍于天真山"之说，不太准确。

石秀，新有鹿门期"及"文明原有象，卜筑岂无缘"之句。侃奔师丧，既终葬，患同门聚散无期，忆师遗志，遂筑祠于山麓。同门董沄、刘侯、孙应奎、程尚宁、范引年、柴凤等董其事，邹守益、方献夫、欧阳德等前后相役；斋庑庵湢具备，可居诸生百余人。每年祭期，以春秋二仲月仲丁日，四方同志如期陈礼仪，悬钟磬，歌诗，侑食。祭毕，讲会终月。①

所谓"吾二十年前游此，久念不及，悔未一登而去"，指的是正德二年（1507）夏，阳明"先生至钱塘，（刘）瑾遣人随侦，先生度不免，乃托言投江以脱之……十二月返钱塘，赴龙场驿"②。当时阳明路经杭州，身负"罪责"，行动诡秘，无暇亦无心登天真山一游。正德十六年（1521），阳明归越讲学时，尝欲择地（钱塘）江（西）湖之交的天真山麓构筑书院，以颐养天年。嘉靖六年（1527），阳明赴广西路经杭州时，尝与钱德洪、王畿"偶登兹山"，又遗二诗于钱、王。钱、王二人对乃师愿望心领神会，于是便将在天真山改建书院的设想及占卜的结果告诉了阳明，阳明听后喜出望外。然翌年阳明便过世了，改建的事被耽搁了下来。嘉靖八年（1529）十一月，阳明葬礼结束后，为使同门讲学有处、聚散有期③，由薛侃牵头，动工兴建，半年多后，书院竣工。由于当时钱、王正筑室绍兴阳明墓，为师守弟子之孝，所以并未直接参与书院的修建工程。④直到书院建成后，钱、王才应邀前来书院担任主讲，而且做出了移居杭州，并以此为中心从事讲学活动，把传播王学的重点转向浙西北、皖中南的战略抉择。据程松溪《与王龙溪同年书》载："丙戌之春，自隆兴

---

① 钱德洪：《年谱附录一》，王阳明：《王阳明全集（新编本）》卷三十五，吴光、钱明、董平等编校，第1341页。
② 钱德洪：《年谱一》，王阳明：《王阳明全集（新编本）》卷三十二，吴光、钱明、董平等编校，第1233页。
③ 薛侃《告天真土神》文曰："追维夫子尝图卜筑兹山，以便讲学，二诗可以识其志矣。"（薛侃：《薛侃集》，陈椰编校，第263页）按："二诗"即前注所述阳明作于嘉靖六年的两首诗，前者有"天真石泉秀，新有鹿门期"句；后者有"不踏天真路，依稀二十年……文明原有象，卜筑岂无缘"句。
④ 据过庭训《本朝分省人物考》："（王畿）心心丧三年，建天真书院于省，肖文成像其中，且以馆四方来学者，岁举春秋仲丁之，无问及门私淑，胥以期集，祭毕，分席讲堂，呈所见于公取正焉。心丧毕，壬辰始赴廷对。"[过庭训：《本朝分省人物考》卷五十一，《续修四库全书》（第534册），第23页] 王畿应是具体策划者，而并未直接参会书院的兴建，过庭训所记不确。

奉别，星霜凡六易矣。闻吾兄已有闻，迈往甚勇，近来复筑室天真，为依归地，意气修为，无愧六年矣。"①"复筑室天真"，是指王畿筑室绍兴阳明墓三年后，复筑室杭州，把天真精舍作为祭祀阳明、依归修为的主要场所。而"丙戌之春"即嘉靖五年（1526），六年后正好是嘉靖十一年（1532）。阳明好友湛甘泉生前曾造访天真书院，并写下《访阳明先生天真精舍》诗：

迢迢访天真，历历登高堂。洒落南高峰，睥睨临钱塘。地位高且深，如道不可量。哲人久已逝，山水空遗光。龟畴列方左，显设天文章。平生未一试，千载怅相望。我来增感慨，久要不可忘。陈词之不足，继以奠心香。②

这首诗一方面反映了甘泉对阳明的深切怀念和对其思想学说的首肯，以及对指责阳明学说者的不屑一顾，另一方面也证明了天真精舍从初建开始，便是阳明学派用来祭奠阳明先生、传播阳明学说，即"祭学合一"的主要场所。

嘉靖十五年（1536），巡按浙江监察侍御史张景为解决来书院"诸生廪饩不给"的问题，乃嘱提学佥事徐阶，命绍兴推官陈让③，以会稽废寺田八十五亩为庄，归于书院。后张景又动用官方赎金三百两，嘱杭州推官罗某及钱塘知县王釴买宋人所为龟畴籍田七十亩以益之，"于是需足人聚，风声益树而道化行矣"。时任书院主持之一的举人刘候特请礼部尚书黄绾撰《天真书院田记》。④ 由于张景在视察书院时尝叹曰："先生之功，存于社稷，人固知之；先生之

---

① 程朱昌、程有全编：《程文德集》，上海古籍出版社2012年版，第188页。
② 湛若水：《甘泉先生续编大全》卷十六，钟彩钧、游腾达点校，（台北）"中央研究院"中国文哲研究所2017年版，第392页。
③ 陈让，字原礼，号见吾，嘉靖十一年举闽省第一，寻登进士，授绍兴府推官。张元忭《见吾陈公传》云："当两先生（指蔡虚斋、陈紫峰）时，阳明先生方讲致良知之学，独异于朱子。世之为两先生之学者，泥于旧闻，相率而排之。公既尊信两先生，而亦无疑于阳明之说……公于朱、王二子之学，盖皆超然自得，而非徒依傍口耳，私开户牖者。"（张元忭：《张元忭集》卷九，钱明编校，第241页）因此故，陈让对天真书院的建设亦颇为尽力，人称"天真祠之置圭田，三江闸之捍海患，公区画赞襄之力为多"（张元忭：《张元忭集》卷九，钱明编校，第241—242页）。尽管陈让对阳明学并无反感，但像他这样的闽中朱子学者，能为天真书院的建设尽心尽力，实属不易。
④ 黄绾：《黄绾集》卷十四，张宏敏编校，第277—278页。按："田记"，《阳明年谱·附录一》称"碑记"，两者相校，有多处不同。

功，覆于兹土，人犹未尽知也，恶可忽哉！"故而黄绾在记文中特地强调："书院之创，非徒讲学，又以阳明先生之功也。"从而使天真书院从初建时为凸显阳明心学而以讲学祭祀为主，开始朝着为凸显阳明事功而以"阳明先生之功"为主的方向转变，而这种转向显然与王学在当时受到严厉打压的政治气候密切关系。

嘉靖二十年（1541），邹守益与同门士人开讲会于天真精舍，并撰《天真纪别》一文记之：

> 东廓子（邹守益）与龙溪子（王畿）并舟而南，石山子（沈谧）自文湖候之，至于天真，宿于文明阁上，诸同志咸集焉。俨然而请曰："诘朝别矣，后会未之期也。其何以淑之？"邹子曰："……谒于（阳明）遗像，则思所以陟降而无忝矣；聚于嘉会，则思所以劝德而规过矣；升于文明，则思所以知之而成功矣。其庶可以咏歌明德，而人人复其天真。"……"夫愿学而志未真，将入于不顾；真矣而功未纯，犹患于不掩。兹中行之所以难也。"①

此文不仅生动描写了天真精舍内以邹守益为首的王门讲学之情景，而且阐明了天真精舍对于阳明学派之士人所具有的三大功能，即祀像阳明以不辱王门、聚会讲学以劝德规过、提升人格以至善为圣，最后实现人人复其"天真"即良知本体之目的。

嘉靖三十三年（1554），黄弘纲又根据欧阳德生前的建议，并遵照胡宗宪、阮鹗的指示，②对天真书院内的仰止祠进行了改造。③据邹守益《天真书院改建仰止祠记》载：

---

① 邹守益：《邹守益集》卷十八，董平编校整理，第873—874页。
② 据吴震考证，建天真仰止祠的应该是胡宗宪，只是因为胡宗宪名声不佳而冠以欧阳德（参见吴震：《明代知识界讲学活动系年 1522—1602》，学林出版社2003年版，第200页）
③ 《阳明年谱》嘉靖三十四年条记曰："三十四年乙卯，欧阳德改建天真仰止祠。""德揭天真祠曰：'据师二诗（见前注），石门、苍峡、龟畴、胥海皆上院之景，吾师神明所依也。今祠建山麓，恐不足以安师灵。'适其徒御史胡宗宪、提学副使阮鹗，俱有事浙，即责其改建祠于其上院，扁其额曰'仰止'。"[王阳明：《王阳明全集（新编本）》卷三十五，吴光、钱明、董平等编校，第1360—1361页]欧阳德于嘉靖三十三年，三十四年与薛侃、王臣一起被祀于仰止祠，故知此录有误。据笔者推测，"德揭天真祠"，即欧阳德所撰的《天真祠祭阳明先生文》（《四库全书存目丛书》所收之《欧阳南野先生文集》目录有载，原文缺），而改建仰止祠则应该是欧阳德在祭文中提出的建议。德没后，才由胡宗宪、阮鹗责成黄弘纲改建祠于书院上院。

天真书院，本天真、天龙、净明三方地。岁庚寅，同门王子臣、薛子侃、王子畿暨德洪，改建书院，以祀先师新建伯。中为祠堂，后为文明阁、藏书室、望海亭，左为嘉会堂、游艺所、传经楼①，右为明德堂、日新馆，傍为翼室。置田，以供春秋祭祀。岁甲寅，今总制司马梅林胡公宗宪按浙，今中丞阮公鹗视学，谋于同门黄子弘纲，改祠于天真上院，距书院半里许，以薛子侃、欧阳子德、王子臣祔。左为叙勋堂，右为斋室，后崖为云泉楼②，前为祠门；门之左通慈云岭，磴道横空若虹。立石牌于岭上，曰"仰止"；下接书院，百步一亭，曰"见畴"，曰"泻云"，曰"环海"；右拓基为净香庵，以居守僧；外为大门；合而题之曰"阳明先生祠"。门外泮璧池，跨池而桥，曰"登云桥"。外印龟田，亭其上，曰"太极"云。岁丁巳春，总制胡公平海夷而归，思敷文教，以戢武事，命同门杭贰守唐尧臣重刻先师《文录》《传习录》于书院，以嘉惠诸生。增修祠宇，加丹垩，搜泉石之胜，辟"凝霞""玄明"二洞，梯上真，穴蟾窟，径三峡，采十真，以临四陲；湘烟越峤，纵足万状，穹岛怒涛，坐收樽俎之间。四方游者，愕然以为造物千年所秘也。文明有象，先师尝咏之，而一旦尽发于郡公，鬼神其听之矣。③

改建后的仰止祠被改名为"阳明先生祠"，这似乎隐喻着王学所处的政治境遇已发生了变化，思想文化的多元化已为嘉靖后期所接受。因此，不仅祀奉阳明的祠堂面积有了扩大，地点也由天真山麓上移至"距书院半里许"的"上院"，而且祀奉对象也由"功德"之阳明变为"三不朽"之阳明，立言传道成为重要之补充，书院所开展的活动又朝着祭祀与讲学并重甚至以讲学为主的方向转化。于是，三年后的嘉靖三十六年（1557），胡宗宪便命杭二守、唐尧臣

---

① 钱德洪尝于嘉靖三十六年（1557）在传经楼为王阳明《岭南寄正宪男》书作跋。
② 嘉靖三十六年，胡宗宪命杭二守、唐尧臣重刻《阳明先生文录》《传习录》于天真书院，以嘉惠诸生，后唐尧臣撰《读传习录有言》，文末有"嘉靖三十有七年戊午人日，门人南昌唐尧臣顿首百拜谨书于天真书院之云泉楼"［王阳明：《王阳明全集（新编本）》，吴光、钱明、董平等编校，第2203—2204页］句，说明云泉楼可能是当时刻印阳明著作的重要场所。另据《王文成公全书》卷二十六，钱德洪尝于嘉靖三十六年五月五日，在天真精舍传经楼写了先师遗书《岭南寄正宪男》之跋文（"嘉靖丁巳端阳日，门人钱德洪百拜跋于天真精舍之传经楼"）。
③ 邹守益：《邹守益集》卷七，董平编校整理，第382—383页。按：该文《阳明年谱》所记略异。

重刻阳明《文录》《传习录》于书院①，并再次"增修祠宇"，把追思阳明、传播王学的活动推向高潮。比如嘉靖三十七年（1558），"读阳明先生书且疑且信"的安徽休宁人黄金色（1532—1608，字炼之，晚更字九成，隆庆二年进士），竟亦"移居天真书院，从绪山、龙溪二公游，集者无虑数百人，讲诵歌咏之声，昕夕不辍，陶汰俗梦，洞达性体，得其解独深。（黄）公自谓此际如梦得醒，醒而复梦；如生而死，死而复生。绪山大器之，公因执贽为弟子，愿终身禀学焉。……丙申复任，适侍御黄芳楠与公共就此学，较刻《阳明集》，请公序之。公为发高皇帝论学常言'虚灵'二字，盖已开'良知'之秘藏，此所谓大明之君也。及文成'致良知'之学，所以发高皇帝虚灵之精蕴，此所谓大明之臣也。芳楠曰：'向来议从祀，未有及此者，为叹服者久之。'……公得之绪山，绪山得之文成，其渊源深远矣"。②可见，黄金色虽未对王阳明从祀之争发挥过直接作用，但他借助明太祖朱元璋来为阳明"致良知"说进行辩解的手段的确让同时代人折服。如果说万历十二年（1564）以前为王阳明从祀文庙提供论据的主要是从阳明的军功、事功入手，而避开阳明之思想学说的话，那么黄金色却开始从阳明的思想学说入手，来为其从祀文庙据理力争。而黄氏的这一举措，与其在天真书院受到的教育和启发是不无关系的。③

随着仰止祠位置的升高，远处的钱塘江可尽收眼底，"湘烟越峤，纵足万状，穹岛怒涛，坐收樽俎之间"，令四方游客叹为观止。而此时地处绍兴城内伯府旁的"阳明先生祠"④，则渐趋衰落，阳明学派的讲学中心也开始从绍兴移到杭州，以致使地处绍兴兰亭的阳明墓，

---

① 据邹建锋调查，嘉靖年间天真书院刊刻了大量王阳明著作，目前存世多为稀见孤本文献，包括3册11卷本《传习录》（孤本，今藏于复旦大学图书馆）、《阳明先生文录》（孤本，今藏于国家图书馆、上海图书馆、安徽师范大学图书馆等）、《武经七书》（孤本，今藏于江西省图书馆）、《阳明先生年谱》（嘉靖版）。直到万历二十六年（1598），杭州两位举人朱文启、张明昌还刊刻了四册两卷本《传习录》（孤本，今藏于华东师范大学闵行校区图书馆），比隆庆本增录了《大学问》《修道说》，对推广阳明学于杭州产生过一定作用。
② 焦竑：《参议黄公传》，《澹园续集》卷十，《澹园集》，李剑雄点校，中华书局1999年版，第926—930页。
③ 参见黄金色：《东山书院格致语》，《新安理学先觉会言》卷二，抄本。按：该抄本用安徽通志馆稿纸誊抄，卷首有安徽省图书馆馆藏印，以及"万历癸巳初秋祁闻生甫谢存仁序"。
④ 周汝登曾纂修《阳明先生祠志》三卷，明万历四十二年刻本，现藏于国家图书馆。

竟亦"久旷洒扫",渐趋冷落。邹守益的《书同志诸生谢石矶梁翁册》尝曰:

> 嘉靖庚申(1560)春,予年七十矣,念阳明先师墓道久旷洒扫,而同志约江浙大会于怀玉之上,默林胡总制方靖海寇,修天真书院①,介绪山子以请,遂乘兴赴之。②聚静寺,谒兰亭,历武夷以归,而劳与暑并,为痰火所困,延石矶梁翁疗之。翁与予从子遵,蚤夜调摄,久而愈虔。③

邹守益正是因为此次浙东、闽北之行才积劳成疾,后幸亏门生梁石矶为之昼夜调摄,才病愈返回吉安继续讲学。而邹氏之所以要在自己的古稀之年前往绍兴祭扫阳明墓,就是想提醒同门不要冷落了绍兴这块阳明学的"英灵"之地。万历二年(1574),侍御萧廪④按浙,又在天真书院内增建"凝道堂"⑤,遂使书院的讲学传道功能进一步凸显,成为当时取代绍兴的、名副其实的传播王学的中心。这才有了嘉靖四十三年(1564)秋,王畿主讲天真书院会,四方士者盛集,与会者达四百五十二人,唐一庵、沈懋孝、周都峰、徐龙湾等从之。⑥从而成为自天真书院建成后所举办的最大的"讲会"活动之一。但到了万历初年,张居正"以新法废书院",天真书院亦遭废毁。据光绪

---

① 这应当是改建仰止祠后的又一次重修,由时任浙江巡按御史和浙江福建总督的胡宗宪主导。但后来萧廪等人上疏条述天真书院建立原委,列述致力于此项建设之人,却只字不提胡宗宪。《勋贤祠志·沿革总叙》虽有胡宗宪其名,但仅一带而过,只字不谈其扩建天真书院之事。原因就是胡宗宪乃被朝廷治罪,而且他扩建天真书院的费用来源也颇可疑云。为免节外生枝,修志因而从简。(参见乔志忠:《日藏孤本〈勋贤祠志〉及相关史事》,《浙江学刊》2012年第6期)。
② 据耿定向《东廓邹先生传》(耿定向:《耿定向集》卷十四,傅秋涛点校,华东师范大学出版社2015年版,第550—563页),邹守益遂于此年讲学于天真书院,这也许是书院重修后第一位受邀来讲学的外地学者,据此亦可印证邹守益对于天真书院的重要性。
③ 邹守益:《邹守益集》卷十八,董平编校整理,第866页。
④ 萧廪,字子发,江西万安人,嘉靖末进士。曾从欧阳德、邹守益等人游。按浙时,请祀王阳明于学宫未果,著有《修业堂集》五卷。周汝登《阳明先生祠志》卷中《从祀诸儒·私淑》:"萧廪,字可发,号兑峒,江西万安人。举进士,官至兵部侍郎。笃信先生,学本实践。为浙江巡抚,修复天真祠,题请赐号勋贤,有司春秋祭奠。"
⑤ 田汝成:《南山胜迹》,《西湖游览志》卷六,上海古籍出版社1998年版,第153页。按:王畿著有《凝道堂记》,释"凝"谓:"凝者学之固也。……《艮》之连山,《坤》之归藏,《乾》之潜龙,《易》道之密机,皆所谓'凝'也。"(王畿:《王畿集》卷十七,吴震编校整理,第480页)
⑥ 沈懋孝:《石林蕡草·别两学生叙》,引自吴震:《明代知识界讲学活动系年 1522—1602》,第253页。

《杭州府志》卷十六《学校》载:"万历八年,毁天下书院,而(天真)精舍亦混为里中所佃。十一年,礼部议复祠田,仍赐祠额,有司春秋致祭如礼。"另据陶望龄《重修勋贤祠碑记》,六年后天真书院始复,然书院之名已不复存在,被改名为"勋贤祠"。①

(二)万松书院

万松书院又称至圣书院②,原为始建于唐贞元年间(785—804)报恩寺。正德三年(1508)徐爱举进士前,曾于正德二年下半年"从阳明先生游钱塘诸山,乃居万松古刹"③。所谓"万松古刹"即指报恩寺也。清初曾一度被改名为"太和书院"。康熙五十二年(1713),孔子南宗第六十六世孙孔兴燫主持太和书院,去世后即被葬在万松岭侧。康熙帝南巡时视察太和书院,并特赐"浙水敷文"匾额,书院因此改名为"敷文书院"。

明清时期,万松书院乃杭城规模最大、历时最久、影响最广的书院,曾以齐名的祭田祭祀、完备的学规章程、丰厚的藏书文物,而位居明清杭城四大书院(即敷文书院、崇文书院、紫阳书院、诂经精舍)之首。该书院是当时的省级学府④,是专门用于培养浙省科举人才的官办学校,故而有引领杭城书院教育之风尚的作用。田汝成《西湖游览志》卷七《南山胜迹》曰:"万松书院,本报恩寺故址也。弘治十年,参政周木毁寺而建书院,中设先师孔子及四配像,为大成殿、明道堂,居仁、由义二斋,颜乐、曾唯二亭;南北楔绰二,曰'德侔天地','道贯古今',以孔氏子孙世守之。嘉靖五年,御史潘仿建毓秀阁,翼以精舍,以待四方游学之士。"⑤

王阳明撰于嘉靖乙酉(四年,1525)的《万松书院记》亦称:

---

① 陶望龄:《歇庵集》卷八,《续修四库全书》(第1365册),第321—322页。
② 参见浦祊:《游明圣湖日记》,王国平主编:《西湖文献集成》(第3册),杭州出版社2004年版,第1134页。
③ 徐爱:《忆观楼记》,《徐爱 钱德洪 董沄集》,钱明编校整理,第50页。
④ 在阳明看来,讲求明伦之学的书院具有高下之分、等级之别。万松书院属省级书院,它收浙江一省彦俊,而"思有以大成之"。《稽山书院尊经阁记》所记之书院为府级,它聚绍兴府所属"八邑彦士";而《紫阳书院集序》所记之徽州紫阳书院、《平山书院记》所记之鄢陵平山书院以及后文所述的天真、两峰书院,则为民间或家族书院。这些不同层次、不同类型的书院,自成一系,与官学并行,共同承担着讲学明伦的教化之责。
⑤ 田汝成:《西湖游览志》,王国平主编:《西湖文献集成》(第3册),第67页。

万松书院在浙省南门外，当湖山之间。弘治初，参政周君近仁因废寺之址而改为之①，庙貌规制略如学宫，延孔氏之裔以奉祀事。近年以来，有司相继缉理，地益以胜，然亦止为游观之所，而讲诵之道未备也。嘉靖乙酉，侍御潘君景哲奉命来巡，宪度丕肃，文风聿新。既简乡闱，收一省之贤而上之南宫矣，又以遗才之不能尽取为憾，思有以大成之，乃增修书院，益广楼居斋舍为三十六楹；具其器用，置赡田若干顷；揭白鹿之规，抡彦选俊，肄习其间，以倡列郡之士，而以属之提学佥事万君汝信。汝信曰："是固潮之责也。"藩臬诸君咸赞厥成，使知事严纲董其役，知府陈力、推官陈簏辈相协经理。阅月逾旬，工讫事举。乃来请言以记其事。②

参政周近仁，名木，时任浙江右参政；南门即凤山门，元时称南门；"废寺"即唐代建于万松西岭的报恩寺；孔氏之裔即孔子南传第五十八世孙孔公衢、孔公绩；监察御史潘景哲，名仿，信奉阳明学，时任浙江巡抚；万汝信，名潮，阳明弟子。据此记文可知，周木于弘治十一年（1498）在报恩寺旧址上改建万松书院后，在相当长的一段时间内，书院"亦止为游观之所，而讲诵之道未备也"；直到二十六年后的嘉靖四年，御史潘仿来杭，为"尽取"浙省人才，遂请万潮总负责，知事严纲"董其役"，知府陈力、推官陈簏等"相协经理"，在原址上"增修"万松书院，然后"抡彦选俊，肄习其间，以倡列郡之士"。书院修成后，潘仿、万潮请当时在绍兴讲学的王阳明撰写记文，又请阳明好友洪钟撰写《重建万松书院记》。阳明在记文中阐释了"书院之设"在于"明人伦"，而非"驰骛于记诵辞章，而功利得丧分惑其心"的科举之业，强调"明伦之外无学矣"。遗憾的是，前些年重新修建的万松书院，仿佛又回到了四百年前"止为游观之所"的误区，这与当年建万松书院的目的不太相符。

然而，万松书院建成之初，由弟子信徒修建又为之撰写记文的王阳明，似乎并没有获得应有的尊重。据高攀龙《武林游记》："至

---

① 按：当时建万松书院有三种讲法，即改建、增修和"毁寺而建"（详见后述）。
② 王阳明：《王阳明全集（新编本）》卷七，吴光、钱明、董平等编校，第268—269页。

万松书院，宏（弘）治中参政周公木毁报恩寺而建。大成殿中设先师像，及四配十哲。余恭谒毕。殿后为明道堂，堂后为周、程、张、朱五先生祠。"①只祀宋代五先生而不祀王阳明，这也许与当时阳明正遭到嘉靖帝排斥有很大关系。

至于阳明学者与万松书院的关系，除了阳明本人，其门人后学所作之诗文也能向我们透露许多信息。比如王畿的《中宪大夫都察院右佥都御史在庵王公（玑）墓表》：

> 嘉靖乙酉，乡举业已中式，限数不及录名。巡按洛阳潘公（即潘仿）例行给赏，谋于督学五溪万公（即万潮），聚业万松书院，以考其成。万为阳明先师门人。（王玑）与闻师说，即渡江（即钱塘江）禀学。先师一见，喜其悃质庞厚无他肠，外朴内炯，心授记焉。时余始识君，遂定交，相与卒业。②

可见，万松书院刚建好，潘仿、万潮就在书院开始讲授阳明学，衢州人王玑则是在听了万潮的讲课后，才决定渡江禀学阳明，并与王畿定交的。这说明万松书院在阳明学的发展史上是有相当地位的。

另外，在王畿的《万松会纪》中，也记录了两段反映阳明易学思想的珍贵史料：

> 少松滕子率学博诸生，会于万松仰圣祠③中，首举《乾》潜之说，请阐其义。（阳明）先生曰："《乾》之六位皆乘龙御天之学，时有始终，而德无优劣。潜之为言，隐而未见，龙之德，伏地千年始见其天全也。吾人所积不厚，精神易于泄漏，才智易于眩露，汲汲然求见于世，只是不能潜，未免于易世成名之心，不足以达天道。遁世无闷，不见是无闷，是二义。遁世而

---

① 高攀龙：《武林游记》，王国平主编：《杭州文献集成》（第8册），杭州出版社2014年版，第568页。
② 王畿：《王畿集》卷二十，吴震编校整理，第636页。
③ 据孙应奎《过万松乘兴观游三首》："仰圣门前路半程，万松青处道心生。鸟飞鱼跃（轩名——原注）来谙意，湖阔江空望里情。……步到振衣（亭名——原注）云共住，坐看流水月东升。……当年道脉思狂简，吾党谁堪属与裁？"[《燕诒录》卷八，《四库全书存目丛书·集部》（第90册），第602页] 可知仰圣祠前有仰圣门，书院内有鸟飞、鱼跃轩和步到、振衣亭。

人以为是,如神龙之蛰于渊,可望而不可即。有名可成,无闷为易,遁世而人不以为是,则非之者众矣。或以为伪,或以为矫,甚或以为取捷径、图速化,无复有名可成,无闷尤难。学至于无名,其至矣!古人论学,必以此为极致。《中庸》曰'遁世不见,知而不悔',《语》曰'人不知而不愠',皆此意也。《文言》曰'潜龙勿用,阳在下也',在下之阳,即《河图》之天一,《洛书》之履一,一顺一逆,造化显藏之机,必如此而后为潜龙之学也。"复问《蒙》养之义。先生曰:"蒙者稚也。'山下出泉,蒙',解之者曰'静而清也'。大人者不失赤子之心,赤子无智巧、无技能、无算计,纯一无伪,清净本然,所谓'蒙童'也。得其所养,复其清静之体,不以人为害之,是为圣功。大人通达万变,是凿窍于混沌,反以害之也。吾人学不足以入圣,只是不能蒙,知识反为良知之害,才能反为良能之害,计算反为经纶之害。若能去其所以害之者,复还本来清静之体,所谓'溥博渊泉,以时而出',圣功自成,大人之学在是矣。"①

这则史料不仅披露了阳明在万松书院讲学的实情,更主要的是还为我们保存了两段未见于《王阳明全集》的阳明解释《周易》的珍贵史料。而阳明何以要在万松书院解明"《乾》潜之说"和"《蒙》养之义",则可能与他当时的心境有关。释文中所主张的"易世成名之心,不足以达天道""有名可成,无闷为易,遁世而人不以为是,则非之者众矣""复其清静之体,不以人为害之,是为圣功""知识反为良知之害,才能反为良能之害,计算反为经纶之害"等思想,皆与阳明所信奉的道家清静无为的境界颇为吻合。由此看来,阳明的万松讲学估计是在嘉靖四年至六年之间,当时正好是阳明归隐绍兴讲学时期,对道教的迷恋又有新的提升。文中少松滕子即万历初年时任浙江提学副使的阳明门人滕伯翰。②万历五年(1577)万松书院再次扩建后,滕伯翰曾作《新建继道堂穷理、居敬二斋记》,期望在院诸生能在程朱学之根本原则的基础上传承阳明学说,以"穷理、

---

① 王畿:《王畿集》卷五,吴震编校整理,第128—129页。
② 滕伯翰,字汝载,瓯宁人。令番禺,以德礼道民,若严师在上……入为吏部郎。出督学两浙,声教整严,所抡录号得人。历广东按察使、布政使。(李清馥:《闽中理学渊源考》,徐公喜等点校,凤凰出版社2011年版,第870页)

居敬而不惑于二三之说，则此心光明莹彻，洞然八荒，万世道脉，学者亦将印证于吾心，而上继道统其在斯矣"①。从而表现出万松书院与天真书院不同的、会通朱王的学术取向。

再比如沈懋孝的《水云续编·讲学述》记载：嘉靖三十六年（1557），邹守益曾在其弟子督抚胡宗宪的陪同下赴万松书院主持讲会达半月之久，期间四方来会者有三百余人，他们"宗象山，述阳明，二先生之旨而昌明之"②。

又比如董沄的《万松书院钱孔彦绳》：

> 孔圣嫡孙，随宋南迁，占籍衢州。元孔洙以曲阜守墓奏让公爵，世祖允其让而嘉之，以洙为祭酒，厥后遂为布衣。正德间余弟淞言于衢守沈焘，奏保五十九世孙孔彦绳袭五经博士，北上，淞为设祖，道钱于万松书院，余赋之。③

这里说的是明正德元年（1506），孔子第五十九世孔彦绳奉武宗之旨，赴京袭翰林院五经博士，北上路经杭州时，衢州五经博士署派驻万松书院的长住执事官、衢州太守沈焘的好友董淞（海宁钱山人，董沄族弟），在万松书院为其饯行，以弘扬孔氏祖道。此时阳明高足董沄正好在杭州问学，遂赋诗记之。诗中对万松书院以及孔庭所处周边环境的描述是"万松之山天上青，孔庭四壁皆松声"。此则史料不仅为我们提供了随宋室南迁后定居衢州的孔子后裔们的相关情况，而且再次证明了万松书院与阳明门人的紧密联系。

此外，邹守益的《游万松书院》诗等，也可证明王门学者对万松书院的关心程度。

据《敷文书院志略》《孔氏南宗考略》记载：明弘治十一年（1498），周木建万松书院时，就聘请了衢州孔子五十八世孙孔衢、孔积两兄弟主持祭祀活动。弘治十八年（1505），孔彦绳前往衢州主持孔氏南宗祀事，彦绳即为公衢、公绩从子。嗣后，由西安（今浙江

---

① 腾伯翰：《新建继道堂穷理、居敬二斋记》，赵所生、薛正兴主编：《中国历代书院志》（第8册），江苏教育出版社1995年版，第272页。
② 参见吴震：《明代知识界讲学活动系年 1522—1602》，第218页。
③ 《徐爱 钱德洪 董沄集》，钱明编校整理，第375页。

衢县）五经博士署派一名执事官常驻万松书院奉祀，这位执事官就是董淞。清康熙至嘉庆年间，万松书院的祭祀由孔子南宗第六十六世孙孔兴燫及其子孙主持。乾隆十六年（1751）三月，乾隆第一次巡临万松书院时，就因为万松书院的祭祀活动由南宗孔子嫡系后裔主持，规格颇高，故而当场赋诗，曰："气助湖山钟远秀，道传孔孟有真源。"万松书院所在的山亦于此时被号称为"孔家山"。到了光绪年间，万松书院祭祀由七十三世翰林院五经博士孔庆仪主持，后又派孔宪达为奉祀生，一直到民国未有中断。最后一任"大成至圣先师南宗奉祀官"是七十三世孔庆臣，时值1911年辛亥以后。1937年，抗战全面爆发，杭城沦陷，万松书院仅存建筑在战乱中被毁殆尽。时任杭州市市长的何瓒死后，其家人竟将万松书院遗址改作其私人墓园，在大门口竖水泥牌坊，上书"何公墓道"，又在大成殿后设墓包安葬。抗战胜利后，执事官孔庆臣代表南宗奉祀官向浙江省政府饬令杭州市会查，要回了被何瓒家人占用的孔家山。①此后直至新中国成立前夕，该书院一直由孔氏南宗管理。由于得到了孔氏南宗的高度重视和持之以恒的呵护，在明中叶以后的历次禁毁书院的运动中，万松书院皆幸免于难。②

（三）两峰书院

两峰书院由王华好友、刑部尚书钱塘人洪钟（1443—1523）所建。书院地处西湖涌金门南，门正对城外南、北两高峰，故称"两峰书院"，洪钟本人亦自号"两峰居士"。③正德六年（1511），洪钟辞官归杭，遂在西溪河渚东筑西溪山庄，俗称洪园，又在西湖之上筑两峰书院，以为别业。书院建成后，洪钟"日与朋旧徜徉诗酒以为乐，如是者十有一年"，直到嘉靖二年（1523）四月十九日卒。卒后"锡谥襄惠，赐葬钱塘东穆坞之原"（今西溪东穆坞莲花山）。王阳明于洪钟在杭兴学设教处于高潮时期的正德十四年（1519）曾

---

① 参见邵群：《万松书院》，湖南大学出版社2014年版。
② 参见崔铭光：《孔氏南宗之作为及其影响》（上），《衢州政协》2008年总第101期。
③ 据田汝成《西湖游览志》卷三《南山胜迹》："出涌金门，折而南，为两峰书院。……两峰书院，皇明太子太保刑部尚书洪公别墅也。公名钟，字宣之，钱塘人，历官四川按察使。……时金事屈锐者，与公齐名，故蜀有'洪不支锅，屈不解担'之谣。……筑书院于西湖，号两峰居士。"[田汝成：《西湖游览志》，王国平主编：《西湖文献集成》（第3册），第29页]

"称病西湖净慈寺",其间可能造访甚至参与过距离净慈寺很近的两峰书院的教学活动,并与洪钟结下了深厚友谊。这一推测可从阳明所撰的与洪钟及其友人一起游萧山曹林庵的诗篇中窥见一斑,诗云:

> 好山兼在水云间,如此湖须如此山。剩有卜居阳羡兴,此身争是未能闲。

此诗通行本《王阳明全集》未载,原无标题,现据清康熙《萧山县志》卷十四移录。① 据载:"曹林庵在湘湖南,宋咸淳中建。"② 康熙《萧山县志》卷十四、民国《萧山县志》卷八并录洪钟诗云:"逶迤小径入林间,野寺萧萧枕碧山。与客登临且乘兴,浮生能得几时闲。"徐洪诗云:"住近清湘咫尺间,半生今日始登山。夕阳野寺题诗去,未识何时得再闲。"民国《萧山县志》卷八按语云:"以上三诗同韵,殆当时唱和之作。"徐洪,据《四库全书》本《浙江通志》卷一百三十一,与洪钟同为成化十一年(1475)乙未科谢迁榜进士,萧山人,官员外。阳明此诗估计作于正德十四年阳明养病杭州期间。

正因为与洪钟有这么一段交情,故嘉靖二年(1523)四月十九日洪钟在杭州去世后,其长子洪澄遂于次年"以币以状来请"阳明撰铭。当时阳明正在绍兴讲学,因念及与洪钟的友情,便写了篇近两千字的《谥襄惠两峰洪公墓志铭》,以示对洪钟的表彰与怀念。该志铭对后世影响颇大,这从清末著名藏书家杭州人丁丙之子丁立中的《西溪山庄怀洪襄惠公》之诗句"五里松楸东穆坞,阳明墓表不刊磨"③ 中即可看出。五里松楸,即墓道两边种的松树与

---

① 民国《萧山县志》卷八(《浙江地方志集成·浙江府县志辑》第11册,第428页)亦有录。
② 曹林庵在今萧山区西门外浙东运河南岸,湘湖北岸。南宋咸淳年中建,清朝同治年间废。
③ 丁立中:《西溪怀古诗》卷上。按:据文献记载,当年洪钟墓前的墓道长5里,松楸列植,石人、石虎、石马、石羊排列两旁。"文革"时被毁,改作茶地,部分石碑、石人仍在。2007年洪钟18代后裔乡洪大根等人对墓址进行挖掘,发现被用作砌坎的《墓表》残碑,上刻篆书"明故进赠光禄大夫柱国太子太保刑部尚书兼都察院左都御史谥襄惠洪公墓表"33字,字径3厘米。碑文由陈珂撰文、顾鼎臣书写、董玘篆额。丁立中把墓志铭和墓表混为一谈。陈珂《两峰洪公墓表》见于《武林文献内外编》(原藏于嘉业堂,后藏于香港冯平山图书馆),全文2100字,比阳明《墓志铭》多600余字,比《明史·洪钟传》多700多字。《明史》本传和毛奇龄所作的《洪钟略传》,基本依据陈珂《墓表》和阳明《墓志铭》而写成(参见曹云:《洪钟〈墓表〉考略》,杭州网2011年1月6日)。

楸树，墓地多植，因以代称坟墓。东穆坞村是西溪十八坞最大的茶村之一，包括花牌楼、外东穆坞、里东穆坞三个自然村，其中最大的自然村"花牌楼"，即是因洪钟墓道入口处的精美石雕牌楼而得名。今牌楼已废，地名尚存。而洪钟墓所在的山坞，遂被称为"花牌坞"。

阳明所作《墓志铭》的主要内容是：

> 公讳钟，字宣之。自幼歧嶷不凡。成化戊子，年二十六，以《易经》领乡荐。乙未举进士，授官刑部主事，谙习宪典。时相继为大司寇者皆耆德宿望，咸器重礼信之。委总诸司章奏，疑议大狱，取裁于公，声闻骤起。庚子，升员外郎，仍领诸司事。癸卯丁内艰。丙午起复，升郎中，寻虑囚山西。乙巳，江西、福建流贼甫定，公承命往审处之。归，言福建之武平、上杭、清流、永定，江西之安远、龙南，广东之程乡，皆流移混杂，习于斗争，以武力相尚，是以易哄而乱。譬若群豺虎而激怒之，欲其无相攫噬，难矣。宜及其平时令有司多立社学，以训诲其子弟，销其兵器，易之以诗书礼让，庶几潜化其奸宄。时以为知本之论。弘治己酉，升江西按察副使。癸丑，升四川按察使。所在发奸擿伏，无所挠避；而听决如流，庭无宿讼。由是横豪屏息，自土官宣慰使，皆懔懔奉约束。安氏世有马湖，恃力骄僭，为地方患。公从容画策去之，请吏于朝，遂以帖定，丙辰入觐，升江西右布政使。丁巳，转福建左布政使。著绩两省。戊午，升都察院右副都御史，巡抚顺天等府，兼整饬蓟州诸边备。时朵颜虏势日猖獗，公以边备积弛，乃建议增筑边墙。自山海关界岭口西北至密云古北口黄花镇直抵居庸，延亘千余里，缮复城堡三百七十，悉城沿边诸县，官无浪费而民不知劳。自是缓急有赖。又奏减防秋官兵六千人，岁省挽输犒赏之费以数万。创建浮桥于通州，以利病涉。毁永平陶窑，以息军民横役之苦。夺民产及牧围草场之入于权贵者而悉还之。远近大悦，名称籍甚。然权贵人之扼势失利者，数短公于上，遂改云南巡抚，再改贵州。顷之，召还督理漕运，兼巡抚凤阳诸处。正德丁卯，升右都御史，仍董漕政。戊辰，命掌南京都察院事，寻升南京刑部尚书。己巳，改北京工部，复改

刑部，兼都察院左都御史，加太子少保，赐玉带。庚午，特命出总川、陕、湖、河四省军务。时沔阳洞庭水寇丘仁、杨清等攻掠城邑，其锋甚锐，官军屡失利。公至，以计擒灭之。蓝五起蜀，与鄢老人等聚众往来，寇暴川、陕间，远近骚动。公涉历险阻，深入贼巢，运谋设奇，躬冒矢石，前后斩获招降以十数万，擒其渠酋二十八人，露布以闻。土官杨友、杨爱相仇激为变，众至三万余，流劫重庆、保宁诸州县。公随调兵剿平之，复其故业。朝廷七降敕奖励，赐白金麒麟服，进太子太保。公辞不获，则引年恳疏乞归。章七上，始允之。圣谕优奖，赐驰驿还，仍进光禄大夫，录其孙一人入胄监。公既归，筑两峰书院于西湖之上，自号两峰居士。日与朋旧倘伴诗酒以为乐，如是者十有一年。①

从墓志铭中可以看出，王阳明对弘治年间洪钟在闽粤赣边界的活动有所述及，称其"令有司多立社学，以训诲其子弟，销其兵器，易之以诗书礼让，庶几潜化其奸宄，时以为知本之论"。应该说这对正德年间阳明在同一地区的政治军事活动是有一定启示作用的。若把王阳明与洪钟作一比较可以发现，两人在政治实践有不少相似之处，这或许正是两人会成为志同道合者的因素之一，也是阳明乐意为洪钟撰写墓志铭的重要原因。除了详细介绍洪钟的事迹，阳明还略述了从南宋洪皓始赐第于西湖之葛岭后的杭州洪氏世家。据周膺《洪氏家族与西溪湿地》②一书介绍，杭州洪氏世家，历朝历代，名人辈出，如南宋的洪皓、洪适、洪遵、洪迈父子，明代的洪钟、洪澄、洪瞻祖、洪梗、洪吉臣、洪吉晖、洪吉符祖孙，清代的洪昇等。洪氏一门多有文化上之建树，对杭州文化特别是西溪湿地文化的形成影响甚大。洪皓是著名的史学家和诗人。洪适工文词，又是刻书家。洪遵是著名的钱币学家，对医学也有研究。洪迈一生著述极为繁富，著有《容斋随笔》《野处类稿》《容斋诗话》等，其中《容斋随笔》是一部广涉历史、文学、哲学、艺术等方面的随笔集，多

---

① 王阳明：《谥襄惠两峰洪公墓志铭》，《王阳明全集（新编本）》卷二十五，吴光、钱明、董平等编校，第982—983页。
② 周膺主编：《洪氏家族与西溪湿地》，当代中国出版社2005年版。

受推崇。洪钟一生勤奋好读，教授子女不遗余力，其"三子景伯、景严、景卢皆以名德相承，遂为钱塘望族"。洪瞻祖所著《西溪旧志》是最早的西溪湿地乡土志。洪楩则在祖父洪钟两峰书院的基础上，购书藏书，扩大规模，在杭州城南的仁孝坊（俗称清平巷）建了"清平山堂"，后成为明嘉靖年间杭州著名的书坊，而其本人亦因此跻身明代著名出版家之列。洪吉臣、洪吉晖、洪吉符三兄弟以诗文名于世，时有"城西有三洪，英英文字雄"之誉。洪昇是清初著名的戏曲家，与孔尚任齐名，世称"南洪北孔"，一生创作戏曲作品四十余种，《长生殿》是具有划时代意义的作品，在中国戏曲史上具有极高的地位，可谓压卷之作。作为心学家的王阳明，热心推介以诗文、艺术见长的洪氏世家，可以说从一定程度上反映了他对杭州才子文化的某种认同，由此亦可感悟出浙东文化与浙西文化的互动关系。

如果说王阳明写的《墓志铭》有可能属"应酬之作"，甚至是为优厚"报酬"而作，那么嘉靖四年（1525）他撰写的《祭洪襄惠公文》，则可谓是发自肺腑的。祭文曰：

> 公以雄特之才，豪迈之气，际明良之会，致位公孤。勋业振于当时，声光被于远迩。功成身退，全节令终。若公真可谓有济时之具，而为一世之杰矣。……任之栋梁，已不为不见用矣，又辍而置之闲散者十余年，不亦大可惜也乎！……公优游林下，以乐太平之盛。其没也，天子锡之祭葬，褒以美谥。生荣死哀，亦复何憾矣！而予独不能无悲且感者，方公之生，人皆知公之才美，而忌者抑之，使不得尽用，时之人顾亦概然视之，曾不知为意。呜呼！岂知其没也，遂一仆而不可复起矣。老成典型，为世道计者，能无悲伤乎哉！先君子素与于公，守仁虽晚，亦辱公之知爱。公子尝以公之墓铭见属，曾不能发扬盛美。兹公之葬，又不能奔走执绋，驰奠一觞。聊以寓其不尽之衷焉尔。①

说明洪钟其实是王华的好友并受到王华的很高赞许，阳明则受

---

① 王阳明：《王阳明全集（新编本）》卷二十五，吴光、钱明、董平等编校，第1007页。

到洪钟的知爱，似为洪之门生。但洪钟"优游林下，以乐太平之盛"，则似乎并未参与阳明在杭州的学术活动。但从"方公之生，人皆知公之才美，而忌者抑之，使不得尽用，时之人顾亦概然视之，曾不知以为意"中可以感受到其经历和心志与阳明颇为相似，这可能也是阳明比较推崇他的重要原因。

（四）虎林书院

"虎林"又称"武林"，为杭州之别名。虎林书院在杭城清河坊北太平坊巷（别名旧府前）。南宋初在此地建忠王府，内有高楼，称"望湖楼"，张栻作有《访宋皇子忠王望湖楼》诗。后此处改为"平淮行用库"，回收破烂钱钞。元时延袭，明初改为"倒钞库"。明正统时，改建为浙江镇守府署。嘉靖时，改为吴山书院，后宅为布政司。以后书院仍改为浙江巡抚署，并新建抚院，称为旧府。万历三十七年（1609），浙江巡抚甘士阶又改旧府为虎林书院。清雍正八年（1730）又改书院为钦使皇华馆。道光年间，又改为杭嘉湖道署。光绪二十四年（1898）毁于火。宣统元年（1909）五月，在原址上建官商合办的大清银行浙江分行。今银行大楼被杭州市列为历史建筑，受到保护。

万历十二年（1584）以后，随着王阳明被从祀孔庙，各地尤其是作为其出生地的浙江，掀起了一个传播阳明学的高潮。虎林书院就是在这样的背景下建成的。因此，虎林书院的开建与天真书院（勋贤祠）有非常密切的关系，甚至可以说是天真书院的延扩和替代，是杭州阳明学的传播主体由私人性质向官办性质转变的重要标志。

据聂心汤《虎林书院始末记》载：

> 明兴，儒道大明，其最著者为王文成公。公浙产也，其后先公兴者，彬彬多理学之士，而会城讲院未辟，四方学者至未有舍宇。会前抚台虔南甘公节镇兹土，德化诞敷，嘉与后进，探讨文成之学，召小子心汤同诣勋贤祠，群诸生会讲，观者如堵，祠故天真书院也。去城二十里，而遥且寡，旁舍无居息处。已又会诸生于钱唐邑庠尊经阁，而地隘弗称。乃卜讲堂于城中，得抚院旧府，轩敞开旷于会讲居息，咸宜于是，檄藩、臬、郡

邑，谋改建焉。命心汤拮据其事……费不足，则取勋贤祠赢租继之，均为讲学用，无彼此也。①

另据顾宪臣（成）《虎林书院记》载：

虔南阳明先生过化地也。中丞紫亭甘公，自少慕道，闻良知之说而悦之。岁丙午（万历三十四年，1606），持节来抚浙。……乃谋于藩臬诸大夫，而下暨乡之衿绅，时诣天真书院而论学焉。已而以为是去省城稍远也。再诣钱庠尊经阁，又以为是稍局，未足以居四方之贤也。因议改建，佥曰莫若旧抚治。使公往阅之，信，遂改为虎林书院，而属钱唐令聂侯经纪其事。始于戊申（1608）之十二月，至己酉（1609）之二月中落成。……公缄示《虎林书院会约》，独主《白鹿洞规》，而自为之阐发厥旨，复推而广之，共为八条。会讲之日，首以谈玄说妙为戒，要在切近精实，上下皆通，壹似有概于予言然者。②

万历三十四年（1606），出生赣州信丰县的甘士阶③巡抚浙江。赣州是阳明学展开的重要区域，甘士阶从小就仰慕阳明学说，来浙后，"德化诞敷，嘉与后进，探讨文成之学"，遂邀时任钱塘县令的聂心汤等当地官员及乡之衿绅一起造访时称勋贤祠的天真书院。当时正好有一群诸生在那里举办讲会，观者如潮。聂心汤觉得书院离城太远，而且"遥且寡，旁舍无居息处"，很不便于讲学聚会，"乃卜讲堂于城中，得抚院旧府"，遂与藩司、臬司、按台、鹾台、督学、别驾、司理、鹾司及仁和、海宁等各级官府官员商议，筹划将抚院旧府改建为书院，所建费用不足，则取原天真书院之地租补助之。建成后的虎林书院规模庞大，前为大门楼，署曰"虎林书院"。

---

① 王同：《杭州三书院纪略》卷末，赵所生、薛正兴编：《中国历代书院志》（第9册），第114—115页。
② 王同：《杭州三书院纪略》卷末，赵所生、薛正兴编：《中国历代书院志》（第9册），第115—117页。
③ 甘士阶（约1545—1608），字维藩，号紫亭，江西信丰人，万历五年进士，甘节疑其别名。关于甘士阶与阳明学的关系，周汝登的《东越证学录》卷七《天真讲学图序赠紫亭甘公》有详细记载。

中因仪门改建明贤堂，祀国朝理学诸公。左右仍为门，延以修廊，中为凝道堂，后为友仁堂，重门洞开，可坐数百人，以便会将。堂之左右为门，曰"左绳"，曰"右准"。各建三馆，馆各有堂、有室，缭以周垣，以待诸士肄习及四方来学者。最后为藏书楼，贮经、史、语录诸书。堂前两廊，有博士孝廉厅、会馔延宾所。庖湢尽用，不移而具。①

甘士阶和聂心汤改建虎林书院的主要目的，是为了给四方"理学之士"（实为阳明学者）"探讨文成之学"、聚会杭城时提供"舍宇"，以达到"四方名士，可以延止，郡之后学，有所依归，众共快焉"的会讲效果。所以书院刚建成，甘士阶即特聘曾在勋贤祠讲过学的陶望龄来虎林书院任主讲，后因陶母病重，未能实现。与此同时，改建虎林书院还有个目的，就是要制约当时学界盛行的空疏虚妄学风。对此，时任浙江督学的陈大绶在《虎林书院会约序》中亦有评论："自阳明先生提醒良知之旨，其门人王、钱诸君子推衍而表章之，故其教大行，超悟者直截晓畅，自见本性，无事旁求，即词章训诂，支离尾琐，而其一言一解所微中者，亦无能出乎其宗。"②正因为此，书院建成后甘士阶即就书院会约找顾宪成商量，确定了以朱熹制定的《白鹿洞学规》为准绳的方针，明确规定："会讲之日，首以谈玄说妙为戒，要在切近精实，上下皆通。"同时他还对陈大绶以官府功令来约束空疏学风的主张，强调要为书院制定讲学规制，以规范和制约讲学者乃至广大受众的思想言行。

在甘士阶等人的努力下，改建后虎林书院很快成了王门讲学的主要场所，同时还成为王学修正思潮的策源地之一。当时的虎林书院，讲学高峰时参与者已达数百人之多。书院内不仅有普通诸生肄业，还有博士、孝廉等拥有高功名的官员、绅士在此进德修业。为保障书院的正常运转，其经费来源也比较特殊，不仅"门之前有隙地，听民为屋若干间，入租供讲习费"，不足部分"则取勋贤祠赢

---

① 参见兰军、邓洪波：《万松·天真·虎林——王学在杭州的大本营》，《杭州文博》2016年第1期。另据载："（书院）门以内为明贤堂，进为凝道堂，又进为友仁堂，堂左右为六馆，为孝廉博士馆，群郡邑诸士绅与海内名贤相切劘，讲习其间，最后则为藏书楼。"（丁申：《虎林书院》，《武林藏书录》卷上，古典文学出版社1957年版，第15页）
② 王同：《杭州三书院纪略》卷末，赵所生、薛正兴编：《中国历代书院志》（第9册），第118页。

租继之"。① 表明在甘士阶等人的眼里,虎林书院乃是勋贤祠即天真书院的当然继承者。两者的紧密关系,不仅在于讲学、祭祀功能上的前后衔接,还在于经济上的一体而用、无彼此之分。而两者的区分,则主要在于讲学风格和为学倾向上。质而言之,就是在坚持以阳明学为主导的前提下,把朱子学融入阳明学,以避免"谈玄说妙"之病,而凸显"切近精实、上下皆通"之要。这也是甘士阶与东林学派的顾宪成、陈大绶等密切合作,以制定《虎林书院会约》的重要原因。由此似可看出,在虎林书院得到彰显的已非纯正的阳明学,而是作为朱子学与阳明学之折中的东林学。这也是浙东学术向浙西学术转向的重要标志,而当时的杭州,则可谓这种转向的核心区域之一。

除此之外,虎林书院与天真书院的区别还在于祭祀对象上,前者较之后者具有更强的地域性特征,甚至成了浙中王门的大本营。而院内明贤堂专祀浙中王门高足的缘由,则是筹建书院的浙江官员对勋贤祠所列配祀诸贤中浙人稀少状况的不满。据高学②《明贤堂记》载:

> 天启文成王公,揭良知而臻独诣,海内翕然推为正铎。今上采礼官议,诏偕河津、余干、新会从祀文庙,比于濂洛关闽,煌煌烈已。虎林故有天真祠,文成裳衣在焉,及门列配半籍四方,而浙产诸贤未有同堂合俎秩而祀之者。……尝庚卜城内旧府改建虎林书院,竣启前堂,署曰明贤,将表乡先辈十一贤,尸而祝之。……仲尼之徒三千,而受学身通者多在鲁国。夫非风云龙虎,各以类应耶?贤如文武,成业称登坛已。诸君子前茅后劲,皆能恢宏斯道,克己则陈恭愍,直谅则文章懿,笃信则徐横山,透悟则王龙溪,清真则钱绪山,敦行则季彭山,沉毅则陈敬亭,体认则唐一庵,醇正则许敬庵,肩荷则张阳和,或先文成启钥,或后文成衍流,虽人殊诣乎彼,其物表清风与古为徒无二辙也。昔则分祀诸邑,今则合祀一堂。③

---

① 王同:《杭州三书院纪略》卷末,赵所生、薛正兴编:《中国历代书院志》(第9册),第115页。
② 疑为"高举"之误。
③ 王同:《杭州三书院纪略》卷末,赵所生、薛正兴编:《中国历代书院志》(第9册),第117—118页。

可见，明贤堂所祀十贤分别为陈选（1429—1486，临海人）、章懋（1436—1521，兰溪人）、徐爱（1487—1518，余姚人）、王畿（1498—1583，山阴人）、钱德洪（1496—1574，余姚人）、季本（1485—1563，会稽人）、陈善（1514—1589，钱塘人）、唐枢（1497—1574，归安人）、许孚远（1535—1604，德清人）、张元忭（1538—1588，山阴人）。除了前两位，其余都是阳明学者。遗憾的是，虎林书院刚建成，它的创建人甘士阶就因积劳成疾而卒，浙江诸官绅为缅怀他的功绩，特地在武林书院之阳为他建了"甘公祠"。继任巡抚高举（1553—1624，淄博人）又继承甘士阶的遗愿，致力于主持书院会盟，设立讲会，昌明王学。

需要强调的是，高学称赞王阳明"揭良知而臻独诣，海内翕然推为正铎"，除了对阳明本人及其学说的赞赏，似乎还隐含着对杭州在传播阳明学过程中所发挥之作用的肯定。而把王门中甚少唱主角的杭州，视为"海内翕然推为正铎"的地方，则说明杭城肇始于天真书院的阳明学传播运动，到万历时已受到了官方的某种认可和助推，这不仅标志着阳明学的地位在杭州的大幅攀升，而且标志着阳明学在浙江的传播中心已从绍兴转移到了杭州。甘士阶等人在虎林书院内建明贤堂的目的，就是要把过去分祀于各地的具有代表性的浙江籍阳明学者合祀在一起，以进一步推动阳明学说在两浙的均衡传播与发展。

三、与阳明有关的杭城禅寺

王阳明滞留或路径杭州时，常常会选择名刹古寺住宿。《阳明年谱》中有他下榻胜果寺、灵隐寺、南屏寺、净慈寺、虎跑寺等记载，但其实阳明下榻过的杭州禅寺还不止这些，据阳明佚诗《题温日观葡萄次韵》《圣水寺》《春日宿宝界禅房赋》及黄绾《功德寺并序》等记载，阳明还下榻过西湖北玛瑙寺（地处葛岭路）、云居山圣水寺（一名云居寺）、宝界寺（地处艮山门外槎渡村）、栖霞岭功德寺（即今岳王庙）等禅寺。[①] 而在以上所记的几大禅寺中，与阳明学术

---

① 参见束景南：《阳明佚文辑考编年》，第17、145、153页；黄绾：《黄绾集》卷七，张宏敏编校，第123页。

活动有直接关系的则是虎跑寺和净慈寺。前者是弘治十六年（1503）阳明思想转型的重要场所，后者为正德二年（1507）阳明生命体验的重要场所。如果说弘治十六年的思想转型是阳明朝着正统、主流、权威的回归，那么正德二年的生命体验便是阳明朝着自然、自主、超越的迈进。前一次是阳明以亲情起念劝解禅僧回归人世，后一次则是阳明被居于寺庙周围的居士设计相救，死里逃生。可以说，杭州不仅给了阳明以思想的启迪，也给了他以生命的重生。思想启迪使阳明回归朱学、复思用世，生命重生使阳明超越自我、回归自然。阳明思想中的双重性格，在杭州禅寺的这两次经历中被表现得淋漓尽致。这不能不说与杭州亦儒亦佛亦道、三教合一的人文环境有莫大关系。杭州自唐代以后便是香火极盛之地，东西合璧，古今对话，各种思想学说在此交汇融合，成为当时中国人文环境的最佳地之一。在这样的环境下修身养性，从生命、情感到内心世界无疑都会获得不同程度的升华。

冯梦龙的《王阳明出身靖乱录》虽属传记文学[①]，其带有故事情节的描写不可轻易作为史料引证，但书中一些与《阳明年谱》等文献记载相吻合的详细描述，却有助于我们了解阳明在杭州禅寺的活动细节，并对其所进行的思想创设和生命体验提供想象之空间。

据《靖乱录》弘治十六年条记载：

> （阳明）先生寓居西湖，非关贪玩景致。那杭州乃吴越王钱氏及故宋建都之地，名山胜水，古刹幽居，多有异人栖止。先生遍处游览，冀有所遇。一日往虎跑泉游玩，闻有禅僧坐关三年，终日闭目静坐，不发一语，不视一物。先生往访，以禅机喝之曰："这和尚终日口巴巴说甚么！终日眼睁睁看甚么！"其僧惊起作礼，谓先生曰："小僧不言不视已三年于兹，檀越却道口巴巴说甚么？眼睁睁看甚么？此何说也？"先生曰："汝何处人？离家几年了？"僧答曰："某河南人，离家十余年矣。"先生曰："汝家中亲族还有何人？"僧答曰："止有一老母，未知存亡。"先生

[①] 参见李庆：《信史还是小说？——〈王阳明靖乱录〉及相关问题》，《国际汉学研究通讯》（第3期），北京大学出版社2011年版，第170—179页。

曰:"还起念否?"僧答曰:"不能不起念也。"先生曰:"汝既不能不起念,虽终日不言,心中已自说着;终日不视,心中自看着了。"僧猛省合掌曰:"檀越妙论,更望开示。"先生曰:"父母天性,岂能断灭?你不能不起念,便是真性发现。虽终日呆坐,徒乱心曲。俗语云:爹娘便是灵山佛,不敬爹娘敬甚人。"言未毕,僧不觉大哭起来曰:"檀越说得极是,小僧明早便归家省吾老母。"次日先生再往访之。寺僧曰:"已五鼓负担还乡矣。"先生曰:"人性本善,于此僧可验也。"于是益潜心圣贤之学。读朱考亭《语录》反复玩味,又读其上宋光宗疏,有曰:"居敬持志,为读书之本;循序致精,为读书之法。"掩卷叹曰:"循序致精渐渍洽浃,使物理与吾心混合无间,方是圣贤得手处。"于是从事于格物致知,每举一事,旁喻曲晓,必穷究其归,至于尽处。①

此则逸闻,《阳明年谱》略记于弘治十六年中。②当时阳明三十二岁,"移疾钱塘西湖,复思用世",在此之前,他已"渐悟仙释二氏之非"。这表明,阳明在虎跑寺对禅僧的规劝,其思想背景乃是"悟二氏之非"及对儒家"用世"之道的自觉。此后三年多,他在京师为官,业绩突出,风光无限,步入政治上的第一个高峰期。而从《靖乱录》的这段描述看,阳明当时对佛教已相当反感,尤其对其断灭人之天性的说教,更是嗤之以鼻,强调"真性"存在与发现的重要性,这其实亦与他十余年后提出的"致良知"说十分接近。

另据《靖乱录·正德二年条》记载:

明年(即正德二年),(阳明)先生将赴龙场。瑾遣心腹人一路尾其后,伺察其言动。先生既至杭州,值夏月天暑,先生又积劳致病,乃暂息于胜果寺。……居两月余。忽一日午后,方纳凉于廊下。苍头皆出外,有大汉二人,矮帽窄衫,如官校状,腰悬刀刃,口吐北音,从外突入,谓先生曰:"官人是王主

---

① 冯梦龙:《王阳明出身靖乱录》,第17—19页。
② 钱德洪:《年谱一》,王阳明:《王阳明全集(新编本)》卷三十二,吴光、钱明、董平等编校,第1231页。

事否?"先生应曰:"然。"二校曰:"某有言相告。"即引出门外,挟之同行。先生问何往,二校曰:"但前行便知。"先生方在病中,辞以不能步履。二校曰:"前去亦不远,我等左右相扶可矣。"先生不得已,任其所之。约行三里许,背后复有二人追逐而至,先生顾其面貌,颇似相熟。二人曰:"官人识我否?我乃胜果寺邻人沈玉、殷计也。素闻官人乃当世贤者,平时不敢请见,适闻有官校挟去,恐不利于官人,特此追至,看官人下落耳。"二校色变,谓沈、殷二人曰:"此朝廷罪人,汝等何得亲近!"沈、殷二人曰:"朝廷已谪其官矣,又何以加罪乎?"二校扶先生又行,沈、殷亦从之。天色渐黑,至江头一空室中,二校密谓沈、殷二人曰:"吾等实奉主人刘公之命,来杀王公。汝等没相干人,可速去,不必相随也。"沈玉曰:"王公今之大贤,令其死于刃下,不亦惨乎?且遗尸江口,必累地方。此事决不可行。"二校曰:"汝言亦是。"乃于腰间解青索一条,长丈余,授先生曰:"听尔自缢,何如?"沈玉又曰:"绳上死与刀下死,同一惨也。"二校大怒,各拔刀在手,厉声曰:"此事不完,我无以复命,亦必死于主人之手。"殷计曰:"足下不必发怒,令王公夜半自投江中而死,既令全尸,又不累地方,足下亦可以了事归报,岂不妙哉?"二校相对低语,少顷,乃收刀入鞘曰:"如此,庶几可耳。"沈玉曰:"王公命尽此夜,吾等且沽酒共饮,使其醉而忘。"二校亦许之,乃锁先生于室中。先生呼沈、殷二人曰:"我今夕固必死,当烦一报家人收吾尸也。"二人曰:"欲报尊府,必得官人手笔,方可准信。"先生曰:"吾袖中偶有素纸,奈无笔何。"二人曰:"吾当于酒家借之。"沈玉与一校同往市中沽酒,殷计与一校守先生于门外。少顷沽酒者已至,一校启门,身边各带有椰瓢。沈玉满斟送先生,不觉泪下。先生曰:"我得罪朝廷,死自吾分,吾不自悲,汝何必为我悲乎?"引瓢一饮而尽。殷计亦献一瓢,先生复饮之。先生量不甚弘,辞曰:"吾不能饮矣。既有高情,幸转进于远客,吾尚欲作家信也。"沈玉以笔授先生,先生出纸于袖中,援笔写诗一首。……纸后作篆书十字云:"阳明已入水,沈玉、殷计报。"二校本不通文理,但见先生手不停挥,相顾惊叹,以为天才。先生且写且吟,四人互相酬劝,各各酩酊。将及夜半,云月朦胧，二校带着酒兴，逼先生投水。先生先向二校谢其全尸之德，然后径造江岸，回顾沈、殷二人曰："必报我家，必报我家。"言讫，从沙泥中步下江来。二校一来多了几分酒，二来江滩潮湿，不便相从，乃立岸上，远而望之，似闻有物堕水之声，谓先生已投江矣。一响之后，寂然无声。立了多时，放心不下，遂步步挣下滩来，见滩上脱有云履一双，又有纱巾浮于水面，曰："王主事果死矣。"欲取二物以去，沈玉曰："留一物在，使来早行人人见之，知王公堕水，传说至京都，亦可作汝等证见也。"二校曰："言之有理。"遂弃履，只捞纱巾带去，各自分别。至是夜，苍头回胜果寺，不见先生，问之主僧，亦云不知。乃连夜提了行灯，各处去寻了一回，不见一些影响。其年丁卯乃是乡试之年，先生之弟守文在省应试。仆人往报守文，守文言于官，命公差押本寺僧四出寻访。恰遇沈、殷二人亦来寻守文报信，守文接了绝命词及二诗，认得果其兄亲笔，痛哭了一场。未几，又有人拾得江边二履报官，官以履付守文。众人轰传，以为先生真溺死矣。守文送信家中，合家惊惨，自不必说。龙山公遣人到江边遗履之处，命渔舟捞尸，数日无所得。门人闻者无不悼惜，惟徐爱言："先生必不死。"曰："天生阳明，倡千古之绝学，岂如是而已耶？"却说先生果然不曾投水。他算定江滩是个绝地，没处走脱，二校必然放心。他有酒之人，怎走得这软滩。以此独步下来，脱下双履，留做证见，又将纱巾抛弃水面，却取石块向江心拋去。黄昏之后，远观不甚分明，但闻扑通声响，不知真假，便认做了事。不但二校不知，连沈玉、殷计亦不知其未死也。①

此则逸闻《阳明年谱》只在"正德二年丁卯条"下记了不足三百言。②《靖乱录》的描述，至少为我们提供了三个联想空间：一是阳明当时避居胜果寺两个多月，与寺内外的僧侣居士关系甚笃，刘瑾派人来谋杀阳明，住在寺旁的"邻人"（估计即居士）沈

---

① 冯梦龙：《王阳明出身靖乱录》，第21—24页。
② 钱德洪：《年谱一》，王阳明：《王阳明全集（新编本）》卷三十二，吴光、钱明、董平等编校，第1233页。

玉、殷计设计解救，这里除了政治同情，可能还与阳明出入二氏的思想轨迹有关。二是阳明投江前尝作家书诗辞，并在滩上脱有云履一双，又有纱巾浮于水面，以假装绝命，设计逃脱，此举不仅蒙骗了谋杀者，也蒙骗了沈玉、殷计及其家人，以致当其弟守文把沈、殷二人送来的家信交于王华时，合家惊惨，皆以为"真溺死"，说明阳明颇有心计，谋略过人。三是该年丁卯，弟守文在杭城参加乡试，仆人往报阳明"死"讯，守文即言于官，命公差押胜果寺僧四出寻访，说明对于阳明的"死"，胜果寺负有很大的责任，至少当地官员是这么看的。这样就引出了三点质疑：既然阳明将赴龙场，为何还要在杭州禅寺避居两月余？既然途经杭州，为何不告知守文而"偷偷"避居胜果寺？既然已"投江脱之"，完全可隐姓埋名，去过逍遥自在的生活（其"游舟山"的目的可能就是去寻找这样的逍遥之地，后在闽地与二十年前"尝识于铁柱宫"的"异人"相遇，遂"与论出处，且将远遁"，即为我们透露了这样的信息），后来为何又"决策返""由武夷而归"，并从鄱阳去南京"往省"王华？前两点质疑透露出阳明与杭州禅寺僧侣的亲密关系，当局认定胜果寺僧侣对他的"死"负有很大责任绝非无的放矢；最后一点则说明阳明在内心深处始终未"断灭真性"，表面上是担心连累父亲和家人，其实是有"用世"之情结，这可谓其最后决定不"远遁"而赴龙场、伺机重新出山的根本原因。而他化解危险的灵感，却是从论用晦之道的《周易》明夷卦中得到的。明夷卦告诉阳明：只要在光明受损，前途不明，环境困难时，应时而变，在心中坚守正道，外愚内慧，韬光养晦，便能化险为夷，获得重生。就像其在壁间题写的"险夷原不滞胸中，何异浮云过太空？夜静海涛三万里，月明飞锡下天风"之诗句所云，即使不走出家或远遁的脱离人世之路，而只要做到内心超越，也照样可以脱离险境。于是，阳明便从装死远遁转为内心超越，从形迹消灭改为心中无碍。此可谓阳明在经过了生与死的体验后，在隐居胜果寺、远遁闽地期间所获得的最大的思想升华和人生感悟，一年后的"龙场悟道"亦可能与这段经历有一定关系。这说明，西湖周边的佛寺道院不仅为阳明的思想创设提供了极佳场所，而且提供了丰富的思想资源，这大概也是阳明决意要在杭州建书院、兴讲会的重要原因。阳明曾把西湖周边群山与"有老氏宫焉，殿阁魁杰伟丽"的湖南鄹陵之平山相类比，以表明自己对时任杭州郡守的杨孟瑛曾"诵读于其间（指平山），盖冥然与世相忘；若将终身焉，而不知其他也"①的超然情趣的高度认同，就向我们透露出这方面的点滴信息。

同样的这段经历，明人陈全之的《蓬窗日录》卷八中亦有详细记录：

……更有告终词一篇，不及录。书罢，为二校面缚挟至江边投之。伯安初入水即得覆舟负之，不能沉，漂凡七昼夜，所见皆如梦中。伯安惊慌莫知所之，舟偶及岸，见一老人率四卒来，云："汝何致此狼狈，吾当为汝解缚。"登岸，伯安拜谢，因问老人曰："此当何处？"老人曰："福建界也。"伯安告曰："愿公护某至彼。"老人曰："此去福建尚远，不能猝达，当送君往广信。"乃命四卒共往异之，去如飞，不半日已抵广信矣。老人复在彼，率诣僧寺，僧闻其名，延款甚恭。伯安问僧曰："老人在何处？请来同坐。"又谓僧曰："我馁甚，乞饭少许。"且嘱先饭四卒，僧觅之皆不见。询僧自岸至此为程几何？僧云千里，曰："自辰及午，迅速若是，信为神祐也。"食罢，僧达郡邑皆馆榖之，即移文浙省差人迎候，恍惚若梦寐中。人谓伯安志慕神仙，故堕此福地也。伯安今转迁为大鸿胪云。……又云：王水部伯安，正德间言事谪闽中，过溪覆舟几厄，时有渔人泛溪中，拯之上山。方徘徊间，边遇一道者，自称旧识，邀至中和堂主人处盘桓数日。主人乃仙翁也，临行作诗送之云……②

需要指出的是，历来对王阳明的这段经历存有不同看法，或者以为其诡诞不经，或者谓阳明多智数，虑刘瑾追害，故弃衣冠，伪托投江，而实阴赴龙场，其中尤以王世贞的《史乘考误》为代表，

---

① 王阳明：《平山书院记》，《王阳明全集（新编本）》卷二十三，吴光、钱明、董平等编校，第932页。
② 陈全之：《蓬窗日录》，顾静点校，上海书店出版社2009年版，第414—415页。顾静按："据王世贞《弇山堂别集》卷二七'史乘考误八'，此条'今转迁为大鸿胪云'以上袭自沈周《客坐新闻》，然清抄本《客坐新闻》中无此条。此条末段'王水部伯安'以下则袭自朱承爵《存余堂诗话》。"明按：清人褚人获的《坚瓠六集》（浙江人民出版社1986年影印民国十五年柏香书屋校印本）卷四《阳明遇仙》所记亦与此相近。

王氏尝力辨此事为不实:"据《年谱》,乃门人钱德洪著,德洪纯实人也,不误。而《客坐新闻》(沈周撰)所纪正德洪所谓讬言投江之说也。当时王公止是救给事中戴铣等,初与瑾无深仇,何必作此狡狯?毋乃权谲纵横之余习乎?"①尽管如此,有关王阳明谪龙场驿丞,道经杭州,为奸人谋害,投江中,因漂至海上,得生还之事,弘治六年(1493)进士、官至长沙府知府的余姚人陆相所著的《阳明先生浮海传》(一卷,《四库全书存目提要》著录),以及嘉靖五年(1526)进士、常熟人杨仪的志怪笔记小说《高坡异纂》等都有详略不一之记录。如果说上述史料均属"文人好异"而添油加醋、以讹传讹之臆测的话,那么阳明高足季本在《跋〈阳明先生游海诗后〉》所说的"正德丁卯(1507),先生以言事谪官龙场,病于杭之胜果寺。云有二青衣者至,欲擒之,沉于江,漂于海"②,则不能不说是代表了王门诸子之共识,要不然钱德洪在《阳明年谱》里也不会这么罔顾事实地胡乱记录了。

四、与阳明有关的杭州祠宇

中国古代书院强调"祭学合一"。杭州是王阳明及其门人后学讲学设教最多的地区之一,因而明清时期杭州的不少书院亦把祀奉王阳明作为功能之一。这其中,除了本章第二节已述及的几处杭城著名书院外,我们还能例举出"阁左作先贤祠三楹,祀阳明先生于仲,而配以心斋、龙溪、天台、近溪四先生"③的位于余杭于潜镇的天目书院等。

当然,相较于江西全省所建的十余处阳明专祠,整个浙江的阳明专祠在数量上明显偏少,据笔者所知,有明确文献记载的仅有三处,即阳明弟子薛侃等建于嘉靖九年(1530)的杭州天真书院之"仰止祠"④(后易名"勋贤祠")、巡抚浙江监察御史周汝员建于嘉靖十六

---

① 王世贞:《史乘考误八》,《弇山堂别集》卷二十六,魏连科点校,中华书局1985年版,第480页。
② 《季彭山先生文集》卷四,《北京图书馆古籍珍本丛刊》(第106册),第907页。
③ 焦竑:《天目书院记》,《澹园续集》卷四,《澹园集》,李剑雄点校,第831页。
④ 按:嘉靖十五年巡按浙江监察御史张景、提学佥事徐阶重修天真精舍、立祀田,遂使该祠逐渐官方化。

年（1537）的绍兴光相坊"王文成公祠"、浙江巡按监察御史傅凤翔建于嘉靖十七年（1538）的余姚龙泉山"王文成公祠"。

另据孙锵作于民国二十年（1931）的《〈王氏迁姚三世祖士元公迄王文成公七代遗像〉题跋》记载：

> 锵以甲寅之岁，排印《王阳明先生传习录集评》行世。是年之冬，即有日本之行，购其国人之谈王学者十余种，益信王学足以□世。来杭南屏又再翻印，于是有余姚王造周君相见杭□，出其先世迁姚诸祖合像，凡二十有八人……窃谓先生□余姚人，亦尝还住山阴矣，而生平耿耿在念，见诸吟咏者，一则曰"孤山早定归耕计"，一则曰"天真泉石秀，新有鹿门期"；□□□□□虎跑路为先生所乐游也。然则，先生既于杭□，其像之流传来杭也亦宜……然浙人旧有勋贤祠，兵燹以还，神位仅□寄于天龙寺内。□尝请省□会重建西湖阳明祠，当时不能通过，后合其□人请□确见以文澜阁改设，而□□无改，久不实行，亦徒说诸言言而已。①

关于孙锵及其于1917年经翁诗彦、秦相引荐，向浙江省议会提交《拟在西湖设立王阳明先生祠请愿书》的事，放到本章第六部分再作详述。这里的关键是，孙锵在题跋中强调指出：杭州旧有勋贤祠，因兵燹而毁，原来的王阳明神位只好被寄存在旁边的天龙寺内。为此，孙曾竭力呼吁在西湖附近重建阳明专祠，甚至特地把王阳明十六世孙王造周带到杭州向其出示的《王氏迁姚三世祖士元公迄王文成公七代遗像》拍成照片，以期他日能在阳明专祠中悬挂，但后因种种原因，阳明专祠既未改设，亦未重建，留下一大遗憾。

孙锵的这一记载，与刘承幹在《嘉业堂藏书日记抄》中的记载稍有出入。据刘氏《日记抄》1926年3月17日条记载："午刻偕子美、建夫、醉愚乘小划至西泠桥南楼外楼午饭……又至徐文敬②祠一转。乃

---

① 《王氏迁姚三世祖士元公迄王文成公七代遗像》照片原件，余姚博物馆藏，民国二十年摄制，由计文渊抄录整理。
② 徐潮（1647—1715），字青来，钱塘人。康熙十二年进士，选庶吉士，授检讨，累擢少詹事。乾隆初追谥文敬。

至公园，公园者即旧日圣恩寺行宫也。……出至隔壁王阳明祠①，即文澜阁旧址也，御碣犹存，书籍已悉数移出，良可浩叹。"②可见孙锵等人所希望的"以文澜阁改设"王阳明祠的事，后来还是实现了，而并非"徒说诸言言而已"，只不过没被晚年移居上海的孙锵见到罢了。

以上事实说明，杭城内在清初尚有阳明专祠存在。然而刘承幹在日记中提到的阳明专祠，实际上是从西湖南边凤凰山麓的天真书院（勋贤祠）移到了西湖北边的圣恩寺，也就是乾隆年间在该祠原址上专为存放《钦定四库全书》而修建的文澜阁。也就是说，杭州不仅有阳明专祠，而且是浙江建得最早的。由此似可得出杭州在王门中的地位还是比较突出的结论。

除此之外，浙江还有三处并祀王阳明等大儒的诸儒祠，即富阳的"正学祠"、嘉兴的仁文书院"六贤祠"和永康的"丽泽祠"。③其中像杭州的天真书院与"勋贤祠"、绍兴的阳明书院与"王文成公祠"、嘉兴的仁文书院与"六贤祠"等，其实都是在原书院的基础上演变而来的。

历史信息较为杂乱的是杭城一处不太为人所知的"同仁祠"。它虽非阳明专祠，但影响较大，持续时间也较久。

同仁祠实为平定朱宸濠叛乱立下功勋的孙燧、许逵、王阳明、伍文定四人而建。因南昌是平叛的主战场，所以同仁祠最早在嘉靖初年建于南昌，所谓"夫以孙许之抗节，王伍之平难，即三尺竖子亦知其与日月争光、宇宙为烈矣"④。又因孙燧、王阳明是余姚人，胡世宁是杭州人，三人虽"功在江西，而浙车辅之地"，故而后来在杭州也先后为他们三人建了专祠，合并后遂称"同仁祠"。

据宸濠叛乱后为阳明力辨清白并配合阳明处理遗留问题的、时任江西按察使唐龙所撰的《同仁祠记》载："同仁祠乃巡按御史周子汝员所始建，祀诸都御史孙忠烈公燧、兵部尚书胡端敏公世宁、新建伯阳明王公守仁。夫三公皆我浙人，后先奋忠，协平宸濠之乱，

---

① 按：此"王阳明祠"即文澜阁前的御座房。1929年整个文澜阁被布置成了西湖博览会农业馆。博览会结束后，在文澜阁和阁前御座房（王阳明祠）以及罗汉堂、太乙分青室里，陈列了浙江的历史文物和生物、矿物标本，垂花门前又加盖一座门楼，门匾上刻"西湖博物馆"五个篆字。
② 刘承幹：《嘉业堂藏书日记抄》，陈谊整理，凤凰出版社2016年版，第537—538页。
③ 参见何善蒙主编：《君子有终：浙江省祠庙历史资料汇编》，九州出版社2017年版。
④ 丁此吕：《同仁祠记》，孙燧：《孙燧集》，王孙荣编校，宁波出版社2019年版，第139页。

以死勤事捍大患也。法皆得祀，功在江西，而浙东辅之地，窃被其休，故祀之。况乡先生殁而祭于社，抑亦礼乎！经始于嘉靖丁酉（十六年，1537）十一月，而戊戌（十七年，1538）三月乃考焉。"①

该祠于清代咸丰十一年（1861）被毁："地为菜畦，势渐湮没。爰稽旧乘，按三公位次，为前明提学副使陈公儒所定，奉孙于中，胡、王左右之。每岁六月十四日致祭。盖宸濠以是日举兵，孙公是日死节也。并查公别有专祠，在涌金门外河滨，劫后已改八旗驻防，忠义坛无可兴复。转不若胡公之祠在横塘，王公之祠在慈云岭东（即勋贤祠），春秋尚有祀典可修似同仁祠。本为孙公首祀之处，今且权作专祠之所。清查祠基，计九亩四分二厘二毫九丝。先建飨堂三楹，祠门一座，缭以周垣。自后请六月十四日致祭。"②

有关杭城同仁祠的具体位置，史书上的记载不尽相同。明嘉靖《浙江通志》卷十九《祠祀志》："同仁祠在祥符桥畔，嘉靖十七年建，祀孙燧、王守仁、胡世宁。"③嘉靖《仁和县志》："嘉靖十六年，巡抚浙江监察御史周公汝员改安福寺为同仁祠，祀余姚孙忠烈公、胡端敏公、王文成公给帖，住旧僧圃裕等侍香火。"明李时行《同仁祠记》："要之，端敏之忠以其智，忠烈之忠以其勇，阳明之忠以其功。……祠建自嘉靖初年，在杭州府治内。"④清康熙二十三年《重镌明同仁祠记》："千佛阁安福寺，在武林坊。绍兴五年，以祥符旧基分建。淳祐七年，建阁。景定四年，移请安福旧额。元末兵毁重建，今并纯一院。嘉靖十六年，巡按浙江监察御史江西周公汝员素知仁和胡公世宁为江西宪副时，豫奏宁藩悍将反，乃抵罪从戎建，后事白宥罪起用。余姚孙公燧为江西巡抚时，坚守不从宁藩乱，终于死节。余姚王公守仁为彼巡抚时，统兵捕剿宁藩，卒底宁静，嘉三公功大，遂改寺为同仁祠，给帖住僧圃圆裕奉香火。大冢宰兰。"清雍正《浙江通志》卷二一七："同仁祠：万历《杭州府志》：在武林坊，祀明巡抚江南都御史谥忠烈余姚孙燧、兵部尚书谥

---

① 唐龙：《同仁祠记》，孙燧：《孙燧集》，王孙荣编校，第140页。
② 朱智等：《呈请仁和县伍公复祠略》，黄士珣：《北隅掌录》卷一，《武林掌故丛编》（第5集），广陵书社2008年版。
③ 唐龙：《同仁祠记》，孙燧：《孙燧集》，王孙荣编校，第142页。
④ 李时行：《同仁祠记》，孙燧：《孙燧集》，王孙荣编校，第142—143页。

端敏前江西按察副使仁和胡世宁、新建伯巡抚江西都御史谥文成余姚王守仁三公。"清林璐《同仁祠记》:"谨案:万历《杭州府志》,同仁祠在义(按:义为羲字之误)同坊,嘉靖十六年改千佛阁废址为祠,计基地九亩七分零。万历初,孙、王、胡三姓置祀田三十六亩六分零,租屋十五间半,始募僧供洒扫、司香火。历百四十有五年,享祀不忒。康熙癸亥,奉诏修通志,守僧投牒,乞改祠为千佛寺。后裔王志普等,尽发守僧仆碑、毁像,怙恶已久。覆验得,实,奉宪檄,惩僧如律。于是,我石更新,请余为记。"①清阮元《同仁祠壁记》:"仁和县武林坊有同仁祠,祀端敏及孙尚书燧、王新建守仁。"②清阮元《两浙防护录》:"宸濠之乱,世宁发其奸,燧遇害,守仁定乱。祠名同仁,在羲同二图武林坊(按:羲同坊与武林坊相邻)。"③清黄士珣《北隅掌录》:"同仁祠在阔板桥西,祥符寺千佛阁故基也。④嘉靖十七年,御史周汝员等建,以奉孙公燧、王公守仁、胡公世宁者。……按周汝员所建,曰'一仁祠',在江西,见《明纪遗编》。此当考沈朝宣《仁和县志》。以为嘉靖十六年,巡案浙江监察御史江西周公汝员,素知仁和胡公云云,嘉三公(孙燧号一川)功大,遂改千佛阁安福寺为同仁祠,唐龙《祠记》。三公皆我浙产,位以齿序从乡也,食以功合以义起也。岁一祭,祭每以六月十四日。濠于是日举兵,孙公死之,故从是日也。"⑤

以上所记,说法各异,大致有六种,即嘉靖《浙江通志》的

---

① 林璐:《同仁祠记》,孙燧:《孙燧集》,王孙荣编校,第143页。按:后来王志普对自己毁坏同仁祠的行为有所悔悟:"竖子不义作鹰视,惕号十谪伸正气。……良知煌煌日在中,同仁俎豆无终穷。"(王志普:《同仁祠铭》,孙燧:《孙燧集》,王孙荣编校,第145页)
② 引自王孙荣编校:《孙燧集》,第141页。另据阮元《石刻记》:"仁和县武林坊(具体位置不明)有同仁祠,祀端敏及孙尚书燧、王新建守仁。以宸濠之变,孙遇害,王定乱,而公实首发其奸,故合祠之。予近《两浙祠墓防护录》,咨者饬官护之,同仁祠其一也。嘉庆七年秋八月,巡抚阮元识。祠后人生员胡梦阳上石。"
③ 阮元辑:《两浙防护录》,浙江古籍出版社2017年,第45页。
④ 据《钦定古今图书集成方舆汇编职方典·杭州府部》:疑即《旧志》贡院桥,桥上石板二,每板约阔丈许。另据《梦粱录》:怀远桥之西,曰贡院桥。赵氏《仁和县志》:今呼阔板桥。以桥心但用丈许大紫石一块,两头跨街亦然,俗故有此称。姚靖曰:"余幼时及见桥柱'贡院'二字镌款。"又据《杭州全部小巷的名称与由来》(《都市快报》2016年12月23日):"南宋时,(杭州)贡院在贯桥西、新庄桥东。元时设在祥符桥(均在今中山北路以西凤起路段)。明洪武初迁府学西,后再迁登云桥北(今杭州高级中学址)。清光绪三十二年(1906)科举停办后,浙江巡抚张曾利用旧贡院改建成浙江官立两级师范学堂。"
⑤ 黄士珣:《北隅掌录》卷一,《武林掌故丛编》(第5集),第32页。

"祥符桥畔"说，嘉靖《仁和县志》的"改安福寺为同仁祠"说，李时行《同仁祠记》的"在杭州府治内"说，黄士珣《北隅掌录》的"在阔板桥西，祥符寺千佛阁故基"说，阮元《同仁祠壁记》的"仁和县武林坊"说，以及林璐《同仁祠记》的"羲同坊"说。其中"祥符桥畔"与"祥符寺"是一回事；"杭州府治内"说则有误，因明代杭州府治位于西湖东南侧吴山脚下的杭州府学南边，而祥符寺遗址在今杭州市延安路与凤起路交叉口东北，距离原杭州府治约1.5公里，故不能笼统地说"在杭州府治内"；"仁和县武林坊"说和"羲同坊"说，也显得不够准确，只有"在阔板桥西，祥符寺千佛阁故基"说是最符合实际。

祥符寺原名发心寺，南朝梁大同二年由鲍侃所建，宋真宗时改赐为"大中祥符寺"，寺前的桥也因此而得名。由于祥符寺的存在，祥符桥在北宋时颇有名气，苏轼留有著名的《祥符寺九曲观灯》诗。靖康之耻时，毁于兵灾，到康王南流时成了军器所。元代重建后又毁。明洪武年间再度重建。到了清代，祥符寺已不复存在，而因祥符寺得名的祥符桥却历经千年被传承下来，在今杭州市中心灯芯巷之西。

五、阳明与杭州桐庐之因缘

王阳明从杭州"南下"过江西去贵州、两广等地，都得经过当时属于严州府、现属杭州市的桐庐、建德等地，所以这些地方不仅留下了王阳明的足迹，而且也受到阳明学的影响。其中桐庐县又因境内有古代文人的精神家园——严子陵钓台，而与王阳明结下了更深的缘分。严子陵也是余姚人，作为老乡的王阳明，路过桐庐，登钓台、谒祠堂、祭子陵（严光），乃是顺理成章的事。这从阳明年轻时的诗句"富春咫尺烟涛外，时倚层霞望钓台"[1]"严光亭子胜云台，雨后高凭远目开。乡里正须吾辈在，湖山不负此公来"[2]中亦能得到印证。

当然，王阳明与桐庐的关系，最直接的是反映在他中年以后的诗作及晚年的"严滩问答"中。比如阳明的《复过钓台》诗及跋文说：

---

[1] 王阳明：《王阳明全集（新编本）》卷十九，吴光、钱明、董平等编校，第722页。
[2] 王阳明：《王阳明全集（新编本）》卷二十九，吴光、钱明、董平等编校，第1118页。

忆昔过钓台，驱驰正军旅。十年今始来，复以兵戈起。空山烟雾深，往迹如梦里。微雨林径滑，肺病双足胝。仰瞻台上云，俯濯台下水。人生何碌碌？高尚当如此。疮痍念同胞，至人匪为己。过门不遑入，忧劳岂得已！滔滔良自伤，果哉末难矣！

右正德己卯（十四年）献俘行在，过钓台而弗及登。今兹复来，又以兵革之役，兼肺病足疮，徒顾瞻怅望而已。书此付桐庐尹沈元材刻置亭壁，聊以纪经行岁月云耳。嘉靖丁亥（六年）九月廿二日书，时从行进士钱德洪、王汝中、建德尹杨思臣及元材，凡四人。①

阳明在此诗中不仅抒发了自己当时的心理状况，还介绍了其两次过钓台的大致背景。一次是正德十四年（1519）九月。据《阳明年谱》正德十四年九月壬寅条记载：

九月十一日，先生献俘发南昌。忠、泰等欲追还之，议将纵之鄱湖，俟武宗亲与遇战，而后奏凯论功。连遣人追至广信。先生不听，乘夜过玉山、草萍驿。张永候于杭，先生见永谓曰："江西之民，久遭濠毒，今经大乱，继以旱灾，又供京边军饷，困苦既极，必逃聚山谷为乱。昔助濠尚为胁从，今为穷迫所激，奸党群起，天下遂成土崩之势。至是兴兵定乱，不亦难乎？"永深然之，乃徐曰："吾之此出，为群小在君侧，欲调护左右，以默辅圣躬，非为掩功来也。但皇上顺其意而行，犹可挽回，万一若逆其意，徒激群小之怒，无救于天下大计矣。"于是先生信其无他，以濠付之，称病西湖净慈寺。②

---

① 王阳明：《复迁钓台》，《王阳明全集（新编本）》卷二十，吴光、钱明、董平等编校，第830—831页。按：从正德十四年（1519）到嘉靖六年（1527），满打满算只有九个年头，阳明此处可能是为了满足平仄之要求，而用了概数。
② 钱德洪：《年谱二》，王阳明：《王阳明全集（新编本）》卷三十二，吴光、钱明、董平等编校，第1267页。按：回军时，王阳明又顺便剿灭了八寨、断藤峡诸贼，而此事实已超出朝廷派他去广西执行任务的范围，故《阳明年谱》记曰："至是，先生以思、田既平，苏、受新附，乃因湖广保靖归师之便，令布政使林富、副总兵张祐等，出其不意，分道征之。"[钱德洪：《年谱三》，王阳明：《王阳明全集（新编本）》卷三十四，吴光、钱明、董平等编校，第1329—1330页] 可见阳明还是一心一意地想为朝廷做些实事的。

可见，阳明当时是在"驱驰正军旅"，被许泰、张忠等"遣人追至广信"，然后"不听，乘夜过玉山、草萍驿"的非常特殊的时候路径桐庐的，所以根本没有心思登钓台。草萍驿在衢州常山县，距离桐庐三百余里，水路两三天即到。阳明在跋文中用"献俘行在，过钓台而弗及登"一句带过，却隐去了当时为"献俘"而展开的激烈斗争。"十年"后的嘉靖六年（1527），阳明复过桐庐和钓台。此时他受命赴广西平定思恩、田州土瑶之乱，但由于"肺病双足胝"，身体不允许①；加之"复以兵戈起"，形势太紧急；"疮痍念同胞，至人匪以己"。所以这次他照样没有登钓台，终于失去了实现自己夙愿的最后一次机会。一句"过门不遑入，忧劳岂得已"，及"徒顾瞻怅望而已"，实已说明了一切。尽管如此，阳明在诗中依然流露出登钓台、祭子陵的强烈愿望，尤其是"仰瞻台上云，俯濯台下水；人生何碌碌？高尚当如此"两句，更是表现出他对严子陵这位同乡的无比敬仰和追慕，而背后的隐情则可从阳明此前所经历的暴风骤雨般的政治磨难中读出。

很显然，王阳明是因严光而向往钓台，又因钓台而心系桐庐。正因为此，同样路过建德县，阳明就没有留下诗作，更无讲学会友之举措，而在桐庐则又是赋诗，又是会友，甚至还讲学，如"严滩问答"即为一次非常重要的会讲活动（详见后述）。为此，桐庐士人也一直惦记着他。嘉靖八年（1529）三月，当阳明灵柩"抵衢州府上杭驿"时，"（衢州府）同知杨文奎……金华府通判高凤……严州府推官程淳，桐庐县主簿屠继祖，各就位哭奠"，似可说明一切。②

至于阳明《复过钓台》诗后面的跋文，则向我们明确交代了抵达桐庐时的随行人员和作诗的时间。王阳明抵达桐庐后，陪同他的除了其弟子钱德洪、王畿之外，还有建德知县杨思臣和桐庐知县沈元材。估计杨思臣是专程从建德县城赶来，与沈元材一起，从桐庐县城开始，一路护送阳明溯富春江、过钓台、经梅城而进入衢州境内的。至于四人之所以要一路护送，一方面自然是为了向阳明求学

---

① 离开桐庐后，王阳明在给家人的信中又写道："即日舟已过严滩，足疮尚未愈，然亦渐轻减矣。"[王阳明：《寄正宪男手墨二卷》，《王阳明全集（新编本）》卷二十六，吴光、钱明、董平等编校，第817页]说明他过桐庐时足疮的确很严重。
② 程辉：《丧纪》，王阳明：《王阳明全集（新编本）》卷三十七，吴光、钱明、董平等编校，第1478页。

问道，另一方面则大概是想陪他登钓台、祭子陵，以实现其夙愿。足见，阳明的这个心愿，不仅为其弟子所熟知，而且他的崇拜者也心知肚明。正因为此，钱德洪、王畿才会在"将入京师殿试"之际，"闻先生归，遂迎至严滩；闻讣，正月三日成丧于广信（今上饶），讣告同门"①。而他们"迎至严滩"的目的，就是想趁阳明归时路过桐庐时，能找机会登钓台，以帮助恩师实现这个多年的心愿。

王阳明在跋文中提到的沈元材，即沈椿，"字元材，吴县人，明嘉靖五年（1526）进士，曾任桐庐知县"②。而所谓"书此付桐庐尹沈元材刻置亭壁，聊以纪经行岁月云耳"，则表明阳明对自己的这首诗非常喜欢，于是指示沈元材将此诗"刻置亭壁"，供世人欣赏。不过史料中并未记载沈元材后来是否将此诗"刻置亭壁"，也没有见到桐庐在传播和弘扬阳明学方面的其他记录。

当然，如果要就学术思想而言，发生在桐庐县境内的"严滩问答"则可谓王阳明晚年讲学活动中的一个经典案例，对于发展阳明学的理论、促进阳明学派的建设都具有非常重要的意义。

严滩即严陵滩简称，位于严子陵钓台一带，是古时富春江上游在桐庐县境内的一处急流险滩。后来随着富春江水电站大坝的建成，而形成了一段水深波平的富春江小三峡。古诗文中常见的"严滩""严陵滩""子陵滩"，"严濑""严陵濑""子陵濑"和"七里滩""七里濑"，以及如今仍在使用的"七里泷"，尽管"滩""濑""泷"三字含义略有不同，但都是指以严子陵钓台为中心的上下这段江面。七里滩（濑）是根据其水流湍急的地理特征，即"有风七里，无风七十里"的古谚而得名，严滩（濑）是因严子陵而得名，其实指的都是同一段狭长的江流。

众所周知，王阳明出征广西之前，曾在绍兴王府内的天泉桥上，与钱德洪、王畿两位高足讨论了著名的"四句教"，即"无善无恶心之体，有善有恶意之动，知善知恶是良知，为善去恶是格物"，史称"天泉证道"。由于钱、王二人对四句教的理解存在较大分歧，经过阳明点拨后，仍未达成共识。于是，他们又追随阳明到了桐庐，在

---

① 钱德洪：《年谱三》，王阳明：《王阳明全集（新编本）》卷三十四，吴光、钱明、董平等编校，第1337页。
② 参见董利荣：《王阳明与桐庐》，《儒学天地》2019年第3期。

严滩附近的江面上（估计是在船上），进行了继"天泉证道"后第二场辩论会，史称"严滩问答"①。

关于"严滩问答"的内容，钱德洪所记的《传习录》和王畿撰写的《刑部陕西司员外郎特诏进阶朝列大夫致仕绪山钱君行状》中，皆有记录：

> （阳明）先生起行征思、田，德洪与汝中追送严滩。汝中举佛家实相幻相之说。先生曰："有心俱是实，无心俱是幻。无心俱是实，有心俱是幻。"汝中曰："有心俱是实，无心俱是幻，是本体上说功夫；无心俱是实，有心俱是幻，是功夫上说本体。"先生然其言，洪于是时尚未了达。数年用功，始信本体功夫合一。但先生是时因问偶谈。若吾儒指点人处，不必借此立言耳。
>
> 夫子赴两广，予与君送至严滩。夫子复申前说："二人正好互相为用，弗失吾宗。"因举"有心是实相，无心是幻相；有心是幻相，无心是实相"为问。君拟议未及答，予曰："前所举，是即本体证工夫；后所举，是用工夫合本体。有无之间，不可以致诘。"夫子莞尔笑曰："可哉！此是究极之说。汝辈既已见得，正好更相切靡，默默保任，弗轻漏泄也。"②

后周汝登、李贽、黄宗羲等人又根据钱、王二人的记录对此作了复述，证明"严滩问答"在王门中意义非同一般。由于"严滩问答"是"天泉证道"的继续，所以阳明开始即"复申前说：'二人正好互相为用，弗失吾宗。'"但王畿的提问却又深入了一步，即"举佛家实相幻相之说"为问。阳明解答后，钱德洪"于是时尚未了达"，只好说"若吾儒指点人处，不必借此立言耳"。而王畿则抢着答道："前所举，是即本体证工夫；后所举，是用工夫合本体。有无之间，不可致诘。"阳明听后说："可哉！此是究极之说。汝辈既已见得，正好更相切靡，默默保任，弗轻漏泄也。"对这样的回答，两人尤其是钱德洪自然还是不满意，钱氏甚至强调"不必借此立言"，

---

① 王阳明：《传习录下》，《王阳明全集（新编本）》卷三，吴光、钱明、董平等编校，第136页。
② 王畿：《王畿集》卷二十，吴震编校整理，第586页。

但二人又因别的安排（估计是准备来年的会试）而不能继续追随阳明前行，只好"唯唯而别"。一直到南昌，阳明的一批江右精英，如"东廓、南野、狮泉、洛村、善山、药湖诸同志二三百人候于南浦请益，夫子云：'军旅匆匆，从何处说起？我此意畜之已久，不欲轻言，以待诸君自悟。今被汝中拈出，亦是天机该发泄时。吾虽出山，德洪、汝中与四方同志相守洞中，究竟此件事。诸君只裹粮往浙，相与聚处，当自有得。待予归，未晚也。'"① 说明最后阳明还是没有说清楚这个问题，使之成了王门的一大"公案"。阳明一方面是想借用佛教禅机的方法，让弟子们"自悟""自得"，另一方面则是希望自己从广西返回后，能再与门生们继续讨论这个问题。但遗憾的是，门生们等到的却是他的灵柩。

六、阳明学在近现代杭州的回响

如上所述，王阳明与杭州的关系，我们可从明代杭州所建的诸多书院中得到印证，还能从王阳明与杭州诸多佛寺道观的关系及其所撰写的诸多西湖诗中获得佐证。大体而言，王阳明与杭州的关系可分为游玩型与传教型，西湖等湖光山色可谓阳明游玩杭州的主要对象，书院寺庙可谓阳明传教杭州的重要场所，而这两者事实上又是你中有我、我中有你的。这固然与王阳明的"乐学"理念密切相关，但更主要的恐怕还在于西湖美景及其人文环境对他的巨大吸引力。

到了清代，尽管阳明学受到打压排斥，但杭州仍延续了嘉靖年间其弟子们合力在天真书院内修建仰止祠以纪念先师阳明先生的传统，从而使杭州王门在清代仍得以延续。比如沈昀，仁和人，字朗思，刘宗周讲学蕺山，曾渡江往听。其学以诚敬为宗，以适用为主，而力排二氏。毛奇龄（1623—1716），字大可，号西河，萧山人，曾撰《王文成公传本》，表彰阳明学，贬低朱子学，甚至不惜与程朱学者论战，为阳明辩诬。骆钟麟，字挺生，杭州人，师从李二曲，在陕西周至、江苏无锡等地讲二曲之学，推广阳明学。王廷灿（1652—1720），号似斋，学从唐斌。

---

① 《徐爱 钱德洪 董沄集》，钱明编校整理，第408页。

尤其是康熙年间居于杭城的王阳明五世孙王复礼①，为继续传播和弘扬阳明学说，与当时被桐乡知县郭子坚聘为幕僚的李塨交往密切，讨论心学。李塨对王阳明的好感度极高，听说复礼住杭州，遂于康熙三十四年（1695）春三月，趁到杭州游学的机会，去拜访复礼。不巧复礼正好生病，不便会客，遂赠送所著《三子定论》与李塨。据《四库全书总目》载："《三子定论》五卷，国朝王复礼撰。复礼有《家礼辨定》，已著录。王守仁作《朱子晚年定论》，颠倒年月，以就己说，久为诸儒所驳。复礼欲申陆、王而又揣公论既明，断断不能攻朱子。故嘘守仁已烬之焰，仍为调停之说。凡《朱子定论》一卷、《陆子定论》一卷、《王子定论》一卷，后附学辨、论断共一卷，皆采诸家之言。附论一卷，则复礼自为说也。困绌之余，仍巧为翻案之计，盖所谓不胜不止者也。"李塨读后，复函答曰："论朱、陆、王三子，当以孔孟为断。合于孔孟，三子即各诣无害也；不合孔孟，三子即同归无取也。"是年夏，李塨在其受聘地桐乡收到王复礼从杭城寄来书信，称与李塨"论学相合，其论以孔孟为的，六经为证，躬行为主"。李塨读后"竦然起敬"，随即复函，提出"格物即学文，物即《周礼》之三物"的主张，以期与王复礼展开讨论。七月，李塨在抵杭州，"王草堂来拜，不值。往拜之，再三聚。（李塨）先生曰：'后儒不解学字，遂一往皆误。学者学于人，学《诗》《书》《礼》《乐》也。后儒专重诵读，或直指性天。而学歧。而学亡。'草堂曰：'然。'因言：'《太极图》本道家说，今本《大学》《孝经》，系朱子改窜，晦圣经本旨。程、朱、陆、王皆染于禅。'其考证甚博"。因两人论学颇为相契，王复礼遂为郭子坚在桐乡刊刻的李塨《讼过则例》作序。除了论学，两人还一起"登吴山酒楼，观钱塘潮"。李塨离开杭州时，复礼等友人"皆有赠仪"。②后李塨纂《大学辨业》，引述《传习录》颇多，王复礼则以"武林同学弟"的名义先后两次校阅《大学辨业》，并为之题辞曰："周孔故

---

① 王复礼（生卒年不详），字需人，号草堂，余姚人，一说山阴人或钱塘人。著有《三子定论》五卷、《家礼辨定》十卷、《季汉五志》十二卷、《武夷九曲志》十六卷及《二经汇刻》等，在心性学和经学上颇有造诣，可谓最有学问的阳明后裔之一。
② 冯辰、刘调赞纂：《李恕谷先生年谱》，《李塨集》（上册），陈山榜等点校，人民出版社2014年版，第1763—1764页。

道，如夜复旦，一何快也！凡有心目者，试观此论，尚不平乎？尚或未析乎？勿以门户而不返，勿以愚柔而自安，是所望焉。"①康熙三十六年（1697）九月，李塨再次到桐乡出任郭子坚的幕僚。在桐乡他又写信给王复礼，希望王能来桐乡会面，结果未遂。是年十一月二十六日，李塨第三次到杭州，"居丰乐桥，拜草堂不遇。次日，草堂来拜，馈之紬一端，墨一横，草堂受墨，出所著《书解正误》，曰：……吾辈为圣道而辩先儒，不得已也，不可过激而失中，不可剽古人旧论以为己出，不可刻訾小文小义，此余《正误》意也。（李塨）先生曰：'善。'"二十九日，两人同去拜会"少尝闻刘蕺山讲学"，后颇为信奉阳明学的毛奇龄。三十日回杭，"至草堂寓，（李塨）曰：'紬虽纰，然借手以致尊严大人为衷衣用，非先生所可辞也。'强留之"。"初二日，（李塨）订《书解正误》。草堂至，以与河右（毛奇龄）有约，乃坐草堂于寓，倩观所订《正误》"。康熙三十八年（1699）夏，李塨离桐乡前，又特意到杭州向诸友道别并继续论学："别河右，质乐律、田赋诸学……别草堂，质存养。"②此后李塨治《易》诸书，皆自王复礼、毛奇龄二氏发之。③故后来李塨尝回忆说："予曩如武林。交王草堂。其著述亟引予言，屡有鱼雁。后闻其移寓闽之武彝山，而音信迢迢矣。"④又尝自述其为学经历说："予自弱冠，庭训外，从颜习斋先生游，为明德亲民之学。……迨年几四十，始遇毛河右先生，以学乐余力，受其经学。后复益之王草堂、阎百诗、万季野，皆学穷二酉，助我不逮。"⑤表明李塨在学问上主要得益于毛奇龄、王复礼等人，而这可以说是发生在杭州的阳明后裔对清代学术发展所作的重要贡献之一。

到了民国年间，王阳明与杭州的关系依然延续，比如孙锵曾向

---

① 李塨：《大学辨业题辞》，《李塨集》（上册），陈山榜等点校，第930页。
② 冯辰、刘调赞纂：《李恕谷先生年谱》，《李塨集》（上册），陈山榜等点校，第1765—1773页。
③ 参见钱穆：《中国近三百年学术史》，中华书局1984年版，第207页。
④ 李塨：《记王草堂语》，《恕谷后集》卷三，《李塨集》（下册），陈山榜等点校，第1397页。按：王复礼于康熙四十八年（1709）在武夷山曾倡仪重建了王文成公祠。据《武夷山志》卷十七名贤下载："王复礼，号草堂，钱塘人，文成公后裔也。尝纂《兰亭》《孤山》二志。寓武夷，白督学杨公笃生、巡道陈公廷统，命崇（安）令王公梓，移建文成公祠于冲佑观前，复结庐于大王峰下，曰武夷山庄，为文记之，咏山庄诸景。和朱子韵十六首，编有《武夷山志》。"（董天工纂：《武夷山志》，方志出版社2007年版，第619页）
⑤ 李塨：《诗经传注题辞》，《李塨集》，陈山榜等点校，第213页。

浙江省议会提出过在杭州建立阳明祠或阳明书院的议案。

孙锵（1856—1933），又名礼锵，字高康，一字仲鸣，号玉仙，别号砚舫居士，浙江奉化人，光绪二十年（1894）进士，授内阁中书。1901年补四川越厅（今越西县）同知。其地彝、汉混居，土瘠民贫，文化落后。锵力创农桑，尤重办学，集股银七千余两，广立学堂；刻印《开化入门》《天文地学歌略》等书，补旧学之不足；购置文化科学新书万余卷，移藏书于书院，供师生借阅；且月授三课，遣学生去成都和浙江等地学习，或留学日本，时人誉称"文翁化蜀"。署内创设评议局以利民间诉讼。任职二年余，彝、汉两族相安无事。1902年秋，紫大地新场（今石棉县境内）山崩，毁房数百间，死六七百人。锵亲临灾区，立捐俸银70两，呈拨银2000两放赈，川督牟春煊称其"川中第一干员"。但后任川督却以"提倡民权""越级上报"相奏效。次年，降职成都官书局坐办兼督府学科参事。后迁浙江金华府教授。1908年离任，寓居杭州。民国初任浙江省教育会会长、奉化县劝学所所长。1915年在杭州南屏山麓建两浙节孝总祠，移居其中，戒荤茹素，推究道教。70岁后迷信乩坛。一生嗜书，搜集甚丰，设藏书楼，额曰"七千卷藏书之楼"，曾移三千卷赠乡里湖澜书塾。筹资校刊《宋文宪公全集》。纂《王阳明先生传习录集评》三卷（附录一卷、年谱一卷）、《越厅全志》十二卷。著《砚舫文集》《砚舫诗集》等。长于书法，仿虞、欧二体。作画秀雅中含有沉雄深厚之势。晚年移居上海，于上海爱丽园建"十二万卷楼"，专贮书、画，所藏书皆四库未收秘籍。

1917年，经翁诗彦、秦相引荐，孙锵向浙江省议会提交了《拟在西湖设立王阳明先生祠请愿书》，该书后由日本阳明学会会员冈次郎抄录并发表于上海《东亚日报》，日本《阳明学》第103号（大正六年六月一日刊）曾予以全文转载。请愿书的主要内容是：

第一，说明在杭州建立阳明祠的必要性："其殁也，京师、南畿、贵阳、南康、辰州、韶州、溧阳、蕲州、滁州、信丰、瑞金、安福、宣城、庐陵、洪都、赣州、青田、秀水、九华、越城，皆有王公祠及书院，而其最初发起者为明嘉靖九年杭州城南之天真山天真精舍，其后三十四年，改建天真仰止祠。盖先生在日，爱天真山左江右湖，因有卜筑之意，故门弟子于此尤三教意焉。查天真之祠，曾毁于万历七年，阅五年而复，且赐名曰'勋贤'。《西湖志》下天真寺今改为勋贤祠，而省志则云'勋贤祠旧名天真精舍，在天龙寺之左'。惜喻均氏著有《勋贤祠志》，世无传本，又未采入《武林掌故丛书》，不可得见。"

第二，证明天真精舍遗址即在天龙寺之左："鄙人寓处南屏，尝登所谓慈云岭者，实据左江右湖之胜，然山石荦确，决无精舍遗址。今从天真山间一下视天龙寺，则其左颇有遗础，必为下天真寺之天真精舍明矣。因又询之天龙寺僧，则寺之中堂王文成公神主俨然在焉。"

第三，阐释弘扬阳明学之意义："夫中国所习科学，大都译自东西洋，若阳明喜欢是乃吾中国之哲学，又为吾浙之先贤，而两浙诸公，近世尚有丑诋痛訾者，诚不知是何肺腑。若夫一般学子，熟闻日本以王学强国，亦颇欲从事研究，苦于讲贯无地者，所在多有。此鄙人所为向贵议会有提议之请也。……可为立国富强之本，其裨益似非浅鲜也。尝见日本人出版《传习录》，不惟印遗像墨迹，即贵州修文县之阳明洞与绍兴之阳明洞，皆摄影于卷端。贵州人之旅蜀者，成都亦有王公祠，独吾浙人躬被遗教，顾忍令先生神主孤寄荒山破寺之中，无人过问，似亦可耻之事。拟请贵会列入议案，大众取决。"

但遗憾的是，孙锵在这篇请愿书中所提出的建议，因种种原因，当时未见落实。

综合以上所述我们可以看到，在阳明学的形成发展过程中，杭州的人文环境曾给王学缔造者们以无穷的灵感启迪和丰富的思想资源。如果说余姚注入阳明体内的是孝道务实之学风，绍兴注入阳明体内的是超越遐想之性格，那么杭州注入阳明体内的便是文思才子和闲逸自然的双重性格。

（钱明撰稿）

阳明学在嘉兴、湖州

杭、嘉、湖的主要地区位于浙江北部。杭州作为省会城市，不仅是浙江阳明学人前往全国各地为官讲学的必经之地，其所拥有的天真书院等，也是当时全国阳明学者祭祀王阳明的主要场所之一。[①]因此，天真书院作为后阳明时期浙中王门的首席书院，其经营的兴盛和衰败直接关系到了浙中王学的走向。阳明去世后，浙江巡抚胡宗宪大力振兴阳明学，并系统刊印阳明学文献，以图为全国的阳明学人提供较为精准的刻本，今通行本《王文成公全书》便是在杭州通过在浙居住和工作的阳明学人的共同努力才编纂而成的。

嘉兴、湖州因盛产丝绸，经济特别富裕；中晚明时期的阳明学者又在此开办了不少书院，从而使阳明学在这两个地区也得到了较大发展。其中湖州因陆澄、顾应祥、蔡汝楠、唐枢、许孚远等著名学者、官员和教育家，或在朝为官，或在地方长期讲学，不仅承续阳明学脉，而且创新阳明学说，传及刘宗周后，范式转换动向更加显著。嘉兴则因董沄、董穀、许相卿、钱薇、沈谧、沈启原、陈龙正等讲学传道，著书立说，尤其是整理阳明文献，对坚守和承续阳明学脉起到了重要作用。

一、嘉、湖王学概述

众所周知，宋明时期，尤其是王阳明在家乡大力倡导致良知之学时，两浙（指浙东与浙西）的学术中心一直在浙东，所以常有浙西学者渡过钱塘江来求学的，如董沄、董穀过去父子乃阳明的浙西高足，陈确、张履祥等为刘宗周的蕺山学派在浙西的主要传人。因此，尽管浙西在思想原创性上难以与浙东比肩，但在学术传承上却仍有与浙东一脉相承的学派源流。

其实，王阳明与其父亲王华与以杭、嘉、湖为代表的浙西地区的缘分很深[②]，这主要得益于京杭大运河便利的交通条件和当地十分

[①] 关于王阳明及阳明学者与杭州的关系，请详见本书中卷《王阳明与杭州》章。
[②] 有关阳明父子与杭州的密切关系，可详见本书中卷《王阳明与杭州》章。

繁荣的文教环境。因家境困难，王华年轻时就在杭州湾对面的海盐、桐乡及德清等地从事私塾教学，以贴补家用。而童年的阳明则常常跟随其父往来于甬、嘉、湖之间，不仅使自己开阔了眼界，同时也结识了一些嘉、湖名士的后代。成人后，阳明曾多次往来于故乡京师之间，嘉兴又成为必经之地。阳明经过嘉兴时，常流连于当地之名刹，为此，他不仅留下了不少诗作，也留下了一些传说、故事。而他与德清徐家的一段因缘却更是为我们留下了阳明童年时的成熟形象。

近年发现的王阳明佚文《与友人书》中对这段因缘有如下记录：

> 所喻徐宅姻事，足感寿卿先生之不鄙，但姚江去越城不二百里耳！祖母之心犹以为远，况麻溪又在五六百里之外耶？心非不愿，势不相能，如何，如何？见徐公幸以此言为复。吾两家父祖相契且数十年，何假婚姻始为亲厚，因缘之不至，固非人力所能为也。……侄守仁顿首。①

信中提到的麻溪，明代属湖州府德清县，今为嘉兴桐乡市大麻镇。麻溪徐氏的居住地即今湘洋②村徐家场。从书中所谓"吾两家父祖相契且数十年"句可推知，王、徐两家为世交。据传，成化十二年（1476）王华携小阳明来到麻溪的徐九思、徐九龄兄弟家坐馆，教授徐家儿辈元桢、元礼、元吉和元瑞，直到成化十七年辛丑（1481）春王华赴京赶考中状元。故大麻镇湘漾村至今还有古迹"阳明先生读书处"。③

湘漾徐家是古代德清"徐胡谈蔡"四大家族之一。其中徐九龄、徐九思兄弟皆进士出身。九龄官至礼部主事；九思乡试《诗经》第

---

① 载陈焯辑《湘管斋寓赏编》卷二，后收入黄宾虹、邓实编《美术丛书》四集八辑，上海神州国光社1928年版，第106—107页。钱明编校的《王阳明全集》新编本第5册收录此文。
② 据郁震宏考证，"洋"当作"漾"。湘漾历来属于德清县十四都，1931年设大麻、湘漾、海卸三个乡。1950年湘漾乡划归崇德县，属洲泉区，1956年并入大麻乡（参见郁震宏：《湘漾村：桐乡西部历史文化第一村》，搜狐网https://www.sohu.com/a/315915522-713786）。
③ 参见陈永治：《王阳明读书处缘何在麻溪？》，《嘉兴日报》2018年6月4日。按：据民国二十年序刊本《德清县新志》卷十三《杂志·堂宅园亭故址》载："锦香亭在大麻村向阳里，明王守仁读书处。其父华尝馆于此，后人筑亭其上，明末寇毁。"（民国二十一年铅印本）

一，号"经魁"，官至南京右通政，德清县旧有"经魁"牌坊。九字辈中还有徐九万，出身举人，其妻是名人于谦孙女，晚年与洪钟、丁养浩等人结"归田乐会"，以诗会友，有《一斋文集》。九字辈下面是元字辈，徐元桢、徐元吉、徐元瑞等亦有名。元桢做过学宪[①]，元吉恩贡生出身，做过主簿。[②]

王华在德清徐府坐馆一事涉及其早年生涯，亦与童年时期的王阳明有关联。但这方面的情况，旧传如《海日先生行状》《海日先生墓志铭》等仅提及王华在祁阳（今湖南衡阳）坐馆的经历，余皆不详。据陈永治考证，王华先是在祁阳教了三年书，即成化十年（1474）入祁[③]，成化十二年归越，因为要应次年乡试。成化十二年（1476）前后，他又受聘于德清徐府，馆于麻溪。若从成化十二年算起，王、徐之交，至弘治十六年（1503），已有二十七载，与王阳明信中所说"数十年"正相符合。[④]

在阳明的这封信中，还涉及对于王家来说的一件大事。即弘治十六年前后，阳明的妹妹守让初长成，麻溪徐家即托人来为"寿卿先生"（可能是元字辈中的一位）提亲，阳明以路远为由婉拒。阳明所言当非托辞。后来余姚人徐爱受到王华及阳明的青睐，地近应是一个重要的考量。守让乃王华及其母岑氏的掌上明珠，王家舍不得她远嫁四五百里外的麻溪，于是便选择了同里的优秀青年徐爱。而阳明在信中则以"何假婚姻始为亲厚"来搪塞与其"父祖相契且数十年"的徐家，除了路远的因素，可能还与"寿卿先生"的年龄过大有一定关系。

若干年后正德五年（1510）冬，在结束了江西庐陵知县半年多的"基层锻炼"后，王阳明奉命前往北京觐见正德皇帝，又经过嘉兴时，因时任嘉兴知府的于凤鸣是其父王华的同年进士，所以对阳明的接待十分周到，让他玩得十分开心，流连忘返。阳明在嘉兴与于凤鸣一起走访崇玄道院，吟诗作赋，好不自在。能够受到知府大人的亲自接待，这在当地必定引起反响，一些读书人和地方官员开

[①] 余日德：《赠徐元桢学宪》，《余德甫先生集》卷十一，明万历年间刻本。
[②] 万历《湖州府志》卷七《贡荫》："德清学徐元吉，任主簿。"
[③] 束景南将王华赴祁阳任教一事系于成化十一年（乙未，1475）（见束景南：《王阳明年谱长编》，第10页），不确。
[④] 参见陈永治：《王阳明读书处缘何在麻溪？》，《嘉兴日报》2018年6月4日。

始对他另眼相看。五年后的正德十年（1515）九月，曾在南京问学于阳明的李伸（字道夫）出任嘉兴知府。到嘉兴后李伸即开始向周边人介绍阳明学说，这对于已对阳明其人其事留下较深印记的嘉兴来说，似乎是情理之中的事。

在王阳明的嘉、湖弟子中，除了陆澄、许相卿、顾应祥、董沄、董毂等亲炙弟子外，尚有倾心阳明的许孚远、唐枢、蔡汝楠以及为韩贞遗稿作序的余尚友等一大批人。许孚远对浙西地区民风颓靡、学术潦倒的情形感触极深，而对好友绍兴人张元忭为中兴学术事业所做的努力则赞许备至，声称："昨秋领教后，悬念殊深。吾乡习俗颓靡，朋友寥落，莫有甚于此时。如吾兄挺然卓立，迥出尘表，真弟所敬服，弟所倚赖也。"①余尚友曾自称是阳明的"浙西后学"。②故陶望龄代左景贤写的《潜学编序》称："夫文成之后，驾其说以行浙之东西者多矣。"③又谓："当正、嘉间……先生之教始于乡而盛于大江以西。"④此处所说的"大江"即钱塘江，然其谓"大江以西"乃取广义的"浙西"概念，包括安徽的宁国地区。而若就广义的"浙西"概念而言，阳明学在浙西的传播也许并不亚于浙东。即使就狭义的"浙西"概念而言，阳明学在浙西也有不少传播的机会和影响广泛的活动，如王畿、罗汝芳等阳明以后的大师级人物都曾在浙西授徒讲学⑤，罗氏还著有《两浙游记》，其浙西弟子朱廷益则为他撰写过祭文。⑥

需要指出的是，杭、嘉、湖地区讲学之风的兴起，浙东的王畿有莫大之功。据沈懋孝《沈太史全集》所收《洛诵编·水南徐先生当湖会语叙》载："往嘉靖乙丑（四十四年），龙溪王先生尝止于陆与中之天心院，讲良知学脉，从游士数十百人。而水南徐君从焉。余时侍养家居，亦与其末从。"另据《沈太史全集》所收《石林贲

---

① 许孚远：《简张阳和年兄》，《敬和堂集》卷五，日本内阁文库藏万历二十二年叶向高序刻本。
② 参见颜钧：《颜钧集》，黄宣民编校，中国社会科学出版社1996年版，第167页。
③ 陶望龄：《潜学编序》，《歇庵集》卷三，明万历刻本。
④ 陶望龄：《修会稽县儒学碑记》，《歇庵集》卷六，明万历刻本。
⑤ 以至沈德符在《万历野获编》中把罗汝芳、李材和唐枢、许孚远分别被视为"姚江身后其高足王龙溪辈"在江西和浙江的重要传人，他们"分曹讲学，各立门户，以致并入弹章"。说明王畿的思想不仅在浙东，而且在浙西也有较广泛的影响力。
⑥ 载罗汝芳《罗明德先生遗集》卷首。

草·滴露轩藏书记》载，自嘉靖三十九年（1560）以来的五六年间，沈懋孝时从王畿问学。又言及自己年方十二之时，曾拜见罗洪先、邹守益，而赵大洲则为其馆师。据刘芳节称，沈懋孝受学于王畿而青出于龙溪："先生之学，实有渊源。龙溪以姚江为蓝染，先生青出于龙溪。"① 沈懋孝是嘉兴地区相当活跃的阳明学者，著名的东林党人赵南星、史孟麟、叶水盛等均出其门下。② 嘉兴还有两位明代思想史上的重要人物——袁了凡、丁宾，包括袁的父亲袁参坡，也是王畿的弟子。关于袁了凡、丁宾从学王畿一事，可参见袁了凡的《两行斋集》卷十四《光禄寺署丞清湖丁公行状》。王畿与嘉、湖的密切关系，还可以从玉芝法聚、唐枢、许孚远以及后来的张履祥等人那里找到不少例证。

除此之外，包括王畿在内的阳明学者还在杭、嘉、湖地区创办了不少书院，举办过一系列有影响的讲会活动。我们曾据吴震《明代知识界讲学活动系年》一书作过统计，其中较有影响的大概有以下几次：嘉靖十六年（1537）十一月，沈谧建书院于秀水县文湖（今属嘉兴市），祀阳明；③ 嘉靖二十二年（1543）秋，顾应祥、唐枢等结社于湖州岘山；④ 嘉靖二十九年（1550），钱德洪从杭州赴湖州，参与并主持"岘山会"（详见后述）。嘉靖三十二年（1553）夏，罗洪先、邹守益、唐枢、王畿、唐顺之、方湛一等"携同学六七人"会于当湖（今嘉兴平湖）；⑤ 嘉靖四十三（1564）春，王畿与李材会于杭州金波园，有湖上浃旬之会；秋，复与万思默相会于武林；⑥ 嘉靖四十四年（1565），王畿赴嘉兴平湖，宿于陆与中之天心院，"讲良知学脉，从游士数十百人"；⑦ 嘉靖四十五年（1566）秋，唐枢、王畿、管州、王宗沐、孙应奎、胡石川等聚会于杭州金波园，与会者达百余人；⑧ 隆庆二年（1568），王畿主讲于当湖之天心书院，与

---

① 沈懋孝：《长水先生集叙》，《洛诵编》卷首，《沈太史全集》，日本内阁文库藏明代稀见本。
② 参见吴震：《明代知识界讲学活动系年 1522—1602》，第191、265页。
③ 按：据湛甘泉《湖州宗山精舍阳明王先生祠堂记》（《湛甘泉先生文集》卷十三，嘉靖十五年闻人诠刻本），可知当时嘉兴、湖州一带建有阳明祠堂的书院不在少数。
④ 顾应祥：《岘山逸老堂铭》，《崇雅堂文集》卷十二，明刻本。
⑤ 沈懋孝：《淇林馆钞·湖上读书堆六先生会语》，《沈太史全集》，日本内阁文库藏明代稀见本。
⑥ 王畿：《水西会钓题词》，《王畿集》卷二，吴震编校整理，第29页。
⑦ 沈懋孝：《洛诵编·水南徐先生当湖会语叙》，《沈太史全集》，日本内阁文库藏明代稀见本。
⑧ 唐枢：《六咨言集·金波园聚友咨言》，《木钟台集》，《四库全书存目丛书·子部》（第162册）。

丁宾、陆光祖等八人结为"天心会盟";① 同年冬，王畿自云间趋过嘉禾（按：云间乃松江府之雅称，嘉禾乃嘉兴府之雅称），会于东溪山房，讲"愤乐之说"，后又应蔡春台之邀，赴姑苏，举竹堂会;② 隆庆三年（1569），王畿应曾见台之约，趋会杭州，举武林会，就王学重大理论问题展开研讨;③ 万历五年（1577）秋，王畿应邀"赴阳羡之会"（按：阳羡乃宜兴之雅称）;④ 同年秋，邓以赞、张元忭、罗万化聚会于杭州，与王畿论学;⑤ 万历六年（1578）春，许孚远、张元忭、赵志皋、罗万化"聚会于武林西湖之上，论心谈道"。⑥ 万历七年（1579），张居正毁天下书院，包括杭州天真书院在内的与王门讲学有关的诸多重要书院均在禁毁之列，即使在这样的背景下，该年春，王畿仍应约讲学于平湖，刘允玉、沈懋孝等185人与会;⑦ 翌年，王畿又赴松江参加"云间之会"，后又与平湖人陆光祖会"于嘉禾舟中"，畅讲佛学。⑧

可以说，以上这些访学交游活动，为阳明学在杭、嘉、湖的传播与发展打下了很好的基础。杭州的情况我们已在《王阳明与杭州》章中详述。湖州的情况放到后面细述。而嘉兴很早就出现了一批阳明亲炙弟子，如许相卿、董沄、董穀等，嘉兴王门所呈现出的家族性、文学性及禅学性之特点，使之在整个王学运动中有了自己的独特个性。尤其是与余姚仅一"湾"之隔的海盐，因水上往来距离较近，遂成为阳明学传播于嘉兴的跳板。海宁人许相卿的一生，至始至终都与王阳明保持着密切关系，着实耐人寻味。海盐人董沄以高龄之躯往绍兴拜学于阳明门下，更是大大增强了阳明学在嘉兴地区的影响力和号召力。许相卿、许闻至、许闻造

---

① 丁宾：《贺奉常陆安石先生膺封司寇郎叙》，《丁清惠公遗集》卷五，明刻本。
② 王畿：《愤乐说》，《王畿集》卷八，吴震编校整理，第194页；《竹堂会语》，《王畿集》卷五，吴震编校整理，第104页。
③ 王畿：《别曾见台漫语摘略》，《王畿集》卷十六，吴震编校整理，第463页。
④ 王畿：《书贞俗卷序》，《王畿集》卷十三，吴震编校整理，第361页。
⑤ 邓以赞：《秋游记》，《邓定宇先生文集》卷三，明刻本。
⑥ 许孚远：《祭罗康洲宗伯》，《敬和堂集》卷十，明刻本。
⑦ 沈懋孝：《石林黄草·龙溪王先生过当湖邑人士一百八十五人集于五老峰塔院会讲记》，《沈太史全集》。
⑧ 王畿：《重修惠民桥碑记》，《王畿集》卷十七，吴震编校整理，第489页。《答五台陆子问》，《王畿集》卷六，吴震编校整理，第147页。

父子，董沄、董穀父子，乃至以后的沈谧、沈启原父子，以及丁寅、丁宾兄弟，在传播阳明学的过程中，均带有家族传承的鲜明特色。而许相卿所著的《许氏贻谋四则》，其重要特点就是严格家法，可谓阳明学面向家规、家训和家风方向拓展的重要尝试。作为嘉兴王学的开山者，由许相卿倡导、董沄参与的永安湖论学会，为嘉兴王学的发展提供了极好的平台；永安湖西北杜曲岗的九杞书院，则为嘉兴王门提供了后备力量。到了后阳明时期，嘉兴的天心书院、文湖书院又成为当时有名的王门讲学处。前者由阳明后学陆光宅捐建，后者由沈谧于嘉靖十六年（1537）十一月所建，祀奉阳明先生，时任秀水知县的林应亮为之撰写记文。其间，沈谧与钱德洪、王畿、唐枢等人往复切磋，大兴阳明之教。后沈谧起佥江西，又为南、赣等地兴建阳明祠起到了积极的推动作用。故嘉靖三十二年（1553），"参政孙宏轼、副使刘悫设谧位，附食于师，谧子进士启原增置赡田，与爱等议附薛子位，祭期定季丁日，同志与祭天真者俱趋文湖，于今益盛"。

除此之外，在阳明文献的刊刻上，嘉兴阳明学者也做出过重要贡献。钱德洪曾称赞沈启原说："沈子启原冲年即有志师学，搜猎遗文若干篇，录公移所遗者类为四卷，名曰《三征公移逸稿》，将增刻《文录续编》，用以补其所未备也。"[①] 而沈启原所搜的"逸稿"，大部分来源于钱德洪首刻的《阳明先生奏疏公移》二十卷本，是沈将这部分内容编为《三征公移逸稿》四卷，隆庆四年（1570）秋冬单独刊刻出版，后收入《王文成公全书》，成为阳明公移文献的基础性材料。

继沈氏父子在嘉兴振兴阳明学后，陆光宅又在平湖筹建天心书院，并延请王畿来平湖讲学，堪称嘉兴王门乃至整个浙中王门之盛事。后来发生的"天心盟约"以及参与盟约的八位学子，被王畿视为延续阳明学脉的重要事件和关键人物。到了晚明，嘉兴王门仍有一些活动和影响力，比如在文献学上，丁宾在万历四十三年（1615）编刻了《龙溪王先生全集》，后王畿弟子袁黄又与丁宾一起在南京王文成公祠进行了校对，这对后阳明时期王学的传播与发展具有特

[①]《徐爱 钱德洪 董沄集》，钱明编校整理，第205页。

殊意义；崇祯五年（1632）五月，陈几亭为《阳明先生要书》作序，对晚明时阳明学在嘉兴的传播也有一定作用。在学术思想上，刘宗周的一些嘉兴弟子对蕺山学和阳明学所作的解读和诠释，则可以说是利用蕺山学来接续和转换阳明学的重要举措。

与此同时，阳明学还与湖州结下了很深的缘分。尽管湖州历来是朱子学的大本营，但王阳明的著名弟子陆澄等人的出现，却使这种局面发生了改变。陆澄家族不仅是湖州望族，而且在湖州也有较好的人脉，因此，自陆澄在南京求学于阳明之后，顾应祥、高冕、韦商臣等湖州籍士子也纷纷向阳明求教。阳明妹夫徐爱甚至打算在湖州置田，以作阳明及自己隐居终老之处。今本《传习录》上卷，陆澄所录的内容相当重要，他善于提问，善于思考，与阳明问学书亦被录于《传习录》中卷。正德十二年（1517）九月，陆澄父陆璩（字文化，号浩斋）去世，阳明为其作墓志铭。

王阳明去世后，嘉靖二十二年（1543）春，唐枢、顾应祥等阳明亲传的湖州籍弟子在湖州组织"岘山社"，每年定时聚会，交流论学。顾应祥晚年又退居长兴洪桥顾家潭村太湖边，在今长兴二小建养正书院（今仅存养正堂），又在家设静虚书院，融合王、湛，讲学传道，惠泽后人。嘉靖四十一年（1562），时任浙江巡按张科、湖州知府张邦彦于湖州城北飞英界废寺原址（今湖州市中心飞英塔公园所在地）征地23亩，总计银320两，建立书院，中为堂，后为寝室，傍为号舍，外衢有坊，表曰"吴兴唐一庵书院"，广育人才，湖州之贤者大率出于此，使之成为湖州传播阳明学的主要阵地。唐枢高足许孚远晚年罢官回德清乌牛山麓，捐资建书院，声名远播四方，刘宗周便曾多次慕名从绍兴渡江来问学。湖州学风博文约礼，融合创新，对于清代浙东经史学派的兴起有一定作用，值得留意。此外，施聘之、韦商臣等湖州学人当时亦与王阳明交往密切，对湖州王门的形成与发展也起到过一定的助推作用。

总之，嘉兴王门和湖州王门，依靠优越的地理优势和良好的学术基础，在中晚明整个阳明学的宏大阵营中，都留下了自己的深刻印记，在阳明学的传播、发展史上都具有独特地位。不过话说回来，尽管经过王阳明亲炙的嘉、湖籍弟子以及王畿等人的努力，使阳明学说在嘉、湖地区得到了较大发展，但并没有改变该地区以朱子学为宗的学术传统和风格。因此，该地区对阳明学的批评、修正乃至恶意抨击,一直以来都要大大超过浙东的宁、绍、金、衢地区,以至于到了清初,该地区又集中涌现出一批谨守朱学的卫道士,如吕留良、陆陇其、陆世仪、张履祥等,而与浙东之学相抵牾。可以说,阳明学虽产生于浙江,但在这一地区的传播却并不顺畅,且不说朱子学和甘泉学占主导地位的浙西地区,即使有着心学传统的浙东地区,也经常会面临来自其"内部"的干扰和纠葛。

二、岘山社与南太湖阳明学的发展

岘山与湖州名山道场山(现为公墓,山下有胡瑗墓)相邻,距湖州城南一公里,本名显山,以唐朝中宗讳改。岘山常见山名,襄阳岘山俗称"三岘"。据《释文》:"岘者见也,山之首见曰岘,一出安定门(旧湖州城南门),即见此山,故名。"苏轼尝作《登岘山诗》云:"苕水如汉水,粼粼鸭头青,吴兴胜襄阳,万瓦浮青冥。"意思是吴兴的岘山可与襄阳岘山媲美。现如今,岘山主峰立有赵孟頫题额的"雄跨亭",往东还有一处非常重要的历史遗迹,即洼樽亭。因岘山上有一块不规则长方形巨石长约2米,宽约1.5米,中间凹陷,是一件"鬼斧神工"的古代酒器——石樽,《志》载"可贮酒五斗",因此得名"洼樽"。唐开元年间,太宗李世民的曾孙李适之在任湖州别驾时,常携幕僚和友人登岘山,让侍者把酒注满浑然天成的石樽洼陷中,欢饮其间,"恣饮望帝乡,时有一醉"。天宝初,李适之升任左相,故洼樽又称"李(左)相石樽"。洼樽亭最早由湖州人李登所建。元代亭废,明万历二年(1574),湖州推官张应雷重建,清初浙西道李之粹手书"洼樽亭"石碑,碑高2米,半截已埋入土中。今亭已毁灭,洼樽尚在。山上最为有名的,当推在中国文坛上可与"兰亭修契"相比美的由颜鲁公作首句、李萼收尾的"登岘山观李左相石樽联句"诗,共29联、58句、290字,收于《全唐诗》。岘山上原有"高风堂",祀隐逸诸贤;有"嘉客祠",祀流寓诸贤;有"逸老堂",供耆老聚会。清康熙五年(1666),知府吴绮在山上建"九贤祠",祀晋太守谢安、王羲之,梁太守柳恽,唐刺史颜真卿、杜牧,宋知州事孙觉、苏轼、王十朋,明知府陈幼学等九位前贤。小小岘山不仅浓缩了湖州历代风流文雅,也铭刻着阳明后学在此讲学传道的深深印记。①

据考，地处湖州岘山的"岘山会"，缘起于苕溪五隐社，经历过五个时期，分别是正德时期的苕溪五隐社、湖南崇雅社，嘉靖时期的岘山逸老社，万历时期的后逸老续社，前后历时百余年。其中，顾应祥、韦商臣、唐枢、蔡汝楠等著名阳明学者参与的主要是正德时期的湖南崇雅社与嘉靖时期的岘山逸老社。大约在嘉靖二十二年（1543）秋，岘山逸老社举行首次会讲，由唐枢主导，倡明阳明心学，当地名士参与其中者，"以齿为序"，有年八十的太子少保工部尚书蒋瑶（石庵）、年七十七的山东即墨县知县吴廉（我斋）、年七十六的山东平度州知州施佑（南村）、年七十五的工部尚书刘麟（南垣）、年六十八的福建延平府同知蔡玘（字玉卿，号夷轩，蔡汝楠父）、国子监丞李丙（平溪）、年六十七的参政陈良谟（栋塘）、年六十六的以都察院右副都御史罢官家居的顾应祥、年六十五的江西按察司佥事孙济（郭南）、年六十四的山东按察司副使吴龙（苕源）、年六十三的通政司右参议张石川、年五十九的四川布政司左参议韦商臣（南苕）、年五十八的贵州思南府知府朱云凤（双桥）、年五十二的福建布政司参政吴廉（石岐）和刑部主事唐枢（一庵），号称"十五老"。"而石歧差长，初唐一庵倡议，以吾湖士夫休官林下者，拟春秋二社，日于郡城近地一会"②，将湖州的学术活动推向高潮。在曾任工部尚书而退休在家的名臣刘麟（江西安仁人，隐居湖州长兴南坦）的支持下，从嘉靖二十二年（1543）到嘉靖二十六年（1547）间，以顾应祥、唐枢为主讲，大约举办了八次会讲活动，有力地推进了阳明心学在浙北地区的传播。后来，昆山的张寰（1481—1568，字允清，号石川，官至通政司右参议）、海盐的徐咸（1481年生，字子正，号东滨，官襄阳府知府）等人纷纷慕名而来，加入湖州会讲，并使岘山会讲的影响力逐渐辐射到整个南太湖地区。为此，顾应祥年年作诗称颂，其中一首写给蔡汝楠的诗云："翠微深

---

① 参见郑礼炬：《明代正德至嘉靖间湖州岘山社考论——以刘麟为中心》，《浙江社会科学》2008年第6期。
② 顾应祥：《岘山十五老图记》，《崇雅堂全集》卷十，《岘山逸老堂铭》，《宋雅堂全集》卷十二，日本内阁文库藏明万历三十八年顾衍谨跋刻本。专题性研究可参见黄晓娜：《明代岘山社研究》，漳州师范学院硕士学位论文，2012年。

处锁禅关,萝薜层层春自闲。树杪归云迷洞口,竹根流水度花间。晴波白淼鸥边渡,拳石青浮水上山。逸老新堂开地主,清秋绝巘会应攀。"①充分反映了当时湖州王、湛合会讲学之盛况。

嘉靖二十九年(1550),钱德洪闻湖州讲学之盛,从杭州写信给唐枢,告知唐自己"将寻岘山之盟",并说"东南同志闻岘山之社久矣",而自己去年即"与龙溪王子将趋会",后因"事阻弗克"。唐枢闻之,喜出望外,热烈迎接。次日,钱德洪即登岘山赴会,见"座中皆东南名流",有不少是自己多年未见的老友,其中也有从外郡来的,更有从外省来的。"一旦即席晤语,登高择胜,雅歌微吟,神飞意动,思不自禁",整个氛围,非常热闹。会后,钱德洪感触良多,感叹道:"一岁二会,迹虽若梳,然未会思会,既会思离,会以考德,离思定业,精神常若流贯……夫会以考德,则德日起而会益亲,是知今日岘山之会,非特备耆英乐真率为一时燕好也……夫一会举而众思集,所以宣风教,贻后世,敢不祗勖以无忘吾子之言?"遂即兴写下《岘山社绘图序》一文,全文如下:

> 嘉靖庚戌仲春二十二日,洪自武林寄书一庵唐子,将寻岘山之盟,在湖州南郭,距武林二百里,非易日不至。晨发北关,苇航布席,迅风如驶,未晡时,忽见岘山,余讶曰:"是何神速?"一庵闻余至,喜而迎曰:"兄来时哉!明晨为社于岘山,诸乡老至矣。"洪曰:"异哉!天假片帆,讵知有异在兹耶?"明发登岘山,见同郡而至者十人,主期会者颓然白发,尚书公石庵蒋翁也。有越省而至者一人,昆山石川张公也。有越郡而至者一人,海盐东滨徐公也。东南同志闻岘山之社久矣。去年秋,洪与龙溪王子将趋会,以事阻弗克。今日之会之,适出不意,而座中皆东南名流,况中间故旧,或三四年,或五六年,或至十年,有不及一见者。一旦即席晤语,登高择胜,雅歌微吟,神飞意动,思不自禁,乃执爵而颂曰:"博哉!斯会之义乎!可以广思矣!古之君子,出则以身明其政,入则以身明其

---

① 顾应祥:《隋堤柳次蔡子木韵》,《崇雅堂全集》卷五,日本内阁文库藏明万历三十八年顾衍谨跋刻本。

教,毫不乱礼,耆不倦德,亦其知所程也。"石翁年几卫武,执礼秉德,终日钦钦,翁老矣,其志且然,则年有少于翁者,其能以无思乎?一岁二会,迹虽若梳,然未会思会,既会思离,会以考德,离思定业,精神常若流贯。况春秋二社相禅,离未久,会俟至,则竞时岁、惜景光者,又能以无思乎?朝无老成,乡乏耆德,有国之忧也。风化不新于天下,动率者,无其人耳!诸老颙然在位,子弟不敢乞言而心自肃,则观化于下者,又能无思乎?世好下趋,名驱利逐,惟日不足,越数百里趋会,非理舟楫、具资斧、行假岁月不至,二公越省越郡惠然来思,则为婢子牵裾,老死寻丈之间,不能一出户庭以通天下之志,闻二公之风,又不能以无思也。夫会以考德,则德日起而会益亲,是知今日岘山之会,非特备耆英乐真率为一时燕好也。百世之下,苟同斯志,想见遗事,其又能已于思乎?夫一会举而众思集,所以宣风教,贻后世,敢不祗勖以无忘吾子之言?乃出绘图,请书之,以征夫将来者。①

"岘山之盟"即岘山会,是由岘山社组织的会讲活动。关于岘山社的性质、特征及其与浙东地区讲学运动的区别,吴震的《明代知识界讲学活动系年 1522—1602》一书曾作过详细评介,可资参考。②而正是通过湖州城南的岘山会,才使湖州地区的阳明学者有了交流互动的良好平台,无论是长兴的顾应祥,还是德清的蔡汝楠,或者是居住在市区的唐枢,湖州三大阳明心学家得以在岘山碰面,游山玩水,互相鼓励,探讨学术,形成了浙北地区王门讲学的高潮。他们会通甘泉学,弘扬阳明学,使浙北地区的阳明心学有了区别于浙东阳明学的显著特色。后来钱德洪拜访湖州岘山社,并撰文记录当地会讲之盛况,为我们描绘了当时浙北地区阳明心学的繁盛场面,值得留意。

---

① 原载于明张睿卿编纂《岘山志》卷四《社会上》,收入《四库全书存目丛书·史部》(第234册)第90—91页。据杨正显:《王阳明佚诗文辑释——附徐爱、钱德洪佚诗文辑录》,(台湾)《中国文哲研究通讯》第4期转录。
② 吴震:《明代知识界讲学活动系年 1522—1602》,第113—115页。

三、嘉兴的阳明学者

嘉兴王学可以说由许相卿、许闻至、许闻造父子发其端，董沄、董榖父子承其大，沈谧、沈启原父子接其力，而袁黄及丁宾兄弟、陆光宅兄弟乃至陈龙正等则又进一步予以弘扬光大，尤其在修复书院、保存文献以及家风家训等方面，对继续推进阳明学在嘉兴地区的传承、发展发挥了重要作用。在心学理论上，嘉兴王门与倾心于朱王、王湛合流的湖州王门很不一致，表现出阳明心学与佛道二氏及地方社会融合的趋势，具有佛教化、家族化与民间化的倾向。尤其是董沄、董榖、袁黄、陆光祖四位嘉兴王学名家以及刘宗周的嘉兴弟子，更是将致良知的道德生活佛教化、极端化，强调日常生活的为善去恶、因果报应，在百姓中普及功过格的思想，使良知学浸润在浓浓的禅风气氛中。

许相卿（1479—1557），字伯台，号黄门，又号杞山。嘉兴府海宁县人。为阳明的早期弟子。正德十二年（1517）进士。嘉靖时授兵科给事中，尝为于谦儿子封锦衣千户，王阳明儿子封锦衣百户上书，为阳明辩护，言皆切要。后称病归里，以盐邑紫云村山水为胜，徙家居村南茶磨山，"澹于宦情，居紫云山四十年，风花雪瀑，游屐遍于岩椒，而不一入城市"①，自号云村老人。课耕力食之余，时以骑黄犊、戴笠披蓑、行山间觅句为乐。其后屡拒出仕，清名益高。著有《史汉方驾》《革朝志》《良方辑要》《校正海昌续志》《云村文集》等。子闻至、闻造，皆好阳明良知之学。

董沄（1457—1534），字复宗，一字子寿，号萝石，父乐静翁董鉴，居海宁之钱山，至沄迁海宁澉浦（今海盐澉浦镇）。董沄平生好为善，兄贫，割私产让之。为人仗义，所知邹鲁以田来质，鲁疾革，出券毁焉；鲁卒，复经纪其葬。闻高世贤达所在，不计远近寒暑，投贽纳交。"初学为诗不解，随俗营生业，独好吟咏，遇时序之更风物之变、古迹奇踪、幽岑远壑及夫人情世态之可叹、可哀、可骇、可愕、可慨、可庆，一于诗以寓之。家徒四壁，一毫不入于心。时名能诗者，吴下沈周、关西孙一元、闽中郑善夫，皆与游往来赓

---

① 朱彝尊：《静志居诗话》卷十一，人民文学出版社1990年版，第295页。

倡。"①又"与其乡之业诗者十数辈为诗社，且夕操纸吟鸣，相与求句字之工，至废寝食、遗生业。时俗共非笑之，不顾，以为是天下之至乐矣"②。嘉靖三年（1524）游会稽，闻阳明良知之说，幡然有悟，遂就弟子列，时年六十七。阳明异其气貌，且年老矣，礼敬之，曰："岂有弟子之年过于师者乎？"③意谓己比董年少十五，不可为其师，又见董之勇气，而欲以董为己之师。然董强纳拜称师，阳明"固辞不获，则许之以师友之间"。后董沄弟子亲友及平日之为诗社者来越招沄曰："翁老矣，何自苦！"沄曰："吾从吾所好而已。"因号"从吾道人"。④阳明听后遂与之论"从吾之学"，强调有"真吾之好"与"私吾之好"的区别，并提醒董沄：虽"逾耳顺而始知从吾之学，毋自以为既晚也"。⑤而董沄后来却更多地从道教的立场出发，阐释和把握阳明思想，从而使他的"从吾之学"在吸取儒家的"为己之学"的同时，更融合了道家的"真吾之学"。因为董沄入王门的时间较短，年龄又大，所以切望向阳明多多求教，以至阳明去世后，他仍"尚思求指示，那意服心丧"。⑥然阳明的过早去世，使董沄的希望破灭。于是，不久他便复究心佛、道，且忽若有悟，遂归乡，与僧玉芝法聚纠诸缁素，结莲社于海门精庐，故又号"白塔山人"。此外，因董沄曾侍阳明于王府碧霞池旁的天泉楼，故又号"天泉绠翁"。由于董沄"不得志于时"，一生未曾为官，故黄宗羲称他是"布衣"；⑦又因他澹泊名利，放浪山水之间，故郑端胤称他是"儒隐"。⑧阳明去世后，董沄很少参加阳明学派的集体活动，据《阳明年谱》记载，嘉靖九年（1530），他曾与薛侃、孙应奎等人共同管理过杭州的天真精舍，此后便归隐乡里，曾借社友之力，建种楼、修水利，为民生福祉做过一些实事。殁后，由其忘年之交许相卿为他撰写了祭文和墓志铭。董沄虽为"布衣"学者，但在嘉兴的

---

① 黄绾：《萝石翁传》，《黄绾集》卷二十三，张宏敏编校，第436页。
② 王守仁：《从吾道人记》，《王阳明全集》卷七，吴光等编校，第248页。
③ 黄宗羲：《浙中王门学案四》，沈善洪主编：《黄宗羲全集》（第7册），第329页。
④ 黄宗羲：《浙中王门学案四》，沈善洪主编：《黄宗羲全集》（第7册），第329页。
⑤ 王守仁：《从吾道人记》，《王阳明全集》卷七，吴光等编校，第250页。
⑥ 董沄：《哭阳明夫子》，《徐爱 钱德洪 董沄集》，钱明编校整理，第373页。
⑦ 黄宗羲：《浙中王门学案四》，沈善洪主编：《黄宗羲全集》（第7册）第329页。
⑧ 郑端胤《刻从吾董先生集引》曰："儒隐有若从吾道人董先生，世居澉浦，慷慨慕义，孝友表重，乡闾初攻诗，从诸名口口，放浪山水间，日事啸咏，家徒壁立。"

影响力并不低。清初著名思想家、桐乡人张履祥曾曰:"澉湖山水,百里以内胜观也,乡者许黄门、董萝石、孙太白诸公常徜徉其间,一时有'高士湖'之目。"①同为海宁人的陈确亦曾于清顺治九年八月十五日集合宝纶阁社诗友作《八月十五宝纶阁社集和从吾道人诗用原韵》二首,内有"旧德我怀萝石子,月明诗思满汀洲"②之句,流露出对董沄的深情怀念。这说明董沄在当地的影响力一直延续到清初乃至更久。

董榖,字石甫,号两湖,董沄子,因居澉浦碧里山,又号碧里山樵。嘉靖二十年(1541)进士,"仕至汉阳守,亦精于名理,有《四存稿》③行世"④。友人沈南昆良玉谓董榖"性情有似渊明,乃以后陶为余号。然渊明之高风,岂余所敢望哉?但亦有偶相似者……但才高名重,直言无忌,为小人所嫉,九死狱中,三迁海外,屡得奇祸,似不若渊明之养晦,此亦命也"⑤。董榖以经学起家,博学洽闻,称引经传,辨晰疑义,"盖服先生(指董沄)之庭训而洞阳明师之精髓也",故人称"先生之学得两湖公而益显,先生之集之传,赖文学子,固而永存,犹醴泉之有源而传薪之无尽也"。黄宗羲虽然对董沄、董榖父子皆有批评,但对董榖的批评却更为尖锐。甚至认为董榖才是导致后人疑阳明为禅的祸首之一。⑥

沈谧(1501—1553),字靖夫,又静夫,号石云。嘉兴秀水人。薛侃亲传弟子。曾任湖广参议。喜藏书,建有藏书楼"万书楼"。每日手执一编,或诵,或校,或抄,至夜不休。编有《存石草堂书目》十卷,诗文集有《鹦园草》等。

沈启原(1526—1591),字道初,号霓川,沈谧之子。钱德洪亲传弟子,官至陕西副使。对王阳明文献的编刻作出过重要贡献。其子沈自邠(1554—1589),字茂仁,号几轩,又号茂秀,官修撰。

钱薇(1502—1554),字懋垣,号海石,海盐人。嘉靖十一年

---

① 张履祥:《别纸》,《杨园先生全集》卷六,陈祖武点校,中华书局2002年版,第171页。
② 陈确:《陈确集》,中华书局1979年版,第771页。
③ 即《碧里疑存》一卷,经解也;《碧里杂存》一卷,说部也;《碧里鸣存》一卷,诗也;《碧里达存》二卷,文也,合称《碧里四存稿》,又称《碧里后集》,上海图书馆藏有明嘉靖四十四年董鲲刻本,清佚名批点。本文所引董榖语,皆据此刻本。
④ 李贽:《萝石董公》,《续藏书》卷二十二,中华书局1974年版,第1456页。
⑤ 董榖:《旷世相感记》,《碧里后集》卷上,明嘉靖四十四年刻本。
⑥ 黄宗羲:《浙中王门学案四》,沈善洪主编:《黄宗羲全集》(第7册),第330页。

（1532）进士，受业湛若水。官行人，泊然自守，与同年生蒋信辈朝夕问学。擢礼科给事中。因星变言君德之失，世宗深衔之。又疏谏南巡，斥为民。累荐，皆报寝。既归，务讲学，足迹不及公府。倭患起，请于巡抚王忬，集兵为备。乡人德之。隆庆初赠太常少卿。有《海石先生文集》收于《四库全书存目丛书》。钱薇与钱德洪的关系极为密切，曾视钱德洪为"奇男人"。① 嘉靖二十五年（1546）夏，钱德洪"避嚣西湖禅舍"，将自己所编的父亲诗集《云夜吟》赠予钱薇，并向其"索序"。② 在思想性格上，如同唐枢、许孚远等，钱薇亦可以被定位为阳明学的修正派或王湛折中派。

沈懋孝（1537—1612），字幼真，号晴峰，嘉兴平湖人。沈弘光子，沈懋庄、沈懋嘉、沈懋时兄，沈瑞钟父。嘉靖四十四年（1565）从学于王畿。隆庆二年（1568）进士。授编修，还南司业，改庶吉士，仕南京国子司业，两淮盐运司判官，起河南巡抚。中蜚语谪两淮运判，投书不赴任，退居淇林之上，授徒讲学。人称"长水先生"。晚年因家产破败，庭户萧然，然每日拥书万卷，丹黄朱笔其间，寒暑不辍，故学问以博洽称，当时无比。著有《淇林雅咏》十卷、《滴露轩藏稿》一卷、《洛诵编》二卷、《水云绪编》三卷、《贲园草》四卷、《四余编》三卷、《石林蕡草》三卷、《长水集》三十四卷、《类苑总目》八十卷、《文林合璧》十卷及《沈太史文钞》《周易程朱传义笺》《周易四圣象辞》《周易博议》《导引图诀》等。

钱同文，字大行，嘉兴秀水人。曾任祁门知县，与歙县令史桂芳（号惺堂，嘉靖癸丑年间任歙县令）为友。

李培，字培之，嘉兴人。少从唐枢、王畿、陆光祖等人游。以岁贡教谕上虞、新城，迁知龙南县。

钱承统，字道光，嘉兴府嘉善县人。罗洪先亲传弟子，获其主静之旨，王畿尝评价其思想说："见在良知，人人具足，原非外得。统虽未契，然自是学渐平实矣。"

夏九鼎，字台卿，嘉善人。少从顾宪成学，有得于阳明《传习录》，乃曰："人心万象自备，不假外索。"又受李材影响。曾任安福知县。

---

① 钱薇：《钱绪山尊堂像赞》，《海石先生文集》卷二十五，明万历四十一年刻本。
② 钱薇：《云夜吟序》，《海石先生文集》卷十七，明万年四十一年刻本。

袁黄（1533—1606），初名表，改名黄，字坤仪、仪甫，号了凡，嘉善县魏塘镇人。王畿亲传弟子。主张儒、佛合流。晚明流行一时的"功过格"的提倡者之一，其思想在明末清初影响颇大。万历十四年（1586）进士。历任河北宝坻知县、兵部职方主事等。著有《了凡四训》等。

陆光祖（1521—1597），字与绳，号五台，嘉兴府平湖人。因志在佛法，自号五台居士。嘉靖二十六年（1547）进士，授浚县知县。历官吏部郎中，破格擢用廉吏能人，以专擅被劾落职。万历初，官工部右侍郎，与张居正同年相善，而不盲从，终以忤张被劾引归。万历十一年（1583），召为吏部右侍郎。虽遭张迫害，但仍力言居正辅翼功不可泯，被言者群攻，引疾去职。十五年，起南京刑部尚书，数迁为吏部尚书。二十年，大计外吏，举顾宪成等二十二人，为时论所称。卒谥庄简。光祖家居期间，究心佛乘，发宏愿护教，不以毁誉而易心。尝发起募捐，组织刊刻宋僧普济的《五灯会元》，并与冯开元等居士共同发起募刻小本藏经，还请求诸宰官居士合力重兴宁波育王塔殿。晚年时，又与著名僧人紫柏真可相从游，于佛乘研究更加着力。已而修习念佛三昧，即使病卧床中，仍口诵真言，手执印相，始终不懈。临死前，紫柏老人来看望，叹其心力坚猛，为其说偈。① 有子伯贞，能绍其父学，也崇信释氏。曾题有《紫柏老人像赞》。《本朝分省人物考》谓陆光祖"私居无戏言，无遽色，平生怜才任事，任嫌任怨，凛然有古大臣风节焉"②。

陆光宅（1535—1580），字与中，平湖人。隆庆四年（1570）举人。王畿晚年在平湖"天心盟约"中的八位著名弟子之一。万历二年（1574），薛应旂编撰《宪章录》四十六卷，陆光宅为其刊刻。

丁寅，字直原，号清湖，今嘉兴嘉善人。阳明心学家丁宾兄。幼敏嗜学，甲子游北雍，既入选，复见绌，因屏举子业。游王门高足王畿、唐枢门，讲身心实学。家资若浼，敝衣疏食。人称为笃行君子，没祀乡贤、孝友两祠。敝衣疏食，人称笃行君子。

丁宾（1543—1633），字敬宇，又字礼原，号改亭，嘉善人。王

---

① 参见彭绍升：《居士传》卷四十，赵嗣沧点校，成都古籍书店2000年版，第201—204页；张廷玉等：《明史》卷二百二十四，第5891—5893页。
② 周骏富辑：《明代传记丛刊》卷四十五（第133册），（台湾）明文书局1991年版，第390页。

畿晚年在平湖"天心盟约"中的八位著名弟子之一。尝编刻《王龙溪全集》。隆庆五年（1571）进士。任句容知县，后任御史。万历十九年（1591）起复故官，迁南京右佥都御史兼提督操江、南京工部尚书，后累加至太子太保（正一品）。卒谥清惠，有《丁清惠公遗集》八卷传世。富而能施，平日惟以济时行道为念，每遇旱涝，必请赈贷。袁了凡在《退丁敬宇书》中极言其贤："足下真实之心，恺悌之行，事不敢为天下先，而举世让步，言若讷讷，而能使听者醉心，以至柔而胜天下之至刚，以无为而胜天下之有为，实当世之伟人，而理学之巨擘也。"

陈龙正（1585—1645），初名龙致，字惕龙，号几亭，嘉善人。官南监丞。撰《王阳明年谱》，辑有《阳明要书》八卷等。其子陈揆将其著作汇编为《几亭全集》六十卷。

张次仲（1589—1676），字元岵，号待轩，海宁人。著有《困学记诗记》《待轩先生遗集》等。精究心学，尤重易学。其易学以义理为宗，持论笃实。

张履祥（1611—1674），字考夫，号杨园，嘉兴桐乡人。刘宗周亲传弟子，早年宗阳明学。清初由王转朱，系清初最为著名的理学家之一。

钱寅，字子虎，桐乡人。刘宗周亲传弟子。与张履祥为砚席交。刘宗周赞其质近自然。造履益谨，寇盗充斥不废学。卒年三十四。

祝渊（1611—1645），字开美，号月隐、兼山道人，嘉兴海宁人。崇祯六年（1633）举人，与山西大同人恽日初同受业于刘宗周。杭州失守，乃函葬其母，自经而死。死前，曾往山阴拜谒刘宗周。著有《祝子遗书》四卷。

何汝霖（1618—1689），字商隐，嘉兴海盐人。刘宗周亲传弟子。尝与友人曰："周、程、张、朱一脉，吾辈不可令断绝。"张履祥子维恭尝受业于何汝霖、凌克贞之门。

屠安世，嘉兴人。刘宗周亲传弟子。闻宗周讲学，喜曰："苟不闻道，虚生何为！"遂执贽纳拜焉。宗周既殁，从父兄偕隐于海盐之乡。病作，不粒食者十有七年。得宗周书，力疾钞录。反躬责己，无时或怠。尝曰："朝闻夕死，何敢不勉！"卒年四十六。

郑宏，海盐人。刘宗周亲传弟子。与弟郑景元俱从刘宗周受业，笃于友爱。绝意进取，躬灌园蔬，敝衣草履。卒年五十六。

四、湖州的阳明学者

在王（阳明）湛（甘泉）并举的明代中后期，湖州学人在研习王学的同时，还选择了更靠近朱子学的湛学，无论是蔡玘、顾应祥，还是蔡汝楠、唐枢、许孚远，乃至随后的刘宗周，都表现出较为鲜明的出入王湛、汇通兼备的学术风格。而这种学术风格，又使得湖州学人在偏爱于阳明学之灵觉神化能力、具有内向性的同时，还显示出朱子学博文约礼之实践诉求的外向性。因此，如果说湖州王门能够成立，那也是一个极具包容性、综合性和多元性的学术传承系统。而正是在此基础上，才对产于浙东的蕺山学、梨洲学等产生了重要影响，并孕育出兴盛于明末清初的新心学和新理学。

陆澄（1485—1563），字原（元）静、清伯，湖州人。钱德洪赞其维护阳明先师，亦莫能如此曲折详尽也。阳明谓："曰仁没后，吾道益孤，致望元（原）静者亦不浅。"① 执父丧，哀毁失明。从子时中，嘉靖元年（1522）举人。《传习录》自徐爱（曰仁）发端，其次即为原静所记，总计80则，分别见于上、中卷，保存与同门孟源、马明衡、王嘉秀、冀元亨、唐诩、徐爱、薛侃等拜学情形。所记语录，深入浅出，令人着迷。

蔡玘，字玉卿，号夷轩，湖州德清人，蔡汝楠父。嘉靖元年（1522）举人。尝"游甘泉翁门，序《新论》《心性图》（皆甘泉所撰），甚有期许。继而门人陆元静（澄）谈阳明翁之学，喜甚，欲买舟入越（指绍兴）。会闻两广行，未果。日取其（指阳明书）书沉浸之，而命汝楠卒业于天真（指杭州天真书院）"②。

顾应祥（1483—1565），字惟贤，号箬溪，湖州长兴人。弘治十八年（1505）进士。正德元年（1508），奉旨担任辂轩使者，参与编纂《明孝宗实录》。正德三年（1509）改授饶州府推官。正德六年（1511）以台谏征召至京师，上因其年少，遂先补为锦衣卫经历。据徐爱《同志考》，正德七年（1512），王阳明在京师担任考功清吏

---

① 王守仁：《与陆原静》，《王阳明全集》卷四，吴光等编校，第167页。
② 见邹守益：《延平府同知封中宪大夫夷轩蔡公墓碑》，《东廓邹先生遗稿》卷十三，沈乃文主编：《明别集丛刊（第二辑）》（第37册），黄山书社2012年版，第581页。

司郎中，顾应祥于是年受业于阳明。①正德十二年（1517），吏部推荐他为大理卿，力辞不就，因改广东岭东道佥事。此时阳明任都察院左佥都御史，巡抚南、赣、汀、漳等处，顾应祥遂在阳明指挥下，先后讨平汀、漳及郴、桂贼寇，"半岁间三捷"，深得阳明赏识。正德十四年（1519），朱宸濠叛乱，顾被派往担任江西按察副使，尚未到任，叛乱已平，顾遂抚循疮痍，招集流亡，尽全力做好善后事宜。后历任陕西苑马寺卿、山东布政使司左参政、都察院右副都御史等职。嘉靖十二年（1533）正月，顾闻母杨淑人丧，未等朝廷同意，即返家奔丧，遂遭革职。家居十五年，尝与尚书蒋瑶、刘麟共组苕溪诗社。二十二年（1543），又与唐枢等结社湖州岘山。二十七年（1548），因都察院荐举，顾再次出任都察院右副都御史巡抚云南，翌年升南京兵部右侍郎。二十九年（1550），任刑部尚书，以法律条令繁杂，令吴维岳等撰《律解疑辨》。此时严嵩任首辅，朝中之人皆惧其权势，顾与严嵩为同年进士，遂以耆旧自处，引致严嵩不悦而遭解职。顾应祥著述甚富，涉及数学、天文、哲学、史学、政治等诸多领域。数学、天文方面的成就，足以使他成为与浙西另一位大数学家李之藻齐名的中国古代十大数学家之一。他虽拜阳明为师，一生致力于心性学的探讨，但天文数学始终是他的兴趣爱好。就阳明学的自身潜质而言，很难说有促进天文数学等自然科学发展的可能性，顾应祥的出现，不仅丰富了阳明学的内涵，而且提出了王学研究的新课题。他除了著有大量数学、历算、天文等方面的论著外，还在心性、历史等方面著述丰富，代表著有《人代纪要》三十卷、《南诏事略》一卷、《长兴县志》一部、《静虚斋惜阴录》十二卷、《崇雅堂文集》十四卷等。顾应祥对阳明学的态度比较复杂，理解亦常有歧义。他是阳明中年以后的入门弟子，阳明曾对他寄予厚望。然他因对阳明门人"空谈性命，哓哓驾说"不满而"卒至畔去也"。②阳明殁后，他"见《传习续录》门人问答多有未当于心者，遂作《传习录疑》"③，与阳明后学权威展开辩论。

---

① 据顾应祥《同王伯安游香山寺》（《崇雅堂全集》卷三，日本内阁文库藏明万历三十八年朱国祯序刻本），他曾与王阳明一同游过香山寺。
② 徐中行：《资善大夫南京刑部尚书赠太子少保箬溪顾公应祥行状》，《天目先生集》卷十五，明刻本。
③ 黄宗羲：《浙中王门学案四》，沈善洪主编：《黄宗羲全集》（第7册），第337页。

唐枢（1497—1574），字惟中，号一庵，湖州府归安县东门（今属湖州吴兴区）人。王阳明私淑弟子。唐枢少时颇顽皮，爱嬉戏，无圣学之志，后在其父南园先生的严格管教下，开始对儒学产生兴趣。正德十年（1515），唐枢以《诗经》补湖州博士弟子员，次年读《文献通考》有得。嘉靖四年（1525），往南京从学湛甘泉，入监受教月余，得"随处体认天理"说，颇受甘泉赞赏。次年中进士，观政礼部，撰《同官会约》《复大礼谏官》《罢浙江太监镇守》等，深得朝廷赏识。嘉靖六年（1527），任刑部陕西清吏司主事，呈孝宗《廷审仪注》，便于案件审理，大司寇喜。后因触逆权势，罢为民。归家后，闭户潜修。后被湖州郡守万云鹏聘为安定书院讲师，全心讲学，再无意功名利禄。嘉靖七年（1528），撰《真谈》，首次提出"讨真心"说。八年筑室鲍山，与弟子游学二十余年，阳明弟子归安令戚贤也常来与其讨论学术。九年湖州郡守陈赞来访，求教地方治理之道，唐枢建言"开修荒田、税粮、停民兵、修护水利、稽考里长、均派运粮"等十策，对促进当时湖州经济社会的发展发挥了作用。嘉靖十二年（1533），参与归安县令刘塾主持的《归安县志》的编纂工作。同年出版《嘉禾问录》，提出"心外无道、道外无事"说。十三年提学林云同请其主教安定书院，深得师生爱戴，称其"学本真心"，乃"名邦之豪杰，群英之领袖"。嘉靖十七年（1538），浙江巡按周汝元（号冷塘）移建景行馆，聘唐枢主讲。同年出版讲学语录《景行馆论》。二十一年出版《冀越通》。嘉靖二十二年（1543），与同乡顾应祥等举春、秋二社于湖州岘山。嘉靖二十六年（1547），带人游杭州、宁波四明、绍兴、台州天台、温州等地。同年仲秋，出版《国琛集》，汇集明儒学说和事迹，王畿作序总结说："粤自明兴以来，学术渐著，肇于薛敬轩，沿于吴康斋、胡敬斋，而阐于陈白沙。敬轩以行修，康斋以悟入，敬斋祖薛而得证于吴，白沙宗吴而尤主于自得，学将有所归矣。"并对唐的"欲以讨真心为刺（李）贽"予以高度评价，称"圣学庶有赖也已"。[①] 同年与名臣杨博作深度对谈，成论学语

---

① 王畿：《〈国琛集〉序》，《王畿集》卷十三，吴震编校整理，第354页。

录《偶客谈》。嘉靖二十七年（1548），继续带人南游，历江西、福建、湖北等地，凡山川、疆域、风俗、人才、钱粮、甲兵，逐一考记，无不备揽。至江西安福，曾参与邹守益等人举办的青原会，阐发易学，有《青原易著》行于世。同年夏六月，《酬物难》刻印于楚中。后接着游西北，出南京，过河南、山西、陕西，至潼关而回，著有《游录》。嘉靖三十一年（1552），倭寇初发沿海诸地，巡按林某谋于唐，条具十五事，凡有关海防对策文皆收入《海议》。次年，倭寇再犯湖州，郡事伍伟图、巡按赵炳然均谋于唐，各陈防御六事、三十六事，以守险要之地、备军需、练水陆之兵等法为抗敌对策。嘉靖三十三年（1554），南京兵部尚书张经就剿倭事谋于唐，巡按赵炳然疏荐唐。同年，与友人毛中岳商学。嘉靖三十四年（1555），倭寇续犯湖州，烧掠各乡镇，郡守徐洛就剿倭事谋于唐，荐林植素（善弓马）、李北人（能冒矢）督水军迎敌，徐洛与其共往督师，倭寇终不敢进城。后有乌程邀功者，用无辜平民当倭寇，按律当斩，唐枢为受冤百姓求情，全活之。同年秋九月，应同门吕怀、王崇庆之请，为湛甘泉和吕怀合著的《古乐经传》作序。嘉靖三十五年（1556），倭寇逼近菱湖镇，大参汪柏就守御策谋于唐，建议召集富绅捐资慰劳守卫军民，轮流作息，倭寇终不得近城。嘉靖三十六年（1557），出版《酬物难》，同乡学友蔡汝楠为之作序，赞其"理一分殊"之旨。翌年，总督军门胡宗宪遣官礼恳唐枢谋划军事，上《论处王直奏情》和开市建议。同年仲春，出版《景行馆论》，主张性习二分。同年秋闰月，儿唐炳言整理完成《太极枝辞》。嘉靖三十八年（1559）中秋，出版《太极枝辞》，痛击"言性滞于形色，言体滞于故居"之弊，主张"性学"即"性为生生之易"。嘉靖四十年（1561），湖州水灾，唐枢与府县知事共商对付之计，提出缓征税收、挪用资金救灾等对策，有效避免了大饥荒的爆发。次年，四方来学者渐多，唐枢遂在湖州城东门外隙地的大树下筑台设教，题曰"木钟台"，逢塑望日讲学，从未间断。友人诗赞曰："钟声送晓开寰宇，木气宣时壮物华。"嘉靖四十三年（1564）立春，初集《木钟台集》（十种）出版，内容包括元（《礼元剩语》《三一测》《太极枝辞》）、亨（《宋学商求》《景行馆论》《真谈》）、利（《辖园窝杂著》《感学编》）、贞（《唐枢语录》《酬物难》）四卷。因其名声传于各地，此年秋，王畿特邀他到杭州天真书院主持会讲。当时参会者有四百多人，唐枢的讲学内容受到广泛赞誉，一时成为学术之盛事。次年，《木钟台再集》（十种）出版，内容包括元（《积承录》《因领录》《六咨言》《疑谊偶述》）、亨（《易修墨守》《春秋读易》《嘉禾问录》）、利（《国琛集》）、贞（《正道编》《周礼因论》）四卷。嘉靖四十五年（1566），钱镇与许孚远来游学。时浙江提学屠英好学问，久慕唐枢之名，嘱湖州郡守张邦彦躬迎书院讲学，并率嘉、湖诸生数百人前来听讲。张邦彦撰《躬迎简稿》，赞唐枢"致知一本真心，近于阳明而有补，定性须融物理"。同年八月，应王畿之邀，再聚学友于杭州金波园，参会者有管州、孙应奎、王宗沐、胡石川等近百人。著《金波园聚友咨言》，收入《六咨言集》。隆庆二年（1568），《湖州府学实录》称其以"讨真心为宗旨，敦尚践履"；《归安县学实录》赞其"学究天人……自阳明而后，其践履真实，默契宗旨，若唐枢者，不多得也"。次年开始精研堪舆学。八月出版《正道编摘略》，记载了秦至元千余年间的执政得失及治国之道。同年，出版《木钟台杂集》（十种），内容包括元（《政问录》《法缀》《病榻答言》）、亨（《冀越通》《未学学》、利（《海议》《列流测》）、贞（《偶客谈》《游录》《激衷小拟》）四卷。隆庆四年（1670），浙江巡抚谷中虚疏请加衔致仕，并且称赞唐枢：外不忘用世之仁，内不失守身之义；"学以一为宗，以讨真心为旨"；凡性理之原、造化之奥，通方之才、进修之谊，儒宗之辩、道术之订，析道之精、应物之智，皆发明良知之训，揭明英才之教，讲求经史之蕴；故"卓然皆可师法"。同年四月，许孚远承其命序《积承录》。隆庆五年（1671），出版《因领录》。六年出版《未学学》，论兵法之要。同年四月，唐枢肺病发作，居木钟台，不再接门下士。此年，曾游其门下十余年的平湖学生陆光宅来访，唐枢出示《周礼因论》，命其归读并跋。万历二年（1574）四月，出版《素史氏感学编》和《易修墨守》。同年末捐馆，无一语及身后事，家徒图书数千卷而已。次年卒，墓在今妙西镇妙喜寺旁的陈村。巡按萧某、提学藤某分别撰文纪念。吴兴门人钱镇撰《唐一庵先生墓志铭》，推官张应雷撰文祀唐枢于书院，弟子许孚远撰《唐一庵先生祠堂记》，认为甘泉"随处体认天理"，可使学者"昧于反身寻讨"，阳明"致良知"，可使学者"失于直任灵明"，而唐枢"讨真心"，则是为救正两家之说而调和之，是兼具考据与博文的新心学理论形态。① 后清代学者许正绶辑《唐一庵先生年谱》，评价唐枢："继文成，师若水，而共讨真心；认天理，致良知，而独寻道脉。备倭抚寇，确见经纶；睦族敦伦，征诸践履。考其年谱，见其生平；读其著述，见其汲引。真四方之泰岱，而百世之人宗也。"② 唐枢的一生可谓精彩，一方面献身于乡野私塾教育，另一方面关心地方公共事务的治理。不迂腐，做实事，博学群览，凡历史、经济、地理、政治、制度、典籍、法律、军事、海防、天文、堪舆、音律、易数等，无所不究，亦无所不讲，堪称十六世纪中期最博学的儒学教育家。因其久居乡野，后世学者知之者少，深入读其书者更少。他早年受教于甘泉，接受了甘泉融气入心的理本论，后在此基础上融合了阳明心学，提出"一念机灵"说，以"追见心之真元"，从而创造性地开发出以心学方法把握客观之理的新型的理学形态。③

蔡汝楠（1514—1565），字子木，号白石，湖州德清人。八岁侍父听讲于湛若水门下，每每有所解悟。嘉靖十一年（1532）中进士，授职行人，不久升刑部员外郎，迁职南京刑部，与尚书顾璘引为忘年交。后改任德州知府。丁忧归。起为衡州知府。在衡五年，始终以礼教民，民风渐趋循谨。又兴学课士，选拔贤才。以治行卓异，升四川按察副使。去任后，衡州人立"衡湘书院"以祀之，亦称"白石讲院"。在衡著作有《说经札记》《衡湘问辨》《太极问答》等，并搜览遗志，得唐代道士李冲昭编的《南岳小录》一书，为之作序，予以重刊。其所编之《传习录校本》（嘉靖三十年蔡汝楠校刻本，日本京都大学附属中央图书馆藏重印本），因版心下端有"衡湘书院校刊"六字，故又称"衡湘书院本"。后升任兵部侍郎，改南京工部右侍郎。工诗，弱冠即以诗闻。有《自知堂集》二十四卷存于世。汝楠之学虽有折中王湛之倾向，但他更倾心阳明，特将心学尤其是阳明心学视为"浙学"之宗传。尝曰："吾浙学自得明翁夫子（阳明），

---

① 许孚远：《唐一庵先生祠堂记》，《敬和堂集》，《四库全书存目丛书·集部》（第136册），第528页。
② 许正绶：《唐一庵先生年谱》，《北京图书馆藏珍本年谱丛刊》（第46册），北京图书馆出版社1999年版，第209—210页。
③ 以上引文，如未做特殊说明，均出自唐枢：《木钟台集》，《四库全书存目丛书·子部》（第162、163册）。

可谓炯如日星,然及门同志,海内间有未信,至目为柔耍颓惰,要亦功利习气有一二逗漏处被人觑破尔,取益岭海,拨此金针,知吾伯丈不但自跻至域必有所以发明师训,兴起漏习行自浙中以遍天下者,又何幸何幸!"① 又曰:"永丰(聂豹)则谓我浙学承阳明夫子之绪,如曹溪以后谈禅,非来本意矣。"②

许孚远(1535—1604),字孟中,号敬庵,德清乌牛山麓人。嘉靖二十六年(1547),补邑诸生,窃慕古圣贤之为人,羞与乡党之士相争逐。嘉靖三十年(1551),欧阳德门人浙江提学副使薛方山督学湖州,孚远得试第一。嘉靖三十七(1558),孚远与张元忭同听鹿鸣。嘉靖三十八年(1559),孚远下第,先馆于吴兴茅坤家学习,再拜吴兴唐枢门下进学,时唐枢已六十三岁,许颇得其"讨真心"之大要。嘉靖四十一年(1562),孚远二十八岁,中进士第,与申时行、李材、万廷言切磋。是年十月授工部南虞衡主事,管理山林江河。曾负责疏浚龙江关(今南京北郊)河道,有廉明声。嘉靖四十四年(1565),孚远南虞衡主事满两年,改吏部南考功。嘉靖四十五年(1566),调吏部北稽勋。隆庆改元(1567),时吏部尚书杨博讨厌孚远讲学,乘考核京师朝官之时,将浙江的官员罢除了几乎一半,而杨博的家乡山西无一人罢黜。孚远在背后议论此事,杨博不悦,孚远便称病离去。离开官场后,孚远周游四方,广从有道者学。学友张元忭曾来访论学,两人"讨论切磋"颇深。后复拜学于唐枢门下,以涵养德性。隆庆二年(1568),张元忭下第归来,携《北归语录》再来问学于孚远。隆庆三年(1569)五月,孚远于家乡乌牛山自构山馆成,有尊乐楼、逍遥园、独照池、函虚台,作读书静思、收敛性情之场所,并作《德清山馆记》。隆庆四年(1570),首辅高拱荐孚远为考功主事,出为广东佥事。孚远在广东招安了大盗李茂、许俊美等,并由他们擒拿倭寇七十余人,因功受赏,不久调至福建。神宗即位后,高拱罢职,张居正任首辅,计划驱逐高拱党羽,故而再度考核京官。王篆为考功,诬陷孚远与高拱同党。孚

---

① 蔡汝楠:《致张按察使浮峰先生》,《自知堂集》卷二十,《四库全书存目丛书·集部》(第97册),第702页。
② 蔡汝楠:《致孙蒙泉》,《自知堂集》卷十八,《四库全书存目丛书·集部》(第97册),第671—672页。

远遂被贬为两淮盐运司判官。官场失意后,孚远试图终隐,往见老师唐枢,唐曰:"我二十九建言归,今七十四矣。此四十六年中,未尝一日忘起也。惟枉己则不可耳。今汝虽暂挫,然前途自平坦,但踏实地行,何害?异日,追悔晚矣。"孚远遂放弃终隐打算。万历二年(1574),孚远擢南太仆寺丞,尝拜谒阳明南京祠堂,有"江山无语证良知"诗句。万历三年(1575)迁吏部南文选郎中。万历四年(1576),与祝冠乡会讲良知学于杭州天真书院,后于其山庐讨论良知学月余。万历十年(1582),前首辅江陵问马政,不得其心,而王篆自以为功,使亲己,孚远终不应,出知江西建昌知府。此年,孚远曾过金华兰溪,访名儒徐鲁源,纵论薛敬轩、陈白沙、王阳明、王塘南、邓定宇诸儒学问得失,鲁源以"志学为的",孚远立志清欲根、去习气,以达真性之学。万历十一年(1581)秋,在江西南城,孚远与魏敬吾、万思默访罗汝芳于从姑山房,有竟日之谈。暇时,请罗汝芳序训诸生"克己复礼"章。孟冬,胡直"不远千里,缄书遗孚远,属之"序曾凤仪刻《胡子衡齐》。孚远曰:"朱紫阳议论训释,稍有矛盾于孔氏。王文成厥旨弘畅矣,但末流侈虚谈而尠实行,君子惑焉。"遂提出"止至善"说,以矫正王学末流之偏。同年,序赵德仲刻李材《观我堂摘稿》,认为李材"止于修身"与己之"止至善"说相契,并再次批评朱、王后学"争衡聚讼",导致"身心割裂","知行离畔",世儒"空谈,无补世用"之恶果。万历十二年(1584),孚远廉谨无庸谈,尤以敦教化为务。新城举人邓元锡,笃行著书,孚远甚重之,亲造其庐,谒焉。将离南城,邓潜谷追随送别,扁舟相对,周旋四十余日而别。万历十三年(1585),孚远经给事中邹元标推荐,擢为陕西提学副使。正月西度函关,督学秦中。任上,以身作则,考核严厉,礼敬地方名士王之士,资建长武县儒学堂。万历十六年(1588),擢应天府丞,上《为李见罗上当涂诸老书》,为李材讼冤而遭贬。万历十七年(1589)二月,渡钱塘江拜张元忭墓。过数月,归德清居忧。同年五月,陕西王之士携子与邓元锡子邓仪一起到德清龟溪看望孚远,留月余。冬,南昌学者魏显国来访学,孚远帮其订正《史书大全》并作序。万历二十年(1592),孚远升为右佥都御史,巡抚福建。倭寇攻陷朝鲜,朝廷商议对日封贡事,孚远奏请谕令日本国王擒斩丰臣秀吉。朝廷未采其言。吕宋国酋长之子指控明国商人杀其父,孚远闻后上报朝廷,皇帝诏令斩杀凶手，厚赏来使。逢福州发生饥荒，百姓劫掠官府，孚远遂擒斩首领，平定了祸乱。乱稍定，给事中耿随龙、御史甘士价"等劾孚远宜斥"，但万历皇帝并未问罪孚远。万历二十一年（1593），老友李材发闽镇海卫，而孚远与之最善，李下狱，孚远想方设法救之。及李材戍闽，道上仍用督抚威仪。孚远时为闽抚，出城迓之，相见劳苦涕泣，其交友真至如此。同年，刻印《大学古本》一卷、《大学述》一卷、《大学述答问》一卷，书成，广寄师友门人，以求订正。当时福建寺庙所占良田甚多，孚远将其十分之六没收入官有。后孚远又募民开垦海地八万三千亩，筑城建营房，屯兵防守，并请将此办法推行到南日、澎湖及浙中之陈钱、金塘、玉环、南麂诸岛，均获朝廷批准。孚远在福建三年，后调任南京大理寺卿，又升兵部右侍郎，改左侍郎。后调任北京，行至中途被弹劾。于是孚远"乞休，疏屡上，乃许"。归乡数年后卒，赠南京工部尚书，后谥恭简。孚远擅长讲学论辩，笃信良知之说，但坚决反对援良知以入佛。知建昌时，尝与郡人罗汝芳讲学不合。及官南京，与汝芳门人礼部侍郎杨起元、尚宝司卿周汝登，并主讲席。汝登以"无善无恶"为宗，孚远作《九谛》以难之，尝曰："文成宗旨，原与圣门不异，以性无不善，故知无不良。良知即是未发之中，立论至为明析。无善无恶心之体一语，盖指其未发时，廓然寂然者而言之，止形容得一静字，合下三语，始为无病。今以心、意、知、物俱无善恶可言者，非文成之正传也。"万历二十五年（1597），又与杨启元举会讲于神乐道院。万历二十六年（1598）八月，在孚远鼓动下，顾宪成与管志道复就"无善无恶""太极无极"展开论辩。孚远虽与罗汝芳、杨起元等持论不同，但关系甚笃，旁观者颇多议论，然孚远只想借讲学造势，而并无他意。万历三十一年（1603），时年二十六岁的刘宗周经陈植槐介绍来见孚远，遂北面执弟子礼。孚远告诫宗周说："为学不在虚知，要归实践；因追溯平生酒色财气，分数消长，以自考功力之进退。先生得之猛省。"据宗周后来回忆："余尝亲受业许师，见师端凝敦大，言动兢兢，俨然儒矩。其密缮身心，纤悉不肯放过，于天理、人欲之辩三致意焉。尝深夜与门人弟辈窅然静坐，辄追诉平生酒色财气，分数消长以自证，其所学笃实如此。"万历三十二年（1604），顾宪成、高攀龙始讲学东林书院，孚远扁舟过锡山，与东林诸公商学。后复举湖州岘山逸老堂，设坛讲学，地方士大夫多从之游。①著有《论语述》、《敬和堂集》（八卷）、《大学述》、《中庸述》等传于世。

高冕，字服周，湖州安吉县人。官至南雄知府。卒年56岁。吴维岳为其作传。

韦商臣，字希尹，号南苕，湖州长兴县人。官至四川参议。少入湛甘泉门。嘉靖五年（1526）王阳明尝致书陆原静曰："贵乡有韦友名商臣者，闻其用工笃实，尤为难得，亦曾一相讲否？"②

王爱，字体仁，湖州人。少慕阳明心学，尝负笈从唐枢、王畿游，相与印证，务求实践。年逾五十，登进士，就校顺天。日以正学训诸生，多所开悟。官至刑部主事。寻告归，居家不为请谒。尝语人曰："学以自检，检人则隘；学以容人，自容则舛。"③曾作《嘉禾问录引》。唐枢的《一庵语录》有其师生二人教学语录问答。

钱镇（1509—1596），字守中，号南离、淡庵，湖州乌程阳泰里人。唐枢亲传弟子。幼贫，曾与弟钱锡寄居僧舍。闻唐枢讲学鲍山之阳，往师之。躬督家童树艺，而手携一编咏读不缀，夜则篝灯独坐，殚精凝神，自经史外，旁及五行物理，博考精究，学益邃，远近士及门者日益众。许孚远赞其曰："少游同里唐一翁之门，而私淑姚江王文成之学，担负斯道，盖已有年。然颖悟超脱，绝唐、王蹊径弗泥也。"④嘉靖三十八年（1559）登进士，历任兵部主事、兵部郎中。中逸罢归，一意著述。唐枢卒，作《唐一庵先生墓志铭》。唐枢《一庵语录》《病榻答言》有问答，《因领录》有答书。著有《淡席集》《国计边防风俗书》《经正录》等。卒年八十八，享高寿，以理学名儒配祀唐枢。子唐士完，许孚远为其撰墓志。

沈应登，字叔良，号筠溪，湖州归安县人。唐一庵亲传弟子。官至青州太守。诸侄沈子木、沈子来自为诸生，以至显官，未尝一

---

① 更详细的生平介绍可参阅叶向高：《嘉议大夫兵部左侍郎赠南京工部尚书许敬庵先生墓志铭》，《苍霞草》卷十六，《四库禁毁书丛刊·集部》（第124册），北京出版社2000年版，第410—414页；孙鑛：《兵部左侍郎赠南京工部尚书许公孚远神道碑》，焦竑：《献征录》卷四十一，上海书店1987年版，第1697—1699页。
② 王阳明：《寄陆原静》，王阳明《王阳明全集（新编本）》卷六，吴光、钱明、董平等编校，第230页。
③ 李培等修，黄洪宪等纂：万历《秀水县志》，（台湾）成文出版社有限公司1970年版，第300页。
④ 许孚远：《寿钱淡庵先生序》，《敬和堂集》，《四库全书存目丛书·集部》（第136册），第522页。

日忘训诫。名臣叶向高为其作《沈筠溪传》。

姚翼，字翔卿，湖州归安县人。姚旭子，少从一庵、荆川两唐先生游，许为入室弟子。官至广济知县。著有《师友渊源录》。晚尤好易，学者称"海屋先生"。

陆时中，字幼贞，湖州归安县人。陆澄子。曾曰："心性元非二物，天人总是一家。"著有《建文逸史》《午峰集》等。

陆稳（1517—1581），字汝成，号北川，湖州吴兴人。阳明私淑弟子。官至兵部右侍郎。嘉靖四十二年（1563）担任南赣巡抚时，推进罗洪先版《阳明先生年谱》的刊刻与出版，总字数近十余万字，与今通行本有一半篇幅的内容不一致，对阳明学的传播和发展起到过重要作用。

钱士完，字惟凝，号继修，湖州阳泰里人。钱镇子。父子同为唐枢弟子。万历八年（1580）进士，历任德安府推官、南京兵部主事、吏部转光禄寺丞、南太仆寺卿、右佥都御史（巡抚山东）等。钱元悫，字孺愿，号青渠，钱士完子，官太仆寺少卿。

丁元荐（1560—1625），字长孺，号慎所，湖州长兴人。初学于许孚远，后从顾宪成游。官至尚宝少卿。与同门刘宗周关系甚好。著有《西山日记》《尊拙堂文集》《程朱道命录》《名山言海印谱》等。

唐在明，淹贯经史。湖州归安人。唐一庵之孙。常从父执许敬庵、李临川、钱南离诸子讲学。

凌克贞，字渝安，湖州人。刘宗周亲传弟子。与同门嘉兴张履祥交情最笃，履祥令其子维恭求学其门下。

五、结语

在嘉兴、湖州王门中，尽管陆澄、沈谧、沈启原、丁宾等人均相当出彩，但对比之下，在思想史上留下较为深刻印记的还是唐枢和许孚远。唐、许二人的思想学说在整个晚明的阳明学系统中占有较为特殊的地位。一方面，作为朱子学传播的核心区域，湖、嘉学者素来以述朱为特色，清初"尊朱辟王"的几个代表性人物就是嘉兴人；另一方面，湖、嘉王门追求王湛合一，修正良知心学，保护和延续了阳明学"正脉"，其中居功至伟者非唐、许二人莫属。因此可以说，湖、嘉阳明学总是带着朱子学的烙印，具有朱王合流、湛王融摄的综合性品格，在偏重于为政利民的实践性方向的同时，又表现出以德性立身的悠久性沉着，从而既避免了良知学的功利化、世俗化和宗教化，又使良知学获得了不断发展的生长性空间和创造性张力，其中尤以唐枢、许孚远为杰出代表。唐枢的思想主要体现在他的"讨真心"说中，而许孚远的思想则主要体现在他的"灵觉""凝神"论以及以"一念"诚意为核心的慎独学和以体验"独知"为下手处的功夫论中。许孚远是唐枢的学生，刘宗周又是许孚远的学生，后者正是在唐、许二人的思想基础上，回到绍兴后，为避免空谈心性的缺陷，回归经学，批判阳明学道德秩序主体权威性的缺失，由此发展出以重道德实践涵养的新的心学理论形态，并创造性地提出了"主意""慎独"学说，开启了以黄宗羲为代表的浙东实学学派，使阳明心学进入史料学、文献学发展的新阶段。而明末清初浙东史学的发展，其实也可追溯到唐枢的考据博文之学，或者说是会通湛、王二学的必然结果。学术发展演变历程的隐秘逻辑由此可见一斑。

（邹建锋、钱明撰稿）

阳明学在金华、衢州（附丽水）

浙江中部的金、衢、丽地区在中晚明的浙中算是经济较为落后的地区，不如绍兴、宁波。但由于该区域恰好位于浙江读书人前往江西为官的必经之地，故而交通地位显得格外重要。宋元时期的金衢地区曾是朱子学传播的核心区域之一，有相当深厚的理学传统和群众基础，故而阳明学在这里的传播和发展并不算顺畅，其至常常受阻。例如衢州的常山县尝是宋儒讲学的繁盛之地，也是明代程朱理学的重镇，名臣姚镆于嘉靖九年（1530）作《常山县学记》，引永乐朝惩处妄议程朱理学并献著述的朱季友、弘治朝惩处献书非议程朱的无锡县陈公懋，觉得现今讲学妄议程朱者渐多，故而鼓励常山学子要坚守程朱之学，认为这才是学问正道。① 但是，金华由于学宗朱子学的"金华四先生"（或称"北山四先生"）都具有汇宗朱、陆的学术旨趣，故而在对待阳明学在该地区的传播和扩张时，采取了既不排斥又不热衷的"中立"立场。又因阳明本人曾亲自在衢州授徒讲学，当阳明过化金、衢时，遂使阳明学像种子一样，在该地区逐渐开花、结果，形成了金华王门和衢州王门，并一直延续、传承到清代初期，时间长达二百余年。

一、王阳明与金、衢、丽

早在正德九年（1514）五月至次年五月，江山人周积和衢州人郑骝就曾跟随四十四岁的王阳明游学一年，临别时，阳明分别给他们写了拜别序，而周、郑二人也成为传阳明学于金衢地区的较早代表，并为衢州王门的成立打下了基础。正德十四年（1519），阳明从江西前往杭州献俘，过衢州开化，徐公迁（字安之）前来问学，阳明为引其入学，特赠以《朱子晚年定论》。正德十六年（1521），阳明又经金华往杭州，特地到兰溪拜访了立场近于朱子学的硕儒章懋

---

① 姚镆：《常山县学记》，《东泉文集》卷二，《四库全书存目丛书·集部》（第46册），第531—533页。参见余辉：《明代嘉靖朝献书活动》，（台湾）《中正历史学刊》总第17期；余辉、方志远：《明初朱季友献书一案始末及其影响》，《地方文化研究》2014年第1期。

（1436—1521，字德懋，兰溪县人，人称枫山先生），二人相与论学，反复辩难。当章懋弟子、由云南按察使转任江西的唐龙得知王阳明因平宸濠之乱而遭受奸佞逸言后，遂顶住压力，查明真相，上书武宗，力辩阳明之清白。次年唐龙又写信与阳明探讨"行知"问题，阳明遂以《与唐虞佐侍御》书作答，有力推进了金华朱子学与阳明学的争鸣，活跃了当地的学术气氛。

嘉靖六年（1527）五月，朝廷任命王阳明兼都察院左都御史，总督两广、江西、湖广军务，征讨广西思恩、田州两地的少数民族"叛乱"。阳明于"九月壬午（初八），发越中"；"甲申（初十），渡钱塘"；"丙申（二十二），至衢"；"戊戌（二十四），过常山"；"十月，至南昌……至吉安，大会士友螺川"。① 可见，因西南边陲吃紧，阳明出发后走得很急，过富阳后次日即到严州，再次日抵达衢州。在衢州城区的江浒驿站，阳明接见了数十位弟子。尽管当时下着大雨，但衢州、金华的弟子们却早早等候在驿站，因为大家见到阳明的机会很少，所以准备了许多问题想趁此机会向阳明请教。尽管阳明此去志不在军功，亦不在传教，而在于涵养身心，但他的金、衢弟子们却心里清楚，阳明此次是带病奔赴疆场，也许是最后一次向他当面请教了。这些都可从阳明写的诗作中窥知一斑："几度西安道，江声暮雨时。机关鸥鸟破，踪迹水云疑。仗钺非吾事，传经愧尔师。天真石泉秀，新有鹿门期。"② 在衢州期间，阳明弟子王修易（号西山，即今本《传习录》下卷的记载者"黄修易"）、栾惠、王玑、林文琼、郑礼等人，纷纷前来问学，同时也表达了对阳明身体状况的无比担忧。为了安慰众弟子，阳明曾约他们来日在杭州再会，并希望他们能到杭州与钱德洪、王畿等人多进行交流，似有将交通便利的杭州打造成传播良知心学之据点的意图。后来衢州王门的徐天民等人主持天真书院，在杭州讲学，可能就是为实现阳明路过衢州时所立下的这一遗愿。

当经过常山时，王阳明还与学术上的志同道合者方豪（1482—

---

① 钱德洪：《年谱三》，王阳明：《王阳明全集（新编本）》卷三十四，吴光、钱明、董平等编校，第1317—1320页。
② 王阳明：《西安雨中诸生出候因寄德洪汝中并示书院诸生》，《王阳明全集（新编本）》卷二十，吴光、钱明、董平等编校，第831页。

1530，字思道，号棠陵，开化人）等人相聚，赋诗唱和，以表达对儒、道关系的新见解："长生徒有慕，苦乏大药资。名山遍探历，悠悠鬓生丝。微躯一系念，去道日远而。中岁忽有觉，九还乃在兹。非炉亦非鼎，何坎复何离？本无终始究，宁有死生期？彼哉游方士，诡辞反增疑。纷然诸老翁，自傅困多歧。乾坤由我在，安用他求为？千圣皆过影，良知乃吾师。"① 在阳明看来，良知不仅是长生之良药，也是古今一切学术之归宿，所以要求弟子们以良知为师，实实在在地去践行良知。正是因为阳明在衢州的这些谆谆教诲，才使得金、衢王学在后阳明时期的学术之路更加自得、通融、务实和笃行。

除了王阳明本人，其道友和门人黄绾也对金华尤其是永康王门的形成有很大影响。正德十六年（1521）秋天，黄绾前往绍兴拜访阔别十年之久的师友王阳明。在绍兴停留一个多月后，他从嵊州剡溪前往永康，看望好友应典。与黄绾一道成行的还有临海王门学者林典卿。永康芝英的紫霄道院、览翠楼等皆留下了他们的足迹。同时，黄绾、林典卿还在永康寿岩、方岩、石鼓寮等地讲学达半个多月之久（按：永康《芝英应氏宗谱》②记为"数月"，有误），永康有十余人参与，反响很大。据黄绾《游永康山水记》称：黄绾与应典、周凤鸣、应抑之、周莹、周晋明、周仲器、卢可久等论学之时，皆欣然有省。应天监、赵孟立、徐子实相继复来，论各有得。此外山中小生程梓、周玲、孙桐奋然有志，程文德等皆喜。③ 黄绾永康讲学之后，带动了一批永康乃至金华学者转而信奉阳明学，他们或者直接前往绍兴拜师阳明门下，或者间接地学从阳明学者。嘉靖二年（1523），王阳明与即将出山任职南都的黄绾通信时，还对黄绾在永康山水间"引接同志"一事予以了赞赏。

同时，作为王阳明最为突出的晚年弟子之一，钱德洪亦颇为关注金、衢地区王学人才的培养。他不仅积极地在诸暨地区讲学传道，而且多次前往兰溪讲学授徒，并辐射四周，影响了一批人，为金衢地区阳明学的传播和发展发挥过重要作用。诚如其兰溪弟子后来成

---

① 王阳明：《长生》，《王阳明全集（新编本）》卷二十，吴光、钱明、董平等编校，第832页。
② 作者不详，清光绪十五年木活字本。
③ 黄绾：《黄绾集》卷十四，张宏敏编校，第260—261页。

为大学士的赵志皋所言:"阳明先生没,绪山先生尽得其传,以倡于世。四方从游者众,尤济济于衢、婺间,以故余得从诸弟子后,游绪山先生门。"①

在王阳明、黄绾、钱德洪等人的影响下,衢州地区的阳明学者,抑或来此地为官或途经此地的外地阳明学者,亦先后在衢州乃至周边地区掀起了一阵阵讲学风潮。比如王阳明的江西丰城籍弟子李遂(1504—1566,字邦良,号克斋,止修学派始祖李材之父)于嘉靖年间任衢州太守时,在政务之余常到克斋讲舍(又名衢麓书院,址在今讲舍街,衢州学院所在地)讲学,附近五县士民为此尝集资为他塑铜像于讲学之所。而正是借助这样一批学者型官员的公共资源和政治优势,衢州乃至周边地区的阳明心学火花才得以加速蔓延,阳明学脉的种子才获得迅速传播,从而在地处浙江西部的衢州、丽水等地掀起了一阵阵讲学风潮,凝聚起一批批真才实学者,形成了西安王门、江山王门、常山王门等诸多王学流派。

值得注意的是,曾亲炙王阳明的金华王门代表卢一松等人,尝在永康五峰书院潜心学术,专心讲学,将阳明心学的火种进一步播撒于金、衢、丽地区。五峰书院本为婺学传播重地,历史悠久,阳明学在金华地区正是依靠婺学的传统资源才获得了较大的传播空间。五峰书院不仅使金华王门获得了传播和发展阳明心学的重要平台,而且使阳明学派在整个金、衢、丽地区得以壮大和延续。可以说,"永康王门"乃至整个金、衢、丽地区的阳明学,其学术领袖就是王阳明本人,黄绾等阳明高足则在其中起到了引领者的作用,而其学术的直接发起人和组织者则是阳明在此地的门人应典、卢可久、程梓、程文德、周桐等人。他们的学术阵地即讲学场所,主要是五峰书院,而其学术传承谱系,则自王阳明以降,有应典、周桐、卢可久、杜惟熙、程梓、程文德、李琪、陈时芳、陈正道、吕一龙等四、五代阳明学者共计百余人。一直到清乾隆四年(1739),金华最后一位王门大儒王崇炳去世后,阳明学者在金华的讲学讲会活动才正式结束。从1529年到1739年这段长达210年的历史时期内,五峰书院几乎每年都有阳明学的专题讲会,并且吸收了兰溪等地的徐用检

---

① 赵志皋:《明处士钱二绪君墓志铭》,《赵文懿公文集》卷三,《赵志皋集》,夏勇点校,浙江古籍出版社2012年版,第106页。

等人来此讲学授徒，交流互动。在金华王门、衢州王门的兴盛时期，即使地处西部偏远山区、交通极为不便的处州（今丽水），也被颇有声势的阳明学风潮所波及。比如万历年间，处州的王之京与柴惟道、徐天民、王之弼、徐惟缉、王念伟等人便参与协办了龙游的水南会，为推进阳明学说在金、衢、丽地区的传播与发展做出了贡献。王之京是丽水湖山人，而湖山距离龙游县较近，王之京率众人参与龙游的水南会，与这种便捷的地理条件密切相关。下面即分别细述一下金、衢、丽王门的代表人物及其讲学活动。

二、王阳明与永康应氏

王阳明在南京讲学时，其永康籍弟子应典就已执弟子礼。应典回永康后，又在家乡开门讲学，以传播阳明心学。其后，程文德、程梓、卢可久、李珙等人也纷纷前往越城学从阳明，使金华阳明学人的队伍进一步扩大。这些人返回金华后，又在家乡掀起了一股传播阳明心学的高潮，使金华王门得以成立。因此可以说，永康芝英应氏与王阳明的关系是在金华王门的形成、发展过程中最具代表性的家族。

永康芝英应氏家族始于元末明初的应仕濂，然兴盛于仕濂长孙应杰。应杰（1433—?），字尚道，人称孝友翁。应杰有六个弟弟，他们在兄长应杰尚道的带领下，继承祖父仕濂乐善好施之家风。其中尚道葺修明伦堂、重建梁风桥，尚端修县学大成殿，尚德建县布政分司署，尚本乐于赞助。应尚道子侄一辈出了十八名秀才，尚道子应奎和侄子应恩、应照连中举人，侄儿应典、子应奎及侄孙应廷育又荣登进士，使永康芝英应氏家族成为金华地区教育兴家之典范。而与王阳明有亲密合作关系的是应尚德长子应恩，对传播阳明学贡献最大的则为应尚道侄子应典。今尚有应尚道故居、仕濂公祠（又称"小宗祠堂"）及尚道题写的"孝友匾"等遗迹存于世。

应奎（1466—1545），字方塘，又字天启。明弘治十三年（1500）举人，十四年进士。授南直隶和州学正。任内，办学制定条例，以身作则，学风改观，人才辈出。八年后，升为湖广武昌教授。后起用江西广信教授。又曾主管广西、广东乡试，遵守考场规矩，中试之士甚多。大学士费宏尝赠送"两广文衡"匾额予以褒扬。

应恩（1457—1520），字天锡，号鹤邱。弘治八年（1495）举人，修业之余，还在族内延师兴教，《芝英应氏宗谱·应廷育〈鹤邱先生传〉》称："鹤邱先生吾应氏斯文始祖也"；芝英应氏"业举发科则自先生始"。正德八年（1513）授江西高安县知县。高安距南昌五十五公里。正德十四年（1519）六月，宁王朱宸濠在南昌起兵叛乱，王阳明得知后，即返回吉安起兵，以南赣巡抚的身份要求江西各地军政长官兴兵勤王。此时应恩因考绩事赴京路过南昌，适遇宸濠作乱，又听说筠州太守被囚禁，考虑到高安县城的安危，遂急速赶回高安，召集部众守备防御。后又率兵随王阳明围攻南昌。七月二十日凌晨，阳明兵分十三路进攻南昌城，应恩与宁都知县王天与指挥第十三路一千余人，夹攻进贤门。入门后，应恩考虑到混乱之中会殃及无辜，又立即提请阳明发布禁止扰民令。七月二十三日，宸濠率军从安庆返回南昌驰援。二十四日，宸濠先头舰队直逼离南昌十五公里的黄家渡，阳明率军与之决战，宸濠败，命舰队退避樵舍。七月二十六日，应恩随队把企图从樵舍芦苇中逃跑的宸濠一举擒获。翌年应恩在政绩和军功考核中被推为上等最优，然因积劳成疾而放弃赴京考核，便道还家就医，不久去世。嘉靖帝即位后，兵部奏请论功升赏，应恩与知县王天与虽亡，然朝廷仍各赏银帛，世代免除其家赋税徭役。不过，永康芝英应氏与王阳明所结下的不解之缘，最早似可追溯到应典。

应典（1480—1547），字天彝，号石门。性近迟钝，但志向不凡，强力苦学，至忘寝食，及其思极而通，则表里洞彻，虽聪明敏达者不及。十九岁奉父命，赴南京国子监随从兄鹤邱学，论交四方，闻见益广，三年后归。正德九年（1514）登进士，授兵部职方主事，锐志圣贤功业。次年因病告归，过兰溪，问学于章枫山，因枫山而知台州仙居的应良，又因应良而造访台州黄岩的黄绾。于是，从正德九年至十五年的七年间，应典尝四访台州，与黄绾、应良等人论学求道，理论造诣大有长进。其中正德十三年（1518）冬至十四年（1519）春，应典第三次到访台州时，恰遇福建学者郑善夫来访。应典便与黄绾、应良、郑善夫一起四处游学，还一起拜访了时任台州郡守的顾璘，探讨学问。当时的应良、黄绾，一个学于湛甘泉，一个学于王阳明，而郑善夫、顾璘也是经常与王、湛二人讲学论道的亦师亦友的道友，应典正是通过他们尤其是黄绾、应良而始闻王、湛之学的。正德十三年（1518），应典改授兵部车驾司主事，最为兵部尚书王琼赏识，命其掌管四司奏事，凡机密大事皆委托处理。当时王阳明以佥都御史提督南赣军务，请得方便从事。王琼测知宁王朱宸濠已有反意，命应典起草文件，奏明朝廷同意阳明所请。草疏皆中机宜，王琼极为叹赏，为阳明平定宁藩之乱起了很重要的作用。后托病辞官回家侍奉母亲。处宗族敦厚和睦，尝推广《蓝田吕氏乡约》于全县，以正人心，兴教化，厚风俗。奉养之余，又常与应良、黄绾等人书信往来，论学不止。

正德十六年（1521），王阳明从江西归绍兴，黄绾往访，返回时特地绕道永康，访应典于寿山禅堂，讲论益深，日有所得。访越时，黄绾已向阳明介绍了应典，还特地写信给应典，邀其往绍兴问学。嘉靖二年（1523），应典在黄绾、应良的影响下，经黄宗明介绍，前往绍兴拜见阳明。阳明见后便十分喜爱，留之数月，教其致良知说。深得阳明真传的应典归永康后，即构丽泽祠于寿山桃岩下，与程方峰、卢一松等集诸生讲习阳明学，从游者常百余人。嘉靖六年（1527），应典被荐升尚宝司丞，适值母亲去世不赴。翌年阳明卒于王事，灵柩运回，应典往迎，并于嘉靖八年（1529）冬赴绍兴参加了阳明葬礼。后息心名利，绝意官场，专心与同门之士，传扬致良知之学。章枫山曾对他说：“吾金华有三大担，弃道傍无人担。自何、王、金、许后，道学无人担；自潘宗后，功业无人担；自黄、柳、吴、宋后，文章无人担。”应典听闻，遂立志挺身，以道学为担。程兆选《重修五峰书院记》曰：“迨明嘉靖间，应石门、卢一松，与吾祖松溪、方峰二公，俱以斯道自任，绍王阳明良知之传，即五峰故址而为书院，倡明正学。时郡人如杜维熙、陈时芳、陈正道、吕一龙诸儒，负笈来游，更相授受。其师友渊源，详载明史。婺之文献，至是为一再盛，而良知一脉，又五峰之所独盛，非他邑所敢拟也。”而应典即为五峰讲学的领袖之一。在他的引领下，程梓、卢可久等也先后成为同道，聚于五峰讲学。阳明门人程文德晚年辞官后也曾在五峰书院讲学，使书院的影响力进一步扩大。

除了组织各种讲学活动，应典在理论上也提出了一些独到见解。在清代乡人程尚斐于乾隆年间编撰的《五峰书院志》中，保存有应典著的《诚意章讲义》。而应典在《诚意章讲义》中所阐发的为学要旨，便颇为发人深省。而且应典当时就已敏锐地看到了同门在为学中弊病之，指出："徒务外近名，窃取口耳闻见之似，以夸于人，又或知有身心之学，模拟想像，不实践下手，则行不著，习不察，自欺之罪，终恐不免。今我同志亦有此病否？"从而把阳明学说中的知行合一、经世致用精神完全凸显了出来。嘉靖二十六年（1547），应典病重，褥坐门口，对前来探病问候之人，勉以致良知之学。等到不会说话时，仍转头看着从侄应廷育，似乎有什么要嘱咐。廷育历举家中之事询问，他皆摇头，告慰五峰书院事，他才连连点头，遂慢慢闭上双眼。时九月二十五日，享年六十有八。黄宗明称其"笃实谦虚，刻苦好学，浙中罕俪"，当非虚言。

永康应氏家族以教育立家。应典伯父应尚道时订家规二十余条，崇尚理学治家。明中叶以后，随着阳明心学兴起，应典又与兄弟几个议立宗约，把心学融入家规中。当时的永康，虽为小县邑，但由于几个大家族的引领作用，使整个学术氛围有了很大改观。这其中，芝英应氏家族及其与阳明学的不解之缘，所产生的影响力尤其显著。上面介绍了应典及其伯父应奎和堂兄应恩，另外还有应典侄儿应廷育（字仁卿，号晋庵）、应屏山等。应廷育曾三入刑部，后辞官做学问，著有《金华先民传》等。廷育少时常问学于应典，嘉靖九年（1530）任职南京刑曹主事时又曾问学于黄绾，并与程文德交好，一起讨论学问，也是永康王门的重要人物。至于应屏山，则是应典讲学时的忠实听众，后来在家乡创建善林书院，继续传播阳明心学。除了芝英应氏家族，还有永康独松程氏家族等，也对阳明学的传播以及永康王门的发展做出过贡献。

三、金华王门及其分支

金华地区阳明学脉的发展较为醇厚深密，而几乎所有的金华阳明学人都主要以永康五峰书院、兰溪兰阴会为讲学阵地，承先启后地传播和弘扬阳明学说。但因存世文献的制约，我们现在依然对金华王门的发展过程较为模糊，要作清晰梳理，尚有一定难度。

五峰书院地处永康方岩，原本是吕祖谦、陈亮、朱熹等人的讲学处，在南宋时就已享誉全国。元代金华四先生锐意讲学，其思想带有理学向心学转型的痕迹。据史料记载，"五峰书院"正式成型并命名是在明正德十六年（1521），并且与阳明学者有很大关系。当时永康人应典在寿山石洞动工兴建丽泽祠，嘉靖元年（1522）建成，初名"丽泽精舍"，由时任太守张钺题写"丽泽祠"匾额，时任金华知府姚文焖撰写碑记。到了嘉靖十二年（1533），永康县令洪垣参观书院后，觉得场地太挤，遂下令撤去原寿山寺的罗汉像，改建书院，以广开讲学之风。历时三年，书院于嘉靖十五年（1536）落成，时任太守陈京题写"五峰书院"匾额。因此可以说，明正德以后，五峰书院便逐渐为阳明学者所主导，成为金华地区传播和弘扬阳明学的重要阵地。嘉靖年间，五峰书院的发展进入鼎盛期，除"丽泽祠""五峰书院"外，后来又建了"学易斋"，并且举行祭祀王阳明的活动。应典、程梓、卢可久、程文德等著名阳明学者曾讲学其中，为传播和弘扬阳明学做出了很大贡献，而五峰书院亦因此而开始名扬天下，以此为平台的五峰王门又凭借偏僻的山区地理位置和扎实的乡村教育实践，通过宗族联谊，师徒传授，使永康、东阳等地成为明中后期弘扬阳明心学的中心区域之一。

兰阴会的情况，所存文献更少，我们只能从赵志皋的《兰阴珍别后叙》中略知大概："兰阴久无理学会，会之来，徐鲁源子倡之。鲁源子笃志圣贤，雅好朋友，无一日不相与发明此学。求过省愆，质疑辨难，而一时同志者，亦翕然聚焉。壬戌（嘉靖四十一年，1562）之秋，正鲁源子登第之岁，余始志学，又适绪山钱先生溯江而上。余谒之，惓惓于格致之学，且云：'学必讲而后明。'余始益悟。而时奋起者二十余人，乃卜会于兰阴山菴，名曰'兰阴会'，有期必至，毋敢后焉。凡六年于兹矣。……聚处半年，闻者皆悟，余亦因得以窥见其端倪，始信往昔所学，皆务标末，千古一息命脉，正当自有在也。……余于鲁源子之别也，岂能忘情乎哉！……是行也，与之偕者，会友王中石子也，是亦学鲁源子之学者也……余于是益重其别焉。"①后来清康熙《兰溪县志》卷四与《金华诗录》卷三十五《寄会中诸友》诗后注等，也记载了徐鲁源、赵志皋、徐天民、董良相、赵子元等相聚于兰阴会、切磋讲学之事。《王文成公全书》卷三十五《年谱附录一》则有"徐用检、唐汝礼、赵时崇、赵志皋等为'兰西会'，与天真远近相应，往来讲会不辍，衢麓为之先

---

① 赵志皋：《赵文懿公文集》卷一，《赵志皋集》，夏勇点校，第29—30页。

也"①之类的记述。总的来说，历时半年、代表兰溪王学繁盛时期的兰阴会，多侧重于同门好友之间的学术性讨论，并不以培养弟子、构筑门户为主，与当地书院以家族为主体、启发同族后人有所不同。而无论传承百余年的五峰书院，还是短短半年的兰溪讲会，都是金华王学发展过程中的重要事件，唯因徐鲁源、赵志皋等代表性人物常年在外为官，致使兰溪讲会过早衰落，而让五峰书院几乎成了金华王门的唯一阵地，显得势单力薄。

当然，个人的因素也非常重要。王阳明去世后，其亲传弟子李珙为他督造墓地，受到同门尊敬。程文德以全国榜眼的身份，在广东、江西、南京与北京等地为官，曾利用自己显赫的官员身份，聚集同门道友，刊刻阳明文集，有力地推进了阳明学在全国各地的传播和发展。卢可久等永康乡贤，继应典之后，安心于五峰书院讲学，精心培育后备力量，又进一步扩大了金华永康王门的影响力，并且一代接力一代，让金华阳明学脉传承了近二百年，直到清代初期。而卢可久的弟子杜维熙则在把阳明学说传播于金华府东阳县，使东阳王门得以成立，为丰富和扩大金华王门的队伍做出了重要贡献。因此可以说，与应典一样，程文德不仅是永康王门之始祖，也是传播阳明学于海内的永康著名代表，而卢可久等人则是永康王门走向繁盛的真正推动者。

（一）永康王门

永康王门主要兴盛于五峰书院发展的第一个高峰期，区域范围主要集中在永康县，代表人物有程文德、卢可久等。

程文德（1497—1559），字舜敷，号松溪，永康人。其先新安槐塘人。祖父程世刚，号松崖，赠吏部侍郎兼翰林学士，加赠通议大夫。父程銈，号十峰，弘治十二年（1499）进士，有《十峰集》八卷，"独文多散佚，仅存祭文二篇"；"讽古人诗，有契则和，尤爱靖节（陶渊明）、白沙（陈献章）二公之作"。②程文德幼承家学，祖父亲授以文。三岁十峰公挈其如南京。从父之命，七岁及门受业于

---

① 钱德洪：《年谱附录一》，王阳明：《王阳明全集（新编本）》卷三十五，吴光、钱明、董平等编校，第1343页。
② 程文德：《先公十峰集序》，程朱昌、程育全编：《程文德集》，第105页。

淮安人胡琏，九岁受业于莆田人林文俊，十一岁仍及胡琏门卒业焉。十三岁，邹守益亦从父于宦邸，程文德与其同学于胡琏之门。十四岁归永康，受学于参政朱方。十六岁受学于章懋门人李沧。十八岁如金华，就婚于竹涧潘家。是年夏如兰溪，从学于章懋，章授以"真实心地，刻苦工夫"之说，并对其曰："吾婺东莱之乡，今得子，何、王、金、许之正脉，其有托乎！""人以为真修实践如先生，真得枫山法门矣"。①十九岁与内兄潘徽（号壶南）同进学于金华赤松宫。二十岁与潘徽同进学于潘村。二十一岁仍与潘徽同进学于王氏别业。二十四岁下第归，距家数里许，有寿山，洞内为五峰书院，程文德聚同志学于其中，并与应典、卢可久等建丽泽祠，祀奉朱熹、吕祖谦、张栻、陆九渊和陈亮，以枫山之学为学之要，二十六岁建松溪书院于永康独松村，聚友讲学其中。二十八岁造阳明之门受学焉。"闻阳明先生教人以学，为圣贤，于是往受业，以所闻于胡公琏、李公沧、朱公方，及所受业于枫山先生者互相印证。阳明大悦之，相与讲明致良知之说，逾数月而后归，其后先生跋《阳明文录》"。②三十一岁聚同志于永康方岩灵岩寺，"旁邑名士多有从游者"。③三十三岁会试第十名，廷试一甲第二名，授翰林院编修，与同科状元罗洪先、探花杨名及唐荆川"意气相得，锐志理学，相与砥砺切磋，终身如一日"。④"时都下同志大倡良知之学，若中离薛君、南野欧阳君、既同年念庵罗君、松溪程君、双华柯君及陈君辈，晨夕聚会，究明师旨。"⑤三十六岁参与"京师同志会"。据《阳明年谱》载："门人方献夫合同志会于京师。自师没，桂萼在朝，学禁方严。薛侃等既遭罪谴，京师讳言学。至是年，编修欧阳德、程文德、杨名在翰林，侍郎黄宗明在兵部，戚贤、魏良弼、沈谧等在科，与大学士方献夫俱主会。"⑥后受杨名劾汪鋐案株连，谪广东信宜典史。三十七岁被两广总督陶谐留主岭表书院之教，两广名士翕然从

---

① 姜宝：《松溪程先生年谱》，程朱昌、程育全编：《程文德集》，第584页。
② 姜宝：《松溪程先生年谱》，程朱昌、程育全编：《程文德集》，第588页。
③ 姜宝：《松溪程先生年谱》，程朱昌、程育全编：《程文德集》，第589页。
④ 姜宝：《松溪程先生年谱》，程朱昌、程育全编：《程文德集》，第590页。
⑤ 王畿：《中宪大夫都察院右佥都御史在庵王公墓表》，《王畿集》卷二十，吴震编校整理，第637页。
⑥ 钱德洪：《年谱附录一》，王阳明：《王阳明全集（新编本）》卷三十五，吴光、钱明、董平等编校，第1342页。

之，举何基、王柏、金履祥、许谦所传之"婺学"训迪之，①主张举业心学一致论。三十八岁辞岭表书院至信宜，郡守石简（号玉溪）延请主高明书院。一州五县诸生聚于书院，程文德"迪以躬行之教，每举何、王、金、许之学，朝夕与之讲明，学者多感悟而兴起焉"。信宜门人为之编《窦江集》，其弟子王瞻之序之曰："松溪子以醇正之学，接孔孟之传，由诚敬入门，本静虚凝道，以知行为合一，六经子史，贯然讲授，凡侍其侧者，皆沨沨乎兴起焉。"②三十九岁迁江西安福知县，途经广东江门白沙之庐，为文祭之。四十岁在安福，"即四乡为惜阴之会，以间月为期，五日而散"③。后创复古书院，正式提出"真心说"。同年八月升南京兵部职方司主事。后安福为其建生祠配享王阳明。四十三岁服阕，居庐于金华龙山，与周桐、应典等建龙岗书院于寿岩，祀阳明。四十九岁，王畿被嘉靖皇帝斥为"伪学"，程文德及众大臣论列责对。④五十三岁在金华寿山聚众讲学。先居金华塔塘，卜二亲葬地于龙蟠山之原，修辑家谱，以联属其族人。五十八岁与颜钧、吕怀等往来论交，在南都国子监会讲达六个月。六十岁在金华牛峰之麓建草堂，延经师于其中，授子光裕业，而朝夕相对以为乐。卒后追赠礼部尚书，谥文恭。"生平著述甚富，不幸先父早世，裕（文德子光裕）又髫年，是以稿多散失，存者十无二三"。⑤今存《程松溪先生文集》十卷（明隆庆元年刻本）、《程文恭遗稿》三十二卷（明万历十二年程光裕刻本）。

李琪，字侯璧，号东溪，永康人。历任东乡县训导、溆浦县教谕、大理评事等职。曾亲为王阳明筑墓。时有"钱、王、管、李"之称，"李"者李琪也。临终前尝曰："只此见在良知，吾今紧密受用，性命皆了。"著有《东溪语录》《质疑稿》等。

卢可久（1503—1579），字德卿，号一松，永康儒堂人。从小禀性超迈，志尚弘远，十七岁随叔祖泉山先生习举业。二十一岁与同窗周伟、吕璠一起赴绍兴拜王阳明为师，后又数赴越城求学，受到王门师友的指点和熏陶。后"与石门应子、岘峰周子、东溪李子、

---

① 姜宝：《松溪程先生年谱》，程朱昌、程育全编：《程文德集》，第592页。
② 姜宝：《松溪程先生年谱》，程朱昌、程育全编：《程文德集》，第595页。
③ 邹守益：《邹守益集》卷七，董平编校整理，第360页。
④ 参见谈迁：《国榷·嘉靖二十年四月甲戌》，中华书局1958年版，第3611页。
⑤ 程光裕：《程文恭遗稿序》，程朱昌、程育全编：《程文德集》，第426页。

厚峰周子、方峰程子及从游者数十人，建祠于五峰石室，祀王夫子于中"。主持五峰书院近五十年，为永康乃至浙中地区培养了不少优秀人才。著述宏富，成就斐然。没后朝廷赠"学致良知，道传精一"匾额，以示表彰。应廷育曾盛赞："五峰雅会，德卿俨然其间，启难发微，动中肯綮，诚可谓独抱稽山归者。"程文德感叹："一夔足矣。"黄绾则说："任重道远，有光师门。"事迹载《明史》和《明儒学案》，是明代浙中东南一带著名心学大家。著有《望洋目录》《就正目录》《光余或问》《草窗巷语》《承志录》等。明末东阳门人陈正道、陈时芳兄弟刊行有《卢杜二先生合集》，康熙年间卢氏后人又将卢可久的《光余或问》其中《光余或问》《望洋目录》《草窗巷语》等三种著作全部刊入《卢氏宗谱》。

周莹（1485—1566），字德纯，号宝峰，永康人。其学先从仙居应元忠，后就正于王阳明。阳明教他自信自立，从身上用力。尝讲学五峰书院。

程梓，字养之，号方峰，永康方岩文楼村人。程正谊之父。曾徒步前往姚江受学于王阳明。其学以内省不疚为宗旨，尝与王畿相印证，王畿告之以"一念入微承担"心法。

周桐（1483—1564），字凤鸣，号岘峰，永康人。曾任南京武学训导、抚州府儒学教授。后主五峰书院讲席多年。

周于德，生于弘治十七年（1504），字德基，号厚峰，永康游川人。师从应元忠、王阳明。贡生，累试不第，以明经终。①

周光，字子充，号四泉，永康岘口人。从兄桐学。携周德器、周子复、周子善辈往绍兴请教王阳明。贡生，历任江苏常熟、安徽绩溪两县教事。归家后，往来五峰书院。病中仍讲学不辍，卢一松询问，其答曰："吾心中止见光明气象，他无系累也。"②

周起，字子复，号船山，永康岘口人。累试不第。深造自得，致力于德业教化。捐馆，卢一松写悼词。③

王益，字中实，号一槐，永康橙川人。前往越城，拜学于阳明门下，阳明告曰："学须自信，不必守定成规，老莱子斑衣岂有样

---

① 程尚斐：《五峰书院志》卷三，清乾隆间活字本，第3—4页。
② 程尚斐：《五峰书院志》卷三，清乾隆间活字本，第5页。
③ 程尚斐：《五峰书院志》卷三，清乾隆间活字本，第5页。

耶?"王益闻之有省。尝语人曰:"老实打不破。"晚年,家日益贫困,节志不变,贞介士也。[①]

吕璠,字德器,号石崖,永康人。曾参与五峰书院的建设及讲学活动。著有《吕石崖集》等。

应兼,字抑之,号古麓,永康人。应丰子。主盟五峰精舍,与卢一松、程梓讲学三十年。

吕成章,字达夫,号五松,永康人。尝与程梓讲道五峰。闻王畿主讲阳明学说,遂前往就学,王畿为文有"为学工夫,务求真实"云云。

应玠,字草亭,永康人。从黄绾游,又从学应典、程文德,会于五峰书院。

卢自明,字希程,号新庵,永康仙庐人,卢一松从侄。侍讲五峰数十年,著有《新庵文集》等。

周勋,字克成,永康人。从钱德洪游。任常州训导、和州学正。归林下二十年。

程正谊(1534—1612),字叔明,号居左,永康方岩文楼村人。著有《展华堂集》等。

吕一龙,字云君,号渊潜,永康太平人。陈时芳、陈正道亲传弟子。主张"真心实地,刻苦工夫",并以此为学问第一义。年八十余卒。

王同雍,字天珠,号澹庵。永康象珠人。陈其蒽弟子。著有诗文若干卷。尝抄录卢一松的《望洋目录》《光余或问》《王麓泉集》《心吾子诗钞》等著述,对承续金华王门之学脉贡献颇著,可谓金华王门之绝响。

(二)东阳王门

东阳王门主要兴盛于五峰书院的第二个高峰期,也是永康王门向周边区域辐射、蔓延的结果,主要以杜维熙及其弟子陈时芳、陈其蒽等人为代表。他们借助东阳丰富的家族和地方资源,以乡邦文化为基础,以生活日用心学为诉求,为承续和扩展阳明学脉作出了

[①] 程尚斐:《五峰书院志》卷三,清乾隆间活字本,第5页。

重要贡献。

卢尧俞，字惟钦，号日休，东阳人。会通王湛之学，著《心事合一图说》以明志。丞江阴，早卒。湛若水作《孝思篇》，评价他"行道以立身，大孝在吾子"。①

杜维熙（1521—1601），字子光，号见山，东阳人。卢一松亲传弟子，东阳王门的开山宗师。其学以复性为宗，克己为要，省察克治，无间昼夜。晚年学思益纯，尝赋诗云："古今方寸里，天地范围中。有事还无事，如空不落空。"其教人迎机片语，即可语悟。创法界讲会以授徒，使阳明学逐渐出现了"宗教化"的倾向。又讲学于官桥，并与兰溪徐用检相继主讲崇正书院。周汝登见其《悔言录》，以为"非大悟后不能道，由姚江而直溯洙泗嫡派"也。年八十余，小疾，语曰："极深研几。"遂瞑。

陈时芳（1567—1642），字仲新，号春洲，东阳安文人。杜维熙亲传弟子。其学在立大志，识心体，专工修悟，交融为极，不执门户。尝立丽泽会于乡，接引四方学者。复率宗人大会于祠，月会于家，学者从之甚众。族中及门入室者众多。尝云："南宋之学，大抵失之难。近世良知教行，本源易窥，又未免失之易。失之难者，不但逐物寻索，苦于支讳□漫，而拘泥矫激之意，反为虚明之障。失之易者，不但□情□□，堕于流俗，而疏略遗弃，终亏道体。非难辈易之间，中道而立，能者从之。"崇祯二年（1629），应岁荐，不仕。著有《宗传广录三十四卷》《自考录五卷》《朝闻见录》《邹鲁遗芳》《丽泽会规》《学余偶华》《琐笔》等。刘宗周读之，曰："（章）枫山后，一人也。"

陈时觉，字仲寅，东阳安文人。陈时芳弟。捐资丽泽会数十年，无稍懈怠。著有《本雅轩集》《管见录》等。

蔡万春，东阳十六都人。初从周汝登学，领受致良知之教。既又负笈从邹元标游，参质疑难，数年乃归。每遇朔望，必集子弟讲肄。

陈正道，字直之，号诚源，东阳官桥人。陈时芳亲传弟子。专以静悟为主，立志为尊。尝言："学问大事，须看本来田地，清静丝

---

① 以下所涉东阳王门、兰溪王门之史料，如未注明出处，均源自邹建锋《阳明夫子亲传弟子考》。

翳，自无所容。只此真种子，自然生生不已。"精通易义，学问晓畅，使听者忘倦。尝徒步赴五峰、文山会。

陈其蒽（1592—1665），字生南，号苹斋，东阳安文人。少落拓不羁，年四十，始斋戒执贽（陈）时芳之门。志甚笃，学甚锐。其所讲学，永康则五峰，东阳则文山，西安（衢州古称西安）随地奉会，接引后学。言不足则继之以歌咏叹，抑扬精神。学以"致良知"为本，刻苦励行。明亡，弃举子业，樵牧耕耘，自食其力。门人数十人，传其学者为东阳赵忠济、慈溪甘霖、永康王同雍等。

陈国是，字修之，东阳人。兴起后学，孜孜不倦。五峰法界讲会，左右之功居多。

金万选，字司化，号常惺，东阳人。从学于陈时芳、陈正道。

（三）兰溪王门

在金华府永康和东阳两县的阳明学如火如荼兴起之时，金华府兰溪县的阳明学也在蓬勃发展，这主要得益于赵志皋、徐用检这两位著名权臣的提倡和鼓动。赵志皋官至首辅，权倾天下，而徐用检官至河南布政使、太常寺卿。徐用检对传播阳明学说不遗余力，其弟子遍布浙江乃至全国各地，是浙中王门的功臣之一。其文集今藏于吉林大学图书馆，是研究徐用检思想乃至浙中王门的重要文献。

赵志皋（1523—1601），字汝迈，号濲阳，赵年之曾孙，兰溪人。钱德洪亲传弟子。隆庆二年（1568），以进士一甲第三人及第，授翰林院编修。三年，与修《世宗实录》。五年，分校礼闱。六年，受命册封吉藩。万历元年（1573），充纂修官。五年，升侍读。九年，遭张居正贬谪，遂返乡归隐灵洞山，依旧寺址建起灵洞山房别业，潜心学问。十一年，擢南京太仆寺寺丞。十五年，升为南京吏部右侍郎。十七年，改为吏部右侍郎兼翰林院侍读学士。十九年，进礼部尚书兼东阁大学士。后两次出任首辅一职，前后约八年又两个月。当国近十年，不植党，不怙权。著有《四游六虚堂稿》《克志主静立志诸箴》等行世，今皆收录于《赵志皋集》。

徐用检（1528—1611），字克贤，号鲁源，兰溪人。徐袍从子。钱德洪亲传弟子。兰溪王门的开山宗师。官至太常寺卿，通籍三十余年，宦迹半天下，清操始终不易。四方敦请讲学，三赴兰溪崇正书院，两赴新安霞源讲期，并在家乡创办兰阴会。著有《婺兰新安纪会》《友声编》《己亥二录》《五经辨疑》《剑江录》《虔州录》《三儒类要》《兰溪县志》等书，多散佚，仅《三儒类要》《剑江录稿》（二卷，附录一卷）《虔州录稿》（三卷，附录一卷）存世。弟子有姚铎、舒秉彝、舒大猷、包容大、包万象等。长子徐学质，字殷夫，著有《孝廉稿》《群书振玉》等。季子徐学范，字任夫，贡授苏州府经历。

总之，在金华，永康王门以五峰书院为主要阵地，并与黄岩的黄绾相犄角，与徐用检的兰阴会、龙游徐天民的水南会相互动，使之成为当时浙中地区传播阳明学的主力。东阳王门则继永康王门之后，以杜维熙为领袖，在官桥等地开展讲学活动，亦为金华阳明学开出一片新天地。兰溪王门虽人数不及永康和东阳，但因有朝中重臣赵志皋和徐用检的存在及其所发挥的能量，使其影响力一点也不亚于永康和东阳，甚至可以说是金华王门对外扩大影响的主要策源地。

四、衢州王门及其分支

衢州不仅是王阳明生前经常路过并开展讲学之地，而且也是其去世后弟子们传播阳明学的活跃地区。阳明去世后，江西丰城的阳明学者李遂任衢州知府，不仅诚心为官，精心治政，而且刻意在衢州地区传播阳明学，使得衢州王学的发展获得了物资和政治上的保障，"衢州王学"亦由此形成，且大都集中在交通便利的江山、龙游、常山三县。衢州地区有栾惠、王玑、周积、郑骝、徐霈、王修易、林文琼、何伦等八位阳明亲炙弟子。其中周积、郑骝、徐霈、王修易、林文琼、何伦六人以景濂书院和文溪书院为阵地，形成了影响较大的"江山王门"。江山王门持续时间二十余年，主要是在徐霈退休之后，建东溪讲舍于文溪，并与林文琼、王修易等好友组织讲会，展开争鸣，传承阳明心学。

又因衢州最靠近江西上饶，而王门领袖钱德洪曾在上饶任书院山长，举办讲会，从而又使衢州成了钱德洪等人传播阳明学的辐射区。如衢州府龙游县的徐天民师从钱德洪，并参与了《阳明先生文录》等重要文献的编校整理工作，主持过杭州的天真书院讲学，还在家乡组织水南会，与兰阴会、五峰书院及台州王门相互动，串联起金、衢、处、台等地区的阳明学，使衢州成为浙中王门的又一核心区域。

到了中晚明，衢州王学渐趋衰微，唯有以叶秉敬、徐可求为代表的王学名臣，积极刊印晚明王学经典《思聪录》，主持"兰亭讲会"，在衢州信安（今柯城）努力传承阳明心学，才使阳明学脉得以延续。

总的来说，衢州王门多以笃志力行见长，或出外为官多年，造福四方百姓，或居家潜心教学，培育地方才俊。他们还修路筑桥，赈灾扶贫，泽被乡里，将阳明学进一步引向实行实功的方向。

（一）西安王门（信安、柯城王门）

在衢州，西安王门早期以栾惠、王玑为代表，后期以叶秉敬、徐可求等人为代表，他们对阳明心学传播于衢州有莫大之功。

栾惠（1539年卒），字子仁，衢州府西安县（今柯城区）人。尝与门友撰文祭阳明，称其学"四方风动"，赞其功"为国柱石"。嘉靖十八年（1539）四月卒。薛侃记《传习录》卷上第111条，载有字子仁者问学与乐等关系，此子仁当为栾惠，有人认为是阳明晚年广西所收之弟子冯恩，误矣。

王玑（1490—1563），字在叔，晚号在庵、六阳山人，西安县人。阳明见其"外朴内炯"甚喜，赞其"笃实"。举衢麓讲会，又与徐天民、徐用检共倡瀫江之会，令二子念伟、念圣从学徐天民。曾曰："认得天理，即是良知；致得良知，即为天理，一也。"又言："平生无过人处，惟出处分明，未尝屈身降志。"王畿称其"平生惟讲学一事，以忠信为本，致良知为的，圣贤可期"。

王之稷，字惟烈，号立斋，衢州府衢县（今衢江区）人。官至达州守。镌《六经要旨》《蒙训女训》《家礼》《小学》诸书，以劝向学。子任衡，以学行称。

叶秉敬（1562—1627），字敬君，号寅阳，衢州府西安县峡川（今衢江区峡川镇）人。秉性好学，精通经史，勤于讲学。万历二十九年（1601）进士。历任工部都水司主事、河南学政、江西布政使、大中大夫、右参政、荆西道布政司参议。著有《叶子诗言志》《千字说文》《韵表》《教儿识数》《字学疑似》《诗韵纲目》《兰亭讲会》《开沟法》《赋役握算》《书肆说铃》《明谥考》《寅阳十二论》

《治汴书》《学政要录》等,编纂《衢州府志》。

徐可求(1621年卒),衢州人。官至四川巡抚。为政有仁声,死于彝族奢崇明之乱。明万历四十六年(1618)在衢州协助叶秉敬刊印《思聪录》,并作序。

徐应秋,字君义,号云林。徐可求次子。少时手不释卷,藏书充栋,为政炫赫,刚正不阿。明万历四十四年(1616)进士。官至福建左布政使。归里,杜门授徒,著书立说。著有《玉芝堂谈荟》等。

(二)江山王门

周积(1483—1565),字以善,号二峰,衢州府江山县石门镇人。官至德王府长史。创办景濂书院。每日黎明起,谒家庙,退居省心亭,焚香前坐,潜真冥思,会有所得,即书之于册,每月有《日录》一本,以验进益。晚年矫学风之弊曰:"为学如治病,学不身体力行,是徒讲药方类也。"著有《读易管见》《启沃录》《图说》《山中日录》《二峰摘稿》等。阳明曾赞其循循善进之心,于正德十年(1515)为其撰《赠周以善归省序》。阳明在漳江船中捐馆时,周积为唯一陪护在其身旁的门人,实为阳明如何离世的见证人。

郑骝,字德夫(孚),号鹿溪,江山协里人。官至云南按察司副使。其学以立诚为宗,参解良知。居乡,悯族人对遇荒施赈束手无策,遂广设义塾,人知向学致行。

徐霈(约1511—1600),字孔霖,号东溪,江山双塔人。幼学于周积。嘉靖二十年(1541)进士,先后任两湖监察御史、京都给事中御史。嘉靖二十七年(1548),内阁首辅夏言与陕西三边总督曾铣受严嵩陷害,先后被斩。霈激于义愤,冒死上疏抗议,遭廷杖,血染朝衣,继被远谪贵阳。四十一年(1561),严嵩父子遭黜,霈被起用,历任河南学政、广东左布政使。隆庆初年(1567)辞官回乡,于县城北郊建东溪书院,与何伦、王修易、林文琼、柴白岩等一起讲学,且订学习制度,每月朔、望大会诸友,质疑辨难,以阐发阳明致良知学说,是江山王门的重要组织者和推动者。其一生好学不倦,学界尊称东溪先生。著有《世德乘》《道器真妄诸说》《东溪文集》(清乾隆十八年刻本,今存)等。徐霈墓今尚存,位于横渡乡上溪村之布政纹山上。

王修易，号西山，江山西山人。曾任江西新建县学训导。日讲良知格物之学。《传习录》下卷问答语中的"黄修易"，即"王修易"之误。

林文琼，号阳溪，江山人。嘉靖中贡任南陵丞，暇即与士人讲明正学。七十岁时，徐霈为文祝贺。

何伦，字宗道，号东山，江山人。柴惟道的岳父。日与王修易、徐霈诸公切劘学问，以终其身。著有《何氏家规》等。

柴惟道，字允中，号白岩，江山人。补博士弟子员。从薛侃、湛甘泉学。有《玩梅集》存于世。

郑悟，号思溪，江山协里人。郑骝之子。任山东陵县（今德州市陵城区）教谕。才未展而卒。

徐伯美，字日嘉，号肖溪，江山人。徐霈仲子。年八十三卒。

何伦，字宗道，江山人。有孝行。王畿亲传弟子。

朱夏，号华山居士，江山人。王畿、李材雅重之。著有《明德楼稿》。

（三）龙游王门

龙游王门以徐天民、王之弼为代表，聚集地方乡贤，善化乡里百姓，并积极参与钱德洪所主持的王阳明著作的编纂工作。

徐天民，字邦中，号水南，衢州府龙游县人。龙游王门之宗师。年六十九卒。据王之弼《徐水南先生传》："盖吾龙游倡明理学，表正后辈，以水南先生为嚆矢云。……先生自幼天才英特，亮拔不群。甫弱冠，闻塾师讲余姚人王文成公之学，惊曰：'丈夫在世，可以弗闻此乎？'乃不告于父母而随之之余姚。彼塾师者，一僧人也。不引至讲王学者，而引之于所亲以为利，先生初不知也。居无何，正容告其师曰：'日者天民不告于父母而来，重王学也，岂为博士业而冒此大罪哉？'其师愧曰：'我亦诃之矣，明年敢师尔耶？'不得已，卒业以归父母……明年，听其执贽，从吴先生仁讲良知之学。又明年，博参范先生引年、王先生艮、钱先生德洪、王先生畿，无不顶礼问学焉。先生器度既闳，勇力亦至，闻学顿忘其习心，而进其独志若两截人，而人不知其所为。然与乡人谈，则乡人笑之；与同为博士弟子者谈，则同为博士弟子者笑之，而先生夷然不屑也。……盖先生之学以立诚为主，以万物一体为用，与人洞豁底里，无分贵贱亲疏长幼而一于爱。……先生身虽老，文学、士大夫见者无不见之，若严师。入邑，则主于叶耆老昌、杨耆老冕家。入郡，则主于故金都御史王先生玑家。王先生以其二子念伟、念圣从先生游。……徐参政用检每集讲学，先生傀焉，以老不及深造为恨。而徐（用俭）先生亦云：'与水南言必入，真平生第一知己也。'以其弟用襄从之游。往至豫章，则主于万公廷谦、魏公时亮二先生家，相与讲明理学，后辈无不师事之。……得先生至，日与江西刘公士瑗、丁公此吕、辽东萧公汝芳、湖州费公攀龙往来，讲学不辍。大吏侧目，弗畏也。"[1] 足见徐天民当时在金、衢一带乃至整个江南地区的影响力。

劳景贤，龙游人。劳仲子。王畿、钱德洪亲传弟子。

叶良相，字邦佐，龙游宣教人。钱德洪亲传弟子。历任婺源县训导、庐州教授等。曾与徐天民一起服务于杭州天真书院。

余湘，字毓灵，号东衢，龙游立德人。邹守益亲传弟子。

王之弼，字以忠，龙游人。初闻阳明学，专意向之。平生无日废学，无日废讲学，无日废游。从徐用检、祝世禄集讲，游终南、齐云等名山。赴万廷言谈道之约，游豫章，因访刘卢萧。与兰溪赵志皋相交甚深。

尹礼继，字世叔，龙游人。嘉靖三十七年（1558）举人。师从徐天民。

（四）常山王门

在衢州，常山王门虽不及西安、江山、龙游王门繁盛，但传承钱德洪、徐用检学脉，与金华王学互动，亦有可观。

詹思谦，字牧甫，号洞源，衢州常山县人。受父亲詹道南之命，从钱德洪游。官至辽东参政。著有《詹思谦游稿》《平蛮诗》等。

徐仕升，号季陵，常山南壁人。学从钱德洪，得良知宗传。曾与钟文陆、许孚远、徐用检等讲学论道。

徐汝晋，字裕庵，常山里择人。少游徐用检之门。历任闽县训导、华亭教谕、曹州学正等。

---

[1] 余绍宋纂修：《人物传·明》，《龙游县志》卷十八，民国十四年铅印本。

（五）处州王门

处州即今丽水地区，因受衢州、金华等周边地区的辐射，该地也产生了一批阳明学者，代表人物有苏民、朱应钟、王庭赞、王之京等。

苏民（1476—1538），字天秀，丽水遂昌县人。弘治十八年（1505）进士。历任山西榆次知县、兵部职方司主事、四川梓潼驿丞、工部主事、吏部考功文选郎中、南京太仆卿、南京太常卿、兵部右侍郎、刑部右侍郎等。[①]

朱应钟（约1504—1534），字阳仲，号青城，遂昌人。尝在遂昌青城山修行，嗜学多闻，工五七古诗。后徒步赴绍兴问学于王阳明，深受阳明器重。开化方豪、青田陈中州皆与之游。有著声。英年早逝，葬湖山濓塘。有《青城先生诗选》存于世（五卷，今藏于吉林大学图书馆）。

王庭赞，遂昌人。幼小聪颖。从父游，在白鹿洞拜学于王阳明门下。谢举子业，隐居梅溪山中，故号"中山"。耕读自乐，身闲心适，悠然自得，阳明嫡子王正亿尝为其撰《耕余录序》。

王之京，遂昌湖山人。万历二十一年（1593）前后曾任江西万载知县。因湖山与龙游县较近，故他曾与柴惟道、徐天民、王之弼、徐惟缉、王念伟等人一起参与龙游水南会，以传播和弘扬阳明心学。

五、卢可久、徐霈的心学诠释

卢可久和徐霈分别为金华王门与衢州王门的主要代表，且留存于世的文献也较为完整，故本章欲以二人为例，来试窥金华、衢州王门的主要特质。概而言之，以卢一松为代表的金华王学，主要是依托家族力量，从生活日用层面来复活阳明心学，因而其学术形态的理论性较为淡薄，而生活性、日用性则相对较强，有点接近于阳明学派中世俗性较强的泰州学派。而以徐霈为代表的衢州王学，则以官宦集团为依托，在政治实践中解决实际问题，从而突显出良知

[①] 束景南：《王阳明年谱长编》，第721—722页。

心学的公共性、社会性和政治性，在心性学的理论形态上有点接近于阳明学派中宗教性较强的龙溪一派。

（一）卢可久的良知光明论

卢可久（字一松）的思想在整个阳明学派中可谓颇有特色，且主要体现在他的"良知光明"说中。他尝曰：

> 心之光明，是谓良知。光明者，心之体也。光定则心静，光摇则心动，光散则心昏，光驰则心亡。心岂有出入？动静以主光而言耳。尧之光，被舜之光华。文武周公光，显孔子之容。光必照俱，以其盛养此光也。①

这实际上是在接着王阳明去世前留下的"遗言"以及隔壁黄岩县其学术前辈黄绾的话头而作发挥。一松认为良知本体像太阳一样，普照大地。心体良知原本就是发光的，只有紧紧抓住本体，靠近光，依靠光，壮大光，就可在心体上做工夫，这与王畿所强调的高明一路的道德修养论即本体工夫论是一脉相承的。这种思想被不少王门同道所排斥。而作为与王畿有分歧的钱德洪却对一松比较欣赏，但一松似乎并不为知己所左右，在修养功夫上较为倾心于在本体上做工夫。

如果说一松在本体论上借鉴的是王畿，那么在涵养论或功夫论上则可以说是借鉴了钱德洪。他说："夜气清明之际，如方出之日，其光尚微。从此扫除廓清，一向不为浮云所蔽，则光被四表矣。"②认为对良知本体的把握是个慢慢累积的过程，需要经历"其光尚微"的长时期的潜伏涵养，然后再到"光被四表"的爆发，而这就离不开"扫除廓清"的洗心、养心及操心的一系列涵养功夫，以便达到不断去除遮蔽人类之私欲的目的。这种观点显然是对钱德洪渐进功夫论的承继与发挥，从而避免了在涵养功夫上走向顿悟直觉主义。不仅如此，一松还对钱、王二人的思想作了全方位的融合与发展，强调本体与功夫、有事与无事、动与静、体与用等多层面的对立统

---

① 卢可久：《卢一松先生遗言》卷二，清抄本。
② 卢可久：《卢一松先生遗言》卷二，清抄本。

一，以推进良知学的整体发展。

一松又接着说：

> 一隙之光，此光也无所不被，亦此光也。以一隙之光，较之无所不被之光，虽有偏全不同，而其为体则一也。苟能撤去藩篱，而不为一隙所限，则亦可以睹天下之全矣。圣人之心，有如长空无云，不惟照之尽，而且能照之察。少有所蔽，初未尝不照。但比之万景俱新，气象昭明，自然不同。浮云愈重，遮隔愈深，则虽太华在前，亦有所不能睹矣。①

也就是说，在"其光尚微"的"一隙之光"时期，因其过于偏狭，而光芒不大，只有不断累积，开发心体，"撤去藩篱"，放眼于全宇宙，方能发挥其全体性功能。因此，在一松看来，这样的心性涵养论，只有越接近于圣人心地，才能越容易达到万物一体的大光明状态，从而实现天下全体光明的"气象昭明"之新时代。

一松还在自己的修学日记中写道："心具万理如天象，然无纤翳蔽隔，日月星辰靡不灿烂。"②这是把良知本体当作"天象"，是宇宙的最高主宰。而这个被万众敬仰的"天象"，"靡不灿烂"，照耀宇宙大地。可是，天象由于自身的运动规律，极容易被物欲、私欲及各种邪思妄念所遮蔽、阻挡和阻滞，故而很难随时随处地保持自身的本体光明性。而作为"天理之中"③的良知本体，则具有自然性、天然性和本然性，同时还具有更多的生理性、虚静性和真实性。正是这种自然性和虚静性的特点，才使得一松的良知涵养论开发出了重主静、开心体、明心体等诸多面向。

一松还把良知视为"吾心之则"④，甚至六经子史"亦吾之心而已矣"⑤，这使得他的良知学更加带有纯粹心学的色彩。如同极有创造性的象山心学，与象山本人常年生活在偏僻的金溪乡村有关一样，常年在永康五峰书院及其周边一带从事讲学并做修身养性之涵养功

---

① 卢可久：《卢一松先生遗言》卷二，清抄本。
② 卢可久：《卢一松先生遗言》卷二，清抄本。
③ 卢可久：《卢一松先生遗言》卷一，清抄本。
④ 卢可久：《卢一松先生遗言》卷一，清抄本。
⑤ 卢可久：《卢一松先生遗言》卷一，清抄本。

夫的卢一松，也注意到天象的自然运转背后有一个绝对的主宰在发挥作用，对于宇宙万事万物而言，这个主宰就是吾心，这种观念与陆象山的"吾心就是宇宙，宇宙就是吾心"并无二致。有个学生曾就宇宙运转问题向一松咨询，一松强调"万物皆吾心一元之运"①，这其实与禅宗心法也完全一致。禅法认为，心的神明力具有变现宇宙万事万物的能力，万事万物的运转皆由人之一心来掌控。一松将这种神奇能力称为"天机"，指出："天机自运为良知，少有意，必则人为之私矣。"②"天地间，只有一个心是大家当。"③正是由于这种"天机"的自我运转，才使宇宙万物都能在心之天理即良知的指导下自如运行，而这就是所谓的"真性作用"。天心就是真性，就是天机，就是良知。作为"大家当"的天心，不仅主宰着世间一切事物的自然运行，而且牵引着宇宙万事万物的造化运行。

基于自然之天心，一松还提出了"良知至善论"。他说："天下之理，惟以良知为至善。行而不著，习而不察，虽或暗合于理，终不免意气之私，谓之善则可，谓之至善则未可也。"④由于一松执着于教化之典范，身正为范，学高为师，故而多以"至善"来定义良知，从这一意义说，良知应该是个看得见的真实具体的本体之存在。一松又说："学必止于至善，此学问之大头脑。至善者，心之本体，良知之谓也。以良知为学，则学得所止矣。虽未底于大成，造于极盛，而天下之大本，已得由此进之，则可与齐之理。否则，虽见得广大高明、渊微极深，终是达道之远，与圣人立脚处大不同。"⑤因此，一松反对高谈良知的玄理玄虚，希望良知回归真实世界，回归至善世界，主张在日用常行中运用良知学。

（二）徐霈的良知神心论

徐霈在良知本体论上，完全继承了阳明的思想，又上乘层面发展了良知学。他糅合老子的虚灵论和陈白沙的感应说，发展出一套新的良知本体论，即良知神心说。并且在此基础上，系统地提出

---

① 卢可久：《卢一松先生遗言》卷二，清抄本。
② 卢可久：《卢一松先生遗言》卷二，清抄本。
③ 卢可久：《卢一松先生遗言》卷二，清抄本。
④ 卢可久：《卢一松先生遗言》卷二，清抄本。
⑤ 卢可久：《卢一松先生遗言》卷二，清抄本。

了神水论、神灵论、神虚论和神不灭论等神心论的观点，以图进一步扩大和增强良知学的影响力。徐霈指出：

> 白沙先生诗曰："元神诚有宅，灏气亦有门。神气人所资，孰谓老氏言？下化囿其迹，上化归其根。至要云在兹，自余安足论？"修养之家，规规躯壳之中，泥于迹者也；上智之人，究心神理之窟，归其根者也，二者精粗较然矣。白沙曰："神理为万物主本，长在不灭。"人不知此，虚生浪死，与草木同腐，可不长太息耶？一点神光，昭昭晃晃，盖天烁地，未尝遮蔽，未尝止息。人惟为妄情所结缚，如翳日之云，眯目之沙，遂失其光明之体矣。即今不论对众独处，行止坐卧，时时参究，默默体察。境上有顺有逆，此一点灵光，不为境移；人情有向有背，此一点灵光，不为情迁；此身有衰有病，此一点灵光，不为病苦。自知自信，自觉自修，妄情瞥起，当处消磨，不容丝发潜藏，如握金刚宝剑于此，东来也斩，西来也斩，直斩至无可斩处，则神光一朝透出，晃晃常在目前，山河大地，明暗色空，以至日用应酬，种种呈露，皆自神光妙明中流出，所谓"万化生于身，宇宙在其手"者，岂虚语耶？①

他在这封写给毛介川的系统阐发神心说的书札里，以"一点灵光"定义良知，认为良知具有超强的神通能力：不为境移，不为情迁，不为病苦，故而自知自信，自觉自修，而这亦正是良知发挥宇宙之本体、万事万物之主宰的理据之所在。因此，作为神心之良知，就如同光明一样，所谓"神光一朝透出，晃晃常在目前，山河大地，明暗色空，以至日用应酬，种种呈露，皆自神光妙明中流出"也。而人一旦获得这种变现能力，就能使其道德主体性得到挺立，从而获得无限的探究万事万物的能力。这样的人，仿佛是个超能者，无所不能，无所不为。而这种蕴藏于宇宙中的活泼变化的"神光妙明"之光耀普照能力，即是神心或神理，即为良知的上乘力。

众所周知，发生在晚明的因果报应论的思想资源就是"神不灭

---

① 徐霈：《与介翁神理书》，《东溪先生文集》卷十八，清乾隆十八年刊本。

论"。那么,神不灭论的思想源头又在哪里呢?对此,徐霈又提出了"神水论",认为人的神心就像源源不断的河水一样,其强大的能量无边无际,无所不在,无时不在。徐霈指出:

> 此何足异,陆子静在象山,诸生相从者几数百人,接引不倦,十余日不寐,而精神愈爽。或问其故,曰:"家有壬癸神,能供千斛水。"吾以为天一生水,神一动便生水,二生火,三生木,相引而起,便落五行。神不动,则阴阳不能拘,五行不能囿,其妙无穷。杨慈湖曰:"个里包坤更括干,精神才动便纷然。"《楞严》曰:"如我按指,则海印发光。汝暂举心,则尘劳先起。"海印尚发光,况千斛水乎?且神一动便生水,故体感热即为汗,眼感悲即为泪,肾感合即为精。若神不动,则生生浸润,灵泉逆流,元气包之,其根益固,畅于四肢,发于事业,皆神水之功也。十日不寐,何足道哉?①

这就是著名的"神水论",主要用意是要让得到涵养的主体拥有超人的生命能量,以焕发出神心的全部活力。由于主体在修养过程可以保持"神不动","阴阳不能拘,五行不能囿",金、木、水、土均不能自行生产,都得凭借主体恒常的生命能量才能产生。《西游记》中的孙悟空为什么会有无穷的变形力,其因即在于孙悟空不活在五行中,超然于有形物之外,被赋予了通神的能量,这才有了七十二变之能力。正因为神心不动,类似于静止状态,所以才能通过主静涵养的修养工夫,达到"生生浸润,灵泉逆流,元气包之,其根益固,畅于四肢,发于事业"的目的,换言之,人的身体愉悦、事业美满,乃是通过化神为虚、变虚为精、元气聚集、神水外溢才实现的。因此,在徐霈看来,不动之神才是养生长寿的秘诀。毫无疑问,徐霈的"神水论"是建立在人心灵泉论的基础之上的,它主要源自道家的内丹修养思想。而这也是徐霈喜爱道家修炼的重要原因。不难看出,"神水论"是神心神理说的重要支撑或基本理据,而"神水论"实即"神不灭论",实即得益于道家的内丹学,与老子、

---

① 徐霈:《神水说》,《东溪先生文集》卷十,清乾隆十八年刊本。

陈白沙偏于"神灵"涵养的道德修养论有千丝万缕的关系。徐霈还说过:"人得是灵而为知觉。是灵也,明目而视之,不可得而见也;倾耳而听之,不可得而闻也。然天地万物无一而非是灵,而人者,天地之心也。"①认为人心的感应能力就是神灵,就是人气活动时知觉力的体现,得之者,唯至诚者也。而良知即为诚,即为神灵。阳明的良知学内涵亦有灵气说、神用说,所以亦可谓是徐霈的神心、神灵、神水论的思想资源之一。所以徐霈尝自谓:"余自弱冠时,从阳明王老先生讲明致知格物之旨,遂厌科举之学,并朱注而怠观矣。"②承认自己是从阳明那里获得了思想启迪和精神原动力,这才抛弃了传统的程朱理学和科举事业。正因为此,为了感谢师恩,徐霈老年归家后,遂发奋讲学传道,以启迪人心,开发心智。他说:"余自岭南谢病归家,筑室于溪东,与诸同志讲学,因而兴起者颇众。"③这同时也反映了徐霈在当地所产生的影响。

总之,无论是以卢一松为代表的金华王学,还是以徐东溪为代表的衢州王学,都是浙江西部地区的浙中王学的重要代表,也是浙学的重要组成部分,由于文献整理的缘故,目前学术界尚未有人进行系统研究,甚为可惜。但无论是金华五峰王学的教育面向,还是衢州王学的实践面向,都体现出浙江西部地区无数阳明学者积极探索的理论勇气,他们的宝贵智慧值得我们深入挖掘,以进一步凸显阳明学的地域性差异及其理论形态的无比丰富性。

(邹建锋、钱明撰稿)

---

① 徐霈:《鬼神之为德章解》,《东溪先生文集》卷十二,清乾隆十八年刊本。
② 徐霈:《邵养斋先生讲意纂要序》,《东溪先生文集》卷三,清乾隆十八年刊本。
③ 徐霈:《〈圣花出类〉序》,《东溪先生文集》卷五,清乾隆十八年刊本。

阳明学在台州

近年来，笔者从《王阳明全集》和台州诸县市的地方志文献①中，陆续发掘出一批台州籍的阳明学者，除去《明儒学案·浙中王门学案》中的黄绾（1480—1554，字宗贤，黄岩人）、王宗沐（1524—1592，字新甫，临海人）之外，尚有林元叙（1477—1525，字典卿，临海人）、林元伦（1487—1557，字彝卿，临海人）、应良（1480—1549，字原忠，仙居人）、金克厚（生卒年待考，字宏藏，仙居人）、赵渊（1483—1537，字弘道，临海人）、叶慎（1488—1564，字允修，仙居人）、林应麒（1506—1583），字必仁，仙居人、石简（？—1551，字廉伯，宁海人）、潘珹（生卒年待考，字子良，天台人）、李一瀚（1505—1567，字源甫，仙居人）等亲炙王阳明的弟子，以及王宗沐、叶良佩、黄承文、黄承德、林文相、吴国鼎、王士性等王阳明的再传门人。而在以上人物的著述中，笔者还发现阳明本人以及黄绾、应良、叶良佩、潘珹、王士性等台州籍阳明学者，还有薛侃、郑善夫、应典、钱德洪、王畿、沈谧、闻人邦正、王正亿、陈明水、曾才汉等粤闽、浙中、江右的阳明学者，与具有鲜明地域文化特征的天台山文化关系密切。本章即主要对王阳明及其弟子与台州之间的关联，以及台州籍阳明学者的生平学行的基本情况作一简要论述。

一、王阳明与黄绾、应良等台州籍学者之结识

先是在明正德五年（1510），已过而立之年的黄绾，因母强命而出仕，②并以祖荫授后军都督府都事；冬十一月，时有"龙场悟道"经历并升任江西庐陵知县的王阳明入觐，觐见正德皇帝。这就为黄绾与明代两位最著名的心学宗师——王阳明、湛若水（1465—1560，字元明，号甘泉，广东增城人）在京城的结识、共学提供了机缘。

---

① 笔者所检录的台州诸县市方志文献有：《民国台州府志》《万历黄岩县志》《同治黄岩县志》《嘉靖太平县志》《嘉庆太平县志》《光绪仙居县志》《康熙临海县志》《康熙天台县志》《光绪宁海县志》等。
② 黄绾：《石龙集》卷十四，明嘉靖年间刻本。

钱德洪编《阳明先生年谱》载："先生（阳明）入京：馆于大兴隆寺，时黄宗贤绾为后军都督府都事，因储柴墟巘请见。先生与之语，喜曰：'此学久绝，子何所闻？'对曰：'虽粗有志，实未用功。'先生曰：'人惟患无志，不患无功。'明日引见（湛）甘泉，订与终日共学。"① 因为共同的志业（笃志于圣人之学）追求，黄绾、王阳明、湛若水便结成道友。是年冬十二月，吏部拟升王阳明任南京刑部四川清吏司主事。为了挽留阳明在京师，湛若水、黄绾恳请户部左侍郎乔宇去游说时任吏部尚书杨一清；杨一清也通人情，擢王阳明为吏部验封司主事，让其在京师供职。如此一来，黄绾、王阳明、湛若水三人自职事外，"稍暇，必会讲。饮食起居，日必共之，各相砥励"。

黄绾与阳明在京师聚众会讲、切磋论道之时，还同以"圣人之学"提携后进，使得不少青年才俊加入"阳明心学"的队伍中来。比如在正德六年（1511），或许因同乡之故，黄绾介绍台州仙居籍学者应良②，问学于阳明；阳明也介绍应良与湛若水结识，应良与王、湛之间也确立了"亦师亦友"的同志关系。湛若水《赠别应元忠吉士序》云："辛未（正德六年），（湛若水）因阳明得吾仙居应子者……日夕相与论议于京邸。……应子者，忠信而笃学，其于吾与阳明也，始而疑、中而信，心固非苟信也。"③

因系同籍（浙江台州）之故，黄绾与应良多一起向阳明请益。一次，黄、应、王三人就"学者成为圣人"的实践功夫从何处下手、"儒释之辨"等议题，争鸣切磋至深夜，方才散去；翌日，阳明颇有"意犹未尽"之感，乃修书《答黄宗贤应原忠》（辛未，1511）继续发挥之：

> 昨晚言似太多，然遇二君亦不得不多耳。……圣人之心，纤翳自无所容，自不消磨刮。若常人之心，如斑垢驳杂之镜，

---

① 钱德洪：《年谱一》，王阳明：《王阳明全集（新编本）》卷三十二，吴光、钱明、董平等编校，第1237页。《阳明先生年谱》中尚有钱德洪"按语"一条："宗贤（黄绾）至嘉靖壬午（嘉靖元年，1522）春，复执贽称门人。"
② 转引自王棻：《性理》三十一，《台学统》卷四十三，民国七年吴兴刘氏嘉业堂刻本。
③ 王阳明：《王阳明全集（新编本）》卷四，吴光、钱明、董平等编校，《阳明先生年谱》亦摘录《答黄宗贤应原忠书》，其后附钱德洪"按语"一条："先生（阳明）立教皆经实践，故所言恳笃若此。自揭'良知'宗旨后，吾党又觉领悟太易，认虚见为真得，无复向里着己之功矣。故吾党颖悟承速者，往往多无ißt,甚可忧也。"[钱德洪：《年谱一》，王阳明：《王阳明全集（新编本）》卷三十二，吴光、钱明、董平等编校，第1237—1238页]

须痛加刮磨一番,尽去其驳蚀,然后纤尘即见,才拂便去,亦自不消费力。到此已是识得仁体矣。……昨论儒释之异,明道所谓"敬以直内"则有之,"义以方外"则未。毕竟连"敬以直内"亦不是者,已说到八九分矣。①

此函之中,尽管儒者阳明"辟佛"意向明确,但在论说儒家成圣工夫论的实践路径时,仍借用了佛教禅宗神秀和尚(606—706)"身是菩提树,心如明镜台。时时勤拂拭,莫使有尘埃"的偈语,来告诫作为"常人"的黄绾、应良,应如何"痛加刮磨一番",以体证"圣学",进而走进"圣人之心"。申而言之,"去私存理",破除"私意气习",证悟得"仁体",乃是阳明对道友黄绾、应良的殷切期望。正德六年(1511)春,在阳明的介绍下,黄绾与时任祁州(今河北安国)太守并至京城考绩的徐爱结识,二人一见如故,还"假馆共榻,无言不谋"。

为了"真修实证"以求得圣学之"仁体",应良在正德七年(1512)春即以"亲老归养"名义,返家台州,隐居读书。据湛若水《赠别应元忠吉士序》云,应良离开京城,是同奉命出使安南国的湛若水一路偕行:"壬申春,予奉使南行而应子归奔,乃与俱焉。"②同年深秋,黄绾在任后军都事满考后,三疏乞养归,终以疾告归。黄绾《少谷子传》云:"岁在壬申(1512),予官后军,知未足于道,将隐故山求其志。"③离京之时,阳明有《别黄宗贤归天台序》相赠:"君子之学以明其心。……守仁幼不知学,陷溺于邪僻者二十年。疾疢之余,求诸孔子、子思、孟轲之言,而恍若有见,其非守仁之能也。宗贤于我,自为童子,即知弃去举业,励志圣贤之学。……今既豁然,吾党之良,莫有及者。谢病去,不忍予别而需予言。……宗贤归矣,为我结庐天台、雁荡之间,吾将老焉。终不使宗贤之独往也!"④别序之中,阳明对黄绾的天资、材质颇为欣赏,"吾党之良,

---

① 黄绾:《石龙集》卷二十七,明嘉靖年间刻本。黄绾与徐爱的交往经历,详参拙文《浙中王门先驱徐爱、蔡宗兖、朱节合论:以黄绾与徐、蔡、朱三人的交游为中心》,《浙东文化研究》(第1辑),浙江大学出版社2014年版,第124—129页。
② 转引自王棻:《性理》三十一,《台学统》卷四十三,民国七年吴兴刘氏嘉业堂刻本。
③ 黄绾:《石龙集》卷二十二,明嘉靖年间刻本。
④ 王阳明:《别黄宗贤归天台序》,《王阳明全集(新编本)》卷七,吴光、钱明、董平等编校,第248—249页。

莫有及者"之语足以说明一切。阳明还现身说法，以自己由佛老返归儒家的修学悟道历程（历"龙场悟道"，悟"心即理"，提"知行合一"说）为例，劝诫黄绾在学习、体悟"圣贤之学"的过程中，当扬弃程朱理学家"格致"论强调的"向外"用工之路数，以孔子、思孟之学为指针，向自家内心用功，去欲祛习，克己立诚，借此而明心见性。除却赠"序"文外，阳明还赋诗《赠别黄宗贤》。①

不难发现，已经"悟道"而笃志"圣人之学"的王阳明，对道友黄绾（包括应良）是寄予厚望的。而从前揭赠别诗、序文中，我们还可以得知：或许是对（正德）时政的不满，"穷则独善其身，达则兼济天下"的阳明亦有致仕归隐之意，"宗贤归矣，为我结庐天台、雁荡之间，吾将老焉。终不使宗贤之独往也"云云，可资为证。②离京月余，南归途中的黄绾有《寄阳明先生书》（四首之一），继续就"心学"的修证功夫路数予以讨教："登舟月余，默验此心，惟宿根难去，时或郁郁不乐，竟不知为何事。此道在人，诚不易得。苟非直前担当，难行能行，非忍能忍，恶可得哉！相去日远，疑将谁质？行将谁考？言之不觉泪下。世事如此，先生归计，亦宜早决。"③言语之中，黄绾也同时希望阳明能早日致仕，一道归隐读书。

承续上文，黄绾离京之时，对王阳明、湛若水二位道友是有承诺的，那就是在浙南天台、雁荡间为王、湛二公各建草亭一处，且以其别号标之，供三人隐居终老之用。黄绾《别甘泉子序》载有三人的对话，阳明曰："吾将与二三子启雪窦、寻西湖以居诸。"甘泉曰："吾其拂衡岳、拓西云行，与我三人游之。"阳明、甘泉同谓黄绾曰："子其揭天台、掀雁荡，以候夫我二人者。"黄绾曰："我知终身从二子游，二子有欲，我何弗勤，且我结两草亭、各标其号，以为二子有焉，何如？"④对此，湛若水《阳明先生墓志铭》有云：

---

① 王阳明：《赠别黄宗贤》，《王阳明全集（新编本）》卷二十，吴光、钱明、董平等编校，第762页。
② 对于正德七年阳明离开京师之原因，任文利有《〈式古堂书画汇考〉王阳明佚书四札：附考论》[载《中国儒学》（第3辑），中国社会科学出版社2008年版，第220—226页]文，其中对正德年间阳明在京师的出处进退之心迹进行了考论，并提到：正德六、七年间阳明诸讲友黄绾、方献夫、湛若水纷纷离开京师，而阳明亦离京的原因有三：君上昏庸、佞幸结党、大臣攀附；对于这种情况，非士人君子所能为，当此之时，可为之事即"退而修省其德"。据此，亦可推知黄绾、应良离开京师之真实缘由。
③ 黄绾：《石龙集》卷十七，明嘉靖年间刻本。
④ 黄绾：《石龙集》卷十一，明嘉靖年间刻本。

"（阳明）时讲于大兴隆寺，而久庵黄公宗贤会焉。三人相欢，语合意。久庵曰：'他日天台、雁荡，当为二公作两草亭矣。'"① 其实，王、湛、黄三人，最终均兑现了各自对友人的承诺，只是天意弄人，三人终未能偕居终老，实为憾事！

在湛若水、应良、黄绾相继离开京师后，王阳明在正德七年（1512）十二月升任南京太仆寺少卿，南下供职，并顺道返家（绍兴）归省。是时，徐爱升任南京兵部车驾司员外郎，遂与乃师阳明一道，同舟归越。②

二、黄绾数次诚邀王、湛来访天台、雁荡未能如愿

上文已论，黄绾曾承诺王阳明、湛若水在天台、雁荡间，为两人各揭草亭一处，借讲学而终老。先前，黄绾还曾恳请王、湛二友为时在京师游学的雁荡山人章达德（生卒年不详）归乡而撰序赠文，王阳明《送章达德归东雁序》（辛未）文提到：日后自己会与湛若水一并到雁荡之屏霞、天柱、泉石间，寻访章达德。③而章达德也有接待湛、王二人来访雁荡的承诺与期待。

正德八年（1513）春，王阳明归省至越，即拟与徐爱同游台、荡，以寻访道友黄绾、应良、章达德。先是在三四月间，为宗族亲友所牵绊，时刻弗能自由；五月底，阳明决意前往，时又值烈暑，阻者益众且坚，复不果；六月，王阳明与徐爱在会稽山傍"东南林壑最胜绝处"，与数友聚讲，等候黄绾的到来，再同赴天台，亦未能如愿；等到七月，徐爱至南都兵部供职的凭限过甚，乃翁督促，势不可复待；八月，阳明、徐爱遂从上虞入四明山，观白水，寻龙溪之源，登杖锡，至于雪窦，上千丈岩，南望天姥、华顶，④ 若可睹焉；阳明、徐爱原本设想从宁波奉化取道至天台（台州），"适彼中多旱，山田尽龟裂，道傍人家，彷徨望雨，意惨然不乐"，遂从宁波

---

① 湛若水：《阳明先生墓志铭》，王阳明：《王阳明全集（新编本）》卷三十七，吴光、钱明、董平等编校，第1410页。
② 钱德洪：《年谱一》，王阳明：《王阳明全集（新编本）》卷三十七，吴光、钱明、董平等编校，第1241页。
③ 王阳明：《王阳明全集（新编本）》卷二十二，吴光、钱明、董平等编校，第919页。
④ 李白有诗作《梦游天姥吟留别》：".天姥连天向天横，势拔五岳掩赤城。天台四万八千丈，对此欲倒东南倾。"倾情歌颂天姥山的不凡气势与天台山的壮丽雄姿。

买舟而还越。王阳明、徐爱的第一次天台、雁荡之行遂中止不成。

此时，身在台州的黄绾苦候阳明前来而不果，遂有书信，询问其中缘由，同时还有"明春之期"，即希望阳明在明年（正德九年）之春再来游学。随后，王阳明复函《与黄宗贤书》[壬申（癸酉）]①，一方面，王阳明对未能履行约定而前往台、雁一事的前后经过，进行了解释，并表达了歉意；另一方面，王阳明对往昔在京师与黄绾共学之情景，历历在目，期望继续与黄绾（包括应良）保持联系，一道笃志于圣人之学。

在《与黄宗贤书》中，王阳明还提到，此番赴约前往台州的"相从诸友亦微有所得，然无大发明。其最所歉然，宗贤（黄绾）不同兹行耳！……闻彼中山水颇佳胜，事亦闲散。宗贤有惜阴之念，明春之期，亦既后矣。"②由此，我们还可以提炼出王阳明在传播心学过程中，所提倡的"寓教于游"（抑或说是"情景教学"）的教化理念；易言之，王阳明的教育实践活动往往是与门生偕游自然山水相结合。对于此次游学会稽、四明、白水、龙溪源、杖锡、雪窦、千丈岩的系列活动，钱德洪总结道："盖先生（王阳明）点化同志，多得之登游山水间也。"③就是说，王阳明善于在观赏山水间，点拨门生，从而诱发他们对圣人之学、之道的向往与体证。申而言之，王阳明此番前往台、荡的真实意图，不在于游玩天台、雁荡间的秀山清水，而在于点拨黄绾、应良等归隐读书的道友。

对于上引王阳明《与黄宗贤书》[壬申（癸酉）]所云，在会稽山与徐爱数友期候黄绾、而黄绾"不至"的原因，可能是因为黄绾受夏天酷暑的侵袭而病倒，兹有黄绾诗作《病中习辟谷寄阳明甘泉》"伏疴久未愈"云云为证。④同年（正德八年）十月，王阳明至滁阳（今安徽贵池县），督马政。是年底，王阳明有书函《与黄宗贤》

---

① 《王阳明全集》中称此书信为《与黄宗贤二》，并标识成文年代为"壬申"即1512年；而据文献记载：1512年冬黄绾已引疾告归，阳明随后亦离京南下；再根据此书所记时间（五月、烈暑）、地点（天台、雁荡、上虞、四明、白水、龙溪、杖锡、雪窦、千丈岩等），完全可以推知阳明《与黄宗贤二》成文年代非"壬申"，当系为"癸酉"即1513年为正。又据《阳明先生年谱》相关记载，成文时间可判定为九、十月间，时阳明尚未归越。
② 王阳明：《与黄宗贤书》，《王阳明全集（新编本）》卷四，吴光、钱明、董平等编校，第162页。
③ 钱德洪：《年谱一》，王阳明：《王阳明全集（新编本）》卷三十七，吴光、钱明、董平等编校，第1242页。
④ 黄绾：《石龙集》卷二，明嘉靖年间刻本。

(癸酉)①,相告滁阳讲学近况:"日与门人遨游琅琊、瀼泉间。月夕,环龙潭而坐者,常数百人,歌声振山谷。诸生随地请正,踊跃歌舞";与此同时,"旧学之士皆日来臻",故而希望身在台州的黄绾,能够脱身前来,于"登游山水间"而共学论道。当时,许多读书人追侍阳明左右,与他"寓教于游"、讲学布道时,所营造的自由、轻松、活泼的气氛有关。

而为了兑现先前对王阳明、湛若水二友共学天台、雁荡的承诺,正德九年(1514)左右,黄绾在黄岩紫霄山中构建草庵,并在灵岩为王、湛各建一亭,起名曰"阳明公亭""甘泉公亭",合称"二公亭"。②约三十年后嘉靖二十二年(1543)前后,黄绾因追忆、思念身在千里之外广东岭南家居养老的好友湛若水以及已辞世十五年的王阳明,在"二公亭"特作七言古诗《胡为吟》:"昔胡为兮亭山阿,彼二子兮期我过,期不过兮永啸歌。彼山阿兮星屡易,死生阔兮幽明隔,瞻望久兮我怀积。怀伊何兮为道谋,望弗见兮欲之悠,我何极兮之。"③并将此诗镌刻于"二公亭"旁侧的石壁之上,时至今日,依旧存世。④

仍是在正德九年,黄绾还赋诗《紫霄怀阳明甘泉》敬候王、湛的来访:"我庵新构紫霄间,万壑松烟翠自环。却忆曾盟骑鹤侣,两京寥落几时还。草庵初与两亭完,二妙高明落此山。怪我蒲团终日望,天涯人远掩松关。"⑤同时,黄绾有《寄阳明先生书》(四首之二)告知此事:"近于山中构一庵,更结二亭,各标尊号,以俟二君

---

① 王阳明:《与黄宗贤》,《王阳明全集(新编本)》卷四,吴光、钱明、董平等编校,第163页。
② 黄绾:《石龙集》卷十七,明嘉靖年间刻本。
③ 按:"怀伊何兮为道谋,望弗见兮欲之悠,我何极兮之"一句不见于《久庵先生文选》,兹据黄绾存世摩崖石刻文而补录。
④ 按:2011年5月,笔者在浙江省江夏文化研究会秘书长黄洪兴先生、会计黄福登先生陪同下,前往黄岩黄绾后裔聚居地——新宅村,寻访到黄氏后人黄友顺、黄仙花二位先生。在黄友顺、黄仙花二位先生的引导之下,寻访到了紫霄山深处的"二公亭"及黄绾所作《胡为吟》七言古诗之摩崖石刻。关于此"二公亭",笔者怀疑即是黄绾当年所建"石龙书院"之遗址;黄仙花先生告诉笔者,此处名曰"书院基",是为佐证。另外,2008年9月底,笔者前往新宅存寻访黄绾故居及翠屏山一带存世的黄绾所书摩崖石刻,并得到过黄友顺先生的帮助。
⑤ 黄绾:《石龙集》卷七,明嘉靖年间刻本。此诗所云"我庵"为一草庐,系黄绾日后所创石龙书院前身。黄绾还把《紫霄怀阳明甘泉》诗镌刻于黄岩灵岩山左崖石壁上,款署"石龙"。详见喻长霖等纂修:《金石考六》,《台州府志》卷九十三,《中国地方志集成·浙江府县专辑》(第45册),第318页。

子共之。偶成小诗数首，敢录请教。"①

正德十年（1515）春，黄绾再有书函与时在南都鸿胪寺任职的王阳明，劝说他早日归隐，来游台、荡，以再续昔日京师论道之前缘。王阳明复函《与黄宗贤书》[（癸酉乙亥）]②，此函之中，王阳明对自己在南都的近况予以相告，同时告知黄绾：湛若水因丁母忧，近期肯定无法赴约而前往台、荡。同时，阳明还告以徐爱等昔日京师学友之动向，并有等时机成熟，再次与徐爱一道游学台、荡的设想："曰仁（徐爱）又公差未还；宗贤之思，靡日不切！又得草堂报，益使人神魂飞越，若不能一日留此也，如何如何！……曰仁入夏当道越中来此，其时得与共载，何乐如之！"③

为了达成黄绾在天台接待友人来访的期许，王阳明于是年（1515）八月上《乞养病疏》④，不允。是年，王阳明在南都之时，台州临海林典卿（林元叙）、林彝卿（林元伦）兄弟同问学于阳明。林氏兄弟归省，临行之前，与业师道别，阳明有《赠林典卿归省序》（乙亥）⑤，特别叮嘱：林氏兄弟在返乡之后，要以"立诚"之言劝勉尚正讲学于台、荡间的道友——黄绾、应良。

行文至此，我们初步总结一下王阳明本人、台州籍阳明门人与天台山之间的关联：在正德八年至十年间，尽管有黄绾、应良、章达德、林典卿、林彝卿在浙南天台、雁荡间隐居读书，以证斯"道"，王阳明前后两次决定亲赴天台，与道友门生相聚，个中原因，主要是家事牵绊，政务繁忙，致使阳明的天台之行未遂。但是，在笔者看来，这并不妨碍阳明心学在天台山一带的传播（可称之为"阳明学地域化"），以及地域化阳明学的学术命题——"台州阳明学"的成立。这是因为：正德十一年至十六年（1516—1521），王阳

---

① 黄绾：《石龙集》卷十七，第12页。此书"偶成小诗数首"云云，即上引诗《紫霄怀阳明甘泉》。
② 《王阳明全集》记此函成文于"癸酉"，即1514年，显系误记。根据阳明在此函所书"甘泉丁乃堂夫人忧，近有书来索铭，不久且还增城"云云，而湛母病逝于正德十年（1515）正月。据此，可以推定阳明此函成文于"乙亥"，即1515年。
③ 王阳明：《与黄宗贤》，《王阳明全集（新编本）》卷四，吴光、钱明、董平等编校，第163—164页。
④ 王阳明：《乞养病疏》，《王阳明全集（新编本）》卷九，吴光、钱明、董平等编校，第311—312页。
⑤ 王阳明：《赠林典卿归省序》，《王阳明全集（新编本）》卷七，吴光、钱明、董平等编校，第250—251页。

明受命至南赣汀漳平乱剿匪，随后"经宸濠、忠泰之变"，"从百死千难中得来""良知"之说，正式揭"致良知"之教；正德十六年（1521），王阳明归省至越（绍兴），黄绾又前往越中，在服膺"良知"之教后，正式向阳明先生行弟子礼。与此同时，金克厚、赵渊、叶慎、潘珹、李一瀚等台州籍学者亦前往绍兴，听闻并受教"致良知"学说。还有，在嘉靖七年（1528）阳明先生病逝之后，为照料阳明先生的哲嗣王正亿，黄绾携其至台州抚养；而阳明的诸多门生，像王畿、钱德洪、薛侃、陈明水、闻人邦正等，纷纷前来台州探视，"知者乐水，仁者乐山"，天台山自然就成为他们的游学论道之所，从而在一定程度上助推了良知心学在台州的传播。

三、阳明学者与天台山之关联

据文献记载：黄绾、应良、叶良佩、潘珹等台州籍阳明学者，还有薛侃、郑善夫、钱德洪、王畿、沈谧、闻人邦正、王正亿、陈明水等粤闽、江右、浙中的阳明学者，都曾寻访、游学至以"佛宗道源，山水神秀"而著称的天台山。在天台山诸胜景之中，他们赋诗对饮、切磋问道，这何尝又不是对王阳明生前所极力提倡的"寓教于游"的教化之道的生动实践！而阳明未能游学、布道天台的遗憾，最终也由其弟子、后学所弥补。

（一）黄绾、应良、应典、郑善夫论学于天台山

先是在正德七年春，应良、湛若水离京南下，路经江苏浒墅关，与郑善夫（1485—1523，字继之，号少谷，福建闽县人）结交，①并言及尚在京师讲学的黄绾、王阳明等友朋。同年暮秋，托疾请辞都事的黄绾，乘舟南归过浒墅关，遂与郑善夫相识。黄绾《少谷子传》有云："少谷子为户部主事，督税吴江之浒墅。予过而遇之，握手与予语，竟日而别，别犹眷恋，曰：'吾亦自此遁矣，子不我弃，其将访子于天台、雁荡间乎！'"②郑善夫许诺黄绾，日后致仕，定至天台、雁荡间寻访道友。

---

① 详见张宏敏：《黄绾生平学术编年》，浙江大学出版社2013年版，第65页。
② 黄绾：《石龙集》卷二十二，明嘉靖年间刻本。

正德十一年（1516），居于家的黄绾与新任台州太守顾璘（1476—1545，字华玉，号东桥，江苏长洲人）结识。①顾璘任台州太守期月之时，郑善夫有《与顾华玉书》，云："黄石龙（黄绾），邦之贤者。其道未尽信者，乡间之间贵耳贱目矣，奖进之责，实在君子。"②故而可以推断，黄绾与顾璘的结交与郑善夫有关。这也为郑善夫在正德十二年（1517）冬至台州寻访黄绾、应良、顾璘等好友提供了机缘。郑善夫在大雪浃旬中来访黄绾，"相与论圣人之学，以及天地万物之奥极于无穷"。③仙居应良、永康应典（生卒年不详，字天彝，号石门，浙江永康人）得知郑善夫来访，亦前来会合。岁末，黄绾、应良、郑善夫、应典在大雪中寻访台州郡守顾璘。顾璘闻晓好友来访，盛情款待，有五言律诗《雪中郑少谷黄石龙过郡》为证。④嗣后，众人又同游天台，郑善夫赋诗《岁暮寻天台山水》曰："桃源未可极，天台烟雾深。行歌白云调，坐见赤霞心。草次千峰会，鸿濛万壑阴。藏身一大事，聊观世人音。"⑤翌年（1518）春，郑善夫离开台州时曾对黄绾说："吾为父母赠典未获，有此行，行当不远，再访子于兹山，以共老焉。"⑥这就是郑善夫在《少谷集》中所称的"北山之约"，即相约三年后再访黄绾于天台。关于郑善夫此次天台之行的收获，其《会城中诸友》有"与黄宗贤、应元忠参究圣学又是一大痛快"云云。⑦

正德十五年（1520）秋，郑善夫履行昔日"北山之约"，即三年后再来访黄绾、应良于天台。值应典亦访黄绾，遂一道偕游雁荡、天台。黄绾《少谷子传》载："既而告归，果再来山中，又同入雁荡，登天台、卧龙湫、华顶之间，粮绝肴尽，则掇山花、乞僧糜以食，各旬月而去。"⑧黄绾、应良、郑善夫的天台之行，在共学论道的同

---

① 据《台州府志》记载，顾璘于武宗正德十一年（1516）至正德十六年（1521）任台州知府。参见喻长霖等纂修：《职官表二》，《台州府志》卷十，《中国地方志集成·浙江府县专辑》（第44册），第144页。先前，顾璘已与阳明结识，但是顾璘并不大认同阳明的"良知心学"，二人为此有过论辩，《传习录》中就有王阳明《答顾东桥书》，言及"拔本塞源"之论。其实，顾璘可称之为阳明心学的"同情者"。
② 郑善夫：《少谷集》卷十，文渊阁《四库全书》本。
③ 黄绾：《石龙集》卷二十二，明嘉靖间刻本。
④ 顾璘：《息园存稿诗》卷九，《顾华玉集》，文渊阁《四库全书》本。
⑤ 转引自潘猛纂：《天台胜迹录》，胡正武校点，浙江大学出版社2010年版，第23页。
⑥ 黄绾：《石龙集》卷二十二，明嘉靖间刻本。
⑦ 郑善夫：《少谷集》卷十七，文渊阁《四库全书》本。
⑧ 黄绾：《石龙集》卷二十二，明嘉靖间刻本。

时,还偕游了国清寺、华顶、石梁等天台胜景。黄绾有七绝《观石梁》:"天台四万八千丈,足蹑飞霞五百年。秋日天风散冥霭,银河照眼石桥悬。"①《登华顶》:"昔年曾读中峰语,今日来寻华顶行。俯视云烟空界里,丹霞映壑日冥冥。"②出山之时,黄绾赋诗《天台山赠应郑二子》:"二子生平湖海客,风云岁晚共徘徊。紫阁丹台正待尔,樵歌莫作剑歌哀。"③郑善夫则有《天台杂诗》:"一夜雨声吹不断,国清寺前溪水鸣。欲过天台拾瑶草,秋风无限石梁情。"④

前文言及:王阳明在江西战事了结后,于正德十六年秋归越(绍兴)省亲。得知阳明归越讯息,嘉靖元年(1522)秋,黄绾启程至越中寻访之,路经天台,因忆及去年秋与郑善夫偕游天台时,郑善夫吟唱有《懒椿诗》,黄绾乃赋《天台道中诵少谷懒椿诗因忆之》。⑤至绍兴,黄绾向王阳明请益,阳明即授以"致良知"之教,黄绾闻后,大为叹服,遂执贽称门弟子。黄宗羲《明儒学案·黄绾传》载:"阳明归越,先生(黄绾)过之,闻'致良知'之教,曰:'简易直截,圣学无疑,先生真吾师也,尚可自处于友乎!'乃称门弟子。"⑥黄绾此次在越停留月余,侍从阳明宣讲"致良知"之教。

嘉靖二年(1523),隐居蛰伏十年之久的黄绾在御史朱节(1475—1523,字守中,号白浦,浙江山阴人,阳明门人)的举荐下,"再次出山",出任南京都察院。在赴南都时,黄绾途经天台山,坐唐代高道司马承祯昔日所留"悔石",赋七言绝句《坐悔石》(有引):"唐司马承祯应聘出山,憩此而悔,遂得名。千古清风白云子,出山知悔亦依违。我来倚仗寒烟暮,翠壑丹厓几涕挥。"⑦此外,黄绾在正德十一年(1516)左右还曾携客登天台,并留有七言律诗《登天台》《桃源洞》等。⑧

---

① 黄绾:《石龙集》卷七,明嘉靖年间刻本。
② 黄绾:《石龙集》卷七,明嘉靖年间刻本。
③ 黄绾:《石龙集》卷七,明嘉靖年间刻本。
④ 转引自李德耀纂:《天台县志》卷十四,清康熙二十三年刻本。
⑤ 黄绾:《石龙集》卷七,明嘉靖年间刻本。
⑥ 黄宗羲:《浙中王门学案三》,《明儒学案》卷十三,沈善洪主编:《黄宗羲全集》(第7册),第318页。
⑦ 黄绾:《石龙集》卷七,明嘉靖年间刻本。
⑧ 黄绾:《久庵先生文选》卷三,日本内阁文库藏明万历年间刻本。

(二)潘珹、金克厚、石简、叶良佩等在天台山留下的文化足迹

也正是因为黄绾、应良、林典卿等先后师从阳明,参悟心学,服膺良知之教,再加上阳明的学问事功在正德、嘉靖年间确实首屈一指,故而不少台州籍的青年才俊,诸如潘珹、金克厚、叶慎、李一瀚、赵渊等纷纷前往越中,寻访并师从阳明。而潘珹等人正是土生土长的台州人,自然时常以登游天台、吟诗其中为乐。

天台学者潘珹早年至越地游学,师从阳明,与邹守益、王畿、钱德洪等阳明高足,一起讲明良知心学。嗣后,隐居不仕,以畅游天台诸胜景为乐,有诗句"石梁华顶峰头酒,桐柏桃源涧底诗"为证;还衷辑历代学者吟咏天台诗篇,辑编成《天台胜迹录》,其中收录有潘珹本人的诗作《石桥路》《天封》《天封宿雪》《华顶》《华顶和韵》《华顶雪霁》《八月十三夜宿护国寺》等数十首。① 作为阳明学者,潘珹的《天台胜迹录》收录的王门诸子如黄绾、郑善夫、王畿、钱德洪、叶良佩等讴歌天台胜景的诗篇居多,达三十余首。

仙居学者金克厚早年困于科举,闻阳明讲学于越中而往事之,"笃信力行,若水趋壑"。② 嘉靖元年(1522),阳明父王华病卒,门人弟子经办丧事,因才分任,金克厚得监厨之职。《阳明先生年谱》载:"(嘉靖元年)二月十二日己丑,海日翁年七十,疾且革。……(阳明)门人子弟纪丧,因才任使。以仙居金克厚谨恪,使监厨。克厚出纳品物惟谨,有不慎者追还之,内外井井。……是年克厚与(钱德)洪同贡于乡,连举进士,谓洪曰:'吾学得司厨而大益,且私之以取科第。先生常谓学必操事而后实,诚至教也。'"③ 某年春,金克厚偕友人游览桐柏宫、石梁等天台道教胜迹,有诗作《游天台山》(三首):"夜宿清溪览桐柏,又从桐柏上琼台。仙人跨鹤归何处?岩下碧桃空自开。去年东去寿山房,清梦萧然到石梁。今日春风舒眼病,昙华亭外雨花香。踏破烟霞千万重,石梁桥上笑春风。桃花

---

① 转引自潘珹纂:《天台胜迹录》,胡正武校点,第67、71、72、76、79、82、191页。
② 喻长霖等纂修:《金克厚传》,民国《台州府志》卷一百〇五,《中国地方志集成·浙江府县专辑》(第45册),第4页。
③ 钱德洪:《年谱三》,王阳明:《王阳明全集(新编本)》卷三十四,吴光、钱明、董平等编校,第1293—1294页。

瀑布年年在，应有仙人在眼中。"①

关于石简师从王阳明的经过，叶良佩《答钱绪山王龙溪论学书》②称，嘉靖六年（1527）秋，石简在杭州候迎阳明，并执弟子礼以师从之；而叶良佩因故先行离杭，未能亲炙阳明。阳明殁后，石简曾托人转赠自己收藏的阳明著作《抚夷节略》《居夷录》与叶良佩。叶良佩读后，"惨然不能终卷"③，对阳明心学愈加深信不疑。石简曾欣赏天台石桥"石梁飞瀑"之胜景，赋诗《石桥》："爱尔真奇绝，神游今几春。飞虹横碧落，奔汉断红尘。古往千年恨，霞栖百虑嗔。中天才尺五，何处问天津。"④叶良佩任职南都时，与黄绾交好，对阳明的致良知、知行合一说有参究；叶良佩亦向江右王门学者邹守益请教"致良知"之教，邹守益有《简叶旗峰秋卿》，对乃师"良知"之论予以阐释。⑤而叶良佩曾多次登临天台山，留有大量的诗赋、游记，诸如《游天台山记》《游天台国清寺》《石桥》《万年寺》《桃源》《天封寺》《华顶峰》《寒明路》《桐柏观次蔡中甫韵》等。⑥

黄绾的哲嗣黄承文、黄承德作为阳明学者，也曾登临天台山，寻访胜迹，潘珹的《天台胜迹录》就存录有黄承文的诗作《天台道上》（二首）和黄承德的《石桥》。⑦林文相作为黄绾的高足，曾陪同潘珹畅游天台山，有诗作《同潘梅壑征君游国清》，潘珹还次韵和之。⑧林文相还有《至石桥》《寓万年寺》⑨等诗篇。仙居林应麒幼年颖悟，乡前辈、阳明门人应良钟爱之，"尝为第二女择婿，一以妻李一瀚，一以妻（林）应麒"。⑩在应良举荐下，林应麒"少登王守仁之门""讲明绝学而所造益精"；又因应良而拜谒过邹守益，一生笃守阳明心学，终身推服之。林应麒亦有登临天台、夜宿华顶的

---

① 转引自潘珹纂：《天台胜迹录》，胡正武校点，第20—21页。
② 叶良佩：《海峰堂前稿》卷十六，日本内阁文库藏嘉靖刻本。
③ 叶良佩：《海峰堂前稿》卷十六，第8页。
④ 转引自潘珹纂：《天台胜迹录》，胡正武校点，第106页。
⑤ 邹守益：《邹守益集》卷十一，董平编校整理，第574页。
⑥ 叶良佩：《叶良佩集》，张宏敏编校，浙江大学出版社2016年版，第274—278、186—188页。
⑦ 转引自潘珹纂：胡正武校点，《天台胜迹录》，第27、114页。
⑧ 转引自潘珹纂：胡正武校点，《天台胜迹录》，第52页。
⑨ 转引自潘珹纂：胡正武校点，《天台胜迹录》，第121、138页。
⑩ 喻长霖等纂修：《林应麒传》，《台州府志》卷一百〇五，《中国地方志集成·浙江府县专辑》（第45册），第4页。

经历，留有诗篇《宿华顶》："一万八千丈，悠然海岳迥。不登华顶上，犹是失天台。太白读书堂，东有望海石。石上未三更，已见海底赤。"①

此外，临海学者王宗沐师承江右王门学者欧阳德，系阳明的再传弟子，其族侄王士性（1547—1598）受王宗沐影响，既是一位人文地理学家，也是一位阳明学者，曾至杭州天真书院游学，并向王畿等资深阳明学者请益。王士性更是钟爱天台山，其《五岳游草》卷四《入天台山志》，详细介绍了他从多支路径上天台华顶的经过，并勾画出一幅绝妙的天台山立体蓝图；②在桃源、华顶、石梁等天台胜景处，还留下了大量的诗歌。③

（三）王畿、薛侃、沈谧、钱德洪、陈明水等因寻访黄绾、王正亿而登临天台山

上文提到，王阳明捐馆之后，其年幼的哲嗣王正亿由黄绾携至台州抚养。而阳明生前的诸多门生，像王畿、钱德洪、薛侃、陈明水、闻人邦正等纷纷前来台州探视先师的哲嗣，天台山自然也就成为他们游学论道之所，这就在一定程度上，助推了良知心学在天台、雁荡间的传播。

嘉靖十六年（1537），王畿"因病归里"，④是年秋冬之交，与薛侃、郑邦瑞、王正宪（王阳明继子）一行，前来台、荡间寻访黄绾、王正亿。湛若水在《答薛尚谦名侃》书中，言及王畿、薛侃在是年（嘉靖十六年）有"天台、雁荡之游，此心飘然，欲往与之俱而不可得也"。⑤薛侃在天台山万年寺留有诗篇《寓万年漫兴》（亦作《题万年寺》）："人间何处是天台，柱杖穿云却复回。一卧山房尘梦醒，远空孤鹤下琼台。我亦当年行脚仙，石梁华顶了心缘。桃花开落空流水，翠壁苍崖自岁年。"⑥

---

① 林应麒：《介山稿略》卷六，浙江人民美术出版社2013年版，第6页。
② 王士性：《王士性集》，朱汝略点校，浙江古籍出版社2013年版，第80—85页。
③ 王士性：《王士性集》，朱汝略点校，第163—167页。
④ 彭国翔《王龙溪先生年谱》："嘉靖十六年，龙溪因病归里，与薛侃聚学杭州天真精舍。"（彭国翔：《良知学的展开：王龙溪与中晚明的阳明学》，生活·读书·新知三联书店2005年版，第531页）
⑤ 湛若水：《答薛尚谦名侃》，《湛甘泉集》卷七，清康熙二十年刻本。
⑥ 薛侃：《薛侃集》卷十，陈椰编校，第373页。

嘉靖二十一年（1542）秋，王畿再次偕阳明学人沈谧（1501—1553，字靖夫，嘉兴人）、杨珂（1502—1572，字汝鸣，余姚人）来访台州，黄绾遣婿正亿前去天台迎接，王畿、沈谧、杨珂、王正亿等遂偕登天台，王畿有诗作《再游天台山次少谷韵》："雨里云霞显不飞，碧桃零落洞门稀。刘郎已去无消息，应有王乔采药归。曾跨飞虹瞰石湫，重来孤兴未全消。寥天落木千峰净，尘世无劳梦铁桥。"①而王正亿亦有《赤城招仙赋》之作："发兴绕天涯，赤城千丈霞。登临秋日霁，吟咏晚风斜。树密遮虚洞，山寒集暮鸦。桃源还浪迹，此地拟为家。"②王畿一行在天台山万年寺住宿，并有《寓万年山房联句》，王畿诗联"浮踪投野寺，远思结云丘"；沈谧联"天姥频年梦，霞城此日游"；杨珂联"石溜含风晚，岩花带雨秋"。③翌日清晨离去万年寺，杨珂又赋诗《发晓万年》。④嗣后，王畿、杨珂、沈谧等到黄岩，黄绾、曾才汉（时任太平县令，阳明学者）、叶良佩、王正亿、石简等又陪王畿一行同游雁山。黄绾因追忆三十年前（正德十五年，1520）与郑善夫、应良、赵渊同游往事，此时郑、应、赵已作古，故而感怀，有七言律诗三首以抒发感叹。⑤王畿离开雁荡，拟同石简一道前往临海桐岩，黄绾、叶良佩有诗相赠，叶良佩诗作题名《奉陪久翁送石玉溪王龙溪至桐岩作》。⑥

嘉靖二十五年（1546）春，江右王门学者陈九川入越拜谒阳明之墓，并入台州寻访王正亿、黄绾。据陈九川《简湛甘泉先生》："丙午初春，即入越，省先师之墓及其家。乃入台，问其子仲时，因拜久庵，遂穷石梁、雁荡之胜，至秋而还。"⑦同年夏，黄绾与婿正亿接待了来台州造访的陈九川一行，并陪同他游览了台、雁等

---

① 转引自潘珹纂：《天台胜迹录》，胡正武校点，第25页。
② 转引自潘珹纂：《天台胜迹录》，胡正武校点，第60页。
③ 转引自潘珹纂：《天台胜迹录》，胡正武校点，第139页。
④ 转引自潘珹纂：《天台胜迹录》，胡正武校点，第141页。
⑤ 黄绾：《久庵先生文选》卷三，明嘉靖年间刻本。该诗题名《与王汝中沈静夫曾明卿叶敬之冯子通杨汝鸣婿王正亿儿承式承忠同游雁山忆往年与郑继之应元忠赵弘道弟约同游继之元忠弘道久已鬼录》（三首）。据陈瑞赞编《侯一元年谱》，此次王畿来访台州，曾与浙江乐清学者侯一元会晤，侯一元作《窑岙驿赠王龙溪》《王龙溪由雁山访王公子黄岩赋赠》诗相赠（见侯一元：《侯一元集》，陈瑞赞编校，黄山书社2011年版，第547—548页）。
⑥ 叶良佩：《叶良佩集》，联宏敬编校，第196页。
⑦ 陈九川：《明水陈先生文集》卷一，《四库全书存目丛书·集部》（第72册），齐鲁书社1997年版，第39—40页。

名山大川。陈九川在畅游天台胜景"石梁飞瀑"后,有诗《发石梁》:"晓起初阳照石床,虹桥飞瀑送韶音。云深仍失归时路,不似刘郎业障深。"①

嘉靖二十九年(1550),钱德洪至台州拜访黄绾、王正亿,曾有天台之游,并护送正亿入胄监(南雍读书)。②嘉靖四十三年(1564),钱德洪应王宗沐之邀,再游天台,并与王宗沐、潘珹等台州籍阳明学者在赤城(今天台县)举行会讲,③论辩"良知心学"。在偕游天台山时,钱德洪因年事已高,养病于万年寺,留下诗作《卧病万年寺》:"病夫高卧得天台,落木云深是再来。三十峰头借禅榻,月明飞锡下琼台。一入天台便是仙,可怜尘世苦残缘。三更月出梦初觉,真与人间隔几年。"④

浙中王门学者柴凤亦游学至天台山,登华顶、过石梁,留有道教题材的诗作《石桥》:"天台华顶势如飞,路绝层霄人迹稀。真诀百年应自悟,何须采药竟忘归。危崖老树覆灵湫,飞瀑千年雪未消。我自清风生两足,轻轻飞度石梁桥。"⑤此外,余姚阳明学者闻人邦正至天台游学,参访国清寺时,即景抒情,有诗作《国清寺》:"郭北青山十里遥,珠林栋宇旧岩峣。清尊吸尽昙华老,翠壁穷跻贝叶飘。喜对云堂酬凤赏,细模碑藓认前朝。松涛万丈仙源溢,银汉何年驾铁桥。"⑥

明清之际的阳明学者黄宗羲著《明儒学案》,着重构建了王阳明与阳明学派的学术传承谱系。其实,黄宗羲本人亦曾光顾天台山,并撰《台雁笔记》,⑦其中有天台石梁、司马悔山、华顶杖、桐柏观的相关记载。正是因为作为儒学重要理论形态的阳明学,与天台山之间存在并发生的诸多关联,我们有理由判定:素以"佛宗道源"著称的天台山,不仅是佛、道名山,还是儒学名山,真可谓"儒佛道三教文化,并萃于天台一山"。

---

① 转引自潘珹纂:《天台胜迹录》,胡正武校点,第121页。
② 钱明:《浙中王学研究》,中国人民大学出版社2009年版,第197页。
③ 吴震:《明代知识界讲学活动系年 1522—1602》,第253页。
④ 转引自潘珹纂:《天台胜迹录》,胡正武校点,第137页。
⑤ 转引自潘珹纂:《天台胜迹录》,胡正武校点,第106页。
⑥ 转引自潘珹纂:《天台胜迹录》,胡正武校点,第45—46页。
⑦ 沈善洪主编:《黄宗羲全集》(第11册),第497—510页。

行文至此，我们可以清楚地发现：不仅阳明本人，乃至黄绾、应良、金克厚、叶良佩等台州籍阳明学者，还包括应典、薛侃、郑善夫、钱德洪、王畿、陈明水等众多的浙中、粤闽、江右的阳明学者，均与具有鲜明地域文化特征的天台山文化关系甚为密切，作为浙江乃至中国思想史上重要板块的阳明学，完全可以称得上是思想史意义上的天台山文化研究一个有益补充。故而开展"台州阳明学"的文献整理与专案研究，是一件极有意义的事情。

（张宏敏撰稿）

阳明学在温州

一、明代温州地区的学术环境

温州地区思想文化的巅峰期出现在南宋。当代文史巨擘、浙江海宁人张宗祥说:"温州学术,至宋始盛。皆自金华传入处州,处州传入温州,遂有永嘉一派。然其间亦有自台州传入者,虽在宋前,皆禅宗也。……至明有张孚敬氏,其聪明博识,亦复过人,惜乎急于功名,学问上遂无立足之地,阅其《遗集》,惟奏议堪称耳。"[1] 出生温州平阳的晚清著名思想家宋恕也说过:"及南都临安,温为王畿,士多入太学,游公卿间,解额几半今之全浙,又出薛、郑、陈、叶诸大师,提倡实学,于是温之人文遂甲禹域。"[2] 元代以前,温州的人文传统主要由理学文化和实学文化构成,其繁荣程度,可谓两浙之冠。到了元明时期,温州人文陷入颓势。明人王叔果说:"吾温在宋时多贤达,其后无征鲜有闻。"[3] 宋恕则称:"自元明都燕,取士法陋,温复荒僻,至皇朝(即清朝)荒益甚。"[4] 于是,温籍学者便有了复兴温州文化的愿望与诉求,而这种诉求又与明代中叶兴起于浙东地区的王学及清代末年兴起于江浙地区的经学有较为密切的联系。

晚清温籍学者孙衣言曾对温州儒学的发展作过如下总结:

> 盖吾乡儒术之兴,虽肇于东山、浮沚,而能卓然自成为永嘉之学,以鼎立于新安、东阳间,虽百世后不能强为轩轾者,必推乾、熙诸儒。至叶文修、陈潜室师事朱子以传新安之学,元儒史伯睿实其绪余,以迄于明之黄文简淮、张吉士文选,而项参政乔、王副使叔果,当姚江方火之时,不能无杂于陆学,而永嘉先生之风微矣。[5]

---

[1] 浙江文史研究馆编:《张宗祥文集》,上海古籍出版社2013年版,第43页。
[2] 宋恕:《外舅孙止庵师学行略述》,胡珠生编:《宋恕集》,中华书局1993年版,第325页。
[3] 王叔果:《王叔果集》卷十三,蔡克骄点校,黄山书社2009年版,第319页。
[4] 宋恕:《外舅孙止庵师学行略述》,胡珠生编:《宋恕集》,第325页。
[5] 孙衣言:《敬轩先生行状》,孙希旦:《礼记集解》,沈啸寰、王星贤点校,中华书局1989年版,第7页。

在孙衣言看来，由薛季宣、叶適、陈傅良等"乾、熙诸儒"开创的"能卓然自成"的永嘉之学，自叶味道、陈埴师事朱熹并在温州地区传播朱子学后，经元入明，以迄黄淮、张文选，使朱子学成为温州区域文化的主流，到了明中后期的项乔、王叔果等人，因受阳明学的浸染，永嘉之学终趋式微。这种把朱子学、阳明学与温州地域文化完全对立起来的观点，其实并不符合温州儒学发展的实际。

包括温州地区在内的浙南的理学文化，可谓源于其悠久的程学传统。在面对朱子学时，这种文化上的优势地位便充分显露了出来。据陈荣捷先生的《朱子门人》统计，以知名者而言，朱子门人有四五百之众，其中有籍贯可考者中，浙籍十一州共有弟子八十余人，而以温、台之浙南地区为最多（三十九位），金、衢、处之浙中地区次之（三十五位），宁、绍之浙东地区再次之（十五位），严州之浙北地区又次之（七位），杭、嘉、湖之浙西地区则最少，仅有五人。①浙江朱学之盛，与朱熹的福建闽县门人黄榦的努力密不可分。黄百家说：

> 黄勉斋榦得朱子之正统，其门人一传于金华何北山基，以递传于王鲁斋柏、金仁山履祥、许白云谦，又于江右传饶双峰鲁，其后遂有吴草庐澄，上接朱子之经学，可谓盛矣。②

黄榦尝任职台州、永嘉，朱熹去世后，他继续接引温州弟子，为温州培养了诸多朱子学者，从而确立了程朱理学在温州地区的主导地位。

温州的实学文化，则源于由程学转化而来的经世事功传统，永嘉学派是其突出代表。黄百家还说：

---

① 参见陈荣捷：《朱子门人》，华东师范大学出版社2008年版。按：黄榦在谈及朱熹去世后各地朱门之境况时，浙江地区也只举了浙南的叶味道、潘时举和浙西的黄士毅三人："向来从学之士，今凋零殆尽，闽中则潘谦之，杨志仁。林正卿、林子武、李守约、李公晦，江西则甘吉父、胡伯量、蔡元思，浙中则叶味道、潘子善（时举，天台人）、黄子洪（士毅，自莆田徙居姑苏），大约不过此数人而已。"（黄榦：《复李贯之兵部》，《勉斋集》卷十四，元延祐二年刻本）这大体上能够反映浙江朱学发展的大势。据此笔者认为，所谓"温州是缺乏道学传统的地区"（见陈安金、王宇：《永嘉学派与温州区域文化崛起研究》，人民出版社2008年版，第256页）的判断，值得商榷。
② 黄宗羲：《双峰学案》，《宋元学案》卷八十三，沈善洪主编：《黄宗羲全集》（第6册），第313页。

> 永嘉之学，薛、郑俱出自程子。是时陈同甫亮又崛兴于永康，无所承接。然其为学，俱以读书经济为事，嗤黜空疏随人牙后谈性命者，以为灰埃。亦遂为世所忌，以为此近于功利，俱目之为浙学。①

所以朱熹在教育温州弟子时，特别重视克治他们所沾染的永嘉地区文化的不良习气②。然而明代永嘉学者王叔杲却不无自豪地说：

> 东瓯环山带海③，灵秀磅礴，毓为人文，高贤大良，后先彪炳。而性理之学，倡自赵宋诸儒哲，盖渊源濂洛，羽翼关闽。④

温州的实学文化，便是其"渊源濂洛，羽翼关闽"的重要坐标，而突出表现形式就是重义而不轻利、义利并重、臧否人物以事功为标准。是故元人所撰的《温州路重建庙学记》曾批评瓯越学风"未免以逐末忘本、事外忘内坏之"⑤。明代永嘉硕儒项乔则出于完整阐释义利关系的立场而矫正道：

> 予谓温俗以利视官久矣，况上以利求之，下以利应之，孰甘折阅而知向义者？予复何言哉！……利者，义之和也。义之所安，即利之所在。人知以利为利，不知以义为利，未有能义利其身者也。⑥

这显然是对南宋永嘉学派与朱子学派间所进行的义利之辩的概括与深化。

---

① 黄宗羲：《龙川学案》，《宋元学案》卷五十六，沈善洪主编：《黄宗羲全集》（第5册），第215页。
② 如"含糊之病""科举时文之习""缴绕峡细之病"等（详见陈安金、王宇：《永嘉学派与温州区域文化崛起研究》，第257—260页）。
③ 东瓯又称瓯越，东周到秦汉之时主要分布在浙南的温州、丽水以及台州与福建毗邻的部分地区，是南方百越民族中的一支。西汉初，因助汉灭秦有功，在孝惠三年（公元前192年）被"立摇为东海王，都东瓯，世俗号为东瓯王"（《史记·东越列传》）。
④ 王叔杲：《王叔杲集》卷十，张宪文校注，第235页。
⑤ 戴咸弼纂，孙诒让校补：《东瓯金石志》卷九，（台湾）新文丰出版公司1982年版，第11594页。
⑥ 项乔：《项乔集》初编卷二，方长山、魏得良校注，上海社会科学院出版社2006年版，第82页。

在整个中晚明,温州阳明学者(或者称"准阳明学者")以功利为评判标准的做法,其实不乏其人。如王叔杲对伍文定协助王阳明平叛的功绩便评价甚高,认为"王守仁之功非伍无以成其始,孙、许之节,非伍无以成其终。三臣之后,既加优叙,文定之裔,岂可不录"?对伍文定的功绩得不到公正对待深表不满。在重视事功的目标诉求下,温州阳明学者还积极参与了戚继光等人的抗倭斗争,尤其是下面将要重点叙述的永嘉英桥王氏家族。与越中阳明学大家一般热衷于讲学传道不同,温州阳明学者大都直接或者间接地参与过抗倭斗争,而且与抗倭名将及相关军政人员关系密切。从王世贞撰写的《旸谷王公祖生祠记》《送大参永嘉旸谷王公改任叙》等文章中所彰显的王叔杲的抗倭事迹中,就能体会到与以讲学传道显于世的越中阳明学者的不同之处。温州阳明学者自始至终对王门中的空虚之风予以尖锐批评,应该说与这种文化土壤有莫大之关系。

宋恕指出:"宋室南渡,瓯学始盛。陈、叶诸子,心期王佐,纯于永康,实于新安。……闽党横行,百家畔降,而瓯学亦几绝矣。"① 其中以重视外王、强调义利合一的永嘉学比朱子学"实",比陈亮的永康学"纯",是正确的;但认为瓯学绝于闽党,则说得不完全对。因为即使经过朱子学改造后的温州人文传统中,仍保留了大量实学文化的基因,以至温州学者在面对盛于大江南北的阳明学时,仍能保持自己的学术个性,使阳明学在与温州地域文化相遇后出现了向经世事功学回归的动向。有学者将这种学术倾向称为"治心经世之学"。② 宋恕在1883年撰写的《重建会文书院序》中有"礼帅承父师训,颇有慕于古人治心经世之学,欲作汉诸葛武侯、明王新建而才远不逮志"③句,说明在清末温州即有"治心经世之学"的说法。近年来又有不少学者开始探讨治心之学与经世之学的关系及其结合与演变的形态。这种研究的目的,就是想把浙江的学术发展视作一个有内在联系、彼此互补的整体。事实上,要揭示明代浙东地区王阳明心学的特质,就要涉及宋代浙中南地区的陈亮和叶适;要考量清

---

① 宋恕:《书陈蜇庐〈治平通议〉》,胡珠生编:《宋恕集》,第238—239页。
② 参见杨际开:《从朱舜水到马一浮》,徐兴庆主编:《朱舜水与近世日本儒学的发展》,台大出版中心2012年版,第242页。
③ 胡珠生编:《宋恕集》,第171页。

初浙东地区黄宗羲的政治哲学,亦必涉及陈亮、叶适和王阳明的政治思想和事功学说。从宋代陈亮、叶适的经世之学,到明代王阳明的治心之学,再到清初黄宗羲的"治心经世之学",是一个充满地域文化背景和宋明思想转换的演化过程。而黄宗羲的"治心经世之学",则可以说是包括温州地区在内的两浙地区阳明后学将心学实学化的必然结果。

需要指出的是,阳明学进入温州区域后所碰到的特殊困难,一方面是由于温州有悠久的理学文化和实学文化传统,另一方面则是因为温州地区有独特的科举之盛名。所谓"东嘉学校士,自昔文风,为两浙最"①,便是对两宋时期温州科举之盛况的真切描述。南宋以后,朱子学在逐渐上升为主流思想的同时,其《语类》《集注》也成了科举考试的标准答案,科场完全被朱子"议论"所统治,而阳明学却始终游离于朝政与乡政之间,未进入科场,更不为官学所接纳。故此,科举发达、官学繁盛的温州地区,自然会从功利的立场出发,亲近朱子学而疏远阳明学。

除了文化土壤,影响温州地域文化形成发展的因素还有那里的地理环境。"钱塘以南,名峦㠝薮无虑百数,而永嘉为最著。"②创生于越中的阳明学在向浙南的传播过程中,即受制于崇山峻岭的重重阻隔,而全然不同于水陆驿站皆通、传道路径主要通过水路进行的浙江其他地区。从这一意义上说,浙南与浙东两地的学术交流要大大困难于拥有陆海两个通道的浙南与闽地之间的学术交流。而随着学术中心的转移,两宋时期受益于特殊历史原因而得以繁荣的温州学术,到了明代,虽有状元宫谕周旋、榜眼尚书王瓒、首辅张璁等政治人物先后登场,但学术明星则要明显少于两宋时期,这就使南宋开始的浙江学术中心的东移在明代中叶有了进一步加速的趋势。明代温岭学者洪启睿曾以温州瑞安为例,揭示了由宋到明的盛衰过程:"盖瑞安故有学,大儒名卿由学而起者,彬彬相望,自宋称小邹鲁,迄我国初尤盛。嘉靖以来,人材科目日渐衰替而弗振。"③王叔杲的学生周子恭也以书院教育为例,指出了宋元时期曾被称为"小

---

① 戴咸弼纂,孙诒让校补:《东瓯金石志》卷九,第11594页。
② 焦竑:《玉介园记》,王叔杲:《玉介园存稿附录》卷三,《王叔杲集》,张宪文校注,第452页。
③ 王叔杲:《玉介园存稿附录》卷三,《王叔杲集》,张宪文校注,第474页。

邹鲁"的东瓯地区，到明代则出现了书院倾颓、科目不振的窘境。①而这种学术中心的转移，无疑是与以南京为中心的明代经济文化圈的辐射作用、地处浙南一隅的温州地区被严重边缘化，以及明初以来温州地区海盗频仍、民不安生的社会状况密切相关的。

正是在这样的地域文化和自然环境下，经济文化中心向四周辐射的递减效应，在地处相对偏远的浙南山区，遂被明显放大了，从而使曾经繁荣的温州学术出现了被逐渐边缘化的趋势。故此可以说，创生于越中的阳明学说，在向周边地区扩散的过程中，在温州地区遇到的阻碍和挫折，是要大大超过其他地区的。

据洪振宁统计，徐象梅的《两浙名贤录》共为230名温州籍（含寓居温州）人士立传。②然笔者查阅了《两浙名贤录》中的"儒硕""理学""文苑"共七卷，发现温州籍人士被立传的宋代与明代有很大差距，即宋代有儒硕5人（共91人）、理学25人（共79人）、文苑14人（共84人）；元代有儒硕4人（共37人）、理学1人（共12人）、文苑2人（共43人）；明代有儒硕1人（共104人）、理学1人（即项乔，共24人）、文苑无人（共112人）。这说明，温州在宋代所取得的学术繁荣，到了明代已基本衰竭。正因为此，黄宗羲的《明儒学案》未见为温州籍学人立传，只在薛侃传中提到过项乔。至于曾到温州为官的外籍人士，则也只有在《诸儒学案》中提到的潘士藻（字去华，号雪松，婺源人，万历癸未进士，司理温州）、郝敬（字仲舆，号楚望，京山人，万历己丑进士，知缙云县，调永嘉）和《甘泉学案》中提到的洪垣（字峻之，号觉山，婺源人，嘉靖壬辰进士，以永康知县入为御史，转温州知府）三人。这恐怕不能说是黄宗羲对温州学术的轻视，而是有明一代温州地区低迷的学术状况之反映。温州地区在宋明两代所呈现出的这种学术上的量化差异（且不说质的差异），对于我们考量阳明学在温州地区的传播，既增加了难度，也提出了挑战。

---

① 参见王叔杲：《玉介园存稿附录》卷三，《王叔杲集》，张宪文校注，第466页。
② 洪振宁：《温州文化编年纪事》，浙江人民出版社2009年版，第359页。

二、阳明学传入温州的途径与特质

王阳明讲学两浙，曾以浙东的宁绍地区为中心，然后扩展至浙中的金华、衢州以及浙西的杭州、嘉兴等地；唯有阳明足迹从未到过的地处瓯越文化中心的温州及其周边的台州、处州等地，不仅影响力相对微弱，而且真正称得上阳明学者的人也很少，这与浙江其他区域形成了鲜明对照。而阳明的门人后学在两浙的讲学状况，亦大致如此，所不同的只是作为王阳明路经之地的杭州、湖州、严州等地，到了明代后期，也成了其门人后学讲学的重要区域，同时台州、处州也被纳入王门的讲学范围内。

然而，与同样属于王门讲学区域的江苏泰州、广东潮州等地不同，距离王学中心地带不远的温州地区的王学势力，反而要大大弱于泰州和潮州。这是因为，泰州受到了王门南都讲学的辐射，潮州受到了阳明赣南讲学的影响，而温州则由于地缘文化环境的影响和自然条件的阻隔，使阳明学的传播明显受挫。毫无疑问，受理学文化影响较深及其经世事功学传统，乃是温州地区在阳明学传播过程中表现欠佳、应者寥寥的主因。换言之，阳明学在温州地区影响较弱，除了阳明本人及其门人后学讲学不力外，地缘学术环境的制约可能是其中更主要的原因，一如阳明学在新安（今徽州）地区所遇到的曲折与挫折。①

尽管在王阳明的心目中，"温，浙人之所鄙也"②，恐怕亦成为其偏见之一，但事实上他还是有将自认为圣学的良知学传播到浙南地区的强烈愿望，这从其多次赴浙南周边地区讲学以培养弟子的举措中即可窥知一斑。众所周知，在正德、嘉靖年间，阳明奉命去江西、两广诸地，都会趁便在路经之地授徒讲学，《年谱》中就有他在浙江桐庐、建德、龙游、常山、衢州等地讲学的记录。浙北、浙中地区学术水平的提升及王学信徒的涌现，即与阳明的沿途讲学密不

---

① 参见钱明：《王学在新安地区的遭遇与挫折——以王守仁与汪循关系为例》，《黄山学院学报》2008年第4期。
② 胡珠生编：《宋恕集》，第454页。按：浙南风俗当时常遭人诟病，如对"介在山海"的乐清，即曰："俗尚气而习于刚，士君子往往慷慨多大，节奇行而风之敝也；民且善讦而嗜斗，把短长而扞于罔。于是鸣琴未必化，鞭蒲未必惩，前后绾铜墨者，兢兢乎难之已。"（王叔杲：《王叔杲集》卷九，张宪文校注，第207页）

可分。然而遗憾的是，阳明在这些地方的讲学活动，并没有形成广泛的辐射效应，从而吸引邻近的温州、新安人士前来听讲，这亦与泰州、潮州等地人士争先恐后地赶赴南中、赣州从学于阳明的情形大相径庭。

如同阳明学曾从浙西、皖南、赣北多个方向朝新安地区渗透一样，阳明学在从浙中、浙东向浙南渗透的同时，还有从闽东向浙南渗透的可能。

正德三年（1508），王阳明在贬谪贵州龙场前，为躲避刘瑾手下人的追杀，疑似经过了一段假装自杀、跳入钱塘江、漂流至舟山、再进入福建的惊险历程，时间大概有几个月。有关王阳明入福建的经历，笔记野史中多有记录。如明陈全之撰《蓬窗日录》记云：

> 伯安（王阳明字）初入水即得覆舟负之，不能沉，漂凡七昼夜，所见皆如梦中。伯安惊慌莫知所之，舟偶及岸，见一老人率四卒来，云："汝何致此狼狈？吾当为汝解缚登岸。"伯安拜谢，因问老人曰："此当何处？"老人曰："福建界也。"伯安告曰："愿公护某至彼。"老人曰："此去福建尚远，不能猝达，当送君往广信。"乃命四卒共往舁之，去如飞，不半日已抵广信矣。……人谓伯安志慕神仙，故堕此福地也。……又云：王水部伯安，正德间言事谪闽中，过溪覆舟几厄，时有渔人泛溪中，拯之上山。方徘徊间，边遇一道者，自称旧识，邀至中和堂主人处盘桓数日。主人乃仙翁也。临行作诗送之云："十五年前始识荆，此来消息最先闻。君将性命轻毫发，谁把纲常重一分。寰海已知夸令德，皇天终不丧斯文。武夷山下经行处，好对清樽醉夕曛。"①

然而王阳明当时并未在闽地授徒讲学，只是与道士隐者有过密切接触，后来他也没有在闽地有意识、有目的地直接授徒讲学过，

---

① 陈全之：《蓬窗日录》卷八，顾静点校，上海书店出版社2009年版，第414—415页。顾静按："据王世贞《弇山堂别集》卷二七'史乘考误八'，此条'今转迁为大鸿胪云'以上袭自沈周《客坐新闻》，然清抄本《客坐新闻》中无此条。此条末段'王水部伯安'以下则袭自朱承爵《存余堂诗话》。"笔者按：清褚人获《坚瓠六集》卷四《阳明遇仙》（浙江人民出版社1986年影印民国十五年柏香书屋校印本）亦有与此条内容相似之记载。

有史料记载的王阳明闽地讲学，只有正德十二年（1517）其利用"剿匪"的间隙，在闽西南汀、漳地区的兴学设教之举。

故此可以说，阳明学最早传入闽地的最大可能性，是阳明本人于正德十二年"去巡抚江西南安、赣州，福建汀州、漳州，广东南雄、韶州、惠州、潮州各府及湖广彬州地方"①（按：这八府一州在明代皆属南赣巡抚管辖，南赣巡抚治所则在赣州）期间，通过军旅讲学的方式，把自己的学说和门风传播到了闽西南的汀、漳及其周边地区。当时阳明曾"识得"汀州知府唐淳，且给予唐以较高评价②，两人所建立的信任关系，无疑会给阳明讲学闽地提供较大的便利。

温州地区虽比邻闽地，闽中王学不可能不对其产生外延性影响，但闽中王门毕竟属于王门中最薄弱的一支，与强大的闽中朱学相比，其在闽中的影响力几乎可忽略不计，更遑论对它的周边区域产生辐射效应。③因此可以说，阳明学从闽东进入温州的可能性也相当之小。这就使温州地区仿佛成了阳明学传播的一个"死角"。

然而，思想学说的传播和影响是很难用几何线条来清晰描述的。尽管有以上所说的这些现象存在，但明代中叶以后盛行于江南各地的阳明学说，其时尚之风还是通过各种渠道吹进了山海之角的温州地区，并与当地的文化土壤搅拌后，形成了颇具特色的温州阳明学流脉，出现了不同于浙东阳明学的在地化倾向。不过阳明学在温州地区的传播（实质为渗透）有四个背景资料需先解明：

第一，由于王阳明没有直接在温州地区讲过学，该地区几乎找不到他的入室弟子，私淑弟子也极少，有一定影响的不过是为数不多的仰慕倾心他的文人学士。这些文人学士或者与阳明弟子一起讲学，或者与阳明门人同朝为官，并且都是通过与阳明弟子们的亲密交往，才接受或部分接受阳明学说的。他们不仅参与了王门的讲学活动，而且把阳明学说带回家乡，从而在一定程度上起到了传播阳明学的作用。不过若与靠近浙东的台州地区相比较，地处偏远的温州地区当时只能说出现了一些准阳明学者，而台州地区则有像黄绾、

---

① 王守仁：《王阳明全集》卷十六，吴光、钱明、董平等编校，第525页。
② 参见王守仁：《王阳明全集》卷十六，吴光、钱明、董平等编校，第565页。
③ 参见钱明：《闽中王门考略》，《福建论坛（人文社会科学版）》2007年第1期。

范引年这样较为正宗的阳明道友、弟子存在。①故而可以说，阳明学在温州地区的传播在整个浙中王门中是最为薄弱的。除此之外，阳明的弟子门友访学游历温州，也在一定程度上对阳明学说传播于温州地区产生了一定作用。比如阳明门人后学黄绾、薛应旂、郑善夫、焦竑、汤显祖、陶望龄，友人顾璘、汪循②，以及王士性、徐霞客、高攀龙、王思任名流大家，都曾游历过温州。尤其是嘉靖十八年（1539），黄绾在朱谏等人陪同下游历雁荡山，撰有《望雁山》《雁山呈诸同游》《雁山有感》《石门次韵》《雁荡篇和许松皋韵》《游雁山记》《游散水岩记》《游石佛记》等诗文，《雁山志》对此有详细记载。③

第二，温州地区的阳明学者大都与王（阳明）湛（若水，号甘泉，广东增城人）合一论者有较为密切的关系。比如王、湛同门弟子洪垣曾在嘉靖二十年（1541）担任温州知府，并被王叔杲称为"我师"④，对温州地区的学术发展有一定影响；而甘泉弟子吕怀等人的学说，亦颇受温籍人士的赞赏。⑤又比如主张会归王、湛的刘宗周的老师许孚远，由于有领导抗倭的经历，故而颇受温籍人士的推崇，王叔杲尝鼓励"敝邑二生欲受业门下"，而他自己则尤"恨无缘一晤，以祛我鄙吝……安得真切如吾敬庵者一提撕之也"⑥，对许孚远可谓崇敬备至。而湛学的一个最显著特征，就是在继承岭南白沙心学的同时对闽中朱子学的包容和汲取，这就使得温州阳明学者身上都或多或少地带有会归王湛、和同朱王的思想取向。

---

① 关于阳明学在台州地区的传播力度，还可举出金贲亨为例释之。金贲亨，字汝白，临海人，初冒高姓，正德甲戌（九年）进士题名碑之高贲亨，即其人也。官至江西提学副使。撰有《台学源流》七卷："是书叙述台州先儒，自宋徐中行迄明方孝孺、陈选，凡三十八人，各为之传。其疑而莫考者又有十五人，以以时代类附姓名于末。其传虽多采《晦庵文集》《伊洛渊源录》诸书，然贲亨当明中叶，正心学盛行之时，故其说调停于朱、陆之间。谓朱子后来颇悔向来太涉支离，又谓朱子与象山先异后同云云，皆姚江晚年定论之说也。"（永瑢等：《四库全书总目》卷六十一，中华书局1965年版，第551页）
② 按：汪循《仁峰文集·外集》附有瑞安知县高宾《悦亲楼诗序》和《题悦亲楼》诗，记汪循接父母居住永嘉之事（参见洪振宁：《温州文化编年纪事》，第276页）。
③ 参见洪振宁：《温州文化编年纪事》，第295页。
④ 王叔杲《奉洪觉山先生》云："杲于抚台及冯按察处，数道老师硕德宿望，虽鄙言不足为重，而一念微诚，不能自已也。……庶不负我师畴昔之教，岂敢以脱屣世途为高哉！"（王叔杲：《王叔杲集》卷十三，张宪文校注，第288页）
⑤ 参见王叔杲：《王叔杲集》卷十三、卷十二，张宪文校注，第288、253页。
⑥ 王叔杲：《王叔杲集》卷十二，张宪文校注，第253页。

第三，温州阳明学者与吴中文人的交往相当密切，尤其是吴中文人来温为官与温籍士人官居吴中，这种频繁的双向往来之案例可举出多例，这对两地的互动与交流，其意义非同一般。如文林，字宗儒，苏州人，成化八年（1472）进士，出任永嘉知县，升太仆丞，弘治十一年（1498）任温州知府，子文徵明亦随其同来，次年文林卒于任上。[①] 文徵明（1470—1559），初名璧，一字徵仲，号衡山，比王阳明大两岁，与沈周、唐寅、仇英合称"吴门四杰"，又与唐寅、祝枝山、徐祯卿并称"江南四大才子"，是继沈周之后的吴门画派之领袖。他们父子二人在温州的经历，对当地文坛会有怎样的影响，值得关注。万历年间，王叔杲在三吴地区为官多年[②]，"例得殊擢"[③]，他对吴中文人（如唐顺之、王世贞、茅坤、沈懋孝等）有很高的评价。不过在温州士人眼里，吴中区域似乎为重文学轻学术之地，如王叔杲说："海虞（属常熟）为先贤子游之乡，而士友独不好论学，弟方为簿书汩没，而复苦于孤陋，恐终成堕落，于盘错中亦稍觉得力。"[④] 抑或受此风之影响，明代温州地区亦有重文学轻学术的趣向。文徵明与王阳明可谓分别是明中叶以后江南才子文化与心性文化之代表，两人的文化理念虽然都对温州地域文化产生过影响，但前者的影响力无疑要大于后者，这也是阳明学在温州地区显得相对沉寂的原因之一。

第四，温州阳明学者的从学交游对象主要是修正派（或称"右派"）阳明学者。从《项乔集》《王叔杲集》《王叔果集》等近人标点本所收之文献中可以看出，在阳明后学中，温州学者与属于修正派的阳明学者书信诗赋往来最多，评价也最高。如王叔杲酷评胡直是"海内山斗""诚所谓以道德世其家者"[⑤]，是故"以未由侍教为憾"；声称"每见海内同志之士，所以仰属翁者，又不啻如舍兄所云也……天靳良缘，竟阻攀造，然此心则靡日不向往"[⑥]。其《与耿楚侗先生》亦称："聆绪论，窃以私淑祛此鄙吝，受益良多矣。……恭

---
① 参见洪振宁：《温州文化编年纪事》，第274页。
② 参见穆文熙：《赐宪使旸谷王公备兵三吴序》，《王叔杲集》，张宪文校注，435页。
③ 王鼎爵：《贺旸谷翁太公祖荣陟湖广参政仍留镇东吴序》，《王叔杲集》，张宪文校注，第443页。
④ 王叔杲：《王叔杲集》卷十二，张宪文校注，第253页。
⑤ 王叔杲：《王叔杲集》卷十三，张宪文校注，第271页。
⑥ 王叔杲：《王叔杲集》卷十三，张宪文校注，第271页。

维吾翁斯文山斗，我道正宗，振铎以来，遂使绝学复明，士习丕变，中外倾注方殷，而况于门下旧属，被德既久，受知最深，其为企慕，更当何如！迩来时事甚可痛心，杲每出翰教以示二三同志，未尝不叹服翁之言为至论。"①由于修正派的阳明学者大都有不同程度的引朱入王的"修证"倾向，所以温州的阳明学者对朱子学和阳明学亦大都采取了会通、兼采、互补之立场，而且在立场上也要超出阳明学的其他传播区域。

至于温州阳明学者的思想特质，我以为可以从以下四个方面予以概括：

其一，温州阳明学者大都具有实学即事功学的背景资源，所以在汲取阳明学的过程中，也有意无意地把心学与实学整合在一起，或者用实学来解构心学，使心学实学化；或者用心学来诠释实学，使实学与心学在伦理事功层面趋于同质化。宋恕在清末说过："永嘉学者皆是叶水心一路。"②明代温州学者亦不例外，如正统十三年（1448）处州府推官黎谅重新搜集编订叶適《水心先生文集》二十九卷，于景泰二年（1451）刻成；正德元年（1506）温州同知林长繁传刊刻陈傅良《止斋先生文集》于温州；隆庆六年（1572）谢廷杰在序刻《王文成公全书》三十八卷本的同时，又与陈烈一起序刻了《太师诚意伯刘文成公集》二十卷本。③刘基出生温州文成，在学术思想上明显着染了永嘉之学的传统，他与王阳明一起被后人尊为"立德、立功、立言"的三不朽伟人。两人的著作同时由浙江巡抚御史谢廷杰序刊，此事自然会在温州引起共振，从而为永嘉实学与阳明心学的互动创造更多的条件。而这种互动的趋向，在明代温州阳明学者复兴永嘉学的诉求中表现得尤为突出。不过温州阳明学者的努力方向并不是要回归宋学，也不是要简单的接引明学，而主要是想从本土文化资源出发，以实现心学与实学的互动、互补。这种努力到了晚清，遂转变为经学与实学的并举，进而又使经学实学化。王叔果曾教诲其子说："学要先识本体而以不欺为主，以伦理为先，以躬行为实，若高谈以资口耳，不愿尔辈务此

---

① 王叔杲：《王叔杲集》卷十二，张宪文校注，第256页。
② 引自夏承焘：《夏承焘集》（第7册），浙江古籍出版社1998年版，第775页。
③ 参见洪振宁：《温州文化编年纪事》，第260、280、313页。

名也。"①就反映了这种心学与实学的结合轨迹或心学被实学化的思想动向。而叔果与同里的叶适后裔关系甚密，如其评价叶雪坡："邃于经学，旁通百家，究极精微，而归于实际。"②又撰《寿叶少山先生序》："少山先生叶翁，乡之隐君子也。……叶翁蚤岁，砺名行，潜究坟典，师少师张文忠公，振誉士林。……予于翁为比邻，儿辈同思章君（叶少山之子）游，雅知其父子之贤。"③基于永嘉事功学的立场，使他对阳明心学的"学政合一"说赞赏备至："夫政与学非二事，儒者讲明理道而措诸躬行，其施于有政者，特绪余焉耳。故曰有真儒而后有善治。"④

其二，温州阳明学者大都有亲身参加抗倭斗争的实际经验，并在实际斗争中研习兵法，体察民情，深入社会。温籍学者喜欢阳明学，可能还与王阳明的军事思想与实践有很大关系。当时抗倭名将大都与阳明学者有直接或间接的联系。倭寇侵扰浙闽沿海，主要是在明代："其寇温也，盖自太祖驭宇之初，下迄明社既屋以后，兵祸相结，垂三百年。"⑤从洪武二年到嘉靖三十一年（1369—1552），是倭寇开始泛滥的阶段，其活动区域主要在平阳、乐清沿海。嘉靖三十一年到四十一年（1552—1562）是倭寇侵扰最严重的阶段，史称"嘉靖大倭寇"；在此阶段，倭寇从沿海深入内陆，主要是经平阳侵入瑞安，由乐清侵入温州郡城及周边地区。嘉靖四十二年后至万历四十五年（1563—1617），是倭寇被逐渐平复阶段。⑥这三个阶段，正好是温州阳明学者在朝野大显身手的时期。他们或者在朝中上疏抗倭，或者在地方积极领导或参与抗倭斗争。如永嘉英桥王氏家族的王沛、王德叔侄是因抗倭而壮烈牺牲；王叔果于嘉靖三十七年（1558）上疏请筑永昌堡，由王叔果筹集资金，具体负责监造，次年落成，使一乡得到保障；叔果又疏荐两广总督谭纶、总兵南塘，命戚继光议募练南兵数万以备倭寇，"凡廪饩岁给不资，皆公（叔

---

① 王叔果：《王叔果集》卷十一，蔡克骄点校，第466页。
② 王叔果：《叶雪坡先生集序》，《王叔果集》卷九，蔡克骄点校，第229页。
③ 王叔果：《王叔果集》卷十，蔡克骄点校，第257—258页。
④ 王叔果：《赠司理程公序》，《王叔果集》卷九，蔡克骄点校，第239页。
⑤ 孙延钊：《明代温州倭寇编年》，《孙延钊集》，周立人、徐和雍编校，上海社会科学院出版社2006年版，第2页。
⑥ 参见蔡瑞霞：《明代温州倭寇研究》，《浙江学刊》2010年第5期。

呆）从中调复，而边务以修"①。

其三，温州阳明学者大都淡泊名利，有仙道之气象。这点除了与王阳明本人及其高足有一定的渊源关系外，还与温州地区的文化土壤以及张璁在政治上的失势所带给家乡士人的负面影响有一定关系。如果说在科场上必以朱子学为标准规范，那么归隐后阳明学则能在心理上给归隐者以莫大抚慰和信心。温州素有道教传统："永嘉之山，惟大罗最钜，磅礴数十里。其西麓为仙岩，《图经》所称天下第二十六福地，界永、瑞两邑。"②相传东晋著名道士葛洪曾到永嘉东蒙山、平阳昆阳东山炼丹；南朝著名道士"山中宰相"陶弘景曾先后隐居于永嘉大箬岩、青嶂山、陶山等地。而张璁在政治上从得势到失势的曲折经历，也在很大程度上决定了温州籍政治精英的官场命运，因而也就在一定程度上决定了他们的心理趣向。③英桥王氏家族与张璁是联姻关系。该家族的主要代表王激、王澈等人的思想中含有浓重的道家道教情怀。王激爱鹤，嗜好丹砂："性嗜丹砂，嘉靖癸未举进士，每戏言欲求为句漏令。"④意谓希望像葛洪一样为了炼丹而求下放至句漏当县令。其在《忧胜录序》中对名实关系的讨论，也与老庄思想极为吻合。王叔果亦极为推崇老庄的"自然之妙""清净之道"和"忍者之术"，感叹学者对老子之书"茫然无所究心"⑤的脆弱神经；尝自称："蚤衰而多疾，辅以医药。久之，屏药物，日事静摄，端居恬养。时取《参同契》诸书，共族子用敬论

---

① 参见王光美：《先参政公行状》，王叔杲：《王叔杲集》，张宪文校注，第504页。
② 王叔果：《仙岩记》，《王叔果集》卷十一，蔡克骄点校，第278页。
③ 按：党争是中国古代皇帝、贵族、官僚集团"三权分立"中互相倾轧平衡的必然现象，素有传统。张璁骤登贵显，即使本身无意树党，但大势所趋，"欲力破人臣私党，而己先为党魁"（张廷玉等：《张璁传》，《明史》卷一百九十六，第5180页）；必定援引心腹以抗衡敌对者，而请托求官者亦必趋炎附势，根株附丽，所以旅进旅退是很自然的现象。言官弹劾，通常亦本着由一人连坐群体，期以连根拔去的手段。故而张璁失势，殃及温州籍政治精英，实属必然。比如王激为避舅嫌，未进京时已怀履冰之虑，当其在吉水奉召入吏部，就对学生罗洪先说："吾舅柄用，外间方且籍籍，吾可以身为口实乎？"于是欲引疾以明志，但无果。故项乔说："其（王激）才行足以稳步天衢，而其时为舅氏张罗山在内阁，且先生体貌端庄，似负气岸，又疾恶过严，不相知厚者，类以其入铨曹、陟祭酒，似借罗翁得之者。……独知先生有益于罗山，而功名才行，一时或反为罗山势位所蔽盖，是则可慨耳。"（项乔：《书文江集后》，《项乔集》初编卷二，方长山、魏得良校注，第115页）
④ 王激：《弃丹砂记》，《王鹤山集》卷四，明隆庆间刻本。
⑤ 参见王叔果：《读道德经》《俭说》《忍说》《老子像赞》，《王叔果集》卷十二、卷十八，蔡克骄点校，第304—308、399页。

而订焉。间语及调息，日夕试习之。宅神于内而遗照于外，庶几惺然觉也。"①温州地区这种肥力十足的道教土壤，对阳明学的渗透是比较适宜的。

其四，温州阳明学者在文学理念上大都倾慕性灵说，与公安派、竟陵派的文学主张有同质性。比如王叔杲"所为诗若文，大要性灵发之，严于矩尺，绝无虚华荡肆之态，似代之争工于形似者"②；其死后由王世贞撰写墓志铭。王叔杲之学亦以诗文见长，"词章足以晋储翰苑"③；穆文熙称其"浙东名家，问学渊源，而为人沉毅有识，绝无浮夸态，盖卓然当代文儒也。……士子熙然向学，文艺等于东南"④。是故兄弟俩皆与吴中文人关系甚笃，弟弟叔杲"尤笃意文学，每摛词藻染翰，力追作者。暇则延搢绅学士谈说艺文，进郡邑俊髦阐析经术。……以故吴之士民尊而爱之，惟恐一日去已也"⑤。因此，如果说浙东阳明学者具有勤立宗旨的学术性格，浙西阳明学者具有崇向艺文的学术性格，那么温州阳明学者身上所体现出来的便是浙东学者与浙西文人的双重品格。

三、力荐阳明的张璁与温州王门第一人项乔

阳明学能够传布并影响于温州地区，首先不应该忽视的是与王阳明及其门人关系都相当密切的嘉靖时内阁首辅、温州永嘉人张璁。

张璁（1475—1539），字秉用，号罗峰，因与明世宗朱厚熜同音，世宗为其改名孚敬，赐字茂恭，正德十六年（1521）始登进士，嘉靖六年（1527）拜礼部尚书兼文渊阁大学士，入参机务，七年加少保兼太子太保，八年杨一清罢相，遂为首辅。在现存的张璁文献中，几乎找不到关于张璁与王阳明交往的记载，但综合分析各类史料，则可以得出两人关系非同一般的结论，这主要表现在以下几个方面。

---

① 王叔杲：《与用敬侄论调息》，《王叔杲集》卷十二，蔡克骄点校，第296页。
② 汤宾尹：《王西华先生半山藏稿序》，王叔杲：《王叔杲集》，蔡克骄点校，第452页。
③ 项乔：《书文江集后》，《项乔集》初编卷二，方长山、魏得良校注，第115页。
④ 穆文熙：《赐宪使旸谷王公备兵三吴序》，王叔杲：《玉介园存稿附录》卷二，《王叔杲集》，张宪文校注，第436页。
⑤ 季德甫：《贺旸谷王公荣进藩参留镇东吴序》，王叔杲：《玉介园存稿附录》卷二，《王叔杲集》，张宪文校注，第446页。

第一,在黄绾的影响下①,嘉靖六年五月,阳明由张璁强力举荐,任两广总督及江西、湖广军务。然张璁的奏疏未见于《张璁集》《谕对录》,只在清永嘉金璋的《潄芳斋卮言》中有点滴记载:

> 渔洋王文成诗(作者按:诗题《赣州谒王文成公祠》):"万古许孙同庙食,一时张桂太倾危。"按:……总督姚镆屡讨无功,张璁荐守仁代镆。观此,知文成平濠后闲度数年,独吾乡张文忠(璁)荐令起用,遂平思、田及断藤峡,再奏殊勋。是深知文成,前有王恭襄(王琼),后独张文忠耳,何云倾危也!惟桂萼素嫉之,因其擅离职守,拟旨革爵停谥。②

可见在温州人眼里,张璁对阳明有着特殊的知遇之恩,足与王琼相匹配。

第二,据黄绾《阳明先生行状》记载,张璁闻阳明平定广西思、田的喜讯后,"即荐(阳明)于朝,取来作辅,共成天下之治。桂(萼)公、杨(一清)公闻之皆不乐"。③说明在当时的内阁成员中,唯张璁对阳明最为赏识。

第三,张璁称阳明为先生是在其晚年,当时阳明已过世多年。据张璁《咏万诗》跋:"阳明先生有《咏一》(作者按:为阳明逸诗)之作,书于画面,余得之珍重,复咏万以和之。罗峰。"④说明阳明殁后不久,其诗作手迹就已成为包括张璁在内的众多文人士大夫珍爱的藏品。

第四,张璁曾在正德十年(1515)前后与阳明在南京会过面,并和之以诗,此即《寄王鸿胪正之》诗:

> 忆昨宿南湖,草堂真出郭。主人情话亲,晨钟浑不觉。紫

---

① 按:黄绾与张璁同朝为官,虽有政见上的分歧,但并不影响两人间的亲密合作关系。详见林希元:《与黄久庵兵侍书》,《林次崖先生文集》卷五,《四库全书存目丛书·集部》(第75册),第535—537页。
② 张璁:《张璁集》,张宪文校注,上海社会科学院出版社2003年版,第522—523页。
③ 王守仁:《王阳明全集》卷三十八,吴光等编校,第1428页。
④ 唐长孺:《跋明张璁书扇》,《学林漫录》(第11集),中华书局1985年版;另见张璁:《张璁集》,张宪文校注,第484页。

袖满城中，风俗寖薄恶。……临予古法帖，瘦硬难邃学。持归到山中，尊之以高阁。……笔谏久不闻，士气散光岳。长吟起悲风，敢拟君独乐。①

诗中表露出对阳明之政见及其书法作品的高度关注。然此时张璁对阳明之说似乎并不关心，仅以一句"敢拟君独乐"来抒发自己的羡慕之心。直到阳明殁后，他才对阳明学说产生了一定兴趣，而称其为先生，这无疑与席书、方献夫、黄绾、霍韬等阳明的朝中弟子所起的作用有密切联系。这些人不仅在政治上是张璁的坚定支持者，而且在思想上也给张璁以潜移默化的影响。

第五，张璁对阳明的政治才能赞赏备至，他尝在《论边务》中说："然必谋略出群，如新建伯王守仁者乃足以当之也。"②而阳明对张璁也相当尊重，尤其到晚年，致张璁的书信明显增多，信的内容也大都是吹捧张璁的。③

第六，张璁曾提拔过不少阳明学者，如嘉靖八年（1529）张璁任总裁官，与詹事霍韬同主己丑科会试，唐顺之为是科会元，乡人项乔第二。三月，为廷试读卷官，取进士罗洪先等323名。据罗洪先《瓯东私录序》："洪先与瓯东项君同登第，数相见于相国张公（璁）之门，间论学，默默然注视无酬语，已而授南部以去。"④可见张璁与其所选拔的阳明学者在思想上是有许多共鸣之处的。

当然，张璁只能算对王阳明有知遇之恩，并与阳明及其门人有较为密切关系，而不可视为阳明信徒，更不能将其作为温州阳明学者或者王学的传播者。如果要问孰为温州阳明学第一人，则非出生于永嘉沙城（今属龙湾区）、"与相国（张璁）连姻，顾不一藉手"⑤的项乔莫属。不唯如此，我们甚至可以说，起源于宋代的永嘉学派的发展流脉也是因为永嘉项乔及英桥王氏（详见后述），才一直延续

---

① 张璁：《张璁集》，张宪文校注，第283—284页。
② 张璁：《张璁集》，张宪文校注，第71页。
③ 按：钱明《王阳明佚文汇编考释》[载《中国典籍与文化论丛》（第12期），北京大学出版社2005年版] 收录阳明与张璁书两通，内容皆为问候、奉承语，这恐怕也是钱德洪等人将其删除的重要原因。
④ 张璁：《张璁集》，张宪文校注，第552页。明秀水朱国桢《涌幢小品》尝曰："永嘉典嘉靖己丑试，会元唐荆川顺之，状元罗念庵洪先，同道同心，事座主不阿附，亦不抗忤，最为得体。"
⑤ 罗洪先：《瓯东私录序》，项乔：《项乔集》，方长山、魏得良校注，第805页。

至明代甚至清末的。

项乔（1493—1552），字迁之，晚年居于温州九曲巷，故自号九曲山人。项乔三子项文言娶三都普门张纯次女为妻，张纯是张璁堂侄，故项乔与时任首辅的张璁之关系非同一般。十七岁开始项乔即在张璁家读书①，曾先后师从高应祥、张璁、王澈、王激。嘉靖八年（1529）二月，张璁、霍韬主考会试，唐顺之为是科会元，项乔第二，阳明私淑弟子罗洪先与他同登第。关中大儒吕柟称他"惟知道义，不知权贵"；②性格"崛起孤立，不肯轻徇以为党援"③，是故少有门户之见，思想以融合诸家为要。万斯同称他"志慨磊落，海内士大夫莫不称为君子"④。但他不满阳明学者聚会讲学，所以从不利用当官的便利到处聚会讲学。当时的学风是以各立宗旨为时髦，然项乔为学以读文本、释朱王为旨归。遗憾的是他临终前刊刻的文集流传不广，未为黄宗羲所见，所以《明儒学案》没有为其立传，更未收录他的论学文字。⑤不仅如此，当时几部有代表性的学术史编著也都没有他的位置，至多只是提及其姓名而已，所以他似乎被当时的主流学术圈所遗忘。而实际上，当时与他进行广泛论学、有着密切往来的有许多是当时的大儒硕学，说明他的影响力是超出温州，至少在浙南地域是出类拔萃的。可以说，作为阳明学者，项乔的地位和作用几乎可与王畿、邹守益、罗洪先、罗洪先等王门大家比肩。

项乔的仕途生涯是在赣、皖、闽、粤诸省度过，与其交往的官员、学者亦以阳明门人居多，所以在《项乔集》中，与阳明门人的书信所占比例最高，对阳明门人的评论所用赞词甚多。比如他评论粤中王门的薛侃为"威武不屈，真铁汉也"；称赞"吾同年吉水罗子洪先、武进唐子顺之，以道德鸣于天下……二子皆不朽人物也"；自称"予别罗念庵凡十六年，别欧南野亦十六年，至己酉、辛亥方得会语，裨益良多"；又称泰州王门的"东城林先生春者，质美而好学者也。故望其容，温温然；听其言，呐呐然；究其志，尤真真切

---

① 据说张璁宅邸极大，"其家一处住三五百人"（《瓯东私录·杂著》）。
② 项乔：《项乔集》初编卷五，方长山、魏得良校注，第336页。
③ 项乔：《项乔集》附录三，方长山、魏得良校注，第824页。
④ 万斯同：《项乔传》，《明史稿》卷三百○一，方祖猷主编：《万斯同全集》（第7卷），宁波出版社2013年版，第275页。
⑤ 参见朱鸿林：《项乔与广东儒者之论学》，曹凌云主编：《明人明事——浙南明代区域文化研究》，人民出版社2012年版，第300—301页。

切然。欲深造圣人之道,幼敬事心斋王先生"。①他还常与阳明弟子谈学论道,尤其是嘉靖二十五年五、六月间,他从家乡出发游历雁荡、天台、绍兴、杭州时,曾在黄岩拜访黄绾,"而久庵公议论裨益居多";又赴绍兴访问王畿,言谈举止间流露出对阳明的极度崇拜和对王畿的高度认同。事后项乔在《游雁山天台西湖之云见纪事》中写道:

> 过二十里,为绍兴、山阴、会稽,是初五日也。时郡邑吏俱公出,乃移舟访同年龙溪王君畿。前沃洲(吕光洵)与予论汝中(王畿),或行不掩言,盖圣门狂者,考功氏以不谨去之,天下所共冤也。寒暄毕,(畿)与予论《大学》首章、《中庸》末章及"禹无间然"章,宿疑尽解。时汪清湖、吴同年州东彦亦携鹅酒来访,乃相与拜阳明王先生祠。先生虽未必圣人,而论道已至圣处,向喜读其书,今何幸得观遗像也。……初六,舟行过萧山……过山,见九宫八卦田,皆宋时内地也。今坐阳明天真书院之下,若为先生衍龟畴者,而先生格言遗翰在书院者,予诵服之,不忍行也。②

作为浙南地区阳明学的代表性人物,项乔不仅自己心师阳明学,而且还影响到周围族群。譬如其亲家侯一麟(1517—?),字舜昭,号四谷山人,乐清人,为其长子项文焕的岳丈。侯一麟著有"《道对》《拟解》《贫贱答》诸篇,无一不志之心者,益知四谷子之学,心学已"。他的思想明显受到项乔及其他阳明学者的影响,曾强调说:

> 夫心,神物也。体太虚以为无,其无不无也;合万象以为有,其有不有也。无不无而号空守寂不假修为者,其失也妄;有不有而徇象遗真过于作为者,虽与空寂有间,卒亦不可与于道。③

---

① 项乔:《项乔集》,方长山、魏得良校注,第28、110、218、49页。
② 项乔:《项乔集》初编卷一,方长山、魏得良校注,第27—28页。
③ 金峰戴:《龙门集后序》,侯一麟:《龙门集》,蔡克骄点校,上海社会科学院出版社2006年版,第352页。

不过项乔的思想，除深受阳明学的影响外，还明显带有永嘉学及闽学的痕迹。他把阳明学视为朱子学的补充，批评阳明学只知中人以上工夫而不知中人以下工夫，是故"使初学者闻之，终似少他一脚"：

> 阳明子议论或颠倒豪杰，使人自悟处有之，善学者不当执一看也。然深究阳明致良知之意，盖起于朱子"即凡天下之物而尽格之，而后物格，而后知至"之说，恐学者终无有得力之时，故不得已为此简易之说以救弊也。谓之救弊之说则可，就指为千圣秘密之藏，为万世不易之论则不可；指以语中人以上者则可，指以语中人以语下者则不可。良知本配良能而言，致知当对力行而言。既曰致良知，独不当又曰致良能乎？虽致字之中，亦有力行工夫在，而使初学者闻之，终似少他一脚，且似不涉见闻，使人无处着力，何能使之濯旧见以来新意也？圣人之言，上下皆通，前后左右不相背。①

所以项乔对闽中学人评价颇高，如称王慎中为"海内通儒，我朝才子"②，并且对"八闽士类文藻"也予以了高度肯定，以为"可观者甚众，求其理学胸中了了，而笔力足以发之者，眼中似不多见也。……尤出于八闽风气之外者也"。③

总体看来，项乔于朱子、阳明各有采择，各有扬弃，而话语系统承接朱子，根本却是以孔孟为矩矱。项乔可称朱王之折中。④其学说除了具有像王学修正派那样折中朱王的思想特质外，还具有永嘉学等地域思想文化的深厚根基。⑤也就是说，项乔思想是阳明学、朱子学、永嘉学相互交汇、融合后又经过吾心自得消化的结晶。所以王慎中称项乔"先生之学最为明于朱氏之说，而得乎孔孟"。⑥罗

---

① 项乔：《项乔集》初编卷四，方长山、魏得良校注，第237页。按：《项乔集》卷四《杂著内篇》、卷三《与罗念庵论学》和《与欧阳南野论学》等著述，较为集中反映了项乔的阳明学观。
② 项乔：《王遵岩文录序》，《项乔集》初编卷二，方长山、魏得良校注，第110页。
③ 项乔：《为崇重理学生员事》，《项乔集》初编卷十，方长山、魏得良校注，第669页。
④ 参见魏得良、方长山：《〈项乔集〉前言》，项乔：《项乔集》，方长山、魏得良校注，第8页。
⑤ 按：清初浙西大儒张履祥的《丧葬杂录·项乔风水辩》是一篇重要文献，其中有不少内容反映了项乔对程朱的态度及其务实之思想（详见张履祥：《杨园先生全集》卷五十一，陈祖武点校，第1449—1453页）。
⑥ 王慎中：《义则·序》，《遵岩集》卷十七，明隆庆五年刻本。

洪先《瓯东先生墓表》则评价说："瓯东项先生之学，以实行为主，而辅以理义。其始于传注文义，专而有声；已而博极经史，融液理奥，不主一家。当于心，虽下士所言、世之诋毁厌恶者不敢忽；不当于心，虽大儒所言、世之严奉尊信者不敢从。其意以为必当于心，而后可措之行以成吾身。"①所以他尽管对王阳明相当推崇，但并不赞同阳明的"知行合一"说，认为"知行固不可偏废，而其主意头脑尤归重于行也"。②

因此可以说，对项乔思想的基本定位，关键要看其思想究竟属于单纯理学的实学化还是心学和理学融合后的实学化，在此基础上，方可确认他究竟是属于地域性的思想家（即"一邑之门人"）还是全国性的思想家（即"天下之门人"）的地位问题。而在笔者看来，项乔无疑应属于心师王阳明、又融合了心学和理学的极具代表性的思想家。是故清人孙诒让评价他是："持论大指多与阳明符合，其谓朱子著述极多，而格物、求放心、尊德性，头脑去处却觉差异。亦不满于宋儒，然其论学札记兼重问学，与姚江末流入于狂禅者迥异。……谓阳明良知即天理而遗却良能，盖矫枉而不觉其言之过。盖学有心得，非依草附木、随声附和者也。"③不仅如此，项乔还是把明代心学文化与温州地域文化（事功学）融合在一起，从而使之成为明代中后期温州地区屈指可数的既将文学心学化又将文学实学化的重量级思想家。从项乔身上，我们既可看到阳明心学在温州地区的传播、发展之状况，又可究明阳明心学、朱子理学及永嘉事功学交汇、融合的复杂过程。

四、心师王阳明的永嘉英桥王氏

被侯一元称为"吾温士大夫最盛者"的永嘉英桥王氏，是继项乔之后温州地区心师阳明学的主要代表，其家族发展史及主要成员的思想学说亦可作为永嘉学派在明代的衍变和影响之最佳案例来加以考量。

---

① 项乔：《项乔集》附录三，方长山、魏得良校注，第815页。
② 项乔：《项乔集》初编卷一，方长山、魏得良校注，第7页。
③ 转引自洪振宁：《温州文化编年纪事》，第300页。

英桥在温州大罗山东麓，东南濒海，明代属永嘉县华盖乡，称英桥里，今属温州市龙湾区永昌镇。有明一代，英桥王氏人文鼎盛，科甲蝉联，中状元、榜眼、传胪各一人，进士十三人，举人数十人。该族素以文学世家闻名于世，仅族人著述录于《温州经籍志》者就有三十余种，王澈[①]、王激、王沛[②]、王瓒[③]、王叔果、王叔杲、王德[④]、王光蕴、王光美等为其卓越代表。该族自宋代由黄岩迁徙永嘉华盖乡后，四传王毓，能诗文。三传王钲[⑤]，生王澈、王激、王

[①] 王澈（1473—1551），字子明，号东涯，正德八年（1513）举人，授礼部司务，累官福建布政使司左参议，赠朝议大夫。乡居二十年，为乡邦做了许多好事。嘉靖二十四年（1545）碰到大饥荒，他把粮食减价出售，并且施粥两个月，每天来吃粥的饥民有千余人。嘉靖十三年（1534）与项乔等主持兴筑永嘉县海堤沙城。其生平见侯一元：《福建布政司参议王公墓志铭》，《参议东涯公传》，光绪《永嘉县志》卷十五等。

[②] 王沛（1485—1558），字子大，号仁山，不乐仕进，以行医为生。《明史》卷二百九十《忠义传》将其附于侄子王德传之后。王沛尝悬金募壮士，忠义抗倭，"人始知兵，无乐为先生用者矣"，后与王德一起战死。死后沛被追赠太仆寺丞，德被追赠太仆寺少卿。侯一麟《仁山王先生传》谓其"少即负高气，诸子百家略通大指。念两兄贵矣，遂弃儒书史。常引同志游泉石，兴寄所至，乃在绝尘。……人不谓其能经世也。至壬子（嘉靖三十一年，1552），倭寇起，乃益知先生非常人"（侯一麟：《龙门集》卷十九，蔡克骄点校，第312—313页）。

[③] 王瓒（1462—1524），字思献，号瓯滨。少年时天性明颖，精力绝人，入县学后，钻研经史昼夜不辍，曾读于双岙书院和温城开元寺。弘治九年（1496）进士，殿试一甲榜眼，初授翰林院编修，十年（1497）奉旨修《大明会典》，司教内书堂。十五年（1502）应温州知府邓淮邀请，来温编纂弘治《温州府志》。十六年（1503）纂修《通鉴纂要》及《对类》等书。官至礼部左侍郎。嘉靖元年（1522）因支持张璁上疏议礼尊嘉靖皇帝朱厚熜生父兴献王为皇考，与大学士杨廷和不合，两疏乞休。王瓒生前对理学造诣尤深，被誉为"学冠一时""四海师模"。他胸怀坦荡，刚正不阿，器量宽宏，不计私怨。他两任国子祭酒，四典礼部会试，撰修国史，侍讲经筵，著作甚多，有《瓯滨摘稿》《瓯滨文集录》。罗钦顺有诗《送王瓯滨赴北监便道归省》，诗见《整庵存稿》卷十八（参见洪振宁：《温州文化编年纪事》，第284页）。

[④] 王德（1517—1558），字汝修，号东华，王沛从侄。县学附学生，治诗经，浙江乡试第80名，会试第73名，登嘉靖十七年（1538）进士，授东昌府推官，有能声。丁父忧，起复补大名府，署滑县事。升户科给事中，以风节自持，上疏请简任辅臣，为当路所忌。二十九年（1540）出为广东按察司佥事，备兵岭南，与抚台议事龃龉，谢病回乡。乡居期间，逢倭寇侵扰，奉母居城中，倾资募健儿为保障计。三十七年（1558）夏，倭自梅头至，大掠。德偕王沛督义兵击之，宵遁。亡何，倭复至，大掠。德愤怒，勒所部袭至龙济，军败，手射杀数人，骂贼死。然倭自是不敢越德乡侵郡城矣。追赠太仆少卿，世荫锦衣百户，立祠曰愍忠。项乔称其"年少而志大，吾乡豪杰之士也，相见当自器之"（项乔：《项乔集》初编卷五，方长山、魏得良校注，第316页）。

[⑤] 王钲（1450—1536），字九思，号溪桥，少年失怙，曾受到家族子弟的歧视凌辱，"伯叔同居者弗悯，间加陵辱"。后以贩盐为生，发迹后，热心地方公益，曾指引乡人王瑞疏于朝，首议修筑沙城。项乔为他写过《通政溪桥王公配享东瓯王庙碑记》，称其"性喜音乐，蓄歌僮，调演杂剧，贤愚贵贱皆乐得与相亲"；"与人无贵贱，为礼必均而甚周，赈贫济急亹亹无倦色而犹恤宗族"（《英桥王氏宗谱·封通政溪桥府君传》）。可知王钲是个厚道乐观有正义感的乡绅。后王钲以子澈、激累封中宪大夫、通政司左通政。妻张氏为张璁之姐，"性嗜淡薄，不厌荣利"，与钲"起居相宾敬，室无忤言"（《英桥王氏宗谱·张太恭人传》）。据《岐海琐谈》卷十三记载，张氏对幼年张璁抚爱备至，令与子澈、激同业，后"（张璁）卒以成器，入相世宗"。

沛，王家数百年之辉煌即由王澈、王激所开创。英桥王氏对温州的文化教育事业贡献巨大，出了六位藏书家，即王廷和①，有"槐云书屋"，明代诤臣章纶称其"屋藏万卷书"；王澈藏书五千卷；王瓒藏书万卷于瓯滨郊墅；王光经②藏书万卷；叔果、叔杲兄弟，"性嗜书，少从先大夫官部署，京师多书，稍稍购收之。越二十年，而王子守司马部京，市人故购书者间存，因持以售，复稍稍收之。比仲氏宦吴中，所见新编，必旁觅寄示，积之得数千卷。林居多暇，乃次其甲乙，藏之斋中"；③叔果子光蕴、孙至言，则藏书太玉楼，世人誉其"缥缃琼笈三千轴"。除了藏书育人，王家还在当地办学兴教，营造了温州浓厚的耕读文化氛围，较著名者有正德年间王激在城东慈山开办的鹤山书院④，嘉靖二十年（1541）王澈等在县学文庙兴建的龙渠书院，嘉靖年间张璁在大罗山东麓所建的罗峰书院，万历年间王叔果、王叔杲在瑶溪半山缭碧园开辟的半山书院等。明代温州籍的一些精英人物，如张璁、项乔等皆与王家有联姻关系或师生关系。项乔《复王东涯少参》称："乔自卒业于鹤山（王激）先生，得侍老先生（王澈）门下，至今已将四十年矣。"⑤项、王不可分，由此可见一斑。

当然，笔者更关注的，还是英桥王氏与阳明学的关系。据笔者所知，英桥王氏一族与阳明学的关系相当紧密，其中既有恪守阳明精神者（如王健，1502—1550，字伟纯，永嘉人，王瓒次子，会魁，历官南京光禄寺少卿，著有《鹤泉集》，有清同治十一年孙锵鸣校抄

---

① 王廷和，生卒年不详，世居永嘉沙城，以清白承家，传为晋公佑之后。祖某，号"槐堂遗叟"，季父由荐为阴阳官，亦号"槐阴"，俱积善好施。廷和得家庭之训，好学善吟，亦扁其藏修之所曰"槐云书屋"，盖能不忘先世之遗风也。明章纶尝作赞诗云："王氏居鹿城，来从晋公后，庭前植三槐，原是晋公手。栽培已多年，阴功一何厚。流衍至隐逸，槐堂号遗叟。乃生占候官，卜筮悟休咎。犹子者一人，家风能更守。余韵名槐云，书屋传有授。于焉任卷舒，古人以为友。所植槐荫郁，延袤十余亩。掩霭若屯云，繁阴遮星斗。屋藏万卷书，牙签万轴纽，对语有圣贤，何曾诵停口？时引诸子孙，同归在渊数，朝耕还夜读，如苗不稂莠。所务在修行，仁义孝为首，学生更推忠，前勋乃悠久。"（章纶：《章恭毅公诗集》，民国二十四年永嘉黄氏铅印本）
② 王光经（1570—1627），字景济，初号雨玉，后改号黄石，永昌堡人。万历三十五年（1607）会试得中，殿试二甲传胪。曾在礼部、南京刑部任职，后授朝议大夫、陕西布政司右参政、广东按察司副使。在职期间，多伸冤狱，被誉为"包公"。他崇尚恭俭，不喜靡华，死时竟宦囊如洗，孀妻孤子，四顾仿偟，其廉可见一斑。著有《黄石藏稿》《献晋录》《丙寅纪事》。
③ 王叔果：《王叔果集》卷十二，蔡克骄点校，第300页。
④ 鹤山书院建立后，"公（王激）下帷聚徒，暇则抚松调鹤，若忘仕进者，学者称为鹤山先生"（王叔果：《王叔果集》卷十五，蔡克骄点校，第349—350页）。
⑤ 项乔：《项乔集》初编卷六，方长山、魏得良校注，第433页。

本，孙氏跋文曰："至论学恪守姚江而不至溃决，《志》称为'金玉君子'，非溢美也。"①），又有倾心阳明学说者，如王勋，字景铭，号观复，英桥王氏十世。"（勋）既十七八，遂志圣人之学，独有得于孟氏之先立起大者。且言本朝阳明王氏之推尊陆氏，诚有独契，其揭云致良知云者与其本心之旨合，盖皆出于孟氏。俾聆者反躬即得，不至泛滥支离之弊，遂手辑象山语略，明其非禅，而晦翁晚年不相二者在此。……既后，读《易》至《复》卦，则又焕然叹曰：'惟复，然后识良知之真体。所谓仪章度数，三千三百，其莫不繇此与？'遂自号观复子。"②）。不过英桥王氏中与阳明学关系最为密切的应该是王激、王叔果、王叔杲叔侄三人。他们三人皆为英桥王氏的卓越代表，与阳明学者交往密切，可视为阳明的私淑弟子或者阳明学的忠实信徒。

1.王激（1479—1537），字子扬，号鹤山，曾与其兄王澈③、舅张璁从学李阶。正德二年（1507）参加省试，以《春秋》考取第二名。后在县庠讲学，项乔、张纯都是他的学生。嘉靖二年（1523）以《诗经》考取进士，授江西吉水知县，政绩卓著。项乔对此评价说："其为政能锄强击暴，而吏畏民怀；能刊剧理繁，而风清弊绝；能笃好古道，而不妨时务；能修举废坠，而不蠹民财；能不避嫌疑，而无玷名节；能不急科督，而不缓国征；能不逞声色，而无情者不得尽其辞说。"④王阳明的私淑弟子罗洪先为王激令吉水时场屋所取士⑤，他对王激的评价是："吉水自吾师王子扬作县后，其兴利除害至今无能及。县堂上有二联云：'野花啼鸟冰霜外，白日青天笔砚前'；'节用而爱人，正己以格物'；今尚在，即此已是好。"⑥从对联可以看出，王激的政治理念是外示无为，内含刚强，近于道家。嘉靖七年（1528），王激主持广东乡试，九年（1530）任考功

---

① 引自洪振宁：《温州文化编年纪事》，第292页。
② 胡直：《观复王君墓志铭》，《胡直集》卷二十五，张昭炜编校，上海古籍出版社2015年，第497—498页。
③ 按：王澈也是阳明弟子，钱德洪《阳明年谱》所记有误（参见束景南：《王阳明年谱长编》，第755页）。
④ 项乔：《书文江集后》，《项乔集》初编卷二，方长山、魏得良校注，第116页。
⑤ 项乔：《书文江集后》云："达夫乃先生场屋所取士。"（项乔：《书文江集后》，《项乔集》初编卷二，方长山、魏得良校注，第116页）。
⑥ 项乔：《瓯东私录》卷八，《项乔集》，方长山、魏得良校注，第568页。

郎中,后历官南京通政司右通政、国子祭酒兼经筵讲官。王激死后,罗洪先为其编纂《文江集》①,并撰墓志铭,称其"长身玉立,风致魁岸,负气不肯下人。不独自视甚高,望之者如尘外孤鹤,不易笼绁。……其说经义,不甚规规求合时调,即在公庭,亦不喜为时调束缚"②。而王激门人项乔则是这样概括他的人格形象:"先生国学宗师,东南奇杰,有秦汉豪迈之风,有燕赵慷慨之节,有太白倚马之才,有东坡骈骊之札,虽豪华自奉,而屑越乎非义之纳结;虽忤俗独立,而恒倾盖于四方之贤哲。"③

王激接受阳明心学,与其个性息息相关。他"少负奇质,于书无所不读",天资聪颖,气质潇洒自若。他与阳明学的发祥地绍兴的阳明学者交往最密,尤其与阳明的开门弟子徐爱的关系非同一般,自称"平生师友皆在越"。项乔《书文江集后》云:"(王激)素有希圣之志,又得与阳明高第徐公曰仁、朱公守忠、蔡公希颜、高公汝白、应公邦升,及与王定斋、许杞山诸公素相友,善切磨,宜其弸诸中而彪诸外,自有不可掩之实也。"④正德初王激游两都,名动公卿,又"因徐公曰仁、朱公守中问学于阳明先生"⑤,是故时人皆视其为阳明私淑弟子。受王激的影响,当时台州、金华等浙江南部、中部的学者也来到南都从学于阳明。⑥正德十一年(1516),王激复游南京,徐爱命为其父作记,遂撰《徐古真先生记》。徐爱卒,王激哭之以诗,深致悼惜,有"千里徒惭一友生,泪湿青襟半成血"句,可知两人交谊深厚,互为知己。所以他持论与徐爱相近,如曰:"余尝论:曾子省身之学,其言至简而其功之切要,多发于《大学》正心修身之事,盖一心之用少不加省,则愤悐、恐惧、好乐、忧患之或偏,遂至于亲爱、贱恶、畏敬、哀矜、傲惰之不得其正。"⑦又如其所作对联"正己以格物",以"正"训"格",与徐爱所记录的《传习录》上卷中阳明对"格物"的解释

---

① 项乔说:"《文江集》者,乔同年罗达夫集予师王子扬先生令文江时所作也。"(项乔:《书文江集后》,《项乔集》初编卷二,方长山、魏得良校注,第115页)
② 孙建胜:《明王激墓志铭》,《永嘉场墓志铭》,娄山书社2011版,第270页。
③ 项乔:《祭王鹤山大司成业师文》,《项乔集》初编卷六,方长山、魏得良校注,第445页。
④ 项乔:《书文江集后》,《项乔集》初编卷二,方长山、魏得良校注,第116页。
⑤ 王叔果:《王叔果集》卷十五,蔡克骄点校,第344页。
⑥ 参见束景南:《王阳明年谱长编》,第757页。
⑦ 王激:《省斋序》,《王鹤山集》卷四,明隆庆间刻本。

完全一致。然而，在经典诠释上近于徐爱的王激，在精神气质上却与王阳明的另一高足山阴人王畿较为相近。王畿近于道，王激亦近于道；王畿晚年讲学颇参禅机，王激亦"居常有意辟谷，酷嗜仙释氏语"。故此有学者将其归入浙中王门的永嘉弟子，并且认为江右王门与阳明的学术系谱中亦因罗洪先的关系而应该接上王激这样一环。①从王激的精神气质上看，把他归入浙中王门的王畿一派也许更为合适，而江右王门的罗洪先在这种方面亦与王畿颇为类同，王激当为其中之一环。

2. 王叔果（1516—1588），字育德，号西华。幼年随父居北京，十二岁从翰林编修卢淮学《礼记》，嘉靖十五年（1536）试督学徐阶，补郡诸生。嘉靖十九年（1540）应举，以《礼记》荐于乡。嘉靖二十六年（1547）在南京从国子监祭酒程松溪、太常卿欧阳德游，论学为同游所宗。嘉靖二十九年（1550）中进士，历任兵部职方清吏司主事、员外郎、协司署郎中、湖广布政使司右参议、广东按察副使等职。他为官清正，刚正不阿，时权臣严嵩威势显赫，又与他父亲有通家之好，而叔果却无所造请。嘉靖三十七年（1558）他回家扫墓，正值倭寇猖獗，族父王沛、族兄王德相继战死，遂上疏请筑永昌堡，以抵御倭寇。后由其弟叔杲筹集资金，具体负责监造，次年落成，一乡得保。嘉靖四十三年（1564）他因风疾辞官归里，捐资筑海塘，建水闸，设义塾；还为乡人请减渔税，合理处理盐税，为百姓做了许多好事，深得乡民之爱戴。叔果尝把"为天下惜财，不必藏于己；为天下任事，无宁迁其身"作为自己的座右铭，表现出一个正直士大夫的高风亮节。

王叔果晚年心师阳明心学，认为王阳明的良知说与陆九渊的"尊德性、求放心"说有相通处，强调性善才能知良，求放心才能惺惺不昧。归乡后，为明象山非禅，而以朱熹晚年之论不相二者，合为一录，辑《象山语略》以行之。尝明确指出："儒者类以陆子静先生言为近禅，不知其非禅也。"王世贞《西华王公墓志铭》谓其："颇取朱元晦先生晚年之说而合之，其创故自程学士敏政。然其所评，析加精深，而又以王伯安先生指心之良知是为圣。欲学者惺惺不昧

---

① 参见方长山：《王激述论》，《文化沉思》，北京国际文化出版社2007年版。

以通乎昼夜之道,而知若朱、陆之称性善、求放心,其作用虽少殊,而出于孟氏者则一。性善故知良,求放心故自惺惺不昧。三君子之单提直入,本非有二端也。"①尝与胡直、耿定向、李鹏举等为会,"以平日所心究者相与研析甚晰"②。阳明高足欧阳德死后,叔果特撰文祭之,既称阳明为"先师",又赞扬欧阳德道:"后学望为指南,斯民仰其庥庇。阳明先师之学,得公而益彰;伊、周、孔、孟之所不能兼者,殆于公而体会。"③他还十分崇敬阳明的另一高足邹守益,撰有《寿邹东廓先生》等文;只因安福西岳周公"尝从东郭邹先生游,究心理学",于是万历元年周来"莅是邑"(指瑞安)时,叔果便一门心思地问学于周氏。④他对罗洪先亦"神驰而心慕者有年"⑤,并直称程松溪为"我师"⑥;而"观察胡直、考功申旊、中丞耿定向相与约会论学,共推以为得实际云"⑦。

《论学示家塾》《尊德性道问学说》等是王叔果完整阐释自己思想主张的代表作,其中关于阳明学他是这样论述的:

> 夫理淆于言之烦乎,学蔽于行之倦乎。言烦者,迷于多歧;行倦者,堕于实践。……宋之理学称盛,然其末流溷老释以鸣真传,胶主静之谈,掇径超之语,谨礼者病为嚼木,坚持者訾为滞著,往往以禅附儒而不知觉焉。世之人从而祖之甚,至崇虚超迈,鲜可检实,彼所论执,不过饰浮谈,以耸观听耳。而欲名为学,谁其然哉?……世道日移,士人争新其说,舍近外常而骋乎意见,视宋儒之流,又将甚之。噫!斯学益荒且支也已。……顷理学日明,先正倡为良知之旨,学者庶几持为正印。顾习其说者,类揣景象而忽躬行,遂以其言或病于偏。吾以良知之说,非始于今也。……是故不以言而先行,不以文而退质,不以高远而略近里。视日用应酬为学之实地,纲常伦

---

① 王光蕴:《先宪使公行状》,王叔果:《王叔果集》,蔡克骄点校,第460页。
② 王光蕴:《先宪使公行状》,王叔果:《王叔果集》,蔡克骄点校,第466页。
③ 王叔果:《王叔果集》卷十七,蔡克骄点校,第371页。
④ 王叔果:《王叔果集》卷二十一,蔡克骄点校,第439页。
⑤ 王叔果:《奉罗念庵先生》,《王叔果集》卷十四,蔡克骄点校,第322页。
⑥ 王叔果:《奉官詹程松溪公》,《王叔果集》卷十四,蔡克骄点校,第323页。
⑦ 过庭训:《王叔果传》,《明分省人物考》,沈翼机等修:雍正《浙江通志》卷一百七十七。

为学之实事,进退辞受为学之实功。①

近代阳明先生曰理一而已矣。故圣人无二教,而学者无二学。博文以约礼。明善以诚身,一也。阳明讲学何啻万言,惟博约增一以字,最有得于孔门之真传,尤有救于朱门之末学也。②

强调为学要以"实地""实事""实功"为旨归,而阳明学就是在"斯学益荒且支"之际兴起的"最有得于孔门之真传,尤有救于朱门之末学"的圣人之学。所以他在《赠司理潘公应召序》中说:"明兴,名儒辈出,而敬轩、白沙、阳明先生则提挈纲领,薛言主敬,陈言致虚,王言良知。揆之元公无欲、淳公定性之旨,殊而同归,盖入圣之要机也。"③把白沙学、阳明学与宋儒之说统统视为"殊途同归"的"入圣之要机",这在阳明学说频遭攻讪的万历年间是需要足够勇气的。

3.王叔杲(1617—1600),字阳德,号旸谷,王澈次子。其"性喜游览,无论雁宕、天台,虽一丘一壑,足迹靡所不到"④。嘉靖九年(1530)与兄叔果随父至京师就学。时阳明弟子聂豹为吴郡守,素善王澈,见叔杲奇之,授讲《大学》古本及良知之说,叔杲辄会其旨。叔杲"性博洽,自经史外,如山经、地志、星历、堪舆之书,靡不旁窥藏修"。嘉靖二十二年(1543),以《礼经》荐于乡,次年应礼部试未果,居乡侍老,会倭寇劫掠沿海,筹资并负责监造永昌堡。嘉靖二十六年(1547),与兄一起游南雍(即南京国子监),会程松溪、欧阳德,"器公伯仲,延与论学,意深许可"。叔杲"时偕诸名士游京陵胜迹,多有著作,名动一时"⑤。嘉靖四十一年(1561)中进士,历任靖江、常熟知县,行取授兵部职方司主事,历武选司郎中,升北直隶大名府知府、湖广按察司副使,整饬苏松常镇兵备,加衔湖广布政使司参政。为议时事,见忤当道,辞归。复起福建布政使司左参政,抚按屡有荐举,力辞不起,

---

① 王叔果:《王叔果集》卷十二,蔡克骄点校,第295—296页。
② 王叔果:《王叔果集》卷十二,蔡克骄点校,第306页。
③ 王叔果:《王叔果集》卷九,蔡克骄点校,第255页。
④ 王叔果:《修泉亭记》,《王叔杲集》卷十,张宪文校注,第229页。
⑤ 参见王光美:《先参政公行状》,王叔杲:《王叔杲集》,张宪文校注,第501—506页。

林居二十余年，共举乡贤。叔杲"虽以文采风流著称，乃其吏事又最善"①。为学"宗正学，有道术，其政体概孳孳广教宣化"②；以事功、文学著称于世，李维桢赞扬他"学孔子之道，试于国南北畿辅之政，迄今称之"③。

王叔杲与阳明门人后学的关系亦相当密切，赵贞吉、许孚远、朱得之、诸南明、胡直、张元忭、宋仪望、焦竑、沈懋孝、耿定向等人皆与他有频繁的书信往来。其中叔杲最为推崇的是楚中王门的耿定向，同时他对江右王门也相当赞赏，如称赞黄毅所道："公少好良知之学，常读王文成、罗文恭遗书，多所自得，则其发之为诗，诚所谓谭性命而见真际者也。"④又尝自称："自少与兄侄辈颇有志于斯道（指阳明学），顾志分多歧，竟成堕落。近稍知刊谢枝叶，归敛本真，而行且暮矣。然犹不敢遽然自弃，愿吾翁（指胡直）有以教之。……然得从翁于泉石之间，乐天谈道，视俯仰畏途奚啻天壤哉！"⑤对江右王门的胡直可谓推崇备至，曾称他是"海内山斗"，承认自己的心"靡日不向往"，并"以未由侍教为憾"。⑥叔杲的挚友舒化对其有知遇之恩（叔杲认为舒化对自己的知遇为"海内无两"），然叔杲最看重的却是舒化对阳明学说的信奉与力践："公笃学力行，得于天性，平生不妄言笑。稍长，闻阳明先生良知之说，恍然有悟，遂精思力践。总其学，以主静持敬为根底，以不愧暗室为实功，与人论学，惟以一二吃紧处相砥砺。不事聚徒，自立门户，概于辞受、取予、进退、出处、细大、始终，一以圣贤为法程。"⑦故此可以说，不仅在英桥王氏中，即使放到整个温州地区，王叔杲也都称得上是极为忠实的阳明学信奉者。但穆文熙的《赐宪使旸谷王公备兵三吴序》则曰："公以浙东名家，问学渊源，而为人沉毅有识，绝无浮夸态，盖卓然当代文儒也。……而公之治名也，则至

---

① 王稚登：《福建参政旸谷王公墓表》，王叔杲：《王叔杲集》，张宪文校注，第519页。
② 郜永春：《赠郡公王旸谷先生重建长垣县儒学记》，《玉介园存稿附录》卷一，《王叔杲集》，张宪文校注，第427页。
③ 李维桢：《重修温州府儒学记》，王叔杲：《玉介园存稿附录》卷二，《王叔杲集》，张宪文校注，第465页。
④ 王叔杲：《〈毅所黄公诗集〉序》，《王叔杲集》卷九，张宪文校注，第198页。
⑤ 王叔杲：《与胡庐山先生》，《王叔杲集》卷十三，张宪文校注，第271页。
⑥ 王叔杲：《与胡庐山先生》，《王叔杲集》卷十三，张宪文校注，第270—271页。
⑦ 王叔杲：《宫保大司寇谥庄僖继峰舒公诔辞》，《王叔杲集》卷十六，张宪文校注，第353页。

仁爱，好教化……暇时躬为讲说经意，厘正文体，课其优劣，士子熙然向学，文艺等于东南。"①凸显的是王叔杲的文学成就，且以"卓然当代文儒"为其盖棺定论。这说明，在时人眼里，王叔杲既是"宗正学，有道术"，而追求圣人之学的心学家，更是"厘正文体，课其优劣"的卓越文学家，而这种文人才子与道学心性的双重品质，在早年王阳明的身上即有体现，在吴中学者中更是屡见不鲜。

五、结束语

总之，就温州地区来说，至少有永嘉阳明学者群或永嘉王门的存在，项乔、英桥王氏等即为其中的佼佼者，除此之外，对王阳明有知遇之恩的张璁也可谓是阳明的欣赏者或爱慕者。而除永嘉外，温州其他地区亦同样存在着个别心师阳明的儒者。比如应德成，字遐进，号越山，平阳金乡人，"生而端庄纯粹，神气肃清，弱冠刻励读书，呕血犹不释卷。既而麻城刘鲁桥先生司训昆（永嘉）庠，讲阳明良知之学，公与同里王敬所朝夕侍侧，论辨孜孜不倦，遂尽先生之学而学焉。《昆庠语录》出公撰述，大意以千圣真诀，不外'道心'二字。良知即道心也，致良知正以扩此道心也。其立志坚，向道笃，涵养粹，德器完，卓然一时儒宗。隆庆丁卯、庚午连中浙闱。"②再如蔡立身，字思曾，号凤池，平阳榆垟人，《青阳县志》《九华山志》有其传。"弱冠，督学林大春公选隽士实胄，监试王守仁，复爵从祀子孙谢表，典则宏丽，一字一金，拔置首，谓'浙士无双'。万历改元，试南畿，彻棘已报元卷，俄以浙江故，抑第六……凡七上春官不第，授青阳县令。……修太白、阳明祠在九华山者，料材鸠工，于农隙为之，民不知劳，而士知向。方吉水邹南皋两为记。吉与青邻，南皋以直声闻天下，笑比河清，独时时携杖入九华山与公讲阳明之学，竟夕靡倦，盖重之也。"③又如何白（1562—

---

① 穆文熙：《赠宪使旸谷王公备兵三吴序》，王叔杲：《玉介园存稿附录》卷二，《王叔杲集》，张宪文校注，第436页。
② 王朝佐、郑思恭：《乐嘉光哲录（外两种）》，周干校注，上海社会科学院出版社2005年版，第221—222页。
③ 王朝佐、郑思恭：《乐嘉光哲录（外两种）》，周干校注，第261页。

1642），乐清人，自称丹邱生，晚号鹤溪老渔，人称丹霞先生。一生未曾为官，其思想颇受李贽、公安派的影响，其诗友中有不少是公安派的人，所作《三子诗别邵不朋、郑仲仁、汪鼎父》云："李老起温陵，别凿鸿濛窦。放言惊八垠，里耳皆如蒉。鼎父早升堂，微音出于縠。"诗下自注："鼎父为温陵李卓吾高弟也。"并评论袁宏道说："公安袁石公持论甚好，真如神僧以嘻笑谩骂作佛事，此为上机者说，难为下劣者言也。"①表现出对李贽、公安派思想的赞赏。而无论李贽还是公安派，都是在阳明学说及其精神的哺育下形成发展起来的。还有李维樾，字荫昌，一字天栋，别号拙余，瑞安人，万历四十三年（1615）中举，与林增志共同辑录卓敬诗文，成《忠贞录》三卷、《附录》一卷。崇祯七年（1634），授江浦知县，任内劝富户输粮赈荒，祠祀陆象山、陈白沙、王阳明，讲学白马书院等处。撰有《格言纂要》《瑞凤堂讲录》，并纂修《江浦县志》十二卷，一时人文蔚起，荐牍交上。由此可见，温州地区不仅有永嘉阳明学者的存在，也可以说有平阳、乐清、瑞安等地阳明学者的存在，从而证明了阳明心学对整个温州地区都具有一定的影响力和辐射力，尽管比不上浙江其他地区，但绝不可加以忽视。

（钱明撰稿）

---

① 何白：《何白集》，沈洪保点校，上海社会科学院出版社2006年版，第111、470页。

第二编 阳明学与苏皖地域文化

阳明学与南京

南京地处长江下游之中心,长江穿城而过,西连荆楚,东接三吴,背靠宁镇山脉,可谓"负山带江",山环水抱,扼南北交通之要冲,兼水陆交通之便捷,一向有"钟山龙蟠,石头虎踞,此乃帝王之宅也"之称。南京不仅素为形胜之地,而且身为中国四大古都之一,历史悠久,特别是"永嘉南渡"以来,华夏文化重心南移,逐步发展成为著名的文化艺术中心,人文渊薮之地,素有"六朝古都""十朝都会"之称,历来有崇文重教的优良传统,自明朝开国皇帝朱元璋建都于此,南京更加成为人文荟萃、钟灵毓秀之地,有"天下文枢""东南第一学府"之称。

阳明学与南京这座城的渊源极为深厚,阳明学创始人——王阳明曾在此为官讲学,在十六世纪初期便成为心学传播和发展的重地之一。此外,终明之世,南京为留都历224年,阳明后学主要学者如欧阳德、王畿、王艮、钱德洪等阳明亲炙弟子以及耿天台、李贽等再传弟子在南京或为官,或讲学,纷纷推动了十六世纪中期阳明学在南京这座城市的兴盛和发展。再者,以南京为中心还形成了阳明后学八大流派之一——南中王门。南中王门由黄宗羲首先提出,概指明代南直隶地区(今苏、皖、沪)阳明亲炙及其再传弟子们所组成的阳明后学学派,其中南京籍学人有姚汝循和殷迈。

一、王阳明与南京

南京作为有明一代留都,不少官员在此为官,阳明父亲王华(字德辉)曾在此为官,阳明本人亦曾为官讲学于此。明正德二年(1507)初,时任礼部左侍郎的王华,出为南京吏部尚书,阳明在前往贬谪龙场驿(贵阳西北七十里,修文县治)的途中,曾到南京为父亲祝寿。

正德七年(1512),阳明升南京太仆寺少卿(治所在滁州);1514年,阳明升南京鸿胪寺卿,直至1516年升都察院左佥都御史,离开南京。阳明在南京为官之余,热衷授徒讲学。可以说,南京是王阳明早期讲学的重要基地之一。

（一）贬谪龙场途经南都为父祝寿

正德元年（1506）十一月，王阳明因上疏论刘瑾罪恶，获罪下狱，十二月出狱，遭贬贵州龙场驿。1507年闰正月，阳明离开京师，赶赴贬谪之地。同年二月，受阳明此次事件的影响，其父王华出为南京吏部尚书，二弟王守俭亦向北京国子监"奏乞随父任读书，遂改入本监"。①

另据束景南考证，阳明初遭贬谪，本就不愿赴蛮夷谪地，而意欲遁隐避世，所以由京师赴谪途中，抵达钱塘江畔后，便滞留不再前行，打算隐居钱塘江附近以终老。最初想隐居杭州天真山，但因天真山靠近钱塘江都市，隐居易被人发现，阳明便打算到道教圣地武夷山隐居终老。于是，在1507年八月中旬，阳明由钱塘江沿富春江、兰江南下，经过数月才到达江西广信，又经过数天终于到达武夷山。但不久便知武夷山亦非理想的世外隐遁之地，便决定归返。九月初，他离开武夷山，由原路返回。②

1507年九月二十九日是父亲王华六十二岁寿辰，阳明便辗转赶至南京，为父亲祝寿。在南京，阳明与储罐（字静夫，泰州人）等有清凉山之游。储罐曾在《复王伯安》信中说："清凉之游，得钦问高论，却悔在京时多闲漫过日，不数就有道也。"③十月初，与父亲一同自南京归故乡绍兴。1508年初，才启程赴龙场驿。

此次为父祝寿，是阳明首次到南京，当时因被贬荒原之地，心情愁闷，但仍与友人游览了南京一些名胜古迹。

（二）为官南京，授徒讲学

1509年底，王阳明离开龙场，赴江西庐陵任知县。1510年八月，刘瑾伏诛，九月，王华复任南京吏部尚书。同年十月，阳明抵达京师，是月，入觐述职，得升南京刑部四川清吏司主事。后因湛若水、黄绾以及杨一清（号遂庵，镇江丹徒人）等人斡旋，阳明随留在京师，并未南下，改任吏部验封主事。对此，黄绾曾言："又数日，湛公与予语，欲谋白岩乔公（即乔宇，号白岩山人）转告冢宰遂庵杨

---

① 束景南：《王阳明年谱长编》，第401页。
② 束景南：《王阳明年谱长编》，第425—430页。
③ 束景南：《王阳明年谱长编》，第437页。

公，留公北曹。杨公乃擢公为吏部验封主事。"①

在北京任职期间，阳明曾多次表露到南京为官的心迹。1511年三月，有家书，其中有"此间决不能久住""欲归之计非独时事足虑，兼亦身体可忧也"②之言。1512年四月，有书札致父亲王华，其中有"为杨公所留，养病致仕皆未能遂，殆亦命之所遭也""近旬及山东盗贼奔图……十三省惟吾浙与南直隶无盗"等语。同年五月又有书信致湛甘泉，亦言在朝无奈之处境，其中有"南都之说，忍未能与计，亦终必得之"等话语。这些书信内容均表明在1510年十月至1512年十二月期间，阳明确是身在京师而有"改南都"之意。

事情的转折点是1512年十一月，阳明妹夫兼大弟子徐爱升南京工部员外郎，十二月八日，阳明亦如愿获升南京太仆寺少卿。1512年十二月中旬，遂与徐爱同舟返越。二人乘船从京杭运河回绍兴老家，一路上"论《大学》要旨"（《传习录》卷上），讨论的问题有"格物""知行合一""心即理"等。从中可见，1508年"龙场之悟"后阳明虽尚未明确提出"致良知"之教，但已基本摆脱朱子学的影响，逐渐形成自己独立的学术观点。

1513年正月，阳明在归省途中，经过南京，与储巏、穆孔辉以及太仆寺诸同僚见面。1514年四月二十一日，阳明升南京鸿胪寺卿，从滁州过江来，二十五日到任，此后一直在南京为官，达两年之久，门人学子来聚，日夕讲学不懈。此时来南京问学的弟子有：潮州揭阳人薛侃（字尚谦）南宫下第，"闻阳明先生官南畿鸿胪，讲孔、孟、周、程之学，遂就南监师事焉"③；绍兴会稽人季本（字明德）来游南雍，得《游海诗》卷，居鸿胪舍受学；湖州归安人陆澄（字清伯，一字原静）南宫不第，来南都居鸿胪舍受学；滁州全椒人戚贤（号南玄）来南都问学；等等。

1513年，徐爱携妻子（阳明七妹）赴南京任兵部员外郎，王守俭曾护送随行，至1514年五月，阳明抵达南京后，便与徐爱夫妇及弟王守俭日夕相处。不久，王守俭即告归越，阳明作《守俭弟归日

---

① 黄绾：《阳明先生行状》，王守仁：《王阳明全集》卷三十八，吴光等编校，第1558页。
② 据束景南考证，此手札真迹藏中国历史博物馆，阳明文集失载。参见束景南：《王阳明年谱长编》，第617页。
③ 薛侨：《中离公行状》，薛侃：《薛侃集》，陈椰编校，第422页。

仁歌楚声为别予以和之》相送，曰："庭有竹兮青青，上乔木兮鸟嘤嘤，妹之来兮，弟与携行……弟之归兮，兄谁与同？……弟别兄兮须臾，兄思弟兮何处？"①兄弟之深情溢于言表。七月，三弟王守文来受学，阳明作《示弟立志说》授之，鼓励三弟为学首要在立志，指出："夫学，莫先于立志。志之不立，犹不种其根而徒事培拥灌溉，劳苦无成矣……"②

1515年五月，曾到滁州问过学的湖南辰阳人刘观时再来南京问学，阳明为之作《见斋说》。③余姚人徐天泽（1502年进士）来问学，阳明作《夜气说》赠归，曰："天泽每过，辄与之论夜气之训，津津既有兴起。至是告归，请益。……夫人亦孰无理义之心乎？然而不得其养者多矣，是以若是其寥寥也。天泽勉之！"④

由上可见，王阳明为官南京期间，门人渐多，讲学不已。他曾在《与顾惟贤》书信中言及南都讲学之盛："陆（澄）与潮人薛侃皆来南都从学，二子皆佳士……向在南都相与者，曰仁之外，尚有太常博士马明衡、兵部主事黄宗明、见素之子林达……其时凡二三十人，日觉有相长之益。"⑤钱德洪《阳明先生年谱》亦记载："自徐爱来南都，同志日亲，黄宗明、薛侃、马明衡、季本……同聚师门，日夕渍砺不懈。"⑥束景南亦指出："自阳明升南京鸿胪寺卿，四方学子遂多来聚南都，讲论学问。今《传习录》卷上后半部，即由陆澄、薛侃其时在南都受教所记录，全面反映了阳明在南都任鸿胪寺卿时讲学之况。大致其时来受学者包括五类人：一类为是年科举中进士而来南都任职者，如黄宗明、林达等；一类为是年科举落第而来南都受学者，如薛侃、陆澄、季本等；一类为昔日弟子而再来南都问学者，如唐愈贤、杨䄖、刘晓等；一类为由原弟子或友人介绍新来受学者，如马明衡、郭庆、何鳌等；一类为原即在南都任职者，如穆孔辉、王道等。"⑦

---

① 王守仁：《王阳明全集》卷十九，吴光等编校，第733页。
② 王守仁：《王阳明全集》卷七，吴光等编校，第289页。
③ 王守仁：《王阳明全集》卷七，吴光等编校，第292页。按："见斋"为刘观时的书斋名。
④ 王守仁：《王阳明全集》卷七，吴光等编校，第295页。
⑤ 王守仁：《王阳明全集》卷二十七，吴光等编校，第1097页。
⑥ 钱德洪：《年谱一》，王守仁：《王阳明全集》卷三十三，吴光等编校，第1364页。
⑦ 束景南：《王阳明年谱长编》，第751页。

最为重要的是，在南京讲学期间，阳明对自己在滁州时的教法颇有反思。1516年5月，孟源受学归滁州，阳明作《书孟源卷》，对自己近来的教法有一番认真省察，曰："圣贤之学，坦如大路，但知所从入，若循循而进，各随分量，皆有所至……向在滁阳论学，亦惩末俗卑污，未免专就高明一路开导接引。盖矫枉救偏，以拯时弊，不得不然，苦终迷陋习者，已无所责。……近来又复渐流空虚，为脱落新奇之论，使人闻之，甚为足忧……"①

因此，阳明特意作《与滁阳诸生书并问答语》，希望滁阳（即滁州）弟子们不能"因药发病"，对弟子们耽于空虚高明之境地颇为忧虑。可见，王阳明在滁州与南京两地讲学，内容与主旨颇有不同，钱德洪曾在《与滁阳诸生书并问答语跋》中说："滁阳为师讲学首地，四方弟子从游日众……当时师惩末俗卑污，接引学者多就高明一路，以救时弊。既后渐有流入空虚，为脱落新奇之论。在金陵时，已心切忧焉。……兹见滁中子弟尚多能道静坐中光景……是书孟源伯生得之金陵。时闻滁士有身背斯学者，故书中多愤激之辞。后附问答语，岂亦因静坐顽空而不修省察克治之功者发耶？"②

在授徒讲学之外，阳明还关心南京地区文化教育事业的发展。时任监察御史刘天和被贬，调任金坛县丞，"三月政成"，撰《金坛县志》成，便托人请阳明为之作序，阳明为作《金坛县志序》称赞道："吾观之，秩然其有伦也，错然其有章也……修此十者以治，达之邦国天下可也，而况于邑乎？故曰：君子可以观政矣。"③

1514年十二月，六合县儒学重修完成，阳明作《重修六合县儒学记》记述修缮县学之始末，并赞颂此举之重大意义。阳明称赞道："使由此日迁于高明广大，以洗俗学之陋，则夫兴起圣贤之学以为天下之倡者，将又不在于六合之士邪！"④

此外，在南京为官期间，王阳明还与友人往复论学，深入讨论和阐发了自己的学问观点。1512年，罗钦顺（号整庵）已就任南京太常少卿，1514年，王阳明一到南京任鸿胪寺卿，两人便经常往复

---

① 王守仁：《王阳明全集》卷八，吴光等编校，第303—304页。
② 王守仁：《王阳明全集》卷二十六，吴光等编校，第1082—1083页。
③ 王守仁：《王阳明全集》卷二十二，吴光等编校，第971页。
④ 王守仁：《王阳明全集》卷二十三，吴光等编校，第992—994页。

论学。1520年，罗钦顺曾在《论学书信与王阳明书》中言："往在南都，尝蒙诲益。"①但二人的学问主张多有不合。

1515年二月，湛甘泉丁母忧，扶灵柩南还，经过南京，阳明在龙江关吊唁，两人辩论"格物"问题，阳明进呈《大学》古本及格物诸说，论《尽心》一章，而甘泉当时"未以为然"。当时临川人陈九川（号明水）碰巧随阳明问学，亦会于龙江关。《传习录》卷下记载："九川初见先生于龙江，先生与甘泉先生论格物之说，甘泉持旧说。先生曰：'是求之于外了'。甘泉曰：'若以格物理为外，是自小其心也。'九川甚喜旧说之是。先生又论《尽心》一章，九川一闻却遂无疑。"②后湛甘泉在南归故乡增城途中，又寄书信来，并请阳明为其母作墓志铭，阳明作《湛贤母陈太孺人墓碑》，称赞甘泉之孝心，曰："湛子之母卒于京师，葬于增城……故湛母，贤母也；湛子，孝子也。"③1515年七月，王阳明有书信寄方献夫（字叔贤，号西樵），论释、老之学，后方献夫入山（时甘泉在山中守丧）来见湛甘泉，便将阳明写给自己的书信拿给甘泉看，甘泉看后，连续给阳明写了数封书信，质疑阳明"不疑佛、老""到底是空"等说法。④

再者，在南京为官期间，王阳明创作完成了《朱子晚年定论》。此文是阳明早期的重要作品之一，在此书中阳明论证了朱熹与陆九渊的思想有相通之处，提出了"朱陆早异晚同"说，并且借朱子晚年的一些论说来为自己有关"格物""《大学》古本"等观点正名。《朱子晚年定论》成于1515年十一月初一日，阳明为之作《朱子晚年定论序》，以记录此书创作之用心和背景，声称："洙泗之传，至孟氏而息。千五百余年，濂溪、明道始复追寻其绪……吾尝深求其故，大抵皆世儒之多言有以乱之……独于朱子之说有牴牾，恒疚于心……及官留都，复取朱子之书而检求之，然后知其晚岁固已大悟旧说之非……世之所传《集注》《或问》之类，乃其中年未定之说，自咎以为旧本之误，思改正而未及，而其诸《语类》之属，又其门人挟胜心以附己说……予既自幸其说之不谬于朱子，又喜朱子之先

---

① 罗钦顺：《困知记》，阎韬点校，中华书局1990年版，第141页。
② 王守仁：《王阳明全集》卷三，吴光等编校，第102页。
③ 王守仁：《王阳明全集》卷二十五，吴光等编校，第1037—1038页。
④ 转引自束景南：《王阳明年谱长编》，第831页。

得我心之同然，且慨夫世之学者徒守朱子未定之说，而不复知其晚岁既悟之论。"①

1515年十一月二十六日，朝廷命太监刘允往乌思藏斋送番供诸物，奉迎活佛。阳明打算上《谏迎佛疏》以制止，指出："在我中国，自当用圣人之道以参赞话语，犹行陆者必用车马，渡海者必以舟航。今据中国而师佛教，是犹以车马渡海……中国之圣人，以尧舜为最。"②据束景南考证，武宗派遣太监刘允往乌思藏迎佛，当时大臣言官多从儒佛异道上辟佛疏谏，独阳明乃从儒佛同道、释迦尧舜同圣上疏谏迎佛，"儒佛同道，儒释同圣，只是比较而言，儒道高于佛道，儒圣高于佛释"③。此疏虽未上，但从中可以看出，阳明对中国圣人之道的深切认同和对尧舜圣王的高度认可，认为中国已有圣人之道足法，无须再师法佛教。

山水神韵，造化神秀，南京这座城市自六朝隋唐以来，便成为历代文人骚客流连忘返、吟诵不绝之地。阳明为官、讲学之外，亦喜欢携三五好友或门人游览南京自然景观、人文胜地，歌咏品评，抒发情怀。1514年六月，他与汪尚和（字节夫，号紫峰，休宁人）游岁寒亭（在今南京瞻园），有《题岁寒亭赠汪尚和》一诗。

1515年春正月，阳明与南京吏部侍郎石珤（字邦彦，藁城人）游鸡鸣寺，登凭虚阁，作《登凭虚阁和石少宰韵》一诗。八月，石楼李瀚（字叔渊）来南京访故友，阳明陪游狮子山，登阅江楼故址，作《秋日陪邓狮子山》和《登阅江楼故址》二诗。

1516年三月，阳明与南京户部尚书邓庠（字宗周，湖南人）、太常寺卿吴一鹏（字南夫，长洲人）、尚宝寺卿刘乾（字仲坤，保定人）游牛首山，有诗唱酬，阳明作《游牛首山》，其中有"会晤得良朋，可以寄心腑"之句。④

有明一朝，为官南都者多为朝廷或皇帝不甚"重用"的官员，阳明在南京为官，心情想来亦颇为苦闷。1516年，阳明多次上书辞官养病，但总不允。1516年4月，朝廷考察两京官员，"拣汰群僚"，

---

① 王守仁：《王阳明全集》卷三，吴光等编校，第144—145页。
② 王守仁：《王阳明全集》卷九，吴光等编校，第327页。
③ 束景南：《王阳明年谱长编》，第871页。
④ 王守仁：《王阳明全集》卷二十，吴光等编校，第814页。

阳明借此时机，上《自劾乞休疏》，企望致仕归乡，曰："臣由弘治十二年进士，历任今职，盖叨位窃禄十有六年，中间旷之罪多矣……若从末减，罢归田里，使得自附于乞休之末，臣之大幸，亦死且不朽。"①但不允。但当监察御史昆山人方凤（字时鸣）推荐阳明为馆阁之臣时，朝廷也没允许；御史杨珙（字景瑞，揭阳人）改荐阳明为南京国子祭酒，亦未获准。引退归乡不得，北上京师又不得，可想当时阳明心情之沉闷、忧苦。

1516年五月，阳明患病十余日，好友乔宇、吴一鹏、汪伟、邓庠有联句和韵，抒发胸怀，阳明因和其韵奉答。六月二十日，石珤升任礼部侍郎，阳明赋诗五章送行；弟王守文归省回越，阳明作《守文弟归省携其手歌以别之》，与之依依惜别，言："尔来我心喜，尔去我心悲……从来为己学，慎独乃其基。"②

1516年八月，阳明又上《乞养病疏》，仍不允。九月，阳明第三次上《养病乞休疏》，仍不报，不久，获任都察院左佥都御史，巡抚江西。据束景南考证，自1516年正月至八月，都察院左监都御史一直空缺，无人敢往江西多事之地，故一经兵部尚书王琼推荐③，八月十九日，朝廷便强命阳明巡抚江西。④九月十四日，升都察院左佥都御史吏部咨文下到南京。阳明愁苦满肠，又上《辞新任乞以旧职致仕疏》，希望朝廷能收回成命，允许他辞官归乡，曰："臣原任南京鸿胪寺卿……臣自幼失慈，鞠于祖母岑，今年九十有七，旦暮思臣一见为诀。"⑤结果仍是失望。

于是，王阳明只好启程离开南京，不得不巡抚南、赣、郴、桂等处。离别在即，南都僚友纷纷为阳明饯行。先是在清凉山集合饯行，不久又在借山亭设酒食送行，再次在乔宇宅邸设酒食送行，又在龙江关设酒食送行，皆有诗唱和，阳明作《和大司马白岩乔诸人送别》，邓庠作《游清凉山送王都宪伯安》等。

1516年九月二十五日，王阳明赴龙江关整装待发，吴一鹏来饯

---

① 王守仁：《王阳明全集》卷九，吴光等编校，第324页。
② 王守仁：《王阳明全集》卷二十，吴光等编校，第812页。
③ 1517年，王阳明在赣州，曾作《与王晋溪司马》书曰："虽感恩图报之心无不欲尽，而精力智虑有所不及，恐不免终为荐举之累耳。"（王守仁：《王阳明全集》卷二十七，吴光等编校，第1103页）
④ 束景南：《王阳明年谱长编》，第902页。
⑤ 王守仁：《王阳明全集》卷九，吴光等编校，第329—330页。

行，阳明书以旧作赠别。二十六日，白说、白谊兄弟来江浒送行，阳明作《书四箴赠别白贞夫》。①二十八日，时为南京兵部主事的路迎（字宾阳，山东汶上人）来饯行，阳明为湛甘泉所撰《赠兵曹路君宾阳还南都序》作跋赠别。同时，傅珪（字邦瑞）亦来龙江赋诗送别。二十九日，阳明在龙江舟中遥祝父亲寿。三十日，阳明在龙江舟中度过生日，南都弟子皆来祝寿。阳明在南京与诸友人、门人依依惜别后，踏上巡抚南赣之路。

1517年秋，阳明已在江西，感秋兴怀，思念起南京诸僚友，作《借山亭》怀念故人，诗云："借山亭子今如何？乘兴时从梦里过……传语诸公合频赏，休令岁月亦蹉跎。"束景南指出，此诗所云"诸公"即指当年南京僚友吴一鹏、乔宇、鲁铎、汪伟、邓庠诸人。②

综上而言，阳明在南京为官讲学达两年之久（1514年四月至1516年九月），在此期间阳明广收弟子，聚会讲学，并与罗钦顺、湛若水等友人往复论学，还编纂了《朱子晚年定论》，辨析自己学说与朱子晚年的主张"若合符节"，以及剖析自己立说的"不容已"之情。可以说，在南京这段时期是阳明"龙场悟道"后逐渐形成自己独立的学术观点和教法的重要时期，是阳明学形成过程中的不可缺少的重要一环。

（三）再赴南都未果

阳明再次与南京这座城市发生联系，是在他平定宁王朱宸濠叛乱之后。1520年正月初一，朝廷使臣到来，"奉命解囚犯至南都"，于是阳明与使臣从南昌启程"献俘"，再赴南都。他们途经九华山，于二十六日抵达南京上新河，但因正德皇帝的宠臣江彬、张忠等阻挠，没有见到皇帝，只好返回江西，阳明未能进入南京城。

1521年七月二十八日，朝廷本欲召阳明进京，参赞机务，但因廷臣忌惮阳明平定宸濠之乱的功劳，横加阻挠，只好改升阳明为南京兵部尚书。八月上旬，升南京兵部尚书的敕书抵达钱塘，阳明再次上疏，乞求朝廷准许他便道省亲，得获许可。后因丁忧，终未到南京就任。

---

① 束景南、查明昊辑编：《王阳明全集补编》，第148—150页。
② 束景南：《王阳明年谱长编》，第962页。

可见，阳明再赴南都，因奸臣阻碍，并未真正踏进南京城。平定宸濠之乱，如此之伟业，竟不能与皇帝相见，诚为阳明之憾。后又因功受妒，北上入阁无望，只落个南京兵部尚书职位，阳明郁郁不得志，遂上疏乞求归越省亲，这次终于如愿。但阳明与南京这座城市的缘分已尽，终其一生，阳明再未到过南京。直到阳明逝世前后数年间，南京这座城市迎来一批优秀的阳明弟子们，他们在此授徒讲学，合力推动阳明学在南京的发展和传播。

二、阳明后学与南京

阳明与南京这座城市的情缘早于他创立惊天动地之伟业和提出"致良知"教之前，但不可否认的是，他在南京为官讲学时期，实为阳明学形成过程中的重要环节。此后，阳明虽再也没有在南京停留居住过，但南京作为有明一代的留都，南方地区重要的政治文化中心，阳明亲炙弟子及其再传弟子们与这座城市不断发生密切的互动联系，从而推动阳明学在这座城市的传播和兴盛。

（一）亲炙弟子与南京

正德十六年至嘉靖六年（1521—1527），阳明丁忧、赋闲在家，绍兴成为阳明学派的重要据点。大约在同时，阳明弟子们也逐渐在南京一带展开活动，或为官或讲学，将阳明心学与南京这座城市再次连接在一起。

嘉靖二年（1523），阳明好友兼弟子黄绾（字宗贤）授南京都察院经历，来信禀告，阳明有回信。后黄绾任南京工部员外郎，直至1526年托疾自南京归养，一直在南京为官，期间与阳明有书信往来，讨论学问。

1527年，阳明弟子邹守益升任南京礼部主客司郎中，此后三年间，他与时在南京为官的朱子学者吕楠讲学，多有不合。是年，阳明弟子王艮也来到南京，与湛若水、邹守益等人聚讲金陵的新泉书院，甘泉讲"随处体认天理"六字，以教学者，学问立场与阳明学问主旨稍异；王艮作《天理良知说》以回应，维护师说。[1]

---

[1] 王艮：《王心斋全集》，陈祝生等校点，江苏教育出版社2001年版，第31页。

可见，这些学者在南京为官之余，相聚讲学，阳明弟子积极参与其中，与湛甘泉乃至吕楠、顾璘（号东桥）等朱子学者进行往返辩论，在一定程度上推动了阳明学在南京的传播和发展。

1529年，阳明去世以后，一场声势浩荡的阳明学传播运动在长江中下游兴起。据吕妙芬研究，阳明学虽起于阳明，却在第二代学者身上有更辉煌的成果："这一批年轻的门徒在其思想未定型时与王阳明遭遇，深受吸引，他们的生命目的与行事风格深深受到阳明学说的塑造，王阳明逝世之后，他们也逐渐在政治和文化领域内占取要职，得以凭自己的信念和风格来影响社会，带出新一波的学术风潮。因此，阳明学虽起源于王阳明，却在第二代学者身上有更辉煌的成果。"① 耿宁也指出，在阳明逝世后不久，"南京便因为有他的一批弟子作为'南方首都'官员的多年居留而成为学派的一个活跃中心"。② 简言之，有明一代，南京因其特殊的地理位置和政治文化地位，而成为阳明后学举办讲会、传播心学的重要基地之一。

嘉靖九年（1530），王艮再次来到南京，并与邹守益、欧阳德等相会，聚讲于南京鸡鸣寺中，有学者称此为"鸡鸣寺讲会"。③

当然，南京这座城市阳明学的兴盛是在十六世纪三四十年代。1532至1535年，阳明弟子欧阳德任南京国子监司业，"以良知之学，开讲南雍"。与此同时，阳明另一弟子钱德洪在苏州担任府学教授，也时常在南京居留。

1533年，阳明门人弟子在南京大举讲会，由欧阳德主持。此后，王门诸子经常在南京举行讲会，人称"留都同志会"④，主要的讲学集会有：1533年，王艮与黄弘纲等诸王门弟子相聚南京讲学；1535年，王畿时为南京兵部职方主事，"讲王门良知之学"，戚贤偕贡安国、周怡、沈宠、梅守德等前来受业，时与欧阳德等大兴讲学；1535年，万虞恺（号枫潭）在南京从学于欧阳德，并与王艮、王畿相会论学；1536年夏五月，王艮与王畿在南京会晤；1536年，陈儒（字懋学）在南京，与薛侃、钱德洪、戚贤、欧阳德等相与讲阳

---

① 吕妙芬：《阳明学士人社群——历史、思想与实践》，新星出版社2006年版，第38页。
② 耿宁：《人生第一等事——王阳明及其后学论"致良知"》，商务印书馆2014年版，第286页。
③ 吴震：《明代知识界讲学活动系年 1522—1602》，第50页。
④ 吴震：《明代知识界讲学活动系年 1522—1602》，第57页。

明之学，结果还是没能认同阳明学，后来作《求正录》，批驳阳明学，认为《传习录》记述混乱，恐没有经过阳明本人考订；1538年，邹守益起复南京吏部考功郎中，亦积极组织和参与讲学活动；1539年，罗洪先起复，得补宫僚，赴京途中，与王畿等在南京相会，曾作《冬游记》，游览南京、镇江等地，历时两个月二十六天，与当时一流名士，或昔日阳明友人及其门下高足，如王畿、戚贤、湛甘泉、王艮等相会论学，与王畿等主要讨论了"静坐""慎独"等问题，可谓在南京的阳明学者一次大聚会。

关于1539年罗洪先等人组织的此次讲学聚会，罗氏《冬游记》有详细记载，其大致行程如下：十月二日，抵达镇江，六日，王畿有书信邀请到南京。八里遣人入城约王畿、王臣（号鲤湖），二人至，留寺一日，论"静坐""慎独"。王畿邀罗参观南京。十二日罗与鲤湖游灵谷寺，午后，王畿回来，暮宿月泉寺。十四日，与王畿分别。二十日，戚贤邀请罗入南谯书院，诸友数十人来相会。二十一日，与戚贤同赴南京，傍晚时分抵达江浦县白马寺，夜晚与戚贤论学。二十二日，渡过长江，中午到达江东驿站，午后入大报恩寺游览；傍晚时分，王畿携美酒佳肴赶来，"联榻畅叙"。二十三日，王畿入城，罗与戚贤游览报恩寺。二十四日，游高坐寺等，晚上与王畿等论学。二十五日，王畿又来，同宿方丈处。二十六日，拜谒明孝陵；二十七日，在大报恩寺，与湛甘泉、王畿等论学到半夜。二十八日，进南京城，访湛甘泉，在甘泉处，又与王畿等相聚论学，晚上住在王畿处，继续与之论学。十二月一日，与戚贤等抵牛首山，晚上王畿等至，晚饭后同至禅堂，联榻席坐，后分宿各方丈处，罗与戚贤、王畿继而论学，联榻而卧，一直到四日，王畿一早入城。七日，王畿在静海寺方丈别院设酒食送行。八日，与王畿等乘舟游览观音山，晚上宿道院中，与王畿、戚贤论儒、佛、老之异同。九日，早饭后拜别，戚贤、王畿送罗洪先至燕子矶下。可见，此次罗洪先在南京与同门弟子相见甚欢，讲论学问，通宵达旦。

1539年，江西永丰人张峰（号玉屏）也来到南京，从学欧阳德；同年，邹守益改任南京国子监祭酒，六月抵达南京，直至1541年解官归乡，一直在南京，亦是积极与同门组织开展讲学活动。

1540年秋，湛甘泉归休罗浮山，邹守益、王畿等在南京为湛甘泉送行。1543年，王畿在南京的宾山草堂，与阳明入室弟子、南昌人裘鲁江会晤,作《鲁江草堂别言》。

以上便是阳明逝世后,欧阳德、王畿、邹守益、钱德洪等亲炙弟子在南京这座城市为官之余组织和参与的讲学活动之概貌。钱德洪曾记载诸同门在南京或其周边地区担任官员,引发了阳明学在那里的学术繁盛之面貌:嘉靖十二年(1533),钱德洪来到南京,与从远方而来的热心同门会聚讲学,或在城南的各个佛教寺庙中,或在鸡鸣山旁的国子监中举行讲会,由此可见"师学复有继兴之机",并称南京地区阳明学首次复兴的领导人物便是欧阳德①,耿宁亦指出:"参加南京讲会不仅有在那里的王阳明以前的弟子,而且还有这些弟子的弟子,从而使得学派得以壮大。欧阳德作为国子监的司业有特殊的机会为王阳明的思想做宣传并赢得自己的弟子。"②

综上而言,阳明逝世三年后,弟子们纷纷回到自己的居住之地,每个人根据自己对阳明学的不同理解,形成纷杂不一的学术观点,苦于没有机会相聚讨论学问,此时恰恰因欧阳德、邹守益、王畿等南京为官之际,举办讲会,同门相聚,会晤商学,交流观点,频繁的讲学活动不仅促使阳明学的再次兴盛和发展,也使南京成为阳明学发展中的重要中心据点之一。

(二)再传弟子与南京

1541年以后,因政治形势的恶化,阳明亲炙弟子们纷纷去官离开南京,讲学活动转入低潮,阳明学在这座城市的再次兴盛要等到十六世纪六十年代。在此期间,阳明再传弟子们亦曾小规模地在南京聚首,开展讲学活动。1547年,王时槐(号塘南)中第进士,八月除授南京兵部主事,十月抵达南京任所,与南昌裘鲁江、泰和刘两江、安福欧阳三溪(名瑜)等官闲之余,相聚讲学。③1550年,江西南城人罗汝芳(号近溪)与四川内江人赵贞吉(号大洲)相会于南京,大洲称汝芳为"孔门曾参"④。同年四月,吕怀(字汝德)、何迁(字益之)等在南京,建大同楼于崇礼街的新泉精舍,设阳明

---

① 王守仁:《王阳明全集》卷三十六,吴光等编校,第1468—1469页。
② 耿宁:《人生第一等事——王阳明及其后学论"致良知"》,第412页。
③ 吴震:《明代知识界讲学活动系年 1522—1602》,第134—135页。
④ 吴震:《明代知识界讲学活动系年 1522—1602》,第164页。

像,钱德洪赴南京,与之联合讲会,或可称之为"新泉精舍会"。①1551年二月,内江人邓豁渠到南京,拜访栖霞寺云谷禅师,与之讨论"圣人心学妙机"。②

当然,阳明学在南京的再度兴盛,是在耿定向(号天台)为官南京期间。1562至1567年,阳明再传弟子耿定向任南京督学,为官之余,辗转各地州、府、县学,与诸生讲论孔孟之学,撰写多篇论说文章,阐释儒学义理。在耿定向的倡导和提携下,一大批东南士子确立了成圣成贤的为学志向。其弟子焦竑(号澹园)后来回忆道:"向来论学,都无头脑。吾师耿先生至金陵,首倡识仁之宗,其时参求讨论,皆于仁上用力。久之,领会者渐多。吾辈至今稍知向方者,皆吾师之功也。"③耿定向对焦竑十分器重,以"国士"待之,以"良知之学"相规,又命其为崇正书院的学长,甚至还让其代为掌教席。可以说,耿定向在南京居官讲学,整饬学风,提拔后进,对当时南京地区阳明学的传播,乃至南京地区的学风和士风都产生了积极的影响。诚如耿宁所言,耿定向在南京为官这段时期,"那里的学派才经历了第二次复兴"。④

与此同时,大批阳明学者也纷纷来到南京开展讲学活动。1564年冬,罗汝芳与耿定向讲学于南京明道书院,管志道(号东溟)、杨希淳(号道南)、焦竑、蔡国珍等列席,论及"作一圣人""明体""现在"等观念。⑤

1565年春,王畿举会于南京"为仁堂",与会者主要有李克斋、耿天台、蔡汝楠(号白石)、许孚远(号敬庵)等,有学者称此会为"为仁堂会",又称"留都同志会"。⑥

王畿此次赴南京举办"留都同志会"时,从耿定向处得到罗汝芳所记的徐阶《教言》一篇,并述及了京师举行的规模盛大的"灵济宫大会"。而耿定向在南京讲学时,曾一度对阳明心学以及时下流行的"当下本体"说颇有兴趣,王畿南都论学,临别之际,耿定向

---

① 吴震:《明代知识界讲学活动系年 1522—1602》,第167页。
② 吴震:《明代知识界讲学活动系年 1522—1602》,第177—178页。
③ 焦竑:《天台耿先生行状》,《澹园集》卷三十三,李剑雄点校,第711页。
④ 耿宁:《人生第一等事——王阳明及其后学论"致良知"》,第408页。
⑤ 吴震:《明代知识界讲学活动系年 1522—1602》,第255—256页。
⑥ 吴震:《明代知识界讲学活动系年 1522—1602》,第261页。

"要求一言之要为别",王畿指点"子常教人须识当下本体,更无要于此者"。① 可见,耿氏在"当下"问题上确实受到王畿的思想影响,但他对"本心自然"的过分强调可能会导致"当下即是"的弊端颇为警觉,指出对"直下承当"或"即事即心"之说亦须"慎之",不能"离事言心"或"混事言心"。②

1566年春初,邹善(邹守益三子,号颖泉)北上,途经南京,访耿定向,定向仲弟耿定理(号楚倥)当时亦在南京,遂负责招待。夏中,邹德涵(邹守益之孙)到南京访耿定向。同年,焦竑、杨希淳及江宁人吴自新(字伯恒)从学耿定向,并与耿定理交互论学。六月,耿定向在南京建崇正书院,延聘焦竑主其教。耿定向与尹台(号洞山)、瞿景纯(号昆湖,常熟人)讲学于崇正书院,瞿氏强调:"戒慎恐惧只是'敬'字便了,今人却妄意破除这'敬'字。"③

1568年,王畿应时任南京国子监祭酒丹阳人姜凤阿(名宝)和时任南京国子监司业周怡(号讷溪)邀请,到南京国子监讲学,居南京鸡鸣寺凭虚阁,故此次讲会活动又被称为"鸡鸣寺凭虚阁大会"。④

王畿一生热衷讲学,常常说此学"不可一日不讲"⑤,推动阳明学在嘉靖中后期成为一场声势浩大的思想运动。诚如吴震所言:"在阳明弟子中,王龙溪最为高寿。自阳明逝世以后的半个世纪,阳明学的思想运动取得了长足的发展,王龙溪可谓是这一全过程的唯一见证人。随着(1583年)龙溪的去世,阳明后学的讲学运动也由此出现了转向……事实上,万历年后,在儒学内部开始逐渐形成的针对王门后学讲会活动所展开的种种批评(如东林党人),意味着王门弟子主导之下的讲学运动已然受挫……龙溪的去世毕竟具有一种象征性意义,象征着一个时代的结束;亦即作为一场思想运动出现的王门讲会活动的高潮从此一去而不复返。"⑥

以耿定向为首的泰州王门在南京积极开展讲学活动,加深了南

---

① 王畿:《留都会纪》,《龙溪王先生全集》卷四,《四库全书存目丛书·集部》(第98册),第319页。
② 耿定向:《赠邹汝光》,《耿天台先生文集》卷七,明万历二十六年刻本。
③ 耿天台:《清凉对客》,《耿天台先生文集》卷八。
④ 吴震:《明代知识界讲学活动系年 1522—1602》,第281页。
⑤ 王畿:《新安福田山房六邑会籍》,《龙溪王先生全集》卷二,《四库全书存目丛书·集部》(第98册),第289页。
⑥ 吴震:《明代知识界讲学活动系年 1522—1602》,第362—363页。

京这座城市与泰州王门的密切关系。1568年，泰州王门的何心隐"以刚直取罪，幽系留都"，罗汝芳往南京营救，"赖同志并力设处"心隐得免，戍福建邵武。① 耿宁曾指出："阳明学派在南京的第二次复兴带有学派的泰州路线和王畿影响以及对佛教大开放的烙印。"② 此言不虚。

隆庆五年（1571），泰州王门的李贽（号卓吾）③ 官南京刑部员外郎，由于政务较少，加之南京的学术氛围比北京更浓厚、更自由，于是李贽日与诸友讲学。在南京期间，李贽还得以与王畿、罗汝芳见面，并拜王艮的儿子王襞（号东崖）为师，与焦竑也建立起深厚的友谊，二人"朝夕促膝，穷诣彼此实际"。④ 据顾宪成弟子史孟麟（号玉池）说，李贽在南京讲学，"全以当下自然指点后学"。⑤ 吴震指出："是年前后，李卓吾在南京的讲学，或可称为'白门讲学'。"⑥ 1672年，南京人李逢阳与耿定理、徐用检（号鲁源）、李贽、焦竑等在南京等地相聚讲学，李贽与耿定理始相识于南京。

万历元年（1573），罗汝芳起复赴京，赴京途中，次南京、扬州等地，与曹胤儒、焦竑、李贽等缙绅士友聚会讲学，讨论佛学以及"当下"等问题。吴震称此会为"留都大会"。⑦

1586年，焦竑与南中王门的姚凤麓（名汝循）在南京一起拜见罗汝芳。汝芳阐释了明明德之学，后罗又随周柳塘游南京，举"兴善会"，并应兰溪人赵志皋（号濒阳）之请，复举"鸡鸣寺凭虚阁大会"。赵志皋主持了"鸡鸣寺凭虚阁大会一，诸生、乡绅、僧侣乃至仆从，均侧其间，与会者几万人"。⑧ 罗汝芳此次南京之游，管志道亦尝与会，然管氏主张"密会"，对汝芳动辄"以大会为快"有所批判。⑨

---

① 罗汝芳：《盱坛直诠》卷下，明万历三十一年刻本，第311页。
② 耿宁：《人生第一等事——王阳明及其后学论"致良知"》，第410页。
③ 关于李贽学问归属问题，吴震曾指出，李贽是一位超出当时任何学派的学无常师而又特立独行的思想家（见吴震：《泰州学派研究》，中国人民大学出版社2009年版，第38页）。可作一说。
④ 李贽：《寿焦太史尊翁后渠公》，《续焚书》卷二，中华书局1975年版，第55页。
⑤ 黄宗羲：《东林学案三》，《明儒学案》卷六十，沈芝盈点校，第1476页。
⑥ 吴震：《明代知识界讲学活动系年 1522—1602》，第302页。
⑦ 吴震：《明代知识界讲学活动系年 1522—1602》，第308页。
⑧ 吴震：《明代知识界讲学活动系年 1522—1602》，第377页。
⑨ 吴震：《明代知识界讲学活动系年 1522—1602》，第377页。

万历十五年（1587）十一月，耿定向由刑部左侍郎转南京右都御史。1588年，耿天台在南京，耿定理弟子瞿文炳以及李士龙等来访，杨起元（号复所）则在耿天台处拜周柳塘为师。

万历十八年（1590），黄九成与邹元标（号南皋）、陈南台等讲学于南京兴善寺，吴震称此会为"兴善寺会"。①

万历二十年（1592），周汝登（号海门）与邹元标讲学于南京，元标出示"直指"一语。同年，周汝登与许孚远等在南京论学，许作《九谛》以难"无善无恶"说，周作《九解》予以逐条反驳。吴震指出："当时的南京讲学盛况空前，动辄上百人参加……是年前后的南京讲学，可称之为'留都讲会'"。②1593年，周汝登与著名禅师紫柏达观在南京相识。

万历二十四年（1596），杨起元、曹鲁川等在南京，为其师罗汝芳建祠堂，复举讲会，并与南京诸庠生游龙兴寺。1597年，杨起元与许孚远在南京举大会于神乐道院。起元还在南京与曹鲁川相会，鲁川将新安人佘永宁引荐给杨，永宁遂入起元门下。1598年仲夏，佘永宁、吴世征游南京，访杨起元。

万历二十七年（1599），李贽、焦竑等一批阳明学者与意大利耶稣会传教士利玛窦（Matteo Ricci，1552—1610）讨论学问，李贽对利玛窦深厚的儒学素养深表认同，但对他为何来中国传教表示了极大的不理解。由此讨论仍可见，在传统中国，泰州王门在思想观念上还是比较鸿阔与开放的。

综上而言，南京作为有明一代南方重要的政治文化中心，成为阳明学后学开展讲学活动的重要场所。十六世纪六十年代，发生在南京的王门讲学活动更是进入鼎盛时期，出现了很多讲舍和书院，当时的讲学活动，盛况空前，动辄百人，甚至千人；而十六世纪八九十年代，因泰州王门众多学者在南京纷纷开展讲学、讲会活动，从而推动并形成了阳明学在南京这座城市在传播和发展过程中的又一"高潮期"。

---

① 吴震：《明代知识界讲学活动系年　1522—1602》，第390页。
② 吴震：《明代知识界讲学活动系年　1522—1602》，第392页。

三、以南京为中心的南中王门

"南中王门"的概念首先由黄宗羲在《明儒学案》中提出,盖指(明代)南直隶地区王阳明亲炙弟子及其再传弟子所组成的阳明后学学派,其中南京籍学者有两位。

一为姚汝循(1535—1595),字叙卿,号凤麓,南京人,嘉靖三十五年(1556)进士,师事泰州王门的罗汝芳。据《南中王门学案》记载,罗汝芳尝论明德之学,凤麓举日说云:"德犹鉴也,匪翳弗昏,匪磨弗明。"汝芳笑曰:"明德无体,非喻所及。且公一人耳,为鉴为翳,复为磨者,可乎?"闻之遂有省,浸浸寤入。有妄子以阳明为诟病,凤麓曰:"何病?"曰:"恶其良知之说也。"曰:"世以圣人为天授,不可学久矣。自良知之说出,乃知人人固有之,即庸夫小童,皆可反求以入道,此万世功也,子曷病?"[1]姚汝循著述颇丰,主要有《锦石山斋集》《屏居集》《浪游集》《耕余集》《姚汝循诗》等;编校品评名人作品也很多,有《金陵风雅》《王氏书苑》《至游子》等。

二为殷迈(1512—1581),字时训,号秋溟,又号白野,留守卫(今南京)人,嘉靖二十年(1541)进士,师事江右王门的何善山(字廷仁),著有《惩忿窒欲编》。

可见,有明一代,南京因其特殊的政治文化地位,使其成为仅次于京师的重要城市,阳明本人及其众多弟子,或为官或讲学于此,授徒集会,推动了阳明学在南京这座城市的成长和发展。

(孙钦香撰稿)

---

[1] 黄宗羲:《南中王门学案一》,《明儒学案》卷二十五,沈芝盈点校,第581页。

阳明学与苏州、无锡、常州（附镇江、扬州、徐州）

长江下游太湖流域地区，有苏州、无锡和常州三市，统称苏南地区（以长江和淮河为界，江苏省分苏南、苏中、苏北三个部分），简称苏、锡、常，是吴文化的重要发源地和核心区域，历来有"人杰地灵，物华天宝"之美誉，特别是隋唐以后，与中原华夏文化进一步融合，苏、锡、常环太湖一带不仅成为经济富饶之地，而且文教兴盛，人才辈出，形成了辉煌璀璨的文化。有明一代，苏、锡、常三地更是人文荟萃，文教昌盛。阳明及其弟子在北上京师或南归途中，乐于在此停留数日，或赏玩名胜古迹，或访友会客，留下了深深的足迹。特别是阳明的南中弟子中有不少是苏、锡、常籍的学人，而阳明的其他弟子们则亦在三地组织各类讲学活动，这些都对阳明学在苏、锡、常等地的传播和发展起到了推动作用。

此外，地处黄金十字水道长江与京杭大运河交汇点的镇江，自古就是水陆交通发达之区，境内名山古刹颇多，有"吴头楚尾"之说。阳明曾数次经过镇江，赏玩歌咏美景，拜访故友新朋。扬州则位于江苏中部，历史悠久，文化璀璨，人杰地灵，阳明弟子曾在此建书院、办讲学，传播阳明学。徐州则素有"五省通衢"之称，历来为北国锁钥、南国门户、兵家必争之地。北宋大文豪苏轼曾在此地任知州两年，抗洪水、劝农桑、修水利、建黄楼等惠民工程，阳明北上山东主持乡试时，曾途经徐州，重登黄楼，追思先贤。

一、王阳明与苏、锡、常

（一）镇江吟诗访友

成化十七年（1481），王阳明十一岁，其父王华赴京师参加会试，取得廷试第一甲第一人，授翰林院修撰。次年，王华打算把父亲竹轩翁王伦接到北京奉养，于是竹轩翁便带着阳明一起赶赴京师。他们坐船经过镇江府时，受到镇江知府接待，据钱德洪《阳明先生年谱》记载，竹轩翁在酒席间欲吟诗一首歌咏金山，一时未能成诗，反而是阳明从旁赋诗，诗云："金山一点大如掌，打破维扬水底天。

醉倚妙高台上月,玉箫吹彻洞龙眠。"在座客人无不惊叹其小小年纪才华了得。在座客人又命阳明赋《蔽月山房》诗,阳明也是轻松应对,诗云:"山近月远觉月小,便道此山大于月。若人有眼大如天,还见山小月更阔。"① 十岁出头的少年便能如此轻松吟诗作对,可见,少年阳明才气过人,颇得当时友朋赞赏。另据束景南《王阳明年谱长编》分析,此诗出口如禅家说禅,全类"禅机""公案"禅偈,乃其少年习禅心态之流露也。② 以上是少年阳明在镇江的首次经历,可谓才华显露,人生得意。

后来,弘治十二年(1499)阳明进士及第,为官京师,1501年八月,阳明奉命往直隶、淮安等府审决重囚。1502年二月,阳明审理江淮囚事结束后,北上回京师述职,经过镇江府,遂前往距离镇江五十余里的丹阳拜访汤礼敬(字仁甫,弘治九年进士),并与汤礼敬登上茅山,游道教名胜,探华阳洞,多有诗咏。1504年三月,汤礼敬曾来信请补作寿序文,阳明为之书《寿汤云谷序》。游茅山后,阳明又游镇江名胜、被誉为"天下第一江山"的北固山,访钱组(生卒年不详),有诗咏。1502年三月,阳明北上至扬州,因病滞留三月,至五月才回京复命。同年八月下旬,阳明离京归越。又途经镇江,再游金山、焦山、北固山,有诗赠送三山僧人。

由上可见,1502年,阳明因北上京师和南下返乡,曾两次途经镇江,游览名胜古迹,拜访故人,作诗唱和。另因镇江三山(即北固山、金山和焦山)均建有道观佛寺,而阳明此时还未真正"以圣贤之学"为归,故多与道士、僧侣交往。

后来,阳明平定"宸濠之乱",武宗南巡,遂于正德十四年(1519),迎驾献俘,赶赴南都,途径镇江,停泊金山寺,作《泊金山寺二首》,并拜访赋闲在家的故人杨一清于待隐园(在镇江丁卯桥杨一清别墅石淙精舍内),两人有诗唱和。但因奸臣阻拦,阳明无从晋见武宗,只得由镇江经湖口,折返南昌。此时的阳明,少年过镇江时的风光和得意早已荡然无存,唯有沉重的愤懑淤积心间,萦绕在身边的是官场的黑暗与险恶。

---

① 钱德洪:《年谱一》,王守仁:《王阳明全集》卷三十三,吴光等编校,第1346页。
② 束景南:《王阳明年谱长编》,第39页。

（二）苏州游览访友

阳明一生几次路经苏州，先后游览了不少苏州的名胜古迹，并访问故友，结交新朋。弘治十五年（1502），阳明离京返乡途中经过苏州，登览吴江塔、仰高亭，有诗感怀。弘治十六年（1503）冬十月，王华奉命祭江淮诸神，便道归省。十一月，赋闲在家的阳明送父亲往江淮祭神，经过姑苏，拜访都维明、都穆（与阳明为同年，称南濠先生）父子，游览云台山、天平山和虎丘。次年二月，阳明又往姑苏，送父亲祭江淮诸神回京，登海天楼，有诗咏怀。正德八年（1513），阳明与妹夫徐爱乘舟回越省亲途中，再次经过苏州，嘉定县令王应鹏（字天宇，号定斋，鄞县人）来问学，阳明为其书卷题言。正德十四年（1519），阳明因迎驾赴南都，再次经过苏州，再次拜访都穆。

综上而言，苏州因景物优胜，常为读书人流连忘返之地，阳明北上或归乡之际，途经苏州，亦常逗留此地，美景在目，赋诗抒情。苏州不仅景色优美，而且阳明故友亦在此居住，所以其两次途经苏州时，都曾专意拜访故人。

（三）过徐州，访古咏怀

徐州为江苏北部一座城市，与山东、安徽接壤，风土人情与江南大为不同，苏轼曾在此为官两载，修筑多处惠民工程。弘治十七年（1504）六月，阳明启程赴山东主持乡试，七月，经过彭城，游览百步洪，感苏东坡事迹，作《黄楼夜涛赋》。阳明曾自言："夜泊彭城之下，子瞻呼予曰：'吾将与子听黄楼之夜涛乎？'觉则梦也。感子瞻之事，作《黄楼夜涛赋》。"[①]对此，束景南指出："阳明此赋……发老庄达人大观之情，一气遨游鸿濛之志，犹作道家上士妙识之见，湛甘泉所谓'溺于神仙之习'之余响也。"[②]

（四）过常州、无锡

常州、无锡亦是阳明南来北往旅途中的逗留之地。他在常州停留时，常有地方官员来问学。而与无锡相关的事迹，一是作《东林

---

① 王守仁：《王阳明全集》卷二十九，吴光等编校，第1169页。
② 束景南：《王阳明年谱长编》，第313页。

书院记》，记述东林书院修复之始末；二是拜访故友。

正德八年（1513），阳明归越省亲途中，经过毗陵（又作毘陵，现为常州市），郑善夫①来问学。同年底，阳明居绍兴阳明洞，东林书院修复完工，无锡县令高文豸（字廷直，山东黄县人）派专人来请阳明为作记文，阳明遂作《东林书院记》，称："东林书院者，宋龟山杨先生讲学之所也。龟山没，其地化为僧区，而其学亦遂沦入于佛老、训诂、词章者且四百年。成化间，今少司徒泉斋邵先生，始以举子复聚徒讲诵于其间。……当是时，辽阳高君文豸方来令兹邑，闻其事，谓表明贤人君子之迹，以风励士习，此吾有司之责。"②

正德十四年（1519），阳明因迎驾赴南都，经过无锡，拜访补庵华云山庄，为门人华云（1488—1560，字从龙）所藏唐寅画题字，并为唐寅《山静日长图》书《玉露》文，又为华云、华夏（1494—1567）祖母钱硕人作寿序。无锡华氏家族为明代江南大收藏家，与文徵明等吴中文人交往甚密。

由上可见，阳明虽未在江苏的苏州、无锡、常州、镇江、扬州和徐州为官讲学或长住过，但北上或南下途中曾数次经过这些地方，游览当地的名胜古迹，感古抒怀，寻访故友，吟诗唱和，均为阳明在这些地方留下的宝贵的人文遗产。

二、门人后学与苏、锡、常

与北京、南京、绍兴等地相比，阳明与苏、锡、常（扬州、镇江和徐州）的联系并不深厚，但阳明门人后学与这些地方的联系却较为密切，特别是南中王门诸子有不少人出自这些城市。再者，阳明门人后学们也在这些地方组织讲学活动，推动阳明学在这些城市的传播和推广。

在黄宗羲所划定的七个地域阳明学派中，南中王门是其中之一，而且排在浙中、江右王门之后，其中苏州、无锡、常州籍弟子占据

---

① 郑善夫（1485—1523），字继之，号少谷，福建闽县人，弘治十八年（1505）进士。1512年，郑善夫任户部主事，来毗陵督税浒墅关（转引自束景南：《王阳明年谱长编》，第693页）。
② 王守仁：《王阳明全集》卷二十三，吴光等编校，第989—990页。

多数，较有代表性的有宜兴人周冲、苏州人黄省曾、靖江人朱得之、武进人唐顺之和唐鹤徵父子、武进人薛应旂等。

周冲（1485—1532）①，字道通，号静庵，无锡宜兴人。正德六年（1511）进士，授江西万安县训导。闻阳明在赣州讲学，遂于正德十三年（1518）前往受业。此后，师徒二人书信论学，往来不断。周冲后又从湛若水问学，为学不守门户之见，注重阳明学与甘泉学的交互应和，认为"湛师之体认天理，即王师之致良知也"②。周冲去世后，湛若水曾叹道："道通真心听受，以求实益，其异于死守门户以相訾而不悟者远矣！"③黄宗羲也曾言："当时王、湛二家门下弟子，未免互相短长，先生独疏通其旨。"④

黄省曾（1490—1540）⑤，字勉之，号五岳山人，苏州长洲人。正德十六年（1521），黄省曾为王阳明《修道说》作注，开始接触阳明心学，并在思想上逐渐倾向于心学。嘉靖二年（1523），黄省曾屡有书信致阳明，兼呈《格物说》《修道注》，阳明有答书并以新定《古本大学序》寄赠。1524年，闻阳明在绍兴稽山书院讲学，省曾遂往绍兴问道，正式拜为弟子，阳明为之作《自得斋说》赠之。省曾晨夕参问，作《会稽问道录》十卷，《传习录》卷下有他记载的阳明语录十二条，其中多为此时在绍兴所闻阳明语录。阳明对黄省曾颇为欣赏，据黄宗羲记载："阳明以先生笔雄见朗，欲以王氏《论语》属之，出山不果，未几母死，先生亦卒。"⑥此外，黄省曾还拜访过时任南京国子监祭酒的湛若水，向其问学，并从此便以会通阳明学与甘泉学为己任。他曾在《临终自传》中说："二公谈道，本为大同，因有小细，往来其间，述饰萋绵，几堕参商。盖王公如握日中天，湛公如流光亿士……"当时阳明后学与甘泉后学交互非议，彼此不容，黄省曾却认为，"二

---

① 据学者考证，日本天理图书馆藏《王阳明先生小像附尺牍》一卷，存《与周道通答问书》和《与周道通（五通）》，见张立文：《王阳明与周道通答问书》，《哲学研究》1996年第5期。
② 黄宗羲：《南中王门学案一》，《明儒学案》卷二十五，沈芝盈点校，第583页。
③ 转引自黄宗羲：《南中王门学案一》，《明儒学案》卷二十五，沈芝盈点校，第583页。
④ 黄宗羲：《南中王门学案一》，《明儒学案》卷二十五，沈芝盈点校，第583页。
⑤ 著有《五岳山人集》三十八卷[明嘉靖刻本，南京图书馆藏，收入《四库全书存目丛书·集部》（第94册）]。
⑥ 黄宗羲：《南中王门学案一》，《明儒学案》卷二十五，沈芝盈点校，第581页。

门所争",多因傲气,出于意气,主张阳明学与甘泉学乃"一体浑同",不应该彼此争高低。①

朱得之(1485—?)②,字本思,号近斋,扬州靖江人。嘉靖四年(1525),从靖江赴绍兴问学,得闻阳明晚年"致良知"之教。嘉靖五年(1526)春,阳明与朱得之、杨文澄讲论良知心学时,首揭王门四句教:"无善无恶者心也,有善有恶者意也,知善知恶者良知也,为善去恶者格物也。"③嘉靖六年(1527),辞别阳明归靖江,阳明书《修道说》赠别,并谓其曰:"四方学者来此相从,吾无所启益也,特与指点良知而已。良知者,是非之心,吾之神明也,人皆有之,但终身由之而不知者众耳。各人须是信得及,尽着自己力量,真切用功,日当有见。"④嘉靖二十三年(1544),朱得之在国子学期间,结识了国子学正、北方王门的尤时熙(号西川),并对《大学》"格物"作了新的解释,即以"通物情"来释"格物"。据尤西川记载,朱得之解"格物"之"格",与阳明大旨不殊,而字说稍异。西川问:"曾就正否?"近斋叹曰:"此终天之恨也。"⑤虽未能向阳明当面请教己说之是非得失,颇为遗憾,但同时可以看出,朱氏为学不主墨守,有所创发。此外,朱得之为学又标举老庄"虚静自然"之学,光绪《靖江县志》卷十四《人物志·儒学·朱近斋传》说其学术旨趣归于"体虚静,宗自然",黄宗羲亦说他"从学于阳明,所著有《参玄三语》。其学颇近于老氏,盖学焉而得其性之所近者也"。⑥可见,与阳明"早年溺于佛老之学,后归于圣贤之学"的学术成长路径不同,朱得之在良知学与老庄学之间持更为平等、兼容之立场,而且他曾"在《庄子通义》之中,展开阳明良知

---

① 黄省曾:《五岳山人集》卷三十八,《四库全书存目丛书·集部》(第94册),齐鲁书社1997年版,第851页。
② 据日本学者三浦秀一考证,朱得之现存的著作除了《三子通义》以外,仅有《稽山承语》与《宵练匣》。现存《宵练匣》一卷17条语录[《四库全书存目丛书·集部》(第87册)]与《明儒学案》所录《语录》17条完全相同;《稽山承语》收录嘉靖初期阳明的发言,包括朱得之在内的阳明晚年门人与其师的问答(三浦秀一:《王门王得之的生平与思想》,《王学研究》第3辑)。
③ 黄宗羲曾收录此条《语录》,只是删除"心也,有善有恶;意也,知善知恶;良知也,为善去恶者",改为"无善无恶者,格物也"。(黄宗羲:《南中王门学案一》,《明儒学案》卷二十五,沈芝盈点校,第586页)
④ 转引自陈来:《中国近世思想史研究》,生活·读书·新知三联书店2010年版,第632页。
⑤ 黄宗羲:《南中王门学案一》,《明儒学案》卷二十五,沈芝盈点校,第590页。
⑥ 黄宗羲:《南中王门学案一》,《明儒学案》卷二十五,沈芝盈点校,第585页。

无知说"。①

唐顺之（1507—1560）②，字应德，号荆川，常州武进人。嘉靖八年（1529）会试第一，是"嘉靖八才子"之一，与王慎中、归有光合称"嘉靖三大家"，明代重要文学流派"唐宋派"的代表人物之一。武进唐氏是名门望族，唐顺之文武全才，曾与胡宗宪"协谋讨贼"，抗击两浙倭寇。《明史》曰："顺之于学无所不窥。自天文、乐律、地理、兵法、弧矢、勾股、壬奇、禽乙，莫不究极原委。""又闻良知说于王畿，闭户兀坐，匝月忘寝，多所自得。"③其学深受王畿影响，并能有所体悟，有所创说。黄宗羲说："先生之学，得之龙溪者为多，故言于龙溪，只少一拜。以天机为宗、无欲为工夫。谓'此心天机活泼，自寂自感，不容人力，吾惟顺此天机而已，障天机者莫如欲，欲根洗净，机不握而自运矣。'"④在《与王龙溪郎中》信中，唐顺之尝称赞王畿"笃于自信，是故不为形迹之防；以包荒为大，是故无静秽之择；以忠厚善世，不私其身"⑤。顺之去世后，王畿作《祭唐荆川墓文》痛悼之，称："兄本多能，予分守拙，谓予论学颇有微长，得之宗教之传，每予启口，辄俯首而听，凝神而思，若超乎象帝之先。尝戏谓予独少北面四拜之礼，予何敢当！"⑥嘉靖八年（1529），唐顺之与罗洪先同时登第，唐会试第一，罗廷试第一，此后两人往来论学，一直保持着密切关系。在《与罗念庵修撰》信中，唐顺之说道："居闲静坐，即常如见兄面目，常见兄面目即常如寄书于兄也，至如梦寐间亦往往见兄。"⑦可以想见二人情谊深厚。唐顺之去世后，罗洪先撰《祭唐荆川文》，情真意切，惺惺相惜。

唐鹤徵（1538—1619）⑧，字元卿，号凝庵，唐顺之之子。隆庆

---

① 三浦秀一：《王门王得之的生平与思想》，《王学研究》第3辑。
② 著有《重刊荆川先生文集》十七卷《外集》三卷《附录》一卷（明万历元年刻本，南京图书馆藏）；浙江古籍出版社整理出版有《唐顺之集》（全3册，2014年版）。
③ 张廷玉等：《唐顺之传》，《明史》卷二百〇五，第5424页。
④ 黄宗羲：《南中王门学案一》，《明儒学案》卷二十五，沈芝盈点校，第598页。
⑤ 唐顺之：《唐顺之集·文集》卷五，马美信、黄毅点校，浙江古籍出版社2014年版，第187页。
⑥ 王畿：《龙溪王先生全集》卷十九，《四库全书存目丛书·集部》（第98册），第651页。
⑦ 唐顺之：《唐顺之集·文集》卷六，马美信、黄毅点校，第265页。
⑧ 著有《周易象义》四卷附《桃溪札记》一卷（唐氏铅印本，南京图书馆藏）、《周易象义》四卷（明万历三十五年纯白斋刻本，收入《四库全书存目丛书·经部》第10册）。

五年（1571）进士，历任礼部主事、工部郎中、光禄寺少卿、南京太常等职，致仕后在无锡东林书院讲学。黄宗羲记述其学术思想的变化轨迹曰："先生始尚意气，继之以园林丝竹，而后泊然归之道术。其道自九流、百氏、天文、地理、稗官野史，无不究极，而继乃归之庄生《逍遥》《齐物》，又继乃归之湖南之求仁、濂溪之寻乐，而后恍然悟乾元所为，生天地，生人物，生一生万，生生不已之理，真太和奥窔也。"①可见，唐鹤徵为学在经历一番探索后，由尚意气而归道术，最终归于易学之乾元生生不已之理。所谓"乾元生生之理"便是"盈天地之间，只有一气，惟横渠先生知之"②，具体而言，是指："太极未分之初，原只一气，亦只一元。一元之中，有清有浊，分其清者曰阳，分其浊者曰阴。其清者必先必刚必健，必为主；其浊者必后必柔必顺，必为配。万物由气而生，必自无而有；自无而有，必先受气于阳而受形于阴。"③正是由此"一元之气，充满六虚，流衍万世，生生化化，不可限量，故曰'大哉乾元'"。可见，在唐鹤徵的思想中，元气说取代了"理"或"心"的终极地位，元气乃"天地之始，万物万化之宗"。于是，在理气关系上，唐鹤徵反对"理在气先"说，认为理是气之"条理之不可乱"者，指出："盈天地间一气而已，生生不已，皆此也。乾元也，太极也，太和也，皆气之别名也。自其分阴分阳，千变万化，条理精详，卒不可乱，故谓之理，非气外别有理也。"④在心性关系上，唐鹤徵指出："心性之辨，今古纷然，不明其所自来，故有谓义理之性、气质之性，有谓义理之心、血气之心，皆非也。性不过是此气之极有条理处，舍气之外，安得有性？心不过五脏之心，舍五脏之外，安得有心？心之妙处在方寸之虚，则性之所宅也。"⑤可见，所谓"性"便是"乾元之气"的条理，此气之极有条理处即为性，如理不在气外一样，性亦不在气外。而心之妙处，则在于"方寸之虚"即"性"

---

① 黄宗羲：《南中王门学案二》，《明儒学案》卷二十六，沈芝盈点校，第603页。
② 黄宗羲：《南中王门学案二》，《明儒学案》卷二十六，沈芝盈点校，第611页。
③ 唐鹤徵：《周易象义》卷四，《四库全书存目丛书·经部》（第10册），第249页。
④ 唐鹤徵：《桃溪答记》，黄宗羲：《南中王门学案二》，《明儒学案》卷二十六，沈芝盈点校，第605页。
⑤ 唐鹤徵：《桃溪答记》，黄宗羲：《南中王门学案二》，《明儒学案》卷二十六，沈芝盈点校，第605页。

之安宅。黄宗羲称赞此观点是"从来言心性者所不及"①。而在修养工夫方面,唐鹤徵则认为,如果真能做到孟子"所谓直养",则"一身之气,即元始生生之气,万物且由我而各正保合,天地且由我参赞矣"②。同时,在"慎独"工夫的解释上,唐鹤徵也强调"慎独之独,为不与万法为侣,至尊无对,非世儒所谓独知之地也",并借用孟子"平旦之气"的说法来解释"独"字,指出:"所称独者,必是万感未至,一灵炯然,在《大学》即明德之明,在《中庸》正喜怒哀乐未发之中也。"③从而把"独"与"明德""未发之中"等同起来。至于对"格物"的解释,唐鹤徵既不认同阳明、朱子之说,也不认同司马光和王艮说法,而主张"格字之义,以格式之训为正。格式非则而何?要知物失其则,则物物皆明德之蔽;物得其则,则物物皆明德之用",因此真正的格物之功,在唐鹤徵看来,即"非礼勿视,非礼勿听,非礼无言,非礼勿动"也。④

薛应旂（1500—1575）⑤,字仲常,号方山,常州武进人,嘉靖十四年（1535）进士。黄宗羲记其"尝及南野之门"⑥,当时薛应旂在南雍为诸生,曾向时任南京国子司业的欧阳德问学,欧阳德曾言:"余为国子司业与诸贤论学,咸推薛子仲常",并对其所作《方山先生文录》极为赞赏,言:"一时同志谓仲常任道担当,斯文有属哉!"⑦薛应旂与邹守益、罗洪先、聂豹等人均有往来,深受阳明"致良知"说的影响,曾称阳明之功绩在于"圣贤之学,辟世路之榛芜,阐吾道之精一",并声称:"某等虽未及门,窃幸私淑。"⑧尝

---

① 黄宗羲:《南中王门学案二》,《明儒学案》卷二十六,沈芝盈点校,第603页。
② 唐鹤徵:《桃溪答记》,黄宗羲:《南中王门学案二》,《明儒学案》卷二十六,沈芝盈点校,第615页。
③ 唐鹤徵:《桃溪答记》,黄宗羲:《南中王门学案二》,《明儒学案》卷二十六,沈芝盈点校,第613页。
④ 唐鹤徵:《桃溪答记》,黄宗羲:《南中王门学案二》,《明儒学案》卷二十六,沈芝盈点校,第610页。
⑤ 著有《方山薛先生全集》六十八卷（明嘉靖刻本,南京市图书馆藏,收入《续修四库全书》第1343册）、《方山先生文录》（明嘉靖三十三年东吴书林刻本,苏州市图书馆藏,收入《四库全书存目丛书·集部》第102册）。
⑥ 黄宗羲:《南中王门学案一》,《明儒学案》卷二十五,沈芝盈点校,第592页。
⑦ 欧阳德:《题方山文录》,薛应旂:《方山先生文录》,《四库全书存目丛书·集部》（第102册）,第227页。
⑧ 薛应旂:《更定阳明先生祠额告文》,《方山先生文录》卷二十二,《四库全书存目丛书·集部》（第102册）,第457页。

撰《致良知说》，曰："'致知'一语实大头脑处，实紧关下手处"①，对阳明"致良知"说推崇备至；还提出了"此心之外无余道"②"心即是道"③等颇具心学色彩的观点。然而，薛应旂自弱冠时便从程朱学者无锡的邵宝（号二泉）游，在师事欧阳德的同时，又从朱子学者吕楠（号泾野）问学，并受其影响，极为看重慎独与主敬工夫。

概而言之，薛应旂一生为学略有前后期之变，据其自言：先是三十岁左右，由"从事科举，出入训诂章句"到"闻阳明王公之论，尽取象山之书读之，直闯本原，而功夫简易"；其次是嘉靖四十五年（1566），"及罢官归矣"，"始知朱子之言孔子教人之法，陆子之言孟子教人之法"，认识到朱、陆"两先生实所以相成，非所以相反也"。④这说明，薛应旂的早年思想大体上是以心学为主却又不排斥朱学，晚年则是主张朱陆会通，重新编订《考亭渊源录》，将陆九渊置于朱子师友之列。又因见当时王门讲学之空虚而陷入无忌惮之流弊，"致祥于德性易简之说，而气节、文章、政事一切卑之而不论，专主无适无莫、不信不果，而唯义所在，多从扩略。言语者什九，躬行者什一，唯是无以允协众心，遂哗群议，未见至诚，动而忽已成江河相激之势"⑤。这些都与后来对阳明学展开批评的东林学派有某种思想上的亲缘关系，因而可以视为东林学派之先驱，黄宗羲就称"东林之学顾导源于此"⑥，此说不无根据。

薛甲（1498—1572）⑦，字应登，号畏斋，无锡江阴人，嘉靖八年（1529）进士。《明儒学案》称其"笃信象山、阳明之学"⑧。然

---

① 薛应旂：《致良知说》，《方山先生文录》卷六，《四库全书存目丛书·集部》（第102册），第283页。
② 薛应旂：《会道》，《方山薛先生全集》卷三十四，《续修四库全书》（1343册），上海古籍出版社2002年版，第368页。
③ 薛应旂：《宁波正学祠记》，《方山薛先生全集》卷二十二，《续修四库全书》（1343册），第258页。
④ 薛应旂：《书考亭渊源目录后》，《方山薛先生全集》卷四，《续修四库全书》（1343册），第75—77页。
⑤ 薛应旂：《送王汝中序》，《方山薛先生全集》卷十五，《续修四库全书》（1343册），第193页。
⑥ 黄宗羲：《南中王门学案一》，《明儒学案》卷二十五，沈芝盈点校，第592页。
⑦ 著有《畏斋薛先生绪言》四卷（明隆庆刻本，南京图书馆藏，收入《续修四库全书》第1124册）、《畏斋薛先生艺文累稿》十四卷《续集》三卷（明隆庆刻本，南京图书馆藏，收入《续修四库全书》第1340册）。
⑧ 黄宗羲：《南中王门学案一》，《明儒学案》卷二十五，沈芝盈点校，第594页。

从《畏斋先生绪言引》中有关"晦翁之功其可少乎"等观点看,薛甲似乎并非"笃信象山",反倒是较为推崇朱子,强调"学者不由晦翁之功好而遽希自得之效,鲜有不堕于空虚者"。① 可见,薛甲主朱陆之会通,他指出"学者不由晦翁之功好而遽希自得之效鲜有不堕于空虚者,"②对朱子的"道问学"思想颇多注意。他与阳明诸弟子无明确的师承关系,但常与王畿、罗洪先等阳明学人交往密切,讨论学问③,并参与青原会讲。薛甲主张恢复《古本大学》④,认为"古今学术,至于阳明渐而昭融"⑤,因此说:"阳明学问是孔门嫡传,致良知是学问大头脑"⑥。不过在对《大学》"格物"功夫的解释上,薛甲又与阳明所谓的"格物,致吾心良知之天理于事事物物"不同,强调"以感物为格,不能感物,是知之不致"⑦。

需要指出的是,王阳明升鸿胪寺卿至南都时,武进人白圻(字辅之)也正好任应天府尹,两人相居密近。故白圻重修应天府儒学,阳明作《应天府重修儒学记》,白圻去世后,阳明又撰《敬斋白公墓志铭》,以表敬意。且王、白两家有通家之谊,白圻曾遣二子白说、白谊从学于阳明。白说(1498—1550),字贞夫,号洛原,著有《洛原遗稿》八卷。阳明曾应白圻之请,为白说取字"贞夫",作《白说字贞夫说》。1516年九月二十六日,白说、白谊兄弟来江浒送行,阳明作《书四箴赠别白贞夫》⑧。白谊生平事迹不可考,或早亡故。

除此之外,我们还能从一些史料中发现南中王门曾经的繁荣。镇江丹阳人姜宝(1514—1593),字廷善,嘉靖三十二年(1553)进士,曾受业于唐顺之⑨;苏州吴江人袁了凡(1533—1606),名黄,字坤仪,隆庆元年(1567)从学王龙溪,倡导"功过格",其思想在明末清初影响颇大。⑩

---

① 薛甲:《畏斋薛先生绪言》,《续修四库全书》(第1124册),第2页。
② 薛甲:《畏斋薛先生绪言》,《续修四库全书》(第1124册),第2页。
③ 在《畏斋薛先生艺类稿》卷三中存《与罗念庵中允书》《与王正郎龙溪书》《与徐波石方伯书》《与钱绪山宪部书》等。
④ 薛甲:《大学说》,《畏斋薛先生艺类稿》卷一,《续修四库全书》(第1340册),第90—91页。
⑤ 薛甲:《畏斋薛先生绪言》,《续修四库全书》(第1124册),第29页。
⑥ 薛甲:《畏斋薛先生绪言》,《续修四库全书》(第1124册),第15页。
⑦ 王守仁:《王阳明全集》卷二十四,吴光等编校,第998—999页。
⑧ 束景南、查明昊辑编:《王阳明全集补编》,第148—150页。
⑨ 黄宗羲:《南中王门学案一》,《明儒学案》卷二十五,沈芝盈点校,第581页。
⑩ 吴震:《明代知识界讲学活动系年 1522—1602》,第277页。

综上可见，南中王门诸子对阳明晚年教法颇为熟稔，其独特的思想面貌为恪守"致良知"宗旨，同时学贵自得，对"格物"说颇有新解，而且在阳明学与甘泉学乃至老庄学之间持有更为开放融合的立场，从而使南中王门的思想世界呈现出多元拓展之面向。再者，阳明的南中再传弟子，又因应时代思潮的转移际会，在某些层面对阳明学派的空谈之风尤其是"四无说"等提出批评，并且重提朱、陆会通和经世致用之学，乃至重新引入横渠"气学"思想，使得南中王门在一定意义上呈现出某些思想新动向。

（孙钦香撰稿）

阳明学在泰州

王艮在阳明殁后开门授徒,逐渐形成、发展起泰州王门或泰州学派。这是一个以推扬"百姓日用之学"为主要特质的思想流派。在阳明后学中,泰州学派门墙之盛并不逊于浙中、江右诸王门,而影响之大则有逾于王门诸派。泰州学派的形成与发展,在中国儒学史上具有十分重要的意义。自汉武帝实施"罢黜百家,独尊儒术"政策以来,儒家由先秦诸子百家中的一家升入庙堂,儒学也由私学成为替君主专制统治服务的官学。迨至明代中后叶,与社会生活中商品经济的发展、平民阶层的崛起相适应,儒学呈露出由庙堂返回民间,向大众化、通俗化方向发展的迹象,以致产生了同官方儒学迥然有别的平民儒学。而其标志,就是泰州学派的形成与展开。

一、王艮与泰州王门的成立

泰州位于江苏省中部,南部濒临长江,北部与盐城毗邻,东临南通,西接扬州。泰州秦称海阳,汉称海陵,南唐时为州治,取"国泰民安"之意,始名泰州。元末明初,由于长年战乱,田地荒芜,人烟稀少,生产凋敝。战事平定之后,各地的人口相当不平均,明朝政府为了平衡地方发展,稳定社会秩序,发起大规模的移民运动。明廷为了剥离大宗大族的势力,对人口众多、势力强大的宗族分而治之,不许移民兄弟居住在一起,民间称为"赶散"。因事情发生在洪武年间,故又称"洪武赶散"。"洪武赶散"是中国历史上最大规模的移民运动,移民人口占当时全国总人口的百分之十五。苏北地区是明初移民的重要输入地之一。移民的主要来源是苏州地区,以及其他苏南各县及浙江北部。泰州地处长江北岸的里下河地区,经过明初的大迁徙,洪武移民几乎遍及整个泰州地区。泰州王门始祖王艮的先祖伯寿就是从苏州迁徙到泰州安丰场来的。由伯寿而国祥而仲仁而文贵而公美而纪芳;纪芳名玒,别号守庵,是王艮的父亲。其家自国祥起即占灶籍,煮海熬盐,直至王艮和他的儿子们均仍系安丰场灶籍,是从事盐业生产的灶户，①故其世世代代除了应办盐课外，还必须承担亭丁身份的各种杂役。②

王艮（1483—1541），原名银，字汝止，号心斋，泰州安丰场（今东台）人。他在三十七岁前，学无师承，但"奋然有任道之志"，故在"商游四方"的过程中，将《孝经》《论语》《大学》置于袖中，"逢人质义"，③怀着为"万世师"的愿望发奋学习儒家经典。他"讲说经书，多发明自得，不泥传注，或执传注辨难者，即为解说明白"④"信口谈解，如或启之，塾师无敢难者"，更"默坐体道""以经证悟，以悟释经"，⑤渐至"心体洞彻，万物一体"之境，而"行住语默，皆在觉中"，⑥毅然以先觉者而有天下之志。

三十八岁时，王艮听说江西巡抚王阳明的学说与自己的观点很相似，遂往南昌求证。《心斋年谱》记曰：

> 时，阳明王公讲良知之学于豫章，四方学者如云集先是。塾师黄文刚，吉安人也，听先生（王艮）说《论语》首章，曰："我节镇阳明公所论类若是。"先生讶曰："有是哉？方今大夫士汩没于举业，沉酣于声利，皆然也。信有斯人论学如我乎？不可不往见之。吾俯就其可否，而无以学术误天下。"即买舟以俟。入告守庵公，公难之，长跪榻前，至夜分，继母唐孺人亦力言于公，乃许之行。得令即起拜登舟，舟中方就枕，遂梦于阳明公拜亭下，觉曰："此神交也。"舟次大江，会江寇掠舟中，先生揖寇，听取其所有。寇见先生言动，乃舍去。抵鄱阳，阻风，舟移日不得行，先生祷之，辄风起。既入豫章城，服所制冠服，观者环绕市道。执"海滨生"刺以通门者，门

---

① 按：自秦汉以来，盐业为国家专营，国家对盐业生产者进行户口编制管理，称为"灶户"。由于食盐生产过程极为复杂，从海水提炼成盐需要设亭立灶进行煎熬，故从事盐业生产的劳动者被称为"灶丁"或"亭子"亭丁"，占有灶籍者则被称为"灶户"或"亭户"。据朱廷立《盐政志》卷四，明廷规定"每盐场有团有灶，每灶有户有丁，数皆额设"。
② 按：依明制，凡被编入灶户的灶丁，年满15岁开始"办课"，即按规定向国家交纳一定数量的盐产品，直到六十岁方可"优免名盐"。此外，灶丁还要承担官府的种种杂役，心斋年少时即曾"以身代役"，替他父亲去从事官府的徭役。
③ 王艮：《年谱》，《王心斋全集》卷三，陈祝生等校点，第68页。
④ 王艮：《年谱》，《王心斋全集》卷三，陈祝生等校点，第68页。
⑤ 赵贞吉：《泰州王心斋墓志铭》，官长驰注：《赵贞吉诗文集注》，巴蜀书社1999年版，第579页。
⑥ 王艮：《年谱》，《王心斋全集》卷三，陈祝生等校点，第68页。

不对,因赋诗为请。……阳明公闻之,延入,拜亭下,见公与左右人宛如梦中状。先生曰:"昨来时梦拜先生于此亭。"公曰:"真人无梦。"先生曰:"孔子何由梦见周公?"公曰:"此是他真处。"先生觉心动。相与究竟疑义,应答如响,声彻门外,遂纵言及天下事。公曰:"君子思不出其位。"先生曰:"某草莽匹夫,而尧、舜君民之心未尝一日忘。"公曰:"舜居深山,与鹿豕木石游居,终身忻然,乐而忘天下。"先生曰:"当时有尧在上。"公然其言,先生亦心服公。稍稍隅坐。讲及致良知,先生叹曰:"简易直截,予所不及!"乃下拜而师事之。辞出就馆舍,绎思所闻,间有不合,遂自悔曰:"吾轻易矣!"明日复入见公,亦曰:"某昨轻易拜矣,请与再论。"先生复上坐。公喜曰:"善!有疑便疑,可信便信,不为苟从。予所甚乐也!"乃又反复论难,曲尽端委,先生心大服,竟下拜执弟子礼。公谓门人曰:"吾擒宸濠,一无所动,今却为斯人动!"居七日曰:"父命在,不敢后期。"先生既行,公语门人曰:"此真学圣人者,疑即疑,信即信,一毫不苟。诸君莫及也!"门人曰:"异服者与?"曰:"彼,法服也。舍斯人,吾将谁友?"①

由此可见,在王艮初见阳明时,阳明以曾子"君子思不出其位"之语相诫,希望他能像舜耕于历山那样安心从事生产劳动,忻然自乐,但王艮却认为舜之所以耕于历山,乐而忘天下,是因为当时有尧在上,而如今的现实政治生活中既然没有尧这样的圣君,那么草莽匹夫就不可能像舜那样安心于生产劳动,只能为了摆脱社会现实的苦难而"未能一日而忘"尧、舜君民之心,去追求尧、舜时代的理想政治。尽管王艮和阳明在政治思想上有这样的分歧,但他们在哲学思想上却有不少相似之处。王艮尤其折服于阳明的"简易直截"之学,"竟下拜执弟子礼",从此成为阳明的学生。阳明取《易·艮卦》之义为他更名艮,字以汝止,并且为自己能得到这样一位学生而颇感高兴,声称"吾党今乃得一狂者"②。

王艮归省七日后,又往南昌从阳明学。途过金陵,他在太学门

---

① 王艮:《年谱》,《王心斋全集》卷三,陈祝生等校点,第69—70页。
② 欧阳德:《奠文》,王艮:《重镌心斋王先生全集》卷五,明万历三十四年耿定力、丁宾刻本。

前聚诸友讲论，六馆之士都在现场。他说："吾为诸君发'六经'大旨。夫'六经'者，吾心之注脚也。心即道，道明则经不必用，经明，则传复何益？经、传，印证吾心而已矣。"六馆之士皆悦服。大司成汪咸斋闻其言，延入质问，见所服古冠服，疑其为异，问道："古言无所乖戾，其义何如？"王艮答："公何以不问我无所偏倚，却问无所乖戾？有无所偏倚，方做得无所乖戾。"出，汪咸斋心敬而惮之。①

嘉靖元年（1522）二月，阳明因父亲王华卒，回绍兴居丧守孝，王艮亦随至越城。当时各地前来向阳明求学的人很多，以至越城的道院僧房容纳不下。于是，王艮为构书院，调度馆谷以居，并鼓舞开导，多委曲其间。当然，他与阳明之间也有矛盾，甚至发生过公开冲突，这就是王艮北行讲学而被阳明召回并痛加裁抑之事。据《心斋年谱》记载：

一日，入告阳明公曰："千载绝学，天启吾师倡之，可使天下有不及闻此学者乎？"因问孔子当时周流天下车制何如？阳明公笑而不答。既辞归，制一蒲轮，标其上曰："天下一个，万物一体。入山林求会隐逸，过市井启发愚蒙。遵圣道天地弗违，致良知鬼神莫测。欲同天下人为善，无此招摇做不通。知我者，其惟此行乎？罪我者，其惟此行乎？"……沿途聚讲，直抵京师……比至都下，先夕有老叟梦黄龙无首，行雨至崇文门，变为人立。晨起，先生适至。……时，阳明公论学与朱文公异，诵习文公者颇抵牾之。而先生复讲论勤恳，冠服车轮悉古制度，人情大异。会南野诸公在都下，劝先生归，阳明公亦移书守庵公（王艮父亲）遣人速先生。先生还会稽（绍兴），见阳明公。公以先生意气太高、行事太奇，欲稍抑之，乃及门三日不得见。一日，阳明公送客出，先生长跪曰："某知过矣！"阳明公不顾。先生随入，至庭事，复厉声曰："仲尼不为已甚！"于是，阳明公揖先生起。时，同志在侧，亦莫不叹先生勇于改过。②

---

① 王艮：《年谱》，《王心斋全集》卷三，陈祝生等校点，第70页。
② 王艮：《年谱》，《王心斋全集》卷三，陈祝生等校点，第70—71页。

王艮之所以要有此次北行讲学，看来是要倡导"绝学"，伸张师说，实际上是想借此"周流天下"，从事自己的传道活动。他在行前作了篇《鳅鳝赋》①，以"复压缠绕，奄奄然若死之状"的缸鳝来形容现实社会中遭受压迫的人民大众，而以"若神龙然"的泥鳅来自况。束景南说："心斋此赋乃为其北上入京、遍行天下而作，是以'鳅'（神龙）隐喻阳明，以'道人'自况，欲效法当年孔子周游列国行道，遍行天下播洒阳明'良知'雨露。只因其行事怪异，过于乖张招摇，卒不为阳明首肯也。"②此说不甚确切，因为由《鳅鳝赋》透露出的信息来看，王艮是为了拯救苦难民众而决意"周流四方"进行讲学传道活动的。这就使他的这次北行讲学活动与那些正襟危坐的正言儒者迥然有别，其讲学形式，已经离开了传统的书院，而以社会为讲坛，以"山林隐逸""市井愚蒙"这些下层群众为宣讲对象。在讲学内容上，他也背离了传统，"言多出独解，与传注异"。③这种所谓的"独解"，不但不同于注重传注的朱熹理学，而且也表现出与其师说的歧异。④

　　如此张皇的北行讲学活动，自然备受关注，也引起了身居庙堂的卫道士们的警觉。黄直《祭王心斋文》说："兄忽北来，驾车彷徨。随处讲学，男女奔忙。至于都下，见者仓皇。事迹显著，惊动庙廊。同志曰吁，北岂可长？再三劝谕，下车解装。共寓京师，浩歌如常。"所以束景南评曰："其后遂有程启充、毛玉、向信、章侨等纷起攻阳明学为'异学''邪说'，实因王艮是次入都意气太狂，行事太怪有以容之；阳明之不胜危惧，促其速归，盖亦以此也。自是而后，斥阳明学为'异学''邪说'而欲禁之之说起矣。王艮此行，乃'学禁'之导火线也。"⑤

　　虽然存在分歧，甚至发生冲突，但这丝毫没有影响阳明与王艮之间的师生关系。从正德十五年（1520）到嘉靖七年（1528）的八年间，王艮大部分时间是与阳明及同门诸友一起度过的。如嘉靖二

---

① 王艮：《重镌心斋王先生全集》卷四，明万历三十四年耿定力、丁宾刻本。
② 束景南：《王阳明年谱长编》，第1466页。
③ 徐玉銮：《王艮传》，王艮：《重镌心斋王先生全集》卷四，明万历三十四年耿定力、丁宾刻本。
④ 参见侯外庐、邱汉生、张岂之主编：《宋明理学史》下卷，人民出版社1987年版，第426—427页。
⑤ 束景南：《王阳明年谱长编》，第1485—1486页。

年(1523)春,他"在会稽,侍阳明公朝夕"。阳明向他和其他几位弟子点示"狂者胸次"。①三年(1524)春,在会稽"请阳明公筑书院城中以居同志。多指百姓日用以发明良知之学,大意谓:'百姓日用条理处,即是圣人条理处。圣人知,便不失;百姓不知,便会失。'同志惕然有省。未几,阳明公谢诸生不见,独先生侍左右,或有谕诸生,则令先生传授"。其父守庵公生日将至,他欲返泰州安丰场祝寿,"阳明公不听,命蔡世新绘《吕仙图》、王琥撰文具上,因金克厚持往寿守庵公,并为歌以招之。于是,守庵公至会稽,与阳明公相会"。四年(1525)春,他"奉守庵公如会稽,并诸子侄以从"。《传习录》所记他与阳明有关"满街都是圣人"的对话就发生在这时。②"时,邹东廓守益以内翰谪判广德,建复初书院,大会同志,聘先生与讲席。作《复初说》,略云:'治天下有本,身之谓也。本必端;端本,诚其心而已矣。诚心,复其不善之动而已矣。不善之动,妄也;妄复则无妄矣,无妄则诚矣,诚则无事矣。故诚者,圣人之本;圣,诚而已矣。是学至圣人,只复其不善之动而已矣。知不善之动者,良知也;知不善之动而复之,乃所谓致良知以复其初也。'东廓子书院成,因名曰复初,刻先生说于其中"。五年(1526),王臣(瑶湖)"守泰州,会诸生安定书院,礼先生主教事"。六年(1527),"至金陵,会湛甘泉若水、吕泾野柟、邹东廓、欧南野聚讲新泉书院";秋"在会稽,送阳明公节制两广"。七年(1528),"在会稽,集同门讲于书院。先生言'百姓日用是道',初闻多不信。先生指童仆之往来,视听持行、泛应动作处,不假安排,俱是顺帝之则,至无而有,至近而神。惟其不悟,所以愈求愈远,愈作愈难。谓之有志于学则可,谓之闻道则未也。贤智之过与仁智之见,俱是妄。一时学者有省"。"冬十月,阳明公讣闻。③先

---

① 《传习录下》《传习录栏外书》及钱德洪《阳明年谱》均对阳明与心斋等弟子谈谤议日炽与狂狷、乡愿之说有所记载。
② 年三月,董沄(萝石)携子董穀亦来绍兴受学。《传习录》记:"(阳明)先生锤炼人处,一言之下,感人最深。一日,王汝止出游归,先生问曰:'游何见?'对曰:'见满街人都是圣人。'先生曰:'你看满街人是圣人,满街人到看你是圣人在。'一日,董萝石出游而归,见先生曰:'今日见一异事。'先生曰:'何异?'对曰:'见满街人都是圣人。'先生曰:'此亦常事耳,何足为异?'盖汝止圭角未融,萝石恍见有悟,故同答异,皆反其言而进之。"(王守仁:《传习录下》,《王阳明全集》卷三,吴光等编校,第132页)
③ 按:据《阳明年谱》,阳明卒于是年十一月二十七日。

生迎丧桐庐，约同志经理其家"①。八年（1529）"冬十一月，往会稽。会葬阳明王公。大会同志，聚讲于书院，订盟以归"。②

阳明和王艮师生间之所以有如此密切的关系，这是有原因的："一方面，王守仁为了破除'山中贼'和'心中贼'，需要王艮这样一个出身微贱而和下层社会有较广泛联系的'真学圣人者'，也就是要通过教育把王艮变成他的学说的忠实信从者，使王学在社会上发生更加广泛的影响。另一方面，王艮需要凭借王守仁在政治上和学术上的显赫地位来提高自己的社会声望，发展自己的思想学说。因此，王艮虽然'时时不满其师说'，而他仍愿成为王守仁门下的学生，甚至还把自己年少的儿子王襞带到浙江就学于王门。"③而对于王艮来说，从学于阳明，不仅使其有机会与上层社会的官僚、学者交游，社会声望因此而有所提高，更重要的是他通过阳明的教化而提高了自己的文化修养，通过接受阳明心学而提高了自己的理论思辨水平。正是由于文化修养和理论思辨水平有了大幅度提高，王艮才会写出《鳅鳝赋》《复初说》《明哲保身论》《乐学歌》《天理良知说》等名篇。尽管王艮在阳明殁后又撰写《勉仁方》《大成歌》《与南都诸友》《均分草荡议》《王道论》《答徐子直书》等，除了继续发挥其"百姓日用之学"外，又阐发了他以"安身立本"为主要内容的"格物"说以及具有社会改良意义的"王道"论，从而发展成为一位真正具有独特个性的平民思想家，但应该承认，如果没有亲炙王门，接受阳明心学的熏陶和濡染，很难想象王艮会在思想文化上有如此迅速的成长。阳明心学是王艮及其后学思想的核心，也是泰州学派平民儒学的理论前提。另一方面，又正是由于有了王艮及其所开创的泰州学派，不仅使阳明心学风行天下，而且使儒学真正实现了大众化、平民化和社会化。

---

① 所谓"约同志经理其家"即门人协助经理阳明家事，可参见《王阳明全集》卷三十九《世德纪·附录》。
② 王艮：《年谱》，《王心斋全集》卷三，陈祝生等校点，第72页。
③ 侯外庐、邱汉生、张岂之主编：《宋明理学史》下卷，第427页。

二、泰州王门的主要代表

袁承业编纂《心斋弟子师承表》:"计得诸贤四百七十八人,可谓盛矣!上自师保公卿,中及疆吏司道牧令,下逮士庶樵陶农吏,几无辈无之。①……考诸贤所出之地,几无省无之。"②他在该表的序中赞道:"心斋先生毅然崛起于草莽鱼盐之中,以道统自任,一时天下之士率翕然从之,风动宇内,绵绵数百年不绝,自觉之人非言语莫为功,孰谓空言无补于世教哉?"泰州学派的传承有两大特点:"一是泰州学派的传授对象十分广泛,但仍以下层群众为主,尤其在泰州本地,受学者多数都是劳动人民;二是泰州学派并非囿于一隅的地方性学派,其思想学说的传播地区,主要是在长江中下游,尤其是在长江三角洲和赣水流域等商品经济发达的地区。"③

如以社会等级观念加以分疏,由这478人组成的泰州学派,其成员大体可析为两大类:第一类是进入王朝政治体制中的仕人,其中包括通过科举正途而进士出身者和贡士为官两部分。前者"上自师保公卿,中及疆吏司道牧令",职位分布甚广,不乏殿元、会魁等,赵贞吉、李春芳等更官至台阁辅臣,他们并不因享有极高社会声誉而看不起同门中出身寒微并一直处于社会底层者,如李春芳未及第时与陶工韩贞"同游王心斋先生门。后休沐在里,李公尝造其庐访之。先生谓曰:'公以书生中状元,书生知遇之极也;以状元为宰相,人臣知遇之极也。山林、庙廊岂两事耶?愿公与人为善,使匹夫匹妇化为尧舜之民,则今日状元宰相,当为万世状元宰相,可谓不负知遇之极矣!'李公叹服曰:'予在京闻先生讲学邑中,不意所造竟如此。予实有愧矣!'"④后者人数不少,如王栋、朱锡、陈苣、戴邦等,岁贡前生活于民间,岁贡后所授多是像训导、教谕之类的地方微职,且

---

① 原注:据表中,以进士为达官者三十六,以孝廉为官者十八,以贡士为官者二十三,以樵陶农吏为贤士入祀典者各一人,余以士庶入乡贤祠者不乏其人。然弟子中载入《明史》者二十余人,编入《明儒学案》者三十余人。
② 原注:据表中,江西得三十五人,安徽二十三人,福建九人,浙江十人,湖南七人,湖北十一人,山东七人,四川三人,北直、河南、陕西、广东各一人,江苏本省百数十人。考明之行省,所缺广西、云南、甘肃三省耳。且弟子中为三省之官者甚多,岂肯安得无三省之人耶?余搜罗未广,遗漏颇多。
③ 侯外庐、邱汉生、张岂之主编:《宋明理学史》下卷,第448页。
④ 许子桂等:《乐吾韩先生遗事》,韩贞:《颜钧集》附《韩贞集》,黄宣民点校,中国社会科学出版社1996年版,第195页。

升迁有限，至多官及府佐等而止，属于王朝官僚体制中最下等的阶层，社会地位、经济收入都无法与进士出身为仕者相比。第二类是始终身处民间的布衣之士，即一直未曾踏入仕途的士农工商，这类人在泰州学派中人数最多。泰州学派所以成为中晚明社会生活中产生广泛影响的平民儒家学派，即与参与其中者以这类人为最多有关。这类人中，又包括农工医商和游讲之士两部分。前者是最典型的底层民众，泰州学派的开创者王艮二十六岁时，冬日见其父"守庵公以户役早起赴官家，方急，取冷水盥面。会先生见之，深以不得服劳为痛，遂请以身代役"①。他后来经商（贩盐）、行医，才得以摆脱家境贫困，并为通向学者道路提供了必要的物质条件。所以他的一生由灶丁而商贾而学者，经历十分艰难曲折。由于王艮着重对"山林隐逸""市井愚蒙"宣讲"百姓日用之学"，故其后学中，有许多出身农、工、医、商的底层普通民众，如朱恕、韩贞、李珠、林讷、夏廷美等。游学之士是指那些并未担当确定的生产劳动而以游学、修行、隐居、任侠等为其生平主要活动的民间士人，他们的生活状况好坏不等，但都游离于官僚体制之外，并都不以科考、仕途为意，思想上很有个性特征，如王艮之子王襞九岁即随父至会稽从学阳明，年二十归娶后又寓阳明宅八年之久，后侍父讲习，是王艮讲学传道过程中的重要助手。王艮殁后，他遵父命不事科举不入仕途，也没有从事体力劳作，一直从事讲学之业。此外，颜钧、何心隐、耿定理、邓豁渠等也都是这类民间社会的游学之士。这些在正德后大量出现的游学之士，"就其在社会结构中的位置来看，由于以儒为业的知识人特征，在整个民间社会中仍是地位相对最高的，处于贵族化、官宦化的传统知识分子等主导型阶层与农工商吏等劳力型阶层之间。也正是这种特殊的社会定位，使其一方面能够接受儒学思想体系的规导，并据此建构出一种成形化的学术表述模式，而单纯的劳民阶层则往往很难做到这点，另一方面又能汲取民间社会各层次上的价值需求，将正统儒学的固有观念与民间社会理念加以新的整合，使其理论有别于贵族儒学的谨持、繁琐、保守，及具有开放性、活跃性、简明性，甚至实用性、叛逆性的特点"②。当然，以上对泰州学派成员身份的归属只是相对的，而并

---

① 王艮：《年谱》，《王心斋全集》卷三，陈祝生等校点，第68页。
② 万明主编：《晚明社会变迁：问题与研究》，商务印书馆2005年版，第577—578页。

不是也不可能是绝对的,事实上存在的情况要比这种相对分类复杂得多。如林春本出身于农工医商,属社会底层的普通劳动者,嘉靖十一年(1532)会试第一,登进士第,正式成为官僚阶层中的一员,任吏部文选司郎中,从而跃升到上层士绅行列。其登进士第后,广泛交游的对象皆属士绅精英阶层。从其所留下的书札看,与这些士绅精英的交往已深入到思想、仕宦及生活各个层面,影响也至为深巨。与此相反,从现有文献中,除王艮外,我们基本没有发现林春与泰州学派其他平民学者(如朱恕、韩贞、林讷、李珠、夏廷美等)的深入交往、论学之记载。很显然,他已因身份由贫民入仕而上升为士绅阶层,并形成了士绅儒学思想,而离开了作为主脉的泰州平民儒学之传统。

下面就介绍几位泰州籍的代表性人物,以进一步叙述泰州王门之特质及其传播和发展状况。

1. 王栋(1503—1581),名栋,字隆吉,号一庵,泰州姜堰人。他以族弟身份师事王艮,是泰州学派的第一代嫡传弟子,后来学者将之与王艮、王襞父子并称为"淮南三王",亦有将其与王阳明、王艮并称为"越中淮南三王夫子"。王栋尽管晚年亦走上仕宦之途,但据《年谱》,他与士绅名流的交游寥若晨星,语焉不详,惟"集布衣为会,兴起益众""开门受徒,远近信从日众"的记录清晰可见。故而王栋虽然游走于士绅与平民之间,却未可遽以"士绅之儒"目之。其一生可谓是一个有恒心而无恒产的士者,是当时中下层知识分子中从事讲学活动的一个典型。他先后主讲白鹿洞书院、正学书院,创太平乡讲会、水东大会等,"集布衣为会""名动当道",影响极大。后"致仕归里,清贫如洗。乐学不倦,开门受徒,远近信从日众。创归裁草堂,著《会语续集》行于世。创《族谱遗稿》以睦族人"。"主会泰山安定书院,朝夕与士民论学,四方向风"。逝世前所嘱后人,仍"会学一事"而已。① 可见平民教育的信念在他心目中所占据的重要地位,而这大约也是《年谱纪略》对于他与士绅名流交往记述阙如的原因之一。一方面,享年七十九岁的王栋,一生只有十四年担任低微的基层教育官员;另一方面,其讲学活动的主要对象又

---

① 王栋:《年谱纪略》,《明儒王一庵先生遗集》,王艮:《王心斋全集》,陈祝生校点,第143—144页。

以"布衣"为主,所以堪称继王艮之后杰出的"平民儒者"。黄宗羲在《明儒学案》中,将王栋之学概括为两端:"一则禀师门格物之旨而洗发之","一则不以意为心之所发"。①意谓他认同王艮的"格物"说并有所发展,且在"诚意"说方面有新的创造和突破。

2. 王襞(1511—1587),字宗顺,号东崖,王艮次子。他九岁时即"随父之阳明公所。士大夫会者千人,公命童子歌,多嗫嗫不能应,宗顺意气恬如,歌声若金石。公召视之,知为心斋子,诧曰:'吾固知越中无此儿也!'辄奇而授之学。是时,龙溪、绪山、玉芝皆在公左右,宗顺以公命悉师事之。逾十年归娶,已,之越,复留者八年。师友相陶冶,气涌,耳新目明,标树山岳之上,越轶风霆之外,鬻枝叶而达其根,派流而溯其源,沛如也"②。由于长期受教于王门,故深受浙中王学影响,如论"良知"即有明显的龙溪(王畿)印迹。阳明殁后,王艮授徒淮南,王襞相之,"覃思悠然,讲论锵然,不啻阳明之存也"③。王艮过世后,王襞虽声望日隆,但自矢"山人山居,不欲以垢名玷山场而遗笑山灵"④,以布衣儒者讲学四方,大力推扬"百姓日用之学","四方聘以主教者沓至。罗近溪守宛则迎之,蔡春台守苏则迎之,李文定迎之兴化,宋中丞迎之吉安,季计部迎之真州,董郡丞迎之建宁,余殆难悉数。归则随村落小大,扁舟往来,歌声与林樾相激发,闻者以为舞雩咏归之风复出。至是风教彬彬,盈宇内矣"⑤。及至临终,犹谕门人子弟亲贤讲学,语不及私,表现出介然自守,以平民始而以平民终的儒者风范。王襞在思想上不仅是王艮"百姓日用之学"的忠实继承者和践行者,而且对王艮的"淮南格物"说和"乐学"观均有所继承和发展。焦竑为其撰《墓志铭》谓:"心斋以修身格物为鹄。先生严取予、敦孝弟、联宗族,关于行谊者,毛发必谨,宛然先人之法度。"⑥这表明王栋将深刻领会的"淮南格物"之旨化为自己一生的行为实践。不仅如此,他还把"百姓日用之道"融入"乐学"观中,指出:"孔颜之乐,

---

① 黄宗羲:《泰州学案一》,《明儒学案》卷三十二,沈芝盈点校,第732页。
② 李贽:《王襞传》,《续藏书》卷二十二,第433—434页。
③ 李贽:《王襞传》,《续藏书》卷二十二,第434页。
④ 王襞:《年谱纪略》,《王东崖先生遗集》卷首,王艮:《王心斋全集》,陈祝生校点,第207页。
⑤ 李贽:《王襞传》,《续藏书》卷二十二,第434页。
⑥ 焦竑:《王东崖先生墓志铭》,《澹园集》卷三十一,李剑雄点校,第494—495页。

愚夫愚妇之所同然也。"① 并且对"乐"与"忧"的关系作了深入辨析，从而发展了王艮依据阳明"乐是人心之本体"说而撰写的《乐学歌》的思想。这可以说是王栋对泰州王门平民儒学所做的卓越理论贡献。

3. 林春（1498—1541），字子仁，号东城，泰州人。王艮亲传弟子。据林春自述，林家祖籍为福建福清县方城里，高祖文闰公和从伯祖林彬相继成居泰州，隶扬州卫泰州千户所，"泰之有林，自文闰公与彬始"②。到林春这一代，林家陷入贫困。其父为"漕卒"，为生计而长年劳作在外。林春"少孤弱，终鲜兄弟"，其母许氏对其成长"劬劳实多"。③ 林春很小便因家贫而至王氏家作"僮子"。孰料，这成为他有所作为的一个重要契机。"王氏见其慧，因使与子共学。"④ 龚杰认为，这一年是嘉靖五年（1526），而"王氏"即指王艮，⑤ 未知所本。如此则林春从学王艮时已28岁，与文献所记少时因家贫至王氏家作"僮子"不符。且黄宗羲言"王氏"而不指明即为王艮，无非两种情况：一是"王氏"之名未传，黄宗羲亦不知其人究竟为谁；二是黄宗羲因无确切根据而不能确定为王艮。检其好友唐顺之文集，在为林春所作的墓志铭中业已写明："始，君幼不知书，父故苦贫也，不能资君以书，以余子给事千户王某所，其奇君，令与其子王烈同学书，君自是始学书。"⑥ 是知，此"王氏"为"千户王某"，其名未传，并非王艮殆无疑义。龚杰显然是误将嘉靖五年林春从师王艮与少小为王氏"僮子"当作一事了。尽管只是"始学书"，但此契机对林春日后摆脱底层劳动者的身份，最终成为士绅阶层中一员起到了重要作用。唐顺之又云："林氏自徙泰州，未有以儒显者。为儒，自君始。"⑦ 故而，林春对"王氏"这一扭转其人生方向的情分，不能忘怀："后君贵，常思王君，厚报之。自王烈以下，礼节称谓，岁时起

---

① 王襞：《王东崖先生遗集》，王艮：《王心斋全集》，陈祝生校点，第134页。
② 林春：《明林公德春墓志铭》，《林东城文集》卷上，民国九年海陵丛刻本。
③ 林春：《给假疏》，《林东城文集》卷上，民国九年海陵丛刻本。
④ 黄宗羲：《泰州学案一》，《明儒学案》卷三十二，沈芝盈点校，第744页。
⑤ 参见龚杰：《王艮评传》，南京大学出版社2001年版，第128—129页。
⑥ 唐顺之：《吏部郎中林东城墓志铭》，《荆川先生文集》卷十四，《唐顺文集》，马美信、黄毅点校，浙江古籍出版社2014年版，第626页。
⑦ 唐顺之：《吏部郎中林东城墓志铭》，《荆川先生文集》卷十四，《唐顺文集》，马美信、黄毅点校，第623页。

居,一不改于故余子时。"① 当然,林春的成功与其由少年贫苦而养成的"刻苦自厉"的性格有相当关系。

不久,林春受学于泰州知州"王君某"和王艮。检王艮行止,嘉靖五年(1526)王艮应泰州知州王臣(字公弼,号瑶湖,生卒不详)之请,自浙江返泰州,主持泰州安定书院事,则可知此"王君某"当为王臣,亦是阳明弟子。《心斋年谱》"嘉靖五年"条下记,本年"泰州林春、王栋、张淳、李珠、陈芑数十人来学,先生揭《大传》《论语》首章于壁间,发易简之旨"。② 尽管生活困窘,林春仍以闻致良知之说而欣悦不已,并本其刻苦自厉的根性而"欲以躬践之"。《墓志铭》云:"两王君,故王阳明先生弟子,君因此始闻致良知之说,则心喜之,至夜中睡醒无人处,辄啧啧自喜不休,遂欲以躬践之,则日以朱墨笔点记其意向,臧否醇杂,以自考镜。久之乃悟曰:'治病于标者也。'是骎骎有意乎反本矣。"③ 两位王先生中,王艮对林春的影响无疑最为深巨。林"日以朱笔点记其意向","以自考镜",终于认识到自己是"治病于标",从而有意"反本",这是他走进心学堂奥并日益深入的一个关键环节。《明儒学案》和《明史》中尽管涉及林春的文字寥寥,但于此节,皆录存之,盖以此节为林春平生之重大事件也。

嘉靖十一年(1532),林春登进士第,正式成为官僚阶层中一员。他初任户部广西司主事,后调任礼部主客司主事,复又转调吏部任文选司主事。任主事"久之",后升任吏部验封司员外郎,不久调任文选司员外郎。一年后,因母亲许氏病瘫卧床,告假归养。其间得经常侍王艮左右,"每多观法,悟得平生学问,从假做真,不得凑泊,只一真直下,再无计较论量,自得天则矣"。④ 并与王畿、罗洪先诸友过从甚密,"意念既真,兴味甚适"⑤。久之,乃起官补授

---

① 唐顺之:《吏部郎中林东城墓志铭》,《荆川先生文集》卷十四,《唐顺之文集》,马美信、黄毅点校,第624页。
② 《心斋先生全集》,陈履祥辑,明刊二卷本。按:是书乃王艮著作的旧录本。万历二十五年,王之垣以之为基础,旁搜广求而增为六卷本。六卷本的《心斋先生全集》,有明刊本、三贤全书本、王世丰翻刻本、乐学堂文贞全集本及衰承业排印本。
③ 唐顺之:《吏部郎中林东城墓志铭》,《荆川先生文集》卷十四,《唐顺之文集》,马美信、黄毅点校,第624页。
④ 林春:《简王瑶湖》,《林东城文集》卷下,民国九年海陵丛刻本。
⑤ 林春:《简王瑶湖》,《林东城文集》卷下,民国九年海陵丛刻本。

吏部稽勋司郎中，后又调任吏部文选司郎中。其同事许谷谓："君选人不私，临事有执，司铨十月，志在奖恬抑竞，务实去华，期复淳古。"①林春于文选司任上虽止十月而已，然其笃实、公正的工作作风给同僚留下深刻影响。嘉靖二十年（1541），林春卒于任上，时年仅四十四岁。"卒之日，犹在曹，不自知病，病且革，乃舁归舍。"②"发其箧，仅白金四两，僚友棺敛归其丧。"③兢兢业业，廉洁奉公，鞠躬尽瘁，死而后已，为官僚劳瘁尽职者之又一典型。

若从嘉靖五年（1526）从学王艮算起，至嘉靖二十年（1541）卒官，林春在王艮门下凡十五年。尤其是扶母归泰州休养期间，常侍王艮左右，与王畿等人过从极密，对二人之学高度认同，不遗余力地予以推许弘扬。唐顺之墓志铭记云："君于师推王君汝止（王艮），于友推王君汝中（王畿）。君居官，有未识王汝止者，君与之言必曰：'吾师心斋说如是。'君居乡，有未识王汝中者，君与之言必曰：'吾友龙溪说如是。'"④而且其为宦生涯中还有一大特色，即在京居官而不废交游讲学。他曾任职吏部，吏部司人事，职掌敏感，故同僚在人际交往方面大多十分谨慎，"峻其门第，虽亲故不往拜"⑤，然林春行事却与之大不相同，热衷讲学交友如旧。在京期间，留宿观寺，交游讲学经常"终夜刺刺不休"⑥。可以说，作为官僚的林春为人温厚谨肃，然官僚身份又无法泯灭其率性的学人本色，而这似可视为泰州学派的传统之一。

4.朱恕（生卒年不详），字光信，泰州草堰场人。《明儒学案》记其"樵薪养母。一日过心斋讲堂，歌曰：'离山十里，薪在家里；离山一里，薪在山里。'心斋闻之，谓门弟子曰：'小子听之，道病不求耳，求则不难，不求无易。'樵听心斋语，浸浸有味，于是每樵必造阶下听之。饥则向都养乞浆，解裹饭以食。听毕则浩歌负薪而去。门弟子晌其然，转相惊异。有宗姓者，招而谓之曰：'吾以数十

---

① 许谷：《林东城文集序》，林春：《林东城文集》卷首，民国九年海陵丛刻本。
② 唐顺之：《吏部郎中林东城墓志铭》，《荆川先生文集》卷十四，《唐顺之文集》，马美信、黄毅点校，第625页。
③ 张廷玉等：《林春传》，《明史》卷二百八十三，中华书局1974年版，第7275页。
④ 唐顺之：《吏部郎中林东城墓志铭》，《荆川先生文集》卷十四，《唐顺之文集》，马美信、黄毅点校，第625页。
⑤ 李贽：《林春传》，《续藏书》卷二十二，第1451页。
⑥ 黄宗羲：《泰州学案一》，《明儒学案》卷三十二，沈芝盈点校，第745页。

金贷汝,别寻活计,庶免作苦,且可日夕与吾辈游也。'樵得金,俯而思,继而大恚曰:'子非爱我!我自憧憧然,经营念起,断送一生矣。'遂掷还之。胡庐山为学使,召之不往。以事役之,短衣徒跣入见,庐山与之成礼而退"①。清初李颙称赞他道:"一樵夫耳,乃能若是!可见良知自具,道非外铄。彼逡巡畏缩而漫不自振者,夫亦可以憬然矣。"②

5.韩贞(1509—1584),字以贞,号乐吾,扬州兴化人。其家世代以制陶为业,生活贫困,故自小失学,但求知若渴,五岁时便能握芦管就地画字,要求父亲送他上学,未获允许。十二岁,束茅作笔,在砖上沃水学字。15岁时,家乡流行瘟疫,父母、伯父和哥哥都染上了疫病,由他一人支撑家庭生活。父亲不幸病故,家里穷得买不起棺材,他只好替人放牛,得到一些钱安埋父亲。四年后,母亲又去世,韩贞痛失双亲,悲悼不置,转而信佛。正在此时,他听闻朱恕讲孔孟之学,遂又改变信仰,弃佛归儒。朱恕教他读《孝经》,韩贞从此开始学文识字。二十五岁时,朱恕见他"笃学力行",便将其引荐至王艮门下深造。刚进门时,韩贞布衣芒履,在王艮门下没有地位,不受礼遇,惟晨昏供洒扫而已,甚至有人讥笑他是以蓑衣为行李的穷学生,韩贞为此题诗壁间抗辩道:"随我山前与水前,半蓑雪霜半蓑烟。日间着起披云走,夜里摊开伴月眠。宠辱不加藤裸上,是非还向锦袍边。生成难并衣冠客,相伴渔樵乐圣贤。"王艮看到此诗,问知为韩贞所题,于是制作儒巾深衣,赋诗赠之,诗云:"莽莽群雄独耸肩,孤峰云外插青天。凤凰飞上梧桐树,音响遥闻亿万年。"并对其子王襞说:"继吾道者,韩子一人而已。"遂指示韩贞从学于王襞。③王襞"察其抱璞归真,雅有圣质,为之提醒点掇,由粗入精,吮其玄髓,叽其芗奥"④。两年后,韩贞离开泰州,回到家乡兴化。他身着儒巾深衣,众皆笑其狂。其兄斥责他道:"吾家素业陶,小子不务本,反游学何为?"将他痛打一顿,毁掉了儒巾深衣。几天后,韩贞从容地对哥哥说:"兄

---

① 黄宗羲:《泰州学案一》,《明儒学案》卷三十二,沈芝盈点校,第719—720页。
② 李颙:《观感录》,《二曲集》卷二十二,陈俊民点校,中华书局1996年版,第280页。
③ 许乎桂等:《乐吾韩先生遗事》,韩贞:《颜钧集》附《韩贞集》,黄宣民点校,第190页。
④ 余尚友:《乐吾韩先生遗稿序》,韩贞:《颜钧集》附《韩贞集》,黄宣民点校,第167页。

前日责我,恐我游学惰其四肢。自从朱师学得'勤'字,今从王师(指王襞)更学得真切。一日有二日之功,一月有二月之积,一年有二年之用。先使兄与伯母一家得所,尽得子弟之职,然后再去问学,岂敢惰其四肢,以失孝弟,虚顶儒巾,作名教中罪人耶?"这一番话感动了其兄长,从此以后乃兄再未阻挠他从事儒学活动。[1] 韩贞三十七岁时,同邑儒生杨南金见他刻苦力学,劝攻举业。从事三月,稍能写作八股文,便与杨赴南京应考。韩贞一到考场,见考生们个个蓬头跣足进入棘院,即慨然对杨说:"大丈夫出则为帝王师,入则为百世师,所以伊尹三聘不起,为重道也。今治文如此求名,非炫玉求售,枉己而何?"于是弃考回家,业陶外,"设讲学,化诲生徒。凡出其门者,人人熏以善良,博带褒衣,恂宛于道"[2]。韩贞不以道殉名,使杨南金很惊诧,也很感佩,遂将自己的妹妹许配给他。次年,韩贞与杨氏完婚。他对新娘说:"汝兄岂无富族可配乎?尔今日归吾贫士,盖谓无梁鸿耳。吾不鸿,非尔夫;尔不光(孟光),非吾妻也。"他打开妻子的奁笥,留下一两件裙布,其余衣物都分给了亲戚,所有胭脂花粉被他一把火烧掉,要求妻子织蒲为业,从事劳动。杨氏也乐意与这位清教徒式的夫君过穷日子,矢志不渝。他们"夫妇相对,尝严宾,人以为有举案之风"[3]。这对自身生活本很贫困的夫妇,却乐善好施,竭尽可能地帮助他人,泰州、兴化一带至今仍流传着有关韩贞的故事。

中年以后,韩贞大都在乡村以教习童蒙为生,成为当时一位颇有声望的布衣儒者。耿定向在其所作的《陶人传》中说:"先生学有得,毅然以倡道化俗为任。无问工贾佣隶,咸从之游。随机因质诱诲之,顾化而善良者以千数。每秋获毕,群弟子班荆跌坐,论学数日,兴尽则挈舟偕之,赓歌互咏。如别村聚,所常与讲如前。逾数日,又移舟如所欲往,盖遍所知交居村乃还。翱翔清江,扁舟泛泛,下上歌声洋洋,与棹音欸乃相应和,睹闻者欣赏若群仙子嬉游于瀛壖间也。"[4] 黄宗羲则在《明儒学案》中描述韩贞的讲学情形道:

---

[1] 参见许子桂等:《乐吾韩先生遗事》,韩贞:《颜钧集》附《韩贞集》,黄宣民点校,第190页。
[2] 余尚友:《乐吾韩先生造稿序》,韩贞:《颜钧集》附《韩贞集》,黄宣民点校,第167页。
[3] 许子桂等:《乐吾韩先生遗事》,韩贞:《颜钧集》附《韩贞集》,黄宣民点校,第191页。
[4] 耿定向:《耿定向集》卷十四,傅秋涛点校,第547页。

"秋成农隙,则聚徒谈学,一村既毕,又之一村,前歌后答,弦诵之声洋洋然也。"①所以他在讲学时,反对寻章摘句,作"学究讲肆",尽说些无关于百姓日用的"闲泛语",并赋诗云:"一条直路本天通,只在寻常日用中。静坐观空空无物,无心应物物还空。固知野老能成圣,谁道江鱼不化龙?自是不修修便得,愚夫尧舜本来同。"②李颙后来给予他的评价:"以陶工而挺身号召,随在提撕,翕然孚化者至千余人,非其与人为善之诚,乌能如是?使士之知学者类皆如韩,则斯道何患不若昼日,世风何患不若陶唐耶!"③可谓恰如其分。而他所推动的平民儒学运动,亦的确在当地产生了很好的效果:"数年之内,男女有别,人皆向正,号为'海边夫子'。"④

6. 王衣(1507—1562),字宗乾,号东堧,王艮长子。他幼奉庭训,甫弱冠,与其仲弟王襞随王艮游会稽阳明山中,从学阳明弟子魏良政,期年而气宇雍容,学颇有成,善王草书,绝肖王文成体,又与越中诸子讲致良知学,甚受阳明赏识。据袁承业撰《明王东堧先生传》:"及文成起南征,心斋归里省亲,先生亦随之而归,理家政,督耕煎,裕生计,供父游览之需,不使父有内顾之忧。未几,四方志士从学于心斋之门者日众,先生供茗馔,设坐具,无所不至。……心斋既殁,而先生率诸弟悟'物有本末'之旨,以讲明先人'格物致知'之说,于是游学四方,所至屦恒满户外,不坠家声。……盖其秉性刚直,不乐于俯仰人世,惟竞竞于学,甘老林下,所谓遁世无闷者欤!"纵观王衣一生,"不阿谄,绝外诱,甘恬退,励清修卓然,君子人也。"⑤其子之垣,原名士蒙,字得师,号印心。赋性耿介,制行端方,克绍家学,笃伦纪,师仲父王襞。年弱冠,补博士弟子员,旋以《诗经》廪郡庠。娶陈氏,年十九,病瘰疬,目双瞽。陈氏欲为畜妾,之垣力辞,未几,生子元鼎。陈氏早卒,之垣终身不娶。尝游闽、越、吴、楚之间,访先人讲学之迹,晚年纂修《族谱》以竟先志。

7. 王褆(1519—1587),字宗饬,号东隅,王艮三子。幼与诸兄奉庭训,稍长,随父游绍兴,从王畿学,阅数载,卒业归。他赋性方

---

① 黄宗羲:《泰州学案一》,《明儒学案》卷三十二,沈芝盈点校,第720页。
② 韩贞:《勉朱平夫》,《颜钧集》附《韩贞集》,黄宣民点校,第180页。
③ 李颙:《观感录》,《二曲集》卷二十二,陈俊民点校,第282页。
④ 许子桂等:《乐吾韩先生遗事》,韩贞:《颜钧集》附《韩贞集》,黄宣民点校,第192页。
⑤ 袁承业辑:《明儒王东堧、东隅、东日天真四先生残稿》附录,民国元年东台袁氏刊本。

刚,接人严介,善诗歌,精翰墨,守家学,乐天伦,兄倡弟和,师友一堂,时时有济人利物之怀。隆庆三年(1569)秋,海溢潮高丈余,洪泽湖河沟堰同时决口,下游州县均成泽国,民众大量溺死。王禔遂鬻产捐赈,暂止里民之饥,复曰:"吾资有限,此不过以济燃眉,非常策,且灾地甚广,不能仅救一隅耳!"故作《水灾吟》二百余言,赴南直都城,且歌且劝,以动四方殷实士夫出资助赈,救活生灵无数。翌年,他又创义仓,防将来之歉岁;立宗会,保宗族之散亡,得到时人的广泛称颂。晚年每虑及先公王艮之行谊,忧学术久没不彰,遂与其兄王襞、弟王补商之于四方先公高足,编纂《心斋年谱》,校雠锓梓。又著有《先公语录私绎》,乞叙于许孚远及聂静。聂静叙略曰:"先师心斋先生遗录《私绎》者,其三子东隅有闻先师之学,绎其旨而将以传者也。绎而曰私,何也?东隅自道义也,盖谓绎之者,一人云耳,未敢遂公于天下也。更观东隅之言论,作止宛然师承,间有发明,罔非精蕴。余即庸鲜,殆有深契于衷者。窃幸斯文未坠,继述有人。因据遗录朝夕商订,而东隅条分缕析,亹亹无倦,微言奥旨,研究莫遗,诚可以羽翼明训,祛除俗学卒强。东隅条而绎之,将锓诸梓以贻同好。"许孚远叙略曰:"东隅君乍与之交,其家风伟然可见,然而心斋先生之学术皆未及深究也。顷者,予归山中,东隅君偶至,得以攀留旬日,相与坐清流之畔,陟飞云之巅,展览遐思,情怡心旷。因极究先生所谓格物之学,而东隅君亦剖肝露胆,为我陈之。其言精粗高下,隐微缓急,杂然不齐,而要皆发于先生之蕴。先生《遗录》之语,余尝有疑而未达者,始得一一印证,豁然贯通,余于是益信先生之学,其真得孔子之传者也。"①由此可知王禔克承家学之一斑。惜今《语录私绎》原书无存。

8.王补(1523—1571),字宗元,号东日,王艮四子。赋性敏捷,器宇俊雅,幼受庭训,父卒后从学王艮门人朱锡(生卒不详,号圌泉,丹徒人)。朱锡任漳州教谕,王补亦随往受学。道经越、闽,每遇与其父、兄有学谊者,无不往谒请益,尽识东南一时之贤豪。卒业归里。遍读群书,天文、地舆、绘图、算数亦无所不精。尤善诗歌,所作古今体诗,上祖风骚,下宗唐律,一时学者多称之。以

---

① 袁承业:《明王东隅先生传》,《明儒王东埭、东隅、东日、天真四先生残稿》,沈乃文主编:《明别集丛刊·第二辑》(第17册),第644—645页。

布衣讲学乡里，如其父、兄，终生保持平民儒者之风范。本着儒家仁爱情怀，王襞关注民众疾苦，安危定难，请赈救荒。隆庆三年（1569），洪水泛滥，受害甚巨。其三兄作《水灾吟》以劝四方，他本人则作《泺水赋》以导乡人；一守一行，上下劝导，助赈多多，救活饥民者无数。远近士夫咸赞淮南善士尽出王氏一家。生平著有《周易解》，已散失；有《诗集》行世，今所存者亦不完备。

清末袁承业在编校《心斋遗集》时，"从王氏族谱暨诸集中搜得心斋长子东堧诗八首，解、论各一篇；三子东隅诗歌九十三首，序、文各一篇；四子东日诗歌五十四首，解四章，赋三篇，序一篇（杂咏五首已采入《东崖集》）；曾孙天真诗歌杂咏十六章。萃成一册，题曰《明儒王东堧、东隅、东日、天真四先生残稿》，补撰四传列于卷端"。并慨然曰："前明以来，以理学世其家者，未有如心斋一家之盛者。心斋生五子，皆能承其家学，不习举业；若孙、若曾孙又能学继其后，亹亹勿替，新新无已，可谓盛矣！"①

三、泰州王门的讲学活动

在后阳明时期，王艮威望相当高，被誉为崛起海滨之圣人。他所开创的泰州学派，在当时及尔后皆影响巨大。这使得泰州这个原本偏于一隅且极贫困之地，引起时人的高度关注，赢得了东海邹鲁、东南洙泗之美誉。许多阳明学者亲临此地，开展讲学等活动，泰州因此而成为晚明王学运动的重要地区之一。兹仅择其要者略述于下。

嘉靖五年（1526）秋，阳明门人王臣任守泰州，建安定书院，礼聘王艮主其教事，"令诸士师事王心斋，一时江北淮南仰泰州为北斗"②。王艮"作《书院集讲记》与诸友"③，又作《安定书院讲学别言》，曰："昔宋安定胡先生，泰州人也，有志于学，一乡崇祀，为百世师，况天下之至善乎？今豫章瑶湖王先生，予同门友也。学于阳明先生，遵良知、精一之传，来守是邦，以兴起斯文为己任，构成安

---

① 袁承业:《明儒王东堧、东隅、东日、天真四先生残稿序》，沈乃文主编:《明别集丛刊·第二辑》（第17册），第643页。
② 范涞修，章潢纂：万历《新修南昌府志》卷十九，明万历十六年刊本。
③ 王艮:《年谱》，《王心斋全集》卷三，陈祝生等校点，第72页。

定书院，召远近之士居而教之，是一时之盛举也。予家居安丰，去此百里许，亦承其召而往学焉。"①不久，王臣离任北上，王艮作《明哲保身论》赠之，曰："明哲者，良知也；明哲保身者，良知良能也。所谓不虑而知，不学而能者也。人皆有之，圣人与我同也。知保身者，则必爱身如宝。能爱身则不敢不爱人，能爱人则人必爱我，人爱我则吾身保矣。……此仁也，万物一体之道也。以之齐家，则能爱一家矣。能爱一家，则一家者必爱我矣；一家者爱我，则吾身保矣。吾身保，然后能保一家矣。以之治国，则能爱一国矣。能爱一国，则一国必爱我矣；一国者爱我，则吾身保矣。吾身保，然后能保一国矣。以之平天下，则能爱天下矣。能爱天下，则天下凡有血气者莫不尊亲；莫不尊亲，则吾身保矣。吾身保，然后能保天下矣。……故孔子曰'敬身为大'，孟子曰'守身为大'，曾子启手启足，皆此意也。"②

嘉靖十五年（1536），御史洪垣（号觉山）为王艮讲学而在东台安丰场建造东淘精舍。据《心斋年谱》"嘉靖丙申十五年"条记："秋八月御史洪公垣构东淘精舍，洪觉山访先生与论简易之道。觉山曰：'仁者先难而后获。斯其旨何也？'先生曰：'此是对樊迟语。若对颜渊，便谓一日克己复礼，天下归仁。却何等简易！'"觉山"为构东淘精舍数十楹，以居来学。"③王艮在此开门授徒，传扬阳明心学，四方学者闻风而至，逐渐形成以"百姓日用之道"为宗旨的泰州学派。④王艮在东淘精舍讲学期间，曾作《勉仁方》教诲诸生。去世后，王襞、王栋等承其传，在此继续致力于平民儒学的传播与推广。迨至清同治十三年（1874），陈宁、丁景堂为继承东淘精舍之传统，创办淘水书院，光绪年间改为安丰慈善蒙学堂。

嘉靖十七年（1538），御史陈让巡按维扬，欲亲往泰州拜访王艮，因眼疾不能行，故特作歌遣送于王艮，曰"海滨有高儒，人品伊傅匹"云云。王艮读之，笑谓门人曰："伊、傅之事我不能，伊、傅之学我不由。"门人问曰："何谓也？"王艮曰："伊、傅得君可谓奇遇，如其不遇，终身独善而已。孔子则不然也。"⑤

---

① 王艮：《王心斋全集》卷一，陈祝生等校点，第28页。
② 王艮：《王心斋全集》卷一，陈祝生等校点，第29—30页。
③ 王艮：《年谱》，《王心斋全集》卷三，陈祝生等校点，第74页。
④ 按：王艮弟子董燧、聂静、罗楫、朱锡、董高、喻人俊、喻人杰等先后在东淘精舍受学于王艮。
⑤ 王艮：《年谱》，《王心斋全集》卷三，陈祝生等校点，第76、54、55页。

嘉靖十八年（1539），御史吴悌（号疏山）任两淮巡按，督盐政，专至安丰访谒王艮，晤谈三日夜，畅论良知之学。后疏荐王艮于朝，未果。同年冬，罗洪先（号念庵）北上京师赴任途中，特至安丰场拜访王艮，与王艮及其弟子徐樾、林春等论学。《心斋年谱》记曰："吉水罗念庵洪先造先生处，林子仁率同郡诸生、黎洛溪率邑诸生并集先生堂上。先生以病不能出，念庵就榻傍述近时悔恨处，且求教益。先生不答，但论立大本处，以为能立此身便能位天地、育万物，病痛自将消融。且曰：'此学是愚夫愚妇能知能行者。圣人之道不过欲人皆知皆行，即是位天地、育万物把柄。不知此，纵说得真，却不过一节之善。'明日复见，因论正己物正，先生曰：'此是吾人归宿处。凡见人恶，只是己未尽善；若尽善，自当转易。以此见己一身不是小。一正百正，一了百了。此之谓通天下之故，圣人以此修己以安百姓而天下平。得此道者，孔子而已。'念庵谓东城曰：'余两日闻心斋公言，虽未能尽领，至正己物正处，却令人洒然有鼓舞处。'是夕欲别去，先生留之，复与论仁之于父子一段，曰：'瞽瞍未化，舜是一样命；瞽瞍既化，舜是一样命。可见性能易命也。'"罗洪先别后，王艮"作《大成歌》，以赠念庵"。其略曰："始终感应如一日，与人为善谁同之？尧舜之为乃如此，刍荛询及复奚疑？我将大成学印证，随言随悟随时跻。只此心中便是圣，说此与人便是师。至易至简至快乐，至尊至贵至清奇。随大随小随我学，随时随处随人师。掌握乾坤大主宰，包罗天地真良知。自古英雄谁能此？开辟以来惟仲尼；仲尼之后惟孟子，孟子之后又谁知？"①

同年，颜钧亦因徐樾引荐而至安丰场，"入淘东师祖王心斋坛上，规受三月，乐学大成正造，快遂自心，仁神阃奥，直任夫子至德要道以仁天下人心"②。其《自传》曰："师事（徐樾）三年，省发活机，逢原三教，自庆际缘，何往不利。师亦钟爱，可与共学。适道命违左右，印正淘东波师，师曰王心斋之门……铎历历呈叩，心师申申振铎曰：'孔子学止从心所欲不逾矩也。矩范《大学》《中庸》作心印，时运六龙变化为覆载持帱以遁世。子既有志有为，急宜钻研此个心印，为时运遁世之造，会通夫子大成之道，善自生长收

---

① 王艮：《年谱》，《王心斋全集》卷三，陈祝生等校点，第75页。
② 颜钧：《履历》，《颜钧集》卷四，黄宣民编校，第35页。

藏，不次宜家风乡邦及国而天下也，亦视掌复如子之初筮萃和会三月矣。'如此从两师，往回竟四年，乐遂中和位育之御极。"①嘉靖二十年（1541），颜钧在江西闻王艮讣音后，即赶赴泰州，祭拜王艮祠墓，并庐墓三年，聚友千余，晰辨《大学》《中庸》之学。嘉靖二十三年（1544），颜钧又携刚进士及第的弟子罗汝芳专程到泰州祭拜王艮，并在心斋祠聚集同志，会讲半月："洞发心师传教自得《大学》《中庸》之止至，上格冥苍，垂悬大中之象，在北辰圆圈内，甚显明，甚奇异。铎同近溪众友跪告曰：'上苍果喜铎悟通大中学庸之肫灵，乞即大开云蔽，以快铎多斐之恳启。'刚告毕，即从中开作大圈围，围外云霭不开，恰如皎月照应。铎等纵睹渝两时，庆乐无涯，叩头起谢师灵。是夜，洞讲辚辚彻鸡鸣，出看天象，竟泯没矣。嗣是，翕徕百千余众，欣欣信达，大中学庸，合发显比，大半有志欲从铎成造。若师嗣王襞，亦幡然信及父师学脉。"②

嘉靖三十一年（1552）二月，邓豁渠访王襞于泰州，并参与了当地的讲会活动，亲身感受到"心斋之风犹存"。《南询录》载："是会也，四众俱集，虽衙门书手、街上卖钱、卖酒、脚子之徒，皆与席听讲。乡之耆旧率子弟雅观云集。王心斋之风犹存如此。"③

嘉靖四十四年（1565），督学南畿的耿定向建吴陵书院，专祀王艮。隆庆二年（1568），致仕归里的王栋，虽清贫如洗，却仍乐学不倦，创归载草堂，开门授徒，传扬心斋百姓日用之学，远近信从者甚众。王栋除自著《会语正集》外，还与宋仪望、聂静、董燧、郭汝霖等反复商正，编定付梓《心斋语录》，此即今中国科学院图书馆所藏明刻本《重刻心斋王先生语录》二卷。

综上所述，王艮及其传人，传承阳明学说，发展泰州王门，创立泰州学派，在中晚明特定的社会政治背景下，把与传统的官方儒学、士绅儒学迥然有别的平民儒学推向高峰，形成了颇具特色的平民儒学思潮，为中国思想史上留下了浓墨重彩的一页。

（陈寒鸣撰稿）

---

① 颜钧：《自传》，《颜钧集》卷四，黄宣民编校，第25页。
② 颜钧：《自传》，《颜钧集》卷四，黄宣民编校，第25—26页。
③ 邓豁渠：《〈南询录〉校注》，邓红校注，武汉理工大学出版社2008年版，第29—30页。

王阳明与池州

王阳明一生，行迹遍及大江南北，而地处长江中下游沿岸的池州是他往返浙、赣的必经之地。阳明曾两次停船登岸，游历池州境内的九华山和齐山，不仅与当地儒、释、道三家人物有不同程度的交往，还写下了大量诗歌，他的池州籍弟子还为他构筑了阳明书院，并相互研读"致良知"学说。然而，由于各类史料记载或不详，或相舛，给梳理和研究王阳明与池州的关系带来诸多不便。本章拟以王阳明的九华山游历、诗歌创作、书院建设等为主线，并附带考察其齐山之游，来详述王阳明与池州之关系。

一、池州交游

中国四大佛教名山中，九华山是聚集传统儒、释、道三家文化。在佛教中，九华山是地藏菩萨的道场；在道教的洞天福地中，九华山是第三十九福地；在儒家中，由于王阳明的两次之游及湛甘泉等人的讲学活动，使九华山曾经成为皖南儒学学子聚集的重要场所。

（一）关于王阳明游历九华山的时间

记录阳明游历九华山时间的重要史料是《阳明年谱》的两条记载，一是《年谱一》的记载："（弘治）十有四年辛酉，先生三十岁，在京师。奉命审录江北。先生录囚多所平反。事竣，遂游九华，作《游九华赋》，宿无相、化城诸寺。"[①] 二是《年谱二》的记载："（正德）十有五年庚辰，先生四十九岁，在江西。正月，赴召次芜湖。寻得旨，返江西。忠、泰在南都谗先生必反，惟张永持正保全之。武宗问忠等曰：'何以必反？'对曰：'召必不至。'有诏面见，先生即行。忠等恐语相违，复拒之芜湖半月。不得已，入九华山，每日宴坐草庵中。适武宗遣人觇之，曰：'王守仁学道人也，召之即至，安得反乎？'乃有返江西之命。"[②]《年谱》记载是最原始之据，盖

---

① 钱德洪：《年谱一》，王守仁：《王阳明全集》卷三十三，吴光等编校，第1225页。
② 钱德洪：《年谱二》，王守仁：《王阳明全集》卷三十四，吴光等编校，第1270页。

因不详，遂有纷争。

对《年谱一》记载阳明于弘治间游九华山之事，争论最多。张立文《宋明理学研究》认为："弘治十四年奉命审录江北囚狱，'多所平反'，事后游九华山。……明年，王守仁在京师厌倦于'学古诗文'，因而有'吾焉能以有限精神为无用之虚文'之感，遂告病归越。在归越途中，重游安徽青阳县的九华山、无相寺等地。"①张氏此说认定王阳明弘治十四年（1501）、十五年（1502）两次游九华。根据大概是因《年谱一》记阳明弘治十四年游九华，而阳明所作《九华山赋》有"壬戌"之注，"壬戌"即弘治十五年，因而有此判断。依张氏，阳明弘治十四、十五年两游九华，加上正德十五年之游，则阳明共有三次之游。对张氏之说，陈来《有无之境：王阳明哲学的精神》在其附考章有针对性地反驳："按阳明（弘治）十四年八月赴江北，次年十五年五月返京，年谱虽言事竣游九华，但未言事竣在十四年。按事竣必在十五年春，否则阳明不可能在十四年事竣游九华后又滞留五月之久。"②陈氏还用《九华山赋》来作旁论："《全书》十九《九华山赋》小注：壬戌，即弘治十五年。赋中有'试明茗于春阳''鸟呼春于丛篁'之语，当作于春天。同卷《夜宿无相寺》云：'春宵卧无相，月照五溪花'，《无相寺三首》之一云'朝闻春鸟啼，夜伴岩虎眠'，《书梅竹小画》云'寒倚春宵苍玉杖，九华峰顶独归来'，这都说明游九华诸诗作于春天。阳明十五年八月归越，故这些诗绝不可能是归越时作，所谓归越途中重游九华，误也。"③故此，陈氏认为，"阳明录囚事竣在十五年壬戌之春，遂游九华，所谓十四年游九华，十五年归越再游之说皆非是。弘治中只有一次游九华，并非两次，《九华山赋》等皆是江北竣命后往游时作。年谱以此事叙之辛酉，亦失于过简，当改正。当在本年载：'春，录囚事竣，遂游九华，宿无相、化城诸寺。'"④陈氏否定弘治十四年之游，而推之为十五年，其要据在《九华山赋》之注"壬戌"和诸诗对春天景象的描述，而《年谱》又记之不详，遂有此宽

---

① 转引自陈来：《有无之境：王阳明哲学的精神》，人民出版社1991年版，第1269—341页。
② 陈来：《有无之境：王阳明哲学的精神》，第341—342页。
③ 陈来：《有无之境：王阳明哲学的精神》，第342页。
④ 陈来：《有无之境：王阳明哲学的精神》，第342页。

松之余地。

对张立文与陈来之争论，钱明在其《阳明学的形成与发展》之附录中提到阳明散佚诗《和九柏老仙诗》之手迹拓本（录自计文渊编《王阳明法书集》，西泠印社1996年版），该诗末尾有"弘治辛酉仲冬望日，阳明山人王守仁识"之落款，既为手迹拓本，可信度较高。"弘治辛酉"即是弘治十四年。因此，钱氏断言："由本篇可知，张立文的弘治十四年、十五年阳明两次游九华说与陈来的弘治十五年春阳明游九华说皆非是，《年谱》记游九华事于弘治十四年，无误。"①

以上三人对于阳明弘治年间游九华之论，综合起来看，主要有两点：一是能证明弘治十四年阳明游九华者有二，即《年谱一》于弘治十四年下记录有阳明录囚事竣后游九华之事与阳明《和九柏老仙诗》手迹拓本的落款有"弘治辛酉仲冬望日"之记录；二是能证明弘治十五年阳明游九华的证据有阳明本人所作《九华山赋》下有"壬戌"之注和阳明一系列有关九华的诗文（包括《九华山赋》）中多有描述春天之文句。今笔者查阅地方志，发现有新的证据，可证明弘治十五年正月初一阳明仍在九华山及其附近游玩。如康熙《九华山志》卷八《九华山赋》前有一阳明自序，曰："九华为江南奇特之最，而《史记》所录独无其名，盖马迁足迹之所未至耳。不然，当列诸天台、四明之上，而乃略而不书耶！壬戌正旦，予观九华，尽得其胜，已而有所感遇，遂援笔而赋之其辞曰。"②此序不仅康熙《九华山志》记载，其后所编的《九华山志》《青阳县志》《池州府志》等亦有载录。

此外，乾隆《池州府志》、光绪《贵池县志》还在齐山条下收录了一篇《王阳明全集》未收的阳明佚文《游齐山赋并序》，全文如下：

> 齐山在池郡之南五里许，唐齐映尝刺池，亟游其间，后人因以映姓名山。继又以杜牧之诗，遂显名于海内。宏（弘）治壬戌正旦，守仁以公事到池，登兹山以吊二贤之遗迹，则既荒

---

① 钱明：《阳明学的形成与发展》，江苏古籍出版社2002年版，第268页。
② 喻政龙、李灿重辑：康熙《九华山志》，清康熙二十八年刻本。按：《王阳明全集》仅注"壬戌"二字，无序。

于草莽矣！感慨之余，因拂崖石而纪岁月云。

适公事之甫暇，乘案牍之余晖，岁亦徂而更始，巾予车其东归。循池阳而延望，见齐山之崔嵬。寒阳惨而尚湿，结浮霭于山扉。振长飚而舒啸，麾彩见于虹霓。千岩豁其开朗，扫群林之霏霏。羲和闯危巅而出，候倒回于苍矶。蹑晴霞而直上，陵华盖之葳蕤。俯长江之无极，天风飒其飘衣。穷岩洞之幽邃，坐孤亭于翠微。寻遗躅于烟莽，哀壑悄而泉悲。感昔人之安在，菊屡秋而春霏。鸟相呼而出谷，雁流声而北飞。叹人事之倏忽，晞草露于顷斯。际遥瞩于云表，见九华之参差。忽黄鹤之孤举，动陵阳之遐思。顾泥途之混浊，困盐车于枥马。苟长生之可期。吾视弃富贵如砾瓦，吾将旷八极以遨游，登九天而视下，餐朝露而饮沆瀣，攀子明之逸驾。岂尘网之误羁，叹仙质之未化。

乱曰：旷观宇宙，漠以广兮。仰瞻却顾，终焉仿兮。吾不能局促以自污兮，复虑其谬以妄兮。已矣乎，君亲不可忘兮，吾安能长驾而独往兮。①

九华山在青阳县境内，明代青阳隶属池州府。齐山在池州城治通往九华山的途中，在池州城治南方五里处，离九华山七十余里。自唐以来，齐山因齐映、杜牧、岳飞等人之游历及诗作而名闻海内，以翠微亭名气最大。清陈蔚的《齐山岩洞志》（二十六卷）对齐山的人文、地理情况有详细介绍。阳明两次游九华山，也曾两次游齐山。关于阳明游齐山之事，《阳明年谱》无一语言及，想必是时人更加关注阳明的九华之游，以及阳明游齐山时所作诗文不多之故。今可考者，全赖阳明游齐山时所作诗赋，并与其游九华山之事对照。阳明于齐山所作诗赋共四件，即《寄隐岩》《游齐山赋并序》《春日游齐山用杜牧之韵（二首）》，另有摩崖石刻一方。《游齐山赋并序》和《寄隐岩》作于第一次游齐山时，《春日游齐山用杜牧之韵（二首）》作于第二次游齐山时。《寄隐岩》收录在《王阳明全集》卷二十《外集二·京师诗》中。乾隆《池州府志》、光绪《贵池县志》收此诗于"齐山寄隐岩"条下。《春日游齐山寺用杜牧之韵（二首）》收录在

---

① 陆廷龄修，桂迓衡等纂：光绪《贵池县志》，《中国地方志集成·安徽府县志辑》（第61册），第28—29页。

《王阳明全集》卷二十《外集二·江西诗》中，嘉靖《池州府志》、乾隆《池州府志》、光绪《贵池县志》收此诗于齐山条下。

　　阳明的《游齐山赋并序》和《九华山赋》二序都提到"壬戌正旦"，"正旦"即正月初一。阳明不可能在同一天既游九华，又游齐山。从阳明所撰二赋之内容看，他应该在正月初一之前已游历了齐山和九华山，到正月初一时还没有离开。所以可以肯定，阳明第一次游九华，是从弘治十四年底到弘治十五年春。在时间上，阳明的九华山之游也不是一二天，而应有数十日。在《九华山赋》的序文中，阳明说"予观九华，尽得其胜"，而在赋中，他又说"穷秘密于崔嵬，极玄搜而历考"，并详细描述了自己的九华之游。从阳明的自我描述来看，他对九华山的游览极尽其微，可谓历代游览九华山人中的第一位巨细无遗者。清人周赟在其编撰的《九华山志》中辑有《王阳明先生九华诗册》专章，其《序》云："九华之山，自太白更名，而名始高。自梦得称为尤物而名始震。然太白仅江上一望而已，梦得仅山外一见而已，岂若阳明先生涉险寻幽，探奇揽胜，枕漱泉石，出入烟霞，往复流连，歌咏成帙，于九十九峰爱之深，而玩之熟哉！"① 九华山九十九峰，主峰有九个，排列成莲花状，故号九华。加之九华山阴雨天气多，历代游山之人，多半受此阴雨天气之阻碍。阳明尽得九华之胜，自需数十日之时光。阳明于正德年间第二次来九华时，尝作《江上望九华山》诗，内有"当年一上化城峰，十日高眠雷雨中"句，仅在化城寺即因雨而停留达了十日之久。综前所论，阳明弘治年间游九华，只有一次。他于弘治十四年辛酉冬即已到九华山，这个时间应在他《和九柏老仙诗》的落款"弘治辛酉仲冬望日"即该年十一月十五日之前。此后，他细细游历了九华山及附近景点，于弘治十五年正月才离去。

　　对于王阳明正德十五年庚辰第二次游九华山，也有须辨别的地方。据《年谱二》，阳明于该年正月赴召到芜湖，受到忠、泰等人之阻，在芜湖停留半月，不得已入九华山。本月得旨返回江西，并于正月晦日（二十九日）留石刻于庐山开先寺读书台后，三十日游白鹿洞，多所题咏。"二月，如九江。……观兵九江，因游东林、天池、

---

① 释印光重修，许止净鉴定，释德森编辑：民国《九华山志》，民国二十七年刻本。

讲经台诸处。是月，还南昌。"① 三月在江西上疏请宽租。但也有与此相矛盾的记载，证明阳明正德十五年三月曾在九华山和齐山等地逗留。九华山宴坐岩悬石倒覆处的摩崖石刻，刻阳明《题周金和尚》偈，落款为"正德庚辰三月八日阳明山人王守仁书"。② 与此相关的还有齐山寄隐崖石刻："正德庚辰清明日，阳明山人王守仁献俘，自南都还，登此，时参政徐琏、知府何绍正同行，主事林豫、周昺、评事孙甫适至，因共题名。陶野刻。"据民国比丘德森编纂的《九华山志》卷四中的解释，此年清明正是三月九日，比阳明在九华山宴坐岩石刻仅仅迟一天，十分符合阳明自九华下齐山归江西的行走路线和时间要求。另康熙《九华山志》收录邹守益《阳明书院记》一文，其中有记阳明游九华之语曰："宏（弘）治壬戌，阳明王先生以恤刑至池，爱其胜而游焉。至正德庚辰，以献俘江上，复携邑之诸生江学曾、柯乔、施宗道以游，尽搜山川之秘，越月而去。"③ 从邹文来看，正德间阳明游九华，"尽搜山川之秘，越月而去"，表明阳明此次游历时间比较长，游览也比较详尽。而从《王阳明全集》录阳明正德间游九华之诗看，阳明此次游历之处确实较多，先后到过无相寺、芙蓉阁、莲花峰、云峰、双峰、龙潭、天池、文殊台、化城寺、齐山，并于东崖宴坐。但依《年谱二》，正月阳明乘船至芜湖，在芜湖停半月，返回途中游九华山，二十九日前回到江西，又说明阳明此次游九华的时间并不长，三月份不可能在九华山、齐山题诗刻石。有人曾据《年谱》对此两处石刻提出怀疑，认为是伪作，但也难有足够证据。阳明的著作和年谱在阳明在世时即有刊刻，《王文成公全书》在隆庆六年（1572）就已刊行。如果真是伪作，伪作之人既能想到把两处的时间设计为隔日，先九华后齐山，也就能想到使之合乎阳明的真实游历时间，没必要出现相差一个多月的明显错误。越是伪作，越应不会有如此愚蠢之差错。而且明代刘城在其《游九华记》中也提到他天启二年（1622）游九华山，先在望华台读到阳明题诗，又于宴坐岩读到阳明题周金和尚偈和周汝玑、黄尊素

---

① 钱德洪：《年谱二》，王守仁：《王阳明全集》卷三十四，吴光等编校，第1270—1271页。
② 按：此偈《王阳明全集》以《无题》名之，周赟《王阳明九华诗册》收录时名《赠周金和尚》。该偈还有阳明所作之注："崖僧周金，自少林来，坐石窦中，且三年。闻予至，与医官陶野来谒。金盖有道行者，野素精医，有方外之缘，故诗及之。"
③ 喻成龙、李灿重辑：康熙《九华山志》，清康熙二十八年刻本。

等人的题名。这表明宴坐岩的石刻最晚在明天启二年就已存在，离正德十五年（1520）仅一百余年。所以，最大的可能是阳明于正德十五年一月和二月底三月初两次游历九华，但因时间相隔较短而记为一次。《王阳明全集》录阳明正德间游九华山诗，其中《江上望九华不见》第一句即说"五旬三过九华山，一度阴寒一度雨"。"五旬三过"，表明阳明在正月回江西后又到过九华山。如果按《年谱》，阳明正月自江西至芜湖，返回时游九华山，二、三月俱在江西，便不可能有"五旬三过"之说，而仅是"一月两过"而已。

（二）关于王阳明游九华山的游踪与交往

据民国比丘德森《九华山志》载，旧时游九华山之路线有四条：西北路、东路、东南路和北路。西北路即从池州府经齐山至五溪上九华；东路即从宁国府经青阳县城至西洪岭上九华；东南路从徽州府经石台县到陵阳镇上九华。前三路皆陆路。北路是水路，即从长江入大通至横埠，或经青阳县城至西洪岭上九华，或逆水而上直至五溪上九华。阳明游九华，都是在往返浙、赣中途顺路游之，其有关九华之诗文中也多有江上阻风、停船上岸之记载。因此，阳明应是从长江登岸入池州境内的。池州府治和大通均临长江，是从长江入池州的重要通道，阳明既可走西北路，也可走北路，而不可能走东路和东南路。

阳明弘治间游九华之行踪，读其《九华山赋》即能知其全貌。阳明此次九华之游可谓一览无遗，故此赋对其游历过程描述之详细也可谓极其惊人，其山名、人名、峰名、岭名、水名、花草名、泉名，极其详备，非细游细心之人不可为之。自九华山有游人以来乃至今日，以一文而尽九华之景，未有及阳明者。他循长江南下，在青阳境内登陆。先从五溪入山，夜晚抵达九华山山麓，到秀才柯乔家，并宿于无相寺，观无相寺内的金沙泉。无相寺初为唐代进士王季文的书堂，王季文辞官隐居于此。据传王季文后来修道成仙，临终时舍宅为寺，宋时朝廷赐额无相寺。阳明宿此寺，即有寻访王季文遗踪之意，故有"访王生于邃谷，掏金沙之清潦"之语。然后阳明沿石阶上山，先后经过半宵亭、望江亭，又观龙池瀑布，最后到达太白祠和化城寺。由于大雨，阳明在化城寺住留十日，与化城寺西的长生庵住持石庵和尚相谈甚契，并为之作赞。《赞》曰：

从来不知光闪闪气象，也不知圆陀陀模样。翠竹黄花，说甚么蓬莱方丈。看那九华山里金地藏，好儿孙，又生个实庵和尚。噫，那些儿妙处，丹青莫状。①

此后，阳明遍游九华诸山水，兹依阳明自述之顺序列于下：先后游钵盂峰、莲花峰、云门峰、天柱峰、列仙峰、翠盖峰、绮霞峰、天姥峰、翠微峰、九子岩、玉甑峰、少微峰、覆瓯峰、滴翠峰、安禅峰；自此下山，观双泉，逾西洪岭，于黄石洞休息；游石船洞、云峰、嘉鱼池、齐云岭、东阳涧，品尝九华特产之九节蒲草；过七布瀑布，回望莲花峰巨石"灵龟探海"；过石屋、文殊峰、螺髻峰、凤凰岭、滕子京故居、赵知微修炼处碧桃岩，并观碧桃瀑布，看五钗松，折龙须草，观钵囊花；过白云寺，宿南台庵；后又至中峰怅望。阳明此游，感慨颇多，所到之处，都作诗以记，并有"九华之矫矫兮，吾将于此巢兮"②的卜居之心。下山后，阳明又游历齐山，作《游齐山赋》和《寄隐岩》等诗，也有"每逢山水地，便有卜居心"之语。③此次游历，阳明除上述与实庵和尚有交往外，还与道家蔡蓬头、释家地藏洞僧有交往。④据《年谱一》与康熙《九华山志》，蔡蓬头居于东崖，地藏洞僧则居九子岩下地藏洞中。蔡蓬头善谈仙，阳明以礼待之，向其问出世之道，蔡说："尚未。"阳明屏退左右，引蔡至后亭，再拜请问，蔡说："尚未。"阳明再三请问，蔡说："汝后堂后亭礼虽隆，终不忘官相。"一笑而别。地藏洞僧，其名不可考，居地藏洞中，不食人间烟火，坐卧于松毛之中，独自修行，颇有当年金乔觉来九华山居此洞时的苦行风范。阳明对他十分钦佩，故不辞艰险而专访之，刚好他在熟睡，阳明遂坐在他身边等待。他醒后很吃惊地说："路险，何得至此！"遂与阳明论最上乘，说："周濂溪、程明道是儒家两个好秀才。"阳明很可能是受到地藏

---

① 喻成龙、李灿重辑：康熙《九华山志》，清康熙二十八年刻本。
② 王守仁：《九华山赋》，《王阳明全集》卷十九，吴光等编校，第659页。
③ 王守仁：《寄隐岩》，《王阳明全集》卷二十，吴光等编校，第723页。
④ 据明墨憨斋（冯梦龙之居所名）新编《皇明大儒王阳明出身靖乱录》（日本弘毅馆刻，1968年台湾广文书局以弘毅馆为底本影印刊行）上卷载：弘治十二年（1499），阳明游九华山，至地藏洞，闻山岩之巅有一老道，后再访时，人已徙居他处，遂作此诗。然据本文考证，阳明首次游九华山是在弘治十四年（1501），其间尝与地藏洞僧谈最上乘，地藏洞僧应该就是此老道。《靖乱录》所记弘治十二年当为十四年之误。

洞僧之启发,于此次游九华后,便回京复命,后即告病归越,筑室阳明洞中。

阳明正德年间的九华之游,也是从水路。游历时所作诗中,有《江上望九华》《泊舟大同山溪间诸生闻之有挟册来寻者》《将游九华移舟宿寺山》等可为明证。但此次游踪不似上次可详考,我们只能根据阳明诗文列举出他到过的地方,有芙蓉阁、莲花峰、龙潭、云峰、双峰、天池、文殊台、太极岩、化城寺、东岩等。此次与阳明同游者有其学生柯乔、施宗道、江学曾和医官陶野。阳明此次游历,有东岩宴坐之举,目的是为避忠、泰等人诬陷其有谋反之嫌,武帝派锦衣卫监视,得知阳明是学道之人,不可能造反,遂命阳明返江西。阳明宴坐东岩处的地形十分险恶。据明代刘城《游九华山记》载:"上东崖,窥阑悚仄。僧曰:'阳明先生来此时,未有阑,履前出殿外者足三分,诸从游学士皆色变战战。'又曰:'焚香之众,誓舍身于兹者,岁数人。'"①阳明选择如此险恶之地终日宴坐,实是直面其现实之险恶处境而修其心。当时在东岩修行者,有周金和尚,阳明与他交往甚深。康熙《九华山志》卷六载:"周金和尚,正德间太平僧也。游少林回,居九华东岩。王守仁登九华,金谒之,守仁与语有契,赠之偈。嘉靖戊子,金还太平山,未久,一日告寺僧曰:千圣本不差,弥陀是释迦。问我还乡路,日午坐牛车。语讫跏趺而逝。"康熙朝郎遂撰《杏花村志》卷三则载之更详:"周金和尚墓在西庙(即昭明太子庙,在池州城西杏花村)前。金自少林来,居九华东岩,值王阳明再登九华,金谒之。阳明赠之偈云:'不向少林面壁,却来九子看山。锡杖打翻龙虎,双履踏倒巉岩。这个泼皮和尚,如何留在世间?呵呵,会得时与你一棒,会不得时,且放在黑漆桶里偷闲。'嘉靖戊子,金自九华山还罗汉寺。一日告众曰:'千圣本不差,弥陀是释迦。问我还乡路,日午坐牛车。'语毕跏趺而逝。"②查《大清一统志》和《江南通志》可知,罗汉寺全名太平罗汉寺,宋太平兴国时建,是在唐林泉寺的废址上建成。杜牧任池州刺史时逢会昌法难,遂废林泉寺,并作《池州废林泉寺》

---

① 释印光重修、许止净鉴定,释德森编辑:民国《九华山志》,民国二十七年刻本。
② 郎遂:康熙《杏花村志》,《中国地方志集成·乡镇志专辑》(第27册),第490页。

诗云:"废寺碧溪上,颓垣倚乱峰。看栖归树鸟,犹想过山钟。石路寻僧去,此生应不逢。"①《九华山志》称周金为"太平僧",后"还太平山",此"太平"即指太平罗汉寺。据阳明所述,周金也是一苦行僧人。民国《九华山志》录阳明《送周金和尚》诗一首,在《王阳明全集》中记为《无题》诗:"岩头有石人,为我下嶙峋。"②此诗之后,阳明有一自注:"崖僧周金,自少林来,坐石窦中,且三年。闻予至,与医官陶野来谒。金盖有道行者,野素精医,有方外之缘,故诗及之。"阳明被周金坐崖三年所感动,不仅作偈、作诗赠之,还为此作《有僧坐岩中已三年诗以励吾党》诗以勉励儒门人士。阳明此次九华之游后,还顺路再游齐山隐岩、齐山寺等地,且有参政徐琏、知府何绍正、主事林豫、周昴和评事孙甫与之同行。阳明有题名刻石,并作《春日游齐山寺用杜牧之韵(二首)》等诗。

二、池州王门

王阳明两游池州,累计居之数月,始开池州王门。今考之方志与相关史料,略显阳明池州弟子之概况。

1.李呈祥。《儒林宗派》卷十五《王氏学派》收录阳明池州籍弟子共有两人,即贵池李呈祥和青阳柯乔。《江南通志》卷一百四十八《人物志》载有李呈祥生平事迹:"明李呈祥,字时龙,贵池人。年三十九,应岁贡,赴廷试。归,筑一轩,自署曰'尚志'。日端坐其中,研经味道。谒王守仁于江西,辨析同异,深契良知之旨。转授门徒,柯乔、丁旦皆其入室弟子。郡守候缄、陆冈、曾仲魁等人相继荐其笃行,公卿皆敬慕之。所著有《古源日录》《知行二论》。"对此,《古源山人日录》中有一记录颇值玩味:"予访阳明于赣,一日忽承阳明来馆中看予。馆近市,坐定,闻市井喧闹声,阳明曰:'此亦可以磨心。'予举渊明'心远地自偏'以对。阳明曰:'心远非圣贤之道。'"③这不仅说明阳明对远道而来的问学者能平等对待,

---

① 杜牧:《池州废林泉寺》,《杜牧集系年校注》,吴在庆校注,中华书局2008年版,第389页。
② 王守仁:《王阳明全集》卷二十,吴光等编校,第779页。
③ 李呈祥:《为学》,《古源山人日录》卷二,扬州:广陵书社2008年版,第805页。

即使公务繁忙也会专程看望的师长风范，同时也说明阳明与陶渊明心境的深度契合。李呈祥从赣州回来后，讲学不已，转授门徒，弟子有柯乔、丁旦、吕一麒、井一成等人。李呈祥久慕湛甘泉，嘉靖丙午（1546）八月，湛氏过池阳，登九华山，李呈祥相迎。两人相交甚契，"而欢若平生交焉，而若鱼水不足也"。又谓此前两人未尝识面，而相互仰慕，是为神交。李呈祥向甘泉执弟子礼，并筑神交亭以为纪念，湛氏为之作《神交亭记》，详述其事。湛氏《神交亭记》全文，《江南通志》卷三十四、嘉靖《池州府志》卷九、光绪《贵池县志》卷二十六均有收录。李呈祥一生坚守圣学，对湛甘泉十分尊重。《神交亭记》记李呈祥出迎甘泉事："或曰：'子十年不为彼乡士夫出矣，不为郡大夫出矣，而为甘泉子出，何耶？'（李呈祥）曰：'吾为道出也，非为甘泉公也。'"①可见，在李呈祥眼里湛甘泉是当时道学的象征性人物。而湛甘泉对李呈祥的评价也很高。嘉靖《池州府志》卷九录有湛甘泉的《六字诀》："甘泉子曰：'可以与吾随处体认天理之学者，其古源李子乎！夫随处体认天理，此吾心学六字诀也，千圣千言之会也，尽之矣。苟能终日终身而致力焉，直上达天德无声无臭焉，至矣。李子其勖之哉，是在李子。'"李呈祥的著作共有三种，其中学术著作有《古源日录》二卷、《知行论》二卷，另有《开州政绩》二卷。《开州政绩》是李呈祥记其兄李嘉祥知开州时的事迹。嘉祥为弘治九年（1496）进士，知开州，有治行，著作有《默斋稿》二卷、《狮山奏议》一卷。李呈祥和李嘉祥墓分别在贵池县兴孝乡黄连坑和贵池县源头玉峰山左。李呈祥有二子，长子敬之，获岁贡，任兖州府通判，后迁随州知府、永昌府同知，颇具政绩；二子蕴之，为乡善士，克绍家学。

2. 柯乔。据《青阳县志》等史料记载，柯乔，字迁之，号双华，青阳县柯村人。先从李呈祥学，阳明、甘泉游九华时又师事王、湛。嘉靖八年（1529）进士及第，历任行人司行人、贵州道御史等职，后以政绩升任湖广按察司佥事，治沔阳。在沔阳建江堤，设集市，兴办学校，平雪冤狱，受到当地人民爱戴。离任时，数千人为其送行，并以其靴帽建生祠。嘉靖二十四年（1545），升任福建布政司

---

① 湛若水：《湛甘泉文集》卷十八，《四库全书存目丛书·集部》（第57册），第9页。

参议、按察司副使,协办浙、闽海防事务。期间协助提督朱纨加强海防,严惩海上走私活动,并亲自带兵镇守泉州、漳州等海防要地,清剿海盗,堵击倭寇。晚年因触犯权贵,蒙冤入狱。嘉靖二十九年(1550)获释回乡。柯乔曾与江学曾、施宗道等人亲炙王门,陪阳明在九华山游历月余。后又与当地官员建阳明书院和甘泉书院。晚年于阳明书院右侧筑双峰书院,闭门读书。嘉靖三十三年(1554),朝廷察知柯乔冤情,诏令进京授职,时柯乔已病逝。著作有《九华山诗集》二卷。

3.江学曾、施宗道。二人皆青阳县人,曾与柯乔一道陪阳明游九华。湛甘泉讲学南都,二人一同前往受学并及门。康熙《九华山志》录吕枬《甘泉书院记》载:"嘉靖乙酉(1525),青阳生江学曾、施宗道来南都,受学于吾甘泉先生。暇或谈及九华,先生飘然有往之意。二生对曰:'愿筑书堂,以立候也。'越明年,柯生乔亦及门受业,勃与共构之。"后来,他们与当地官员一道邀请湛氏来九华山讲学,并一起构建甘泉书院。江学曾嘉靖中获岁贡,任嵊县训导、新建教谕。

王阳明在池州的弟子,除以上四人外,还有李呈祥门人丁旦、吕一麒、井一成等私淑弟子。

4.丁旦。据光绪《贵池县志》卷二十六《人物志》,丁旦,字惟寅,气骨朗峻,音如洪钟。年幼时即能不妄言,事父兄十分孝谨。闻同里李呈祥贤,遂师事之。学成后又从邹守益、王畿、钱德洪、欧阳德等人学习,并私淑王阳明。丁旦一生讲学不辍,"大江以南,门徒最盛"。丁旦家中一向贫困,其兄丁杲经纪家政,待他十分友爱,使丁旦得以砥砺学术,心无旁骛。丁旦学成后,"修饩自给,以宅让其兄"。丁旦的这一行为得到同里人的尊重,被人誉为"丁夫子"。耿定向督学南畿,闻丁旦文行,便命有司以礼聘入试监司。守令常常向他咨询政治得失,丁旦知无不言,言不不尽。对当地孝子节妇,他力请旌扬。隆庆中一让恩贡,复让岁贡。到万历元年(1573)始就岁贡,入太学。阅十年,任衡州府通判。任职期间,除弊利民,倡修社学、义仓,并与衡州人士讲学不倦。曾拜谒耿定向于黄安山中,得寒疾,加上劳累过度,回衡州后逝世。丁旦一生两袖清风,逝世后竟至于"贫不能殓",士大夫俱为之悲怆不已。后归葬故里贵池石都山南麓,耿定向为其题碣:"名贤丁君惟寅之墓。"

丁旦一生讲求诚信，其师李呈祥逝世时，竟哭至"目几盲"，并亲自负土为师筑墓。尝论学道："滚来滚去，浪掷半生；知是知非，本体自在""伊尹放桐之日，一毫利害之心不存；周公东征之时，一毫毁誉之心不入""天理不远人情，造化不逾物则。物来顺应，时动事兴"。王畿《龙溪集》卷十二有《与丁惟寅》书，为二人论学之证明。有一子，名绍轼，字文远，年六十二，谥文恪，万历三十五年（1607）进士，授翰林院庶吉士，历任礼部右侍郎兼翰林院侍读学士充日讲官、礼部尚书兼东阁大学士、次辅、太子太保兼礼部尚书兼文渊阁大学士等职。

5.吕一麒，贵池人，号虞田，李呈祥弟子，与丁旦友善。后师从王畿、邹守益等，并私淑王阳明。据光绪《贵池县志》卷十六《人物志》，吕一麒"步趋绳墨，一介必严"；"以岁贡，历任鄢陵训导，盱眙、当涂教谕，沂州学正，皆教化盛行"；归乡二十余年卒，年八十余。

6.井一成，建德（今池州市东至）人，字起祚。从学李呈祥，后又师事湛若水、邹守益等，以名宿为时所重。嘉靖中获岁贡，历任孝丰、靖安两县知县，俱有惠政。

三、九华讲学

九华山因王阳明与湛甘泉之游，并有阳明书院、甘泉书院之构筑，始开儒门。自此至明代末年，又有双华精舍、钦所精舍、凤台精舍、南台精舍、还素精舍相继建立在阳明书院周围，使九华山儒学进入到一个空前发展期。

（一）阳明书院

据《王阳明全集》卷三十六《年谱附录一》载："（嘉靖）十四年乙未……巡按直隶监察御史曹煜建仰止祠于九华山，祀先生。九华山在青阳县，师尝两游其地，与门人江□□（按：应为江学曾、柯乔等宿化城寺数月。寺僧好事者，争持纸索诗，通夕洒翰不倦。僧蓄墨迹颇富，思师凤范，刻师像于石壁，而亭其上，知县祝增加葺之。是年煜因诸生请，建祠于亭前，扁曰'仰止'。邹守益捐资，令僧买赡田，岁供祀事。越隆庆戊辰，知县沈子勉率诸生讲学于斯，增葺垣宇赡田。煜祭文见《青阳志》。"①《全集》卷十还附邹元标《重修阳明先生祠记》，然该文只谈学理，于祠始末不详。上述《年谱附录一》所记，于阳明书院未曾提及，而只说曹煜建仰止祠，这是不准确的。事实上，阳明的九华山学生与当地官员是先建阳明书院，并刻阳明先生像于石壁上。书院包括讲堂、勉志堂和仰止亭。阳明殁后，为祭祀阳明，改阳明书院为仰止祠。关于阳明书院与仰止祠之始末，嘉靖《池州府志》所收的邹守益《阳明书院记》、吕柟《仰止亭记》和欧阳德《九华山仰止祠记》等皆有详述。据邹守益《阳明书院记》，阳明游九华山时，"慨然欲建书屋于化城寺西，以资诸生藏修，而未果也"。嘉靖七年（1528），青阳县令祝增遵照阳明意愿，在化城寺西建阳明书院，书院"中建正堂，大书曰'勉志'，东西有廊室，亭其后，曰'仰止'，合而命之名曰'阳明书院'"。②池州太守韩楷、贰守张邦教前往观看，嘉勉不已，并商议购置良田以膳学者，以图把九华山阳明书院建成与白鹿、云谷齐名的讲学场所。据欧阳德《九华山仰止祠记》，建阳明书院起自柯乔。柯乔参加乡试时告诉祝增阳明欲建书院之事，祝增遂于嘉靖七年秋建成阳明书院。当年底，阳明辞世，巡按虞守愚、督学闻人诠至九华山阳明书院，见其地甚好，为阳明所卜之地，遂与池州同知任柱一起，改书院为祠，于嘉靖十三年（1534）夏完成。前后帮助建书院和仰止祠的还有池州知府候缄、陆冈、通守徐子宜、节推赵昊等人。《年谱附录一》与邹文、欧文所记有一些矛盾，前者提到曹煜建仰止祠之事，而后者只字未提。这只能说明，阳明书院之初建继而改为仰止祠之事，曹煜确实没有发挥太大作用，但曹煜后来可能参与了重建和修葺。仰止祠不久被废，万历年间青阳知县苏万民、蔡立身重建。重建后的仰止祠，前有会文堂，左右列凤台、双华精舍，门前为石坊，抚院朱鉴堂公题额"高山仰止"。明天启三年（1623），青阳知县李如桂改建，前后增柯、吴、刘、罗四姓精舍。清初至民国间，时兴时废。"文革"时被拆毁。今遗址不存。"阳明先生小像"石碑今藏九华山化城寺。

---

① 钱德洪：《年谱附录一》，王守仁：《王阳明全集》卷三十六，吴光等编校，第1331—1332页。
② 喻成龙、李灿重辑：康熙《九华山志》，清康熙十八年刻本。

（二）甘泉书院

湛甘泉和王阳明一样，每至一地，皆欲建书院以讲学。记录九华山甘泉书院始末最详者，是甘泉高足吕柟所作的《甘泉书院记》，嘉靖《池州府志》和康熙《九华山志》均有录。记文曰："嘉靖乙酉（1525），青阳生江学曾、施宗道来南都，受学于吾甘泉先生。暇或谈及九华，先生飘然有往之意。二生对曰：'愿筑书堂，以立候也。'越明年，柯生乔亦及门受业，勃与共构之。"1527年，青阳县令祝增有意帮助建甘泉书院，江学曾、施宗道等人遂开始选址，计算工程。施宗道捐资，祝增捐俸，然因其他原因而未成。到嘉靖十三年（1534），巡按虞守愚、督学闻人诠因阳明书院改祠完毕，上山祭奠，池州知府候缄等人将建甘泉书院之事告诉他们，两人遂命候缄等人构筑讲堂斋舍，并定名为"甘泉书院"。同知任柱捐钱买田二十亩以膳书院。据甘泉弟子林文俊的《九华山甘泉书院田记》："嘉靖甲午，提学闻人君、巡按虞君始命池守侯君为先生作书院于兹山化城寺之东，而以先生所作讲义及九华诗刻置壁间，如先生之临乎是也。泾野吕子既为之记，但山高路峻，四方士之来学者不能裹粮为久居计，贰守柯君斥俸金买田十亩入焉，所收仅足以充公费，而赡士之资无所出。柯君患之。邑有宁生涵者，尝从学柯君而慕先生之学。一日告其父曰：'今书院虽成而士无所赡，不能久居于此，其若先生之教何？吾家幸有先人之田，取给饔飧足矣，多蓄赢余以遗子孙，无益也。'其父然之，遂刈腴田百亩入书院，以赡士之来学者。"[1]甘泉书院建成后，捐资买田者多，竟达一百余亩。嘉靖二十五年（1546）八月，湛甘泉应池州知府及柯乔、江学曾、施宗道等人之邀来到池州，并于九华山中华讲堂讲学，手书"甘泉"二字刻于书院之石上。《甘泉先生文集》收录了他在九华山的讲义《九华山中华讲堂讲章》。甘泉书院于明万历五年（1577）由青阳知县苏万民重修。万历二十一年（1593）青阳知县蔡立身又重修。清咸丰间毁于兵燹。今遗址尚存。

---

[1] 林文俊：《方斋存稿》卷七，文渊阁《四库全书》集部别集类。

(三)凤台精舍与双峰精舍

据光绪《九华山志》所录柯乔《九华山凤台精舍记》和任柱《九华山双峰精舍记》,柯乔晚年回乡,一心想续阳明之学,与池州同知任柱相约在阳明书院两侧建讲堂,共同切磋良知学。于是,柯乔便在九华山阳明书院右建双峰精舍,任柱在阳明书院左建凤台精舍,并相互为之记。后柯乔长年闭门读书于此,偶尔收徒讲学。

(四)南台精舍、还素精舍与钦所精舍

南台精舍在阳明书院东,明万历初都谏吴文梓建。还素精舍和钦所精舍分别在阳明书院会文堂的左右方。还素精舍由侍卿刘炽建,钦所精舍由副宪罗赐祥建。据罗华衮《钦所精舍记》,罗赐祥,字应敬,别号钦所,生平之学以主敬为先,实际在不欺。曾在九华山肄习举业,三年不归,早起晚睡,常点灯夜读,神魂凝结,以至焚头巾而不觉,九华山人称其为焚巾学者。

除此之外,九华山还建有如柱明精舍、会华书院等讲学活动场所。明中晚期,九华山及青阳等地的学子经常活跃于上述书院之中,相互研习切磋,弘扬儒家学说,尤其是阳明心学,使九华山儒学成一时盛况。

(尹文汉撰稿)

阳明学在宣城

随着明嘉靖年间阳明学影响的不断扩大，阳明学逐渐从浙江、南京等地传入了南直隶宁国府和广德州，即现今宣城市（绩溪县除外）、黄山市黄山区（原宁国府太平县）和芜湖市南陵县（原宁国府南陵县）境内。至万历年间宣城各地发展起来颇具规模的宣城阳明学，在学术传承、书院讲学、地方治理等方面形成了具有明显地方特色的阳明学区域文化。

一、宣城阳明学之源

在《明儒学案》中，宣城阳明学属于涵盖明代南直隶所辖十四个州府的"南中王门"。与南中王门其他地域不同，王阳明本人未曾涉足宣城（明代的宁国府和广德州两地），这一地域阳明学的兴起另有其源头。

（一）宣城学者与白沙之学

明代心学兴起始自陈献章，黄宗羲说："有明之学，至白沙始入精微。其吃紧工夫，全在涵养。喜怒未发而非空，万感交集而不动，至阳明而后大。"[1]陈献章的白沙之学不但提出了阳明学的基本问题，为阳明学的产生奠定了理论基础，而且它的传播使正德、嘉靖之后的士大夫更易于接受阳明学。在阳明学传入宣城地区之前，白沙之学已经开始在这一区域传播。

贡汝成，字玉抚，宣城县人。正德八年（1513）以《诗经》中应天乡试。嘉靖初年参与大礼议，纂修《祀仪成典》《郊庙赋》等，授翰林院侍诏。罗洪先的《明故登仕郎翰林院侍诏湖涯君贡君墓表》记载了他早年学习白沙学的经过：

> 方君为郡诸生，年才十四五，举业子课试耳，每闭户，累

---

[1] 黄宗羲：《白沙学案上》，《明儒学案》卷五，沈芝盈点校，第78页。

黍于官,定黄钟,候冬至气,沉思其损益数,务与宋儒之议相当。助祭孔庙,礼成,仰而叹曰:"大丈夫不以孔孟为法,即隆贵,岂足多哉!"而是时,海内人士有传白沙先生之学者,竞争目为禅,独君欣喜愿从之游。闻于督学林公,心奇之,乃令师南阳文庄公鸿儒、京口丁补斋公某,二公皆当世博雅君子,有行业者也。①

白沙学兴起后,当时的人们将其视为禅学,然而年幼的贡汝成"欣喜愿从之游"。虽然贡汝成"从游"陈献章的愿望没有实现,但他问学于陈献章的弟子丁玑。这里提及的贡汝成之师"京口丁补斋公某"是丹徒人丁玑。《明儒言行录》记载了他与陈献章的关系:"(丁玑)父元吉,学行高古,隐居教授,与陈白沙友善,学者称为易洞先生。公幼服庭训,嶷然早悟,弱冠举进士,授中书舍人。同官乌伤王文长逾倍尊事之,吴宽与为忘年交。陈白沙至京师,公日接其讲论,久而叹服,益自刻励。"②丁玑之父丁元吉"与陈白沙友善",丁玑本人早年"叹服"陈献章,常与他"讲论"。从贡汝成早年问学于丁玑的过程中,我们可以发现他与白沙学的渊源。

在宣城境内,除宣城县贡汝成倾心于白沙学之外,有着同样学术志向的还有南陵人王源。"王源,字惟远,幼抱远志,慨然慕陈白沙、庄定山为人,以耕渔自足,暇则读书。成化间,邑丞谢文祥嘉其高致。"③《宁国府志》将王源列为以乡间以读书为乐的"隐逸"之士,这样的人都"慕陈白沙",可见白沙学在当地是具有一定影响力的。

(二)湛若水寓居宛陵

王阳明的学术同盟者——湛若水曾在宣城讲学。据《宁国府志》记载:"湛若水,字元明,增城人。从陈白沙先生游,所在有讲学书院。寓居宛陵,宣鬯风旨,启诱不倦。"④《宣城县志》也有同样的记载。⑤湛若水在宣城"启诱"后学,使当地不少学子成为其弟子。

---

① 罗洪先:《罗洪先集》卷十九,徐儒宗编校,第770页。
② 沈佳:《明儒言行录》卷六,文渊阁《四库全书》史部传记类。
③ 洪亮吉等纂修:《宁国府志》,黄山书社2007年版,第2138页。
④ 洪亮吉等纂修:《宁国府志》,第2166页。
⑤ 李应泰等纂修:《宣城县志》,黄山书社2008年版,第1112页。

如泾县有翟视"出湛甘泉门"①,翟视"师事湛若水,有得"②,王汝猷"专意向往若水"③;太平县有潭潜"少从湛甘泉学,质厚志笃,甘泉器之"④;南陵有汪景"从湛若水游"⑤。这些宣城籍湛门弟子的出现,无疑有助于阳明学在宣城的传播。

(三)阳明弟子在宣城

阳明学在宣城的传播得益于邹守益、王畿、钱德洪、罗洪先、刘魁、王艮等阳明弟子在当地的讲学活动。在阳明弟子中,邹守益最早在宣城推广阳明学。嘉靖三年(1524)五月,邹守益在"大礼议"中忤世宗而被降为广德州判官。嘉靖四年十月,邹守益为了推广阳明学,将广德道教玄妙观改建为复初书院,并亲自撰写了《广德州新修复初书院记》。他在文中说明书院起名"复初"是为了阐明"使人易恶归善,以复其天地之中"。⑥

除了创建复初书院,邹守益还在广德研学授课、刊印阳明著作,开展了一系列普及阳明学的活动。而他在广德所开展的学术活动,除了得到上级官员的支持,还得到当地地方家族的资助。比如创建复初书院时,三十一都步氏捐田三百余亩,这些田产为复初书院的日后经营提供了坚实的保障。据宋仪望《邹东廓先生行状》记载:"富民步氏因继争产,连年不决,先生审其应立者,谕之以理,寻又处分其余为祭祀宗族之需,其人悦服,仍愿割田三百亩助给书院。"⑦因此可以说,广德作为阳明学说传入南直隶地区的首善地,并逐步发展成为王阳明第一代弟子时全国三大传习中心之一,邹守益的功劳最大,尤其是他根据自己对地方宗族文化的深刻了解而对广德当地宗族势力的协调能力。诚如石应璋《广德州重建复初书院志序》所言:"豫章邹文庄公以内翰谪为广德判官,始于学宫旁建书院,颜曰'复初',盖以上承前贤之绪,下开理学之宗,多士奋兴而

---

① 李德淦等修:《泾县志》,黄山书社2008年版,第777页。
② 李德淦等修:《泾县志》,第916页。
③ 李德淦等修:《泾县志》,第806页。
④ 曹梦鹤主修:《太平县志》,黄山书社2008年版,第295页。
⑤ 洪亮吉等纂修:《宁国府志》,第1959页。
⑥ 邹守益:《邹守益集》卷六,董平编校整理,第316页。
⑦ 邹守益:《邹守益集》卷二十七,董平编校整理,第1369页。

文风滋盛。"①

如果说邹守益仅在广德推广阳明学，尚未使阳明学进入当时称为宁国府的宣城地区，那么真正在宣城地区推广阳明学的学者是王畿和钱德洪，尤其是王畿的足迹遍布宣城各地。嘉靖二十六年（1547），太平人周怡之母去世，钱德洪"来吊，因留'省愆斋'，乃久去"②。嘉靖二十八年（1549）夏王畿和钱德洪两人前往泾县参加"水西会"，嘉靖三十二年（1553）夏王畿"赴会宛陵"，嘉靖三十六年（1557）四月王畿赴"宁国水西会"，嘉靖三十七年（1558）王畿与钱德洪再次"主教席"于泾县水西，嘉靖四十二年（1563）八月王畿讲学于宣城志学书院，嘉靖四十三年（1564）暮春王畿赴"水西会"，万历五年（1577）夏王畿赴广德、泾县、太平县讲学。③

江右王门的两巨头刘魁和罗洪先当时主要在太平县讲学。他们两人于正德十四年（1519）阳明在赣州讲学时拜入门下。刘魁与太平人周怡交往密切，"与杨斛山、周讷溪讲学不辍，自壬寅至乙巳，凡四年"④。嘉靖二十九年（1550），他应周怡之邀，在太平县讲学数月，"嘉靖壬寅，（刘魁）以疏请缓建雷殿，廷杖下狱，与邑人周怡同系，久乃释。庚戌来访怡，留数月去。"刘魁有《舟中赠周抑之二首》相赠，诗末注曰："周子抑之万里来候讷溪先生，幸同舟共济者半月，赋此为别。泰和晴川刘魁书。"⑤罗洪先也曾"过邑访周怡，游黄山、祥符寺、汤泉，题咏甚富"⑥。

在阳明亲传弟子之后，还有罗汝芳、耿定向、焦竑等阳明后学在宣城讲学，其中以罗汝芳最为著名。嘉靖四十一年（1562），罗汝芳任宁国府知府，嘉靖四十四年（1565）父丧去职。罗汝芳是嘉隆万时期十分活跃的阳明学者，与王畿并称为"二溪"，他在担任宁国知府期间，极力在当地推广阳明学，主要有以下三类活动：一

---

① 胡有诚主修，丁宝书纂修，谭文锴、戴名贤、吕学仁协修：《广德州志》卷五十，清光绪七年刻本。
② 曹梦鹤主修：《太平县志》，第529页。
③ 吴震：《明代知识界讲学活动系年》，第137、190、216、225、253、250、323页。
④ 黄宗羲：《江右王门学案四》，《明儒学案》卷十九，沈芝盈点校，第448页。
⑤ 曹梦鹤主修：《太平县志》，第746页。
⑥ 洪亮吉总纂：《宁国府志》，第2176页。

是新建宣城志学书院和宛陵精舍①，扩建泾县水西书院用来传播阳明学。②二是他不但自己在宣城主讲阳明学，而且还邀请王畿、王襞来志学书院讲学，"嘉靖间郡守罗汝芳延（王畿）至，与泰州王襞先后递主讲席，一时士多蒸蒸向学焉"③。三是用《太祖圣谕演训》《宁国府乡约训语》等在实施教化的同时，"对民众解说道学，宣讲良知"。④嘉靖四十三年（1564）五月，南畿督学耿定向"巡驻宁国，校其属庠，取校徽属并广德属"。⑤焦竑则前往太平，"尝游黄山，住巴州司马谭天赐家最久，手书'紫薇馆'三字赠之"。⑥

（四）宣城学者外出寻访阳明学

嘉靖九年（1530），邹守益由广德州判官改任南京礼部，宁国府周怡、沈宠、梅守德、戚慎、孙浚、王克孝等人随之求学，⑦由此而开宣城学者外出学习阳明学之先河。⑧《泾县志》记载泾县人张棨为诸生时，"欧阳德为南祭酒，讲学，往从之，言下领悟，继从邹守益、钱德洪、王畿诸公游，锐意研求圣人可学而至，归筑室，聚徒讲论，兴起学多众"。⑨嘉靖十七年（1538），泾县人王汝舟师从欧阳德："安吾，姓王氏，名汝舟，字济甫。……嘉靖戊戌，从七泉周先生于水西。七泉与欧阳文庄公为里友，素闻阳明王先生良知之学，时以语泾之学者。"⑩

相对于贵州、浙江、江西、南京等地而言，阳明学在宣城的传播比较晚，始于嘉靖三年（1524）邹守益贬谪广德州时。然而阳明学在宣城传播较为迅速，无论是书院讲学，抑或是乡约教化，宣城阳明学都较为突出。究其根源，前有陈献章和湛若水之学在宣城传

---

① 李应泰等纂修：《宣城县志》，第147页。
② 李德淦等修：《泾县志》，第362页。
③ 洪亮吉总纂：《宁国府志》，第2166页。
④ 酒井忠夫：《中国善书研究（增补版）》，刘岳兵、何英莺译，江苏人民出版社2010年版，第62页。
⑤ 耿定向：《耿定向集》，傅秋涛点校，第807页。
⑥ 曹梦鹤主修：《太平县志》，第529页。
⑦ 张卫红：《邹东廓年谱》，北京大学出版社2013年版，第119页。
⑧ 吴震：《明代知识界讲学活动系年1522—1602》，第67页。
⑨ 李德淦等修：《泾县志》，第773页。
⑩ 查铎：《毅斋查先生阐道集》，《四库未收书辑刊·柒辑》（第16册），北京出版社2000年版，第562页。

播为其奠定了基础，后有王阳明弟子在当地的积极讲学和宣城学子努力向学，使得宣城最终形成了较为浓厚的阳明学文化氛围。

二、宣城阳明学者

《明儒学案》中的"南中王门前言"列举了所辖十来个州府十几位阳明学者，其中的宣城人有贡安国、查铎、沈宠、萧彦、萧良幹、戚衮、张榖等，可见当时宣城阳明学者之众。[①]嘉隆万时期，宣城阳明学者遍布各县，以宣城县、泾县、太平县三地最多，而三地阳明学者之翘楚有"志学三先生"、水西阳明学者、周怡等人。

（一）"志学三先生"

嘉靖四十三年（1564）宣城志学建立后，贡安国、梅守德、沈宠三位当地阳明学者讲学其中，后人称他们是"志学三先生"："嘉靖甲子，耿恭简天台先生定向为南畿督学，御史罗盱江先生汝芳守宁国，相与创志学书院于陵阳三峰之上，再拜请府君及贡东平受轩先生安国、沈少参古林先生宠为之主，远尔响应，比屋弦歌，咸以为邹鲁之乡矣，今海内所传志学三先生者是也。"[②]

贡安国（生卒年不详），字玄略，号受轩，贡汝成长子，宣城人。以选贡生步入仕途，先后担任过江西永丰县和湖口两县的学训，主盟白鹿洞书院，晋国子监学博，后担任山东东平府知府。嘉靖三年（1524）和九年（1530）先后在广德和南京向邹守益学习阳明学，嘉靖十六年（1537）王畿和欧阳德在南京为官，贡安国又偕同乡诸生梅守德、沈宠、周怡等人前往问学，由此将阳明学作为自己毕生追求的学问。晚年回到家乡后，他在宣城志学书院和泾县水西书院聚集数百人研习阳明学。王畿说："水西之有会，玄略实开其基，宣、歙间，士类斌斌兴起者，无虑数百辈，多玄略有以启之，居然山中教授师也。"[③]在阳明学派中，钱德洪、王畿二位代阳明教授弟子，故被同门称为"教授师"。王畿称贡安国是宣州和徽州数百位阳明

[①] 参见黄宗羲：《明儒学案》卷二十五，沈芝盈点校，第579页。
[②] 梅鼎祚：《鹿裘石室集》，《四库禁毁书丛刊》（第58册），北京出版社1997年版，第437页。
[③] 王畿：《祭贡玄略文》，《王畿集》卷十九，吴震编校整理，第579页。

学者的"教授师",可见他是当地阳明学者中"执牛耳者"。查铎在《学觉窥斑序》中概括其学问宗旨是:"指点要机,则道心之微,知微之显,退藏于密,言每惓惓焉。此盖不离伦物,直透灵根,而知识见闻一无所与。"①

梅守德(1510—1577),字纯甫,号宛溪,宣城人。年轻时随贡安国前往南京向王畿、欧阳德求教。嘉靖二十年(1541)中进士,先后任浙江台州府推官、户部四川清吏司主事、吏科给事中等。嘉靖二十九年(1550),任绍兴知府,期间"重修阳明讲堂,延龙溪主之"。②后升山东按察使副使、云南参议等职。晚年归乡隐居,讲阳明学,人称"宛溪先生"。虽然梅守德曾任王畿家乡绍兴知府,但他始终以弟子之礼敬事王畿,虚心求教。王畿也常常直言不讳地指出梅守德修养工夫中的问题:"吾弟此生行持,知无别路可走,但向来尚从解悟而入,不离神识,虽时参校外典,尚在言诠上讨求。"③对于梅守德的学问宗旨,其子梅鼎祚在《府君宛溪先生行状》中总结为:"府君之学以随处体认为真修,以处事当理为应用,以伦常物则为本宗,以反躬笃践为实地。"④

沈宠(?—1571),字思畏,号古林,宣城人。年轻时与贡安国、梅守德等人前往南京向王畿和欧阳德求教。嘉靖十六年(1537)中举后,任行唐知县,擢升福建巡查御史、湖广兵备、广西参议等职。所到之处,积极修建书院,传播阳明心学,如在福州建养正书院,在湖北建崇正书院。晚年以母老乞终养归,讲学于志学书院,人称"古林先生"。沈宠的学术思想,在王畿写的《别言赠沈思畏》中可窥一斑:"思畏自谓于慎独研几之旨,闻说虽熟,而直下承当尚有所未能……思畏自谓平时此几未尝不明,才遇感触,未免为气所动,往往过而后觉,虽觉亦未能即化,未知所以悟也。"⑤沈宠关注的重心是道德实践问题,即在任何情况下都能保证道德修养的有效性,使良知心体不受外部环境牵动。正因为沈宠特别重视道德修养工夫,因此后人评价他:"丰裁峻整,学崇实践,专精一志,或意稍

---

① 查铎:《毅斋查先生阐道集》,《四库未收书辑刊·柒辑》(第16册),第499页。
② 黄宗羲:《南中王门学案一》,《明儒学案》卷二十五,沈芝盈点校,第581页。
③ 王畿:《答梅纯甫》,《王畿集》卷十二,吴震编校整理,第318页。
④ 梅鼎祚:《鹿裘石室集》,《四库禁毁书丛刊》(第58册),第437页。
⑤ 王畿:《别言赠沈思畏》,《王畿集》卷十六,吴震编校整理,第455页。

弗慊，辄啮指自责，细行比谨。"①

宣城阳明学者，除志学三先生外，较著名的还有戚衮、郭忠信、徐大任、詹沂等人。戚衮与志学三先生同时，"悟良知之旨，以不欺为入门，以自慊为极则，学究性命"。②郭忠信被"贡受轩安国、沈古林宠咸嘉与之"。③徐大任和詹沂尝积极参与宣城讲学活动。④

（二）泾县阳明学者

在宣城各县中，阳明学者最多之地当属泾县。嘉靖以后，泾县形成了以查铎、翟台、萧良幹、徐榜等人为核心的人数众多的阳明学者群。

查铎（1516—1589），字子警，号毅斋，泾县震山乡（泾县桃花潭镇查济村）人。嘉靖四十四年（1565）进士，先后任湖广德安府推官、户科右给事中、刑科左给事中等职。隆庆五年（1571），因得罪高拱而回原籍闲住。万历四年（1576）升广西提刑按察司副使，未任丁父忧。查铎的思想基本上延续了阳明"致良知"的传统说法。具体而言，包括三方面内容：一是良知是至善之心体，慎独是致知之工夫。查铎晚年在水西书院讲学时，概括良知的内涵为："良知者本然之善，即天理也。本然之善，以知为体，盖天性之真，明觉自然，随感而应，自有条理，是之谓天理。天理者，良知之条理；良知者，天理之灵明。"⑤他认为，良知具有"本然之善"和"明觉自然"双重属性，从"本然之善"的层面上说，良知就是天理；从"明觉自然"的层面上说，良知又是心体。在工夫上，查铎认为慎独是致知格物的功夫："此心之灵，天理人欲毫忽莫掩，又谓之独知，只是此灵作主，不忘有事之谓。知慎独即是良知，时时不忘，有事不为气习所蔽，即是致良知。"⑥所谓慎独，不是在善恶已分之后做存善去恶的工夫，而是保任善恶未发的良知本体，使其免于气习所蔽，即"致知即所以慎独"。⑦二是"万物一体"的经世之

---

① 李应泰等纂修：《宣城县志》，第399页。
② 李应泰等纂修：《宣城县志》，第399页。
③ 李应泰等纂修：《宣城县志》，第400页。
④ 洪亮吉等纂修：《宁国府志》，第1831页。
⑤ 查铎：《水西会语》，《丛书集成新编》（第22册），（台湾）新文丰出版公司2008年，第683页。
⑥ 查铎：《毅斋查先生阐道集》，《四库未收书辑刊 第7辑》（第16册），第488页。
⑦ 查铎：《毅斋查先生阐道集》，《四库未收书辑刊 第7辑》（第16册），第500页。

学。查铎十分重视经世之学,他说:"四海九州,原为一体,惟利害不相涉,则义自明也。故义苟明,虽秦越可使如兄弟;义苟不明,虽宗族不免仇雠。此一体之义,不可以不讲。"①这种将经世致用建立在感同身受的悲悯情怀的基础上,以此拯救百姓苦难的做法,与阳明"拔本塞源论"所阐发的"万物一体"思想是相同的。三是批评"良知异见"。我们知道,在阳明去世后,其弟子们纷纷发挥良知理论,形成了种种"良知异见"。查铎则针对当时流行的"归寂之说""事上修为""一悟见成"等三种"良知异见",一一进行了反驳。如批评"归寂主静"说:"双江、念庵提出归寂之说,性体本寂,又何事归?未免头上安头矣。"②批评"事上修为"说:"若只从事为上修饰,名节上检点,纵外面做得无破绽,于本来真性毫无相干,此诚伪之辨也。"③批评"学贵自悟"说:"一悟见成,原有此理,但难于悟耳,于意向上承接,非悟也,悟如冷灰爆豆,莫知其然。"④在上述三种"良知异见"中,虽然查铎仅仅指明第一种"归寂之说"是批评聂豹、罗洪先二人,未言明后两种是针对何人,但从内容上看显然是在批评邹守益的"戒慎恐惧"和王畿的"良知见成"。

除查铎之外,泾县较为著名的阳明学者还有翟台、萧雍、萧良幹、徐榜,以及张綮、吴子扬、翟祐、王爵等人。

翟台,字思平,号震川,嘉靖三十八年(1559)进士。任长沙推官、南车驾主事等职。早年与查铎一同习阳明学:"余于君(翟台)幼同习举子业,及长同游龙溪、绪山二先生之门。"⑤晚年在家乡讲阳明学。后人总结其学术特点为:"发明姚江之学,而不专主良知之学,大要以六经为训,以力行为先,其示学者,则曰'学莫先于辩,志莫大于识。性莫要于致,知莫贵于敦,行莫切于本,业莫急于会文,而于穷理居敬之功谆谆焉。'"⑥其思想有融合理学与心学的明显倾向。

---

① 查铎:《毅斋查先生阐道集》,《四库未收书辑刊·柒辑》(第16册),第519页。
② 查铎:《毅斋查先生阐道集》,《四库未收书辑刊·柒辑》(第16册),第459页。
③ 查铎:《毅斋查先生阐道集》,《四库未收书辑刊·柒辑》(第16册),第454页。
④ 查铎:《毅斋查先生阐道集》,《四库未收书辑刊·柒辑》(第16册),第460页。
⑤ 查铎:《毅斋查先生阐道集》,《四库未收书辑刊·柒辑》(第16册),第510页。
⑥ 李德淦等修:《泾县志》,第774页。

萧良幹，字以宁，号拙斋，隆庆五年（1571）进士。任户部主事、绍兴知府等，官至陕西布政使。他弱冠"慕文成良知之学，时会同志讲究，多所自得"。① 任绍兴知府时，恰逢张居正去世后朝廷废除讲学禁令，他顺势修复了稽山书院，为诸生所立讲学之会约：立真志、用实功、涤旧习。

萧雍，号慕渠，万历十一年（1583）进士，任工部主事、浙江提学副使等职。他反对重悟轻修，提倡着实的道德修养工夫。

徐榜，号荇所，万历十一年（1583）进士，任工部主事、浙江右布政使等。他热衷于教学，"时聚徒水西书院讲学"。② 学术上反对当时"以虚无为宗、实践为粗"的学风，主张不可舍工夫而谈本体，认为为学要旨在从本性上修道立教。③

张絜，字士仪，号本静，嘉靖时诸生。欧阳德为南祭酒时，曾前往从游。又与邹守益、钱德洪、王畿诸名士讲阳明学说，后回家聚徒讲学，从学者亦多名流。又在泾城西郊建水西书院，聘名儒主讲。④

吴子扬，字居敬，号东园。厌科举，注重研修阳明学说，曾游欧阳德、王畿之门。喜吟咏，工图画，有诗集、梅谱各数卷。尤精医术，最擅痘科，时称能立判生死。⑤

翟祐，字思顺，庠生。与弟翟视同出湛甘泉之门。所撰《慎独说》，邹守益、钱德洪阅后叹曰："吾道之主盟也！"晚年与水西会讲诸学者阐明"良知"之旨，受到贡安国推重。⑥

王爵，字希义。年五十至水西精舍从钱德洪游，归后筑室于郭山洞，贫至缺衣乏食，以歌吟自娱，见重于儒林。知府罗汝芳有诗赠。⑦

泾县阳明学者群体十分庞大，查铎去世后的一篇祭文上署名的当地学者有："南京兵部车驾司主事眷侍生翟台率同水西会友赵睿、沈九河、王考、翟占、张炜、萧良干、吴儒、徐榜、晚生郑调元、郑

---

① 李德淦等修：《泾县志》，第775页。
② 李德淦等修：《泾县志》，第776页。
③ 徐榜：《白水质问》，《丛书集成新编》（第22册），第702页。
④ 泾县地方志编纂委员会编：《人物传略》，《泾县志》，方志出版社1996年，第908页。
⑤ 泾县地方志编纂委员会编：《人物传略》，《泾县志》，第911页。
⑥ 泾县地方志编纂委员会编：《人物传略》，《泾县志》，第913页。
⑦ 泾县地方志编纂委员会编：《人物传略》，《泾县志》，第913页。

文、郑冠、张元熙,门人萧彦、赵士登、萧雍、张应泰、赵不鲁、倪显、赵不器、马像、董播、华宗实、郑岱、郑彦、畲参、俞濂、马世缙、俞曰就、唐维正、张元焘、左渐、郑洞、金有光、张元美、马富、周显祥、沈一楠、左鼎臣、唐汝渊、汪廷琏、郑杰、郑珩、赵不衔等。"①仅一篇祭文就有数十人署名,可见当时泾县学者人数之多。

(三)太平阳明学者

周怡(1505—1569),字顺之,号讷溪,太平仙源(今黄山市仙源镇)。嘉靖十七年(1538)进士,授顺德推官,升吏科给事中。嘉靖二十二年(1543),因上书得罪皇帝而遭廷杖入狱,赦免后家居十九年。隆庆时起复南京国子监司业、太常寺卿等。关于周怡与阳明学的关系,姜宝在《讷溪周公怡墓志铭》中概括道:"盖公尝从事圣贤之学,非但节概过人如阳公而已也。当溯公问学渊源,所自其早岁师东廓邹公守益、龙溪王公畿,以二公皆阳明先生高第弟子,欲因以窥先生之蕴奥而得其传,既于《传习》等录皆口诵而身体矣。然而公之心未已也,于是又旁求曲取。上自宰执,下自山林布衣,远而数千里外,近在乡井间,凡有道望可印证学术者,无不往来辩难,要归于一是,而不喜清虚玄远,高而无实之谈。至于借讲学以文浅陋要时誉,甚则伪焉而已者,凡公所不取也。故惟公之学能会知行于一条,贯平居务实,践而不为空言。"②周怡先后问学于邹守益、王畿等人,是一位不喜空谈而崇尚力行的阳明学者。他的学问宗旨,万士和概括说:"公之学以大同为旨,以诚一为功。以为乾、坤与人号曰三才,同也。由我而之人,人我同也,由人而之物,洪纤灵蠢一切天地间无弗同者。其有弗同者,不诚故也。诚,才一恶得不同;不诚,则二恶得同?苟能致其诚一以归于同,则天地万物各得其所而位育之功成矣。"③由此可见,周怡之学的基本特征是以良知之诚为依据,以诚一之行为工夫,追求万物大同之境界。

除周怡之外,《太平县志》记载的阳明学者还有:杜质"从钱

---

① 查铎:《毅斋查先生阐道集》,《四库未收书辑刊·柒辑》(第16册),第598页。
② 姜宝:《提督四夷馆太常少卿前南京国子司业讷溪周公怡墓志铭》,焦竑:《国朝献征录》卷七十,明万历四十四年刊本。
③ 万士和:《万文恭公摘集》,《四库全书存目丛书·集部》(第109册),第387页。

绪山、王龙溪游，多所指授……邹颖泉视学邹鲁，重其德望，聘主讲席"；王玺"师事杜了斋（杜质）"；邵汝行"从游杜了斋之门，以理学自任"；周恪"与兄俱受学于王龙溪"；崔环"为王龙溪高弟"；汪有源"与焦澹园、周海门、邹南皋、杨复所、高景逸，往复会讲"；邵朴元"与周海门、耿天台、焦漪园友善"；邵士元"受业邹东廓、钱绪山之门"；崔廷宏"从罗近溪、王龙溪游，精研性命之学"；邵蕡"从绪山、龙溪游"。①

万历中期，周怡、志学三先生、查铎等人去世后，宣城区域较为著名的阳明学者是罗汝芳的弟子陈履祥。他依托宣城同仁会馆讲学传道，维持了宣城阳明学的盛况。

陈履祥，字光庭，号九龙山人，祁门贡生，得盱江之传，邹尔瞻推为畏友。万历间，倡教宛陵，及门百余人，所至云集，弦歌不绝。尝聚讲于同仁会馆，晚爱湖北云山，有终焉之志。置函丈，有传经台，门人施宏猷为构讲堂。所著有《九经翼》《硕果大成》等。②

关于宣城同仁会馆的建立和讲学情况，据《宣城县志》记载："同仁会馆，在城西门内，万历中建。祁门贡士陈履祥倡学，宁郡从者八百余人。宣城施宏猷、章仲辅、南陵陆行素、泾县万国寿、宁国杨凤怀、旌德吕坚、太平汪有源等率众建馆，旁置庐舍，取租以备修葺，祀罗近溪汝芳、耿天台定向。"③可见，是在宣城施宏猷等人的倡导下建立了供陈履祥讲学的同仁会馆，宣城各地来此求学者达八百余人。

虽然万历中期宣城依旧维持着相对庞大的阳明学者群体，但明末以后宣城阳明学很快平寂下来。现可考证的只有施宏猷之孙施闰章。

施闰章（1618—1683），字尚白，号愚山。清顺治六年（1649）进士，任刑部主事、山东提学佥事、江西布政司参议。康熙六年（1667）罢官回乡闲居。施闰章曾自述其学术传承："敝郡理学薪传滥觞于东廓过化，而承流于盱江作郡，大约沿袭良知之旨。而先祖北面则盱江高弟子，所谓陈文台先生，讳履祥，字光庭者也。先祖尝疾笃，陈先生愿减己算作祈命词以苏之，而焦公澹园、邹公南皋今诗志

---

① 曹梦鹤主修：《太平县志》，第289、296、296、297、286、289、297、299、321、414页。
② 洪亮吉等纂修：《宁国府志》，第2166页。
③ 李应泰等纂修：《宣城县志》，第148页。

传具在集末，可考而知之。"① 需要说明的是，虽然闰章学术传承是罗汝芳—陈履祥—施宏猷一系之阳明学，但他的阳明学讲学活动不是在宣城开展，而是"他以布政司参议的身份出仕江西——阳明学最兴盛也最具代表性的区域时，这种努力的成果更加凸显"。② 除此之外，明末以后宣城区域的阳明学几乎无踪迹可考。

宣城区域阳明学之所以从嘉隆万年间数千人从学的盛况，至明末数十年间几乎销声匿迹，其中原因，除明清易代之际学术环境改变的宏观背景外，宣城当地的学术环境也是促使这一现象发生的重要原因。

首先，自宣城阳明学产生以来，一直与具有空虚学风的阳明后学相抵牾，其内部孕育着否定阳明学的因素。从宣城阳明学的产生来看，王畿和罗汝芳来此讲学的作用最大。然而，他们二人却是阳明后学中空虚学风的重要推动力，对此黄宗羲说得很清楚："阳明先生之学，有泰州、龙溪而风行天下，亦因泰州、龙溪而渐失其传。泰州、龙溪时时不满其师说，益启瞿昙之秘而归之师，盖跻阳明而为禅矣。"③ 罗汝芳和王畿重悟轻修，学风空疏，将阳明学导向了禅学之路，从而使阳明学渐失其传。虽然宣城阳明学者大多师出于他们二人，但是基本上都注重切实的道德修养工夫，反对空疏之学。如师从于王畿而成为宣城"开基者"的贡安国，其学问"有囊括宇宙之见而不流于空虚，有综理细密之才而不过于烦琐"。④ 梅守德之学也是"以处事当理为应用，以伦常物则为本宗，以反躬笃践为实地"。⑤ 查铎更是反驳了当时流行的"归寂之说""一悟见成"等空疏之学。正因为宣城阳明学注重切实的道德实践工夫，当王畿、罗汝芳等人去世后，以他们为代表的阳明后学便逐渐为宣城学者所抛弃。

其次，在宣城阳明学兴盛之时，当地一直存在着批判阳明心学，提倡程朱理学的声音。泾县学者万麒，"泾邑水西之学宗姚江，独麒主程朱，而诋姚江，尤严辟龙溪之徒"。⑥ 虽然沈宠是宣城阳明学的

---

① 施闰章：《施愚山集》，何庆善、杨应芹点校，黄山书社1992年版，第554页。
② 吕妙芬：《施闰章的家族记忆与自我认同》，《汉学研究》2003第2期。
③ 黄宗羲：《泰州学案一》，《明儒学案》卷三十二，沈芝盈点校，第709页。
④ 查铎：《毅斋查先生阐道集》，《四库未收书辑刊·柒辑》（第16册），第502页。
⑤ 梅鼎祚：《鹿裘石室集》，《四库禁毁书丛刊》（第58册），第437页。
⑥ 李德淦等修：《泾县志》，第758页。

领袖,位列"志学三先生"之一,但其子沈懋学却是阳明学的批评者。懋学曾说:"时之所谓学,吾惑焉,谭良知者率以知识为性真,以本体即戒惧,卒流禅语,于王文成致良知三字漫不求知,而任职莅官,每每废事,分门立户,好为人师。将以万物为体,则淑慝莫辨,无所劝惩,是高者趣于空谈,卑污者笼于名利,险诈而犯法者,籍以为避祸之渊薮也久矣。"① 宣城还有吴肃公也批评阳明学:"是时,姚江《传习录》充斥宇内,肃公辞而辟之,以明道为格物,即集义以为仁。"② 其著作《街南文集》中有很多批评阳明学的内容。

三、宣城王门的讲学活动

大体而言,阳明学讲学活动分为两种:会讲和讲会。学术界一般认为,会讲重在于"讲",以讲为学;讲会重在于"会",以会为学。因此从一定意义上说,"会讲"的学术性要大于"讲会"。③ 阳明学者在各地开展讲学活动,以江西、安徽宣城、浙江等地最多。在宣城主要的阳明学讲学活动中,属于会讲性质的有广德复初会、宣城志学会、泾县水西会,属于讲会性质的有太平九龙会。

(一)广德复初会

广德复初会得名于举办地是邹守益创办的复初书院。被贬为广德州判官的邹守益于嘉靖四年(1525)冬十月建复初书院。书院原址是文庙西北的道教玄妙观,邹守益报请迁观于东郊,在其址建书院。次年七月,书院建成。书院大体格局为:正中新建主体建筑尊经阁,三间六楹,其后为改迁的范文正公祠,祠东为纪念"靖难之役"时城破自缢的王叔应而建的怀忠祠,大门西为乡贤祠。书院建成后,有一个姓步的乡人有田地诉讼官司,邹守益以义教谕之,愿入田三百余亩于书院,使书院有了维持下去的活动经费。至于书院命名为"复初"的原因,邹守益在《广德州新修复初书院记》中解释:人都有先天善性,即所谓"天地之中""天爵之初",失而思复

---

① 沈懋学:《郊居遗稿》,《四库全书存目丛书·集部》(第163册),第674页。
② 洪亮吉等纂修:《宁国府志》,第1958页。
③ 钱明:《中晚明的讲会运动与阳明学的庶民化》,《地方文化研究》2013年第3期。

者为贤,反之,则为不才。人失十金之产、一命之位,知思而复之,而对仁义之良心却不思而复之。这是告诫书院诸生勿忘"复初"之功,"期以克肖于天地,无为十金之产、一命之位所摇夺焉"。①

书院建成后,邹守益邀请当时多位著名阳明学者来此举办讲会。据《阳明年谱·附录》记载:"初,邹守益谪判广德,创建书院,置赡田,以延四方来学。率其徒濮汉、施天爵过越,见师而还。复初之会,遂振不息。后汉、天爵出宦游,是会兴复不常者二十年。至洪、畿主水西会,往来广德,诸生张槐、黄中、李天秩等邀会五十人,过必与停骖信宿。"②除钱德洪和王畿外,邹守益还邀请王艮来此讲学:"建复初书院,延同门王心斋艮暨诸贤讲学兴礼,风动邻郡宁、徽、池、太间。"③

关于复初书院讲会的内容,现存邹守益的《复初书院讲章》和王艮的《复初说》可窥一斑。《复初书院讲章》是邹守益以阳明良知说为依据,借解释《论语》开篇的"学而时习之"章来说明"明善而复其初"的道理。他指出,所谓"初",是指人人都具有的至善的本心,也就是《孟子》中的"四端之心"。所谓"复初",是指在现实生活中,人的至善的本心往往被私欲蒙蔽,因此去除私欲就是"明善",即恢复至善的本心。在邹守益看来,学习不是为了掌握身心之外的知识,自家身心的"明善复初"就是"学而时习之"的对象。邹守益还在文末概论了为学的本意:"大抵君子之学,只在自家性情上做工夫。故明善之功无时而息,求全吾心,说理义之正而已矣。处顺而有朋远来,善足及人矣,吾之说发而为乐;处逆而人不知,善固在我也,吾之说不改而为愠。"④由此可见,邹守益在复初书院所讲之学完全是在阐发阳明学说。王艮的《复初说》则阐述了"复初"与阳明"致良知"的关系:"学至圣人,只复其不善之功而已矣。知不善之动者,良知也。知不善之动而复之,乃所谓致良知,以复其初也。"⑤此外,《广德州志》也简要记述了王畿讲学的内容:"畿来回复初书院,与邹东廓讲颜子'不迁怒,不贰过',曰'心常

---

① 邹守益:《邹守益集》卷六,董平编校整理,第317页。
② 钱德洪:《年谱附录一》,王守仁:《王阳明全集》卷三十六,吴光等编校,第1348页。
③ 胡有诚主修:《广德州志》,黄山书社2008年版,第833页。
④ 邹守益:《邹守益集》卷十五,董平编校整理,第720—722页。
⑤ 王艮:《王心斋全集》,陈祝生等校点,第28页。

定,故不迁,心常一,故不贰',以醒后学。"①

嘉靖二十九年(1550),邹守益在离开广德24年后,太平周怡邀请他到泾县水西书院讲学。在水西书院,邹守益应张槐等广德籍士人之请,为复初书院撰《书广德复初诸友会约》,并在文中阐发了"戒慎恐惧"的思想宗旨:"古之人戒慎恐惧,须臾不离。正目而视,倾耳而听,惟恐一毫亏其帝降之初。以亲父子,以肃君臣,以别夫妇,以序少长,以达于邦国天下。三千三百,无往非盎然仁体,是谓中和位育之矩。"②

(二)宣城志学会

宣城志学会因举办于罗汝芳创办的志学书院而得名。嘉靖四十三年(1564),宁国府知府罗汝芳为在当地讲阳明学,在府治宣城县兴建了志学书院和宛陵精舍。李春芳的《志学书院记》记载了二书院的建设经过:

> 志学书院在宁国府治北陵阳第三峰上,知府罗君汝芳建。罗君发挥正学,风动六城,自远来者肩摩踵接,至无所容。乃请于督学御史耿君定向即废寺址营之。前为大堂五楹,中设先师孔子木主。后堂五楹,设阳明王子木主。左右号舍各四区,区各五楹,周垣甓砌,竹苞松茂,合题其门曰"志学书院"。厥后,坡冈逶迤,下垂一趾,远把敬亭,近襟宛水,风景佳丽,游衍其间者,有无雩之风。时释子募建一庵,名曰"对亭"。越西隙地一区当浮屠之阴,幽靓邃密,风尘不入,宣城令姜台建楼二楹,曰"观复亭",一座曰"咏归小堂",三楹,曰"致道",合题曰"宛陵精舍"。经始于嘉靖甲子仲春,明年孟春工讫。主其事者罗君,而协成则推官李惟观也。既落成,郡之乡大夫同志者,贡州守安国、梅参政守德、沈参议宠合祠。③

罗汝芳到宁国府后,前来问学的当地学子日渐增多,于是便报

---

① 胡有诚主修:《广德州志》,第833页。
② 邹守益:《邹守益集》卷十六,董平编校整理,第739页。
③ 李应泰等纂修:《宣城县志》,第1172页。

请南畿督学耿定向同意,在宁国府治北陵阳第三峰上的景德寺后建志学书院。书院中为大堂五楹,设孔子牌位,后为会讲堂五楹,设阳明牌位,左右号舍若干间。随后,宣城县令姜台利用志学书院西边对亭庵旁的空地建宛陵精舍。据《宣城县志》记载:宛陵精舍"北为致道堂,三楹,堂后为罗公生祠,中为咏归亭,南为观复楼,三楹;西号舍八楹。嘉靖甲子,知县姜台建,贡安国撰《观复楼记》"。①

万历以后,志学书院两度改名,几经兴废。万历七年(1579)张居正采取一系列"禁讲学""毁书院"的高压政策,对讲学言论实施压制。在这种政治氛围中,宣城志学会被迫终止,书院也被毁坏。万历十年(1582)张居正病逝后,讲学禁令被废除,志学书院于次年重建。万历十五年(1587),志学书院遭洪水冲毁,在知府廖恒吉的带领下重建书院,改名"待学书院",麻溶撰《新建待学书院记》。②万历四十三年(1615),宣城县令詹事讲重建正学书院,祀王阳明、王畿、罗汝芳等14人,陈景华撰《重建志学书院碑记》。③康熙五十四年(1715),重修志学书院,沈廷璐撰《重修志学书院记》。④

志学书院建成后,罗汝芳、王畿以及宣城当地阳明学者讲学其中,讲学语录大多不存,现存仅有罗汝芳的《勖志学书院诸生》和王畿的《宛陵会语》。罗汝芳在《勖志学书院诸生》说:"大丈夫自立,幼可以卜其壮,而穷可以占其通者,惟此志焉耳。志存乎义,而全力奋往,不以目前为效,而以身后为图,不以一时为计,而以百岁为期者,此其势勃勃洋洋,干干霄而川赴壑也。又安能中泥而未御之也耶!"⑤"立志"被王阳明看作是为学的首要步骤,罗汝芳的《勖志学书院诸生》沿用了阳明学说中的这一传统说法,鼓励志学书院诸生立志为学。《宛陵会语》记载了嘉靖四十三年(1564)志学书院建成后,王畿为宣城六县千余名士子讲阳明学之语。文中主要阐述了阳明学说中的"万物一体"观念。我们知道,王阳明在嘉

---

① 李应泰等纂修:《宣城县志》,第147页。
② 李应泰等纂修:《宣城县志》,第1194页。
③ 李应泰等纂修:《宣城县志》,第1195页。
④ 李应泰等纂修:《宣城县志》,第1235页。
⑤ 罗汝芳:《罗汝芳集》,方祖猷等编校整理,凤凰出版社2007年版,第716页。

靖三年（1524）写的《答顾东桥书》和嘉靖五年（1526）写的《答聂文蔚》两文中提出了"万物一体"观，将道德领域的良知心学扩展到政治上的仁民爱物。然而，王畿在《宛陵会语》中说："学者苟能不泥于旧闻，务实致其良知，去物欲之间，以求复其虚体，其于万物之感，当体具足，虚中而善应，不屑屑于典要而自不过其则。如目遇色而明无不见也，如耳遇声而聪无不闻也。是故致良知之外无学矣！"①这是将阳明的"万物一体"从政治上的爱民重新拉回到道德心性修养领域。

（三）泾县水西会

"水西"原指泾县赏溪之西，据《泾县志》记载："泾水流至县西，为赏溪，是泾水下流始有赏溪之名。"②而在赏溪之西，有宝胜、大安、崇庆三座佛教寺庙，"盖水西寺乃水西三寺之统称"。③明代阳明学者举办的"水西会"之名就源自水西寺。邹守益的《水西精舍记》记载："诸生追随于匡庐、复古之间，议借泾邑水西三寺，以订六邑大会，延二君迭主讲席，益偕师泉刘君冲雪临之。每会逾三百人，僧房无所容，乃诸生敛金构居于宝胜之左。"④嘉靖四十一年（1562），宁国知府罗汝芳扩建讲学房舍："壬戌，知府罗汝芳增置退省所于宝胜寺左。"⑤施闰章在《修葺水西书院记》也说："钱公德洪、王公畿，友教四远，诸弟子尝假水西三寺为讲会之所，延两公主讲席。邹公偕刘公邦采自金陵冲雪临之，会数百人，僧寺不能容，乃构别馆于宝胜寺东。"⑥在嘉靖年间，阳明弟子邹守益等人在泾县开展讲学活动，最初借用水西三寺作为讲学之地，但由于参与讲学的学者多达三百余人，原有寺庙无法容纳，于是在宝胜寺之东建讲学之房，后又经罗汝芳等人扩建，形成了固定的水西讲会之地。

嘉靖年间的水西讲学，主持者多为阳明的亲传弟子，他们将其称为水西精舍讲学。记载这一时期水西书院讲学具体内容的文献现

---

① 王畿：《王畿集》卷二，吴震编校整理，第44页。
② 李德淦等修：《泾县志》，第172页。
③ 李德淦等修：《泾县志》，第1133页。
④ 邹守益：《邹守益集》卷七，董平编校整理，第430页。
⑤ 李德淦等修：《泾县志》，第362页。
⑥ 李德淦等修：《泾县志》，第363页。

存不多，仅在王畿和邹守益的文集中有数篇文章，主要内容是制定讲学会约。所谓会约，就是阳明学者在聚会讲学时约定的规则，凡参加之人必须遵守。由现存邹守益的《书水西同志聚讲会约》①和王畿的《水西会约题词》②可知《水西会约》的大体内容：一是态度严肃，即参会学者要有戒慎恐惧、临渊履薄的庄严态度，不能轻浮摇荡。二是学有次第，即参与学者要把握为学的工夫次第，先从一念之微初下工夫，去除念头中恶念。三是按时参会，即参与学者要严格按照规定的会期参会，相互训诫劝勉，以求实效。

与宣城志学会相同，在张居正"禁讲学""毁书院"时，水西会被迫终止，书院也被毁坏。张居正去世后，水西会迎来了复兴的契机。张尧文的《复建水西书院记》记载了水西书院重建之经过：万历十二年（1585），在县令张尧文、士绅查铎、翟台等人的共同努力下，开始重建工作。当时不仅重建了明道堂、号舍、学田等原有水西精舍之建筑，而且新建了文成公祠，用以祭祀王阳明。具体建筑"有文成公祠五楹，有明道堂五楹，有门三楹，有号舍二十二楹；围垣四周器用具足。始于乙酉五月五日，讫工丁亥年九月"。③万历十五年（1588）水西书院重建后，查铎、翟台等人主持讲学活动，现存有查铎的《水西会条》和《水西会语》，翟台的《水西问答》。

（四）太平九龙会

在阳明学讲学活动中，广德复初会、宣城志学会和泾县水西会是地方学术精英参与，以学术讨论和交流为目的会讲，而太平九龙会则属于面向乡间文人乃至普通百姓普及和推广阳明学的讲会。

嘉靖年间，太平杜氏家族在杜质的带领下，在泾阳乡九龙庵举办阳明学讲会，故称之为"九龙会"。"九龙庵，县西七十里泾阳凿村水口九龙山隈，永乐壬辰杜伯衡建，嘉靖中杜了斋同族庵旁建明道堂为约所，钱绪山、王龙溪有《九龙会约序》。"④《太平县志》

---

① 邹守益：《邹守益集》卷十五，董平编校整理，第737页。
② 王畿：《王畿集》，吴震编校整理，第679—680页。
③ 李德淦等修：《泾县志》，第362页。
④ 曹梦鹤主修：《太平县志》，第552页。

记载："杜质，字惟诚，号了斋。少补诸生，从钱绪山、王龙溪游，多所指教。家甚贫，浩歌自如。邹颖泉视学邹鲁，重其德望，聘主讲席。时张江陵禁道学，质闻之曰：'彼禁伪耳，吾自真也。'但易其名，为申明乡约，讲勿辍。一以至诚感发，满座改容。四方学者，皆称'杜宛陵'。著有《明儒近翼》行世。"①杜质是钱德洪和王畿的学生，素来重视讲学，即便是张居正禁讲学期间依旧讲学不辍。

现存资料记载九龙会有三次较大规模的讲会活动。第一次是嘉靖三十四年（1555）王畿主讲水西会，杜质偕族党同志二十余人参加，同时邀请王畿赴太平举办会讲，这是九龙会的开端。王畿说："宣歙旧有讲会，岁嘉靖乙卯春，予将赴水西，道出九龙，杜子质偕其族党同志若干人来与会，遂迎予入九龙问学焉。惟时精诚翕合，远迩闻风而至者几二百余人。杜氏父老以九龙地隘，复邀予入杜氏祠以终讲业。"②由于参加此次会讲的人员多达数百人，故特制定"会籍"，王畿为此撰《书太平九龙会籍》："予赴会水西，太平杜子质偕同志二十余辈诣会所，请曰：'质昔闻先生之教，归而约诸乡，立会于九龙。始而至会者惟业举子也，既而闻人皆可以学圣，合农工商贾皆来与会。兹幸先生至，敢请下教，以坚其约！'乃携贡子玄略、周子顺之、吴子崇本、王子汝舟，从蓝山历宝峰以达九龙，会者长少余三百人，乡中父老亦彬彬来集，以一见为快。学究及庵僧先期俱有梦兆，以为之征。会三日，将出山，杜子请一言以示劝戒。"当时贡安国、周怡、吴崇本、王汝舟等人随同王畿赴九龙会，聚会人数多达二三百人，以杜氏族人为主体，另有当地学者和僧道参加。《书太平九龙会籍》还记载了讲学的内容是"万物一体"说："矧士尤四民之首，以希贤希圣为实学，以万物一体为实功。"③第二次是万历五年（1577），主讲人依旧是王畿。据他说："万历丁丑夏，予赴宣歙之会，道出太平九龙山，杜生质偕诸叔侄子弟咸赴讲下，出其所藏谱牒，乞予一言弁首，以诏后人。"④第三次是万历十九年（1591），发起人是杜蒙。据杨起元的《明逸儒

---

① 曹梦鹤主修：《太平县志》，第296页。
② 王畿：《王畿集》卷十七，吴震编校整理，第490页。
③ 王畿：《王畿集》卷七，吴震编校整理，第172—173页。
④ 王畿：《王畿集》卷十三，吴震编校整理，第359页。

黄峰杜先生墓志铭》记载:"辛卯岁十二月,偕石埭毕子心坡兴九龙会,多士云集,连会三日。"① 杜蒙,号黄峰,曾从湛若水讲学于南京。罗汝芳任宁国知府时,命杜蒙为"宛陵会长"。万历十九年他与邻县人毕心坡共同发起了九龙会。

本章所列的复初会、正学会、水西水、九龙会,仅是明代中后期部分保留资料较多的宣城阳明学的讲学活动。事实上,当时宣城阳明学讲学远不止这些,"尔时太邑有丹东会、东华会、九龙会、拾一会,泾川有赤山会、水西会,旌邑有旌阳会,宣邑有西门会,石邑有陵阳会,青邑有九华会,留都有罗公祠会"。②

四、宣城王门的教化活动

如果说阳明学讲学主要是针对士大夫和地方文人开展,以学术讨论和交流为目的,具有明显学术推广性质的教学活动,那么在宣城阳明学发展过程中,还出现了规范百姓日常礼仪的阳明学教化活动,主要是邹守益在广德劝谕民俗和罗汝芳在宁国推行乡约。

(一)劝谕民俗

邹守益任职广德期间,不但建立了复初书院,在当地士人中推广阳明学,而且还颁刻了《谕俗礼要》,将阳明学融入冠、婚、丧、祭等日常礼仪中,以实现劝谕百姓、改变民俗的目的。嘉靖四年(1525),邹守益在广德嘱托同道刘肇衮、王仰刻《谕俗礼要》。关于《谕俗礼要》的具体内容,《广德州志》中保存了4篇文章,并且有注释说:"以上四首,皆东廓先生初稿也,其言专为广德而设,实则推之天下无不然。"③ 由此可见,《谕俗礼要》由四部分组成:一是邹守益的《谕俗礼要序》。该文首先说明了颁刻《谕俗礼要》的缘由和经过:"予尝受学于阳明先生,获见虔州之教,聚童子数百而习以诗礼,洋洋乎雅颂威仪之隆也。窃叹人性之美,无不可教。患上之人未有以倡之耳。比官广德,躬率诸生及童子习礼于学,虽毁

---

① 杨起元:《太吏杨复所先生证学编》,《四库全书存目丛书·子部》(第90册),第43页。
② 曹梦鹤主修:《太平县志》,第296页。
③ 胡有诚主修:《广德州志》,第1020页。

齿之童，周旋规矩，雍容可观。因益以自信。复惧夫不能以家喻也，属刘友肇衮、王生仰酌四礼而刻之，名曰《谕俗礼要》，以颁于士民。"以证明颁刻《谕俗礼要》是仿照阳明在赣州教化百姓遵守礼仪的做法而在广德推行之。其次说明礼仪根源于人心："礼乐之文，非自外至也，由中出者也。犹人之精神命脉完固而凝定，则粹然见面盎背，以施于四体，无弗顺正而充盈者矣。"① 虽然礼乐制度是用以规范人的外在行为，但它却"由中出者"，根植于人心。因此遵守礼仪并不需要强制而行，只要心中淳正，自然行为合于礼仪。可见，邹守益对礼仪的诠释完全是以阳明学为理论基础的。二是用以规范丧礼和祭礼的《丧祭礼要》。三是教儿童以诗礼的《训蒙诗要》。这两篇邹守益也都写了序。最后是邹守益撰写的《谕俗文》。他在《谕俗文》中申明了颁刻《谕俗礼要》目的："申谕父老，各告诫子弟，务宜父慈子孝、兄友弟恭、夫倡妇和、长惠友顺。强者毋倚势凌弱，富者毋恃财欺贫，而贫弱者毋挟诈以胁制富强。咸敦礼让之风，以洗淫陋之习。试问父老，曾见有孝悌忠信为众所爱敬而天不佑之者乎？曾见有狠戾诡谲为众所怨恶而天不罚之者乎？自今以往，果能勉于为善，睦族和乡者，体访得出，加以奖赏。如终为怙恶，俾刑害众者，事发，依律科断，仍伽号以警其余。父老子弟，其务体吾意，慎所趋避，毋忽！"②

嘉靖五年（1526），邹守益将《谕俗礼要》寄给王阳明，阳明有《寄邹谦之》的回信。信中主要阐述了两个问题：一是论礼仪的实质，言礼"故今之为人上而欲导民于礼者，非详且备之为难，惟简切明白而使人易行之为贵耳。……然良知之在人心，则万古如一日。苟顺吾心之良知以致之，则所谓不知足而为屦，我知其不为蒉矣"。阳明信中说礼仪易行和根植于良知，与《谕俗礼要序》所言大体相同。二是对邹守益在广德推行之礼教提出完善建议，以为"冠、婚、丧、祭之外，附以乡约，其于民俗亦甚有补。至于射礼，似宜别为一书，以教学者，而非所以求谕于俗"。③ 阳明认为，《谕俗礼要》着重规范了冠、婚、丧、祭等礼仪，而未关注射礼，建议

---

① 邹守益：《邹守益集》卷二，董平编校整理，第23—24页。
② 胡有诚主修：《广德州志》，第1020页。
③ 王守仁：《王阳明全集》卷六，吴光等编校，第202页。

邹守益再刻射礼之书,以教学者。邹守益按照阳明的指示,颁刻了湛若水教授太学所用的《节定燕射礼仪》,用以教诸生明礼乐之道,并为之作跋。①

邹守益在广德劝谕民俗的做法,很快被宣城各县效仿。《宁国县志》中记载:"初,宁国士人习四礼者少。嘉靖某年,训导王皞始布《四礼纂要》,以后士大夫之家稍稍习行。"② 这里的王皞,就是邹守益在《丧祭礼要序》中提及的王天民:"吾友王天民分教宁国,悯其俗之葬祭杂于佛氏而憒然于先王之礼也,取《文公家礼》,撮其要旨梓而行之,以诱其士民,易于服习。"③ 王皞在宁国县推行邹守益的《谕俗礼要》,效果较好,于是"士大夫之家稍稍习行"。

(二)推行乡约

王阳明在《寄邹谦之》中曾建议"附以乡约,其于民俗亦甚有补",让守益在广德推行仿照赣州的做法推行乡约,但守益并未实行阳明的这一建议,宣城制定和推行乡约的任务是由罗汝芳在宁国知府任上完成的。正德年间,阳明在南赣平乱时曾推行和制定了《南赣乡约》。《南赣乡约》特点是注重乡约的心学化,即将心学思想融会于乡约中,以实现用心学治理社会的目的。④ 阳明制定并实施《南赣乡约》后,在其本人和弟子们的共同努力下,乡约很快在各地普及开来,其中就包括罗汝芳在宁国知府任上制定的《宁国府乡约》。《宁国府乡约》值得注意之处有:一是它延续了阳明以良知心体作为乡约之理论基础的做法。罗汝芳在解释孝顺父母的原因时说:"凡此许多孝顺,皆只是不失了原日孩提的一念良心,便用之不尽,即如树木,只培养那个地下的一些种子,后日千枝万叶,千花万果,皆从那个果子仁儿发将出来。"⑤《宁国府乡约》中,罗汝芳多次用良知之心来劝诫百姓行善。二是罗汝芳将《圣谕六言》引入《宁国府乡约》中,开明代乡约之先河。《圣谕六言》是明太祖

---

① 邹守益:《邹守益集》卷十八,董平编校整理,第844—855页。
② 范镐纂修:《宁国县志》,黄山书社2008年版,第52页。
③ 邹守益:《邹守益集》卷二,董平编校整理,第22页。
④ 刘聪:《王守仁心学视阈下的基层社会治理实践》,《大连理工大学学报(社会科学版)》2015年第4期。
⑤ 罗汝芳:《罗汝芳集》,方祖猷等编校整理,第753页。

朱元璋颁布的教化百姓的六条训语：孝顺父母、尊敬长上、和睦乡里、教训子孙、各安生理、毋作非为。明代将《圣谕六言》引入乡约，以乡约推行宣讲《圣谕六言》的开创者是罗汝芳。《宁国府乡约》的内容有三部分：一是立乡约缘由；二是七条章程；三是乡约训语。酒井忠夫指出，此"乡约训语"是《宁国府乡约》最重要之处，它改变了此前乡约以宋代《吕氏乡约》四规条为主、附增《圣谕六言》的传统，形成了以《圣谕六言》为主、《吕氏乡约》为辅的明代乡约新形式。① 万历以后的明代乡约，基本上都是延续罗汝芳的这一做法。

阳明学者在宣城推行的劝谕民俗、推行乡约等举动，在当地产生了深远的影响。经过嘉隆万年间数十年的努力，这些活动教化了宣城百姓，改变了宣城地区的社会风气。《泾县志》记载："泾士好学问，攻文辞，科第代不乏人。嘉隆间，衣冠士宦，项背相望。立会于水西，讲明圣学。郡守罗近溪暨名儒邹东廓、王龙溪、钱绪山先后会讲。一时人士翕然，骎骎有伊洛之风。"② 《宣城县志》中有："自东廓邹公，南野欧阳公，绪山钱君，龙溪王君，或留都莅官，或水西缔会，三十余年，人士景附志学之会，彬彬乎跂伊洛之风，绵邹鲁之绪矣。"③《太平县志》也说："太邑罗近溪、王龙溪、钱绪山诸先生，常主教其地，而乡贤周给谏怡、杜文学质，俱面领微言，以故后之学者蒸蒸蔚起，莫不家周邵、户程朱。"④ 通过阳明学者的教化活动，宣城社会上弥漫着浓浓的道德风气，实现了学术思想与社会治理的有效结合。

五、小结

宣城历史文化底蕴深厚，素有"上江人文之盛首宣城""宣城自古诗人地"之誉。自东汉以来文人辈出，范晔、谢朓、沈括、文天祥等先后在此担任太守，李白、韩愈、柳宗元、白居易、杜牧、苏

---

① 酒井忠夫：《中国善书研究（增补版）》，刘岳兵、何英莺译，第62页。
② 李德淦等修：《泾县志》，第67页。
③ 李应泰总纂：《宣城县志》，第114页。
④ 曹梦鹤总纂：《太平县志》，第135页。

东坡、王安石、欧阳修等人寓居游历于此,其中李白先后4次来宣城游历,留下了《独坐敬亭山》《赠汪伦》等脍炙人口的诗歌。在宣城的历史文化中,明代嘉靖、万历年间形成宣州阳明学是最为重要组成部分之一。宣州阳明学的兴起,不仅在当地培养出众多著名的阳明学者,留下了值得后人研究的阳明学著述,而且他们的讲学和教化活动极大地改变了宣城的社会风气,形成了"跂伊洛之风,绵邹鲁之绪""家家周邵,户户程朱"的社会文化氛围。

(刘聪撰稿)

阳明学与滁州

滁州地处江淮之间，南接金陵，北望中原，历代皆为战略要地。其山水清丽、民风淳和的环境，又与文人迁客结下不解之缘。北宋庆历年间，一代人文宗师欧阳修知滁的流风善政，以《醉翁亭记》《丰乐亭记》传颂为标志，滁州在中国文化史上崭露头角。明代前中期，滁州作为明太祖的"革命根据地"，被誉为"开天首郡"①、畿辅重地。滁州与南京隔江相望，是往来于两京与中都之间的必经之地，成为"南北冠盖之所经"的重要驿站，拥有得天独厚的地理人文环境。皇帝垂青，朝野瞩目，政要文豪、使臣宾客、三教九流纷纷前来，宦游唱和，留下诸多史话遗存。明正德年间，王阳明任南京太仆寺少卿督马政，广纳弟子，在琅琊山下传授心学。王门学派也从这里走向大江南北。王阳明酷爱琅琊山水，与滁人结下了深厚情谊。他在滁州构筑来远亭，始创马政街，修官仓，倡孝义，保安宁。嘉靖以降，阳明弟子后学和太仆寺及地方官员修建阳明（祠）书院，传承阳明思想，浸润于地域文化，对于其后数百载滁州士民群体的文化意识，产生深远的影响。

一、王阳明在滁州的讲学活动

明朝管理马政的中央机构——南京太仆寺设立于滁州②，正德七年（1512）十二月，王阳明由考功清吏司郎中升南京太仆寺少卿，次年十月至滁州任上。阳明的到来，为滁州构建了一块心学旺地。明朝中期以后，马政逐渐走向衰微，太仆寺官署的职能逐步弱化，

---

① 元至正十四年（1354）三月，朱元璋起兵率军首先占据滁州。在滁运筹帷幄、祈天谋人，挑选幕僚，收养义子，培植亲信，扩充势力，支援六合，攻占和州、太平，夺取集庆（今南京）重镇，奠定推翻元政权的军事政治基础。明王朝建立后，朱元璋先后两次巡视滁州，并作有《感旧记》一文。

② 洪武六年（1373）二月，朱元璋下诏在滁州设立管理全国马政的中央机构太仆寺。永乐十九年（1421）改为南京太仆寺，管辖马政的范围包括南直隶（江淮地区和江南大部）地区，主要职能为掌管军马的牧养、征调等事务。太仆寺主官设卿一员，从三品；副职为少卿，二员，正四品或从四品；以下还设有寺丞、主簿等职官。[参见雷礼《南京太仆寺志》卷九，《四库全书存目丛书·史部》（第257册），第522页] 寺署衙门在滁州一直存续到明朝终结。

成了一个清闲的机构。身为三四品且学养深厚的太仆寺卿们，因"机务多暇"而将更多时间和情趣转向文化精神的追寻。景仰欧王，传播心学，寄情山水，抒发情怀，辨析义理，记游记事，备述地情史迹，修建人文景观，成为太仆寺和地方官吏们共同的文化诉求。

王阳明正德六年（1511）在京城为官时，已因授徒讲学而声名鹊起。朝廷派他到滁州去做一个清闲的南京太仆寺副官，可能也是为了减少其在京城的影响力。当然，直接原因还是在于阳明当时已对朝中弊政、宫内乱象、权奸横行、皇帝昏聩、寇警四起、灾异频仍等现象深感厌恶，遂在失望无奈中萌生了离开京城的想法。正德七年四月，他致家书给父亲王华，谈论家国事，表达了对国事的忧虑："未知三四十年间，天下事又当何如也。"并且流露出思退之心，意欲在南都寻一闲职，声称"若得改南都"，将以讲学为重。① 可见，升任南京太仆寺少卿也许正是阳明本人争取的结果。也许正因为此官职事闲适，所以阳明于正德七年十二月接到任命，能延宕大半年，于正德八年深秋十月才到滁州任上。其实滁州山水佳胜，地僻官闲，正为阳明授徒讲学提供了得天独厚的条件。阳明于正德八年（1513）八月写给黄绾的信中说："滁阳之行，难更迟迟，亦不能出是月。闻彼中山水颇佳胜，事亦闲散。"② 即流露出这样的心情。

王阳明来滁时，已逾不惑之年，历经了格物苦求、宦途蒙冤、居夷处困、龙场悟道、庐陵施政的磨炼，其思想学识已趋于成熟。因此，到滁州前后，可谓阳明学说形成的第二阶段，也是其心情舒畅、正式开门讲学的开始。

（一）讲学山水之间

洪武十一年（1378），太仆寺官署建于滁州城西南三里的"丰山之阴"。王阳明在滁州时，太仆寺有寺卿一名，少卿三名，属下寺丞、主簿、典吏未减。作为副职的阳明在马政分工上应当没有多少业务可做，犹如其在滁州《林间睡起》诗中所感叹的："林间尽日

---

① 束景南：《王阳明年谱长编》，第661—663页。
② 王守仁：《与黄宗贤》，《王文成公全书》卷四，王晓昕、赵平略点校，第182页。

扫花眠,只是官闲愧俸钱。"①正因为此,他才有更多的时间用在讲学上。

太仆寺署咫尺龙潭,有明太祖御碑亭,北望丰乐亭,西依丰山,幽谷相临,溪水环流,树木葱茏。沿丰山下西行,到醉翁亭也仅三里之遥。在这样的环境中,阳明与诸生或默坐于室,静思澄虑;或游学山水之间,得之天籁,洗净纤尘。每至月上林梢,数百人环龙潭而坐,究明圣贤之学。诚如《阳明年谱》所记:"滁山水佳胜,先生督马政,地僻官闲,日与门人遨游琅琊、瀼泉间。月夕则环龙潭而坐者数百人,歌声振山谷,诸生随地请正,踊跃歌舞,旧学之士皆日来臻,于是从游之众自滁始。"②

在滁州,阳明与诸生一起游山玩水,听风赏月,饮酒弹琴,畅快而歌,切磋学问,交流心得,是故人称:"盖先生点化同志,多得之登游山水间也。"阳明是用滁州山水来感染弟子内心,让弟子们在和谐自然中体悟以静制动的心学法门,所谓"草堂寄放琅琊间","只把山游作课程"也。他还以诗证道,用"浮云野思春前动,虚室清香静后凝""悟后六经无一字,静余孤月湛虚明"这样充满山水旨趣和心学奥妙的诗句来教谕弟子。③

王阳明沉浸于讲学山水之间的快慰,真正领略到了他有生以来的传道况味。据初步考证,王阳明在滁州写诗四十来首(含未入《王阳明全集》的轶诗四首),在滁州,他与弟子友人书信、所作序、记文约三十篇。阳明在滁州前后讲学内容,虽然没有留下专录,但许多条语录在《传习录》上卷可以窥见,有的归入了南都讲学之中。《南京太仆寺志》《南滁会景编》《滁阳志》等历史文献也记载了王阳明在滁州的讲学活动和部分诗文。梳理以上史料,可以大致将王阳明在滁州前后所阐发的心学思想归纳为以下几个方面:一是阐发良知说,心之本体无善无恶、心动至意念则生善恶;二是强调"立志""立诚",培根浚源求真谛;三是"知行合一"只是一个工夫;四是正心格物,循天理、去人欲,磨炼省察克治之功。此外,阳明在滁与弟子道友论述了儒学与佛、道之区别,阐明心学非佛非仙,

---

① 王守仁:《王文成公全书》卷二十,王晓昕、赵平略点校,第869页。
② 钱德洪:《年谱一》,王守仁:《王文成公全书》卷三十二,王晓昕、赵平略点校,第1405页。
③ 王守仁:《王文成公全书》卷二十,王晓昕、赵平略点校,第870—875页。

并对佛、道之弊有所批评。这些学术思想，将前期阳明学说逐步系统化，成为王阳明后来提出"致良知"的基础。

（二）教导静悟自得功夫

静悟自得，是王阳明从龙场回归后传授弟子们的修心方法。龙场那三年艰难困苦，王阳明在荒野石洞"玩易窝"中，多少个昼夜静坐默思，灵魂与天地相合，思维与古圣贤衔接，内心扫尽悲怨愤惧的阴霾，让天理的光辉照射心性，他终于悟出，面对外部境遇之险恶，时时处处按照朱子向外格物求理是行不通的，只有向内体悟天理，获得强大的良知能量，才能豁然开朗充满信心，坚韧不拔地克难奋进。王阳明自龙场返回，经辰州讲学之时，尝倡导"静坐悟入"。三年后到滁州进一步将"静坐悟入"作为主要的教学方式，教导弟子先静坐，复读书，思而入矣！王阳明告诉学生，必须静坐体悟："心即理也，此心无私欲之蔽，即是天理，不须外面添一分。"强调社会伦理规范的基础在于人心向善，主张通过"内心反省"克服私欲，以致良知。

在滁州，许多弟子开始也不明白先生为什么叫他们沉默地静坐，有人甚至觉得，这静坐如同老僧坐禅，无趣无味。先生指出："所云静坐事，非欲坐禅入定也。盖因吾辈平日为事物纷挐，未知为己，欲以此补小学收放心一段工夫耳。"就是说，通过静坐，把放任的心收拢起来，守持天理良知。静坐收心才能见性守仁，生发出仁、义、礼、智，修炼成温良恭俭让的谦谦君子。修身是治国平天下的根本，修身的目标是止于至善，《大学》明谕：知止而后有定；定而后能静；静而后能安；安而后能虑；虑而后能得。

弟子们渐渐地明白了先生让他们静坐体悟天理的用心。但是这静坐收心的过程并非那么简单。滁州弟子孟源曾就"静坐"问题求教先生：静坐中思虑纷杂，不能强禁绝怎么办？王阳明答曰："纷杂思虑，亦强禁绝不得。只就思虑萌动处省察克治，到天理精明后，有个物各付物的意思，自然精专无纷杂之念。"王阳明认为，很多初学者会有心猿意马、心不在焉的情况，故且教之静坐息思虑。静坐有利于他们凝神静气、专心向学。然而，一味静坐会让人变得漠然守静、心如枯槁，逐步陷入佛老的虚无之境。因此，王阳明强调静坐体悟要与省察克治，事上磨炼结合起来，在实践中修行道德。真正的内心强大必须在做事上磨炼，才能站得住脚；才能做到于静中能安定，在动中也能安定。无论是动还是静，都是磨炼自己，追寻本心的过程。

正德九年（1514），王阳明到南京后，曾写信与滁州诸生，强调省察克治的必要性。[①]王阳明告诫弟子，《大学》所谓知止而后有定，要经常进行自我反省，在日常生活中学习如何"存天理、去私欲"。

时隔四十年以后，嘉靖三十二年（1553）秋，阳明弟子会于滁州阳明新祠（书院），钱德洪回顾："滁阳为师讲学首地，四方弟子，从游日众。"如今同门高年还能说起当年先生讲学的事。当时先生教导静悟："惩末俗卑污，引接学者多就高明一路，以救时弊。"既后发现有人"渐有流入空虚"者，于是阳明先生又强调省察克治实之功以纠偏。现在滁中子弟尚多能道静坐中光景。

无论静坐体悟之功，或修省察克治之功，全在自省自知自得。王阳明传习学问，从来就是启发弟子"贵自得"，让你如同"哑子吃苦瓜"。这就是阳明学说方法论强调自主性和实践性的特点，与孟子、程朱等治学自得论一脉相承。他尤其信奉陈白沙先生提出的"为学须从静坐中养出端倪"观点，将"自得"视为学问及涵养宗旨的心学方法。他将白沙弟子湛若水视为知音，认为"甘泉之学，务求自得者也。"王阳明的滁州诗《山中示诸生》其二："桃源在何许，西峰最深处。不用问渔人，沿溪踏花去。"[②]借用"桃花源"的典故，用"沿溪踏花去"启发弟子悟良知贵在自得，去寻访那"最深处"的真理。这些诗句看起来是写景抒怀，其实字里行间寄寓着心学方法论的哲理。

弟子刘观时，字易仲，湖南辰州人，正德九年（1514）曾专程来滁州问学。刘氏以为自己名字叫"观时""观必有所见"，故以"见斋"命名己之书斋，阳明为此作《见斋说》，告诫刘观时求道不能单凭感官目睹，关键还是要用心去领会体悟。刘返回辰州时，阳明又赠以诗，诗序曰："辰州刘易仲从予滁阳，一日问：'道可言乎？'予曰：'哑子吃苦瓜，与你说不得。尔要知我苦，还须你自吃。'易

[①] 王守仁：《与滁阳诸生并问答语》，《王文成公全书》卷二十六，王晓昕、赵平略点校，第1130页。
[②] 王守仁：《王文成公全书》卷二十，王晓昕、赵平略点校，第873页。

仲省然有悟。久之辞归，别以诗。"① 阳明欲借"哑子吃苦瓜"的禅语，强调自身悟道的必要性。刘氏还就《中庸》中的"喜怒哀乐之未发，谓之中"一句向阳明求教，阳明同样以"哑子吃苦瓜"为例作答。当时徐爱深谙老师用意，随即补充道：只有亲身悟道，才能学到真正知识，提高自身修养。闻此，在场弟子们皆如醍醐灌顶。②

（三）来远亭下聚门人

正德八年的十月下旬，正是江北秋冬交合的"小阳春"时节，滁地菊花迎风怒放，琅琊山层林尽染。王阳明到滁州的讯息，也随着南来北往的邮驿信使传到四面八方。很快，就有门生赶来滁州，最先到的是南都的学宦，接着，湖南、江西的学生络绎而至，江浙、岭南的诸生也跋涉造访。两个月后，除夕将临，寺署的客馆里已经聚集了三十余名弟子，陪伴先生一起在山城同乐。

在太仆寺的西南侧，龙潭西北缘上有一片高岗，岗岭上长满了梧桐树，引得众多禽鸟栖于其间，微风吹来，阵阵鸟鸣啁啾。王阳明为这一片高岗起了一个曼妙的名字：梧桐冈。世人都知道栽下梧桐树，引得凤凰来的典故，王阳明也许在心里期望，在滁州讲学，能引来更多的有志学子求索问道，钻研古圣贤哲理，以开心学之大观。不久，王阳明又在梧桐冈上造了一座亭阁，名曰"来远"。嘉靖十八年（1539）任南京太仆寺少卿的戴金尝有《梧桐冈》《来远亭》诗云："试问亭伊始，作者谓阳明。"③ "来远"出自《论语》"有朋自远方来，不亦乐乎"。阳明在滁州讲学，旧学新知数百人，"英才云集，尽乎南北东西，环滁诸胜，随处从游，歌咏答问，济济洋洋，先生顾而乐之，因建斯亭命斯名，以自志耳。"④ 还有更深一层的含

---

① 王守仁：《王文成公全书》卷十二，王晓昕、赵平略点校，第670页。
② 王阳明：《传习录注疏》，邓艾民注，上海古籍出版社2015年版，第84页。
③ 按：《王文成公全书》等书将"梧桐冈"误作"梧桐江"。梧桐冈乃阳明命名。见王守仁：《坐龙潭梧桐冈用韵》，赵廷瑞、李觉斯等编纂：《南滁会景编》（第1册），黄山书社2016年版，第77页。又按：嘉靖中来远亭废。万历初年，南京太仆寺卿石星将倚丰亭改称来远亭。萧崇业《游丰乐亭记》载："由亭左石径北上，高十寻，为来远亭，内刻《倚丰亭记》，中丞石东泉移今名，亦有记。"故万历《滁阳志·古迹》载："来远亭，在丰乐亭北山麓。"雷礼：《规制》，《南京太仆寺志》卷九，南京出版社2016年版，第671页；赵廷瑞、李觉斯等编纂：《柏子源诗集》，《南滁会景编》（第1册），第77—78页。
④ 赵廷瑞、李觉斯等编纂：《南滁会景编》（第3册），第157—160页。

义：阳明学要对近世被曲解的儒学正本清源，复兴源远流长的真圣正学。他在给湖南弟子郑伯兴从滁州返乡的诗句，暗喻着对"来远"深意的诠释："圣路塞已久，千载无复寻。岂无群儒迹，蹊径榛茆深。浚流须寻源，积土成高岑。揽衣望远道，请君从此征"。①

新春正月，雪后初霁，更多的年轻人从大江南北来到滁州，二月里，王阳明身边来来往往已经有二百多名弟子。还有一些前来论学的学友宦僚。在这些人中，大体有几种构成：先前追慕王阳明的学友，在南京从职或在南雍从学的仕宦，进京赶考途经滁州或是从南北各地慕名而来的秀才举人、太仆寺僚丞、往来公干的宦游官员、滁州本地学子和地方府院吏员。这些人大多为当时的社会英才，例如：蔡希渊、朱节、冀元亨、刘观时、王嘉秀、萧琦、郑伯兴、德观、郭庆、吴良吉、汪汝成、商佑、穆孔晖、寇天叙、陈佑卿、顾惟贤、梁仲用、王舜卿、苏天秀、陈一鸿、崔伯乐、姚维芹等人。他们想从王阳明学说中追寻新思潮，新思维，藉以完善自我，或经国济世，或独善其身。他们跟随王阳明问学、论学的方式，形同于孔子之教弟子，除了语录体式的问答，阳明先生还有许多书信、作序、赠诗等，为门生学友释疑解惑，申述观点。王门弟子和后世学界公认，王门游学发端于滁州。邹守益在《阳明书院记》中记载，"阳明先生官滁阳，学者自远而至"。钱德洪后来回顾："滁阳为师讲学首地，四方弟子，从游日众。"②阳明本人于正德八年（1513）十一月写信给此前在南京相识的戴子良（德儒）时，曾谈到过诸地学人来滁问学的情况。正德九年春是王门弟子来往滁州最多的时候，他们大多是被阳明学说所吸引而尚未参加乡试的年轻生员，其中有许多人没能在史料中留下名录。有部分门生则因在滁时间短暂，后又去南京从学，故史志中往往忽略滁州而只提在南都从学阳明之事。据此可以推测，《传习录》上卷中的许多条目可能是阳明在滁州时与门人的问答语。另据束景南《王阳明年谱长编》考证，疑马明衡、应典、林达、萧鸣凤、黄宗明等王门学者也皆在赴南宫试前来滁州论学。③

---

① 王守仁：《别易仲》，《王文成公全书》卷二十，王晓昕、赵平略点校，第875页。
② 王守仁：《与滁阳诸生并问答语》，《王文成公全书》卷二十六，王晓昕、赵平略点校，第1131页。
③ 束景南：《王阳明年谱长编》，第716—730页。

正德九年（1514）正月伊始，滁州连降大雪，雪后初霁，王阳明与众弟子登琅琊观雪景，后在琅琊寺附近留下石刻《琅琊题名》，纪文载于南京太仆寺编纂的艺文集《南滁会景编》中，而未见于《王文成公全书》诸书，兹将全文录于下：

> 正德癸酉冬旱，滁人惶惶。迺正月乙丑，雪；丁卯，大雪。太仆少卿白湾文宗严森①与阳明子王守仁同登龙潭之峰以望，再明日霁，又登琅琊之峰以望；又登丰山之峰以望，见金陵、凤阳诸山皆白，喜是雪之被广矣！回临日观，探月洞，憩了了堂，风日融丽，泉涓鸟嘤，意兴殊适，门人蔡宗充、朱节辈二十有八人，壶榼继至，遂下，饮庶子泉上。及暮，既醉，皆充然有得，相与盥濯咏歌而归，庶几浴沂之风焉！后三月丁亥，御史张侁、行人李校、员外徐爱、寺丞单麟复同游，始刻石以纪。余姚王守仁伯安题。②

阳明在滁州，还与友人有过一些非常重要的书信，如应天府学教授王道（纯甫）书常来信，与阳明论辩朱、陆二学，阳明在滁有答书。③嘉定县令王应鹏（天宇）来书论学，阳明有《四答王天宇书》，其中有两篇于正德甲戌年作于滁州，王阳明就立志、诚身、格物等阐述了自己的观点。④工部员外郎戴德孺榷芜湖，经南京来滁相见，别后阳明有答书，与戴氏畅谈立志之学。正德九年（1514）正月，阳明从内兄诸用文（缉）以部运过南京，来滁相见，阳明为

---

① 白湾文宗严森即文森，文徵明叔父。文森（1462—1525），字宗严，南直隶长洲县（今苏州）人。成化二十三年（1487）进士，正德七年任南京太仆寺少卿，与阳明同僚。正德九年（1514）春，阳明应文森之请为其先祖文山先生文集作《文山别集序》（见《王阳明全集》，第1008页）。正德十年（1515），文森进为右金都御史，巡抚南赣，称病未赴任。兵部尚书王琼又力荐王阳明，遂成就了阳明在江西的赫赫功勋。

② 赵廷瑞、李觉斯等编纂：《南滁会景编》（第3册），第257—258页。按：此刻石纪文初见南京太仆寺卿王之垣主编增刻本《南滁会景编》卷八"琅琊山诗文集"。万历十一年（1583）秋，南京太仆寺丞赵志皋同寺卿毛纲、少卿尹瑾游琅琊寺，"步寺南白龙池，观阳明先生偕诸弟子游所记石"。此记石即王阳明《琅琊题名》，据万历《滁阳志》载："白龙泉，在琅琊山开化寺佛殿侧。"琅琊寺南又有白龙池。王阳明《琅琊题名》或刻于白龙池周围的摩崖上。琅琊寺周边宋明时期摩崖石刻尚存，而此刻久已不见，滁州文史研究者还在疑似区域继续搜寻。

③ 王守仁：《与王纯甫》，《王文成公全书》卷四，王晓昕、赵平略点校，第188—192页。

④ 王守仁：《答天宇书》，《王文成公全书》卷四，王晓昕、赵平略点校，第198—199页。

其书卷题字,并嘱徐爱作序,己作诗送别。① 正德九年(1514)二月,挚友湛若水奉使安南归,经滁州与阳明相聚,二人彻夜畅论儒、释之道。②

二、王阳明的安邦策与系滁情

自古以来,滁州扼守江淮要冲,成为金陵之门户,南北之跳板,战略地位十分重要。明代滁州直隶于京师(南京),下辖全椒来安两县,兵事上历来被朝廷重视,既设滁州卫,还有广武卫,加上南京太仆寺驻滁,更加提升了滁州的安全防卫等级。正德六年(1511)的时候,北方流民起事,一度曾经有小股人马窜至滁州境地,造成官民惊慌。王阳明是一位靖国安邦的大师,文武之道运用自如。他来到滁州不久,就对这里的情况了然于胸。在他的思维中,靖国必先安邦,安邦必先安民,安民必先教化。安邦化民之道当深谋远虑,防患于未然。他在马政施策上,继续与少卿文森推行改革惠民的办法,在太仆寺和滁城的保安上,也先后采用了几项行之有效的措施。并且在老百姓中,倡导孝义,树立榜样,改善社会民风。

(一) 始创马政街

太仆寺东南有一大片空旷野地,约有二百亩。洪武永乐年间各地送缴马匹,都要在这里点校验收。不收马匹时,种植成片马喜欢吃的草料苜蓿。明中期以后,俵马制度渐渐演变为以马折银缴纳,各地就不再送缴马匹,这一片地方就变成苜蓿遍生的野地。

正德五至七年(1510—1512),河北流民刘六、刘七起义势炽蔓延,各地警觉防备。王阳明在京城时候,就对边患和内乱忧心忡忡。滁州地处南北要冲,来任太仆寺少卿,防务也由他分管。于是,王阳明与当地州守商议,分析地方情势,借鉴庐陵经验,研究制定了召民开发荒地、定居及自治,加强治安的方案。他召集民户自愿

---

① 即《诸用文归用子美韵为别》,诗云:"冷雪晴林还作雨,鸟声幽谷自成吟。"(王守仁:《王文成公全书》卷二十,王晓昕、赵平略点校,第883页)滁州正月大雪,幽谷在太仆寺丰乐亭附近,可见此诗明显作于滁州,《王文成公全集》将其编入"南都诗"乃误。
② 据湛若水《阳明先生墓志铭》:"阳明公迁贰南太仆,聚徒讲学有声。甘泉子还,期会于滁阳之间,夜论儒、释之道。"(王守仁:《王文成公全书》卷三十七,王晓昕、赵平略点校,第1606页)

开发太仆寺东的空旷野地,结庐聚居,从事农桑,自种自收,免除租赋。并组成社区,百户设立总甲,十户为小甲,维民安居,青壮年组成民兵,进行训练,排班日夜巡逻,保护太仆寺及周边的治安,与滁州城内守卫相互呼应。这些住户乐于为之,百姓逐渐增多,形成了一条新街,因为在太仆寺管辖范围,故称作"马政街"。《南京太仆寺志》记载了这段史料:王守仁"又因寺址距滁城二里,萑苇蔽野,令军民于马场隙地自置房居住,设总小甲联之,论丁巡警。及流贼猬起,复即滁城尼寺改为寺仓,建官厅一所。而擘画所遗,莫非远虑。""自本寺牌坊起,至孙家地止,又通全椒路一街,俱牧监点马旧地荐苕。正德七年,流贼猬起,本寺少卿王守仁因寺距滁城外二里孤悬,召集军民二百余家,自置房屋居住,立总小甲属之,照护按日巡警,防护本寺,免其地租。"[①]王阳明此举延续其在庐陵治政实践,体现了他的治理思想和策略,为以后在南赣、两广平息匪寇、治乱安民,实行"十家牌法",积累了经验。

到嘉靖年间,马政街社区发展到三百多户人家,后任太仆寺卿沿袭王阳明的思路,在此设丰乐乡社,教民条规,祭仰先贤,建仓廒,办社学,教化子弟,马政街出现了一派民风淳朴安居乐业的景象。万历年间,太仆寺卿萧崇业写了一首《马政街谣》,形象生动地描绘了马政街民情风俗的状况。[②] 因为此地挨着龙潭,后人又称作龙池街,这条历史街区一直延续到当代。

(二)备虞修官仓

太仆寺位于滁州城外西南三里的丰山脚下,与城防两隔。寺署里收藏着数量可观的马赋资财,太仆寺本身没有几个兵卫,一旦有乱,寺署必为贼寇觊觎。王阳明敏锐地考虑到这个问题。他往来古城和寺署之间作了调研,采取了进退无虞、有备无患的策略。

明代各地官府都建有粮仓,是为官仓,用于储备军粮和平赈灾荒。滁州因为地理位置紧靠南京,官仓规模比别处都大,滁来全三县,加上和州、宁国和南京锦衣卫、广武卫等军屯的粮食都运到这

[①] 雷礼:《列传·王守仁》,《南京太仆寺志》卷十五,第9页;雷礼:《规制》,《南京太仆寺志》卷九,《四库全书存目丛书》(第257册),第17页。
[②] 《杂景诗集》,《南滁会景编》卷十二下,万历癸巳刻本。

里收藏，官仓位于城东南，距小东门不远，名曰"永盈仓"，意味着始终储粮充足。而实际情况常常是储运不济。

当年，在滁城内南北大街与鼓楼街交口东北侧，坐落滁州卫署，置有左右卫所，左所旁边就是太仆寺旧址。早在宋代，这里曾是一座尼寺，曰"乾明寺"。明初改建为太仆寺官邸。因为地方狭窄，不便校阅马匹，洪武十一年，遂将太仆寺迁建到城外丰山下。王阳明任少卿，充分利用这块地方，正德九年春，将原来的老房子修缮，改建成一座小官仓，太仆寺管理的资财、钱粮以及马政所需物资，一旦有警，便可以转移至此存放。也防止永盈仓储备不济，只要滁城守卫安全，就能确保无虞。同时，王阳明还利用这里老官邸改造修建一处厅堂，平时用于接待安置往来于滁的使臣宾客栖息，一旦有事，太仆寺官员可以从城外撤离到这里办公，以备忧患，可谓静观处变，深谋远虑。① 王阳明还与滁州地方守臣、卫所官员运筹防寇保安措施。

（三）慕隐彰孝义

明中后期，由于政治、经济、社会、宗教文化等原因，一部分士大夫不满现实，企图以隐逸来逃避浊世，独善其身，"市隐""朝隐""吏隐"竟成风气。而淡泊隐逸也是阳明人生旨趣和内在性格的一个重要方面。在他的一生中，曾不止一次地期望离世脱俗，归隐田园，潜心为学。在滁州期间，王阳明的生活十分清闲自在，心情也很惬意安适，尽情享受着如同隐士一般的逍遥生活。其所作的《梧桐江用韵》诗，就很好地反映了当时的心境："凤鸟久不至，梧桐生高冈。我来竟日坐，清阴洒衣裳。援琴俯流水，调短意苦长。遗音满空谷，随风递悠扬。人生贵自得，外慕非所臧。颜子岂忘世，仲尼固遑遑。已矣复何事，吾道归沧浪。"② 因此，阳明当时十分欣赏滁州的"隐儒""隐吏"。万历四十二年修编的《滁阳志》人物传记载有这样一件事："姚瑛，指挥同知。少凝重不苟言笑，历诸委俱有声。寻佩印，不苟一介取予。已领漕，当道知其贤，欲大用。以母老辞休，日杜门与其弟友称觞食饮自娱。阳明先生为太

---

① 《规制·官仓》，《南京太仆寺志》卷九，《四库全书存目丛书·史部》（第257册），第17页。
② 王守仁：《王文成公全书》卷二十，王晓昕、赵平略点校，第869页。

仆，闻嘉之，赠诗曰：'滁阳姚老将，有古孝廉风。流俗无知者，藏身隐市中。'"①

除了慕隐，阳明也不忘尊贤以教化民风。滁州不仅山清水秀，而且民淳士直，社风敦朴。当时有一户世家卢守益六世同居，代代孝友仁义，官府奉旨旌表，立牌坊："六世同居卢守益尚义之门。"阳明闻之极为赞赏，为之题撰匾额。嘉靖三十三年（1554），阳明好友湛若水亦应约撰《卢氏祠堂记》，文徵明书丹刻石，流传至今。②

（四）真情系滁阳

王阳明在滁州度过了他最随心所欲的一段时光，虽然只有短短六个多月，他的心情却无限融入了这里的山水人文和民生，"临流欲写猗兰意，江南江北无限情"③。正德八年（1513）秋天到冬天，连续百日夹秋旱连着冬旱，王阳明到滁州一个多月也没见着一丝雨。农民种下的麦子迟迟不见出苗，庄家人忧心忡忡，王阳明也默默地为之祈祷，在盼望雨雪的情绪中迎来了春节。正月初二，纷纷扬扬的雪花飘落在寺署的廊前台阶，王阳明与诸弟子雪夜在栖云楼静坐，欣喜这场春雪解旱，庭前冰雪催来他的酒兴诗情。又借写栖云楼雪景，抒发胸怀的天意天机。吟道："此日栖云楼上雪，不知天意为谁深。忽然夜半一言觉，又动人间万古吟。"④

王阳明在滁州度过了深秋和冬天，春天很快就来临了。王阳明在《送德观归省二首》中，向弟子抒发了珍惜琅琊春色的情感，"琅琊雪是故园雪，故园春亦琅琊春。"⑤ 滁州就像故乡一样美好。他在诗中连续借用了程门立雪、孔子与弟子春风浴沂、孔子使子路向长沮问津等典故，教导弟子心诚率真，超凡脱俗，才能领会大自然的无穷奥妙；只要辨明正确的求道之途，毅志持恒，不论在何处，都能明天理，致良知。

---

① 戴瑞卿修：《列传·人物》，万历《滁阳志》卷十二，明万历四十二年刻本。按：此诗《王文成公全书》未载。见于孟津编：《良知同然录》，嘉靖三十六年刻本，第456页。
② 余国普编纂：《孝义》，康熙《滁州志》卷二十三，黄山书社2007年版，第384页。
③ 王守仁：《山中示诸生五首》，《王文成公全书》卷二十，王晓昕、赵平略点校，第872页。
④ 王守仁：《栖云楼坐雪二首》，《王文成公全书》卷二十，王晓昕、赵平略点校，第877页。
⑤ 王守仁：《送德观归省二首》，《王文成公全书》卷二十，王晓昕、赵平略点校，第874页。

王阳明对滁州的天地人寄寓了豪情和理想,他在《山中示诸生》诗中大发感慨:"滁流亦沂水,童冠得几人?莫负咏归兴,溪山正暮春"①。怡然自得的超脱境界和欣赏之情,正是孔子赞同曾点所追求的"风沂兴"境界,王阳明徜徉在瀼泉之畔,遥想孔子与高徒们在沂水边论志的境界,无限心向往之。

正德九年四月二十一日,朝廷任命王阳明为南京鸿胪寺卿。四月二十五日,他离开滁州前往南京赴任。②学人、僚友与滁州地方官绅纷纷为王阳明送行,杨柳依依,车马络绎。通过南城外的滁阳驿站,踏上"京京驿道",众弟子们将王阳明一直送到滁城东南三十里的乌衣镇,从老街西头进入一家客栈,置酒话别。先生与弟子互道珍重,难舍难分。王阳明作《滁阳别诸友》,诗序曰:"滁阳诸友从游,送予至乌衣,不能别。及暮,王性甫汝德诸友送至江浦,必留居,俟予渡江。因书此促之归,并寄诸贤,庶几共进此学,以慰离索耳。"③诗云:

滁之水,入江流,江潮日复来滁州。相思若潮水,来往何时休?空相思,亦何益?欲慰相思情,不如崇令德。掘地见泉水,随处无弗得;何必驱驰为?千里远相即。君不见尧羹与舜墙,又不见孔与跖对面不相识?逆旅主人多殷勤,出门转盼成路人。

王阳明用滁水、江潮来形容他与滁州人师生间的思念之情。同时他又以高瞻远瞩的理智喻示弟子们,寻求明德天道,是慰藉思念之情的最佳寄托,明德就像掘地泉水存在于任何地方,并不需要四处奔波寻找。天道就是人们心中的明德。在诗中,他又以尧舜与孔跖的典故,从正反两方面论说,无论身居天涯或咫尺,道同则心通,否则,面对面也如同陌路,互不相识。

到南京任职后,阳明仍心系滁州,慨叹"诸生之在滁者,吾心未尝一日而忘之"。④当代学者搜寻阳明轶诗,在阳明滁州弟子孟

---

① 王守仁:《山中示诸生》,《王文成公全书》卷二十,王晓昕、赵平略点校,第872页。
② 王守仁:《给由疏》,《王文成公全书》卷九,王晓昕、赵平略点校,第363页。
③ 王守仁:《王文成公全书》卷二十,王晓昕、赵平略点校,第876—877页。
④ 王守仁:《与滁阳诸生并问答语》,《王文成公全书》卷二十六,王晓昕、赵平略点校,第1130页。

津编纂的《良知同然录》中,发现阳明于正德十一年(1516)写的《寄滁阳诸生》两首诗,其一曰:"一别滁山便两年,梦魂常是到山前。依稀山路还如旧,只奈迷茫草树烟。"其二曰:"归去滁山好寄声,滁山与我最多情。而今山下诸溪水,还有当时几派清。"① 体现了他对滁州的一脉深情。

三、王门后学在滁州的事迹

滁州因王阳明的到来而成为当时心学传播的望地。阳明在滁讲学,滁州诸生近水楼台先得月,有数十名滁州学子追随于他。地方史志有名可稽者,如戚贤(1492—1553,字秀夫,号南玄)、孟津(字伯通,号两峰)、孟源(字伯生)、刘韶(自号约斋)、朱勋(字汝德)、孙存(字性甫)、萧惠、屠岐、石玉(字仲良,号琴乐居士)、田鳌(号蒙泉)、王可立(字子中)等,日后多成为滁州当地的名儒乡贤。此外还有送阳明至江浦俟其渡江的滁州人王性甫(字汝德),事迹无考。阳明离滁后,孟源、孟津等弟子续往南都从学,有的在各自任上研习心学。阳明逝后,尽管王门学派发生很大变化,但王学在滁州的声势和影响并未减弱。王门诸子继阳明之志,往复于南京滁州之间,以全椒南谯书院、滁州阳明书院(祠)为依托,先后开展了各种讲学、祭拜活动,如钱德洪、王畿、薛侃、邹东廓、戚贤、罗洪先、孟津、周汝登等人的聚会论讲;朱廷立、盛汝谦、陆光祖、吴达可、萧崇业、李觉斯等太仆寺卿的修书院活动;林元伦、应镳、赵大纲、戴瑞卿等地方仕宦乡贤对阳明学说的倡举与践行。

从嘉靖到万历直至崇祯时,阳明弟子及其后学在滁州继续传播和传习阳明思想,开展了一系列活动,略述于下:

(一)讲学讲会之兴盛

明中叶后,阳明心学广泛传播,讲学讲会活动盛行,上层社会形成了"搢绅之士,遗佚之老,联讲会,立书院,相望于远近"② 之风气,民间社会也出现了"穷乡邃谷,虽田夫野老皆知有会"的局

---

① 王阳明:《王阳明全集(新编本)》卷四十二,吴光、钱明、董平等编校,第1714页。
② 张廷玉等:《叶茂才传》,《明史》卷二百三十一,第6053页。

面。尽管当时阳明心学未取得意识形态的统治地位,但阳明讲学仍吸引了众多人。滁州地处南京畿辅,两京要道,信息传播便捷。南京太仆寺官员中许多人学养深厚,倾心阳明学说,有的人本身就是阳明门人或再传弟子,这些人对阳明学的传播起到了推波助澜的作用。嘉靖十三年(1534)阳明滁州弟子戚贤所建的南谯书院,在江北名气很旺,曾吸引了阳明高足王畿、钱德洪以及罗洪先、唐荆川等先后前来讲学论道。曾在万历三十五年(1607)任南京太仆寺少卿的阳明再传弟子周汝登也担任过南谯书院的主讲。据《全椒县志》记载,当时南谯书院"文学执经问难者不下百四十人"。周汝登在为全椒望阳书院所作记文中尝叙述了其"与滁之刺吏、博士、弟子员,月会学知堂,共究文成旨"①的相关事宜,反映了万历中后期滁州全椒地方官员士子传习王学之风的热闹场景。

当时滁州讲学讲会较盛的地方还有地处琅琊山麓的阳明书院(祠)。该书院自嘉靖十五年(1536)建立后,较大规模的讲学活动有过三次,参与活动的除了阳明亲传和再传弟子外,更多的还是以本地及周围的生员为主。钱德洪曾在《与滁阳诸生书并问答语》跋语中说:"嘉靖癸丑(三十二年,1553)秋,太仆少卿吕子怀复聚徒于师祠。洪往游焉,见同门高年有能道师遗事者……兹见滁中子弟尚多能道静坐中光景。洪与吕子相论致良知之学无间于动静,则相庆以为新得。"②另据《阳明年谱》记载:嘉靖三十二年九月,太仆少卿吕怀、巡按御史成守节重建阳明祠,是年王畿谒师祠,"与怀、戚贤等数十人大会于祠下。十月,(钱德)洪自宁国与贡安国谒师祠(即阳明书院),见同门高年,犹有能道师教人初入之功者"③。在此次活动中,王畿阐发了阳明学说形成过程的"三变"说,其内容后被编入《龙溪王先生全集》卷二《滁阳会语》。

十年后的嘉靖四十二年(1563),阳明之子王正亿来滁拜谒阳明祠,时任南京太仆寺少卿的盛汝谦与同僚及滁州阳明弟子孟津等陪同拜谒,并"侍论前堂",追忆当年讲学盛景,感慨系之,以诗相和。

---

① 周汝登:《望阳书院记》,《全椒县志》卷七,民国刻本。
② 王守仁:《与滁阳诸生并问答语》,《王文成公全书》卷二十六,王晓昕、赵平略点校,第1131页。
③ 钱德洪:《年谱附录一》,王守仁:《王文成公全书》卷三十五,王晓昕、赵平略点校,第1537—1538页。

盛汝谦作诗序曰："是日阳明先生公子经滁谒祠，余与刘虹江、胡剑西、孟两峰俱挈酌，先后继至，侍论前堂。而两峰则及门士，能传其丰神宗旨，并同游薛中离、王心斋、欧南野师、邹东廓诸高弟洋洋如在，真佳会也。人各赋诗一律，余亦次韵以识私淑之意云。"① 此次聚众拜谒，遂成为联络同门情谊、彰显王门凝聚力的盛会。

万历元年（1573），王正亿再次来滁拜谒阳明祠。据记载，该年"夏五月，新建伯王龙阳正亿奉命南来，经滁谒尊翁祠。太仆卿李渐庵、陆五台与（孟）津咸在"陪同。是年冬十月，王畿应约再赴滁做南游之会，受到南京太仆寺卿李世达、陆光祖等的欢迎。王畿的《南游会纪》记载了此行会讲活动的情况：走访全椒戚贤之庐，"诸友数十人迎会于南谯书院"。到滁州，太仆寺"渐庵李子（世达）五台陆子（光祖）偕同志百余人，来谒先师新祠，即会于祠中"；首先是祭祀先师，接着静坐默考，然后歌诗吟诵，这也是继承阳明的讲学方式。当然，活动最主要的内容还是义理之讲论，即所谓"会语"。趁会讲之兴，王畿与同门高年孟津等作诗互答，其《癸酉冬展谒先师祠用韵识别》云："瓣香此日拜新祠，积爽如存历梦思。况复高贤成雅集，不辞远道赴心期。乾坤一缕谁为主，几圣千般只此知。……"时任寺丞的许孚远的韵句有"桃李有情需化雨，江山无语证良知"。太仆寺卿陆光祖趁讲会之兴，启发诸生继承阳明学说，作《阳明书院示诸生》七首，其一曰："虚薄何堪厕列卿，况惭斯地践阳明。瞻依赖有风流在，愿发遗言淑后生。"胡考宁也作《谒阳明祠》二首，其一曰："所过存祠系永思，千言万语发良知。……四三君子尊师意，行遍诸方各唱提。"孟津也赋诗曰："滁山首善存遗教，千载谁忘世德求。"②

（二）滁州弟子之作用

阳明去世后，在其门人后学心中，滁州依然是一片值得珍视的讲学乐土，所谓"王文成公憩滁，发明良知，多士翕从，阐绎圣真，弥纶大道，遐哉"③，可谓道出了当时之实情。阳明在滁州的亲传弟

---

① 赵廷瑞、李觉斯等编纂：《南滁会景编》（第6册），第298—299页。
② 赵廷瑞、李觉斯等编纂：《南滁会景编》（第6册），第298—299页。
③ 戴瑞卿修：《大修儒学记》，万历《滁阳志》卷十三，明万历四十二年刻本。

子戚贤、孟津和私淑阳明学的滁籍名宦胡松等人被尊为名重乡里的"三先生",无论在朝在野,或建言或事功,都与阳明一样中直诚正,亲民善为。在阳明身后,三先生秉持正学,身体力行地传播阳明思想,在阳明学阵营名闻遐迩,也对嘉靖以后滁州的官民风气产生过重要影响。

戚贤(1492—1553),字秀夫,号南玄,全椒二郎口镇戚村人。正德八年(1513)阳明在滁州讲学,戚贤"曾于诸生中旅见……有传先生论学诸书,读之有契于心",后复至南京问学,又赴越,学于门下。① 嘉靖丁亥,王阳明曾致书《与戚秀夫》,赞其"以迈特之资而能笃志问学"。黄宗羲称其为阳明在南中的六大弟子之一。嘉靖五年(1526)进士,初授归安知县,后历任吏、工、刑科都给事中。因上书斥退郭勋、严嵩,举荐王畿等人,被谪山东布政司都事,寻归故里。嘉靖十三年(1534)建南谯书院于全椒,王畿、钱德洪、罗洪先、唐顺之等王门学者先后来书院讲学。罗洪先曾撰有《南谯书院记》,② 时任全椒县令凌约言亦尝曰:"先生(戚贤)讲阳明之学,与王龙溪、罗念庵、唐荆川为天下俊。凡观风者,车盖过南谯,必造先生之庐而请焉。"戚贤也曾受邀在南京国子监(南雍)讲学。

胡松(1502—1566),字汝茂,滁州人,嘉靖八年(1529)进士。松非阳明正式弟子,却是阳明后学的重要传人。阳明在滁讲学时,胡松年方十余岁,"髫年所亲闻于诸老儒者"言阳明之学。考《明史》本传,胡松初以礼部郎任山西提学副使,上边务十二事,帝嘉其忠恳,进左参政。后以疏触忤于时,被劾斥为民,落职家居十数年,辟"尚友堂",聚众讲学,与王畿等多有往复。嘉靖三十八年(1559)复起用,巡抚江西时,会讨广东寇张琏,又援闽破倭,功绩甚伟。著有《格物解》,唐顺之、罗洪先等无不心敬之。嘉靖年间,王畿与聂豹尝就良知问题展开辩论,后结为集子由胡松"裁订是正,

---

① 王畿:《刑部都给事中南玄戚君墓志铭》,《王畿集》卷二十,吴震编校整理,第609—616页。
② 罗洪先记曰:"嘉靖己亥(十八年,1539)冬,余如京师,访南玄戚贤于全椒。入南谯书院,聚乐堂初成,遂偕落之。将行,戚君率诸生康贡等,索余言为记。且曰:'毋令他日忘斯游也。'余诺之。……戚君推法外之意,择名胜而馆谷之,以有书院之设,毋亦曰:'善游息之地,以顺遂其性,将无有相观而善出于其间,近之足以善乡国,而远之足以善天下,其犹劳徕张弛之道哉!'而诸生者,亦既群聚而乐其成矣。……书院旧为尼庵,嘉靖甲午(十三年,1534),戚君遂其侣而归之学,后都署为南谯书院。"(罗洪先:《罗洪先集》,徐儒宗编校整理,第114页)

为余梓焉",胡松为此作《良知议辩序》。① 嘉靖十四年（1534）正月，钱德洪等编《阳明文录》，胡松承担了校阅工作。② 嘉靖四十一年（1562），胡松负责刊刻了《念庵罗先生文集》十三卷。③ 嘉靖四十二年（1563）四月，《阳明年谱》成，钱德洪作《年谱序》，罗洪先作《年谱考订序》，王畿作《刻年谱序》，胡松时任江西巡抚，又作序并襄赞刻印。④

孟津，字伯通，号两峰，滁州人，约生于弘治后期。其兄孟源，字伯生。孟津和孟源少时同师事阳明。嘉靖五年（1526）后，从湛甘泉学于南京新泉书院。

万历《滁阳志》人物传记载，嘉靖二十二年（1543）孟津举于乡，受温县令，寻调黄冈，升宝庆府同知。致仕后，"于司与闼台诸名公为率真，会阐明良知之学"。嘉靖三十六年（1557），序刻《良知同然录》四卷。该书被日本永富青地教授视为"明代传播阳明心学的重要途径之一"。孟津七十岁时（约万历四年，1576），还与太仆寺卿石星等在阳明书院交流良知之学，并作《答石东泉太卿问学二首在书院》诗。⑤ 据邹守益《阳明先生书院记》曰："阳明先生官滁阳，学者自远而至。时孟友源伯生，偕弟津伯通，预切磋焉，逾四十年，而伯通令黄州之黄冈，以所闻师友者，与两庠来学及诸缙绅宣畅之。"⑥ 孟津还在滁州城下水关河上修建拦水坝，一为固守城关，二为培蓄学宫风水，名曰"孟公坝"。孟津与戚贤为儿女亲家，女嫁戚石楼，系戚贤子。⑦

（三）太仆官尊王之情结

王阳明任职南京太仆寺期间以及嗣后，在太仆寺任职的官员中，

---

① 余国普编纂：康熙《滁州志》卷二十九，第433页。
② 据钱德洪《刻文录叙说》："校阅文录姓氏：后学吉水罗洪先，滁阳胡松。"（王守仁：《王文成公全书》，王晓昕、赵平略点校，第17页）
③ 张卫红：《明代安徽私家刻书考》，《四川图书馆学报》2015年第2期。
④ 钱德洪：《年谱附录一》，王守仁：《王文成公全书》卷三十五，王晓昕、赵平略点校，第1557—1558页。
⑤ 赵廷瑞、李觉斯等编纂：《南滁会景编》（第6册），第166页。
⑥ 邹守益：《阳明先生书院记》，《邹守益集》卷七，董平编校整理，第379页。
⑦ 杨于庭：《戚母孟孺人七十叙》，《杨道行集》卷二十，沈乃文主编：《明别集丛刊 第四辑》（第6册），第248页。

有阳明同道僚友和弟子，更有许多阳明后学以及崇仰心学的士大夫，其代表人物有太仆卿杨褫、潘希曾、屠楷、余胤绪、盛汝谦、陆光祖、吴达可、萧崇业、周汝登、李觉斯等，以及少卿文森、朱廷立、吕怀、雷礼、赵针、石应岳（后升为卿）、戴金、冯若愚、尹瑾等。

比如嘉靖十六年（1537）任太仆寺少卿的朱廷立（1492—1566），阳明弟子，曾任诸暨县令。曾向阳明求教"为政与为学"之关系，阳明只言学而不及政。廷立退而自省其身。三月政举，乃悟学之可以为政矣。廷立在滁，一如既往践行阳明的民本思想，并与赵廷瑞一起编纂了《南滁会景编》，还为之作后序，曰："大观者，不役于景，不泥于文，自得于其心者也。"①

还有一位名宦潘希曾（1476—1532），字仲鲁，号竹涧，浙江金华人，二十六岁中进士。在阳明离滁两年后，于正德十一年（1516）出任南京太仆寺少卿，十六年升太仆寺卿，在滁州任职时间长达七年，留下十数首诗词。嘉靖四年（1525），潘希曾步阳明后尘，任都察院右副都御史，督南、赣、汀、漳等处军务。嘉靖六年（1527）八、九月间，阳明奉诏征广西思、田，路经江西与潘希曾相逢，潘作《赠阳明王公督军两广有序》②诗云：

> 先生大节出险，大功锡封天下，想望其风采，而其得之心无待于外者，则虽士大夫或莫知之也。先生家居数年，诏起视师苍梧，道赣江，幸奉颜诲，以慰阔别，敬赠鄙句。
> 一封书奏险夷轻，百战功归带砺盟。世道更为今日起，心传独得古人精。
> 稽山峻绝云难蹑，赣水迢遥盖偶倾。早定南荒报天子，太平调燮待阿衡。

从现有史料可以看出，正德以后的太仆寺继任者以及滁州地方官员对王阳明的丰功伟绩和阳明学说相当仰慕。比如正德七至九年（1512—1514），先后任太仆寺卿的是于凤喈、罗钦忠、杨褫，他们

---

① 赵廷瑞、李觉斯等编纂：《南滁会景编》（第2册），第485页。
② 潘希曾：《竹涧词》卷四，引自刘慧敏：《潘希曾诗集校注》，湘潭大学硕士学位论文2014年，第116页。

在与阳明一起共事期间，对阳明学说多有契合。再比如嘉靖四十三年（1564）二月任南京太仆寺少卿的吴遵曾作《谒阳明先生祠二首》，其一云："老大真惭北面迟，心源相契即吾师。六经悟后无余字，千圣相传有独知。岂为元勋悭胙土，要留公论在华夷。宫墙琴瑟希声久，乔木深山见此祠。"其二云："惺惺元是主人翁，尽在良知未发中。只为一言倡绝学，直从千古破群蒙。分茅已削平夷迹，庙食谁陈继圣功。官舍偶同祠屋近，每因桃李想春风。"① 从中可以感受到此类官员对阳明及其学说的推重和钟爱。

太仆寺人的"尊王"情结，在明代南京太仆寺卿连续编刻的《南滁会景编》《南京太仆寺志》《滁阳志》以及相关的别集诗文中都能明显感受到。其中嘉靖三十一年（1552）刊行的《南京太仆寺志》十六卷，由太仆寺少卿雷礼②编撰，是唯一一部完备记载马政史事的明代文献，现藏于南京图书馆。《南京太仆寺志》的内容多与滁州相关，其中卷十五《列传》，记载了朱守仁、程信、张抚、文林、李应祯、杨廉、王守仁、刘瑞、杨果等十余名太仆寺官员的事迹，篇幅最多的阳明事迹，近五千字，占《列传》篇幅的一半。传曰："（阳明）癸酉升南京太卜寺少卿，值留垧多暇，专以良知之旨训后学，随方而答，必畅本原。恒语诸生曰：'不患外面言谤，惟患诸生以身谤。'拳拳以孝悌礼让为贵，即闾阎小竖咸歆艳乡慕，思有所表，则欲殊于俗。滁水之上，洋洋如也。又因寺址距滁城二里，萑苇蔽野，令军民于马场隙地自置房居住，设总小甲联之，论丁巡警。及流贼猖起，复即滁城尼寺改为寺仓，建官厅一所。而擘画所遗，莫非远虑。"③

另外该书还记述了阳明精舍、来远亭、马政街、官仓等情况。如卷九《规制·阳明精舍》载："阳明先生尝卿太仆，尝游滁山滁水，尝憩丰亭风月，歌咏良知，发明圣学，而吾滁俊髦翕然云集，空闻

---

① 赵廷瑞、李觉斯等编纂：《南滁会景编》（第4册），按：吴遵，字公路，号初泉，浙江海宁人。嘉靖二十六年（1547）进士，历任河南道、江西道御史、光禄寺少卿、大理寺左丞等。嘉靖四十三年二月任南京太仆寺少卿，著有《初仕录》。
② 雷礼（1505—1581），字必进，号古和，祖籍江西丰城，生于福建建安，嘉靖十一年（1532）进士，嘉靖三十年（1551）任南京太仆寺少卿，任期内编撰了《南京太仆寺志》，戚贤和太仆少卿章焕为之作序。
③ 雷礼：《南京太仆寺志》卷十五，《四库全书存目丛书·史部》（第257册），第849—862页。

空见，空空兴起，真如七十子之服孔子也。然良知维同，而四方来学，思歌采芹，空闻空见，空轻千里，如登龙门。"①《南滁会景编》所载太仆少卿尹瑾《阳明先生祠二首》②曰："包义图画寄心传，邹鲁斯文一脉连。秦火诗书燔孔壁，何人日月揭中天。道从濂洛窥堂隩，学向关闽入圣贤。赋性良知元不昧，须寻洙泗认真源。"这些也都反映了滁州阳明文化的深厚根基。

（四）阳明书院之修建

太仆寺官员和滁州人对王阳明的崇拜，主要体现在历代修建阳明书院上。《南京太仆寺志》卷九《阳明精舍》记载：嘉靖十五年（1536），由阳明的滁州门人倡举，南京提学御史闻人诠与周冕等人襄赞，知州林元伦主持，在丰乐亭后阳明先生讲学处立祠设祭，兼作讲堂。此为滁州阳明书院建之始。③《阳明年谱》记载：嘉靖三十二年（1553）太仆少卿吕怀，巡按御史成守节改建阳明祠。该祠原"在丰乐亭右，湫溢不容俎豆，兹改建紫薇泉上"。④万历《滁阳志》记载：改建后"阳明先生祠在保丰堂右，春秋仲月致祭"。⑤上述记载基本一致，阳明书院遗址位于今丰乐亭东南、紫薇泉上，保丰堂在丰乐亭后。书院重建后这一年，王畿、钱德洪即"与戚贤等数十人大会于祠（书院）下"⑥。其后至清康熙十二年（1673），阳明书院先后修建过七次，大致经过如下：

嘉靖四十年（1561），滁州知州应鑛修葺阳明书院，太仆寺卿赵釴作《重修阳明先生书院记》。

万历元年（1573）五月，提调南直隶学政、御史谢廷杰提学滁州，与南京太仆寺卿李世达、少卿陆光祖拜谒阳明祠及王禹偁、欧阳修二公祠，倡议为二祠在"白水塘"增置祀田，以供祭祀修缮之

---

① 雷礼：《南京太仆寺志》卷九，《四库全书存目丛书·史部》（第257册），第660页。
② 赵廷瑞、李觉斯等编纂：《南滁会景编》（第4册），第564页。按：尹瑾，广东东莞人，隆庆五年进士，万历十年（1582）十二月任南京太仆寺少卿。
③ 雷礼：《南京太仆寺志》卷九，《四库全书存目丛书·史部》（第257册），第660页。
④ 钱德洪：《年谱附录一》，王守仁：《王文成公全书》卷三十五，王晓昕、赵平略点校，第1537页。
⑤ 戴瑞卿修：万历《滁阳志》卷四，明万历四十二年刻本。
⑥ 钱德洪：《年谱附录一》，王守仁：《王文成公全书》卷三十五，王晓昕、赵平略点校，第1537页。

费,陆光祖作《二祠增置祀田记》以纪其事。王正亿正是此次修缮后来谒新祠的。

万历十三年(1585),南太仆寺卿萧崇业、知州江惟大等主持扩建阳明书院。需要强调的是,万历七年(1579),首辅张居正诏毁天下书院,然滁州阳明书院在太仆寺官员的极力保护下得以留存,并在六年后进行了大规模重修。重修后的阳明书院为前后三进之院落,位于紫薇泉右,坐北朝南,依地势逐渐上升。入外门可至前堂,堂五楹,名为"止善堂",堂后东西有厢房,经甬道穿过内门,最后为后堂(即祠堂),壁嵌阳明先生石刻像及兵部左侍郎兼都察院右佥都御史总理河道万恭(字肃卿,号两溪,称少司空)图赞。其他各屋室内也都存有士子官宦拜谒时留下的题刻。继任南京太仆寺卿的石应岳目睹了书院重修过程,遂作《重修阳明先生书院记》[①]以纪其事。

万历三十九年(1611),太仆寺卿吴达可与知州戴瑞卿重修阳明书院。据时任太仆寺少卿的钱士完《题阳明先生祠》载:"(阳明)先生由铨曹来佐冏,论学最著。荆溪吴安节视冏修谒,新其祠宇……余因葺先生祠宇,特拈出之,以复吴先生。……祠由先生弟子闻人诠允诸生请,建于丰乐、紫薇间,全椒戚贤为之记,今始再葺云。"[②] 又据《滁阳志》卷四《学校·祀典》载:"阳明先生祠,知州戴重修。"戴瑞卿万历三十八年初夏任滁州,撰有《谒阳明王先生祠祭文》。

崇祯九年(1636),太仆寺卿李觉斯(字伯铎,号晓湘,广东东莞人,天启五年进士,崇祯八年至十年任南京太仆寺卿)重修被战火破坏的阳明书院。据李觉斯《重建王阳明先生祠碑记》载:崇祯九年正月,"流寇"围攻滁城两日夜,城外村落山林焚劫殆尽,阳明祠毁于兵燹。滁城解围后,李觉斯与寺丞公秉文谋划以积贮仓谷钱重建阳明祠,六月末重建完工。[③] 李觉斯还在记文中称赞阳明以"明体适用之学",济立"大经济、大事业",遂使"大难定,大纷解";并慨叹昔日阳明平宸濠之乱,剿南赣蛮酋,均能"战胜攻克,咄嗟

---

① 赵廷瑞、李觉斯等编纂:《南滁会景编》(第3册),第140页。又见《南滁会景编》卷首环滁十景图"丰乐亭"(图中有阳明祠),第12—13页。
② 戴瑞卿修:万历《滁阳志》卷十四,明万历四十二年刻本。
③ 赵廷瑞、李觉斯等编纂:《南滁会景编》(第3册),第145—148页。

办之",而如今"流寇"四起,"祸结兵连,蔓延八载不已",天下却再无阳明般的人物能力挽狂澜矣。①

清康熙十二年(1673),滁州知州余国普再修阳明书院,并重构书院前堂"止善堂"。约友颜光敏作《重建阳明书院崇祀余公碑记》,赞誉阳明"功传当时,馨闻后世",滁人"亲受教铎,愈而不忘崇祀先生"。②

咸丰八年(1858),太平军陷滁,毁阳明书院。光绪二十二年(1896),滁州官民移祀王阳明于丰乐亭保丰堂,知州熊祖诒命拔贡章心培于保丰堂立"二公祠",祀欧阳修、王阳明。

(五)阳明精神之弘扬

南京太仆寺历任官员大多为饱学正直之士,他们颇受阳明"知行合一"思想及"亲民"理念的影响,仁民爱物,襄助地方官做了奏疏宽政、赈灾减赋、关注民瘼、修桥筑路、治河筑坝、守城防寇等务实利民之事,深为滁人感念。

比如嘉靖四十四年(1565),盛汝谦任太仆寺卿,在当年阳明维持社会治安颇有成效的"马政街"(后称龙池街)设丰乐乡社,教民条规,祭仰先贤,建仓廒,办学社,教化子弟。万历十三年(1585),太仆寺卿萧崇业写了一首《马政街谣》,形象生动地描绘了当时马政街的民情风俗和繁荣景象。③正是在历代太仆寺官员的努力下,才使正德年间逐渐形成起来的这一片数百户居住区以及民风民俗,一直延续到当代。

为了弘扬阳明精神,历任太仆寺官员还与地方官吏、乡绅贤士及王门后学等一起,以阳明书院为平台,进行道德教化,以引领地方士风和民风。诚如万历三十八年至四十二年(1610—1614)任滁州知州的戴瑞卿所言:

乃若主张风俗全在吾儒,不佞锐意斯务,建菁莪会馆,使

---

① 赵廷瑞、李觉斯等编纂:《南滁会景编》(第3册),第145—148页。
② 余国普修,《艺文上》,康熙《滁州志》卷二十九,第479页。按:颜光敏,字逊甫,山东曲阜人,颜子六十七世孙,康熙六年(1667)进士,除国史院中书舍人,授礼部主事,历吏部郎中。
③ 赵廷瑞、李觉斯等编纂:《南滁会景编》(第6册),第320页。

晓然于器识、文艺。先后之间，父兄莫不戒其子弟，无敢放言、无忌、侮慢、自贤，叛其所事。如近日他郡邑所称云，吾以是知滁士风近厚而化导之功，易以施也。阳明先生曰：凡做人，在心，地继兹长。人者，其重加之意哉？其重加之意哉？①

不仅如此，他们还在滁州建设了一系列人文设施，如孔庙学宫、书院祠庙、亭塔台阁、牌坊，以旌表仁孝，净化风俗。同时还对醉翁亭、丰乐亭、琅琊寺等文化遗存进行了多次修缮重建，并陆续新建了解酲阁、宝宋斋、见梅亭、皆春亭、景欧亭、幽栖寺、绎思亭、御碑亭、阳明祠等人文新景，为后人留下了大量的摩崖题记和碑刻。尤其是嘉靖至崇祯年间，由南太仆寺官员编辑并多次修订的《南滁会景编》，纂辑唐宋至明末四百多位人物记述滁州山水景物的诗文，是流传后世的一部珍贵文献。

在历代承袭阳明思想的众多官绅中，冯若愚父子是其中代表。冯若愚，字明父，浙江慈溪人，天启二年（1622）任南京太仆寺少卿，在醉翁亭建宝宋斋，以保护"欧文苏字碑"。其子冯元飚，崇祯十二年（1639）任南京太仆寺卿，为滁州奏请免海运赋，滁人感之。崇祯十三年（1640），时任监察御史巡按江南的张懋爵为冯若愚父子撰写了德政碑记，记文中称赞冯公与王阳明、欧阳修一脉相承，滁人景仰，代代从祀。同年，滁州知州李绳勋书丹立碑，今琅琊山醉翁亭尚有冯公祠。碑文曰：

> 莅斯职者实多名卿。若最著，如武宗朝为阳明王先生，以名儒名臣二于太仆，当为此官本朝第一。光宗朝则为明父冯先生②，亦以新政起家，是任计相，去阳明百有余岁。同里同官同道，先后辉映，合于符节。滁人始而悦，既而敬，卒而信之。当阳明时，父老子弟杂然曰："王子，吾师也！"从而北面之。既去而尸祝之，俎豆之，以至今。当明父时，父老子弟杂然曰："冯子，吾师也！"又从而北面之。既去而亦尸祝之，俎

---

① 戴瑞卿修：万历《滁阳志》卷五，明万历四十二年刻本。
② 按：此处有误，应为天启朝任职太仆寺。

豆之,以至今。祀王子于丰乐亭之右,祀冯子于醉翁亭之右,则欧阳子两亭始有德邻。籍以不孤焉尔。……(冯)比在滁日,进滁之士人,讲课相与阐明良知之旨,逞逞发王子所未发。姚江一派始穷河源,以千圣为面谭,以"六经"为注脚。公平生著述虽不如阳明之多,而见于躬行,施于实事者,气象风度,无不如阳明。……滁人士杂然称之曰:"前有欧公,中有王公,后有冯公。"①

滁州以江北简陋之地,承纳四方王门学人、文化名流来此切磋学问,传习教化,遂使滁地成为传播阳明心学之望地,读书重教的社会风气亦随之形成。据《滁州市志》所列《唐至清代滁州籍进士名录》,明代共有一百二十四名进士,为历代最多,其中正德至崇祯年间有七十二名。阳明书院、南谯书院等文教设施的建立,也对于推动滁州的文化繁荣、教育普及起到了重要作用。如全椒一隅,文风浓厚,明清时期有数十名进士,吴氏家族多人高中科举,并诞生了吴敬梓这样的一代文豪。虽然滁州经济基础和人文渊源逊于科举鼎盛的江南,但由明至清乃南北要道,轮蹄交错,名人往复,讯息四射,在阳明心学浸润下的滁州文教,欣然得风气之先,并一直影响于后。晚清至民国,时风巨变,滁州人一如既往地继承阳明精神。1946年滁州设有阳明镇,滁城东关过去还有遵阳小学,东关街名即曰"遵阳街",②这些都表明,滁州人对王阳明的景仰历久弥新,至今未衰。

(张祥林撰稿)

---

① 王浩远:《琅琊山石刻》,黄山书社2011年版,第236页。
② 滁州市(县级)地方志编纂委员会编:《滁州市志》,方志出版社1998年版,第74页;卜中林:《老东关的回忆》,《人文滁州》2012年第5期。

阳明学在徽州

徽州位处江南,遥望东海,"东有大鄣山之固,西有浙岭之塞,南有江滩之险,北有黄山之阨"。秦时始设黟、歙二县,西晋之后的新安时代到来,这块土地开始接受北方中原世家大族源源不断地迁入。宋宣和三年(1121),徽州府设立,辖歙县、休宁、婺源、祁门、黟县、绩溪六县,"徽州"的概念出现。然而,徽州时代的真正到来是在南宋以后,新安朱氏九世孙朱熹即为这一时代的徽州象征。很快,北宋大儒程颢、程颐兄弟也被认同为新安程氏后裔。徽州遂被视为"程朱阙里"。深深的"阙里情结",背后落实的是儒家文化在徽州乡村民间的厚实沉淀,儒家文化价值观构成徽州人传统价值观的基础与核心。① 明中叶以后,随着阳明学的兴盛,也开始逐渐向传统的朱子学重镇徽州即新安地区渗透。② 阳明殁后,其弟子后学持续发力于徽州,终使徽州阳明学有了起色,尽管称"徽州王门"尚属勉强,但阳明学在徽州地区的传播和影响,及其与朱子学所产生的激烈碰撞却是实实在在的。

要叙述徽州地区与阳明学的关系,民国安徽通志馆钞本《新安理学先觉会言》是最重要的第一手资料。在该文献未发现之前,徽州地区的阳明学并不为学界所关注。基于该文献的大量史料记载,我们似乎可以把徽州王门视为阳明后学的重要一支。王阳明弟子钱德洪、邹守益、刘邦采等人,结合徽州特有的理学背景对阳明学进行了创造性的转换,并以讲会的形式向徽州地区传播心学。受到阳明弟子的影响,徽州学子翟台、陈昭祥、陈履祥等人对心学有了独特认识,他们对心学的诠释,反映了明代中后期徽州学人对阳明学的继承和发展,同时也反映了徽州人试图挣脱理学枷锁以及发展徽商经济的强烈需求。

---

① 参见刘伯山:《千年徽州,百年徽学》,《光明日报》2019年9月5日。
② 参见钱明:《王阳明及其学派论考》,人民出版社2009年版,第409—441页。

一、抄本《新安理学先觉会言》的价值

徽州是程朱理学的重要阵地，有东南邹鲁、程朱阙里之美称。自"徽国文公（朱熹）倡道"以来，徽州地区形成了具有地域特色的新安理学。新安理学是朱子理学的重要分支，在长达六百多年的历史长河中，新安理学作为地方性哲学流派，在徽州地区占有主导地位。但是，到了明代中后期，心学思潮席卷大地，致使固守理学的徽州地区受到了巨大冲击。这一时期的徽州是理学与心学相互交锋的重要阵地，也是晚明心学在传播过程中所遇到的一个难攻之地。黄宗羲将阳明后学分为浙中、江右、南中、楚中、北方、闽粤、泰州七派，但对于徽州王学，黄宗羲只字未提，也可能是缺乏资料的原因，致使后世学者忽视了对徽州心学派的研究。

然而，据有关史料证实，徽州在明中后期受白沙心学和阳明心学的影响都较大，白沙弟子和阳明弟子以讲会的形式向徽州传播心学，而部分徽州学子也以包容的态度接受甚至力挺心学，特别是阳明心学。固然这一时期并不乏一些坚守理学的徽州士人抗拒心学，但并不能否认心学在晚明徽州地区盛极一时。

前些年《新安理学先觉会言》（以下简称《会言》）被发现，这为我们深入研究徽州阳明学创造了条件。《会言》为明代徽州韩梦鹏所辑，谢文烨选，张文明、张明德、谢颐、韩继明等搜录。韩梦鹏，字鸣起，世居徽州黟县，生卒年月不详，其学术活动主要在明嘉靖和万历时期。据《安徽通志·艺文考·子部提要》说，该书有明刻本，但暂无从考，现仅发现民国安徽通志馆抄本，共两卷。卷一为《新安同志会约》及其序、家会及其序，还包括一些徽州书院之序等等。因当时心学和阳明学的讲学活动盛行，郡有郡会，邑有邑会，乃至一家一族亦莫不有会。而为之作序的大多为白沙弟子和阳明弟子，以及一些仰慕心学的徽州弟子，如湛若水、王畿、邹守益、祝世禄、陈履祥、潘士藻等。《江南通志》谓"皖南讲学之盛一时，民淳俗朴有三代风"，读此可以想见。

卷二为主会诸先生之讲论，如湛若水、耿定向、王畿、罗汝芳、洪垣等，其内容大都以心学为中心，并对诸如"学习""义利""尽心""求放心"等问题展开讨论，以微言来阐释心学大义。他们或拈四书五经以彰大义，或揭性命天道以阐微言，或饬伦纪，或语家常，

"读之令人油然生孝悌之心"。从该书出现的人物以及讲论内容来看，反映了十六世纪中期阳明心学在徽州的传播和兴盛之状况。从《会言》中可以看出，阳明心学受到众多徽州学子的欢迎，并且阳明弟子以讲会的形式向徽州传播心学。徽州很多士人、学子常常邀请阳明弟子如钱德洪、王畿等来主持六邑大会，而"每会不下百数十人"。① 不仅如此，阳明弟子还在祁门、休宁、斗山、婺源等地区进行讲学活动，使得"童稚孺子概知讲学入会为美事，一举笔便能言良知天理"。②由此可见，明代中后期阳明心学不仅受到了徽州学者的欢迎，而且在徽州的学术讲坛中占有一定的地位，甚至有压倒朱子理学之势。

宋明时期的徽州一向被称为"朱子故里""程朱阙里"，程朱理学在徽州有很高的地位，所以在明清徽州地方文献资料里，如《新安学系录》《紫阳书院志》等，一般都不记载阳明学在徽州的传播情况。然而，《会言》却详尽记载了心学主要代表人物在徽州所写的序言及所发表的演讲，较为完整地反映了阳明心学在徽州的传播状况，由此也可证明，阳明学是当时徽州学术的主流之一。这对于研究这个时期徽州学术的走向，是一份难得的宝贵资料。

二、以讲会形式在徽州传播阳明心学

明代中后期，儒学呈现出由庙堂返归民间的迹象，由此产生了与官方儒学即程朱理学迥然有别的平民儒学。平民儒学就是我们说的大众儒学，阳明学可谓这一时期平民儒学的代表。走平民化、通俗化、大众化路线的阳明学，在明中晚期深入到了民间，在全国各地都留下了足迹，其中就包括徽州地区。明中后期阳明学在徽州十分兴盛，"讲会者大多不诣紫阳（朱熹）"。而阳明学之所以能步入徽州，"沦入骨髓"，使徽州"闽洛绝响，遵者寥寥"③，其中一个重要原因就在于阳明后学秉持儒学大众化的指导思想，试图以最平实的语言向精神匮乏的普通百姓谈经论道。明中后期，新安讲会多聘请阳明高足阐教，邹守益、王畿、钱德洪、刘邦采、罗汝芳等王

---

① 《书绩溪颍滨书院同心会籍》，《新安理学先觉会言》，民国安徽通志馆钞本。
② 《祁西会约薄首》，《新安理学先觉会言》，民国安徽通志馆钞本。
③ 施璜辑，方允悖、施溍等订：《吴抑庵先生传》，《还古书院志》卷七。

门高足"迭主齐盟",①纷纷来徽州讲学。他们把高高在上的儒家之学从庙堂、书斋推向了民间,认为人人皆可成为圣人,由此填补了平民与圣人之间不可逾越的鸿沟。也正因为此,明中后期的徽州地区"多王氏之学,有非复朱子之旧者矣",②这足以说明阳明学在当时已普遍传播于徽州地区,占据了徽州人心。

为了实现将阳明学说传播于徽州的目的,阳明弟子纷纷进入徽州,参加各种形式的讲会,或主教,或主会,或主讲,一时间占据了当时的徽州讲坛,似有引领徽州学术走向之势。

嘉靖二十九年(1550),邹守益受徽州诸生之邀入祁门东山书院讲学,这一事件标志着阳明心学正式进入徽州,同时也开启了徽州阳明学讲会之先河。邹守益步入徽州讲会,前后历时一个多月。据《会言》记载,刘邦采随邹守益来徽州是庚戌孟冬(农历十月),其作《圣学端绪辩》的时间为庚戌仲冬(农历十一月)。而邹守益的《斗山书院序》《婺源同志会约》,以及刘邦采的《书祁门同志会约》都作于庚戌仲冬。这说明嘉靖二十九年十月刘邦采随邹守益来徽州,到十一月他们才结束了徽州之行。

邹守益来徽州参加了哪些地方的讲会,《会言》卷一《婺源同志会约》有如下记载:

> 婺源王生价、洪生圭、王生鸣宾、余生纯明,趋学于复古,订齐云之游。予携王生一峰、朱生震及二儿兰、善,泛番湖,历东山书院,相与剖富贵利达之关。齐景千驷,不及饿夫;管仲一匡,取羞童子。诸友欣然若有契也。既两邑之诸生,以次集于齐云,复以次集于建初。让溪游司谏聚讲岩镇,觉山洪郡侯趋别斗山,持其邑之会约以相示,规过劝善,期以共明斯学。

从地点上而言,邹守益在徽州先后去了祁门的东山书院,休宁的建初山房、齐云山,歙县的斗山书院、岩镇,婺源的福山书院等等。由于邹守益首次步入徽州讲学是在东山书院,所以人们往往将

---

① 施璜编,吴瞻泰、吴瞻淇补:《会纪》,《紫阳书院志》卷十六,赵所生、薛正兴主编:《中国历代书院志》,江苏教育出版社1995年版。
② 施璜编,吴瞻泰、吴瞻淇补:《会纪》,《紫阳书院志》卷十六,赵所生、薛正兴主编:《中国历代书院志》,江苏教育出版社1995年版。

邹守益的东山书院会讲视为新安六邑大会的开始。所谓"六邑",即是当时徽州府所辖的六个县:歙县、黟县、婺源、休宁、绩溪、和祁门。潘士藻曾说过,六邑大会"肇举于嘉靖庚戌"之"安成东廓邹公实亲举玉趾照临之",①此后"六邑各举于季秋"。②由此可见,邹守益是新安六邑大会上主讲阳明心学的第一人。新安六邑大会影响深远,徽州学者每年都要举办,每到大会举行时,都会有许多人前来参会听讲,其中大多为徽州六县的学者,当然也会有一些普通百姓慕名而来。所以,六邑大会是邹守益传播阳明学的重要平台。

邹守益的徽州之行时间较长、地点较多、讲会影响较大,为阳明学在徽州的传播开了好头。邹守益在东山书院讲学时,"徽郡之同志聚而二百人";③赴福山之约时,婺源同志"闻而云集","再见衣冠之胜"。他在福山书院"留十日言别",而婺源同志"依依不忍别"。④潘士藻也说过,嘉靖庚戌(1550)邹守益来徽州讲学,"一时景从之士彬彬然",即追随邹守益的徽籍学者颇多,此景象已"遂以为常"。⑤可见,邹守益在徽州的讲学受到了热烈欢迎,其思想也获得了徽州人的认同。这无疑为阳明学以大众化的方式在徽州地区的传播奠定了良好基础。

邹守益之后,王畿、钱德洪、罗汝芳、耿定向等人也陆续进入徽州,特别是王畿,他曾多次来徽州讲学,并参加了许多讲会活动。据《会言》卷一《福田山房序》记载:

> 嘉靖丁巳春暮,予赴水西期会,新安歙县学谕徐子汝洽闻予至,遣友人程元道辈趋迎于水西,遂从旌德以入新安,馆于福田山房。至则觉山洪子偕六邑诸友,已颙颙然候予旬日矣。旧会在城隅斗山精舍,僻静改卜于此,盖四月十八日也。

王畿所作《婺源同志会约》中,也提及他于嘉靖三十六年(1557)在徽州参与讲会的情景:

---

① 《书六邑白岳会籍》,《新安理学先觉会言》卷一,民国安徽通志馆钞本。
② 《书六邑白岳会籍》,《新安理学先觉会言》卷一,民国安徽通志馆钞本。
③ 《福山书院序》,《新安理学先觉会言》卷一,民国安徽通志馆钞本。
④ 《圣学端绪辩》,《新安理学先觉会言》卷二,民国安徽通志馆钞本。
⑤ 《书六邑白岳会籍》,《新安理学先觉会言》卷一,民国安徽通志馆钞本。

> 嘉靖丁巳五月端阳，予从齐云趋会星源，觉山洪子偕诸同志馆予普济山房，聚处凡数十人，晨夕相观，因述先师遗旨及区区鄙见，以相订绎，颇有所发明。同志互相参伍，亦颇有所证悟。①

王畿还回忆了他与钱德洪初到歙县斗山书院时，为人所不容，只得改到婺源的福山书院，时间从嘉靖四十三年（1564）到隆庆四年（1570），前后长达七年：

> 新安旧有六邑同志大会，予与绪山钱子更年莅会，以致交修之益。初会斗山，后因众不能容，改会于福田。今年仲秋予复赴会，属休宁县邵生汝任辈为会主，驰报让溪、觉山、周潭诸公及六邑之友，相期于十月九日会于建初山房。……予念甲子与诸君相会，复七年于兹也。②

而对于自己曾参与过的徽州六邑大会的情景，王畿是这样记载的：

> 新安旧有六邑同志大会，每岁予与绪山钱子君迭主会事，没会不下百数十人，惟绩溪信从者寡，心窃讶之。今年秋杪，予复如期赴会。③

王畿门人则记载了王畿来六邑大会讲学的盛况：

> 新安旧有六邑大会，每岁春秋以一邑为主，五邑同志、士友从而就之。己亥（1575）秋，先生由华阳达新安，郡守全吾萧子出迎曰："先生高年，得无舆马之劳乎？郡中士相望久矣。"乃洒扫斗山书院，聚同志大会于法堂，凡十日而解。④

---

① 《婺源同志会约》，《新安理学先觉会言》卷一，民国安徽通志馆钞本。
② 王畿：《建初山房会籍申约》，《龙溪王先生全集》卷二，清道光二年刻本。
③ 《书绩溪颖滨书院同心会籍》，《新安理学先觉会言》卷一，民国安徽通志馆钞本。
④ 王畿：《新安斗山书院会语》，《龙溪王先生全集》卷七，清道光二年刻本。

通过《会言》的相关记载，我们可以推知王畿来徽州时的大体情形：1557年春，王畿首先到歙县参加福田之会，并作了《福田山房序》，后又到歙县斗山精舍，"与新安同志诸君为数日之会"①，并写了《斗山留别诸同志漫语》。同年端阳，王畿还去了婺源普济山房，与婺源同志"述先师（阳明）遗旨"，为婺源沱川余氏的家会籍题辞，并作了《婺源同志会约》。之后，王畿又到休宁与徽州学者"相会数日"②，并作了《书休宁会约》。1564年和1570年，王畿先后到歙县建初山房参加六邑大会，并作了《书绩溪颖滨书院同心会籍》。1575年秋，王畿又到歙县斗山书院参加六邑大会，并作了《新安斗山书院会语》。可见，王畿不仅多次到徽州，而且参加了众多讲会。与此同时，王畿还曾多次为徽州书院写序，为徽州讲会定会约，为徽州某些家会题辞，这反映了他与徽州人的密切关系，并且说明徽州人对他的学问也有一定的认同感，而这样的密切关系和认同感又是王畿在徽州传播阳明学的有利条件。

除了邹、王二人，阳明的其他弟子也曾数次来徽州讲学，参加讲会，积极传播阳明学。这无疑是阳明学在徽州广泛传播并逐渐大众化的重要原因。

三、阳明学被徽州所接受的解释学分析

当然，阳明学在受程朱理学影响较深的徽州地区的传播并不是一帆风顺的，而且是由新安朱子对心学的态度所决定的："近闻陆子静言论风旨之一二，全是禅学，但变其名号耳。竟相祖习，恐误后生。"③所以，自明代中期阳明学突起之时，心学在徽州的传播就不如在其他地域那么顺利。然而，朱熹把心学完全等同于禅学的说法难免失之偏颇，毕竟心学与禅学存在着本质区别。而针对徽州学者对阳明心学的"禅学化"误解，阳明弟子需要予以澄清，这也是阳明心学进入徽州并加以传播时必要的预备性工作。

关于阳明心学与禅学的区别以及阳明学的入世精神，在《会言》

---

① 《斗山留别诸同志漫语》，《新安理学先觉会言》卷二，民国安徽通志馆钞本。
② 《书休宁会约》，《新安理学先觉会言》卷一，民国安徽通志馆钞本。
③ 郭齐、尹波点校：《朱熹集》，四川教育出版社1996年版，第2293页。

中也多有体现。比如，邹守益之子邹善在《会言·书东山会六邑诸同志籍》中认为：禅学"去人伦、遗庶物，视天地万物为幻化"，并且"不知孔门之旨即此伦物而明察之"，"与洙泗濂洛的脉终是千里"。而阳明心学传承孔孟"明于庶物，察于人伦"之旨，并不忽视人伦日用的"下学"之道，主张在现实的社会生活中实实在在地修身、实实在在地体悟本心。邹善在其父邹守益的教导下，把"倡实行，忌妄学"作为自己的人生目标，并且强调只有"立真志，修实行"，才是"会稽（指阳明）之旨"。

而阳明的另一江右高足刘邦采，在《书祁门同志会约》中也讲到"学不离于性命，则灵照一体之心，融液于庶物人伦之应"，认为心能够对人伦庶物感而应之，并且能与人伦庶物融合为一体。所以从根本上讲，心学并非像禅学那样忽略社会生活中的人伦关系以及万物之理，而把世间的一切都视为虚幻的假象。相反，心学与现实社会的联系相当紧密，它不仅肯定世间万物的真实性，而且认为人的修养离不开人伦日用。

综上所述，心学和理学都是儒家哲学的重要组成部分，它们都教人在人伦日用的社会生活中修养身心，以达到一种道德完满的至善境界，只是其修养路径有所不同而已。因此从某种意义上说，心学也是一种积极入世的哲学。而禅学则不然，它要求人们摆脱尘世纷扰和人伦事理，进入一种超脱的虚空之境，所以相比主张积极入世的儒家，佛教禅学无疑是一种消极的出世哲学。

与程朱理学重"理"不同，阳明学无疑将重点放在"心"上，所以阳明弟子在徽州讲学时，应该怎样结合徽州的理学背景，创造性地阐释阳明学中的"心体"概念，便成为至关重要的问题。在《会言》之《书婺源叶氏家会籍》中，钱德洪有言："天有二气五运，会而为人；人有五类四体七窍，会而为心。"人是天地万物间的最灵之物，而心则是人体的统帅，支配着人的"五类四体七窍"即感官和行为。这是钱德洪对阳明"心者人之主宰"的进一步解释。但与阳明不同的是，钱德洪夸大了"心"的主宰地位，认为"心之神明灵触灵通主宰造化，纲纪百物"，即"心"具有掌控自然界、管理万物的能力。这显然拔高了"心"的主宰力。因为宇宙中不同的事物需要不同的管理方法，这个管理方法可以称之为"理"，所以心"散而为万殊，归而为一"，这似乎与程朱理学中的"理一分殊"在理论形式上有相同之处。但在内容上，钱德洪将"理"改为"心"，从某种意义上可称之为"心一"而"分殊"。这里的"心"不是个体之心，而是具有普遍性的"理"之心，因为在钱德洪看来，心是"万理之会"，心即理，理即心，心与理一。但是，作为阳明得意门生的钱德洪并不否认"心"也是个体之存在。问题是，"心"既然是"万理之会"，那么作为个体之存在的"心"又如何与"理"合一呢？针对这个问题，钱德洪说："故心一则神明察，而万理时出；心二则神明蔽塞，万理乖隔。"认为心若专一于理，人的精神头脑就会清明，万物之理就会自然而然地随心所出，从而达到心与理一的境地；而心若有杂念，人的精神头脑就会受到蒙蔽，万物之理就会受到阻隔，心与理也就无法达到合一的状态。

　　由上可知，钱德洪在程朱理学"理一分殊"的理论模式下解释"心"的普遍性，这使得徽州学者更容易进入心学的理论体系。同时，钱德洪又不否认个体之心与外物之理合一的可能性，这在某种程度上又迎合了徽州学者以主体之心来把握万物之理，以提升个体的主观能动性的现实需要。这说明，阳明心学在徽州地区还是具有其存在的思想基础和现实需要的。

　　钱德洪主张用"心"来掌控自然界，而邹守益则将"心"引向了社会领域。邹氏在《会言·斗山书院序》中认为，心像"斗柄"一样，"玄机默化，无声无臭"，而"吾心之神化"，无异于"斗柄之神"。所以邹氏主张，作为个体之人，在其"心"的指导下，能够做到孔子所说的"从心所欲不逾矩"之境地，达到孟子所谓的"美、大、圣、神"之境界。但是，就像孔子"耳顺从心，始于志学"一样，美、大、圣、神乃"基于可欲之善"。这个"可欲之善"，即儒家的仁、义、礼、智等伦理道德，也就是孔子所谓的"矩"。邹氏解释道："志学者，志不逾矩之学也，矩者，天然自有之善也，可欲惟善。"在此基础上，邹守益认为，如果人能够立志于"可欲之善"，那么"心"就会不惑；如果"心"不惑，那么人就会"从心可欲而不逾矩"，以至于达到"大而化圣而不可知"的"神化"境界，邹氏又将其称为"欲仁而至之熟"，即至善之境界。在邹守益这里，"毋溺于善，毋夺于志"是人"心"在社会领域达到神化境界的基础，这一点在阳明思想中很难看到。邹氏赋予"矩"以"可欲之善"的内涵，可谓是一种创新。而邹守益在《会言》中将"心"与社会道德领域之仁、义、礼、智联系在一起，与孔子的"志于学"联系在一起，使得长期受程朱理学影响的徽州学子在情感上更加容易接受阳明心学，在理论上更加容易理解阳明心学。因此，邹守益在徽州不仅积极传播了阳明学，而且也对心学思想做了符合徽州学术背景的创造性转化。

受朱熹"道心者，天理也""人心者，人欲也"以及"存天理，灭人欲"观点的影响，徽州学子将道心与人心相对立，他们大多认为天理与道心相等同、人欲与人心相等同，这使得徽州人在天理与人欲之间进退两难，不能心无旁骛地从商谋生。徽州学子的这种观念是徽州人追求至高无上的道心、天理的理论基础，在一定程度上泯灭了现实的人心、人欲，抹杀了主体的个体意识，遏制了主体的合理欲求，从而导致理学与社会现实相脱离。

阳明学的进入则让徽州人"喜出望外"。王阳明认为，道心、人心只是一心，二者并不对立，人心得其正者即为道心，杂以人伪即为人心。阳明的这一观点为个体的多样化追求提供了可能，也为徽州人解开精神枷锁提供了理论支撑。因此，阳明弟子在徽州传播心学的过程中非常重视对道心、人心的解读，而且还在阳明思想的基础之上对其做了更为详细的阐释。刘邦采在《会言·福山书院序》中认为，人心"异于万物，备而最灵。善则恻隐、羞恶、辞让、是非"。显然，人心并非朱子所谓的"饿食渴饮"，而是具有恻隐、羞恶、辞让、是非等道德内涵，从而否认了朱熹只是把"恻隐、羞恶、辞让、是非"归为道心的观点。但是，刘邦采并没有完全把人心等同于道心而否认人心之"危"，他认为人心"不善而至于机变、权谋、勇怯、暴缓，流注于视听言动之无纪极者也，故曰危"，把人在社会生活中所运用的不当手段，以及在生活中所引起的过度情感波动也归为"人心"之意，这也许是刘邦采对阳明"道心之失其正者即人心"的变相解释。刘邦采对人心的以上两种解释，与朱子"人心者，气质之心也，可为善，可为不善"的观点有相似之处，只是刘邦采将人心具体到社会生活之中，使其更具人情味和生活味。但是，在刘邦采这里，不管对人心做何解释，它都是"太虚之流行"，是"学之为后天者"。而关于道心，刘邦采则认为，其"冲漠无朕"是"万物之一原"，是"太虚之主宰，学之为先天者"。因此道心具有先天性、超越性，是人先天所具有的，是无形无相的。但道心必须落实于现实的人心，才能实现其价值与意义。当人在社会生活中时刻保持着儒家的"四心"，践行着儒家的仁、义、礼、智等道德观念时，道心就处于"显"的状态，人心就体现了道心，道心与人心就会达到融合的境界，从这一意义上可以说，道心就是人心、人心就是道心。但是，当人心被私欲蒙蔽时，道心就难以显现，这时并非道心和人心为两个心，只是道心处于"隐"的状态罢了。

由以上分析可知，虽然刘邦采分别阐释了人心、道心，也认为两者是有区别的，但是其言语的背后无不透露着道心、人心是一心的观点。因为，人心是"太虚之流行"，即心之用；道心是"太虚之主宰"，即心之体，而"体用一源，显微无间"，道心、人心本是一心。刘邦采对于道心、人心的解释，不仅是对阳明思想的继承和发展，更契合了徽州人试图挣脱朱子视道心与人心、天理与人欲相对立的心理。

四、徽州弟子对阳明学的诠释

在钱德洪、邹守益、刘邦采等人的影响下，徽州学子对阳明学有了新的认识，他们开始慢慢接受心学，对"心"也有了自己独特的见解，有的人甚至成为心学的忠实粉丝。从《会言》中发现，翟台、陈昭祥、陈履祥对心学及其"心"的阐释较为详细，所以本节便以这三人为例来介绍徽州学子对阳明学的认识。

在《会言·书绩溪会册》中，翟台首先批评了时人讲会为学的弊端，进而指出了讲会的真正作用和目的。他说："吾辈今日之会，岂徒骋辞辩、侈见闻，以标榜其门墙已耶。"可见，在讲会盛行的时候，有的人只是运用言语文辞夸大所见所闻，以图炫耀门楣，扰乱视听。然而讲会的真正目的并非如此。在翟台看来，讲会的意义在于传播洙泗濂洛之风，追逐本源之学，因为"道有要归，学有本源"，"不探本源而徒以资之所近者为学，即以资之所近者教人，其远于大道也"。意思是说，若不探本源之学就会与"大道"相去甚远。那么到底何为本源之学？翟台说："昔人云，圣贤之学心学也，学也者所以学此心耳。"他认为心学即为本源之学，故而是学习的正确道路。而且翟台还认为："心学"大明于天下，人人应该阐发孔孟之"心"髓，否则"心学不明，人人原习执迷，而百肆其欲间有知，所用力者又或起明于识，或碍境于定，或倚假于形格意气以袭之"。心学若不明，人就会受到"知""识""定""形""意气"等的阻碍，从而也就不能真正阐发洙泗濂洛之意，不能真正明白天地万物之理。可见，在翟台那里，心学是"洙泗濂洛之秘传"，是圣贤之学。

通过翟台的阐述，我们可以看出他对"心学"的认同，而在如何认识和理解心学之"心"的问题上，则可进一步看出他受阳明心学影响之程度。在《书绩溪会册》中，翟台对"心"有其独特的体悟，他说："吾尝观之，自心之冲漠而生生者谓之性；自心之流行而殊应者谓之情；自心之不落有无、不滞形式、蕴之至虚、触之至灵者，谓之神；合而言之，一心也。"不难发现，在翟台的思想中，性是心之本体，情是心之流行，确切地说是本体之心对人伦庶物感而应之后，在人身上的不同情感体现。而神则是心至虚、至灵的特征，是心"不执着""无累""无滞"的自由活泼之境界。但无论是所谓的性、情，还是所谓的神，都是发自于"一心"，都是"心"的作用。而此"心"并非不可捉摸，因为它与人伦日用密切相关，是人们在日常生活中可以察觉到的。翟台指出："是心也，发窍于视听言动，理体于子臣弟友，用达于辞受进退、食息起居，而通之于家国天下之远。"这句话表明"心"与人本身以及人的生活甚至治国理政是一体的。可见，受阳明弟子的影响，翟台也认为心学不离人伦日用。但是这里的"心"并非"那团血肉"，而是众人皆知的"天理"。"心"通过人伦日用的外化而显现和展示"天理"，它表现在人自身的视听言动之中，也表现于个体所担当的不同社会角色之中，以及每一种角色所面临的辞受进退、饮食起居之中，甚至"心"还可以表现在治国理政之中。从某种意义上来讲，翟台虽然没有明确提出阳明的"心即理"，但是其言语中处处包含着"心即理"的内涵。

翟台所讲的"心"，虽然是理之心，但是就心之发用而言，现实生活中的个体之心往往会被外物所迷惑而执着于外物，执着于喜怒哀乐爱恶欲，即"心有所著"。所以就需要一个"化之"的过程，即人在念虑、情感上能够一过而化、不滞不留，直面生活中的喜与忧，而不执着于喜与忧，从而真正做到"应物而无累于物"的精神境界。这就是"心有所著"时本心所应该有的状态。正如翟台所言："夫心有所著，即为放觉，其著而即化之，即为本心。"现实的个体之心难免会受外界牵累，难免会"有所著"，但是只要经历一个"化之"的工夫，就能够求放心、发明本心。既然"心有所著"之时，那么就有"心无所著"之时。"心有所著"时需要"化之"，而"心无所著"时，翟台则认为"可以言一矣"。而"心一则神凝，神凝则性定，性定则情顺"。这里的"心一"，与钱德洪所讲的"心一"意思极为相同，都是指专一。翟台认为，如果心无杂念，专一无二，则个体的精神就会凝聚在一起，而高度集中，即所谓"神凝"。"神凝"之后，人的内外身心就会清净、平静、稳定，在内没有妄想，在外也没有贪求，即所谓"性定"。"性定"之后，人就会体贴万物之情，并顺从万物之情以为己情，从而达到忘却自我、无有私情、不偏执于一物的境界，即所谓"情顺万物而无情"，"廓然而大公，物来而顺应"之境界，这就是"情顺"。"心一"是人"心无所著"之时的修养方法，"神凝""性定""情顺"都是人"心一"之后的表现，也是人内修的体现。在翟台看来，人须内修，更须外显。所以他紧接着又说："神凝则微，微则显；性定则明，明则照；情顺则通，通则溥，而措之家国天下，莫非真感而真应矣，是之谓圣贤之学。"由"微"到"显"，由"明"到"照"，由"通"到"溥"，这是一个从内修到外显的过程，符合儒家修齐治平的传统价值观念。从这句话可以看出，翟台认为个人的修养应该施惠于家国天下，这才是心的"真感真应"，才是圣贤之学。可见，对于徽州士人来讲，心学并非虚妄之学，而是可以同儒家传统价值理想相统一的内圣外王之学。

除翟台外，另一位徽州学子陈昭祥也对心学有自己的认识，其心学思想的特别之处，就在于从人对本心的自信出发来阐述"心"。在《会言·黟南韩氏家会序》中，陈昭祥在解释"心"之前，首先对"天命之性"做了解释。他认为，天命之性是"人所得之以为生者"，是"莫之为而为者""莫之致而致者"，即是不做而成、不求而至的。在陈昭祥看来，天命之性不像"意念""兴况"一样有"起灭"、有"作止"，而是无起灭、无作止的。不仅如此，人所具有的这种天命之性在生活中还表现为忠、信、敬、谨、恭俭、礼让等道德品质。但是生活中难免会有一些盲目无知的人，难免会有一些不忠不信、不尊不敬的人，他们对于天命之性要么"终身由之而不知"，要么"丧失之"而"不知求"，即有的人每天都不自觉地按照天命行事，却并不自知；有的人丧失了天命之性，却不知道将其找回来。针对此,陈昭祥认为,人应该"求"其天命之性,因为"求则得之"。如何"求"?陈昭祥主张"信心",即对澄明之心的绝对肯定。他解释道:"具信心者,能于此玄览而默识之,自可一念万年,何有已处,又何有已时。"这里的"心"具有"玄览"和"默识"的功能。陈的意思是说,对本心自信不疑的人,可以通过本心深察天命以及天命之性,并自觉地对其默而识之,这样就可以达到"一念万年"的境地。"一念万年"本是佛家用语,这里指心可知天命、可具万理的意思。只要人对自己的本心深信不疑,即使"习气未融""习心未彻",在生活中有所过失,人也能够"不远而复",及时改正错误。习气、习心遇到本心,就会像雨雪见到阳光一样自觉消失。可见,在陈昭祥那里,人首先要绝对地肯定自己的本心,然后才可以明白天命以及天命之性,才可以在丧失天命之性时将其快速找回。至此之后,人就可以将其本心扩而充之,推置到现实的生活当中,具体表现为忠、信、敬、谨、恭俭、礼让等,即"大本立而大道行",使天命之性在生活中表现出来。所以可以说,在陈昭祥的思想中,"心"与"天命之性"具有一致性,在某种意义上都被认为是"大本",心即天命之性,心即儒家的忠信恭俭之理。由此可见,人对己之本心的肯定和笃信是至关重要的,否则就是"用功虽密,见解虽融,譬之注水漏邑,凝春彩胜,虽欲不已,何可得耶"。也就是说,若没有对本心的肯定和信任,所有获取"天命之性"的工夫都只是竹篮打水一场空,没有任何意义,也不可能有任何所得。总而言之,在陈昭祥那里,对本心的肯定是一切工夫的前提。

祁门贡生陈履祥在其师罗汝芳思想的影响下,对心学也有较为深刻的认识。他在《会言·狮山于氏同志会序》中,首先以孔子"以礼饮酒者,常始乎治卒乎乱"一句,引出"以道相会者,亦始乎勤卒乎怠",指出了现实生活中人们在聚会讲学过程中所出现的这种前后不一、有始无终的弊端。而之所以会出现这种弊端,其原因就在于人们"资口耳而不躬行""任意气而不闻道"。陈履祥指出:"夫道者,率性之路,故见性者闻道之根也;性者,从心以生,故尽心者知性之符也。""道"是顺着人的本性去行事,所以"见性"是"闻道"的根本;而"性"则是从心而生,所以"尽心"是"知性"的根本。基于此,陈履祥认为,人们在聚会讲学中之所以出现弊端,其根本原因就在于"不认取本心",即不承认、不扩充自己的本心。

如果人"不认取本心",就不可能"见性",进而也不可能"明道",以至于最终会"冒口耳为实得,信意气为天择",并在"校长论短"的过程中产生"形骸念生而始合终离"的弊端,即把通过人形体的感官所认识的对象和内容作为真实可靠的,最终导致"始合终离"。在陈履祥看来,只有"认取本心",以心见性,尽心知性,通过扩充人原有的本心,才能真正获得万物之理,才能真正明白天道。也只有"扩拓此本心",人们才不会"辜负立会讲学",不会在聚会讲学中出现有始无终的弊端。因为"本心中自有无限妙趣",无"始勤终怠""始合终离"之弊。可见,在陈履祥的思想中,"本心"是始终如一的,具有恒常性。而具有恒常性的"本心"贯穿于人伦日用,与人们的生活密切相关。他说:"一念由是见家庭父子兄弟,亦只尽此本心;处日用事务应接,亦只尽此本心;自当下一息,至于经月经年,都只仅此本心。再无尔我间隔,再无长短嫌疑,则生生化化。"在空间上,无论是尊父敬兄还是应接事务,只需尽此本心;在时间上,短则一呼一吸间,长则整年整月,也只需尽此本心而已。只要无时无刻尽此本心,人与人之间就没有了隔阂,没有了是非,也没有了猜疑,那么万物就可以相生不绝,变化不已。可见,陈履祥受阳明心学的影响至深,认为本心既具有恒常性,又普遍存在于人伦日用、处事接物之中。

综上所述,阳明弟子钱德洪、邹守益、刘邦采等人以讲会的形式向徽州传播心学,并且在传播过程中创造性地发展了阳明学说,特别是他们结合徽州的理学背景对阳明学中的心体、本心进行了新的诠释。同时,由于受到阳明弟子的影响,徽州学子翟台、陈昭祥、陈履祥等人也对阳明心学有了自己独特的理解。他们把阳明心学视为儒家入世之学,并把本心、心体与现实的人伦日用联系起来,使得阳明心学在程朱理学的重镇徽州也逐步有了起色。

五、阳明学传入徽州的原因及意义

阳明心学能够在明代中叶传入徽州并非偶然,而是有其历史必然性。首先,长期以来程朱理学的官学化,使人们视其为获取仕途、实现理想的一种手段,从而在一定程度上限制了人的思想自由。程朱理学长期以来被奉为正统,受到统治者的青睐,朱明王朝把朱熹注的《四书》作为士人科举考试的唯一蓝本，要求人们必须尊崇程朱理学，非朱子之论不可教、不可学，甚至遏制人们新的理论见解，不允许人们有自己的语言表达方式，把理学抬到了至高无上的地位。明朝对程朱理学的这种过度提倡，无形中把理学变成了人们获取功名利禄的手段。为了快速步入仕途，人们开始机械地记诵时文章句，往往"以文为学"，知其然而不知其所以然，对理学义理不求甚解。这种为学风气，势必使人们的思想僵化，使理学失去原本具有的活力，促使理学走向功利化、形式化。此时理学看似风靡全社会，实则已是空中楼阁，逐渐趋于衰落。程朱理学导致的这种社会弊端和现实状况在徽州地区同样存在，甚至更加突出。阳明心学就是在这样的历史境遇下变得"有机可乘"，渐渐进入徽州这座难攻之地的。

其次，元末明初程朱理学已无大的建树者出现，理学体系并没有超越性发展，使得程朱理学失去了往日的创造性，思想的发展将近枯竭。而以朱熹嫡传自居的一些徽州理学家更是难以突破门户之见，对理学思想很难有独特见解。虽然此时也出现了一些较有名气的新安理学家，但是他们并没有形成鲜明的学术个性，在理学思想上也并没有多大创见。所以，理学想要恢复昔日的光彩，必须要另辟蹊径，打破门户之见，寻找新的机缘，吸收新鲜血液。而恰好在这时，心学进入了徽州，使得徽州一些理学家开始试图调和理学和心学，故而出现了一些"和会朱陆"的新安理学家，如郑玉、赵汸、程敏政等。这些理学家或主张朱陆两家应取长补短，或主张朱陆"早异晚同""始异而终同"，表明他们从思想上已经解除了理学的禁锢，激起了徽州地区士人、学子立志求新的强烈欲望，这为后来阳明心学进入徽州提供了有利条件。

最后，从阳明学自身而言，阳明心学对程朱理学不仅有补偏救弊之效，而且适应了当时徽州社会发展的现实需要。自从程朱理学成为人们追求仕途的手段之后，理学就开始趋于庸俗化。有些徽州士人为了做官，为了高官利禄，常常口是心非，言行不一，人前大谈仁义，自称朱子正统，扬言道德理性，而其行为却背离仁义。阳明学认为这是士大夫个人道德沦丧的结果，所以王阳明提出了"良知"学，试图唤醒人们的道德良知，消除理学虚伪化所带来的社会弊端。不仅如此，阳明心学还缓解了理学对徽州商人的精神压迫。明代中后期，生存的压力迫使人们开始从商，但是程朱理学的价值观念给徽州商人带来了心理压力，无形中阻碍了徽商的发展。特别是朱熹的义利观、天理人欲观，使得徽州人在从商时背负着道德的压力。可以说，程朱理学压制了徽州人从事商业活动的积极性，此时的理学就像一个枷锁，严重限制了社会历史前进的步伐。而阳明心学的出现让举步难进的徽州人看到了一线希望。阳明学主张学术思想社会化、通俗化、平民化，无论是士大夫，还是农夫小贩、陶盐工人，都可以通过内心的修持达到与天理合一的精神境界。任何人只要以"良知"而行、求心安，那么"虽其言之出于葛羌，不敢以为非"；而违背了"良知"使得心不安，那么"虽其言之出于孔子，未敢信也"，"况晦翁乎"？[①]所以，程朱理学的道德观念、价值观念不再是神圣不可侵犯的"圣谕"，一切以自己的"良知""本心"为标准。即使是商人，如果能在"声色货利"上致良知、求心安，那么从商不但不会"害其为圣为贤"，而且能促进商人成为真儒。很显然，阳明的这种思想适合当时徽州实际，让徽州人卸下了精神枷锁。也许正是受到阳明学的影响，明中后期徽州出现了"亦贾亦儒"的现象，同时儒贾相通、"贾何负于儒"的新的观念开始在徽州流行。所以，阳明学促进了徽州人的思想解放和商业的发展，成就了盛极一时的徽商事业。

综上所述，程朱理学日益显现的社会弊端，以及阳明心学的补偏救弊、促进商业的发展，是明中后期心学在徽州迅速传播的主要原因。

（解光宇、刘艳撰稿）

[①]《婺源同志会约》，《新安理学先觉会言》卷一，民国安徽通志馆钞本。